阳泉市城区财政志

YANGQUANSHI CHENGQU CAIZHENGZHI

《阳泉市城区财政志》编纂委员会 编

方志出版社
Publishing House of Local Records

图书在版编目（CIP）数据

阳泉市城区财政志 /《阳泉市城区财政志》编纂委员会编. -- 北京：方志出版社，2016.7
ISBN 978-7-5144-2040-1

Ⅰ. ①阳… Ⅱ. ①阳… Ⅲ. ①地方财政—财政史—阳泉市 Ⅳ. ① F812.9

中国版本图书馆 CIP 数据核字（2016）第 183737 号

阳泉市城区财政志

编　　者：《阳泉市城区财政志》编纂委员会
责任编辑：罗滔　朱姝

出 版 人：冀祥德
出 版 者：方志出版社
地　　址：北京市朝阳区潘家园东里 9 号（国家方志馆 4 层）
邮　　编：100021
网　　址：http：//www.fzph.org
发　　行：方志出版社发行中心
电　　话：010-67110500
经　　销：各地新华书店
印　　刷：山西嘉祥印刷包装有限公司

开　　本：889 × 1194　　1/16
印　　张：34.75
字　　数：844 千字
版　　次：2016 年 7 月第 1 版　　2016 年 7 月第 1 次印刷
印　　数：001~800 册

ISBN 978 – 7 – 5144 – 2040 – 1　　定价：298.00 元

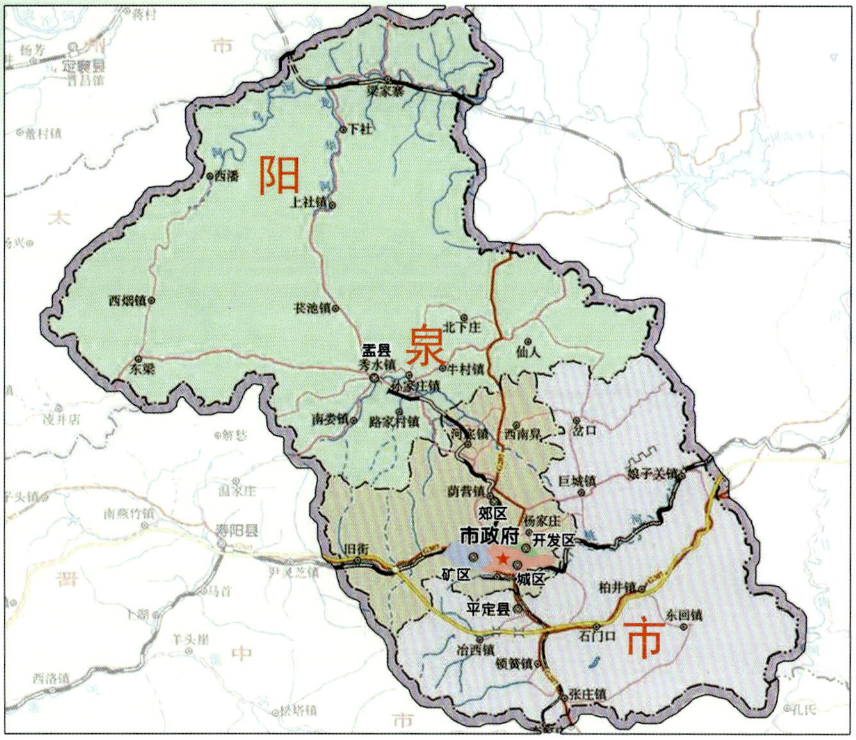

阳泉市城区行政区域示意图

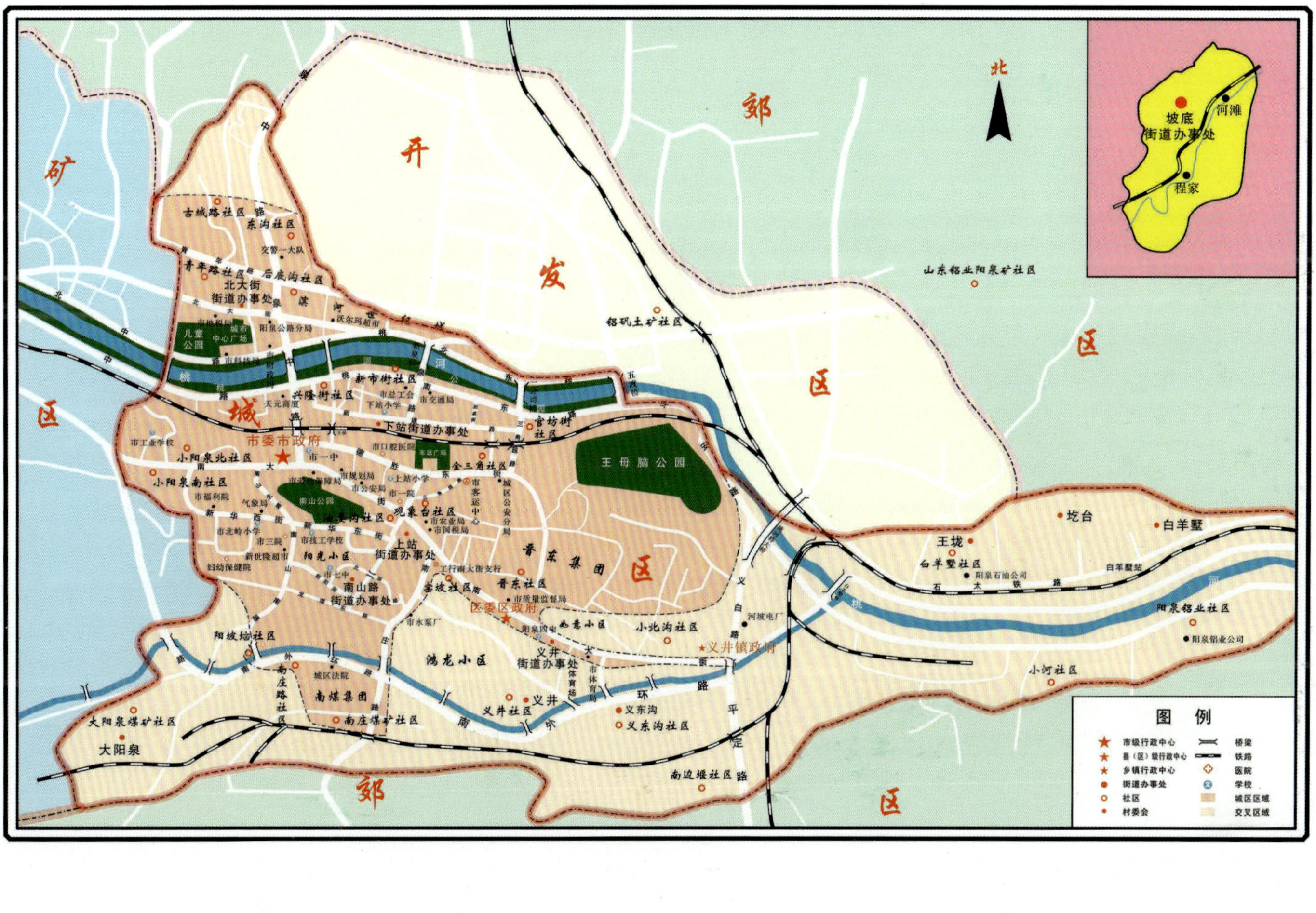

领导关怀

◎ 2015 年 10 月，区委书记张晋（前排中）在区财政局调研

◎ 2014 年 3 月，区委副书记、区长武雪（左二）在区财政局调研

◎ 2013 年 10 月，区人大常委会主任李忠祥（前排左二）在区财政局视察

◎ 2014 年 12 月，区政协主席杨柱英（前排右三）在区财政局调研

◎ 2011 年 12 月，区委常委、常务副区长李昱平（中）在区财政局调研

财政收入

◎ 2012 年 12 月，阳泉市城区财政局对 2013 年度部门预算进行安排部署

◎ 2007 年 8 月，阳泉市城区召开“税收诚信区”工作推进会

◎ 阳泉市城区地税局工作人员在办理征税

◎ 阳泉市城区国税局开通应急窗口，方便纳税人

◎重点纳税大户——阳泉市商业银行

◎楼宇经济——金联置业

◎兴隆街传统商业服务区

◎商业街区——兴隆步行街

◎楼宇经济——美隆国际

◎豪远国际大酒店

◎楼宇经济——颐高数码广场

◎商业批发和零售业

◎商业批发和零售业

◎科技孵化器——创客空间

◎飞地经济——天元废旧电器回收处理有限公司

◎滨河新天地商业广场

财政支出

◎ 2011 年 12 月，阳泉市财政决算工作会议召开

◎阳泉市城区智慧城区综合信息指挥平台

◎阳泉市城区财政财务决算工作会议

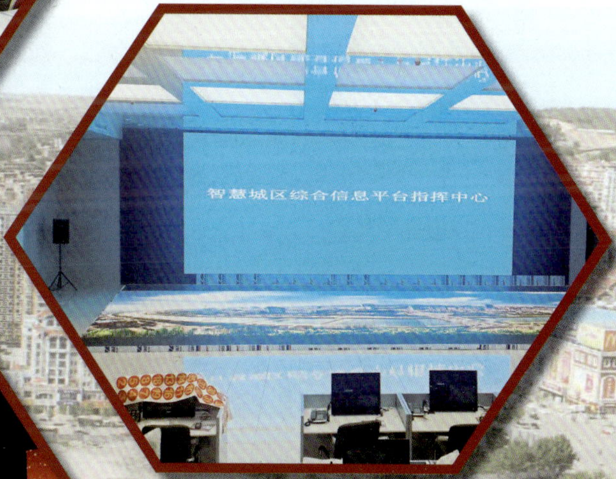

◎阳泉市城区智慧城区指挥中心

◎阳泉市城区“三节”文化活动

校安工程新貌

◎阳泉三中教学楼

◎阳泉六中新建教学楼

◎北岭小学教学楼

◎北大街小学主教学楼

◎新华小学北教学楼

◎阳泉七中实验楼、新建综合楼

◎朝阳小学教学综合楼

◎实验小学

◎阳泉市城区青少年活动中心

教育均衡化建设

◎信息技术专业教室

◎英语听力教室

◎乒乓球活动室

◎学校图书室

◎理化实验室

事业发展

◎阳泉市城区人民法院审判大楼

◎阳泉市城区人民检察院技侦大楼

◎阳泉市城区南山路街道阳坡垴社区

◎阳泉市城区人民医院

◎阳泉市城区上站街道小阳泉南社区

财政监督管理

◎省厅国库集中支付中心主任温建东（前排右二）到阳泉市城区财政局调研

◎ 2015 年 2 月，市财政局党组成员、纪检组长谷建立（前排左一）在区财政局进行目标责任制暨党风廉政建设考核验收

◎阳泉市城区财政局领导班子研究财政工作

◎阳泉市城区政府采购公开招标

◎阳泉市城区会计人员继续教育培训

◎阳泉市城区国库集中支付改革动员大会

◎阳泉市城区财政局政风行风听证会

◎阳泉市城区公务卡和非税收入改革动员大会

◎阳泉市城区财政局预防职务犯罪警示教育专题讲座

党群工作

◎省委派驻阳泉市督导组副组长郭燕平（左二）到城区财政局调研群众路线学习教育活动

◎邀请市委党校李青魁教授（左一）讲解党的“十八大”精神

◎区财政局与后底沟社区共度“七一”

◎参观狮脑山百团大战纪念馆

◎阳泉市城区财政局全体干部职工集体学习

◎阳泉市城区财政局党员干部到后底沟社区送温暖

◎ 2012 年 7 月阳泉市城区财政局参加市财政系统歌咏比赛

◎ 2005 年阳泉市城区财政局到韶山接受革命历史教育

◎ 2009 年阳泉市城区财政局到西柏坡进行理想信念教育

机关新貌

◎阳泉市城区财政局办公大楼

◎阳泉市城区财政局国库集中支付大厅

◎阳泉市城区财政局多功能视频会议室

◎阳泉市城区财政局计算机房

◎阳泉市城区财政局乒乓球活动室

◎阳泉市城区财政局文化长廊

财政文化

◎阳泉市城区财政文化大讲堂

◎阳泉市城区财政局爱我中华歌唱比赛

◎阳泉市城区财政局精神文明验收

◎阳泉市城区财政局跳绳比赛

◎阳泉市城区财政局文化活动月干部职工作品展

荣 誉

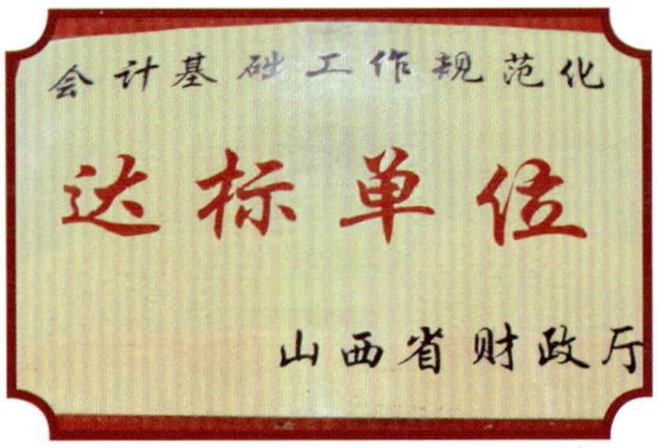
会计基础工作规范化
达标单位
山西省财政厅

授予：阳泉市城区财政局
爱国卫生先进单位
山西省爱国卫生运动委员会
二〇一〇年十二月

五四红旗团支部
共青团山西省委
二〇一一年五月

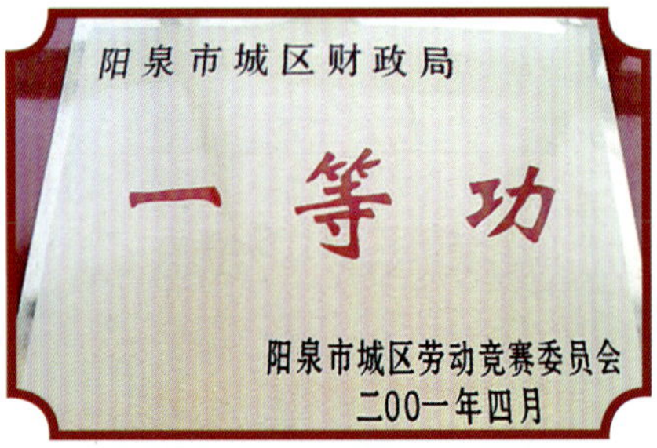
阳泉市城区财政局
一等功
阳泉市城区劳动竞赛委员会
二00一年四月

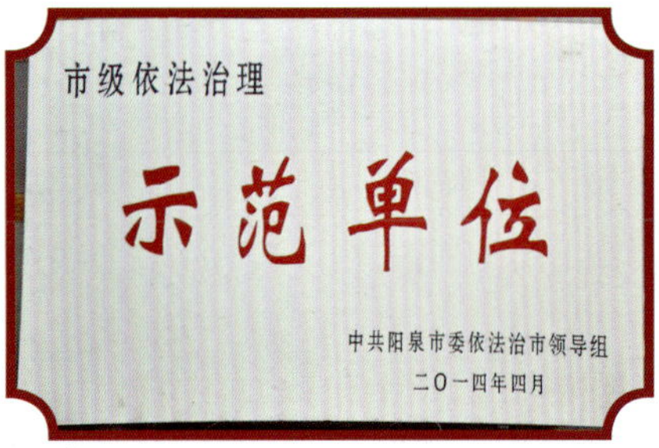
市级依法治理
示范单位
中共阳泉市委依法治市领导组
二〇一四年四月

先进妇女组织
阳泉市妇女联合会
二〇一一年三月

2010—2012 年创先争优
先进基层党组织
中共阳泉市城区创先争优活动领导小组
二〇一二年六月

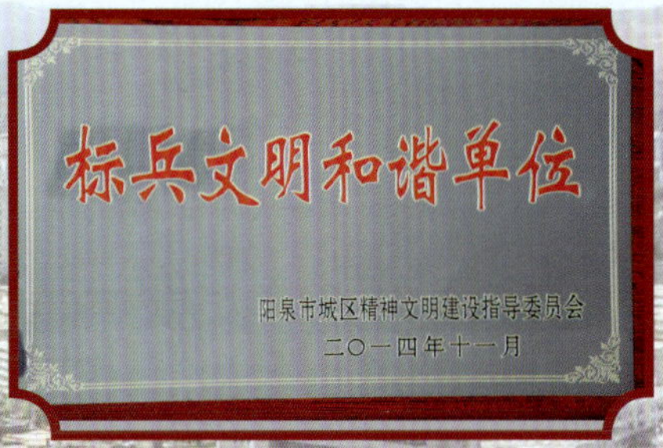
标兵文明和谐单位
阳泉市城区精神文明建设指导委员会
二〇一四年十一月

文明和谐单位
阳泉市城区精神文明建设指导委员会
二〇一二年八月

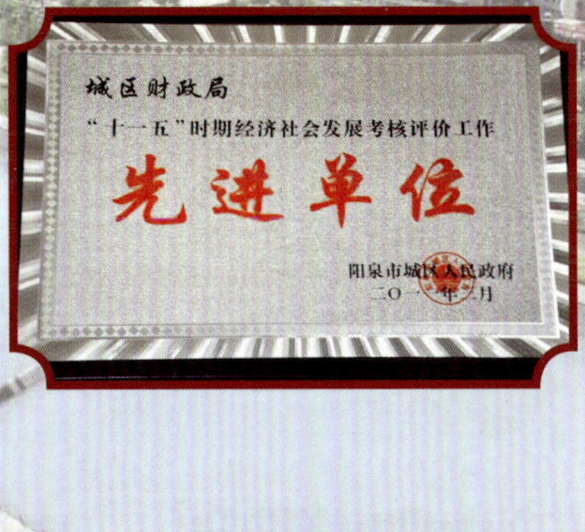
城区财政局
"十一五"时期经济社会发展考核评价工作
先进单位
阳泉市城区人民政府

区财政局党支部
先进基层党组织
中共阳泉市城区委员会
二〇一三年六月

《阳泉市城区财政志》编委会

《阳泉市城区财政志》编辑部

序

《阳泉市城区财政志》是阳泉市城区 1985 年建立一级财政 31 年来发展历程的真实写照，是全体编纂人员几年心血和汗水的结晶，也是阳泉市城区财政发展史上一件值得庆贺的大事，可喜可贺。

阳泉市城区是阳泉市的中心区，地处山西省东缘，太行山脉中段西麓。辖境历史悠久，距今约 10 万年以上境内就有人类活动。唐虞夏商时代，境内属古冀州地域。周定王十六年（公元前 453），韩、赵、魏三家分晋，境内属晋国赵氏领地（赵国前身）。周敬王二十三年（公元前 497），晋卿赵简子筑平潭城，遗址在今阳泉市城区的古城（亦称平潭城），境内属晋国赵氏领地（赵国前身）。秦始皇二十六年（公元前 221），秦统一全国，境内属太原郡。西汉时期（公元前 206- 公元 25），置上艾县，境内属上艾县。北魏太平真君九年（448），废上艾县；孝昌年间（525-527），复置上艾县，又改称石艾县，境内属石艾县。唐天宝元年（742），改石艾县为广阳县，境内属广阳县。北宋太平兴国四年（979），改广阳县为平定县，境内属平定县。金大定二年（1162），平定军改为平定州，平定县为其属县，境内属平定县。元，平定州隶属太原路；至元二年（1265），境内属平定州。清雍正二年（1724），平定州升为山西省直隶州，境内属平定州。民国元年（1912），平定废州设县，境内属平定县。

1905 年 7 月，正（正定）太（太原）铁路铺设到平潭街，称平潭站；1906 年 9 月，该站东移迁至小阳泉村所属的沙江口，设立阳泉站，开始通车运行，开启了阳泉城市文明之光。经过大革命时期、土地革命时期、抗日战争时期和解放战争时期，境内人民群众在中共阳泉地方党组织领导下，自力更生、艰苦奋斗，夺取了新民主主义革命的胜利。

1947 年 5 月 2 日阳泉解放，5 月 4 日，成立市委、市政府，设立阳泉市。这是中国共产党亲手创建的第一座人民城市，因而有“中共创建第一城”的美誉。阳泉市城区前身为阳泉市一、二、三区，先后改称阳泉市第一区（1947.05–1949.09）、阳泉工矿区第一区（1949.09–1950.07）、阳泉工矿区阳泉镇（1950.07–1951.06）、阳泉工矿区第三区（1951.06–1952.03）、阳泉市第三区（1952.03–1953.05）、阳泉市第一区（1953.05–1956.01）、阳泉市站上区（1956.01–1957.08；1963.02–1969.01），自 1969 年 1 月称阳泉市城区迄今。下辖 6 个街道，46 个社区，总面积 16.19 平方公里，人口近 20 万。

1947 年 5 月阳泉解放建区乃至新中国成立后，阳泉市城区人民群众积极探索城市区建设的新路子，取得了社会主义建设的新成绩。

改革开放以来，阳泉市城区找准城区作为城市中心区的职能定位，进一步创新发展思路，牢牢抓住经济建设这个中心，不断适应经济结构调整这条主线，逐步确立“调整优化第二产业，提升创新第三产业，放手发展非公有制经济”的发展思路，全区经济工作基本实现了“五个转变”，即：经济发展的重点由工业向第三产业转变，经济工作的视野由区属经济向区域经济转变，经济工作的重心由产值规模向质量效益转变，指导经济工作的方式由较多干预企业生产经营向引导、协调、服务、监管企业转变，经济工作的着力点由“就经济抓经济”向优化发展环境转变。

党的十八大以来，阳泉市城区紧紧围绕区第十次党代会确立的“实施‘四大战略’，加快转型升级，建设生态、智慧、宜业、宜居的幸福城区”的奋斗目标，全面贯彻党的十八大和十八届三中、四中、五中全会精神，深入学习习近平总书记系列重要讲话精神，遵循“五位一体”总体布局和“四个全面”发展思路，坚持发展第一要务和抓好党建是最大政绩，扎实推进全面从严治党，牢固树立并切实贯彻“五大发展”新理念，主动适应经济发展新常态，紧紧围绕省委提出的“一个指引、两手硬”的重大思路和要求及市委“四个定位”的目标，深入实施“三产强区、创新活区、环境靓区、惠民富区”四大战略，加快转型升级，狠抓工作落实，努力把城区建设成为晋东地区现代服务业发展高地、区域物流中心和生态、智慧、宜业、宜居的幸福城区，为高质量高水平全面建成小康社会而努力奋斗。

1985年至2015年，是阳泉市城区经济发展迅速、财政收入稳步增长、人民生活水平大幅提高的31年。1985年，阳泉市城区建立一级财政体制以来，经过1994年分税制财政体制改革、2002年和2007年市对县区财政体制调整、2013年深化财政体制改革，阳泉市城区财政以服务全区经济发展大局为己任，以财源建设为基础、收入组织为核心、监督管理为关键、改革创新为动力，认真履行职责，不断开拓进取，各项工作取得丰硕成果。2015年，全区财政总收入实现47769万元，财政总支出52164万元，实现历史性跨越。以部门预算、国库管理制度、政府采购、收支两条线管理为核心的各项财政改革全面推进，党的建设和精神文明建设取得积极成效，呈现出财力不断增强、机制不断完善、管理不断强化、队伍不断壮大的喜人局面，为全区经济发展和社会进步做出了积极贡献。同时，阳泉市城区财政也面临财源结构不合理、财政收入规模小、财政支出压力大、财政体制亟待完善等诸多困难和问题，可谓希望与困难同在，挑战与机遇并存。

古人云：“以史为鉴，可以知兴替。”作为当代财政工作者，我们有责任、有义务把阳泉市城区财政发展历程真实记载下来，既总结成绩，又直面问题；既讴歌辉煌，又启迪未来；把发展与进步，成功与艰辛完整再现，这是对历史的尊重，也是应有的担当。从这个意义上讲，《阳泉市城区财政志》的编纂出版，是历史赋予阳泉市城区财政工作者的使命。

阳泉市城区财政的发展历程表明，在改革开放和社会主义市场经济形势下，只要我们坚持以马克思列宁主义、毛泽东思想、邓小平理论、“三个代表”重要思想和科学发展观为指导，全面贯彻党的十八大和十八届三中、四中、五中全会精神，深入学习习近平总书记系列重要讲话精神，实施科学化、精细化财政管理，就一定会实现“创新型、发展型、公共型、法治型”财政建设目标，不断开创财政工作新局面。

2016年7月

凡　　例

一、《阳泉市城区财政志》以马克思列宁主义、毛泽东思想、邓小平理论、“三个代表”重要思想、科学发展观为指导，全面贯彻党的十八大和十八届三中、四中、五中全会精神，深入学习贯彻习近平总书记系列重要讲话精神，运用辩证唯物主义和历史唯物主义的立场、观点和方法，按照《地方志工作条例》要求，实事求是地记述阳泉市城区财政工作支持经济和社会事业发展的历史与现状，并努力做到资料丰富、内容真实、结构合理、文字简洁。

二、本志以财政职能为主线，取材以与财政职能联系密切程度定繁简，努力反映阳泉市城区财政与本区经济、政治、社会发展的必然联系。记述时限上限为明清时期，下限为2015年12月31日。对部分记述适当向前追溯。

三、本志文体一律使用规范的语体文。汉字以国家语言文字工作委员会1986年重新发布的《简化字总表》为准，凡是在《简化字总表》中已经简化的繁体字，不再使用；凡是不符合《简化字总表》规定的简化字也不使用。数字表述以2011年7月29日国家技术质量监督检验检疫总局、国家标准化管理委员会发布的《关于出版物上数字用法的规定》（GB/T15835-2011）为准，标点符号遵循GB/T 15834-2011《标点符号用法》。

四、计量单位。执行国务院1984年颁布的《中华人民共和国法定计量单位》规定。除历史文献摘引、固定词组、习惯用语外，一律用阿拉伯数字。

五、体例结构采用分志并列体，设编、章、节、目四个层次。文字叙述采用横排门类，纵定史实，详异略同，详今略古的方法进行。

六、大事记采用编年体和记事本末体相结合的方法，以编年体为主。

七、本志所反映的收入为地方一般预算收入，所反映的支出为一般预算支出。

八、入志资料分别取自阳泉市城区档案馆所藏材料、阳泉市城区统计资料、旧志记载、刊物等，一般不标注出处。

九、“国民经济”恢复时期指1949年-1952年，“一五”计划时期指1953年-1957年，“二五”计划时期指1958年-1962年，“国民经济”调整时期指1963年-1965年，“三五”计划时期指1966年-1970年，“四五”计划时期指1971年-1975年，“五五”计划时期指1976年-1980年，“六五”计划时期指1981年-1985年，“七五”计划时期指1986年-1990年，“八五”计划时期指1991年-1995年，“九五”计划时期指1996年-2000年，“十五”计划时期指2001年-2005年，“十一五”规划时期指2006年-2010年，“十二五”规划时期指2011年-2015年。为避免繁琐，文中叙述时不再标注年份。

目　录

序
凡　例

概　述……………………………………………………………………………………（1）

第一编　财政收入

第一章　财政收入发展状况…………………………………………………………（11）
第二章　工商税收……………………………………………………………………（19）
第一节　流转税类……………………………………………………………………（28）
一、营业税……………………………………………………………………………（28）
二、产品税……………………………………………………………………………（34）
三、增值税……………………………………………………………………………（35）
四、消费税……………………………………………………………………………（44）
第二节　所得税类……………………………………………………………………（47）
一、工商所得税………………………………………………………………………（47）
二、利息所得税………………………………………………………………………（47）
三、国营企业所得税…………………………………………………………………（48）
四、国营企业调节税…………………………………………………………………（50）
五、集体企业所得税…………………………………………………………………（51）
六、私营企业所得税…………………………………………………………………（53）
七、企业所得税………………………………………………………………………（53）
八、城乡个体工商业户所得税………………………………………………………（60）
九、外商投资企业和外国企业所得税………………………………………………（61）
十、个人所得税………………………………………………………………………（63）
十一、个人收入调节税………………………………………………………………（66）
第三节　资源税类……………………………………………………………………（68）
一、资源税……………………………………………………………………………（68）
二、城镇土地使用税…………………………………………………………………（70）

三、土地增值税……………………………………………………………………（72）
第四节 特别目的税类……………………………………………………………（74）
一、建筑税……………………………………………………………………（74）
二、固定资产投资方向调节税………………………………………………（75）
三、奖金税……………………………………………………………………（77）
四、国营企业工资调节税……………………………………………………（80）
五、城市维护建设税…………………………………………………………（81）
第五节 财产税类…………………………………………………………………（83）
一、城市房地产税……………………………………………………………（83）
二、房产税……………………………………………………………………（83）
三、车船使用牌照税…………………………………………………………（85）
四、车船使用税………………………………………………………………（87）
第六节 行为税类…………………………………………………………………（90）
一、印花税……………………………………………………………………（90）
二、筵席税……………………………………………………………………（92）
三、屠宰税……………………………………………………………………（92）
四、牲畜交易税………………………………………………………………（94）
第三章 企业收入……………………………………………………………（95）
第四章 其他收入……………………………………………………………（109）
一、其他杂项收入……………………………………………………………（110）
二、行政性收费收入（规费收入）…………………………………………（110）
三、罚没收入…………………………………………………………………（112）
四、专项收入…………………………………………………………………（113）
第五章 契 税…………………………………………………………………（117）

第二编 财政支出

第一章 上解支出……………………………………………………………（129）
第二章 经济建设费…………………………………………………………（132）
第一节 基本建设支出……………………………………………………………（134）
第二节 企业挖潜改造资金………………………………………………………（138）
第三节 科技三项费用……………………………………………………………（141）
第四节 流动资金…………………………………………………………………（145）
第五节 工业、交通、商业等部门事业费………………………………………（146）
第六节 城市维护费………………………………………………………………（152）
第七节 城镇青年下乡安置费……………………………………………………（160）
第八节 节能环保支出……………………………………………………………（161）

第三章　文教科学卫生事业费……（165）
第一节　教育事业费……（167）
第二节　文化事业费……（177）
第三节　卫生事业费……（183）
第四节　公费医疗经费……（191）
第五节　体育事业费……（197）
第六节　科学事业费……（203）
第七节　计划生育事业费……（210）
第八节　党政群干部训练事业费……（217）
第九节　档案事业费……（218）
第十节　其他文教事业费……（222）
第四章　抚恤和社会福利救济事业费……（223）
第一节　抚恤事业费……（226）
一、牺牲病故抚恤费……（228）
二、伤残抚恤费……（230）
三、烈军属和复员退伍军人补助费……（233）
第二节　社会福利救济事业费……（236）
一、社会福利事业单位经费……（237）
二、殡葬事业费……（238）
三、其他社会救济费……（239）
第三节　退休退职费……（240）
第四节　社会保障补助支出……（241）
第五节　行政事业单位离退休经费……（246）
第六节　就业补助……（248）
第七节　残疾人事业……（250）
第八节　城市居民最低生活保障……（253）
第九节　其他民政事业费……（256）
第五章　行政管理费……（258）
第一节　行政支出……（259）
一、个人经费部分……（261）
二、公用经费部分……（274）
第二节　公安安全支出……（284）
一、个人经费……（289）
二、公用经费……（290）
第三节　检法司支出……（291）
一、阳泉市城区人民法院……（291）
二、阳泉市城区人民检察院……（295）

三、阳泉市城区司法局……………………………………………………………………（299）
第六章 其他支出类……………………………………………………………………（304）
第一节 其他部门事业费……………………………………………………………………（305）
一、税务事业费……………………………………………………………………（305）
二、统计事业费……………………………………………………………………（308）
三、财政事业费……………………………………………………………………（310）
四、审计事业费……………………………………………………………………（318）
五、工商管理事业费……………………………………………………………………（321）
第二节 其他杂项支出……………………………………………………………………（323）
一、政策性价格补贴支出……………………………………………………………………（323）
二、国防支出……………………………………………………………………（323）
三、其他杂项支出……………………………………………………………………（323）

第三编 财政管理

第一章 财政体制……………………………………………………………………（327）
第二章 预算管理……………………………………………………………………（338）
第一节 预算编制……………………………………………………………………（338）
第二节 绩效管理……………………………………………………………………（360）
第三节 决算编报……………………………………………………………………（362）
第三章 预算外资金管理……………………………………………………………………（379）
第一节 预算外资金的构成与收支……………………………………………………………………（379）
第二节 预算外资金管理……………………………………………………………………（382）
第四章 会计制度及管理……………………………………………………………………（395）
第一节 会计制度沿革……………………………………………………………………（395）
第二节 预算会计……………………………………………………………………（398）
一、总预算会计……………………………………………………………………（398）
二、行政事业单位会计 ……………………………………………………………………（403）
第三节 企业会计……………………………………………………………………（411）
一、工业企业会计……………………………………………………………………（411）
二、商业企业会计……………………………………………………………………（414）
第四节 会计管理……………………………………………………………………（416）
第五章 财务管理……………………………………………………………………（424）
第一节 企业财务管理……………………………………………………………………（424）
一、固定资产管理……………………………………………………………………（424）
二、流动资金管理……………………………………………………………………（429）
三、成本管理……………………………………………………………………（431）

四、利润分配……………………………………………………………（434）
第二节 行政事业财务管理…………………………………………………（438）
第三节 财政监督…………………………………………………………（447）
第六章 国有资产管理……………………………………………………（455）
第七章 政府债务管理……………………………………………………（460）
第一节 国债管理…………………………………………………………（460）
第二节 政府债务管理……………………………………………………（462）
第八章 政府控购、采购…………………………………………………（464）
第一节 控制社会集团购买力……………………………………………（464）
第二节 政府采购工作……………………………………………………（468）
第九章 会计集中核算管理………………………………………………（475）

第四编 财政改革与精神文明建设

第一章 党建工作…………………………………………………………（481）
第二章 财政改革…………………………………………………………（485）
第三章 精神文明建设……………………………………………………（491）
第四章 财政论文…………………………………………………………（498）

第五编 人 物

第一章 人物传……………………………………………………………（511）
第二章 人物简介…………………………………………………………（513）
第三章 职工名录…………………………………………………………（523）

大事记……………………………………………………………………（527）
编后记……………………………………………………………………（542）

图表目录

表 1-1　1985 年 -2015 年阳泉市城区财政收入总表 …………………………………（18）
表 1-2　1985 年 -2015 年阳泉市城区工商税完成情况表 ……………………………（27）
表 1-3　1985 年 -2015 年阳泉市城区营业税完成情况表 ……………………………（34）
表 1-4　1985 年 -1993 年阳泉市城区产品税完成情况表 ……………………………（35）
表 1-5　1985 年 -2015 年阳泉市城区增值税完成情况表 ……………………………（44）
表 1-6　1985 年 -1993 年阳泉市城区集体企业所得税完成情况表 ……………………（53）
表 1-7　1986 年 -1993 年阳泉市城区城乡个体工商业户所得税完成情况表 ……………（61）
表 1-8　1994 年 -2015 年阳泉市城区个人所得税完成情况表 …………………………（66）
表 1-9　1986 年个人收入调节税第一档次税率表 ………………………………………（67）
表 1-10　1989 年 -1993 年阳泉市城区个人收入调节税完成情况表 ……………………（68）
表 1-11　1985 年 -2015 年阳泉市城区资源税完成情况表 ……………………………（70）
表 1-12　1989 年 -2015 年阳泉市城区城镇土地使用税完成情况表 ……………………（72）
表 1-13　2001 年 -2015 年阳泉市城区土地增值税完成情况表 …………………………（74）
表 1-14　1985 年 -1993 年阳泉市城区建筑税完成情况表 ……………………………（75）
表 1-15　1992 年 -2003 年阳泉市城区固定资产投资方向调节税完成情况表 ……………（77）
表 1-16　1985 年 -1993 年阳泉市城区国营企业奖金税完成情况表 ……………………（78）
表 1-17　1986 年 -1993 年阳泉市城区集体企业奖金税完成情况表 ……………………（79）
表 1-18　1985 年 -2015 年阳泉市城区城市维护建设税完成情况表 ……………………（82）
表 1-19　1994 年 -2015 年阳泉市城区房产税完成情况表 ……………………………（85）
表 1-20　1994 年 -2015 年阳泉市城区车船使用税完成情况表 …………………………（90）
表 1-21　1990 年 -2015 年阳泉市城区印花税完成情况表 ……………………………（92）
表 1-22　1996 年 -2004 年阳泉市城区屠宰税完成情况表 ……………………………（94）
表 1-23　1991 年 -2015 年阳泉市城区企业收入完成情况表 …………………………（108）
表 1-24　1985 年 -2015 年阳泉市城区其他收入完成情况表 …………………………（109）
表 1-25　1999 年 -2015 年阳泉市城区行政性收费分部门完成情况表 …………………（112）
表 1-26　1990 年 -2015 年阳泉市城区教育费附加征收情况表 …………………………（114）
表 1-27　1993 年 -2015 年阳泉市城区排污费征收情况表 ……………………………（116）
表 1-28　1985 年 -2015 年阳泉市城区契税完成情况表 ………………………………（122）
表 2-1　1985 年 -2015 年阳泉市城区财政支出分类情况表 ……………………………（126）
表 2-2　2006 年 -2015 年阳泉市城区民生支出情况表 …………………………………（128）
表 2-3　1985 年 -2015 年阳泉市城区上解支出情况表 …………………………………（131）
表 2-4　1985 年 -2006 年阳泉市城区经济建设费支出情况表 …………………………（132）

表 2-5 2007 年 -2015 年阳泉市城区经济建设费支出情况表 ……………………………（133）
表 2-6 1986 年 -2006 年阳泉市城区基本建设支出情况表 ……………………………（138）
表 2-7 1985 年 -1999 年阳泉市城区企业挖潜改造资金支出情况表 ……………………（140）
表 2-8 1985 年 -2006 年阳泉市城区科技三项费用支出情况表 …………………………（145）
表 2-9 1985 年 -2015 年阳泉市城区工交商等部门事业费支出情况表 …………………（151）
表 2-10 1985 年 -2015 年阳泉市城区城市维护费支出情况表 ……………………………（159）
表 2-11 1985 年 -1997 年阳泉市城区城镇青年下乡安置费支出情况表 …………………（160）
表 2-12 1991 年 -2015 年阳泉市城区环境保护支出情况表 ………………………………（164）
表 2-13 1985 年 -2015 年阳泉市城区文教科学卫生事业费支出情况 ……………………（165）
表 2-14 1991 年 -1995 年阳泉市城区教育经费“三个增长”情况表 ……………………（169）
表 2-15 1985 年 -2015 年阳泉市城区教育事业费支出情况表 ……………………………（176）
表 2-16 2003 年 -2015 年阳泉市城区教育队伍情况表 ……………………………………（177）
表 2-17 1985 年 -2015 年阳泉市城区文化事业费支出情况表 ……………………………（183）
表 2-18 1985 年 -2015 年阳泉市城区卫生事业费支出情况表 ……………………………（191）
表 2-19 1985 年 -2006 年阳泉市城区公费医疗经费支出情况表 …………………………（196）
表 2-20 2007 年 -2015 年阳泉市城区医疗保障支出情况表 ………………………………（197）
表 2-21 1985 年 -2015 年阳泉市城区体育事业费支出情况表 ……………………………（203）
表 2-22 1985 年 -2006 年阳泉市城区科技投入一览表 ……………………………………（209）
表 2-23 2007 年 -2015 年阳泉市城区科学技术支出一览表 ………………………………（210）
表 2-24 1985 年 -2006 年阳泉市城区计划生育事业费支出情况表 ………………………（216）
表 2-25 2007 年 -2015 年阳泉市城区人口和计划生育支出情况表 ………………………（217）
表 2-26 1985 年 -2006 年阳泉市城区党政群干部训练事业费支出情况表 ………………（218）
表 2-27 1996 年 -2015 年阳泉市城区档案事业费支出情况表 ……………………………（222）
表 2-28 1985 年 -2006 年阳泉市城区抚恤和社会福利救济事业费支出情况表 …………（223）
表 2-29 2007 年 -2015 年阳泉市城区社会保障和就业支出情况表 ………………………（224）
表 2-30 2007 年 -2015 年阳泉市城区社会保障管理事务支出情况表 ……………………（225）
表 2-31 2007 年 -2015 年阳泉市城区民政管理事务支出情况表 …………………………（225）
表 2-32 1985 年 -2006 年阳泉市城区烈军属复员退伍军人补助费支出情况表 …………（235）
表 2-33 1985 年 -2006 年阳泉市城区社会福利救济事业费分项支出情况表 ……………（239）
表 2-34 1985 年 -2006 年阳泉市城区行政事业单位退休退职费支出情况表 ……………（241）
表 2-35 1998 年 -2015 年阳泉市城区社会保障补助支出情况表 …………………………（246）
表 2-36 1996 年 -2015 年阳泉市城区行政事业单位离退休支出情况表 …………………（248）
表 2-37 2007 年 -2015 年阳泉市城区就业补助支出情况表 ………………………………（250）
表 2-38 1998 年 -2015 年阳泉市城区残疾人事业支出情况表 ……………………………（253）
表 2-39 1998 年 -2015 年阳泉市城区城市居民最低生活保障补助支出情况表 …………（256）
表 2-40 1985 年 -2006 年阳泉市城区其他民政事业费支出情况表 ………………………（257）
表 2-41 1985 年 -2015 年阳泉市城区行政管理费支出情况表 ……………………………（259）

表 2-42 1985 年 -2006 年阳泉市城区行政实际支出情况表 ……………………………………… (260)
表 2-43 2006 年阳泉市公务员职务工资标准表 ……………………………………………………… (264)
表 2-44 2006 年阳泉市公务员级别工资标准表 ……………………………………………………… (265)
表 2-45 阳泉市事业单位各岗位(职务、技术等级)核定绩效工资总量参考标准 ………… (266)
表 2-46 2003 年 -2015 年阳泉市城区财政供养人数 …………………………………………… (267)
表 2-47 阳泉市事业单位各岗位离休人员及新中国成立前参加工作退休老工人补贴标准 …… (273)
表 2-48 阳泉市事业单位各岗位(职务、技术等级)退休人员补贴标准表 ………………… (273)
表 2-49 2006 年 -2015 年阳泉市城区一般公共服务支出明细表 ……………………………… (283)
表 2-50 1985 年 -1990 年阳泉市城区公检法司支出情况表 ……………………………………… (288)
表 2-51 1991 年 -2006 年阳泉市城区公安安全支出情况表 ……………………………………… (288)
表 2-52 1991 年 -2006 年阳泉市城区人民法院支出情况表 ……………………………………… (294)
表 2-53 2007 年 -2015 年阳泉市城区人民法院支出情况表 ……………………………………… (294)
表 2-54 1991 年 -2006 年阳泉市城区人民检察院支出情况表 …………………………………… (297)
表 2-55 2007 年 -2015 年阳泉市城区人民检察院支出情况表 …………………………………… (298)
表 2-56 1991 年 -2006 年阳泉市城区司法局支出情况表 ………………………………………… (302)
表 2-57 2007 年 -2015 年阳泉市城区司法局支出情况表 ………………………………………… (302)
表 2-58 1985 年 -2015 年阳泉市城区其他支出类支出情况表 …………………………………… (304)
表 2-59 2011 年阳泉市城区前十位纳税大户纳税情况表 ………………………………………… (316)
表 2-60 2012 年阳泉市城区前十位纳税大户纳税情况表 ………………………………………… (316)
表 2-61 2013 年阳泉市城区前十位纳税大户纳税情况表 ………………………………………… (317)
表 2-62 2014 年阳泉市城区前十位纳税大户纳税情况表 ………………………………………… (317)
表 2-63 2015 年阳泉市城区前十位纳税大户纳税情况表 ………………………………………… (318)
表 2-64 1985 年 -2006 年阳泉市城区其他部门事业费支出情况表 …………………………… (322)
表 2-65 1985 年 -2015 年阳泉市城区其他杂项支出情况表 ……………………………………… (323)
表 3-1 超收奖及分档奖计算办法奖励比例 ………………………………………………………… (334)
表 3-2 中央、省、市、县、区财政体制改革税收分享比例一览表 …………………………… (337)
表 3-3 阳泉市城区接受 6 所学校资产财务关系划转批复表 …………………………………… (354)
表 3-4 区级财政支出管理绩效综合评价内容表 …………………………………………………… (361)
表 3-5 2004 年 -2010 年阳泉市城区预算外资金收入情况表 …………………………………… (393)
表 3-6 2004 年 -2010 年阳泉市城区预算外资金支出情况表 …………………………………… (393)
表 3-7 2004 年 -2015 年阳泉市城区政府性基金收入情况表 …………………………………… (394)
表 3-8 2003 年 -2015 年阳泉市城区政府性基金支出情况表 …………………………………… (394)
表 3-9 1993 年阳泉市城区行政事业单位包干经费压缩指标 …………………………………… (442)
表 3-10 2007 年 -2015 年阳泉市城区政府采购资金节约情况表 ……………………………… (474)
表 5-1 2015 年年底阳泉市城区财政局职工名录 …………………………………………………… (523)
表 5-2 2015 年年底阳泉市城区政府采购中心职工名录 …………………………………………… (524)

概　述

概 述

一

阳泉市城区位于阳泉市境内中部偏南，总面积 16.19 平方公里，人口近 20 万。

阳泉市城区境内原属于平定县。1947 年 5 月 2 日，阳泉解放。5 月 4 日，中共晋察冀二地委将阳泉镇及附近的平潭垴、平潭街和小阳泉 3 个村由平定县划出，设立阳泉市。阳泉市城区前身为阳泉市一、二、三区，先后改称阳泉市第一区（1947.05–1949.09）、阳泉工矿区第一区（1949.09–1950.07）、阳泉工矿区阳泉镇（1950.07–1951.06）、阳泉工矿区第三区（1951.06–1952.03）、阳泉市第三区（1952.03–1953.05）、阳泉市第一区（1953.05–1956.01）、阳泉市站上区（1956.01–1957.08；1963.02–1969.01），1969 年 1 月迄今，称为阳泉市城区。下辖 6 个街道，46 个社区。

阳泉市城区历史悠久，距今 10 万年以上，境内就有人类活动。唐虞夏商时代，境内属古冀州地域。周定王十六年（公元前 453），韩、赵、魏三家分晋，境内属晋国赵氏领地（赵国前身）。周敬王二十三年（公元前 497），晋卿赵简子筑平潭城，遗址在今阳泉市城区的古城（亦称平潭城），境内属晋国赵氏领地（赵国前身）。秦始皇二十六年（公元前 221），秦统一全国，境内属太原郡。西汉时期（公元前 206– 公元 25），置上艾县，隶属太原郡，境内属上艾县。北魏太平真君九年（448），废上艾县；昌孝年间（525–527），复置上艾县，又改称石艾县，隶属并州乐平郡，境内属石艾县。唐天宝元年（742），改石艾县为广阳县，境内属广阳县。北宋太平兴国二年（977），以镇州广阳寨建平定军；四年，置并州，改广阳县为平定县，隶属平定军，境内属平定县。金大定二年（1162），平定军改为平定州，平定县为其属县，境内属平定县。元，平定州隶属太原路；至元二年（1265），境内属平定州。清雍正二年（1724），平定州升为山西省直隶州，境内属平定州。清光绪三十一年（1905），7 月，正（正定）太（太原）铁路铺设到平潭街，拟设平潭站；翌年九月，将该站东移 2.5 公里，设立阳泉站并通车运行，境内属平定州。民国元年（1912），平定废州设县，境内属平定县。

1947 年 5 月，阳泉解放并设市，全市周边长约 25 公里，东西长 5.8 公里，南北宽 41.5 公里，拥有 39 条街巷，辖区面积 12.23 平方公里，人口 1.7 万人。阳泉成为中国共产党在夺取全国胜利之前创建的第一座人民城市。至此，“中共创建第一城”在境内诞生。

阳泉解放建区后，阳泉市第一区（城区前身）按照中共阳泉市委的要求，以党政联合形式公布保护工商业政策，选出委员参加市工商联合会。由于阳泉工矿区第一区（城区前身）区委制定并贯彻保护工商业的措施，到 1949 年底区属工商业在生产规模、经营方式上都有不同程度的发展，其中经营棉布业 120 户、百货业 84 户、杂货业 194 户、粮食业 120 户、成衣业 220 户。公营企业有正太煤铁公司、宏阳商店、粮食公司、油脂公司 4 家，私营企业有晋丰、宏兴、红烛作坊、肥皂作坊等

10余家，全区经济以稳步增长、逐渐繁荣的局面迎接新中国的成立。

二

阳泉市城区（城区前身）财政是随着历史朝代的更迭、社会的进步和经济的发展而不断发展变化的。新中国成立前，历代封建王朝的田赋、徭役、苛捐、杂税等，皆取之于广大劳苦大众，用于统治阶级政权、帝王将相、各级官吏的挥霍享用。新中国成立后，废除了生产资料私有制，人民当家做了主人，在中国共产党的领导下，把广大人民群众的根本利益放在首位，以经济发展促进收入增加，不断满足人民群众日益增长的物质需要和精神文化需要为归属，成为“取之于民，用之于民”的社会主义新型财政。

阳泉市城区（城区前身）的赋税向以田赋、丁役为大宗，另有少量的工商课税。自唐初高祖定“租、庸、调”法，唐朝中叶杨炎推行“两税法”，至明朝一直沿用此法。封建统治者对财政严格实行中央集权的统收统支，赋税征缴均由朝廷确定。明洪武年间先后编制了赋役黄册和鱼鳞图册，以图册为径，土地有归属；以黄册为纬，赋役有对象，使赋役税制更加完善严密。明代中叶以后，由于“两册”（图册、黄册）涂改不实，赋役苛重，使原税制无法实行。万历九年（1581年），张居正在全国推行“一条鞭法”，凡额办、派办、京库、岁需、留存、供亿诸费以及土贡方物等悉并为一条，皆计亩征银，折办于官。“一条鞭法”的实行，改变了沿用近2000年的赋、役平行征收的形式，促进了实物税向货币税的转变。

清前期，辖区开征的工商税种有商税、契税、酒税、当税、牙税。清政府内忧外患，割地赔款，财政支出浩繁，靠正常年景的地丁、徭役收入已无济于事，财政收支向地方自筹自用的分权管理发展。民国时期国民党阎锡山军队进驻辖区，开征田赋、契税、厘金、矿税、牲畜税、牙税、当税、统税、所得税、营业税、特产税、屠宰税、烟酒费、煤厘、邮寄包裹税和正太铁路火车捐等。

民国26年（1937年）10月29日，日军攻占平定城，30日占领晋东重镇阳泉，境内成为沦陷区。日伪政府设立伪统税局与营业税局两套征收机构，先后开征统税、烟酒税、印花税、所得税、营业税、特产税、牲畜税、屠宰税、牙税、斗捐、房捐、煤捐等，并肆意增加征税品目，提高税率，对沦陷区群众进行疯狂掠夺。据不完全统计，民国28年–31年（1939年–1942年），日伪政府在平定、盂县、辖区等沦陷区掠夺田赋、税捐达122.63万元（准币）。

1947年5月阳泉解放建区后，全国正处于解放战争的决胜阶段，阳泉市第一区（城区前身）财政工作的首要任务是支援前线，先后开征烟税、工商所得税、交易税、临时营业税、屠宰税、货物税、酒税、矿业税和薪级工资所得税，为巩固革命政权、支援全国解放做出了贡献。

三

阳泉市城区（城区前身）历届区委、区政府高度关注财政工作。在领导经济工作的同时，十分注重财政建设，坚持“经济决定财政，财政来源于经济”的方针，努力运用财政手段调控和稳定经济，充分发挥财政在国民经济发展与分配体系中的重要地位和作用。

1950年，阳泉工矿区第一区（城区前身）执行政务院颁布的《关于统一国家财政经济工作的决定》，按照要求清理党政机关编制，严格财政收支和现金管理，从根本上制止通货膨胀，努力实现财政收支平衡。后统一全区贸易，统一物资调拨，确保重要物资由分散状态到集中管理，为稳定物价提供物资保证。采取上述措施后，全区市场秩序稳定。

“一五计划”时期（1953 年 –1957 年），工业化建设成为新中国第一个五年计划的中心。随着国民经济恢复任务的完成，阳泉市第一区（城区前身）领导全区人民及时将经济建设重点转移到社会主义工业化轨道上来，在全区掀起大规模工业建设热潮。同时按照“农、轻、重”顺序合理安排国民经济计划和财政预算，兼顾“国家、生产单位和个人”三方面利益，有效发挥地方、企业和生产者个人的工作积极性。

1963 年，阳泉市站上区（城区前身）深入学习贯彻落实中共中央提出的“调整、整顿、充实、提高”八字方针，使国民经济的主要比例关系基本协调。从是年 10 月开始，认真贯彻执行“以农业为基础、以工业为主导”的发展国民经济总方针，按照解决吃穿用，加强基础工业等顺序开展工作，使该时期的工农业生产有较大发展。

进入 20 世纪 70 年代，阳泉市城区经济有新的转机。广大干部职工克服厂房少、技术差、设备旧、资金不足等不利因素，想方设法办企业，形成区社办企业、学校办工厂、全民办企业的局面。1971 年，全区工业总产值完成 249.4 万元，比 1970 年增长 1 倍多。1977 年，全区工业总产值为 754.67 万元，为 1971 年的 3.04 倍。

中共十一届三中全会以后，阳泉市城区区委、区政府找准城市中心区的职能定位，牢牢以经济建设为中心，抓住经济结构调整主线，逐步确立“调整优化第二产业，提升创新第三产业，放手发展非公有制经济”的工作思路，使全区基本实现经济发展的重点由工业向第三产业转变，经济工作的视野由区属经济向区域经济转变，经济工作的重心由产值规模向质量效益转变，指导经济工作的方式由较多干预企业生产经营向引导、协调、服务、监管转变，经济工作的着力点由“就经济抓经济”向优化发展环境转变的“五个转变”。

然而，在阳泉市城区经济建设发展历程中，同样遇到“财政体制”未理顺带来的问题，诸如：在收入方面，政府投入与收益不匹配，难以实现可持续发展；在支出安排方面，政府缺乏必要的决策权，只能听凭于上级部门安排，难以实现战略转型；在政府行政作为方面，缺乏必要的财力保证，难以发挥一级政府当家理财的积极性；通过发展生产所增加的税收，对增加本区可支配财力十分有限，压抑地方政府大力发展生产的积极性。该种矛盾的长期存在，阻碍了城区经济发展步伐，亟须建立独立的财政体制，发挥自身调控经济、稳定社会的积极作用，用新的财政管理方式和经济调节手段努力加快发展。

1984 年 10 月 20 日，中共中央发出《关于经济体制改革的决定》，要求各级地方政府在生产发展、经济效益提高、国家财政收入稳定增长的前提下，充分调动一切积极因素，实行国家、集体、个人一起上的方针，努力实现中共十二大确定的总路线和总目标。阳泉市城区广大干部群众认真学习这一决定，结合中共十一届三中全会以来社会主义建设的伟大成就，进一步振奋精神，增强建设社会主义四个现代化的信心。

1985 年，经过多方反映和不懈努力，阳泉市人民政府批准城区建立一级财政体制，将城区政府发展经济、稳定社会、通过自主调配自有财力促进经济发展的职责融为一体，为以后的经济社会及各项事业发展奠定基础。到年底全区完成财政收入 909.7 万元。

“七五”期间（1986 年 -1990 年），阳泉市城区财税部门坚持中共十二大确定的总路线，认真贯彻“发展经济、保障供给”的财政经济总方针，开展社会主义劳动竞赛，大力组织收入，为较多积累资金，建设四个现代化服务。在支持经济发展方面，努力为扩大企业自主权、推行厂长（经理）负责制和承包责任制提供财力支持，使企业焕发出生机和活力。1988 年至 1990 年，三年总计完成工业总产值（营业收入）8619 万元，比承包前 3 年提高 146.6%；实现利润 579 万元，比承包前 3 年提高 124.7%。“七五”期间，到年底全区共完成财政收入 7685.8 万元。

“八五”期间（1991 年 -1995 年），阳泉市城区按照“抓大放小、三改一管、综合配套、整体推进”的改革思路，在转换机制、结构调整、重组兼并、科技进步等方面取得实质性进展。主要表现：以分税制为核心的新财政体制已基本建立，普遍推行全员劳动合同制，现代企业制度已初见成效。在此期间，城区区委、区政府把发展规模经济，发挥规模效益作为调整产业、产品结构的方向，先后三次对企业组织结构进行大胆改组，吸收 5 个区外企业，进行技术改造 20 项，开发新产品 9 项，完成投资额 4250 万元，相当于“七五”期间的 3 倍多。“八五”期间，全区工业总产值每两年翻一番。1994 年，突破亿元大关，发展速度列阳泉市各县区之首。“八五”期间，全区财政总收入共计完成 15947 万元，较“七五”期间增长 1.07 倍。

“九五”期间（1996 年 -2000 年），面对艰难复杂的国际、国内经济环境，阳泉市城区区委、区政府认真贯彻落实中共十五大和十五届四中、五中全会精神，团结和带领全区人民不断解放思想，转变观念，认真实施“调整优化第二产业，突出提升第三产业，放手发展非公有制经济”的发展思路，使全区经济建设和社会发展取得显著成效。到 2000 年年底，全区第三产业营业额达到 11.01 亿元，比 1995 年增长 5.35 倍，年均增长 44.7%；非公有制经济纳税额达到 2876 万元，占全区财政总收入的 42.8%。“九五”期间，全区财政总收入共计完成 30103 万元，较“八五”期间增长 88.77%。

“十五”期间（2001 年 -2005 年），阳泉市城区按照“围绕一个主题，突出一条主线，抓好两个重点，推进三个创新，实现五个目标，培育五大产业”的总体思路，促进全区经济持续快速健康发展和各项社会事业全面进步。其间，以小阳泉旧区改造为龙头，加快房地产业及相关行业发展；以税源经济为中心，大力发展各类中介类第三产业；积极扶持非公有制经济，做好抓重点、抓大户工作；扶优扶强、扶困解危，大力推动区直工业企业产品升级、结构优化；对有条件实施“退二进三”的区直企业，分别采取“全部退、部分退、人员退”的方式，逐步向第三产业转移；对区属骨干企业重点构建电机、饮料两大集团，使其成为全区工业企业的龙头，带动全区工业企业的提档升级和规模经营。“十五”期间，全区财政总收入共计完成 53483 万元，较“九五”期间增长 77.67%。

“十一五”期间（2006 年 -2010 年），阳泉市城区坚持以“小城区要有大作为、小舞台上演大剧目”之城区精神，团结和带领全区人民求城区发展之真，务城区发展之实，综合实力跃上新台阶，主要经济指标实现翻番。出台《加快服务业发展的实施意见》，加快下站桃南路和北大街桃北路两大商贸中心建设力度，推动全区服务业迅猛发展。到 2010 年年底，全区商业面积达到 120 多万平方米，较“十五”末增加 70 多万平方米；服务业增加值完成 75 亿元，占全区 GDP 的比重达到 80.1%；实现税收 31495 万元，占到全区财政总收入的 74.95%。“十一五”期间，全区财政总收入共计完成 159398 万元，较“十五”期间增长 1.98 倍。

“十二五”期间（2011 年 -2015 年），阳泉市城区重点做强第三产业，牢牢把握“走向、结构、布局、领域、规模、理念、资本、消费、市场”十八字要求，组建一批以资本为纽带的紧密型、以市场为关联的松散型农工贸集团，改造提升传统生活型服务业，加快发展生产型服务业，着力实现“九转九统一”，努力形成具有较强辐射力的“三产强区”发展模式，让发展成果体现在提高人民生活水平上，体现在人的全面发展上。“十二五”期间，全区财政总收入共计完成247016万元，较“十一五”期间增长54.97%。

四

纵观阳泉市城区（城区前身）财政的发展历程，历届财政领导班子坚持团结广大干部职工，在贯彻落实国家各项财政政策和改革措施方面求真务实、开拓创新，小财政要有大作为，一届接着一届干。阳泉市城区财政的工作成果主要表现：

财政总收入增幅较大，财政实力日益增强。阳泉市城区建立一级财政以来，领导班子调整4次，狠抓收入的思想不放松。城区政府坚持同财税部门签订工作目标责任书，把全年任务分解落实到基层和个人。制定对财税部门组织地方财政收入的鼓励办法，调动财税干部组织收入的积极性，保证收入及时足额入库。城区政府及时批转城区财政局《关于对区级行政事业单位实行综合财政管理的意见》，将应缴财政的各项收入与财政拨款实行综合挂钩，保证区级各项收入足额入库。为使财政收入达进度，城区党政领导经常深入基层，现场办公，分析税源，解决困难，协调关系，不断优化财税部门组织收入环境。克服以往松懈现象，从每年一月开始就及时跟踪税源，做到应征必征。坚持大税小税一齐抓，主干税收与零散税收一起征的办法，使税收按进度完成。加大稽查力度，坚持开展专项检查，加强对欠税的清理，严厉打击偷税、漏税、抗税等不法行为，抓紧清缴罚没收入和行政性收费，圆满完成每年的征收任务。1985年，城区组织财政收入909.7万元；“七五”期间，财政收入共计完成7685.8万元，年均1537.16万元；“八五”期间，财政总收入共计完成15947万元，年均3189.4万元；“九五”期间，财政总收入共计完成30103万元，年均6020.6万元；“十五”期间，财政总收入共计完成53483万元，年均10696.6万元；“十一五”期间，财政总收入共计完成159398万元，年均31879.6万元。“十二五”时期，财政总收入共计完成247016万元，年均49403.2万元。由上述数据可以看出，“六五”期末的1985年，城区财政收入接近1000万元；“七五”期间，年均1500余万元，增长约50%；“八五”期间，年均3000余万元，较“七五”期间增长约1倍；“九五”期间，年均约6000余万元，较“八五”期间增长约1倍；“十五”期间，年均超过1亿元，较“九五”期间增长约70%；“十一五”期间，年均超过3亿元，为“十五”期间的3倍；“十二五”期间，年均实现4.94亿元，为“十一五”期间的1.65倍。可见，“十一五”期间财政总收入增幅较大。

优化财政支出结构，管控财政支出规模。阳泉市城区财政建立以来，始终坚持适度从紧的财政政策，严格执行《中华人民共和国预算法》，进一步规范预算追加程序。对正常经费实行定额管理，按“统一标准、单位测算、财政审核、审计监督、政府通过、人大审批”的办法核定。要求用款单位坚持一支笔审批制度，在节减公务费、购置费、修缮费等方面取得明显效果。按照“调整结构、加强管理、压缩一般、确保重点”的方针，从改进管理入手，积极采取措施，努力节约资金，从严控制预算追加，大力压缩公用经费，制定和实施车辆定点维修，印刷费、接待费、会议费等支出管理办法，取得明显效果。在严格控制支出规模的同时，认真执行“有保有压、突出重点”的支出原则，不断优化支出结构，做到保基本工资发放、保科教投入增加、保政法支出到位、保社会保障工作正常开展、保财政收支平衡。城区财政还通过改革的方式，努力控制财政支出。逐步推进预算信息公开，以此与新《中华人民共和国预算法》接轨，坚持一般不追加预算，增强预算刚性约束，进一步明确预算部门的主体责任；加强政府采购预算执行管理、财政结余结转资金管理、存量资金管理；强化“三公经费”及财政供养人员管理，建立“三公经费”管理长效机制；严格政府性债务管理，切实履行财政职能，加大财政保障力度，使财政改革沿着正确、有序、协调的轨道推进。1985 年为“六五”期间的最后一年，城区财政支出 306.6 万元。“七五”期间，财政支出 4203.4 万元，年均支出 840.68 万元，为 1985 年的 2.74 倍；“八五”期间，财政支出 10668.9 万元，年均支出 2133.78 万元，为“七五”期间的 2.54 倍；“九五”期间，财政支出 19633 万元，年均支出 3926.6 万元，为“八五”期间的 1.84 倍；“十五”期间，财政支出 37682 万元，年均支出 7536.4 万元，为“九五”期间的 1.92 倍；“十一五”期间，财政支出 126234 万元，年均支出 25246.8 万元，为“十五”期间的 3.35 倍；“十二五”期间，财政支出 232242 万元，年均支出 46448.4 万元，较“十一五”期间增长 83.98%。由此看出，“十一五”期间，城区财政支出增长较快。

加强财政管理，拓宽理财领域。阳泉市城区大力宣传和积极贯彻《山西省预算外资金管理条例》，制定符合城区实际的票据管理办法，进一步抓紧预算外资金专户储存工作，使全区实现专户储存全覆盖。认真开展《山西省预算外资金管理条例》执行情况专项检查，为全面加强预算外资金管理打下良好基础。在深化财政改革方面，以深化预算制度改革为重点，全面推行财政改革进程，严格执行“零基预算”方法，统一预算内外标准，细化预算编制方法。进一步规范政府采购行为，出台相关配套办法，建立政府采购专家库，有效节省财政资金。在财政改革方面，围绕改进预算管理制度、建立事权和支出责任相适应的财政管理办法，努力实施全面规范、公开透明的预算制度。主要表现：科学界定公共财政、政府性基金、社保基金等预算的功能范围，构建全口径预算体系，增强财政资金统筹调控能力；改进预算控制方式，将审核预算的重点由平衡状态向支出预算和功能拓展，进一步硬化预算约束；建立跨年度平衡机制，实行中期预算管理，增强财政发展的可持续性；清理规范重点支出挂钩事项，统一预算分配权限，解决财力分配固化问题；完善预决算公开机制，提高预算透明度，使所有使用财政拨款的部门、所有使用财政资金安排的“三公”经费支出，均向社会公开。

加强法制财政建设，提高依法理财水平。阳泉市城区财政以推进“创新财政、发展财政、公共财政、法制财政”建设为核心，着力构建财政决策科学民主、收支活动依法合规、财政管理公开透明、内外监督有效覆盖的公共财政管理体系。在依法理财方面，不断加强财政监督，确保财政决策权力在阳光下运行。在财政监督方面，通过转变财政监督方式，由事后检查为主向事前审核、事中控制为主转变，建立健全常态化、全过程的财政监督机制，形成“决策有执行、执行有监督、监督有反馈、反馈促决策”的良性互动局面，确保财政支出发挥应有的效益，确保各项惠民政策真正落到百姓头上。在政务公开方面，自觉接受城区人大、政协等部门的监督和公众、新闻媒体的舆论监督，强化信息公开，及时准确公开财政最新政策，进一步深化部门预算公开，明确部门预决算信息公开责任、界定范围，构建起全方位、多层次、立体化的财政监督体系。

努力建设一支高素质的干部队伍。阳泉市城区财政党支部始终坚持狠抓党的思想建设和组织建设，使全局职工始终保持蓬勃向上的斗志，努力克服前进路上的障碍，不断取得新的胜利。在党的建设方面，明确要求把机关党建工作摆在重要位置，认真落实党建工作责任制，做到认识到位、措施到位、保障到位，努力提高党建水平。在党建工作中强化中心意识、质量意识，让党建工作体现时代性、把握规律性、富于创新性，努力建设一流队伍，培育一流作风，创造一流业绩。在党风廉政建设方面，严格落实党风廉政建设责任制，按照领导、责任、考核、追究、制度、奖惩“六到位”要求，形成局长负总责，分管领导各负其责，班子成员齐抓共管的工作机制，每个班子成员都负有抓好和配合党风廉政建设工作的具体内容和量化要求，进一步完善党风廉政建设考核办法。结合建立健全教育、制度、监督并重的预防和惩治体系，将属于财政部门负责的专项检查、财政管理制度改革以及加强内部党风廉政建设等工作逐一分解落实，明确责任以及工作时限，定期通报检查情况。制定党风廉政建设“十项制度”和财政干部“十个不准”要求，使全体财政干部职工廉洁从政意识不断增强，服务水平大幅提高。

迈入“十三五”时期，阳泉市城区经济提质增效、社会和谐稳定的任务十分繁重，做好财政工作对于经济社会发展具有十分重要的意义。城区财政全体干部职工将按照城区区委、区政府的决策部署，紧紧抓住经济社会发展特别是财政运行中的关键环节和突出问题，加大财政资金统筹使用力度，牢固树立紧日子当平常日子过的思想，履职尽责，奋力作为，努力实现“十三五”时期经济社会发展的良好开局，为实施三产强区、创新活区、环境靓区、惠民富区“四大战略”，加快转型升级，建设生态、智慧、宜业、宜居的幸福城区，高质量高水平地全面建成小康社会而努力奋斗。

第一编

财政收入

财政收入，也称“岁入”。包括两重含义：（1）财政活动的结果，即政府所取得的货币收入，表现为一定数量的资金。（2）财政活动的过程，即政府取得财政收入的活动。财政收入是政府为满足社会公共需求，凭借政治权力，通过一定形式，把各级经济组织和劳动者创造的一部分纯收入集中起来所形成的国家财政资金，包括预算收入和预算外收入。

组织财政收入必须遵循以下原则：（1）发展经济、广开财源、增加收入的原则。即组织财政收入时，必须从发展经济出发，提高经济效益，扩大财政收入来源，增加国家财政收入；必须讲究生财之道。财政部门应正确发挥财政收入对国民经济的调节作用，促进生产资源在国民经济各部门之间合理流动和优化配置。财政部门应促进企业加强财务管理，避免资源损失与浪费，提高资源的利用率；（2）兼顾国家、生产单位和个人三者利益的原则。在组织财政收入时，必须从实际出发，按照物质利益规律办事，正确处理好国家、生产单位和个人三者在利益上的分配关系，使国民收入积累和消费保持适当的比例。（3）坚持公平与效率兼顾的原则。国家财政收入的取得，要使各个收入缴纳者承担的负担与其经济状况相适应，使各个收入缴纳者之间的负担水平与负担能力协调一致，保持均衡态势。

第一章　财政收入发展状况

财政收入的历史源远流长。

明代土田之制，分为两种，即官田、民田。由于元代战乱，版籍多亡，田赋无凭，太祖朱元璋即位，遣周铸核实田亩，定其赋税。洪武三年（1370），命户部稽录天下户口，每户给以户帖。洪武十四年（1381）令全国郡县编造赋役黄册。以户为主，每户在统一颁发的清册供单上登记本户籍贯、丁口、姓名、年龄、宅园、田产。规定农村每110户为一基层行政单位，称之为里，一里之中，推荐丁（人头税）、粮（田赋）最多的10户轮流值任里长（里正）。里长负责征派赋役，记录人口出入增耗和管区治安等。每10户为一甲，设甲首1人，10个甲首分别协助里长工作。里长将110份登记好的清册供单，按各户丁粮多少依次排队，汇编成册。居住在一里之中的鳏寡孤独等不服役户，附于10甲之后，称为畸零。僧、道户有田者，同民户一样入甲，无田者亦为畸零。另按旧管、新收、开除、实在之式，详具户口、丁、粮增减情况，且于册首示以图表。黄册一式四份，分别呈县、府、布政司、户部。因送户部的簿册表以黄色封面，故称黄册。境内当时归平定州管辖，所编里数不详。以后每10年更造一次，视各户丁、粮增减情况，升降户口等次，以均赋役。洪武二十年（1387），又编造以管理土地为主，附注田主姓名、田亩、土质、四邻的鱼鳞图册，一式四份，分存于户部、布政司、府、县衙门。因图册上所绘田亩依次排列，象鱼鳞一样，故称鱼鳞图册。于是以鱼鳞图册为径，土地有归属；以赋役黄册为纬，赋役有对象。黄册与鱼鳞图册相互参照印证，限制了平民荫丁隐产和豪强霸产避税。里甲初设时仅任传达公事、催征粮税，后来凡官府祭祀、宴食、营造、馈送等费均由里甲供应，从而成为明代三大徭役（里甲、均徭、杂泛）之一。

洪武三年（1370），当时平定州在州治下城十字街设立税课司，掌管税收及税契，相沿至清代。

洪武二十二年（1389），为营建宗庙，集天下之工匠于京师，匠分住坐和输班、住坐月上工20日，不赴班者输班银，每月6钱，此为匠价银之始。

清初，课征以农业的赋税，仍沿用明代“一条鞭法”。课征于田的称“地粮”，课征于丁的称“丁银”，实行赋随丁增。康熙五十一年（1712），为鼓励增加人口发展生产，并固定丁口和赋税的实额，规定以康熙五十年（1711）钱粮册人丁数为课征常额，其后新增人丁不再征税。后因人丁生死流转不易管理，有丁银难摊之弊，遂执行摊丁入亩。

民国16年（1927年）后，国民政府统一财政，整理税制，整理公债，整理国库，进行一次中国近代以来大规模的财政、税收改革。

抗战时期，抗日经费的供给，都是由人民的赋税及军队和工作人员自己的生产来解决的，以此支持抗日战争，打败敌人。

阳泉市解放后，阳泉市第一区（城区前身）于1948年6月设立财粮助理，负责管理财务和粮食的调拨、分配工作。

新中国成立后，阳泉市城区（城区前身）改造旧街巷，建设新城区，发展生产，移风易俗，取得巨大的成就。特别是中共十一届三中全会以来，全区人民锐意改革，团结奋进，在社会主义物质文明和精神文明建设中，不断开创新局面。但是，当时财政体制未下放，城区财政处于统收统支的大锅饭状态，财政收支如何，与城区政府关系不大，阻碍城区政府发展生产、增收节支的积极性。

阳泉市城区财政工作以 1985 年为界，在 1985 年以前，城区财政归属于市财政所属的报账单位。1985 年城区确定一级财政以后，城区对财政收入、财政支出具有一定的支配权，为较快发展经济奠定扎实基础。

阳泉市城区被确定为一级财政体制之后，全区人民发展生产、壮大财源的积极性得到有效发挥。是年财政收入完成 909.7 万元，为年初任务的 136.9%，超收 245.2 万元。

1986 年，阳泉市城区预算收入任务 923 万元，实际完成 1032.3 万元，占全年任务的 111.84%，超收 109.3 万元。

1987 年，市核定城区预算任务 1095 万元，实际完成 1134.6 万元，占全年任务的 103.63%，超收 39.7 万元。

1988 年，市核定城区预算任务 1249 万元，实际完成 1445.4 万元，占全年任务的 115.7%，超收 196.4 万元。

1989 年，市核定城区财政预算任务 1539 万元，实际完成 1867.3 万元，占全年任务的 121.3%，超收 328.3 万元。

1990 年，市核定财政预算任务 2013.5 万元，实际完成 2206.2 万元，占全年任务的 109.57%，超收 102.7 万元。

1991 年，财政收入预算任务 2339.9 万元，实际完成 2373 万元，完成年度预算的 101.4%，比上年增长 7.56%。其中，工商税收完成 2300 万元，为年任务的 101.11%，增长 6.31%。

1992 年，财政收入预算任务 2563 万元，实际完成 2634.1 万元，完成年度预算的 102.78%，比上年增长 11.01%。其中，工商税收完成 2553.8 万元，为年度任务的 102.36%，增长 11.02%。

1993 年，财政收入预算任务 2915 万元，实际完成 3111.5 万元，完成年度预算的 106.74%，比上年增长 18.12%。其中，工商税收完成 2998.2 万元，为年度任务的 106.85%，增长 17.4%。

1994 年，财政总收入预算任务 3298 万元，实际完成 3445.3 万元，完成年度预算的 106.96%，比上年增长 21.85%。其中，工商税收完成 1915 万元，为年度预算的 107.51%；契税收入完成 53.5 万元，为年度预算的 183.79%；企业所得税完成 171.1 万元，为年度预算的 71.89%；其他收入完成 68.5 万元，为年度预算的 724%；专款收入完成 55.6 万元，为预算的 129.3%。

1995 年，财政总收入完成 4383 万元，为年度调整预算的 122.23%，为考核任务的 111.02%，为奋斗目标的 101.67%，比上年增长 32.15%，超预算 544 万元，超考核任务 297 万元，超奋斗目标 49 万元。其中，国税系统完成 758.7 万元；地税系统完成 1936 万元；财政系统完成 296.2 万元。

1996年，财政总收入完成5027万元，为年度调整预算的113.89%，为考核任务的110.84%，为奋斗目标的105.62%，比上年增长20.63%，绝对额超预算439.9万元，超考核任务352.9万元，超奋斗目标191.9万元。其中，国税系统完成537.5万元，为年度预算的113.16%，为考核任务的112.92%，为奋斗目标的110.37%，比上年增长16.95%；地税系统完成收入2534万元，为年度预算的103.98%，为考核任务的100.92%，为奋斗目标的95.3%，比上年增长13.37%；财政系统完成536.4万元，为年度预算的209.53%，为考核任务的200.15%，为奋斗目标的198.67%，比上年增长81.09%。

1997年，全区财政总收入完成5640万元，为年度预算的100.24%，比上年增长11.97%，增收613万元。其中，中央级收入完成1720万元，为年度预算的100%，比上年增长13.83%；地方财政收入完成4012万元，为年度预算的100.35%，比上年增长11.2%。分系统看：国税系统完成580万元，为年度预算的100.52%，比上年增长7.81%；地税系统完成2843万元，为年度预算的100.11%，比上年增长12.19%；财政系统完成589万元，为年度预算的101.38%，比上年增长9.89%。财政收入的顺利完成，在于城区区委、区政府适时调整工作思路和工作重点，把大力发展第三产业作为培育新的经济增长点来抓。全区第三产业总值达到45067万元，比1992年增长592%，仅1997年就比1996年增长104.3%，是建区以来发展最快、最好的一年。按照城区政府要求，全区6个街道都成立社区服务中心，建起各具特色的社区服务网点165个；积极支持多种经济成分共同发展，全区非公有制经济创税收1341万元，占全区地方财政收入的33.4%。

1998年，全区财政总收入提前8天超额完成任务，主要在于从年初开始阳泉市城区区委、区政府积极发展第三产业和非公有制经济，创造良好的发展环境，使非公有制经济收入占到财政收入的40%以上；根据国家法律和中央、省、市有关政策规定，调整税基和定额，做到合理、合法、科学；采取有效手段，收回旧欠，杜绝新欠；堵塞漏征、漏管户数，狠拔"钉子户"和"难缠户"；建立多种形式的协税护税网络，切实做到依法治税；城区区委、区政府齐抓共管，现场办公，及时解决存在问题，确保收入及时足额入库。财政收入指标完成情况：财政总收入完成6297万元，为年度预算的100.75%，比上年增长9.86%，其中，中央级收入完成1993万元，为年度预算的100%，增长15.87%；地方财政收入完成4304万元，为年度预算的101.1%，增长7.28%。分系统看：国税系统完成661万元，为年度预算的100.15%，增长13.97%；地税系统完成3186万元，为年度预算的101.27%，增长12.06%；财政系统完成457万元，为年度预算的101.33%。

1999年，财政总收入完成6718万元，为年度预算的101.93%，超收127万元，比上年增长4.63%，增收297万元。其中，上划中央级收入完成2076万元，为年度预算的99.81%，增长3.13%，增收63万元；一般预算收入完成4642万元，为年度预算的102.9%，超收131万元，增长5.31%，增收234万元。分系统看：国税系统完成704万元，为年度预算的102.3%，增长5.39%；地税系统完成3596万元，为年度预算的104.35%，增长8.7%；财政系统完成342万元，降低20.83%。财政收入增幅较低是因为区属企业整体素质不高，机制不活，历史包袱沉重，在财政收入的构成中所占比重越来越小；产品结构单一，缺乏市场竞争力。从全区企业的所属产业类别看，大部分属于机械、加工、食品、耐火、轻工等行业，该类行业的产品市场竞争异常激烈，而城区的这些企业规模较小，缺乏产品更新能力，无论是产量、价格，还是成本都不具备明显优势；第三产业和非公有制经济总量大，但每个个体规模小，知识含量不高，档次不高，仍主要集中在简单的商品流通和餐饮业等低水平商业层次中，影响收入较快增长。

2000年，阳泉市城区区属企业国内生产总值达到14525万元，比1995年增长86.4%，按同口径计算年均增长8.6%；财政总收入完成6718万元，比1995年增长53.3%，年均增长8.9%；全区固定资产投资累计完成21122万元，是整个“八五”时期的3.67倍。经济结构调整迈出重要步伐，第三产业和非公有制经济在全区经济总量中占比明显增大，全区第三产业营业额达到110137万元，比1995年增长5.35倍，年均增长44.7%；第三产业纳税额达到5499万元，占全区财政总收入的81.85%；非公有制经济总量达到91139万元，比1995年增长5.49倍，年均增长45.4%；非公有制经济纳税额达到2876万元，占财政总收入的42.8%。

2001年，全区财政总收入完成7373万元，为年度预算的103.32%，超收237万元，比上年增长9.75%，增收655万元，其中，上划中央收入完成2251万元，为年度预算的100.63%，增长8.43%，增收480万元。分系统完成情况：国税系统完成768万元，为年度预算的100.66%，增长9.09%；地税系统完成3991万元，为年度预算的103.93%，增长10.06%；财政系统完成363万元，为年度预算的122.64%，增长16.35%。财政收入完成较好，得益于年初城区区委、区政府制订的“在税源培植和总控上要有突破、在税收堵漏和清欠上要有突破”得到有效贯彻，即扩大税源监控范围；加强征收管理，狠抓纳税申报；实行包点责任制，加大对罚没收入监管力度；加大协税护税力度；加强支出管理，严格控制支出规模；加大预算外资金管理力度，提高管理水平；积极实行预算外资金零基预算；有收入的单位预算外资金全部纳入财政专户；结合收费许可证年检，规范票据管理，对出现的问题进行及时处理。

2002年，全区财政总收入完成8801万元，为预算的103.29%，超收280万元，增长15.89%，增收1207万元。其中，上划中央收入完成3337万元，为预算的99.94%，增长12.51%，增收371万元；上划省级收入完成1413万元，为预算的102.27%，增长14.87%，增收183万元；一般预算收入完成4051万元，为预算的106.61%，超收251万元，增长19.22%，增收653万元。财政总收入分系统完成情况是：国税系统完成3753万元，为预算的101.43%，增长16.99%；地税系统完成4620万元，为预算的104.22%，增长14.84%；财政系统完成428万元，为预算的110.31%，增长17.91%。财政收入增幅较高是因为城区政府着眼于经济结构的调整和优化，对全区工业企业进行结构性调整，把全区工业企业放在更高层次的经济体系中进行比较，以此开阔视野，对市场前景好，有望提高产品科技含量的企业进行扶持，助其发展壮大；在区直企业中通过建立现代企业制度，进行规范的股份制改造，实行国有企业与非公有制企业之间有条件地进行产权置换、资本经营、联合重组等方面有了突破；积极探索区直企业与各同类企业之间进行产权联合、销售联合，为区直企业寻找新的出路；继续大力发展第三产业和非公有制经济，优化经济环境，强化服务功能，为第三产业和非公有制经济发展创造宽松有序的发展氛围。

2003年，全区财政总收入完成10131万元，为预算的100.37%，增长15.11%，其中，上划中央收入完成3908万元，为预算的95.2%，增长11.47%；上划省级收入完成1554万元，为预算的97.61%，增长14.77%；一般预算收入完成4669万元，为预算的106.19%，增长18.47%。分系统完成情况：国税系统完成4249万元，为预算的99.98%，增长13.22%；地税系统完成5360万元，为预算的 100%，增长 16.02%；财政系统完成 522 万元，为预算的 107.85%，增长 21.96%。是年，城区立足城市中心区的比较优势，按照“调整优化第二产业、提升创新第三产业、大力发展非公有制经济”的总体思路，不断创新创优发展环境，努力培育新的经济增长点，全区国内生产总值完成 17803 万元，增长 10%；社会消费品零售总额实现 40138.7 万元，增长 10.2%；城镇居民人均可支配收入达到 6682 元；第三产业营业额完成 163718.2 万元，纳税额实现 7767.7 万元，全区经济呈现持续快速健康良好的发展态势，为财政收入突破 1 亿元大关创造条件。

2004 年，全区财政总收入完成 12150 万元，为预算的 101.59%，超收 190 万元，增长 19.93%，增收 2019 万元。其中，上划中央收入完成 4644 万元，为预算的 101.2%，增长 18.38%，增收 736 万元；上划省级收入完成 1848 万元，为预算的 98.61%，增长 18.92%，增收 294 万元；一般预算收入完成 5658 万元，为预算的 102.93%，增长 21.18%，增收 989 万元。分系统完成情况：国税系统完成 5080 万元，为预算的 100.99%，增长 19.56%，增收 831 万元；地税系统完成 6250 万元，为预算的 100%，增长 16.6%，增收 890 万元；财政系统完成 820 万元，为预算的 120.59%，增长 57.09%，增收 298 万元。在财政收入中，第三产业纳税额实现 9142 万元，增长 17.69%；一般预算收入完成 5658 万元，增长 21.18%；财政收入的按期完成使地方财力增加，提高政府对经济社会各项事业的调控能力，为推进各项改革、促进经济较快增长提供保障。是年城镇居民人均可支配收入 7898 元，增长 18.2%，较上年提高 4.2 个百分点；城镇居民人均消费支出 5160 元，增长 20.7%。由于国民经济持续健康发展，城市居民收入不断增加，提高了收入增长预期，增强了消费信心，消费倾向明显提高。

2005 年，阳泉市城区紧紧扣住第一要务，立足“三产主导、非公支撑、消费拉动、环境推动”的区域经济特点，加快结构调整，创新发展环境，积极探索新形势下发展城区经济的新路子，全区经济保持速度快、效益好、活力强的良好势头。“十五”计划确定的奋斗目标圆满完成，各项主要经济指标比城区第七次党代会提出的到 2008 年提前 2 年实现第一个翻番又提前 3 年。财政收入继 2003 年跨入全省当年新增的 28 个财政收入达亿元县区行列后，2005 年完成额比 2000 年增长 123.7%，年均增长 17.5%，社会消费品零售总额年均增长 15.2%，城镇居民人均可支配收入年均增长 14.9%。

是年，阳泉市城区财政总收入完成 15028 万元，为预算的 110.1%，超收 1379 万元，增长 23.69%，增收 2878 万元。分级次完成情况：上划中央收入完成 5602 万元，为预算的 110.23%，超收 520 万元，增长 20.63%，增收 958 万元；上划省级收入完成 2254 万元，为预算的 104.01%，超收 87 万元，增长 21.97%，增收 406 万元；一般预算收入完成 7172 万元，为预算的 112.06%，超收 772 万元，增长 26.76%，增收 1514 万元。分系统完成情况：国税系统完成 6237 万元，为预算的 111.57%，超收 647 万元，增长 22.78%，增收 1157 万元；地税系统完成 7900 万元，为预算的 109.87%，超收 710 万元，增长 26.4%，增收 1650 万元；财政系统完成 891 万元，为预算的 102.53%，增长 8.66%，增收 71 万元。

2006 年，全区财政总收入完成 18241 万元，为考核任务的 102.01%，超收 360 万元，增长 21.38%，增收 3213 万元。分级次完成情况：上划中央收入完成 7177 万元，为考核任务的 100.45%，超收 32 万元，增长 28.11%，增收 1575 万元；上划省级收入完成 2990 万元，为考核任务的 109.89%，超收 269 万元，增长 32.65%，增收 736 万元；一般预算收入完成 8074 万元，为考核任务的 100.74%，超收 59 万元，增长 12.58%，增收 902 万元。分系统完成情况：国税系统完成 8254 万元，为考核任务的 109.97%，超收 748 万元，增长 32.34%，增收 2017 万元；地税系统完成 9191 万元，为考核任务的 98.3%，短收 159 万元，增长 16.34%，增收 1291 万元；财政系统完成 796 万元，为考核任务的 77.66%，短收 229 万元，降低 10.66%，减收 95 万元。

是年，财政收入完成较好，在于强化"三城十区"（"三城"为：开放文明城、诚信服务城、繁荣和谐城；"十区"为：经济文化区、文化经济区、教育先导区、人才聚集区、税收诚信区、市民文明区、管理规范区、消费洼地区、平安和谐区、窗口形象区）理念，推动街区经济发展。仅从北大街街道办事处辖区看，发展就非常迅速。该街区共有经济单位 825 家，从经济性质看，国有单位 35 家、集体单位 38 家、私营单位 372 家、个体工商户 380 家；纳税大户集中。辖区内 10 万元以上的纳税大户共有 13 家，其中纳税额在 100 万元以上的 5 家，纳税额在 50 万 –100 万元的有 3 家，纳税额在 10 万 –50 万元的有 5 家；以餐饮住宿为主体的特色区域经济正在形成。泉中路、北大街方圆 1 公里范围内汇聚泉美、蒙古人、钱江、长江、海外海、方圆、金酷、建设宾馆、阳泉宾馆共 9 家大型餐饮企业；北冰洋大酒店、地税大楼、建设宾馆、阳泉宾馆共 4 家大型住宿企业。该类大型餐饮、住宿企业，集中全区同行业纳税总额的 60%，对全区税收的贡献作用明显。

2007 年，全区财政总收入完成 26326 万元，为预算的 123.25%，增长 44.32%，增收 8085 万元。财税部门紧紧围绕城区"十一五"时期经济社会发展的总体要求，积极稳妥地安排全年收入目标任务，立足于抓早、抓细、抓实，自加压力，奋力赶超，确保财政收入任务的圆满完成。首季财政收入增势喜人，实现开门红。第二季度提前 30 天实现收入任务过半，保持收入进度快于序时进度。到是年年底，全区财政总收入和一般预算收入累计增幅均超过 44%，财政总收入分别达到预算的 123.25%，考核目标的 115.46%，奋斗目标的 112.22%；一般预算收入分别达到预算的 135.38%，考核目标的 121.78%，奋斗目标的 117.74%。

2008 年，全区财政总收入完成 35045 万元，为预算的 112.01%，超收 3758 万元，增长 33.12%，增收 8719 万元。财政总收入分产业完成情况：第二产业税收完成 5010 万元，占财政总收入的 14.29%，增长 33.49%，增收 1257 万元；第三产业税收完成 28451 万元，占财政总收入的 81.18%，增长 36.57%，增收 7619 万元；非公有制税收完成 29527 万元，占财政总收入的 84.25%，增长 57%，增收 10720 万元。

2009 年，全区财政总收入完成 37761 万元，增长 7.75%，其中一般预算收入完成 20100 万元，增长 17.64%。财政总收入分级次完成情况：一般预算收入完成 20100 万元，增长 17.64%；上划中央收入完成 11763 万元，降低 6.63%；上划省收入完成 5898 万元，增长 10.02%。

2010 年，全区生产总值完成 93.7 亿元，增长 14%，其中第二产业完成增加值 18.7 亿元，增长 8.4%；第三产业完成 75 亿元，增长 15.6%；人均 GDP 完成 52624 元，增长 10.4%。全区财政总收入完成 42025 万元，增长 11.29%，其中一般预算收入完成 22388 万元，超收 1531 万元，增长 11.38%。财政总收入分系统完成情况：国税系统完成 14988 万元，增长 17.69%；地税系统完成 25561 万元，增长 8.11%；财政系统完成 1476 万元，增长 6.72%。

2011 年，全区生产总值 115.1 亿元，同比增长 13.3%，完成全年目标任务的 104.54%；其中第三产业增加值 92 亿元，增长 15.2%，完成全年目标任务的 100%，拉动 GDP 增长 12.48 个百分点。全区财政总收入完成 46190 万元，增长 9.91%，增收 4165 万元。其中，一般预算收入完成 24899 万元，增长 11.22%，增收 2511 万元，一般预算收入占财政总收入的比重达到 53.91%。财政总收入分行业完成情况为：制造业完成税收 1299 万元，降低 11.45%；建筑业完成税收 8053 万元，增长 53.27%；电力、燃气及水的生产和供应完成税收 947 万元，降低 6.52%；交通运输业完成税收 916 万元，降低 17.55%；批发和零售业完成税收 11588 万元，降低 2.15%；住宿和餐饮业完成税收 1837 万元，降低 9.28%；金融业完成税收 5586 万元，增长 67.05%；房地产业完成税收 6394 万元，降低 14.75%；租赁和商品服务业完成税收 495 万元，增长 25.32%；居民服务和其他服务业完成税收 3058 万元，增长 21.30%；文化体育和娱乐业完成税收 487 万元，降低 10.97%；其他行业完成税收 3012 万元，增长 36.35%。

2012 年，财政总收入完成 49645 万元，同比增长 7.48%。增收 3455 万元。其中，一般预算收入完成 27020 万元，增长 8.52%，增收 2121 万元；一般预算收入占财政总收入的比重达到 54.43%。从是年财政总收入完成情况看：税收收入完成 47947 万元，为预算的 96.47%，占财政总收入的比重为 96.58%，增长 7.43%；其中，四大主体税种（增值税、营业税、企业所得税、个人所得税）完成 38218 万元，占总收入的比重为 76.98%，占税收收入的比重为 79.71%，增长 5.55%，增收 2008 万元；其他各税完成 9729 万元，占总收入的比重为 19.60%，占税收收入的比重为 20.29%，增长 15.52，增收 1307 万元。非税收入完成 1698 万元，为预算的 106.13%，增长 8.99%，增收 140 万元，占一般预算收入的比重为 7.28%，占财政总收入的比重为 3.42%。

2013 年，财政总收入完成 52562 万元，增长 5.88%。财政总收入分系统完成：国税系统完成 16698 万元，同比降低 0.65%；地税系统完成 34029 万元，增长 8.07%；财政系统完成 1835 万元，增长 10.10%。财政收入分级次完成情况：上划中央收入完成 15358 万元，降低 2.54%；上划省级收入完成 7455 万元，增长 8.58%；公共财政预算收入完成 29749 万元，增长 10.10%。

2014 年，全区财政总收入完成 50850 万元，较上年降低 3.26%，其中，工商税收完成 21492 万元，降低 10.00%；契税完成 2204 万元，增长 95.04%；企业收入完成 3380 万元，增长 16.03%；其他收入完成 1301 万元，降低 29.06%；一般预算收入完成 28377 万元，降低 4.61%；上划中央收入完成 15443 万元，增长 0.55%；上划省收入完成 7030 万元，降低 5.70%。

2015 年，全区完成地区生产总值 152.0 亿元，同比增长 1.0%；实现工业总产值 16.8 亿元，下降 22.1%；全社会固定资产投资完成 33.1 亿元，增长 4.4%；社会消费品零售总额完成 158 亿元，增长 3.9%。在工业生产增速放缓的情况下，全区财政总收入完成 47769 万元，下降 6.06%；一般公共预算收入完成 27299 万元，下降 3.80%。

1985 年 –2015 年的 31 年，阳泉市城区共计完成财政总收入 463692.5 万元，年均递增 14.11%；其中，一般预算收入共计完成 258685.5 万元，上划中央收入共计完成 146691 万元，上划省收入共计完成 58316 万元。

1985年-2015年阳泉市城区财政收入总表

表1-1 单位：万元

年 份	工商税收	农业税收（契 税）	企业收入	其他收入	一般预算收 入	上划中央收 入	上划省收入	财政总收入
1985	906.9	0.1	——	2.7	909.7	——	——	909.7
1986	1025.9	0.2	——	6.2	1032.3	——	——	1032.3
1987	1118.1	0.1	——	16.4	1134.6	——	——	1134.6
1988	1413.0	0.2	——	32.2	1445.4	——	——	1445.4
1989	1823.2	0.7	——	43.4	1867.3	——	——	1867.3
1990	2163.6	——	——	42.6	2206.2	——	——	2206.2
1991	2300.4	0.7	2	70.0	2373.1	——	——	2373.1
1992	2553.8	0.7	20.3	59.3	2634.1	——	——	2634.1
1993	2998.3	5.2	30.9	77.1	3111.5	——	——	3111.5
1994	1914.9	53.3	171.1	124.0	2263.3	1182.0	——	3445.3
1995	2440.0	89.0	166.0	296.0	2991.0	1392.0	——	4383.0
1996	2440.0	86.0	161.0	537.0	3608.0	1419.0	——	5027.0
1997	3123.0	129.0	181.0	487.0	3920.0	1720.0	——	5640.0
1998	3522.0	141.0	183.0	458.0	4304.0	1993.0	——	6297.0
1999	3640.0	228.0	178.0	362.0	4408.0	2013.0	——	6421.0
2000	3925.0	156.0	249.0	312.0	4642.0	2076.0	——	6718.0
2001	4102.0	182.0	475.0	363.0	5122.0	2251.0	——	7373.0
2002	3163.0	323.0	137.0	428.0	4051.0	3337.0	1413.0	8801.0
2003	3523.0	500.0	124.0	522.0	4669.0	3908.0	1554.0	10131.0
2004	4166.0	482.0	190.0	820.0	5658.0	4644.0	1848.0	12150.0
2005	5132.0	848.0	301.0	891.0	7172.0	5602.0	2254.0	15028.0
2006	5924.0	600.0	754.0	796.0	8074.0	7177.0	2990.0	18241.0
2007	9351.0	700.0	1463.0	1034.0	12548.0	9943.0	3835.0	26326.0
2008	13382.0	374.0	2111.0	1219.0	17086.0	12598.0	5361.0	35045.0
2009	16370.0	900.0	1448.0	1382.0	20100.0	11763.0	5898.0	37761.0
2010	18011.0	1320.0	1581.0	1476.0	22388.0	13501.0	6136.0	42025.0
2011	19984.0	960.0	2397.0	1558.0	24899.0	14782.0	6509.0	46190.0
2012	21321.0	1400.0	2601.0	1698.0	27020.0	15759.0	6866.0	49645.0
2013	23871.0	1130.0	2913.0	1834.0	29747.0	15358.0	7455.0	52562.0
2014	20812.0	2204.0	3380.0	1981.0	28377.0	15443.0	7030.0	50850.0
2015	20171.0	1467.0	3248.0	2413.0	27299.0	14273.0	6197.0	47769.0
合 计	205483.1	12076.2	21085.3	20040.9	258685.5	146691	58316	463692.5

说明：1985年-1993年的一般预算收入就是地方财政收入，两者有一定区别，故在使用数据时对具体情况要区分。

第二章　工商税收

据《明史》记载:“太祖初,征酒醋之税,收官店钱。即吴王位,减收官店钱,改在京官店为宣课司,府县官店为通课司。凡商税,三十而取一,过者以违令论。”明洪武二十六年(1393)和永乐十三年(1415),两次规定煤业的“抽分纳课”。

清代,境内征之工商方面的税赋,有牙税、当税、矿税、商税、盐税、厘金、烟酒税、炭税、铁货公用税和其他的一些杂税、杂捐等17种。

民国时期,境内征收的主要税种有契税、厘金、牙税、矿税、牲畜税等。历年新增加的税种、杂捐和各种附加,有统税、烟酒税、所得税、营业税、特产税、屠宰税、煤厘、邮寄包裹税、车捐、遗产税、印花税、筵席娱乐税、使用牌照税、正太铁路火车货捐等24种。

新中国成立后,工商税收制度逐步推广开来。1949年11月,中央人民政府财政部召开首届全国税务会议,根据《中国人民政治协商会议共同纲领》第40条“国家的税收政策,应以保障革命战争的供给,照顾生产的恢复和发展及国家建设需要为原则,简化税制,实行合理负担”的精神,在总结革命根据地税收工作经验的基础上,吸收国民政府旧税制的合理部分,全面研究建立新税制。

1958年,国家依据在基本保持原有税负基础上简化税制的方针,对工商税制进行改革。试行工商统一税。将工商企业原缴纳的商品流通税、货物税、营业税、印花税合并为工商统一税。将原工商业税中的所得税划出,单独设立税种,定名为工商所得税。改变计税价格,工业产品一律按销售收入计税。简化征收办法。除棉纱、白酒、皮革、糖4种产品外,其余不对中间产品征税。改变纳税环节。工业产品在生产环节、应征农产品在采购环节课征一道税,在商业零售环节再征一道税。奖励协作生产。对委托加工的产品,委托方为工业单位的,收回产品时不纳税,同一品目加工改制的产品,销售时按最低税率征税。在基本保持原税率的基础上,对税率进行部分调整。

1978年,中共十一届三中全会决定对全国经济体制进行全面改革,要求改革经济管理体制,扩大企业自主权,逐步向“独立核算,国家征税,自负盈亏”的方向发展,让税收参与企业的利润分配。对一再简并的工商税收制度进行改革,使其同经济发展的客观要求相适应成为必然。1979年,便开始着手进行税制改革的调查研究和试点工作。

从1979年开始至1983年,是税制改革的探索阶段。主要探索内容:1980年9月,颁布《中华人民共和国中外合资经营企业所得税法》和《中华人民共和国个人所得税法》。1981年,颁布《中华人民共和国外国企业所得税法》,并于1982年施行。对涉外企业在流转环节继续征收工商统一税。是年,国家对部分企业实行第一步利改税,即对国营企业由上缴利润改征所得税。具体实施办法是,在企业实现的全部纯利润中,给企业提取利润留成后,先征收55%的累进税,然后再按调节税率征收调节税;对机关团体、部队和企事业单位所属宾馆、招待所征税。1982年7月,开征增值税;开征烧油特别税;调整农村社队企业税收负担;调整城镇集体经济和个体经济的税收负担;为配合产业、产品结构调整采取了部分奖限政策，扩大征税项目。对银行开征工商税；颁布实施 3 个涉外税法。

1984 年 10 月，执行国家对国营企业实行第二步“利改税”和改革工商税制，城区财政采取的措施：把现行工商税按性质划分为产品税、增值税、营业税，划细税目，根据产业政策适当调整了税率；对某些采掘企业开征资源税，以调节由于自然资源和开发条件的差异而形成的级差收入，促进企业加强核算、有效管理和利用国家资源；恢复和开征房产税、土地使用税、车船税和城市维护建设税 4 种税，以利于合理节约和使用土地、房产，适当解决城市维护建设资金来源；国营中型企业按 55% 的比例税率缴纳所得税，国营小型企业按新的八级超额累进税率缴纳所得税；对国营大中型企业还要征收调节税；适当放宽国营小型企业的标准。通过这一改革，使国家和企业的分配关系以税法形式基本固定下来，既调动了企业生产经营的积极性，又可以使企业在利润悬殊状况有所改善的情况下增强企业的竞争力。

1985 年，阳泉市城区完成各项税收 906.9 万元，占任务的 136.7%，与计划相比增加绝对额 243.9 万元。之所以取得这样的成绩，主要是：区委、区政府根据省、市以增强企业活力为中心的改革方案“三十五条”和落实意见“二十二条”精神，从城区实际出发，制定经济体制改革实施细则“二十四条”，大力推行简政放权，使企业面貌发生变化，经济效益明显提高。区营企业全年工业总产值完成 741.7 万元，完成年度计划的 113.9%，比上年提高 16.3%，上缴国家税款 83.5 万元，比上年提高 35.3%；强化税收管理，有力保证税收的足额入库。

1986 年，国家对税种作大的调整，阳泉市城区开征的税、费、基金有产品税、增值税、营业税、集体企业所得税、国营企业所得税、城乡个体工商户所得税、国营企业调节税、集体企业奖金税、国营企业奖金税、城乡维护建设税、建筑税、资源税、车船使用税、房产税、屠宰税、国家能源交通重点建设基金共 16 种，新的税种更有利于调动各方面的积极性。是年，城区工商税收完成 1025.9 万元。

1987 年，阳泉市城区工商税收完成 1118.1 万元，占年度预算的 102.5%，超收绝对额 28.1 万元，比上年增长 8.9%，产品税、营业税、城市维护建设税、资源税不仅超额完成当年计划，而且比上年实际都有大幅度增长，增幅分别为 26.62%、18.13%、13.2%、108%。上述成绩的取得主要是强化税收管理，加强征管工作，广大财税干部深入基层，促产增收，宣传税法，继续深入开展税收、财务大检查，堵塞“跑、冒、滴、漏”，有力地保证税款及时足额入库。

1988 年，阳泉市城区根据上级财税机关安排，在原有税收科目的基础上，经过增设和修改，划出城乡个体工商业户所得税、城乡个体工商业户营业税、个体收入调节税、车船使用税、房产税、屠宰税、国营企业奖金税、国营企业工资调节税、事业单位奖金税、集体企业奖金税、牲畜交易税、集市交易税、个人所得税共 13 个小税种为留区固定收入。是年，城区工商税收完成 1413 万元，比年任务超额 13.49%，比上年实绩增长 26.37%，比上年增加绝对额为 294.9 万元。增值税、营业税、集体所得税、城市维护建设税、地方各税、奖金税不仅超额完成是年计划，而且比上年实绩分别增长 439.33%、24.53%、15.76%、23.51%、98.11%、31.9%。

1989 年，阳泉市城区工商税收完成 1823.2 万元，比年任务超额 18.93%，比上年实绩增长 29.03%，比上年增加绝对额为 410.2 万元，增值税、营业税、集体企业所得税、城市维护建设税、地方各税分别比上年增长 14.27%、23.89%、71.06%、21.62%、60.99%。是年主要是强化税收征管，加强税务所基础工作，制定小税种超收奖励政策，调动广大税务干部深入基层、促产增收的积极性。是年，根据税收入库统计，小税种超收 66.2 万元。

1990年，工商税分26个税种，阳泉市城区本年征收23个税种，分别为产品税、增值税、营业税、集体企业所得税、私营企业所得税、城市维护建设税、建筑税、资源税、印花税、筵席税、特别消费税、国营企业所得税、国营企业调节税、城乡个体工商业户所得税、城乡个体工商业户营业税、个人收入调节税、车船使用税、房产税、屠宰税、国营企业奖金税、国营企业工资调节税、事业单位奖金税、集体企业奖金税。到是年年底，城区税务局共有纳税户2112户，其中全民所有制企业138户，集体所有制企业523户，私营企业11户，个体工商户1422户，其他经济组织18户。是年，征收2163.6万元，比任务超9.1%，比上年实绩增长18.67%，比上年增收绝对额340.4万元，其中产品税21.2万元，增值税126.3万元，营业税1374.9万元，集体企业所得税341.3万元，城市维护建设税99.9万元，地方各税（共征收9种）165.1万元，资源税1.9万元，城镇土地使用税14.6万元，建筑税16.2万元，工商税滞纳金及补税罚款收入2.3万元。是年，增值税、营业税、集体企业所得税、城镇土地使用税、地方各税分别比上年实绩增长53.09%、16.64%、18.34%、52.08%、23.04%。根据税收入库统计，固定收入小税种完成319.1万元，比计划超收89.1万元，比上年增长25.62%。

1991年起，废止原《建筑税暂行条例》，开征固定资产投资方向调节税，按产业政策和项目经济规模实行差别税率。其他的行为目的税还有1983年开征的国家能源交通重点建设资金、1989年1月1日开征的国家预算调节基金，1984年–1985年先后开征的国营企业奖金税、国营企业工资调节税、集体企业奖金税、事业单位奖金税以及1989年开征的特别消费税。1986年7月至1990年，先后开征教育费附加、水资源补偿费、价格调控基金、烟酒专项收入等。是年，城区工商税收完成2300.4万元，比年任务超1.11%，比上年实绩增长6.32%，占城区财政收入的96.93%，比上年增收绝对额136.6万元，增值税、营业税分别比上年实绩增长47.43%和7.48%。

1992年，阳泉市城区工商税收完成2553.8万元，比年任务超额2.36%，比上年实绩增长11.02%，占全区财政收入的96.94%。增值税、集体企业所得税、地方各税、城镇土地使用税、奖金税、印花税分别比上年增长16.65%、5.57%、32.48%、3.01%、163.04%、11.76%。税收增长较快，主要是强化税收征管，如由城区检察院、工商局、税务局共同签发《联合通知》，要求区内所辖企业、事业、行政单位、社会团体、私营企业、个体工商户认真进行自查申报纳税，不得隐匿不报；由区财税物价大检查办公室和税务局联合发出《关于限期缴纳税款的通知》等。加强税收基础工作，实行双人上岗，票、款分离，严格岗位责任，月、季进行考评，做到奖惩兑现，充分调动广大税务干部深入基层、促产增收、组织收入的积极性。根据税收入库统计，固定小税完成428.9万元，超年计划任务的62.79%。是年11月，组织入库42.6万元，创历史最好水平。同时，认真按照国务院通知精神，深入扎实地开展税收财务大检查和个体工商户专项检查，堵塞"跑、冒、滴、漏"，有力保证税收的足额入库。

1993年12月25日，中共十四届三中全会作出《关于建立社会主义市场经济体制若干问题的决定》，对税制改革提出明确要求。同时，国务院发布《批转国家税务总局工商税制改革实施方案的通知》，决定从1994年1月1日起对我国工商税制进行全面改革。改革的主要内容：

（1）将原征收的国营企业所得税、集体企业所得税、私营企业所得税合并统一为内资企业所得税，实行33%的比例税率；取消国营企业调节税和向国营企业征收的国家能源交通重点建设基金、国家预算调节基金；规范企业所得税税前列支项目和标准；取消税前还贷，允许企业将贷款利息计入成本，折旧加速；停止国有企业承包所得税上缴办法。

（2）将原来的个人所得税、个人收入调节税和城乡个体工商业户所得税合并，建立统一的个人所得税。改革后个人所得税的费用扣除标准为800元／月，对外籍人员采用加计扣除额办法，扣除额为4000元／月；对应税项目进行适当调整，增加个体工商业户的生产经营所得、财产转让所得和偶然所得等征收税项目。

（3）改革后的流转税由增值税、消费税和营业税组成，取消产品税。改革后的流转税统一适用于内资企业、外商投资企业和外国企业；取消对外资企业征收的工商统一税；原来征收产品税的农、林、牧、水产品，改为征收农林特产税和屠宰税。

（4）对商品的生产、批发、零售和进口全面实行增值税。增值税的纳税人按财务会计核算制度是否健全划分为一般纳税人和小规模纳税人；增值税执行17%的基本税率和13%的低税率两档税率，对出口产品执行零税率，对小规模纳税人按6%的征收率计算征收；增值税实行价外计征，专用发货票注明税金进行税款抵扣办法；对增值税纳税人进行专门的税务登记，使用增值税专用发票。

（5）为保证国家财政收入，体现工商税制改革基本保持原税负的原则，同时考虑对一些消费品进行特殊调节的需要，对实行增值税后比原来征收产品税税负下降幅度较大的产品和部分特殊商品，在征收增值税的基础上再征收消费税。其税目为烟、酒、汽油、柴油、化妆品、护肤护发品、贵重首饰和珠宝玉石、鞭炮焰火、汽车轮胎、摩托车、小汽车，采用从量定额和从价定率两种办法征收。采用从价征收办法的，按不含增值税税金但含有消费税税金在内的价格的规定税率计算征收。取消燃油特别税，特别消费税并入消费税。

（6）对交通运输业、建筑业、金融保险业、邮电通信业、文化体育业、娱乐业、服务业、转让无形资产、销售不动产等征收营业税；对原执行营业税的部分项目及税率进行调整。

（7）将盐税并入资源税，将其征收范围由原来的煤炭、原油、天然气、扩大为煤炭、原油、天然气、铁矿石和其他黑色金属矿原矿、铝矾土和其他有色金属矿原矿、非金属矿原矿、盐7个税目，实行分产品类别从量定额计算征收办法，设置上、下限的幅度税额。

（8）为规范土地、房地产市场交易秩序，合理调节土地增值税效益，对转让国有土地使用权、地上建筑物及其附着物并取得收入的单位和个人开征土地增值税，按照转让房地产所取得的增值额征收，实行4级超额累进税率，最高为60%，最低为30%。

（9）为体现享用市政设施与纳税人义务相对应原则，城市维护建设税由原按照流转税额附加征收，改为以销售收入为计税依据计算征收。

（10）适当提高土地使用税税额，扩大征收范围，适当下放管理权限。

（11）取消集市交易税、牲畜交易税、奖金税、工资调节税；取消对外资企业、外籍人员征收的城市房地产税和车船使用牌照税，统一实行房产税和车船使用税，将偏低的税率和税额提高；将屠宰税、筵席税下放给地方；拟开征遗产税。

（12）取消对股票交易征收印花税办法，改征证券交易税。

是年，工商税收完成2998.3万元，较上年增长17.43%。

1994年5月，阳泉市城区地税局开始筹建。8月10日，正式挂牌成立。随后，投入紧张的税收收入征管之中。

11月，针对阳泉市城区地税税源小、税种多、征管资料不全等问题，不断强化征管改革措施。

建立管户登记卡，对企业有关生产、经营、纳税、违章处罚进行全面记载；加强对发票的审批和监管，由局征管股统一审验旧票、批领新票；完善岗位责任考核办法，变以季考核为以月考核；

完善分行业管理各项征管制度，对出租车、建筑业加强征管；印制各种税务文书，规范征管程序，定期召开工作汇报会，通过加强征管基础建设，使地税工作走上规范化、制度化、科学化轨道。到12月月底，城区地税局共清理欠税102万元；通过重点稽查，查补税款64.65万元。

到12月月底，阳泉市城区工商税收完成1914.9万元，为上年的63.84%，降低36.16%。之所以降低，是因为国家进行分税制改革，调整上下级之间的分配比例，实行中央集中大部分收入，然后再向地方返还的办法所致。如果仍沿用同口径考核，是年工商税收比任务超7.51%，比上年增长28.73%。其中，增值税、营业税、个人所得税分别超任务6.8%、31.19%、26.48%；比上年增收最多的是营业税，增长84.01%；企业所得税完成171.1万元，完成任务的71.89%，比上年降低40.51%。

1995年7月，阳泉市城区地税局采取有力措施，大力组织税收，呈现出良好发展势头。1–6月，共组织工商税收948万元，完成全局年度预算的57.1%，比上年同期增长43.9%。城区地税局的主要做法：（1）改革征管模式，提高征管质量。根据过去税收工作中以片管理存在的弊端，变以片管理为以行业管理，不仅保证执法口径、标准的一致性，维护税法尊严，更重要的是由于分工明确，充分调动税收人员的工作积极性。（2）加强税法宣传，加大执法力度。一方面利用各种形式开展新税制宣传，增强人们的纳税意识；另一方面是开展税务稽查工作，发现问题及时处理，确保应征税款及时入库。

10月，阳泉市城区国税局努力打造“四大战役”（期初存货已征税款核实大检查、新税制政策落实到位情况大检查、增值税专用发票大检查、税收财务物价大检查）。在期初存货已征税款核实大检查中，检查企业292户，查出多申报库存金额429万元；在新税制政策落实到位情况大检查中，检查316户，查补税款31.34万元；在增值税专用发票大检查中，取消一般纳税人资格19户，罚款54.81万元；在税收财务物价大检查中，检查企业141户，查补税款57.3万元。

到12月底，是年阳泉市城区工商税完成2440万元，超任务14.57%，比上年增长27.39%。其中，个人所得税、房产税、固定资产投资方向调节税分别超任务83.29%、32.77%、28%，比上年增幅较大的是个人所得税，增长1.64倍；企业所得税完成166.3万元，完成预算的102.65%，比上年降低1.42%。

1996年，阳泉市城区工商税收完成2824万元，比上年增长15.74%%。是年，城区国税局率先在全省范围内进行个体征管改革。取消专管员管户制后，将原来的3个个体所合并成个体管理所、个体征收所，设立定额评审委员会。在管理上，建立完善管户底册，制定《个体“定额征收”评审办法和工作规程》，有效解决个体税收定额管理难点，促进公平税负，杜绝人情税、关系税的发生。在征收方面，建成申报大厅，按办税程序设置办税窗口，实行“一条龙”服务。特别是在全省率先实行“牡丹国税卡缴税”，税银联手，齐抓共管，保证税款及时足额入库。

1997年，阳泉市城区工商税收完成3123万元，为年度预算的100.19%，比上年增长10.59%，其中，增值税、营业税、个人所得税、城维税、城镇土地使用税、屠宰税分别比上年增长13.85%、26.74%、–29.13%、24.53%、8.7%、127.27%；企业所得税完成181万元，为年度预算的104.02%，比上年增长12.42%。是年，城区国税局进行全方位改革。到7月月底，“以优化服务为基础，以计算机网络为依托，自行申报，集中征收，重点稽查”的征管模式全面开始运行；取消原来的税务所，合并调整为9个职能科室和1个稽查局，全部管户实行集中征收和划卡解缴，征管效率得到进一步提高。城区地税局在是年开展的财税大检查中，将40名税务人员分为7个小组，对240户进行重点检查。每周五下午，局领导及大检查办负责人听取各检查组的汇报，使大检查工作进行得扎实有效。

共查收税款 58 万元，罚款 2.4 万元。

1998 年，阳泉市城区工商税完成 3522 万元，比上年增长 12.78%，其中，增值税完成 655 万元，为年度预算的 104.47%，比上年增长 14.71%；营业税完成 1632 万元，为年度预算的 96.74%，比上年降低 1.35%；企业所得税完成 183 万元，为年度预算的 101.67%，比上年增长 1.1%；个人所得税完成 530 万元，为年度预算的 117.78%，比上年增长 47.22%；城市维护建设税完成 225 万元，为年度预算的 107.14%，比上年增长 13.64%。是年，城区地税局组织收入 3437 万元，全局 83 名职工积极工作，把依法征税同改革、发展、稳定的大局联系起来，以基层工作为基础，为管理好全区集体、个体等 3000 多个纳税户操心尽力。城区国税局开展“三漏一低”管户清查工作，对所管辖的 34 条街道、5 个集贸市场的个体业户进行“地毯式”检查，历时 5 个月，清理漏征、漏管户 256 户，补办税务登记证 256 户，查补入库税款 48.99 万元，加收滞纳金、罚款 5.67 万元。

1999 年，阳泉市城区工商税收完成 3640 万元，比上年增长 3.35%。在各项税收中，增值税为 668 万元，比上年实绩增长 0.92%；营业税完成 1447 万元，比上年实绩降低 11.34%；个人所得税完成 812 万元，增长 53.21%；契税完成 228 万元，增长 61.7%；房产税完成 225 万元，增长 2.74%。是年，城区地税局在大力开展车船使用税专项整顿的同时，开展发票专项清理，共分为 7 个检查组，定人员、定户数、定进度，对各类发票使用情况进行一次全面清理。共重点检查 256 户，占用票户的 40.14%，对有问题的 14 户进行处罚，罚款 1.5 万元。同时根据检查中发现的问题，对发票的领购、使用、保管、核销、审核、检查和处罚 7 个环节制定和完善相应措施。城区国税局以铝合金销售安装、医疗机构等特殊行业为突破口，加大稽查力度，积极开辟新的税源。与 26 户建筑包工队签订委托代缴代扣协议书，全年仅铝合金加工一项就增加税收 47.8 万元。

2000 年，阳泉市城区工商税收完成 3925 万元，比上年增长 7.83%。是年，阳泉市城区国税局在加强外部检查的同时，狠抓稽查工作的规范化建设，严格文书管理、运用，进一步规范执法程序，建立、健全违法案件举报制度，稽查文书使用合格率达到 100%，违章处罚率为 100%，稽查工作质量有了明显提高。城区地税局根据群众举报，对大胖涮锅城、天年酒店、一瓢水酒店等 5 家使用假发票的单位进行检查，查获假饮食业发票 31 本、61 份，合计金额 29 万元，收缴税款、滞纳金、罚款 15 万元，并将“票贩子”刘某某一举抓获，有力地整顿发票管理秩序。

2001 年，阳泉市城区完成工商税收 4102 万元，比上年增长 4.51%。是年，阳泉市城区国税局先后对 29 户重点税源户进行全面监控，进一步建立健全重点税源户经营档案、税收档案，定期编报重点税源企业生产经营和纳税情况报告。深化税收改革，完善竞争机制，全面推进税收信息化建设，提高税收执法水平。全年累计组织入库各项税收收入比上年增长 10%。城区地税局积极开展“税收执法年”活动，全年组织收入比上年增长 9.71%，增收绝对额 340 万元。

2002 年，阳泉市城区完成工商税收 3163 万元，比上年降低 22.89%。是年，阳泉市城区国税局组织人员进行税源调查，编写《近期税源分析》和《个体税源专题分析》，为税收工作决策提供重要依据。在一般纳税人认定方面，重点加强认定管理，建立三级审批制，即管理人员、科长、局认定小组三级审批，对“零、负、低”一般纳税人和“临时一般纳税人”加强审核。全年累计组织各项税收收入完成年计划的 105.94%。城区地税局把创建“征管示范街”“征管示范市场”活动作为依法治税的有效途径，确立以点带面、以片促区的管理思路。在个体税收管理上，建立“调查—评议—公开—审批—执行”的科学评定机制，实现对个体户管理由被动管理向主动管理的转变，全年入库税款较上年增长 11.90%。

2003 年，阳泉市城区完成工商税收 3523 万元，比上年增长 11.38%。是年，阳泉市城区国税局克服“非典”疫情、起征点调高等前所未有的困难，层层签订责任状，加强税源分析，强化欠税管理，堵塞税收漏洞。对中国税收征管信息系统（TAIS4.1）稽查子系统进行系统升级，逐步适应稽查选案的工作要求，全年共检查 371 户，查补税款 98 万元，罚款 21.3 万元。全年累计完成税收较上年增长 11.12%。城区地税局开展饮食业刮奖发票活动。通过深入宣传、管户清查摸底、完善内部机制、加大查处力度等方式，确保饮食业发票刮奖活动顺利开展。饮食业税收完成 484.5 万元，比上年增长 65.4%。该局全年组织税收比上年增长 14.57%。

2004 年，阳泉市城区完成工商税收 4166 万元，比上年增长 18.25%。是年，阳泉市城区国税局开展对加油站、汽车销售、煤运等行业的专项税收检查和一般纳税人“零、负、低”管理检查，查补入库税款 100.33 万元。严格收入考核，实施全程监控，加大征管力度，全年组织入库税款较上年增长 19.69%。城区地税局和银行合作，实行由银行代扣定期定额户税款。纳税人只要在工商银行开立储蓄存款账户，并存入不少于定额的存款，每月 7 日银行就会按照税务机关核定的定额代扣税款，纳税人不用再到办税服务厅申报缴纳定额税款，大大方便了纳税人。是年，阳泉市城区地税局组织的税款较上年增长 16.6%。

2005 年，阳泉市城区完成工商税收 5132 万元，比上年增长 23.19%。是年，阳泉市城区国税局在工作中实行目标管理，加强税源分析，大力清缴欠税，严格税源管理，全年各项税收入库较上年增长 23%。城区地税局大力进行征管改革，出台《阳泉市城区地税局深化税收征管改革实施方案》，规定从是年 6 月 1 日起，按新的征管方式进行。撤销原“集贸”“征收”“企业管理”等机构；撤销原征收分局，设立直属分局；撤销原企业管理局和 5 个集贸所，分别设立第一至第八税务所，统一以税务所名义对外办公，确保征管改革的依法、精简、效能、统一，全年税款入库比上年增长 25.44%。

2006 年，阳泉市城区完成工商税收 5924 万元，比上年增长 15.43%。是年，阳泉市城区国税局围绕“稳定、规范”主题，进一步推进依法治税，努力构建和谐诚信的税收征管环境，全年组织税款比上年增长 32.28%。城区地税局在工作中严格按照省、市地税系统有关要求，积极落实税收执法责任制，按照“选案、检查、审理、执行”四分离要求，将稽查工作重点放在查处举报案件上，有力地规范税收征管秩序。全年组织税款较上年增长 18.79%。

2007 年，阳泉市城区完成工商税收 9336 万元，比上年增长 57.60%。是年，阳泉市城区国税局开展对食品生产加工业、餐饮业、大型连锁零售企业及大型零售企业、金融业的检查，开展对接受运输发票重点企业的专项检查，查补税款 197 万元。全年完成税款入库较上年增长 30.46%。城区地税局推行税务所属地管理新模式，在属地管理范围内，不仅管理个体私营等业户，而且管理私营以上企业，实现税收管理员完全按地域责任区划分责任，强化对税收管理的考核与评比，从一定程度上杜绝漏征漏管现象的发生，全年组织税款较上年增长 76.13%。

2008 年，阳泉市城区完成工商税收 13382 万元，比上年增长 43.34%。是年 8 月，阳泉市城区国税局大力推进“税收诚信区”建设。采取如下措施。

（1）推行电脑定税，抓好集贸市场规范化管理的焦点。成立由城区国税局市场税收管理员、综合业务科人员、市场纳税户代表参加的三结合核定小组，负责电脑定税测算和定额监督；开展典型调查，根据集贸市场所处地段、纳税户经营区域、经营项目、面积等，选取 3–5 户进行测算。按类型划分 8 个行业，分地段、分区域测定出 4 个档次，输入电脑定税程序，减少定税中的人为因素；公开定额，及时将定税结果向社会公示，接受社会各界和纳税人的监督，使定额核定更加科学。

（2）注重以票控税，解决集贸市场规范化管理的难点。对达到起征点的工商业户，携带证件自行到办税服务厅领取发票，交市场管理部门代开监管，遏制大头小尾、虚报遗失等违章行为；对不达起征点的工商业户和临时经营户不允许自行领购发票，需要发票的到税务机关代开；对违章使用发票行为一经查实给予重罚，促使业户销售商品开发票，开真票。通过以上措施，初步解决集贸市场发票使用混乱的问题。全年国税系统组织的收入同比增幅为 34.8%。

（3）城区地税局在工作中，注重加强队伍建设，坚持以人为本的管理理念，坚持每季必考、考必通报、奖惩兑现的业务学习制度，促进税收任务的完成。全年组织各项税收同比增长 38.64%。

2009 年，阳泉市城区完成工商税收 16369 万元，比上年增长 22.32%。是年，阳泉市城区国税局采取如下措施对税收实行征管。

（1）按照“管户到人、管事到位、人机结合”的原则，推行“以合理划片分段为基础，以责任任务到人为目的，管事与管户相结合”的方法，在属地管理基础上实行分行业管理模式，使组织税款的责任更加明确。

（2）强化所得税基础管理。采取源头控管和管户清查相结合、集中清查和日常巡查相结合的办法，堵漏防流，夯实税基。

（3）对涉税审批项目严格审批，注重把关，跟踪问效，做到税基不侵蚀、税源不流失、税款不丢失。同时结合所得税汇算清缴，加强对纳税人新《企业所得税法》的辅导，有效规范纳税人财务核算和所得税申报。是年，城区国税局组织的税收较上年减少 12.15%。

（4）严格规范税收执法。确定以征管软件数据为基础，对征收、管理、稽查等各个执法岗位和执法事项进行分解梳理，设置考核指标 16 大类、50 小类，开展对税收执法人员网上全面考核；编写统一规范的《税收执法信息化考核手册》，以此促进税收任务的完成。是年，组织税款比上年增长 22.5%。

2010 年，阳泉市城区完成工商税收 18011 万元，比上年增长 10.03%。是年，阳泉市城区国税局在工作中注意做到以下几点：（1）加强流转税动态管理，严把一般纳税人资格认定关，对增值税一般纳税人资格认定进行事前、事中、事后动态管理。（2）规范房地产税收管理，设置专人专岗，明确岗位职责，细化管理标准；对房地产开发企业实行“一户式”管理，把握开工、预售、完工 3 个关键环节，建立分户档案，实行动态跟踪管理。（3）对集贸市场实行电子化管理。在集贸市场推行机具开票，构建集贸市场电子化管理平台，实行摊位信息与经营者信息、核定销售额和发票开具金额、应纳税款和实缴税款的实时比对，较好地解决集贸市场确定户数难、发票控管难等问题，确保税收稳定增长。全年入库税款增幅达 17.88%。（4）城区地税局在工作中充分利用“一户式”征管档案中存储的纳税人征管资料，整理、归集纳税人的内部信息；积极拓宽信息来源，主动与国税、工商、国土、银行以及与纳税人有关的第三方联系，并由税收管理员深入企业进行调查，获取必要的外部涉税信息；对采集的信息经过严格审核并与征管软件核对后，对存在的信息及时进行修改，提高信息的真实性和准确性。在此基础上，开展增值税、消费税信息与城建税信息比对，使信息管税迈上一个新台阶。全年实现税收同比增长 8.11%。

2011 年，阳泉市城区完成工商税收 19984 万元，较上年增长 10.95%。是年，阳泉市城区国税局采取措施扶持中小企业发展，所采取的措施：加强组织学习，使全体税务干部能够准确把握国家扶持小型微利企业发展税收优惠政策的精神实质。加强备案管理，把小型微利企业备案管理与企业所得税汇算清缴结合起来，实行双层审核；对复审通过的纳税人，及时办理纳税申报并给予减免税优惠。

2012年，阳泉市城区地税局率先推行24小时自助办税服务，标志着城区地税局在全省率先实现以网上办税服务厅、实体办税服务厅、24小时自助办税终端为载体的“三位一体”办税服务格局。配备2台24小时自助办税终端，使纳税人通过人机交互完成各种办税业务。注重对24小时办税服务的软环境建设，专门设立导税员为办税人提供各种服务，努力营造和谐的办税环境。是年，共计完成工商税收21321万元，较上年增长6.69%。

2013年，阳泉市城区地税局采取主动对纳税户进行回访，加强意见收集，从中查找自身工作的不足并进行改正，全年完成工商税收23871万元，较上年增长11.96%。

2014年，阳泉市城区主体税种增长乏力，小税种增少降多，非税收入增长平稳。是年，国家结构性减税政策减轻企业和个人的税费负担，为企业发展提供财税政策支持，但同时也影响税收收入增长。四大主体税种增值税、营业税、企业所得税和个人所得税增长乏力，完成税收38539万元，占财政总收入的75.79%，同比降低3.16%，减收1258万元；地方小税种降多增少，其中，城市维护建设税、房产税、印花税和土地增值税同比下降幅度分别达到19.49%、9.68%、27.92%、62.24%；城镇土地增值税、车船税同比增长40.43%、12.73%。

2015年，重点监控税收大户纳税占一定比重。经统计，全区纳入国税、地税重点监控的80户企业，共计纳税20148.1万元，占税收收入的44.42%，比上年增长15.57%；其中有三分之二的重点监控纳税户同比下降。所监控的纳税大户中，纳税额千万元以上的4户，分别为阳泉市商业银行7628.2万元、阳泉宾馆1835.7万元、金联置业1364.2万元、河南豫兴建筑安装公司1094.1万元。支柱产业增少降多。城区四大支柱产业除金融业税收增长21.36%外，建筑业、批发和零售业、房地产业纳税额继续下滑，同比分别降低18.44%、17.26%、24.77%。

1985年–2015年，阳泉市城区工商税收共计完成205483.1万元。

1985年–2015年阳泉市城区工商税完成情况表

表1–2　　　　单位：万元

年份	完成额	年份	完成额	年份	完成额	年份	完成额
1985	906.9	1993	2998.3	2001	4102.0	2009	16370.0
1986	1025.9	1994	1914.9	2002	3163.0	2010	18011.0
1987	1118.1	1995	2440.0	2003	3523.0	2011	19984.0
1988	1413.0	1996	2824.0	2004	4166.0	2012	21321.0
1989	1823.2	1997	3123.0	2005	5132.0	2013	23871.0
1990	2163.6	1998	3522.0	2006	5924.0	2014	20812.0
1991	2300.4	1999	3640.0	2007	9351.0	2015	20171.0
1992	2553.8	2000	3925.0	2008	13382.0	合计	205483.1

第一节 流转税类

一、营业税

营业税是对从事营利性经营活动征收的一种税。早在新中国成立初期，我国就实行过营业税。1958年，税制改革时并入工商统一税。1973年，又和工商统一税中的其余几个税种一起并入到工商税中。1984年第二步“利改税”时，营业税才从工商税中分解出来，恢复了该税种。同年10月1日起，城区根据《中华人民共和国营业税条例（草案）》在全区恢复单独税种征收。

从事商业、物资供销、交通运输、建筑安装、金融保险、邮政电讯、公用事业、出版业、娱乐业、加工修理业和其他各种服务业的单位和个人，以及机关、团体、部队、学校和其他企业、事业单位有前项经营业务的，均为营业税的纳税义务人。工业企业自销产品部分，也属该范围。该税共设置11个税目，分四档税率。

1985年12月，对国营商业企业经营的商品批发业务恢复征税（原只对石油、五金、交电、化工部分征收营业税），对其批发调拨的小百货商品和物资的业务收入按5%征收。是年，阳泉市城区营业税收完成549万元，其中，来自商业零售371万元、交通运输8万元、建筑安装50.1万元、金融保险6万元、各种文艺场所1万元、代购代销服务业42万元、饮食业18万元、旅社等服务业8万元、工业性加工24万元、零时经营11.5万元。

1986年4月1日起，对基层供销社销售的农用柴油、汽油、润滑油收入，免征零售环节营业税。9月1日，对临时经营营业税的加成幅度调为1成至10成；加倍幅度为1–3倍。是年，阳泉市城区营业税完成646.8万元，比上年增长17.81%。

1987年8月1日起，对经营商品房的收入征收营业税；对国营集体房屋开发公司承办国家机关、企事业单位的统筹建房，按施工造价加2.5%的费用扣建筑税作价销售的，暂免征营业税，对国营建筑安装企业恢复征收营业税。是年，阳泉市城区营业税完成764万元。

1988年，按财政部通知，在营业税条目中增设“典当业”，下设“典当物品的保管费和利息”“死当物品销售”两个子目，分别以5%和3%的税率征收营业税。是年，阳泉市城区营业税完成951.4万元，比上年增长24.53%。

1989年1月，按省税务局通知，对县区及其以下农机公司（站）经营农机产品从是年1月1日起免征营业税2年。9月，对县区以下国营、集体商业企业经营化肥、农药、农牧业用盐、种子种苗、农用塑料薄膜、农业机械产品及其零配件、饲料、中小农具收入等恢复征收营业税。是年，阳泉市城区营业税完成1178.7万元，比上年增长23.89%。

1990年，按财政部通知，在《中华人民共和国营业税条例（草案）》的税目中增设“土地使用权转让及出售建筑物”和“经济权益转让”两个税目，分别按5%的税率征收营业税。是年，阳泉市城区营业税完成1374.9万元，比上年增长16.65%。

1991年2月22日，按国家税务局通知，对歌厅、舞厅、卡拉OK歌舞厅和音乐茶座等一律按取得的收入依10%的税率征收营业税。是年，阳泉市城区营业税完成1477.7万元，比上年增长7.48%。

1992 年 2 月 17 日，对体育馆（场）举办体育比赛取得的售票收入暂免征营业税。按国家税务局通知，从 4 月 1 日起，对销售给农业生产者的饲料一律按商品批发税目征收营业税。是年，阳泉市城区营业税完成 1589.7 万元，比上年增长 7.58%。

1993 年 2 月，根据国家税务局《关于粮食商业企业经营大众方便食品免征营业税的通知》，结合阳泉市城区情况确定粮食复制品和熟制品具体品种的免税范围，复制品包括切面、挂面、压面、馄饨皮、饺子皮、猫耳朵等；熟制品包括馒头、花卷、烙饼、油糕、凉糕、凉粉（皮）、面皮等。5 月 1 日起，商品零售的营业税税率由 3%提高到 5%，“其他饮食业”营业税税率由 3%提高到 5%。

7 月 2 日，国家税务总局通知，粮油价格放开后，企业批发、零售原平价范围的粮食、食油收入，在“八五”期间免收营业税；由于平价、议价范围难以明确划分，根据规定，对国有粮油企业销售粮食、食油所取得的收入，不论批发、零售，均在“八五”期间减半征收营业税。12 月 13 日，国务院发布《中华人民共和国营业税暂行条例》，废止原《中华人民共和国营业税条例（草案）》，营业税征收从 1994 年起按新条例施行。

在中华人民共和国境内提供该条例规定的劳务、转让无形资产或销售不动产的单位和个人，为营业税的纳税义务人。营业税的税目、税率，依照下面所附《营业税税目税率表》执行，税目、税率的调整，由国务院决定；纳税人经营娱乐业具体适用的税率，由省、自治区、直辖市人民政府在该条例规定的幅度内决定。纳税人兼有不同税目行为的，应当分别核算不同税目的营业额、转让额、销售额；未分别核算营业额的，从高适用税率。纳税人提供应税劳务、转让无形资产、销售不动产，按照营业额和规定的税率计算应纳税额。应纳税额计算公式：应纳税额 = 营业额 × 税率；应纳税额以人民币计算；纳税人以外汇结算营业额的，应当按外汇市场价格折合成人民币计算。纳税人的营业额为纳税人提供应税劳务、转让无形资产或者销售不动产向对方收取的全部价款和价外费用。

托儿所、幼儿园、养老院、残疾人福利机构提供的育养服务，婚姻介绍、殡葬服务；残疾人员个人提供的劳务；医院、诊所和其他医疗机构提供的医疗服务；学校和其他教育机构提供的教育劳务，学生勤工俭学提供的劳务；农业机耕、排灌、病虫害防治、植保、农牧保险以及相关技术培训业务，家禽、牲畜、水生动物的配种和疾病防治；纪念馆、博物馆、美术馆、展览馆、书画馆、文物保护单位举办文化活动的门票收入，宗教场所举办文化、宗教活动的门票收入免征营业税。营业税的免税、减税项目由国务院规定，任何地区、部门均不得规定免税、减税项目。纳税人兼营免税、减税项目的，应当单独核算免税、减税项目的营业额；未单独核算营业额的，不得减税、免税。纳税人营业额未达到财政部规定的营业税起征点的，免征营业税。《营业税暂行条例实施规则》规定的营业税起征点的适用范围仅限于个人，营业税起征点的幅度规定：按期纳税的起征点为月营业额 200–800 元；按次纳税的起征点为每次（日）营业额 50 元。纳税人营业额达到起征点的，应按营业额计算应纳税额。营业税的纳税义务发生时间，为纳税人收讫营业收入款项或者取得营业收入款项的当天。

到 12 月底，阳泉市城区营业税完成 1926.5 万元，比上年增长 30.37%

1994 年 1 月 1 日起施行的《中华人民共和国营业税暂行条例》区分不同行业和经营业务，设计 4 档税率：对交通运输业、建筑业、邮电通信业和文化体育事业等基础产业和鼓励发展的行业，适用较低的 3%的税率；对服务业、转让无形资产和销售不动产，适用较高的 5%的税率；金融保险业，适用 5%的税率；娱乐业，适用 20%的税率。阳泉市城区执行省税务部门规定：娱乐业营业税，适用税率为 10%；营业税按期纳税的起征点为月营业额 500 元；按次纳税的起征点为每次（日）营业额 50 元。是年，城区营业税完成 1001 万元，为上年的 51.96%。是年，城区营业税完成数额大幅降低，主要是国家进行分税制改革，部分税收以税收返还的方式分配地方所致。

12 月，阳泉市城区营业税完成 1109 万元，较上年增长 10.79%。

1996 年，阳泉市城区完成营业税 1290 万元，较上年增长 16.32%。

1997 年 1 月 1 日起，国务院决定将金融保险业的营业税率由 5%提高到 8%，提高的部分由国家税务总局负责征收，原 5%的部分仍由地方税务局征收。

根据《山西省国家税务局转发国家税务总局关于金融保险业税收政策调整后若干具体征管问题的通知》规定，自 1997 年 1 月 1 日起，金融保险业纳税人向所在地主管国家税务机关办理税务登记，并申报缴纳营业税。

12 月，阳泉市城区地税局从强化管理入手，采取多种措施，千方百计确保税收任务完成，收到显著效果。从 1995 年开始，城区地税局便选择管理环节多、难度大的外来建筑包工队、出租车行业以及其他类型的个体户进行税收征管改革，由过去的分片管理改为分行业管理，从而使税收工作做到底子清、职责明，强化税收工作人员的责任心和积极性，推动个体税收工作的顺利开展。7 月以来，针对城区部分繁华路段形成的早、晚间饮食服务业小市场，利用早、晚间深入街头巷尾，一户户挨摊收税，有效避免该部分税款的流失。是年，营业税完成 1635 万元，比上年增长 26.74%。

1999 年 2 月，财政部、国家税务总局下发《关于农村信用社有关营业税问题的通知》，规定是年 1 月 1 日起至 2000 年 12 月 31 日，对农村信用社继续按照 6%的税率征收营业税。其中按照 5%的税率征收的部分由地方税务局征收，按照另外 1%的税率征收的部分由国家税务局征收；随同营业税附征的城市维护建设税和教育费附加，仍按营业税应缴税额中按 5%税率征收的部分计征，并由原征收机关负责征收。是年，城区营业税完成 1447 万元，为上年的 88.66%。

2000 年 1 月，执行国家税务总局下发的《关于金融业营业税问题的若干通知》，规定：各银行（不包括中国银行）总行统一从境外借入外汇资金，再通过其所属分支机构贷给用户的，由所属分支机构按向用户所吸取的贷款利息，减除支付给境外的借款利息支出后的余额为营业额计算纳税；中国银行总行统一从境外借入外汇资金，再通过其所属的分支机构贷给用户的，由所属分支机构按所收利息额缴纳营业税，向境外支付的借款利息支出由总行从其营业额中统一减除。除银行、财务公司、信托投资公司、信用社从事金融业务仍以一个季度为纳税期外，其他纳税人从事金融业务，应按月缴纳营业税。是年城区营业税完成 1530 万元，较上年增长 5.74%。

2001 年 3 月，经国务院批准，《财政部、国家税务总局关于降低金融保险业营业税税率的通知》规定，从 2001 年起，金融保险业营业税率每年下调 1 个百分点，分 3 年将金融保险业的营业税率从 8%降低到 5%。即从 2001 年 1 月 1 日至 12 月 31 日，金融保险业营业税税率为 7%；从 2002 年 1 月 1 日至 12 月 31 日，金融保险业营业税率为 6%；2003 年 1 月 1 日起，金融保险业的营业税率降为 5%。因营业税率降低而减少的营业税收入，全部为各地国家税务局所征收机构负责征收的中央财政收入。

4 月，国家税务总局下发《关于银行贷款利息收入营业税纳税义务发生时间问题的通知》，规定：纳税人发放贷款后，其贷款利息自结息日起，逾期未满 180 天（含 180 天）的应收未收利息，应以取得利息收入的当天为纳税义务发生时间；原有的应收未收贷款利息逾期 180 天（不含 180 天）以上的，该笔贷款新发生的应收未收利息，无论该项贷款本金是否逾期，其纳税义务发生时间均为实际收到利息的当天；对纳税人2001年1月1日起发生的已缴纳营业税的应收未收利息，若在180天（不含180天）以后仍未收回的可冲减当期应税营业额；对纳税人在2000年年底以前已缴纳营业税的应收未收利息，原则上今后5年内逐步冲减应税营业额，但每年冲减的应收未收利息额必须报经省级国家税务局和地方税务局批准后方可冲减。5年内冲减有困难的地区，必须报经国家税务总局批准。是年，城区营业税完成1988万元，较上年增长29.93%。

2002年2月，执行国家税务总局印发的《关于贷款业务征收营业税问题的通知》，阳泉市城区对企业集团和集团内的核心企业（以下简称企业集团）委托企业集团所属财务公司代理统借统还贷款业务，从财务公司取得的用于归还金融机构的利息不征收营业税；财务公司承担该项统借统还贷款业务，从贷款企业取得的贷款利息不代扣代缴营业税；对金融企业承办委托贷款业务营业税的扣缴义务发生时间，为受托发放贷款的金融机构代委托人收讫贷款利息的当天。全年城区营业税完成1503万元，为上年的75.60%。

2003年1月15日，财政部、国家税务总局出台《关于营业税若干问题的通知》，按照该规定，城区对营业税征收范围明确如下：燃气公司和生产、销售货物或提供增值税应税劳务的单位，在销售货物或提供增值税应税劳务时，代有关部门向购买方收取的集资费、手续费、代收款等，属于增值税价外收费，应征收增值税，不征收营业税；保险企业取得的追偿款不征收营业税。财政部、国家税务总局《关于福利彩票有关税收问题的通知》规定，“福利彩票机构发行销售福利彩票取得的收入不征收营业税”，其中的“福利彩票机构”包括福利彩票销售管理机构和与销售管理机构签有电脑福利彩票投注站代理销售协议书，并直接接受福利彩票销售管理机构的监督、管理的电脑福利彩票投注点。

12月，阳泉市城区地税局在面临城市改扩建使部分税源萎缩、以及“非典”带来的不利影响的情况下，坚持不收“过头税”。应反映定额较高的纳税人申请，组织专人进行详细摸底调查，对上年度营业收入、成本费用及利润等反复核实后，根据同类或类似行业税负水平重新做出核定定额，受到纳税人好评。该次对情况属实的纳税人共调低定额3.8万元，为该部分纳税人发展生产和经营奠定基础。是年，城区营业税完成1786万元，较上年增长18.83%。

2004年，阳泉市城区完成营业税2128万元，较上年增长19.15%。

2005年，执行财政部、国家税务总局联文下达的《关于加强教育劳务营业税征收管理有关问题的通知》，决定对从事学历教育的学校提供教育劳务取得的收入免征营业税。其所指“学历教育”为初等教育、初级中等教育、高级中等教育。免征营业税的教育劳务收入包括经有关部门审核批准，按规定标准收取的学费、住宿费、课本费、作业本费、伙食费、考试报名费收入。是年，城区完成营业税2579万元，较上年增长18.30%。

2006年6月，阳泉市城区地税局建起再就业绿色通道。为更好地为下岗再就业人员提供方便，城区地税局在征收分局的办税服务厅设立落实在就业税收优惠政策专用窗口，专门接待来办理税务登记和咨询相关税务事宜的下岗再就业人员，得到下岗再就业人员的一致好评。

8月，阳泉市城区地税局第四税务所向下站地区100多家餐饮业户发放发票管理宣传资料，并通过在餐饮企业店堂内张贴提示牌等方式，提示广大消费者就餐时要向商家索要发票。阳泉市自2004年开始推行饮食业刮奖发票，对加强饮食业税收管理起到极大的作用，促进税务部门饮食业税收的大幅增长。但税务部门调查发现，2006年1月以来出现消费者索要发票的热情下降，部分经营者通过给消费者赠品替代发票，部分饭店与顾客协商后不提供包席发票等现象，造成国家税收的流失。为让餐饮业纳税人依法主动向消费者提供发票，同时鼓励消费者主动索要发票，城区地税局第四税务所在深入调查和分析辖区饮食业运营和税收情况后，组织开展该次饮食业刮奖发票工作宣传活动。城区地税局工作人员提倡，就餐时不论金额大小，店方都应该主动向消费者提供发票。如果就餐者遇到饭店拒绝提供发票或以其他物品代替发票等行为，可向税务部门进行举报，举报属实的将获得奖励。

12 月，阳泉市城区地税局狠抓监督制约，使税务干部自觉扬荣弃耻。整合各种监督制约力量，形成监督合力。采取各种有效措施，建立起与社会主义荣辱观相统一的内外监督机制，使群众监督和舆论监督等有机结合起来。抓住监督制约的重点。通过开展监督制约，是年，完成营业税 3380 万元，比上年增长 31.06%。

2007 年 7 月，阳泉市城区国税局落实“五项制度”（即：问责制度、预警制度、备案制度、督办制度、公开制度），实现工作作风明显改进、服务能力显著提高、办事效率明显增强。一般纳税人认定、延期缴纳税款等审批事项由 10 个工作日缩短为一周，办理税务登记证、发票领购等日常业务由原来的 3 个工作日缩短为即时办理。对未能按要求履行职责的，严格追究有关责任人的责任，本年第一、第二季度累计追究 32 人次，罚款 840 元。

10 月，从是年 1 月开始，阳泉市城区国税局完善重点税源户监控管理办法，在监、控、管上狠下功夫，收到实效。在征期催报催缴，认真审核申报材料，进行纳税辅导。每月 15 日前，汇总重点税源企业监控月报表及分析，掌握表层税源变化情况。逐步扩大年度内重点税源企业监控范围，关注一些注册资金较大的新办企业情况，进行临时监控，及时调整重点税源企业监控范围。税收管理人员定期深入企业，调查企业生产经营状况和资金运转情况，征求企业及税务机关的意见和建议，做好防欠、清欠工作。改进工作作风，及时公告最新税收政策情况，切实将税收政策落实到位。全年完成营业税 5592 万元，比上年增长 65.44%。

2008 年 11 月，阳泉市城区地税局四项措施确保营业税起征点调整落实到位。接到省营业税按期纳税的起征点调整为月营业额 5000 元的通知后，采取措施确保营业税起征点调整落实到位。通过加强政策宣传、调整摸底、认真测算和加强后续管理，全年完成营业税 8130 万元，比上年增长 45.39%。

2009 年 12 月，阳泉市城区国税局加强信息化建设。是年以来，城区国税局积极加强信息化建设，采取有效措施，提高办税效率，方便纳税人。十分注重业务建设与软硬件建设协调发展，以规范税收业务为基础，全力推进软硬件建设，提高整个办税服务厅标准化建设水平和数据信息共享度，实现数据标准化；全面规范信息采集处理渠道，按照信息化征管模式的要求，建立一套与计算机征管系统和操作模块相配套的业务流程和严密的岗责体系，实现工作的高效运转，为纳税人提供方便、快捷、高效的办税服务；推行税收征管电子档案系统。为进一步推进税收信息化建设，满足税收征管工作需要，在“一户式”税收档案资料电子化管理方面迈出步伐。城区国税局通过系统授权，实现内网中的任何一台计算机都能检索和查阅征管档案资料，达到一次采集、多次使用、多头利用，有效提高税收征管管理质量，降低纳税成本。

是年，阳泉市城区完成营业税 9914 万元，比上年增长 21.94%。

2010 年 12 月 4 日，财政部、国家税务总局联文印发《关于部分省市有线数字电视基本收视维护费免征营业税的通知》，决定：为支持有线数字电视整体转换试点工作，推动有线数字电视的发展，根据省级物价部门有关文件规定标准收取的有线数字电视基本收视维护费，自 2010 年 1 月 1 日起，3 年内免征营业税。是年，完成营业税 10064 万元，比上年增长 1.51%。

是年，阳泉市城区国税局一改以往单纯由业务部门找信息中心解决技术问题的情况，双方协调、沟通，依托信息化管理服务税收。信息管税是一种全新的管理模式，对于推动国税部门的纳税征管具有重要作用，也为业务部门在信息资源、纳税评估等方面提供支持。同时还在充分调研的基础上，深化数据分析，努力为税收服务，有效保证全年任务的完成。

2011 年 9 月，市地税局以全省地税系统纳税服务工作现场推进会在阳泉召开为契机，开通“12366”纳税服务热线，大力创新纳税服务模式。城区地税局作为全市地税系统试点单位，在全省地税系统率先推行 24 小时自助办税服务，标志着城区地税局在全省率先形成以网上办税服务厅、实体办税服务厅、24 小时办税自助终端为整体的“三位一体”办税格局。

12 月 5 日，国家决定对动漫企业为开发动漫产品提供的动漫脚本编撰、形象设计、背景设计、动画设计、压缩转码（面向网络动漫、手机动漫格式适配）劳务，以及动漫企业在境内转让动漫版权交易收入，减按 3% 税率征收营业税。是年，完成营业税收入 10242 万元，比上年增长 1.77%。

是年，阳泉市城区国税局采取三项措施，落实小型微利企业税收优惠政策。把小型微利企业备案管理与企业所得税汇算清缴结合起来，实行双层审核。对复核通过的纳税人，及时办理纳税申报并给予减免税优惠，认真做好小型微利企业纳税辅导，帮助规范账务处理，确保每个小型微利企业都能准确、及时享受到税收优惠政策带来的实惠。

2012 年 10 月 26 日，阳泉市城区地税局 24 小时自助办税终端正式投入使用，率先在全省地税系统实现 24 小时自助办税服务。24 小时自助办税服务集网上办税、文书查询、发票鉴定等功能为一体，可在任何时间为纳税人提供服务，满足纳税人办税需求，努力营造和谐的办税环境。是年年末，城区完成营业税 10708 万元，增长 4.55%。

2013 年 11 月，对纳税人从事金融商品转让业务有关营业税问题公告如下：纳税人从事金融商品转让业务，不再按股票、债券、外汇、其他四大类来划分，统一归为“金融商品”，不同品种金融商品买卖出现的正负差，在同一个纳税期内可以相抵，按盈亏相抵后的余额为营业额计算缴纳营业税。若相抵后仍出现负差的，可结转下一个纳税期相抵，但在年末时仍出现负差的，不得转入下一个会计年度。是年，城区共计完成营业税 11761 万元，比上年增长 9.83%。

2014 年 11 月 11 日，为鼓励和支持小微企业发展，执行国家税务总局规定：增值税小规模纳税人和营业税纳税人，月销售额或营业额不超过 3 万元的，按照国家文件规定免征增值税或营业税。其中，以一个季度为纳税期限的增值税小规模纳税人和营业税纳税人，季度销售额或营业额不超过 9 万元的，按规定免征增值税或营业税。增值税小规模纳税人兼营营业税应税项目的，应当分别核算增值税应税项目的销售额和营业税应税项目的营业额，月销售额不超过 3 万元的，免征增值税；月营业额不超过 3 万元的，免征营业税。

2015 年 1 月 26 日，工业和信息化部、国家税务总局联文下达《关于公布中小企业信用担保机构免征营业税的通知》，要求各级中小企业主管部门和地方税务部门切实履行职责，加强对中小企业信用担保机构免征营业税工作的监督管理，开展对享受免征营业税担保机构的统计监测和绩效评价，积极引导各类担保机构加大对中小企业服务力度。要结合政策执行，实施动态监管，对纳入免税政策支持的担保机构，一经发现违规行为，由两部门依法处理，直至取消其免税资格。

1985 年 –2015 年阳泉市城区营业税完成情况表

表 1–3 单位：万元

年 份	完成额	年 份	完成额	年 份	完成额	年 份	完成额
1985	549.0	1993	1926.5	2001	1988.0	2009	9914.0
1986	646.8	1994	1001.0	2002	1503.0	2010	10064.0
1987	764.0	1995	1109.0	2003	1786.0	2011	10242.0
1988	951.4	1996	1290.0	2004	2128.0	2012	10708.0
1989	1178.7	1997	1635.0	2005	2579.0	2013	11761.0
1990	1374.9	1998	1632.0	2006	3380.0	2014	9777.0
1991	1477.7	1999	1447.0	2007	5592.0	2015	8160.0
1992	1589.7	2000	1530.0	2008	8130.0	合 计	117814.7

1985 年 –2015 年，城区共征收营业税 117814.7 万元。

二、产品税

产品税是我国于 1984 年 10 月 1 日开征的一种税，是以产品销售额为课税对象的一种税。新中国成立后，先后征收过货物税、商品流通税、棉纱统销税、工商统一税和工商税等。其中，货物税、商品流通税、棉纱统销税即属于对产品征税。工商统一税和工商税的征税范围虽不全是对产品征税，但对产品征税部分构成了该两种税的主体。1984 年工商税制改革时，将原工商税征税对象中部分工业产品和农、林、牧、水产品划作产品税的征税对象，形成独立的产品税。国务院于 1984 年 9 月 18 日发布《中华人民共和国产品税条例（草案）》；同年 9 月 28 日，财政部颁发《中华人民共和国产品税条例（草案）实施细则》，城区于是年 10 月 1 日按该条例规定开征产品税。

凡从事生产和进口应税产品的国营企业、集体企业、个体经营者和事业单位、机关、团体、学校、部队等一切单位和个人，都是产品税的纳税义务人。

除征收增值税的产品和税法规定不征税的产品外，所有工业产品都是产品税的征收范围；凡是产品税条例所附《税目税率表》列举的农、林、牧、水产品，都是产品税的征收范围；未列举的，则不征产品税。

产品税共设税目 270 个，其中，工业部分 260 目，农、林、牧、水产品部分 10 目；税率 26 个，最高的 60%，最低的 3%。工业品生产后对外销售的，于销售环节纳税；工业企业的自制产品，用于企业连续生产、基本建设、专项工程、生活福利设施等，按规定要征税的产品在移送使用时纳税；生产农、林、牧、水产品的单位或个人，产品销售给国家、集体收购时，由收购单位纳税，产品销售给其他单位和个人的，由销售者根据产品销售收入的金额和规定的税率计算纳税。生产单位直接出口的应税产品免税；列入国家试制的新产品，给予定期的减免税；利用废渣、废液、废气生产的产品，给予定期减免税照顾。

财政部颁发的《产品税条例（草案）实施细则》对减免税作了详细规定：在全国范围内第一次试制并列入国家科委试制计划的新产品，从试制品销售之日起，免税 3 年；列入中央各部委、省、市科委试制计划的产品，可区分不同情况，免税 1–2 年。对猪皮革、饲料、磷矿粉肥、钢锭、海绵钛、热力、商品房；用国产元器件生产的半导体收音机；煤矸石和石煤；成品粮、麦粉、食用植物油、糠麸和粮油厂的油饼、民政部门所属工厂生产的供残疾人专用的产品；出版单位自行生产和委托印刷的图书、报纸和杂志，暂免征收产品税。国营和城乡集体企业用议价粮生产的白酒和黄酒，减按 30% 的税率征收；用议价粮生产的啤酒和用议价薯类生产的白酒，减按 20% 的税率征收；果脯、糖浆、柞蚕丝减按 5% 的税率征税；小农具、造纸用浆粕减按 3% 的税率征税。

产品税根据企业财会制度健全程度和核算水平，采取三种征收方法：纳税人自报、自核、自缴纳税方法，按期缴纳；自报核缴，即纳税人按近期向税务机关填报纳税申报表，经审核后，限期缴纳；定期定额，对小型业户，税务机关根据其产销情况，按年或季核定应税税额，分月缴纳。

1984 年 –1990 年，按规定对 608 项新产品给予免税照顾。产品税征收的主要产品是电力、煤炭、黑色及有色金属类产品。1985 年 –1993 年，城区征收产品税分别为 69.4 万元、56.7 万元、71.8 万元、48.5 万元、28.1 万元、21.2 万元、19.5 万元、14.8 万元、24.2 万元，共计 354.2 万元。

1993 年 12 月 25 日，国务院批转《国家税务总局工商税制改革实施方案的通知》，从 1994 年 1 月 1 日起取消产品税，统一征收增值税，对原征收产品税时，税负较高，征收增值税后税负下降幅度较大的商品，再征一道消费税。

1985 年 –1993 年阳泉市城区产品税完成情况表

表 1–4　　单位：万元

年　份	完成额	份	完成额	年　份	完成额	年　份	完成额
1985	69.4	1988	48.5	1991	19.5	——	——
1986	56.7	1989	28.1	1992	14.8	——	——
1987	71.8	1990	21.2	1993	24.2	合　计	354.2

三、增值税

增值税是以商品或劳务增值额为课税对象的一种税。增值税是从对销售额全额征收的产品货物税和营业税演变而来的。增值税的征税对象为商品或劳务增值额，亦即商品或劳务在生产流通环节中由企业新创造的价值量。但在实际工作中，增值额却是一个很难准确计算的数据。因此实行增值税的国家和地区，一般都是根据增值税的原理制定税款抵扣办法计算征收增值税。我国从 1979 年下半年起进行增值税试点，试点的范围，主要选择加工环节较多的机械机具行业。1982 年，财政部制定《增值税暂行办法》，其中规定，从 1983 年起在全国范围内对机器机械、农业机具及其零配件，以及自行车、电风扇等行业统一试行增值税，计算方法既有“扣额法”，也有“扣税法”。1984 年 9 月第二步“利改税”和工商税制改革时，国务院颁布《中华人民共和国增值税条例（草案）》，规定对机器机械、农业机具、钢坯钢材、部分日用机械、丝绸与制药等产品征收增值税，明确规定计算方法有“扣额法”和“扣税法”两种。

1984 年 10 月，阳泉市城区根据国务院在 9 月 18 日颁布的《中华人民共和国增值税条例（草案）》开征增值税。其中规定：

凡在我国境内从事生产和进口应征增值税产品的单位和个人，都是增值税的纳税义务人，都应依照规定缴纳增值税。计税方法有扣额法、扣税法两种。“扣额法”适用于《增值税税目税率和扣除项目表》中的甲类产品，由纳税人于产品销售后，以产品销售收入额扣除为生产应税产品购进的原材料（包括原料及主要材料，辅助材料，外购件）、燃料、动力和计入产品销售价之内的包装物等金额，计算应税税额，计算公式：应纳税额 =（产品销售收入额 – 扣除金额）× 税率；“扣税法”适用于税目税率和扣除项目表中的乙类产品，由纳税人于产品销售后，按其产品销售收入金额依率计算税额，由税额中扣除购入零配件等负担的已纳税金额，其计算公式：应纳税额 = 产品销售收入额 × 税率 – 扣除税额。

征收方法有分期核实征收法、定率征收年终结算法、单（机）定率征收法、定期定率征收法 4 种。对逾期不缴的，除限期追缴外，从滞纳之日起，按日加收滞纳税款 5‰的滞纳金；催缴税款无效的，通知其开户银行扣缴入库；纳税人不按规定在限期内办理税务登记、不按期办理登记变更或注销登记手续与不清缴税款、不按期申报纳税、在税务机关检查时拒绝提供或隐瞒有关资料的，税务机关可酌情处以 5000 元以下的罚款；隐匿生产经营情况或申报不实的，除追缴应纳税款外，酌情处以应纳税款 5 倍以下的罚款；偷税、抗税情节严重，触犯刑法的，提请司法机关依法追究刑事责任。

1985 年，阳泉市城区共征收增值税 13.7 万元，其中，来自农业机具及其他零配件销售 10653 元、其他机器机械及其零配件销售 127784 元、西药销售 336 元。

1986 年，根据财政部通知，对生产增值税税目税率表中所列的甲类产品，所使用的低值易耗品和修理用备件的金额，在计算增值税时，准予扣除；对纺织产品由产品税改征增值税，采取扣税法计算应纳税额；对日用机械、日用电器、电子产品和搪瓷制品、保温瓶由产品税改征增值税。是年，阳泉市城区增值税完成 19.8 万元，较上年增长 44.53%。

1987 年，财政部颁发《关于完善增值税征税办法的若干规定》，主要如下：修订增值税税目税率表（共 13 目），扩大增值税征收范围；增值税一律改按扣税法计算应纳税额，计算公式：应纳税额 = 产品销售收入 × 税率 – 扣除税额；扣除税额 = 扣除项目金额 × 扣除税率。扣除项目：外购的原材料、低值易耗品、燃料、动力、包装物及支付的委托加工额；对农业机具暂按应纳税额减征 20%；用于生产机器机械的铸锻件暂按应纳税额减征 50%；电子元器件仍暂减按 12% 的税率征税；其他电子产品恢复按 14% 的规定税率征税。

是年 7 月 1 日，财政部调减部分轻工产品税收负担，扩大增值税试行范围。将调减税负的部分轻工产品改征增值税。增值税税目由原来的 13 个扩大到 24 个，并对部分轻工产品实行减税或免税照顾。是年，城区增值税完成 13.4 万元，为上年的 67.68%。

1988 年 1 月 1 日，增值税税目由 24 个增至 30 个，对建材、有色金属矿采选产品、非金属矿采选产品、其他非金属矿采选产品、有色金属和电线、电缆等由产品税改征增值税。同时，对下列产品减征或免征增值税：散装水泥减按 14% 的税率征收增值税；废渣砖在 1992 年年底前免征增值税；有色金属矿采选产品，其他非金属矿采选产品减半征收增值税；黏土空心砖、灰砂砖、页岩砖减按 14% 的税率征收增值税；石灰、粉煤灰砌块、炉渣水泥砌块、混凝土空心砌块等建材减按 12% 的税率征收增值税。是年，城区增值税完成 72.2 万元，为上年的 5.39 倍。

1989 年 1 月 1 日，对工业性加工、修理修配和材料销售改征增值税，税率定为 14%，并在增值税税目税率表中增加第 31 目“工业性作业”。同时，按山西省规定，对实行增值税的企业取得的工业性加工、修理修配和运输收入暂减按 12% 的税率征税。是年，城区增值税完成 82.5 万元，较上年增长 14.27%。

1990 年，阳泉市城区税务局根据上级通知，对城区纺织、铝制品、搪瓷制品、医药、建材等企业改按“价税分流购进扣税法”（该“扣税法”通过增设“应扣税金”科目，对企业的生产成本和税金分别进行核算，将税款的计算从账外转到账内，以提高纳税透明度，减少税企双方不应有的争执）计算征收增值税，并在 1991 年年底以前对下列产品减征增值税：有色金属矿采选产品、其他非金属矿采选产品，减按 10% 的税率征收增值税；黏土空心砖、灰砂砖、页岩砖减按 14% 的税率征收增值税；粉煤灰砌块、炉渣水泥砌块、混凝土空心砌块等建材产品，继续减按 12% 的税率征收增值税。是年，城区增值税完成 126.3 万元，较上年增长 53.09%。

“七五”时期，阳泉市城区共完成增值税 314.2 万元。

1991 年 1 月 4 日，对散装水泥暂减按 12% 的税率征收增值税；在 1993 年年底前，对下列产品暂免征收增值税：黏土空心砖及非黏土空心砖、加气混凝土制品、粉煤灰砌块、煤矸石砌块、炉渣砌块、混凝土空心砌块、灰砂砖。是年 1 月 12 日，接国家税务局通知，在 1992 年年底以前对麦粉、成品粮、食用植物油、饲料、糠麸和榨油厂的油饼，煤球、蜂窝煤和引火炭，对果脯糖浆、日用玻璃器皿、玻璃仪器减按 14% 的税率征收增值税；对罐头食品，日用陶瓷中的坛、碗、罐、盆、缸按应税额减征 50% 的增值税；小农具，按应纳税额减征 30% 的增值税。是年 2 月 14 日，根据国家税务局通知，在年内对纺织行业外购棉纱，外购棉型涤纶纱生产的棉坯布、棉色织布和棉型涤纶坯布、棉型涤纶色织布按应纳税额减征 50% 的增值税；对手帕和线、带，按应纳税额征 50% 的增值税；对化纤用量在 30% 以上的其他混纺毛织品，继续减按 21% 的税率征收增值税。是年，城区增值税完成 47.25%。

1992 年 1 月 1 日，对果脯糖浆恢复按规定税率征税。

3 月 18 日，决定从是日起，对年应税收入额在 200 万元以下的企业采用“定期定率”征收方法。是年，城区增值税完成 217.2 万元，较上年增长 16.65%。

1993 年 1 月 11 日，根据国家税务局通知，对注射器、体温计减按 14% 的税率征收增值税；猪皮革按应纳税额减征 80% 的增值税；日用陶瓷中的坛、罐、盆、缸恢复按规定税额征税；对废渣砖、泰柏板、蒸压砖钙板、水泥刨花板免征增值税；对生产销售的中药饮片给予减按 12% 的税率征收增值税。

12 月 13 日，国务院发布《中华人民共和国增值税暂行条例》，决定自 1994 年 1 月 1 日起施行，原《增值税条例（草案）》同时废止。新发布的《中华人民共和国增值税暂行条例》主要内容如下：

增值税征税范围包括生产、批发、零售和进口商品及加工、修理修配；增值税改革前缴纳的增值税和产品税的工业产品，缴纳营业税的商业批发、零售和公用事业中的水、电、热、气，以及缴纳盐税的盐，均属其征税范围。

所有销售增值税应税产品的应税劳务的工商企业、其他单位和个人，和原缴纳工商统一税的外商投资企业，均为增值税纳税义务人。

增值税实行价外计税方法，即以不含增值税金的价格为计税依据。其计算公式：不含税价 = 含

税价 ÷（1 －税率）；零售以前各环节销售商品时，发票上要注明增值税税金和不含增值税的价格。

增值税采用一档基本税率和一档低税率的模式，基本税率为 17%，低税率为 13%；除税收条例规定适用低税率的商品外，其他应税产品和劳务均适用基本税率；对出口商品实行零税率，即产品报关出口后退还全部税款。

实行根据发票注明税金进行税款抵扣制度，外购的资本性固定资产中所含的税款，计算应纳税额时不得抵扣，外购的原产品原料按 10%的扣除率计算扣除税额。

按购进扣税法的原则计算应纳税额，增值税应纳税额＝当期销售收入 × 税率－当期允许扣除税款的购入物发票上注明的增值税税额。

对年销售收入小于规定额度并且会计核算不健全的小型纳税人，实行按销售收入全额 6%的征税率计算应纳税额的简易办法。

改革后按规范化办法计算纳税的增值税纳税人要进行专门的税务登记，并使用增值税专用发票，以建立对纳税人购销双方进行交叉审计的稽核体系，增强增值税自我制约偷漏税和减免税的内在机制。是年，城区增值税完成 245.7 万元，增长 13.12%。

1994 年 4 月，财政部、国家税务总局在《在关于调整金属矿、非金属矿采选产品增值税税率的通知》中规定：

（1）金属矿采选产品、非金属矿采选产品增值税率由 17%调整为 13%。

（2）金属矿采选产品包括黑色金属矿采选产品（指人工开采的供提取铁、锰、铬金属的原矿和经过选矿工序生产的矿砂、矿粉；将原矿或选矿后的矿砂、矿粉经煅烧或焙烧生产的富矿，包括烧结矿、球团矿，也属“黑色金属矿采选产品”的征收范围）和有色金属矿采选产品（指人工采选的供提取铁、锰、铬金属以外的其他金属矿的天然矿石、矿粉、矿砂，不包括经冶炼或化学方法生产的有色金属化合物）。

（3）非金属矿采选产品，包括除金属矿采选产品的非金属矿采选产品（指从天然矿床中采选的除金属矿采选产品以外的其他非金属矿的矿石、矿粉，不包括经煅烧、焙烧和加工的产品；未经加工的建筑用天然材料，也属“非金属矿采选产品”的征收范围）和煤炭（指直接从地下开采出来的原煤和经洗选、精选工序生产的洗煤、选煤；在开采、洗选、运输过程中产生的落地煤、石煤、手拣煤、风化煤、煤泥等，也属“煤炭”的征收范围）。

（4）原油、人造原油、井矿盐仍按 17%的税率征税。

5 月 1 日，决定从是日起，煤炭产品的增值税率由 17%调整为 13%，对增值税一般纳税人支付运输费用和收购废旧物资，准予按 10%的扣除率计算进项税额扣除。

是年，阳泉市城区增值税完成 394.1 万元，较上年增长 60.40%。

1995 年 5 月，财政部、国家税务总局通知，对从事废旧物资经营的增值税一般纳税人，按规定计算缴纳增值税后，实行增值税先征后返。由企业提供纳税凭证，经审核批准，按已入库增值税额的 70%返还企业。是年 6 月，根据财政部、国家税务总局《关于期初存货已征税款抵扣问题的通知》的精神，省国家税务局、省财政厅联合发文做补充：

对增值税一般纳税人期初存货已征税款，从 1995 年起山西省统一实行按月抵扣与按季或者年底调整抵扣相结合的办法；原按季抵扣的办法不同时实行，每月抵扣比例不得少于 1995 年年初期存货已征税款余额的 1.25%（15% / 12 个月）。

根据前一条规定，省国税局对抵扣比例每年可在 1995 年初期存货已征税款余额 5%的幅度内上下浮动。具体规定：增值税一般纳税人凡年抵扣比例为1995年期初存货已征税款余额的15%的，需报经县级国家税务局审批；年抵扣比例为16% 20%的，需经地、市级国家税务局审批；年抵扣比例为21% ~ 25%的，需报经省国家税局审批。同年，财政部、国家税务总局通知，对部分资源综合利用产品有关增值税问题做规定：对企业生产的原料中掺入不少于30%的煤矸石、石煤、粉煤灰、烧煤锅炉的炉底渣（不包括高炉水渣）的建材产品，在1995年年底以前免征增值税。“八五”时期，城区共完成增值税1496万元，为“七五”时期的4.76倍。

1996年2月，财政部、国家税务总局在《关于对若干农业生产资料免征增值税问题的通知》中规定:

（1）对饲料、农膜、化肥生产企业生产销售的碳酸氢铵、普通过磷酸钙、钙镁磷肥、复混肥；原生产碳酸氢铵、普通过磷酸钙、钙镁磷酸钙、钙镁磷肥产品的小化肥生产企业销售的尿素、磷铵和硫酸铵；农药生产企业生产的敌敌畏、氧乐果、辛硫磷、甲胺磷、杀虫双、丁草胺、敌百虫、对硫磷；批发和零售的种子、种苗、化肥、农机，从1996年1月1日到1997年12月31日继续免征增值税。

（2）对化肥生产企业生产的钾肥、重钙；农药生产企业生产销售的久效磷、井冈霉素、多菌灵、水胺硫磷、灭多威、乙草胺，从1996年4月1日至1997年12月31日免征增值税。

（3）对农药生产企业生产销售的乐果、乙酰甲胺磷、异稻瘟净、杀螟松、马拉松、磷化铝、除草醚，从1996年4月1日起，恢复征收增值税。

6月1日，财政部、国家税务总局决定从是日起，对铁路工副业单位向其所在路局内部其他单位提供货物或应税劳务的，恢复征收增值税。

7月，省国税局通知，对“农用机动三轮运输车”按“农机产品”中的“农用运输机械”对待，依13%的税率征收增值税；对“农用铁锹”按“农机产品”中的“小农具”对待，依13%的税率征收增值税；对供电部门收取的各种罚款收入一律在供电环节按价外费用依17%的税率就地征收增值税;对商品流通企业实行内部柜组、门店承包经营，凡企业只定期定额向承包经营者收取承包费，进货、销货经营权全部放开的应以承包者为纳税人征收增值税。

8月，国家税务总局通知，对生产、销售铝合金门窗、玻璃幕墙的企业、企业性单位及个体经营者，其销售铝合金门窗、玻璃幕墙同时负责安装的，属混合销售行为，对其取得的应税收入照章征收增值税。是年，城区增值税完成491万元，增长8.39%。

1997年，阳泉市城区增值税完成559万元，增长13.85%。

1998年2月，财政部、国家税务总局通知，对经内贸部批准认定的旧货调剂试点单位经营旧货，均暂按6%的征收率计算应纳增值税税额，并减半征收增值税。

3月，对农村电管站在收取电价时一并向用户收取的农村电网维护费（包括低压线路损耗和维护费以及电工经费）给予免征增值税的照顾。是年，增值税完成655万元，增长17.17%。

1999年9月，国家税务总局《关于加强国有粮食购销企业增值税管理有关问题的通知》规定：凡享受免征增值税的国有粮食购销企业，均按增值税一般纳税人认定，并进行纳税申报、日常检查及有关增值税专用发票的各项管理；经税务机关认定为增值税一般纳税人的国有粮食购销企业，1999年内要全部实行增值税防伪税控系统管理；自2000年1月1日起，其粮食销售业务必须使用防伪税控系统开具增值税专用发票。

是年，阳泉市城区增值税完成661万元，基本与上年持平。

2000 年 3 月，国家税务总局通知，电子出版物属于软件范畴，应当享受软件产品的增值税优惠政策。录音带、录像带、唱片、激光唱片和激光软盘等媒体形态的音像制品，不属于电子出版物，不得享受软件产品的优惠政策。商品混凝土生产企业由于其外购原材料难以取得增值税专用发票，进项税额抵扣不足，造成企业税收负担较高，为平衡企业的税收负担并便于对商品混凝土生产企业的税收征管，同月，国家税务总局下发《关于商品混凝土实行简易办法征收增值税问题的通知》，规定对增值税一般纳税人生产销售的商品混凝土，按规定应当征收增值税的，自 2000 年 1 月 1 日起按照 6% 的征收率征收增值税，但不得开具增值税专用发票。

是年，阳泉市城区增值税完成 688 万元，较上年增长 4.08%。

“九五”时期，阳泉市城区增值税共计完成 3054 万元，为“八五”时期的 2.04 倍。

2001 年 3 月，经国务院批准，对商业企业批发肉、蛋、禽、水产品和蔬菜业务增值税先征后返政策停止执行。

4 月，财政部、国家税务总局通知，继续对监狱劳教企业实行增值税先征后返政策，但自营出口和委托销售给出口企业和市县外贸企业出口的货物不享受增值税退税政策。

5 月，经国务院批准，将纳税人从事废旧物资回收经营业务的增值税政策变更为：自是年 5 月 1 日起，对废旧物资回收经营单位销售其收购的废旧物资免征增值税。废旧物资，是指在社会生产和消费过程中产生的各类废弃物品，包括经过挑选、整理等简单加工后的各类废弃物品。利用废旧物资加工生产的产品不享受废旧物资免征增值税的政策；生产企业增值税一般纳税人购入废旧物资回收经营单位销售的废旧物资，可按照废旧物资回收经营单位开具的由税务机关监制的普通发票上注明的金额，按 10% 计算抵扣进项税额；废旧物资回收经营单位应将废旧物资和其他货物的经营分别核算，不能准确分别核算的，不得享受废旧物资免征增值税政策；废旧物资回收经营单位自 2001 年 1 月 1 日至 2001 年 4 月 30 日期间发生的符合废旧物资增值税优惠政策规定的废旧物资销售行为，仍按照原有关废旧物资增值税优惠政策办理。

12 月，为加强对加油站成品油销售的增值税征收管理，国家税务总局通知，从 2002 年 1 月 1 日起，对从事成品油销售的加油站，无论其年销售额是否超过 180 万元，一律按增值税一般纳税人征税。是年，阳泉市城区增值税完成 749 万元，较上年增长 8.87%。

2002 年后，山西省规定增值税收入的 8.75% 入省国库，16.25% 入市、县国库，阳泉市按企业级次划分，增值税 16.25% 的部分分属市、县区两级。是年，阳泉市城区增值税完成 540 万元，为上年的 72.10%。

自 2003 年 10 月 1 日起，对水煤浆产品可比照煤炭，按 13% 的税率征收增值税。收入级次划分：按分税制财政体制，增值税属于共享税，75% 属于中央，25% 属于地方。2001 年以前，25% 的部分按企业级次分属省、市、县区财政。是年，阳泉市城区增值税完成 622 万元，较上年增长 15.19%。

2004 年，在增值税管理方面，阳泉市城区国税局狠抓一般纳税人管理，建立严格的审核制度、一般纳税人申请书流转制度，把好认定、转正关；严格审验，把好发票审核关；实行征收管理科初审、征管税政科复审、局领导终审三级审核制，严把年审关。通过年审，共评出一般纳税人一级 4 户、二级 91 户、三级 103 户，年审合格率达 95%；加强审核比对，实行专人催报制度，严把“四小票”（指海关完税凭证、运输发票、废旧物资发票、农产品收购凭证）的采集关。是年 6 月以来，共采集运输发票 439 份，金额 207 万元；废旧物资发票存根 98 份，金额 325 万元；抵扣联 7 份，金额 32 万元，导入率为100%。同时，城区国税局还完成55户企业的税收资料普查任务，确保录入数据的真实性、准确性；与城区地税局联合开展商贸企业纳税信誉登记评定工作，初步评出一类企业12户、二类企业603户、三类企业17户，对一类企业进行联合公告。是年，城区增值税完成718万元，较上年增长15.43%。

2005年5月，为防范利用农产品收购凭证偷骗税的违法犯罪活动，国家税务总局将有关加强农产品增值税抵扣管理的问题通知如下:（1)各级税务机关要进一步加强对农产品增值税抵扣管理。要经常深入企业，全面掌握和了解有关生产企业的生产经营特点、农产品原料的消耗、采购规律以及纳税申报情况，检查农产品收购凭证的开具情况是否正常，查找征管的薄弱环节，积极采取有针对性的管理措施，堵塞漏洞，切实加强管理。（2）对纳税人发生大宗农产品收购业务的，主管税务机关应派专人深入现场核查，审核该项业务发生的真实性。（3）对有条件的地区，税务机关可运用信息化管理手段促进农产品收购凭证的使用管理。（4）税务机关应当积极引导和鼓励纳税人通过银行或农村信用社等金融机构支付农产品货款，对采用现金方式结算且支付数额较大的，应作为重点评估对象，严格审核，防止发生虚假收购行为，骗取国家税款。（5）税务机关应对农产品经销和生产加工企业定期开展增值税纳税评估，特别是要加强以农产品为主要原料的生产企业的纳税评估，发现问题的，要及时移交稽查部门处理。（6）税务机关应根据日常管理掌握的情况，有计划地组织开展对农产品经销和生产加工企业的重点稽查，凡发现有偷骗税问题的，应依法严肃查处。

12月，为应对高致病性禽流感疫情，根据《国务院办公厅关于扶持家禽业发展的若干意见》精神，就家禽养殖业相关税收政策问题通知如下：自是年11月1日至2006年6月30日，对属于增值税一般纳税人的家禽加工企业和冷藏冷冻企业加工销售禽肉产品实行增值税即征即退政策，并免征城市维护建设税和教育费附加。对家禽养殖、加工和冷藏冷冻企业进行家禽养殖、加工和冷藏冷冻所取得的所得免征2005年度企业所得税，2006年视情况另行规定。对企业或个人由于禽类扑杀所取得的财政专项补助，免征企业所得税或个人所得税；对企业由于禽类扑杀所造成的净损失，允许其在所得税前全额列支。减收的增值税、所得税按现行财政体制负担。对禽类加工产品出口后的应退税款，确保及时足额退给企业。经省、自治区、直辖市人民政府批准，可以在全省（自治区、直辖市）范围内或本省（自治区、直辖市）的部分地区对家禽养殖（包括种禽养殖）企业、家禽加工企业、冷藏冷冻企业及个人生产经营用的土地、房产和车船，适当减免2006年上半年度城镇土地使用税、房产税和车船使用税。

是年，阳泉市城区增值税完成843万元，较上年增长17.41%。“十五”时期，城区增值税共计完成3472万元，较“九五”时期增长13.68%。

2006年，阳泉市城区增值税完成945万元，较上年增长12.10%。

2007年7月26日，财政部、国家税务总局联文印发《关于调整工业盐和食用盐增值税税率的通知》，规定自是年9月1日起，盐适用增值税税率由17%统一调整为13%。该通知所称盐，是指主体化学成分为氯化钠的工业盐和食用盐，包括海盐、井矿盐和湖盐。

12月12日，根据《国家税务总局关于纳税人善意取得虚开的增值税专用发票处理问题的通知》规定，纳税人善意取得虚开的增值税专用发票指购货方与销售方存在真实交易，且购货方不知取得的增值税专用发票是以非法手段获得的。纳税人善意取得虚开的增值税专用发票，如能重新取得合法、有效的专用发票，准许其抵扣进项税款；如不能重新取得合法、有效的专用发票，不准其抵扣进项税款或追缴其已抵扣的进项税款。是年，城区增值税完成1245万元，较上年增长31.75%。

2008年4月29日，国家税务总局决定自是年6月1日起，纳税人生产销售和批发、零售有机肥产品免征增值税。享受上述免税政策的有机肥产品是指有机肥料、有机－无机复混肥料和生物有机肥。有机肥料：指来源于植物和（或）动物，施于土壤以提供植物营养为主要功能的含碳物料。有机－无机复混肥料：指由有机和无机肥料混合和（或）化合制成的含有一定量有机肥料的复混肥料。生物有机肥：指特定功能微生物与主要以动植物残体为来源并经无害化处理、腐熟的有机物料复合而成的一类兼具微生物肥料和有机肥效应的肥料。享受免税政策的纳税人应按照《中华人民共和国增值税暂行条例》《中华人民共和国增值税暂行条例实施细则》等规定，单独核算有机肥产品的销售额。未单独核算销售额的，不得免税。

是年，阳泉市城区增值税完成1433万元，较上年增长15.10%，在主要税种中增幅较低，主要原因：商业零售企业基本保持较高增长势头，同比增长34%；制造业实现税款有所降低。城区制造业纳税大户主要集中在化学原料制品业、非金属矿物制品业、交通运输设备制造业，受市场疲软影响，化学原料制品业、非金属矿物制品业产销量大幅下降，影响增值税入库；国税局所管煤炭经销企业整体效益下滑，全年实现并入库增值税630余万元，同比降低36%，减收税款360余万元。

2009年2月，国家税务总局印发《关于增值税简易征收政策有关管理问题的通知》，规定：关于纳税人销售自己使用过的固定资产。一般纳税人销售自己使用过的固定资产，适用按简易办法依4%征收率减半征收增值税政策的，应开具普通发票，不得开具增值税专用发票。纳税人销售旧货，应开具普通发票，不得自行开具或者由税务机关代开增值税专用发票。一般纳税人销售货物适用财税〔2009〕9号文件第二条第（三）项、第（四）项和第三条规定的，可自行开具增值税专用发票。关于销售额和应纳税额。一般纳税人销售自己使用过的物品和旧货，适用按简易办法依4%征收率减半征收增值税政策的，按下列公式确定销售额和应纳税额：销售额＝含税销售额/（1+4%）；应纳税额＝销售额 ×4%/2。

是年，阳泉市城区完成增值税1573万元，同比增长9.76%，为2003年以来增幅较低的一年。是年，新增沃尔玛购物广场和苏宁电器两户，新增增值税683万元，形成净增长；代开发票以及个体增值税增收400余万元，在一定程度上弥补征收率下调带来的减收因素。

2010年10月，国家税务总局印发《关于制种行业增值税有关问题的公告》，决定对制种企业在下列生产经营模式下生产销售种子，属于农业生产者销售自产农业产品，应根据《中华人民共和国增值税暂行条例》有关规定免征增值税。制种企业利用自有土地或承租土地，雇佣农户或雇工进行种子繁育，再经烘干、脱粒、风筛等深加工后销售种子；制种企业提供亲本种子委托农户繁育并从农户手中收回，再经烘干、脱粒、风筛等深加工后销售种子。是年，城区增值税共计完成1958万元，同比增长24.48%，增收的主要增收因素是新增山西省电力公司阳泉城区供电支公司缴纳增值税955万元（包括上缴中央、省数额），及查补增值税入库1032万元（包括上缴中央、省数额）。

2011年11月14日，发布《中华人民共和国增值税暂行条例实施细则》，对增值税起征点的幅度规定如下：销售货物的，为月销售额5000–20000元；销售应税劳务的，为月销售额5000–20000元；按次纳税的，为每次（日）销售额300–500元。决定从2012年开始执行。

12月，财政部、国家税务总局决定继续扶持动漫产业发展，对属于增值税一般纳税人的动漫企业销售其自主开发生产的动漫软件，按 17% 的税率征收增值税后，对其增值税实际税负超过 3% 的部分，实行即征即退政策。动漫软件出口免征增值税。是年，城区增值税完成 1826 万元，同比降低 6.74%。增值税增长因素主要是阳泉北国商城有限公司入库 333 万元，形成净增长。增值税的减收因素是受国内原材料价格上涨和人民币汇率升值影响，阳泉市双龙盛国际贸易有限公司纳税减少 29 万元；受煤炭市场低迷影响，胜达煤炭有限公司减少税款 110 万元；受购销计划减少影响，北京丰台车辆段服务公司阳泉公司减少 258 万元；通运贸易有限公司阳泉分公司减少 208 万元。

2012 年 6 月，国家税务总局规定：密集型烤房设备、频振式杀虫灯、自动虫情测报灯、黏虫板属于《国家税务总局关于印发〈增值税部分货物征税范围注释〉的通知》规定的农机范围，应适用 13% 增值税税率。

12 月，由于执行 2011 年 11 月 14 日国家发布的《中华人民共和国增值税暂行条例实施细则》结构性减税政策，减轻企业和个人的税费负担，促进经济增长。同时也影响税收收入，减收约 500 万元。另外，蔬菜、部分鲜活肉蛋产品免征增值税政策开始落实，减少税款约 300 万元。是年，阳泉市城区增值税完成 1897 万元，较上年增长 3.89%。

2013 年 5 月，按照上级要求，决定开展将部分营业税改征增值税，主要理由：

（1）营业税改征增值税的必要性。在我国现行税制结构中，增值税和营业税是最为重要的两个流转税税种，二者分立并行，各有利弊。从税制完善性的角度看，增值税和营业税并行，破坏增值税的抵扣链条，影响增值税作用的发挥。从产业发展和经济结构调整的角度来看，将我国大部分第三产业排除在增值税的征税范围之外，对服务业的发展造成不利影响。从税收征管角度看，两套税制并行造成税收征管实践中的一些困境。

（2）营业税改增值税的意义。实施营业税改增值税试点，是国家财税体制改革的重大决策部署，是结构性减税的重要举措。营业税改征增值税是国家“十二五”规划确定的加快我国财税体制改革重要内容。试点改革自 2012 年 1 月 1 日在上海率先启动后，2012 年年底前试点地区扩大至北京、天津、江苏、浙江、宁波、安徽、福建、厦门、湖北、广东、深圳等省、直辖市、计划单列市，2013 年 8 月 1 日起试点改革在全国范围推开。主要内容：从事交通运输业和部分现代服务业的纳税人，由缴纳营业税改为缴纳增值税；在现行增值税 17% 和 13% 两档税率基础上，新增 11% 和 6% 两档低税率，其中，交通运输业适用 11% 税率，部分现代服务业中的研发和技术服务、信息技术服务、文化创意服务、物流辅助服务、鉴证咨询服务适用 6% 税率，部分现代服务业中的有形动产租赁服务适用 17% 税率；试点纳税人原享受的技术转让等营业税减免税政策，试点后调整为增值税免税或即征即退；试点地区和非试点地区现行增值税一般纳税人向试点纳税人购买增值税应税服务，可抵扣进项税额；试点纳税人提供的符合条件的国际运输服务、向境外提供研发和设计服务，适用增值税零税率，等等。根据国务院统一部署，“十二五”期间全面完成营业税改增值税改革。

（3）山西省该次营业税改增值税试点改革的目标总体：2013 年 5 月 31 日前，完成国税和地税的管户接收，做好税务登记和一般纳税人认定工作；6 月 30 日前，完成相关征管系统的联调升级，完成试点纳税人电子征管数据接收、核实、补录，增值税专用发票和普通发票的印制入库和内、外部培训；7 月 15 日前，完成防伪税控系统和货运发票税控系统的发行、安装及企业端升级、调试，将专用发票和普通发票下发至试点纳税人，完成各类业务的模拟运行；8 月 1 日，确保纳入营业税改增值税试点的交通运输业和部分现代服务业纳税人能够顺利开具增值税发票；9 月 1 日开始能够正常申报。

是年，阳泉市城区增值税完成 1994 万元，较上年增长 5.11%。

2014 年，为配合消费税制度改革，国家税务总局对增值税纳税申报有关事项进行调整：在增值税纳税申报其他资料中增加《部分产品销售统计表》，由从事轮胎、酒精、摩托车等产品生产的增值税一般纳税人在办理增值税纳税申报时填报。

2015 年，国家对《适用增值税零税率应税服务退（免）税管理办法》补充公告如下：

适用增值税零税率应税服务的广播影视节目（作品）的制作和发行服务、技术转让服务、软件服务、电路设计及测试服务、信息系统服务、业务流程管理服务，以及合同标的物在境外的合同能源管理服务的范围，按照《营业税改征增值税试点实施办法》所附的《应税服务范围注释》对应的应税服务范围执行；适用增值税零税率应税服务的离岸服务外包业务的范围，按照《离岸服务外包业务》对应的适用范围执行。

向境外单位提供新纳入零税率范围的应税服务的，增值税零税率应税服务提供者申报退（免）税时，应按规定办理出口退（免）税备案。

增值税零税率应税服务提供者收齐有关凭证后，可在财务作销售收入下月起至下年 4 月 30 日前的各增值税纳税申报期内向主管国税机关申报退（免）税；逾期申报的，不再按退（免）税申报，改按免税申报；未按规定申报免税的，应按规定缴纳增值税。

实行免抵退办法的增值税零税率应税服务提供者，向境外单位提供研发服务、设计服务、新纳入零税率范围的应税服务的，应在申报免抵退税时，向主管国税机关提供有关申报资料。

1985 年–2015 年，阳泉市城区共征收增值税 25982.1 万元。

1985 年–2015 年阳泉市城区增值税完成情况表

表 1–5　　　　单位：万元

年　份	完成额	年　份	完成额	年　份	完成额	年　份	完成额
1985	13.7	1993	245.7	2001	749.0	2009	1573.0
1986	19.8	1994	394.1	2002	540.0	2010	1958.0
1987	13.4	1995	453.0	2003	622.0	2011	1826.0
1988	72.2	1996	491.0	2004	718.0	2012	1897.0
1989	82.5	1997	559.0	2005	843.0	2013	1994.0
1990	126.3	1998	655.0	2006	945.0	2014	2596.0
1991	186.2	1999	661.0	2007	1245.0	2015	2165.0
1992	217.2	2000	688.0	2008	1433.0	合　计	25982.1

四、消费税

消费税是为保证国家的财政收入，体现工商税制改革基本保持原税负的原则，同时考虑对一些消费品进行特殊调节的需要，对实行增值税后比原来征收产品税税负下降幅度较大的产品和部分特殊商品在征收增值税的基础上再征收的一道流转税。

1993 年 12 月 13 日，国务院发布《中华人民共和国消费税暂行条例》；同月 25 日，财政部发布《中华人民共和国消费税暂行条例实施细则》。在中华人民共和国境内生产、委托加工和进口本条例规定的消费品的单位和个人，为消费税的纳税义务人。税目、税率（税额）依条例所附的《消费税税目税率（税额）表》执行。

《实施细则》规定：卷烟每大箱（5 万支，下同）销售价格在 780 元（含 780 元）以上的，按照甲类卷烟税率征税；每大箱销售价格在 780 元以下的，按乙类卷烟税率征税。委托加工的应税消费品直接出售的，不再征收消费税。实行从量定额办法计算应纳税额的应税消费品，计量单位的换算标准：啤酒 1 吨 = 988 升；黄酒 1 吨 = 962 升；汽油 1 吨 = 1388 升；柴油 1 吨 = 1176 升。

同月 28 日，国家税务总局发布《消费税若干具体问题的规定》，对卷烟分类计税标准问题、酒的征收范围问题、计税依据问题、纳税地点问题和报缴税款问题均进行了详尽说明和规定。

1994 年 7 月至 12 月，省国税局转发财政部、国家税务总局通知，决定：从 1994 年 1 月 1 日起，对香皂暂时减按 5% 的税率征收消费税，对甲类卷烟暂减按 40% 的税率征收消费税。从 1994 年 9 月 1 日起，对进口卷烟也暂减按 40% 的税率计征消费税，但此前按原规定税率计征的，不予调整。

1994 年 12 月开始，对于金、银和金基、银基合金首饰，以及金银和金基、银基合金的镶嵌首饰按 5% 的税率征收消费税。

1995 年 1 月，国家税务总局下发《金银首饰消费税征收管理办法》规定："金银首饰的范围"不包括镀金、包金首饰，以及镀金、包金的镶嵌首饰，并规定了对应税和非应税的划分。

1996 年，财政部、国家税务总局下发《关于对摩托车胎暂减征消费税的通知》，决定从是年 1 月 1 日起至 1997 年 12 月 31 日止暂减按 5% 的税率征收，并要求对已按原税率多征的税款，从应征的税款中冲减。

1998 年 8 月，执行国家税务总局通知，对铂金首饰在生产销售环节按 10% 的税率征收消费税。

1999 年 3 月，按财政部、国家税务总局通知，对护肤、护发品消费税税率作调整，从是年 1 月 1 日起，除对香皂仍按政策规定以 5% 的税率征收消费税外，其他护肤、护发品的消费税税率统一由 17% 降为 8%。

2001 年 5 月，经国务院批准，调整酒类产品消费税政策：粮食白酒、薯类白酒消费税税率由《中华人民共和国消费税暂行条例》规定的比例税率调整为定额税率和比例税率；粮食白酒、薯类白酒由《中华人民共和国消费税暂行条例》规定的实行从价定率计算应纳税额的办法，调整为实行从量定额和从价定率相结合计算应纳税额的复合计税办法。

2004 年 7 月，将《国家税务总局关于取消金银首饰消费税纳税人认定行政审批后有关问题的通知》转发，并提出以下要求，要求一并贯彻执行。

"金银首饰消费税纳税人认定"取消后，各地要严格按照《国家税务总局关于印发〈金银首饰消费税征收管理办法〉的通知》的规定，加强对金银首饰购货（加工）管理证明单的使用和管理。

各级主管国税机关应建立相应的"证明单"收、发、存、核销管理制度，要求纳税人必须在每月申报纳税时，将已使用的"证明单"交回主管税务机关办理缴销手续。

2005 年 4 月 8 日，下达《国家税务总局关于果啤征收消费税的批复》，指出，经向中国酿酒协会啤酒分会了解，果啤是一种介于啤酒和饮料之间的低度酒精饮料，主要成分为啤酒和果汁。尽管果啤在口味和成分上与普通啤酒有所区别，但无论是从产品名称，还是从产品含啤酒的本质上看，果啤均属于啤酒，应按规定征收消费税。

2006年8月30日，阳泉市城区执行《财政部、国家税务总局关于调整和完善消费税政策的通知》，将有关事项明确如下：

（1）关于若干油品的征税范围。重整生成油、拔头油、戊烷原料油、轻裂解料、重裂解料、加氢裂化尾油、芳烃抽余油均属轻质油，根据《通知》石脑油征收范围的注释，属于石脑油征收范围；蜡油、船用重油、常压重油、减压重油、7号燃料油、糠醛油、工业燃料、4 ~ 6号燃料油等油品的主要用途是作为燃料燃烧，根据《通知》关于燃料油征收范围注释，属于燃料油征收范围；橡胶填充油、溶剂油原料，根据《通知》关于溶剂油征收范围的注释，属于溶剂油征收范围；以植物性、动物性和矿物性基础油（或矿物性润滑油）混合掺配而成的“混合性”润滑油，不论矿物性基础油所占比例高低，均属润滑油的征税范围。

（2）关于改装改制车辆的界定。改装改制车辆是指经省级发展改革委审核批准，并报国家发展改革委备案，列入国家发展改革委的公告车辆类别代码为5的专用汽车。

（3）关于实木复合地板的界定。实木复合地板是以木材为原料，通过一定的工艺将木材刨切加工成单板（刨切薄木）或旋切加工成单板，然后将多层单板经过胶压复合等工艺生产的实木地板。目前，实木复合地板主要为三层实木复合地板和多层实木复合地板。

（4）关于对外购润滑油大包装改小包装、贴标等简单加工的征税。

（5）单位和个人外购润滑油大包装经简单加工改成小包装或者外购润滑油不经加工只贴商标的行为，视同应税消费税品的生产行为。单位和个人发生的以上行为应当申报缴纳消费税，准予扣除外购润滑油已纳的消费税税款。

（6）与外购石脑油为原料在同一生产过程中既生产应税消费品又同时生产非应税消费品的，外购石脑油已缴纳的消费税税款抵扣额的计算以外购或委托加工收回石脑油为原料生产乙烯或其他化工产品，在同一生产过程中既可以生产出乙烯或其他化工产品等非应税消费品同时，又生产出裂解汽油等应税消费品的，外购或委托加工收回石脑油允许抵扣的已纳税款计算公式如下：当期准予扣除外购石脑油已纳税款 = 当期准予扣除外购石脑油数量 × 单位税额30%。

2008年12月30日，以国税函〔2008〕1073号，要求对属地成品油生产企业本年11月、12月当月成品油非正常销售数量进行成品油消费税专项评估，通过评估要求企业从2009年2月征期起调整纳税评估，防止税款流失。

2010年2月20日，国家税务总局规定，按照国家标准（GB/T7631.15—1998）规定的润滑剂范围，变压器油、导热类油等绝缘油类产品，均属于润滑油的范围，应按“润滑油”的税率征收消费税。

2011年6月15日，阳泉市城区为方便税收征管，将财政部、国家税务总局《关于对利用废弃的动植物油生产纯生物柴油免征消费税的通知》所称“废弃的动物油和植物油”范围明确如下：餐饮、食品加工单位及家庭产生的不允许食用的动植物油脂，主要包括泔水油、煎炸废弃油、地沟油和抽油烟机凝析油等。利用动物屠宰分割和皮革加工修削的废弃物处理提炼的油脂，以及肉类加工过程中产生的非食用油脂。食用油脂精炼加工过程中产生的脂肪酸、甘油酯及含少量杂质的混合物，主要包括酸化油、脂肪酸、棕榈酸化油、棕榈油脂肪酸、白土油及脱臭馏出物等。油料加工或油脂储存过程中产生的不符合食用标准的油脂。

2013年，国家规定纳税人发生下列情形之一且未缴纳消费税的，主管税务机关应依法补征税款并予以相应处理：应提供而未提供检验证明；虽提供检验证明，但实际生产加工的产品不符合检验证明所依据的国家或行业标准。

2014年，为促进环境治理和节能减排，将提高成品油消费税问题通知如下：将汽油、石脑油、溶剂油和润滑油的消费税单位税额由1.12元/升提高到1.4元/升。将柴油、航空煤油和燃料油的消费税单位税额由0.94元/升提高到1.1元/升。航空煤油继续暂缓征收。

2015年，为促进环境治理和节能减排，将提高成品油消费税问题通知如下：将汽油、石脑油、溶剂油和润滑油的消费税单位税额由1.4元/升提高到1.52元/升。将柴油、航空煤油和燃料油的消费税单位税额由1.1元/升提高到1.2元/升。航空煤油继续暂缓征收。

第二节 所得税类

一、工商所得税

对从事工商业生产、经营所取得的所得征收的一种所得税。1950年1月，国家颁布《工商业税暂行条例》，包括营业税和所得税两部分，其主要内容：凡在本国境内的工商盈利企业，不分公营、私营、公私合营或合作事业，均应按规定缴纳所得税；但公营企业应缴纳的所得税，按提取利润的办法，征解入库不再缴纳所得税。对国家专卖、专制事业和贫苦艺匠、家庭副业以及非以盈利为目的的事业及其他经中央人民政府批准的均免征所得税。

1978年，财政部规定，城镇新办集体企业，从投产经营的月份起，免征工商所得税1年。

1980年8月，规定城镇新办集体企业，从投产经营的月份起，由原免征工商所得税1年，改为免征工商所得税2年–3年；对原有城镇集体企业，当年安置待业知青占企业职工总数60%以上的，也免征工商所得税2年–3年。10月，又改按8级超额累进税率计征工商所得税。对集体企业增长利润减征工商所得税。对二轻集体企业、城镇街道和家属办的工业生产单位及社队局直属的工业企业，从1980年–1983年，以1980年计税所得额为基数，实行增长利润减半征税办法。是年，对基层供销社经营饮食、服务、修理行业的工商所得税税率由39%改为20%。

1985年，国家在工商所得税的基础上，先后发布《集体企业所得税暂行条例》和《城乡个体工商户所得税暂行条例》，工商所得税停征。是年，城区征收工商所得税179.5万元。

二、利息所得税

利息所得税是对各种利息所得征收的一种税。新中国成立后，国家于1950年1月统一全国税政，拟开征利息所得税。

1956年，阳泉市站上区（城区前身）执行财政部颁发的《利息所得税暂行条例（草案）》，开征利息所得税。利息所得税以利息所得者为纳税义务人，以支付或结付利息者为扣缴义务人。计税项目：存入中国人民银行的存款利息所得；公债、公司债及其他证券利息所得；股东、职工对本业户垫款利息所得。免税范围：教育、文化、公益、救济机关或团体事业基金，全部用于本事业的，银钱业的放款及同业间往来款项利息所得；投资于企业的股息所得；工农个人相互借贷的利息所得，每次利息所得不满5000元（旧人民币，下同）。利息所得税的税率为5%。对扣缴义务人不按规定扣缴利息所得税者，除追缴应扣税款外，并处以应扣或少扣税款5倍以下的罚金；对扣缴义务人不按规定提供账簿、税证者处30万元以下的罚金。

1957年，为配合社会主义工商业改造政策，对手工业生产合作社付给社（组）员的利息，手工业生产组织互相借贷款项所得的利息等，均免征利息所得税。随着利息所得税征收对象的逐渐减少和配合银行降低存款利息，从1958年起停征利息所得税。

1999年9月30日，阳泉市城区执行国务院颁布的《对储蓄存款利息所得征收个人所得税的实施办法》，从是年11月1日起，依照国务院决定，恢复对储蓄存款利息所得征收个人所得税。《对储蓄存款利息所得征收个人所得税的实施办法》规定，从中华人民共和国境内的储蓄机构取得的人民币、外币储蓄存款利息所得的个人，应当依照规定缴纳个人所得税。储蓄存款利息适用20%的比例税率。对储蓄存款利息所得税，以结付利息的储蓄机构为扣缴义务人。

1999年–2001年，所有的利息税收入均入中央国库。

2001年3月，执行国家税务总局下发《关于代扣代缴储蓄存款利息个人所得税手续费收入免税问题的通知》，明确如下：根据《国务院对储蓄存款利息所得征收个人所得税的实施办法》的规定，储蓄机构代扣代缴利息所得税，可按所扣税款的2%取得手续费。对储蓄机构取得的手续费收入，应分别按照《中华人民共和国营业税暂行条例》和《中华人民共和国企业所得税暂行条例》的有关规定，征收营业税和企业所得税；储蓄机构内从事代扣代缴工作的办税人员取得的扣缴利息所得税手续费所得免征个人所得税。

2002年，利息税收入的50%入地方国库（其中，35%入省级国库，65%入地市县级国库）。

2003年，利息税收入60%入中央国库，40%入地方国库（其中，入省级国库35%，入地市县级国库65%）。

三、国营企业所得税

国营企业所得税是国家对国营企业的生产经营所得和其他所得征收的一种法人所得税，是国家参与国营企业利润分配的重要方式之一。

1983年，执行财政部颁布的《关于国营企业利改税试行办法》和《关于对国营企业征收所得税的暂行规定》，于是年6月1日起实施。

国营企业利改税就是国营企业由向财政上缴利润改为对其实现的利润征收所得税。国营企业所得税税率分为比例税率和超额累进税率两种。大中型企业适用55%的比例税率；饮食服务业、营业性的宾馆、饭店、招待所适用15%的比例税率；小型企业和县以上供销社适用8级超额累进税率，其最低一级为7%，最高一级为55%。

国营小型企业的划分标准：依据1982年的决算数字，工业企业（包括商办企业）固定资产原值不超过150万元，年实现利润不超过20万元，两个条件同时具备的；商业企业，以自然门店为单位，职工不超过20人，年利润不超过3万元，两个条件同时具备的、实行独立经济核算的零售商店（包括贸易货栈、信托商店）。

1984年9月，按照国务院发布的《中华人民共和国国营企业所得税条例（草案）》，决定从是年 10 月 1 日起对国营企业试行第二步“利改税”。主要内容如下：

凡国营企业从事生产经营所得和其他所得，除另有规定外，都应依照本条例的规定缴纳工商所得税；实行独立经济核算的国营企业，为工商所得税纳税人；联营企业以投资各方（包括行政、事业及其他单位）为纳税人。

国营企业的计税依据是应纳税所得额，纳税人每一纳税年度收入总额（包括营业外收入）减除成本、费用、国家允许在所得税前列支的税金和营业外支出后，其余额为应纳税所得额。

大中型企业，适用 55% 的固定比例税率；小型企业、饮食服务业和营业性宾馆、饭店、招待所等，适用 8 级超额累进税率。

国营小型工交企业的划分标准：固定资产原值不超过 300 万元，年利润不超过 30 万元的；国营小型商业零售企业，年利润不超过 8 万元，职工人数不限。

对纳税人 1983 年实现的利润，应相应调整。由于变动产品税税率、增值税税率、营业税税率以及开征资源税而增减利润后的余额，不足核定合理留利的微利企业，暂免征所得税 3 年；行政、事业单位，部队、团体附属企业的收入，凡作为抵顶事业费支出的部分，暂免征所得税；对商办企业专门生产酱油、醋、豆制品、腌腊制品、酱、酱菜、糖制小食品、儿童食品、小糕点、果脯、蜜饯、果汁、果酱、干菜、调料（不包括味精）和饮料加工企业，在规定期内，减半征收所得税；对新办的饮料加工工业，免征所得税 3 年；对某些新办的食品工业，免征工商所得税 1 年；纳税人遇有风、水、火等自然灾害，需要减税、免税的，按照《条例》批准权限，给予一次性或定期的减税，免税；对于已按行业减征所得税的大中型民贸企业、建筑安装企业、电影发行放映公司以及文教出版系统企业和其他文教企业，可采取按统一的工商所得税税率计税后，再减征一定的比例税额；纳税人在某一年度发生亏损后，经批准，可从下一年度的所得中给予一定税额抵补，一年抵补不完的，可结转次年，最长不得超过 3 年。

1985 年，对县以上供销社所属专营废旧物资公司的直属企业实现的利润，在两年内给予减征 40% 的照顾；财政部税务总局确定，国营企业按照规定减免产品税而增加的利润，应并入利润总额计征所得税。

1986 年，按照财政部通知，参加经济联合组织的全民所有制企业，用银行技措贷款投资的，可按有关还款规定在征收所得税前归还贷款。企业单位向能源交通设施以及“老、少、边、贫”地区投资分得的利润，在 5 年内减半征收所得税；以投资分得的利润再投资于上述行业和地区的，暂免征收所得税。全民所有制预算外企业和经营单位，归还技措性或基建改扩建借款，可比照预算内国营企业的有关规定，由当地税务部门审查批准，在缴纳所得税前，用借款项目投产后的新增利润归还。

1987 年，执行财政部规定，大中型生产企业用税后留利进行生产性投资项目所增加的利润，可按 40% 的税率减征所得税 3 年。山西省财政厅重新明确，凡未被纳入国家预算管理的全民所有制企业和经营单位，从 1987 年 1 月 1 日起，统一按照 8 级超额累进税率征收国营企业所得税；对小型商业企业已转为集体所有制或改为国家所有、集体经营以及租赁给集体经营的企业，执行集体企业财务制度，征收集体企业所得税；对企业用税后留利进行的技术改造项目投产后的新增利润，免征 1–3 年所得税。推行承包经营责任制后，国营企业所得税和调节税属于承包范围。对国营企业实现的利润，依法征收所得税和调节税，超额上缴部分，财政列支返还企业。

1988年2月，根据国务院发布的《全民所有制工业企业承包经营责任制暂行条例》，翌年6月对国营企业经批准减免的流转税税款，除对新产品给予的减免税税款和以税还贷外，其他应一律并入利润总额计征所得税。

1990年，对新组建的工程承包公司、城市综合开发公司和农房建材成套供应公司，取消免税3年的优惠照顾，从当年1月1日起，征收所得税。

1991年2月6日，国家税务局通知，铁路多种经营集体企业，应照章征收集体企业所得税。原为集体企业而在大包干后转制为国营企业的，应按8级超额累进税率就地征收国营企业所得税。

1992年2月17日，国家税务局通知，免征财政系统证券中介机构国营企业所得税。

1993年12月13日，根据国务院发布的《中华人民共和国企业所得税暂行条例》，将国营企业所得税、集体企业所得税和私营企业所得税统一合并为企业所得税。并于1994年1日起施行。

新发布的《中华人民共和国企业所得税暂行条例》对特殊行业、部门、企业纳税人作特殊规定，主要如下：金融、保险企业分别以中国人民银行、中国工商银行、中国银行、中国农业银行、中国建设银行、中国投资银行、国家开发银行、中国农业开发银行、中国进出口银行、中国国际信托投资公司、中国人民保险公司、中国人寿保险公司、中国再保险公司作为纳税人对其所属分行、分公司实现的利润集中缴纳所得税。直属铁道部的运输企业以铁道部为纳税人；铁路施工企业，以独立核算的总公司、工程局、工厂为纳税人；铁道部所属的企业、代销企业及其他单位，均以独立核算的企业作为纳税人。国家邮政局所属各级邮政企业在2000年之前（含2000年）以国家邮政局为纳税单位，在北京集中缴纳企业所得税。国家邮政局及所属各级邮政企业所办从事非邮政业务的企业，就地缴纳企业所得税。企业集团原则上应当以独立核算的核心企业和紧密层、半紧密层成员分别为纳税人，但经国务院批准独立的企业集团，其核心企业对紧密层企业资产控股为100%的，可由控股的成员企业选择由核心企业统一合并纳税。石油集团重组后，新设立的股份公司及存续企业，均应按照国家税收法规的统一规定缴纳企业所得税。

四、国营企业调节税

国营企业调节税是对国营大、中型企业的生产、经营所得和其他所得征收的一种所得调节税。我国在实行两步“利改税”对国营企业征收所得税时，由于一部分国营企业（大中型企业）在缴纳所得税后仍有不等的税后利润，为调节国营大中型企业的赢利水平，保证国家财政收入和调节企业之间留利水平苦乐不均的矛盾，国家决定对部分企业试行调节税办法，将税后利润超过合理留利的部分收归财政。

1984年9月18日，国务院颁布《国营企业调节税征收办法》。

国营大中型企业从事生产经营所得和其他所得，以实行独立经济核算的企业为纳税义务人；联营企业以分得利润的各方为纳税义务人；铁路营运、金融、保险企业和国家医药管理局的直属企业、分别以铁道部、中国人民银行、中国工商银行、中国银行、中国农业银行、中国人民建设银行、中国国际信托投资公司、中国人民保险总公司、国家医药管理总局为纳税义务人。

调节税以纳税人年度应纳税所得额为计税依据，应纳税所得额的确定与国营企业所得税的规定相同。国营企业调节税的税率，采用一户一率的办法，由财政部门会同企业主管部门核定，以1983年实现为准，扣除由于调整产品税率、增值税率、营业税率以及开征资源税而减少或增加的利润后，作为核定的基期利润。核定的基期利润扣除按 55%计算的所得税和 1983 年合理留利后的余额，占核定基期利润的比例为调节税税率，没有余额的，不核定调节税税率。企业当年利润比基期利润增长部分，减征 70%的调节税。利润增长部分按定比计划，一定 7 年不变。但对物资、金融、供销、保险企业征收调节税时，不实行减征 70%的办法。国营企业调节税由各级税务机关负责征收，其税款缴纳与罚款方面的规定基本与国营企业所得税的规定相同。

1987 年，山西省经委、财政厅决定，对全省国营企业实行目标利润管理办法。国营企业调节税开征以后，由于推行承包经营责任制，国营企业调节税同所得税一起作为企业上缴财政的一种形式，收入波动较大。

1993 年 12 月 13 日，国务院发布《企业所得税暂行条例》，从 1994 年起推行企业所得税全面改革时，又明确规定取消国营企业调节税，以理顺国家与国有企业的分配关系。

五、集体企业所得税

集体企业所得税是对集体所有制企业取得的生产经营所得和其他所得征收的一种所得税。在新中国成立以后的一个较长时期内，我国对集体企业所得的课税执行工商所得税。两步“利改税”后，我国开征国营企业所得税，实行按企业经济性质分设企业所得税种的做法，改进对集体企业所得的征税办法。

1984 年 12 月，山西省财政厅、乡镇局规定，乡镇企业统筹基金可由各地市、县主管部门从所属企业税前利润总额中提取 5–10%。

1985 年 10 月，根据财政部《集体企业所得税暂行条例》，阳泉市城区对集体企业所得税的若干政策规定如下：国营企业、事业单位、机关团体、学校、部队办的集体家属工厂均应独立核算，自负盈亏，应按《暂行条例》征收集体企业所得税。集体企业与国营企业办的联合经营企业，集体企业分得的利润，应在联合企业所在地缴纳所得税；集体企业与个人或其他单位的联营企业，应在联合企业所在地先按其全部利润缴纳集体企业所得税，然后再进行分配。实行承包经营的集体企业，应先缴纳集体企业所得税，然后再在企业和职工之间进行分配。对集体企业减免的产品税、增值税、营业税应一律并入企业损益，征收所得税。专门生产酱油、醋、豆制品、腌腊制品、酱、酱菜、糖制小食品、儿童食品、小糕点、果脯、蜜饯、干菜、调料和饲料加工的企业，在 1990 年以前，减半征收所得税；民政部门办的集体福利工厂、街道新办的集体性质的社会福利生产单位，安排盲、聋、哑等残疾人员占生产人员总数 35%以上的，免征所得税；10% –35%的减半征收；10%以下的，照章征收所得税。

同年，中共中央 1 号文件规定，“乡镇企业用于补助社会开支的费用，可按利润的 10%在税前列支”；国家税务局通知，集体企业奖金原则上按标准工资的 10–12%在成本中列支；省财政厅规定，集体企业归还银行的各种技改贷款，可用该项目投产后新增加的利润归还贷款本息的 60%；新办和扩建的乡镇企业使用银行贷款，在归还贷款本息期间，经当地税务部门批准，可用新增的全部固定资产折旧基金和新增利润在税前归还。是年，阳泉市城区集体企业所得税完成 0.1 万元。

1986 年，阳泉市城区集体企业所得税完成 197.9 万元。

1987 年，财政部规定，租赁给个人经营的国营小型企业、符合集体企业条件的，征收集体企业所得税，否则按个体工商户征收个体工商业户所得税。是年，对农村信用社从 1 月 1 日起征收集体企业所得税。是年，阳泉市城区集体企业所得税完成 145.7 万元，为上年的 73.62%。

1988 年，按照省税务局通知，实行股份制的集体企业，暂征收集体企业所得税。核定乡镇企业计税标准工资。计税标准工资按每人每勤计算，其中包括基本工资、各种工资性补贴，津贴、但不包括奖金。煤炭、硫铁矿及其他采掘业（不分坑上坑下）：计税工资标准为每日 5 元，其中基本工资标准为 3 元；工业企业：计税工资标准为每日 4 元，其中基本工资标准为 3 元；交通运输、建筑安装企业：计税工资标准为每日 4 元，其中基本工资标准为 2.5 元。商业服务业及其他行业，计税工资标准为 3 元，其中基本工资标准为 2.5 元。

是年，阳泉市城区集体企业所得税完成 168.6 万元，较上年增长 15.72%。

1989 年，省税务局通知，二轻集体所有制工业企业实行工资总额同上缴税金挂钩浮动办法，上缴税金包括产品税、增值税、营业税、资源税、城市维护建设税、教育费附加、房产税、车船使用税、印花税、城镇土地使用税、集体企业所得税。实行工资总额与经济效益挂钩的企业，不再执行按标准工资 12%税前提取奖励基金的办法。

是年，阳泉市城区集体企业所得税完成 288.4 万元，较上年增长 71.06%。

1990 年，根据国家税务局通知，对安置城镇待业青年新办的集体企业或街道企业，是年安置待业青年超过职工总数 60%的，经税务机关审查批准，可免征集体企业所得税 2–3 年（山西省规定可免征 3 年）；当年安置数超过企业职工总数 30%以上不足 60%的，可免征集体企业所得税 2 年；不达上述比例的城镇集体企业，每安置 1 名待业青年，经批准可在税前实现利润中扣除 1000 ~ 1500 元后，再征集体企业所得税。

是年，阳泉市城区集体企业所得税完成 341.3 万元，较上年增长 18.34%。

“七五”时期，阳泉市城区集体企业所得税共计完成 1141.9 万元。

1991 年 3 月，针对乡镇企业计税工资标准相对偏低的问题阳泉市城区作必要调整，乡镇企业的计税工资标准仍按日勤计算，计税工资中包括基本工资、各种奖金和各种工资性津贴、补贴。计税工资上限标准调整如下：煤炭、硫铁矿及其他采掘企业（不分坑上、坑下）一律由原来的每勤 5 元调整为每勤 7 元；工业、交通运输业、建筑安装业，由原来的每勤 4 元，调整为每勤 5.5 元；商业、饮食、服务业及其他行业，限额计税工资标准由原来的每勤 3 元，调整为每勤 4.5 元。是年，城区集体企业所得税完成 278.1 万元，为上年的 81.48%。

1992 年，阳泉市城区集体企业所得税完成 293.6 万元，较上年增长 5.57%。

1993 年 12 月 13 日，国务院发布《中华人民共和国企业所得税暂行条例》，集体企业所得税同国营企业所得税、私营企业所得税统一合并为企业所得税。是年，城区集体企业所得税完成 267.5 万元，为上年的 96.19%。

1985 年 –1993 年，阳泉市城区共完成集体企业所得税 1981.2 万元。

1994 年 4 月，阳泉市城区对企业财务制度与《中华人民共和国企业所得税暂行条例》及其细则的衔接规定如下：企业向非金融机构借款的利息支出按财务制度规定处理，属于购建固定资产竣工决算投产后发生的各项贷款利息支出，计入财务费用。企业工资、奖金、津贴等继续按财务制度规定的资金渠道列支。企业实行计税工资后，对实发工资超过计税工资标准的部分纳税时进行调整。企业各类捐赠支出全部计入企业营业外支出、其中公益救济性的捐赠在不超过当年应纳税所得额的 3%之内，在缴纳所得税时扣除，超过 3%部分以及非公益救济性的捐赠在纳税时进行调整。

1985 年 –1993 年阳泉市城区集体企业所得税完成情况表

表 1–6　　单位：万元

年　份	完成额	年　份	完成额	年　份	完成额	年　份	完成额
1985	0.1	1988	168.6	1991	278.1	——	——
1986	197.9	1989	288.4	1992	293.6	——	——
1987	145.7	1990	341.3	1993	267.5	合　计	1981.2

六、私营企业所得税

私营企业所得税是国家对城乡从事生产经营活动的私营企业，就其生产经营所得和其他所得征收的一种法人所得税。

在我国，由于对私营企业认识不足，私营企业发展经历不少波折。

1949 年，阳泉市第一区（城区前身）共有私商 768 户，从业人员 317 人，且大户少，小户多，小商贩占总户数的 78.37%，占从业总人数的 44.68%。私营商号对盈余的分配，大体上是按所得税、企业公积金、工人福利和留归资本家的利润四块进行，亦称“四马分肥”。

1953 年，阳泉市第一区（城区前身）坐商、行商、摊贩共有 850 户，从业人员 858 人。由于国家对私营商业实行限制改造的政策，到 1955 年年底，全市私营商业户减少到 685 户，从业人员 709 人，并于 1956 年 3 月实现公私合营。1958 年，有私商 3 户，从业人员 6 人，至 1960 年绝迹。“文化大革命”时期，视小商小贩为“资本主义的温床和尾巴”，加以批判并取缔。

中共十一届三中全会以后，随着对内搞活、对外开放政策的逐步落实，个体商业从无到有，迅速发展。1980 年，阳泉市城区有私商 28 户，从业人员 34 人。到 1984 年，阳泉市城区私商发展到 1826 户，从业人员 1552 人，成为社会主义商业的重要组织部分。

1989 年 11 月 17 日，财政部发布《中华人民共和国私营企业所得税暂行条例施行细则》和国家税务局下发的《关于私营企业税收政策的若干规定》，征收私营企业所得税。

1990 年，阳泉市城区有私商 3020 户，从业人员 3359 人。

1993 年 12 月 13 日，国务院发布《中华人民共和国企业所得税暂行条例》，将私营企业所得税、国营企业所得税和集体企业所得税统一合并为企业所得税。

七、企业所得税

企业所得税是将原来的国营企业所得税、集体企业所得税、私营企业所得税合并统一为内资企业所得税，实行比例税率；取消国营企业调节税和向国有企业征收的国家能源交通重点建设基金、国家预算调节基金；规范企业所得税前列支项目和标准；取消税前还贷，允许企业贷款利息进入成本、折旧加速；停止国有企业承包企业所得税法，稳定和拓宽企业所得税税基，硬化企业所得税的一种税法。

1993 年 12 月 13 日，国务院发布《中华人民共和国企业所得税暂行条例》，于 1994 年 1 月 1 日起在全国施行。其主要内容：在中华人民共和国境内实行独立经济核算的企业都是所得税的纳税人。

该类企业包括：国有企业、集体企业、私营企业、联营企业、股份制企业和其他有生产、经营所得和其他所得的其他组织，要兼顾不同经济性质的征税需要，适应企业多种经营形式存在的实际情况，外资企业继续执行《中华人民共和国外商投资企业和外国企业所得税法》。

企业所得税的计税依据为应纳税所得额。应纳税所得额是纳税人每一纳税年度的收入总额减去准予扣除项目后的余额。同时规定，“纳税人在计算应纳税所得额时，其财务、会计处理办法同国家有关税收规定有抵触的，应当依照国家有关税收的规定计算纳税”。为规范应纳税所得额的计算，便于企业和税务机关操作，对确定应纳税所得额的总收入内容准予扣除和不予扣除的范围、项目及标准都做明确的规定。企业所得税实行33%的比例税率。全面降低原各类企业所得税的最高税率，适当减轻企业负担，简化企业所得税的计算方法。还规定减免优惠措施，对民族区域自治地方和其他符合有关规定的企业加以照顾或鼓励；对亏损抵补、境外所得纳税地点、征管等问题都做具体规定。

1994年2月4日，执行财政部发布的《中华人民共和国企业所得税暂行条例实施细则》。

企业所得税所称生产、经营所得。是指从事物质生产、交通运输、商品流通、劳务服务，以及经国务院财政部门确认的其他营利事业取得的所得。所称其他所得，是指股息、利息、租金、转让各类资产、特许权使用费以及营业外收益等所得。所称不生产、经营所得和其他所得的其他组织，是指国家有关部门批准，依法注册、登记的事业单位、社会团体等组织。所称独立经济核算的企业或者组织，是指纳税人同时具备在银行开设核算账户；独立建立账簿，编制财务会计报表，独立计算盈亏等条件的企业或者组织。

固定资产计价处理。建设单位交来完工的固定资产，根据建设单位交付使用的财产清册中所确定的价值计价；自制、自建的固定资产，在竣工使用时按实际发生的成本计价；购入的固定资产，按购入价加上发生的包装费、运杂费、安装费以及缴纳税金后的价值计价；从国外引进的设备按设备买价加上进口环节的税金、国内运杂费、安装费等后的价值计价；以融资租赁方式租入的固定资产，按租赁协议或者合同确定的价款加上运费、途中保险费、安装调试费以及投入使用前发生的利息支出和汇总损益等后的价值计价；接受赠予的固定资产，按发票所列金额加上由企业负担的运输费、保险费、安装调试费等确定；无所附发票的，按同类设备的市价确定；盘盈的固定资产，按同类固定资产的重置完全价值计价；接受投资的固定资产，应当按该资产的折旧程度，以合同、协议确定的合理价格或者评估确认的价格确定；在原有固定资产基础上进行改扩建的，按照固定资产的原价加上改扩建发生的支出，减去改扩建过程中发生的固定资产变价收入后的余额确定。

固定资产折旧。房屋、建筑物；在用的机器设备、运输车辆、器具、工具；季节性停用和大修理停用的机器设备；以经营租赁方式租出的固定资产；以融资租赁方式租入的固定资产；财政部规定的其他应当提取折旧的固定资产应当提取折旧。土地、房屋、建筑物以外未使用、不需要以及封存的固定资产；以经营租赁方式租入的固定资产；已提足折旧继续使用的固定资产；按照规定提取维简费的固定资产；已在成本中一次性列支而形成的固定资产；破产、关停企业的固定资产；财政部规定的其他计提折旧的固定资产不得提取折旧。

无形资产计价。投资者作为资本金或者合作条件投入的无形资产，按照评估确认或者合同、协议约定的金额计价；购入的无形资产，按照实际支出的价款计价；自行开发并且依法申请取得的无形资产，按照开发过程中实际支出计价；接受捐赠的无形资产，按照发票账单所列金额或者同类无形资产的市价计价。

无形资产摊销。受让或投资的无形资产，法律和合同或者企业申请书分别规定有效期限和受益期限的，按法定有效期限与合同有效期限或企业申请中规定的受益年限孰短原则摊销；法律没有规定使用年限的，按照合同或者企业申请书的受益年限摊销；法律和合同或者企业申请书没有规定使用年限的，或者自行开发的无形资产，摊销期限不得少于10年。

企业在筹建期发生的开办费，应当从开始生产、经营月份的下月起，在不短于5年的期限内分期扣除。

1995年8月，按照财政部、国家税务总局下发的《企业补贴收入征税等问题的通知》，城区规定如下：企业取得国家财政性补贴和其他补贴收入，除国务院、财政部和国家税务总局规定不计入损益者外，应一律并入实际收到该补贴收入年度的应纳税所得额；纳税人为其他独立纳税人提供与本身应纳税收入无关的贷款担保等，因被担保方还不清贷款而由该担保纳税人承担的本息等，不得在担保企业税前扣除；企业的一切工资性支出，包括企业列入管理费的各项补助等，在确定计税工资和挂钩工资时，应全部计入工资总额；投资方从联营企业分回利润，若投资方企业发生亏损的，应先用于弥补亏损，弥补亏损有盈余的，应依照对联营企业的有关规定，按投资方企业法定税率与联营企业适用税率的差额计算补税；纳税人根据各省、自治区、直辖市人民政府统一规定缴纳的残疾人就业保障金，可在企业所得税前扣除；企业按规定向职工发放的住房补贴和困难补助在企业住房周转金中开支。企业缴纳的住房公积金，在住房周转金中列支。不足部分，经主管税务局审核后可在税前列支；凡设在经济特区等各类经济区域的外商投资企业（不含高新技术产业开发区），适用15%或24%税率征税的，其中方投资者的分回利润，按联营企业分回利润补税。

1997年5月，根据省国税局下发的《关于职工冬季取暖补贴等税前扣除问题的通知》，城区就山西省企业职工冬季取暖补贴等税前扣除问题规定如下：企业发放职工冬季取暖补贴，按照国家规定的全省各地职工冬季取暖期计算，其实际支付额在不超过职工冬季取暖每人每月20元以内的予以税前扣除；企业发放的职工防暑降温费，平均每人每年实际支付额在80～100元内可以据实税前扣除；企业发放的职工劳动保护费，经主管国税机关核准，平均每人每年实际支付额在300元以内可准予税前扣除。

12月，根据国家税务总局《关于企业所得税若干问题的通知》规定，纳税人逾期归还银行贷款，银行按规定加收罚息，不属于行政性罚款，允许在税前扣除；纳税人按省级以上民政、物价、财政部门批准的标准，向依法成立的协会、学会等社团组织缴纳的会费，经主管税务机关审核后允许在所得税前扣除。

1998年6月，执行国家税务总局下发的《关于工效挂钩企业工资税前扣除口径问题的通知》规定：企业按批准的工效挂钩办法提取的工资额超过实际发放的工资额部分，不得在企业所得税前扣除。计税工资是指在计算应纳税所得额时允许扣除的工资、薪金标准。实行计税工资办法的企业，其实际发放的工资、薪金在计税工资以内的，可据实扣除，超过标准的部分，在计算应纳税所得额时不得扣除；实行工效挂钩办法的企业，其实际发放的工资、薪金在工资、薪金总额增长幅度低于经济效益增长幅度，职工平均工资、薪金增长幅度低于劳动生产率增长幅度以内的在计算应纳税所得额时准予扣除。

1999年7月，执行国家税务总局对出售职工住房有关企业所得税问题做明确规定：企业出售住房的净收入，上级主管部门下拨的住房资金和住房周转金的利息等不计入企业应纳所得税，可作为住房周转金，纳入住房基金管理；企业应首先用住房周转金支付按国家统一规定应由企业缴纳的住房公积金，住房周转金不足缴纳住房周转金的部分，经主管税务机关审核，可在企业所得税税前扣除；企业已出售给职工个人的住房，不得在企业所得税税前扣除折旧和维修管理费。

2000年4月，执行国家税务总局下发《关于烟草公司罚没收入征收企业所得税问题的批复》，规定，烟草公司（烟草专卖局）收到财政部门返还的罚没收入，应并入当期纳税所得额，征收企业所得税。烟草公司办案经费支出，经税务机关审核确认后，准予在税前扣除。8月，国家税务总局下发《关于企业合并分立业务有关所得税问题的通知》，同时下发《关于企业股权投资业务若干问题的通知》，省国税局作补充：对企业整体资产转让交易，如果接受企业支付的交换额中，除接受企业股权以外的现金、有价证券、其他资产（简称“非股权支付额”）不高于所支付的股权的票面价值（或股本的账面价值）20%的，报经省国税局审核确认，转让企业可暂不计算确认资产转让所得或损失；对企业整体资产置换交易中，作为资产置换交易补价（双方全部资产公允价值的差额）的货币性资产占换入总资产公允价值不高于25%的，报经省国税局审核确认，资产置换双方企业均不确认资产转让的所得或损失。

2001年2月，执行国家税务总局下发的《关于汇总（合并）纳税企业实行统一计算、分级管理、就地预缴、集中清算所得税问题的通知》，阳泉市城区国税局就此文件作补充规定：在城区就地预缴企业所得税的成员企业，其就地预缴所得税的比例，除另有规定外，一般按年（季）度应纳所得税额的60%，其中地市级成员企业按其年（季）度应纳所得税额的30%就地预缴，全省汇总后的差额部分由省级成员企业就地缴纳；县级成员企业不就地预缴，由地市级成员企业汇总缴纳，但要接受当地主管国税机关的监管；成员企业技术改造国产设备投资可抵免的企业所得税额，以就地预缴企业所得税抵免后不足抵免的部分，经成员企业所在地主管国税机关出具证明，由上级成员企业或汇缴企业据以在就地预交或集中清算企业所得税时予以抵免；各成员企业应按规定比例就地分期预缴税款并在年终进行清算。在分期预交和年终清算时，预交税款不达规定比例的，以欠税反映，预缴税款超过规定比例的部分，可以抵顶下期应预缴税款。

2002年11月，执行国家税务总局下发的《关于金融保险企业所得税有关业务问题的通知》，城区规定：金融企业发放的贷款，应按期计算利息并计入当期应纳税所得额。发放的贷款逾期90天尚未收回的，此前发生的应收未收利息应按规定计入当期应纳税所得额；此后发生的应收未收利息不计入当期应纳税所得额；待实际收回时再计入当期应纳税所得额；保险企业应按保险合同的全额保费收入，缴纳企业所得税。保险企业支付的佣金不得直接冲减保费收入；保险企业的佣金支出，在不超过保险合同有效期内营销业务保费收入总额的5%部分，从保单签发之日起5年内，凭合法凭证据实在税前扣除；对退保收入的佣金支出部分，不得在税前扣除。保险企业应如实向当地主管税务机关提供当年的佣金计算分配表和其他相关资料。

2003年6月，按照国家税务总局下发的《关于所得税收入分享体制改革后税收征管范围的补充通知》，规定原有企业凡属下列情况者，即使办理了设立（开业）登记，其企业所得税仍由原征收机关征管：原有企业整体转让出售（拍卖），原有企业仍继续存在并具备独立纳税人资格的。但如原有企业整体转让出售（拍卖）后成为收购企业的全资子公司，且纳入收购企业合并纳税范围的，则整体转让出售企业的所得税应当由负责收购企业的所得税征管的税务机关征管；企业采用吸收合并方式合并其他企业而存续的；合伙企业改组为有限责任公司或股份有限公司，且改组时没有吸收外来投资的；按国家工商行政管理总局的规定应当办理变更登记的。

2004 年，阳泉市城区国税局规范所得税管理，重新修订出台所得税核定征收办法，积极开展 2003 年度企业所得税及涉外企业所得税汇算清缴工作，全年累计征收企业所得税 126 万元，比上年增长 6.8 倍，增收 110 万元；全年征收个人所得税 456 万元，比上年增长 6.14%，增收 58 万元。

2005 年 1 月 24 日，阳泉市城区国税局紧紧抓住经济持续、稳定发展为国税税收的增长带来的历史性机遇，不断加强税收征管，税收收入再创新高。截至 1 月 24 日，城区国税局入库税收首次突破 900 万元，打破历年来月收入最高 600 万元的记录。其中，阳泉市城市信用社 2004 年度实现利润 1005 万元，缴纳企业所得税 302 万元，成为城区国税局首月开门红的“点睛之笔”。

4 月 19 日，国家税务总局下达《关于严格按照税收征管法确定企业所得税核定征收范围的通知》。《通知》指出，据了解，一些地区的税务机关违反《中华人民共和国税收征管法》（以下简称《税收征管法》）第 35 条的规定，对符合查账征收条件的纳税人大面积采取核定征收办法，在纳税人中造成不良的影响，严重损害了税务部门的执法形象。这种做法，不仅违背依法治税原则，也不利于企业所得税杠杆作用的发挥。为进一步贯彻依法治税原则，按照科学化、精细化管理的要求，现对核定征收企业所得税的有关问题通知如下：

各地主管税务机关要严格按照《税收征管法》第 35 条和《国家税务总局关于印发〈核定征收企业所得税暂行办法〉的通知》规定的范围，掌握实行核定征收企业所得税的标准，不得违规扩大核定征收范围。要坚决杜绝不论是否符合查账征收条件，对销售“营业”收入额在一定数额以下或者对某一行业的纳税人一律实行核定征收的做法。

对符合查账征收企业所得税条件的纳税人，要一律实行查账征收，严禁采取各种形式的核定征收。对已实行核定征收的纳税人，一旦其具备查账征收条件，要及时改为查账征收。

对新办企业，主管税务机关要进行深入调查了解，符合查账征收条件的要坚决实行查账征收；对确不符合查账征收条件的，方可采取核定征收办法。要禁止在企业生产经营开始之前采取事先核定的办法。

2006 年，阳泉市城区地税局提出“管大帮小”征管理念，旨在重点税源管理的基础上，力求通过细致务实的管理和公正平等的服务帮助“小”企业做大、做强，促进税源增长健康、可持续发展。

平等对待，服务公平。通过制度建设约束管理者给予“大、小”企业提供同等优质服务，不因企业规模“大、小”导致税收服务过程的“时间、内容、态度、次序以及其他质量”上区别先后轻重，营造公平税收服务坏境。

设身处地，细致服务。针对小企业规模小、管理水平低、竞争能力差的特点，在依法治税的基础上通过细致服务给小企业实现可持续发展支招，为小企业介绍同行业的先进经验，提高其管理能力，做小企业发展中的“好参谋”。

一视同仁，执法公正。不因企业税收贡献“多与少”导致税收执法过程中的“尺度、程序、方式、手段以及裁量” 上区别对待、杜绝“大、小两张皮”现象，维护企业发展良性竞争秩序。全年城区地税局累计组织各项收入 9885 万元，较上年增长 18.79%。

2007 年，阳泉市城区企业所得税完成 5228 万元，为预算的 154.31%，同比增长 80.15%，增收 2326 万元。企业所得税增收的原因是随着城区“三产”经济的快速发展和企业总体经营效益的提高，企业所占税收总量的比重逐年提高，税源构成也由单一的商业为主体向多行业分布转化，显示出企业所得税蓬勃的生长力，推动企业所得税规模不断提高。其中，阳泉市商业银行缴纳 2056 万元，同比增长 44.04%，增收 598 万元。

2008 年，阳泉市城区企业所得税完成 7539 万元，为预算的 137.93%，同比增长 44.20%，增收 2311 万元。城区企业所得税增减的原因：

受金融行业改制后信贷优惠政策影响，企业所得税持续保持高速增长。阳泉市商业银行的企业所得税全年累计入库 4430 万元，同比增长 115.50%，增收 2374 万元。主要原因：一是充分利用人民银行针对商业银行的中小企业贷款利率可以比基准利率最高上浮 70% 的政策优惠，对处理抵贷资产、处置不良贷款以及一些存款大户进行有条件限制的降低贷款利率优惠，以吸引稳定的贷款客户；二是商业银行的贷款审批环节少，审批期限短，形成竞争优势；三是改制后的募股资本金成倍增长，加大自有资金的低成本放贷能力；四是股份制企业的董事会、监事会、经营班子三方监督机制，提高经营决策能力，保证信贷管理的严谨、规范。

部分企业经济效益好，拉动企业所得税增长，其中，聚源电力实业公司缴纳企业所得税 540 万元；铁路事业总公司缴纳 95 万元；运输业广通运输有限公司、鑫达运输有限公司、瑞源汽车运输公司代开交通运输业发票，缴纳企业所得税 465 万元。

汇算清缴企业所得税 150 万元。

2009 年，为强化工程税收监控，堵塞税收漏洞，阳泉市城区国税局对工程建设项目的信息采集、项目监管、发票控管等方面予以严格管理，将监控重点放在工程建设项目的上游环节，从源头上堵塞税收漏洞，取得明显成效。

找准管理“缝隙”，果断进行科学定位。深入探寻工程建设项目税收监管的“缝隙”所在，对其进行科学定位，针对多数施工单位属于纯地税管户，而为其供应建材的企业和个人发生的业务属于国税管理的增值税征收范围及外地来的承建单位，跨地区经营管理存在较大难度的问题，适时出台《工程建设项目税收管理暂行办法》，弥补工程建设项目中国税管理的空白。

注重信息采集，认真确定监控对象。努力加强与发改、住建、规划、国土、财政等部门的联系，及时获取工程建设项目名单等信息；全面加强与地税机关的横向联系，努力实现信息共享，及时掌握工程项目信息，并对工程项目实施动态跟踪管理。

抓好四个结合，有效采取多项措施。将税收监控与纳税服务相结合，要求各单位税收管理员主动深入施工单位，积极宣讲税收政策，认真开展纳税辅导；将税收监控与发票管理相结合，全面加强工程项目各环节发票管理，强化发票检查，实现以票控税；将税收监控与所得税管理相结合，对于所得税在国税管理的房地产企业、建筑安装企业涉及的工程项目，实施所得税管理与工程项目监控一并进行；将税收监控与委托代征相结合，对于为工程建设项目零星提供建材或其他商品的个人，由国税机关按照委托相关企业代征零散税收及代开普通发票的有关规定，委托工程施工单位为其代征税款、代开普通发票，努力实现源泉控税。

是年，阳泉市城区企业所得税同比降低 31.37%，减收 2365 万元。其中，国税系统减少 2413 万元，主要是商业银行企业所得税减收 1810 万元，房地产企业所得税预征率调低减收 700 余万元；地税系统增加 48 万元，主要是企业所得税政策调整减收 311 万元；同时加强对建筑业、交通运输业和餐饮业所得税的征管，在购买发票时直接征收企业所得税，以及加强年终汇算清缴等，一定程度上弥补了所得税税率降低的减收因素。

2010 年，阳泉市城区加大工作力度，努力征收非居民企业所得税。城区非居民企业主要为劳务设计所得的非居民企业、特许权使用费所得的非居民企业、外商投资企业获得股利分红的非居民企业，该类税源主要集中在大型企业、大型引资企业和工程建筑等行业。针对该类企业，城区国税局通过以下几项措施，切实加强税收征管：

（1）精心组织安排，提高非居民税收政策的可操作性。非居民企业税源具有突发性、跨境流动性和隐蔽性的特点，且税收政策和纳税义务判定难度较大，城区国税局充分认识非居民企业税收管理的重要意义，通过规范管理办法和完善操作规程，从源头上不断加强非居民企业管理，明确纳税人和扣缴义务人的责任，对非居民企业工程和提供劳务的企业所得税进行源泉控管。

（2）加强交换情报，做好横向沟通。充分利用信息交换渠道，及时捕捉外籍企业及人员在当地从事相关工作的有关信息，充分发挥全社会特别是商务、工商、外汇、规划、金融等部门的综合监管作用，建立起非居民企业税收管理的立体护税网络。

（3）突出管理重点，切实维护国家税收主权。在日常纳税申报和汇算清缴工作中，以重点建设项目为重点，加强非居民承包工程和提供劳务税收管理，突出抓好其税务登记、申报征收以及相关境内机构和个人资料报告制度，及时掌握非居民企业税务登记情况，税收政策执行情况和税务缴纳情况，有效防止税源流失。

是年，阳泉市城区企业所得税完成 5647 万元，同比增长 9.14%，增收 473 万元，其中，国税系统采取多种措施查补房地产企业税款增收 948 万元。

2011 年 6 月，国家税务总局印发《关于企业国债投资业务企业所得税处理问题的公告》，根据《中华人民共和国企业所得税法》第 26 条的规定，企业取得的国债利息收入，免征企业所得税，按以下规定执行：

（1）企业从发行者直接投资购买的国债持有至到期，其从发行者取得的国债利息收入，全额免征企业所得税。

（2）企业到期前转让国债、或者从非发行者投资购买的国债，应在国债转让收入确认时确认利息收入，对其免征企业所得税。

12 月，阳泉市城区地税局注重抓好所得税汇算清缴，主要采取如下措施：

（1）抓宣传，注重实效。全面实施政策公开，将纳税人普遍关心的政策问题，通过刊登公告、上门辅导等多种形式予以公开，实施阳光税政，增强企业所得税汇算清缴管理的公开度、透明度。

（2）抓重点，注重辅导。对近期出台的新政策，新办法实施重点辅导，对贯彻过程中的关键环节和易疏漏环节采取强化辅导，对能享受国家特殊政策的纳税人进行专项辅导。

（3）抓服务，注重规范。进一步调整和完善汇算清缴工作流程，明确基础信息采集、税源管理范围、涉税审批流程、纳税评估各环节工作职责，自觉接受纳税人监督。

（4）抓管理，注重岗责。着力实施科学化、精细化管理，提高企业所得税管理的质量和效率；着力加强税务机关内部协调配合和监督制度的实施，加强对申报收入和扣除项目的审核，结合税收岗位责任制的考评考绩，推进企业所得税管理上台阶。

是年，阳泉市城区企业所得税完成 8560 万元，同比增长 51.58%，增收 2913 万元，主要是新增户汇通小额贷款有限公司缴纳 2010 年企业所得税 183 万元，阳泉市商业银行同比增收 1368 万元，房地产企业预征企业所得税增收 670 万元。

2012 年，阳泉市城区为深入贯彻落实企业所得税相关税收政策，切实提高所得税征管水平，城区国税局采取措施积极开展税源调查工作。

（1）加强领导、做好保障。加强教育引导，切实提高对企业所得税税源调查工作的认识，把税源调查工作作为是年税收工作的重点之一，在人力、物力、财力上给予大力支持，确保企业所得税税源调查工作顺利完成。

（2）加大宣传力度，为税源调查顺利开展营造良好氛围。通过门户网站、办税大厅等载体，以及召开税企座谈会等形式积极宣传所得税税源调查的目的和意义。同时，税收管理人员深入企业进行讲解，争取企业的理解和支持，进一步营造良好的征纳气氛。

（3）周密组织，确保质量。针对企业所得税税源调查工作范围广、时间紧、任务重的特点，加强与地税、工商、统计、企业等部门之间的工作配合，落实工作责任，细化选样原则，规范工作流程，严格数据审核，确保数据质量。对逻辑关系不符、数据严重缺失的企业，及时通知其调整数据，重新上报，确保调查数据的真实性、逻辑性和时效性。

2014 年，阳泉市城区两个税务部门加强所得税管理。组织开展企业所得税管户清查，加强税源分析，及时掌握企业所得税税源变化情况；切实做好汇算清缴工作；开展企业所得税风险企业纳税评估、资产损失和金融企业贷款损失准备金核查、房地产企业和不征税收入核查、非居民股权转让核查等多项重点核查；开展金融业成本、费用项目调查，对辖区非营利组织情况、跨地区总分机构管理情况等进行专题调研，通过该类措施，使企业所得税完成较好。

2015 年 9 月 26 日，国家税务总局规定，自是年 10 月 1 日至 2017 年 12 月 31 日，符合规定条件的小型微利企业，无论采取查账征收还是核定征收方式，均可以享受财税〔2015〕99 号文件规定的小型微利企业所得税优惠政策，即减半征收企业所得税。

八、城乡个体工商业户所得税

城乡个体工商业户所得税是国家对城乡个体工商业户，就其生产经营所得征收的一种所得税。城乡个体工商业户在 1964 年以前，按 21 级全额累进税率缴纳工商业所得税，最高税率为 34.5%。1964–1979 年，按 14 级全额累进税率缴纳工商所得税，最高税率为 62%，并可加征 1 成至 4 成。

1978 年后，国家实行经济体制改革，个体经济得到较快发展，成为社会主义公有制经济必要和有益的补充。为鼓励个体经济的发展，国家适当调整个体工商业户所得税负担，规定在相当于集体企业所得税负担的原则下，由省、自治区、直辖市自行确定税负标准。

1986 年 1 月，国务院发布《中华人民共和国城乡个体工商户所得税暂行条例》，使城乡个体工商业户所得税成为一个独立的税种。城乡个体工商业户所得税，以从事工业、商业、交通运输业、建筑安装业、服务业和其他行业，经工商行政管理部门批准开业的城乡个体工商业户为纳税义务人，以其生产经营所得为计税依据，采用 10 级超额累进税率征收。

纳税人每一纳税年度的收入总额，减除成本、费用、工资、损失以及国家允许在所得税前列支后的余额为应纳税所得额。超额累进税额计算公式：应纳所得税额 = 应纳税所得额 × 适用税率 – 速算扣除数

对纳税人全年应纳所得税额超过 5 万元的，就其超过部分的应纳所得税额加征 10% ~ 40% 的所得税款；城乡个体工商业户所得税，按年计算，分月或分季预缴，年终汇算清缴，多退少补；对孤老、

残疾人员和烈军属从事个体生产经营的，以及某些社会急需，劳动强度大而收入又低于一定标准的，可由省、自治区、直辖市确定，给予定期的减免税照顾。同年，省政府制定实施细则，规定纳税人全年所得额超过 5 万元至 6 万元的部分，加征 10%；超过 6 万元到 7 万元的部分，加征 20%；超过 7 万元到 8 万元的部分，加征 30%；超过 8 万元的部分，加征 40%。

1993 年 10 月 31 日，第八届全国人民代表大会常务委员会第四次会议修改《中华人民共和国所得税法》，决定从 1994 年 1 月 1 日起，个体工商业户所得税并入个人所得税。

1986 年 –1993 年，阳泉市城区各年完成城乡个体工商业户所得税分别为 11.7 万元、16.2 万元、27.6 万元、52.1 万元、58.7 万元、65.1 万元、91.5、74 万元，共计为 396.9 万元。

1986 年 –1993 年阳泉市城区城乡个体工商业户所得税完成情况表

表 1–7　　　　单位：万元

年　份	完成额	年　份	完成额	年　份	完成额	年　份	完成额
1986	11.7	1988	27.6	1990	58.7	1992	91.5
1987	16.2	1989	52.1	1991	65.1	1993	74.0

说明：以上数额合计为 396.9 万元。

九、外商投资企业和外国企业所得税

外商投资企业和外国企业所得税是国家对外国公司、企业和其他经济组织或个人在中国的投资企业和在中国境内取得应税所得的外国企业征收的一种法人所得税。

相关法律是 20 世纪 80 年代初期为适应改革开放的需要制定的。1980 年 9 月 10 日，第五届全国人大常委会第三次会议通过并公布施行《中华人民共和国中外合资经营企业所得税法》，财政部于同年 12 月 14 日公布施行细则；1981 年 12 月，第五届全国人大常委第四次会议通过了《中华人民共和国外国企业所得税法》，财政部于 1982 年 2 月 21 日公布施行细则，从 1982 年 1 月 1 日起施行；1983 年 9 月 2 日，全国人大常委会又对《中华人民共和国中外合资经营所得税法》的部分条文作修改。

1991 年 4 月 9 日，七届人大四次会议审议通过《中华人民共和国外商投资企业和外国企业所得税法》，原《中华人民共和国中外合资经营所得税法》和《中华人民共和国外国企业所得税法》同时废止。

外商投资企业，在中华人民共和国境内的生产、经营所得和其他所得；外国企业在中华人民共和国境内生产、经营所得和其他所得，税率分为两种：对在中国境内设立生产经营机构或场所，从事生产和经营的企业取得的应税所得，实行 30% 的比例税率。另按应税所得额征收 3% 的地方所得税，两项合计负担率为 33%；对外国公司、企业和其他经济组织在中国境内没有设立经营机构或场所，而有来源于中国境内的股息、利息、租金、特许权使用费和其他应税所得的；或者在中国境内设立机构、场所，但上述所得与其机构、场所没有实际关联的，一律按 20% 的比例税率征收预提所得税，实行源泉扣缴。

外国投资企业和外国企业所得税，以年度应税所得额为计税依据，采取按年计征、分季预缴、年终汇算清缴、多退少补的征收办法。企业在中国境内生产经营机构发生年度亏损，可以用下一

年度的应税所得弥补，不足弥补的，可以延续弥补，但最长不得超过 5 年。外商投资企业来源于中国境外的所得已在境外缴纳的所得税税款，准予在汇总纳税时，从其应纳税额中扣除，但扣除额不得超过其境外所得依照《中华人民共和国外商投资企业和外国企业所得税法》规定计算的应纳税额。

1993 年 12 月 29 日，国家发布《全国人民代表大会常务委员会关于外商投资企业和外国企业适用增值税、消费税、营业税等税收暂行条例的决定》。《条例》规定：

在有关税收法律制定以前，外商投资企业和外国企业自 1994 年 1 月 1 日起适用国务院发布的《增值税暂行条例》《消费税暂行条例》和《营业税暂行条例》；1958 年 9 月 11 日全国人民代表大会常务委员会第一百〇一次会议原则通过，1958 年 9 月 13 日国务院发布试行的《中华人民共和国工商统一税条例（草案）》同时废止。1993 年 12 月 31 日前已批准设立的外商投资企业，由于依照本条例决定第一条规定改征增值税、消费税、营业税而增加税负的，经企业申请，税务机关批准，在已批准的经营期限内，最长不超过 5 年退还因税负增加而多缴纳的税款；没有经营期限的，经企业申请，税务机关批准，在最长不超过 5 年的期限内，退还其因税负增加而多缴纳的税款。除增值税、消费税、营业税，其他税种对外商投资企业和外国企业的适用，法律有规定，依照法律的规定执行；法律未作规定的，依照国务院的规定执行。

1994 年 1 月 12 日，省税务局转发国家税务总局《关于摸清外商投资企业存货情况做好税款分离工作的通知》，并要求在是年 2 月月底前将企业 1994 年期初库存情况及所包含的已征税款汇总上报省局，以便统一上报国家税务总局。同年 2 月，省税务局下发《关于涉外税收实施增值税有关征管问题的通知》，要求：各地市已按“增值税一般纳税人申请认定办法”对外商投资企业和外国企业进行增值税一般纳税人认定的，需重新填写《增值税一般纳税人申请认定表》；对尚未进行增值税一般纳税人认定的，需按照本通知的要求结合《认定办法》进行认定。纳税人税务登记代码，省国税局明确第一、二位数后，由地市自定，但为便于加强对增值税一般纳税人的税收管理，要求对纳税人税务登记代码重新编制，暂统一定为 15 位，按照纳税人所在行政区域和所属经济性质分类编制。各地市主管涉外税收的科室，对增值税一般纳税人认定及重新编制纳税人税务登记代码工作在 3 月 10 日结束，3 月 20 日前将情况书面上报省涉外税处。

1995 年 8 月，国家税务总局下发《关于外商投资企业新上生产项目的出口产品有关税收问题的通知》规定：1993 年年底以前已批准设立的外商投资企业，1994 年 1 月 1 日以后新上生产项目生产的出口产品，凡其产品与原生产的产品不同，并实行独立核算单独管理的，经省级国家税务局批准，可比照 1994 年 1 月 1 日以后设立的外商投资企业按规定办理出口退（免）税；对企业新上生产项目经批准可执行出口退税政策的，不得按新企业享受企业所得税等其他优惠政策。

1995 年 12 月，国家税务总局通知，对外商投资举办的产品出口企业，在依照税法规定免征、减征企业所得税期满后，凡当年出口产值达到当年企业产品产值 70% 以上的，可以按照税法规定的税率减半征收企业所得税。

1997 年 12 月，国家税务总局下发《关于进一步推进和深化涉外税收征管改革的补充意见》规定，为强化涉外税收征管职能，各级税务机关坚持单独设置涉外税收机构，户数少、税源小或较分散的地方，可将涉外税收征收业务交由管理内税的基层征收单位办理，管理业务和日常检查业务由上一级税务机关的涉外税收机构负责。

1998 年 9 月，省国税局下发《关于外商投资企业执行“先征后退”政策有关问题的通知》，规定：1994 年 1 月 1 日以后批准设立的外商投资企业的销售额（包括出口销售额）超过增值税小规模纳税人标准的，其 1997 年 1 月 1 日以后报关出口的货物，一律不得按增值税小规模纳税人办理出口免税，继续执行“先征后退”的出口退税政策。

1998 年 12 月，国家税务总局下发《关于我国境内企业应付费用扣缴外国企业预提所得税问题的通知》，规定：对国内支付单位与外国企业签订借贷、技术转让、财产租赁等合同协议，按合同或协议规定支付的利息、租金、特许权使用费等款项，凡已计入本期国内支付单位的成本、费用的，无论是否实际支付上述款项，均认同为已支付，并应按照税法的规定代扣代缴外国企业预提所得税。

阳泉市城区 1996 年、1997 年、1998 年征收外商投资企业和外国企业所得税分别为 2 万元、5 万元、6 万元，共计 13 万元。

2002 年，阳泉市城区地税部门针对机构改革后人员变化较大的情况，组织开展对涉外税收企业的调查，掌握大量的第一手资料，为改进管理，堵塞漏洞，促进涉外税收任务的完成奠定基础。

十、个人所得税

个人所得税是国家对本国公民、居住在本国境内的个人所得和境外个人来源于本国的所得征收的一种所得税。政务院于 1950 年颁发的《全国税政实施要则》中就规定有薪给工资所得税，同年又规定暂缓开征，直到 1980 年，我国对个人所得一直未单独设置税种。

1980 年 9 月 10 日，第五届全国人民代表大会第三次会议通过并公布《中华人民共和国个人所得税法》。同年 9 月 25 日，国务院发布《中华人民共和国个人收入调节税暂行条例》，从 1987 年起对中国公民改征个人收入调节税。此后，个人所得税实际只对外籍人员征收，成为一个涉外税种。征税对象：工资、薪金所得；劳务报酬所得；财产租赁所得；特许权使用费所得；利息、股息、红利所得；经财政部确定征税的其他所得。没有列举的项目不征税，兼有以上几种应纳个人所得税的，应分别计算缴纳个人所得税。税率：工资、薪金所得采用超额累进税率，税率为 5% ~ 45%。其他各项所得适用比例税率，税率为 20%。

1993 年 10 月 31 日，八届全国人民代表大会常务委员会第四次会议审议通过《关于修改中华人民共和国个人所得税法的决定》。同年 12 月 25 日，国务院《批转国家税务总局工商税制改革实施方案的通知》，决定把个人收入调节税，城乡个体工商户所得税和个人所得税统一为个人所得税，从 1994 年起执行。

1993 年 10 月 31 日，执行第八届全国人民代表大会常务委员会第四次会议修正公布的《中华人民共和国个人所得税法》，在征税对象方面由原来规定的 6 项增至 11 项。所增加的 5 项：个体工商户的生产、经营所得；对企事业单位的承包经营、承租经营所得；稿酬所得；财产转让所得；偶然所得。在免税方面增加按照国家统一规定发给的补贴、津贴的内容，并将离休生活补助费纳入免税范围。个人所得税的税率规定如下：工资、薪金所得，适用超额累进税率，税率为 5 ~ 45%；个体工商户的生产、经营所得和对企事业单位的承包经营、承租经营所得，适用于 5% ~ 36% 的超额累进税率；稿酬所得，适用比例税率，税率为 20%。并应按纳税额减征 30%。

劳务报酬所得，适用比例税率，税率为 20%。对劳务报酬所得一次收入畸高的，可以实行加成征收，具体办法由国务院规定。

特许权使用费所得，利息、股息、红利所得，财产租赁所得，财产转让所得，偶然所得和其他所得，适用比例税率，税率为20%。应纳税所得额的计算规定：工资、薪金所得；个体工商户的生产、经营所得；对企事业单位的承包经营、承租经营所得，以每一纳税年度的收入总额，减除必要费用后的余额，为应纳税所得额；劳务报酬所得、稿酬所得、特许权使用费所得、财产租赁所得，每次收入不超过4000元，减除费用800元；4000元以上的，减除20%的费用，其余额为所应纳税所得额；财产转让所得，以转让财产的收入额减除财产原值和合理费用后的余额，为应纳税所得额；利息、股息、红利所得，偶然所得和其他所得，以每次收入额为应纳税所得额。

1994年，阳泉市城区个人所得税完成158.1万元；1995年，阳泉市城区个人所得税完成418万元。"八五"时期共计完成576.1万元。

1996年，阳泉市城区国税局积极推进个体税收征管改革，取得良好的效果。是年年初，城区国税局制定《阳泉市城区国税局个体税收征管改革方案》，成立个体税收管理科和定额评审委员会，合并原有的三个个体所，取消专管员管户制，保证个体税收改革的顺利进行。其次，强化申报缴税制度。城区国税局把"是否申报""是否按期申报""是否按期如实申报"作为处罚的基本标准和区分征纳双方法律责任的基本界限。通过严格管理，是年1月–5月按期申报率达到95%上。再次，对原下站税务所办公场地进行改造，建成一个申报服务大厅，在大厅里设立"申报"、"缴税"、"服务"、"税银联署办公"等窗口，以此方便纳税人。最后，采用直接申报和用牡丹卡解缴方式。这样既方便个体经营者缴税，也缓解人员不足的矛盾。

1999年10月31日，八届全国人民代表大会常务委员会四次会议通过第三次修改后的《中华人民共和国个人所得税法》，并开始实施，主要精神及规定无大的变动。

1996年–2000年，各年分别完成个人所得税508万元、360万元、530万元、812万元、930万元，"九五"时期共计完成3140万元。

2002年，阳泉市城区国税局组织人员进行个体税收税源调查，编写《近期税源分析》和《个体税源专题分析》，为个体税收提供重要的资料依据。在一般纳税人管理方面，重点加强认定管理，建立三级审批制，即管理人员、科长、局认定小组三级审批，对"零、负、低"一般纳税人和"临时一般纳税人"加强审核。

2003年，阳泉市城区地税局结合个体税收点多面广、流动性强、经营规模相对较小的特点，提出以定额管理为核心、以定期巡查为手段的管理办法，分地段、分行业、分规模确定纳税定额系数。通过专管员调查测算、税务所审核、纳税人民主评议、城区地税局审批、下发执行共5个环节，对个体征税定额严格管理，并在办税服务厅、税务所、纳税人相对集中的市场进行公开，接受纳税人监督，实现定额的公开、公正、公平，为纳税人创造良好的税收环境。

2004年，在个体税收管理方面，阳泉市城区国税局推行"电脑定税"作为本年的"亮点工程""精品工程"，开发出与晋TAIS接口的电脑定税软件，为电脑定税顺利实施提供有力的技术保障。是年，个体税收入库率达到98.3%，个体税收收入月均增加4万余元，个体业户关于纳税定额方面的投诉减少83%。

2005年12月23日，为加强个人所得税征收管理，根据山西省制定的《个人所得税全员全额扣缴申报管理暂行办法》，阳泉市城区就贯彻执行中的有关问题通知如下：

（1）充分认识实行个人所得税全员全额扣缴申报的重要意义。全员全额扣缴申报工作是新形势下提升个人所得税管理水平的突破口，也是个人所得税税制建设与征管改革的发展方向。各级税务机关要进一步转变观念、统一思想，从构建和谐社会、落实科学发展观、优化纳税服务、增强公众纳税意识的角度，充分认识全员全额扣缴申报管理工作的重要性。

（2）完善配套措施，积极稳妥地分步推行全员全额扣缴申报。全员全额扣缴申报，涉及扣缴义务人和纳税人的数据信息多，工作量大。为此，各税务机关应积极创造条件，完善和健全制度，充分利用各种信息化手段进行管理。本着先重点行业、企业，后一般行业、企业，先纳入管理后规范的原则，结合实际采取有效措施，有计划、有步骤、积极稳妥地全力推进全员全额扣缴申报管理工作。

（3）加强税法宣传和辅导培训，为全员全额扣缴申报管理工作打下基础。各税务机关应通过多种形式和各种途径加大宣传力度，进一步提高扣缴义务人、具体办税人员以及税务干部的业务能力和水平。特别是要根据扣缴义务人的具体情况，有针对性、有重点地做好宣传辅导工作，以及办税人员扣缴工作具体操作的辅导。对尚未开展全员全额明细申报工作的扣缴义务人，各税务机关应加大宣传力度，督促扣缴义务人尽早实行全员全额扣缴申报。

2001 年 –2005 年，阳泉市城区个人所得税分别完成 767 万元、411 万元、323 万元、354 万元、405 万元，“十五”时期共计完成 2260 万元，为“九五”时期完成额的 71.97%。

2006 年，按照省、市地税局有关要求，积极落实个体税收执法责任制，强化内部执法监督，促进依法治税。按照“选案、检查、审理、执行”四分离的要求，将稽查工作重点放在查处个体税收举报案件上，规范个体税收征管秩序。

2007 年 6 月 29 日，第十届全国人民代表大会常务委员会发布《关于修改〈中华人民共和国个人所得税法〉的决定》，第十届全国人民代表大会常务委员会第二十八次会议决定对《中华人民共和国个人所得税法》作如下修改：第十二条修改为“对储蓄存款利息所得开征、减征、停征个人所得税及其具体办法，由国务院规定”。该决定自公布之日起施行。

2008 年 5 月，国家税务总局对个人向地震灾区捐赠有关个人所得税规定：个人通过扣缴单位统一向灾区的捐赠，由扣缴单位在代扣代缴税款时，依法据实扣除。个人直接通过政府机关、非营利组织向灾区的捐赠，采取扣缴方式纳税的，捐赠人应及时向扣缴单位出示政府机关、非营利组织开具的捐赠凭据，由扣缴单位在代扣代缴税款时，依法据实扣除。扣缴单位在向税务机关进行个人所得税全员全额扣缴申报时，应一并报送由政府机关或非营利组织开具的汇总接受捐赠凭据、所在单位每个纳税人的捐赠总额和当期扣除的捐赠额。

2009 年，阳泉市城区地税局确立“依托综合征管软件，实施网上考核，以‘执法考核信息化’促进‘税收执法规范化’”的工作思路，通过“科学设置指标、量化考核标准、分层分级考核、严格监督检查”，搭建个体税收执法信息化考核新平台，进一步规范个体税收执法行为。

2010 年 7 月 21 日，国家税务总局印发《关于全国职工技能大赛奖金免征个人所得税的通知》，根据《中华人民共和国个人所得税法》第四条有关国务院部委颁发的技术方面奖金免征个人所得税的规定，对第三届全国职工职业技能大赛获奖者取得的奖金免征个人所得税。

2006 年 –2010 年，阳泉市城区个人所得税分别完成 431 万元、647 万元、834 万元、824 万元、714 万元，“十一五”时期共计完成 3450 万元，较“十五”时期增长 9.87%。

2013 年 12 月 6 日，阳泉市城区财政局以财税字〔2013〕103 号，下达《关于企业年金、职业年金个人所得税有关问题的通知》，对领取年金的个人所得税处理规定如下：个人达到国家规定的退休年龄，在本通知实施之后按月领取的年金，全额按照“工资、薪金所得”项目适用的税率，计征个人所得税；对单位和个人在本通知实施之前开始缴付年金缴费，个人在本通知实施之后领取年金的，允许其从领取的年金中减除在本通知实施之前缴付的年金单位缴费和个人缴费且已经缴纳个人所得税的部分，就其余额按照本通知第三条第1项的规定征税。对个人因出境定居而一次性领取的年金个人账户资金，或个人死亡后，其指定的受益人或法定继承人一次性领取的年金个人账户余额，允许领取人将一次性领取的年金个人账户资金或余额按12个月分摊到各月，就其每月分摊额，按照本通知第三条第1项和第2项的规定计算缴纳个人所得税。

2014年12月12日，国家税务总局发布《股权转让所得个人所得税管理办法》，要求个人股权转让所得个人所得税，以股权转让方为纳税人，以受让方为扣缴义务人。受让方无论是企业还是个人，均应按个人所得税法规定认真履行扣缴税款义务。

2015年7月20日，国家税务总局规定：总承包企业、分承包企业派驻跨省异地工程项目的管理人员、技术人员和其他工作人员在异地工作期间的工资、薪金所得个人所得税，由总承包企业、分承包企业依法代扣代缴并向工程作业所在地税务机关申报缴纳。

1994年–2015年，城区共征收个人所得税13375万元，年均递增3.79%。

1994年–2015年阳泉市城区个人所得税完成情况表

表1-8　　　　单位：万元

年　份	完成额	年　份	完成额	年　份	完成额	年　份	完成额
1994	158	2000	930	2006	431	2012	782
1995	418	2001	767	2007	647	2013	686
1996	508	2002	411	2008	834	2014	878
1997	360	2003	323	2009	824	2015	880
1998	530	2004	354	2010	714	——	——
1999	812	2005	405	2011	723	合　计	13375

十一、个人收入调节税

个人收入调节税是国家对在本国境内有住所，取得个人收入的中国公民所征收的一种个人所得税。1986年6月25日，国务院发布《中华人民共和国个人收入调节税暂行条例》。是年12月10日，财政部颁发施行细则。阳泉市城区于1987年1月1日起施行。

个人收入调节税采用综合与分类相结合的个人所得税税制。征税项目包括8类个人收入：工资、薪金收入；承包、转包收入；劳务报酬收入；财产租赁收入；专利权的转让、专利实施许可和非专利技术的提供、转让取得的收入；投稿、翻译取得的收入；利息、股息、红利收入；经财政部确定征税的其他收入。对纳税人取得的前四项收入为综合收入项目，采取按月合并征收，采用五级超倍累进税率。即将纳税人的个人收入按全国不同类别的工资区划分为四档，每个档次都规定有相应的个人收入计税基数，不超过基数3倍的个人综合收入为免征额，只对超过3倍以上的部分，按规定税率累进征收。征收个人收入调节税执行下列税率。

1986年个人收入调节税第一档次税率表

表1-9

适用地区	六类和六类以下工资区		
超基数的倍数	全月应纳税收入额	税率%	速算扣除数
三　倍	400元以上至500元部分	20	80元
四　倍	500元以上至600元部分	30	130元
五　倍	600元以上至700元部分	40	190元
六　倍	700元以上至800元部分	50	260元
七　倍	800元以上	60	340元

超倍累进税率的计算公式：个人收入调节税应纳税额=综合收入额 × 适用税率－速算扣除数。对个人取得的（5）（6）项收入，实行分项计税，按次征收，税率为20%。其费用扣除规定：每次收入不超过4000元的，减除费用800元；超过4000元的，减除相当每次收入额20%的费用，然后就其余额征税。利息、股息、红利属于纯投资性所得，不允许从中扣除任何费用，按每次收入额征税20%。

1986年，国家税务局决定，对个体工商户的生产经营利润、征收个体工商户所得税后盈余，不进行分配的，暂不征收个人收入调节税；进行分配的，按股息或红利征收个人收入调节税。城区在实际执行过程中，按税后利润扣除国家能源交通重点建设基金和预算调节基金“两金”后的50%作为计税依据，按20%征税。

1988年，国务院规定：对私营企业投资者从私营企业税后利润取得的收入，用于生产发展基金的部分，免征个人收入调节税；用于个人消费的部分，依40%的比例税率计征个人收入调节税。财政部通知，对乡镇企业年终一次性分配工资、薪金和个人承包、转包、承租收入可将其收入分解到实际所属月份计征个人收入调节税。国家税务局通知，对个人取得的有奖销售、有奖集资、有奖债券、有奖竞猜中的中奖收入，应征收个人收入调节税，税率为20%。省税务局通知，对个人从基层供销社、农村信用社取得的利息、股息、红利收入，暂免征收个人收入调节税。

1989年，执行国家税务局规定：无论承包人所得的承包、转包收入采取任何方式提取、支付、转户，均应按全额征收个人收入调节税。省税务局确定，对保险公司举办的有奖人身保险的中奖收入暂免征收个人收入调节税。

1990年，执行省税务局通知，从7月1日起对投稿、翻译取得的收入，每部书的稿酬收入不超过2万元的，减税30%；超过2万元的，按原规定纳税。

1991年6月13日，执行国家税务局通知，对中国公民购买中国银行发行的外汇金融债券取得的利息收入，免征个人收入调节税。是年10月5日通知，对煤矿井下农民轮换工的工薪收入，可按扣除井下津贴、农民轮换工补贴、高定级工资、夜班津贴、生产岗位补贴、班中餐补助以及回乡补助后的余额，计征个人收入调节税；对煤矿井下工人的工薪收入，可按扣除下井津贴、高定级工资、夜班津贴、生产岗位补贴、班中餐补助后的余额，计征个人收入调节税；对临时下井的行政人员，其井下工作期间的有关补贴亦可相应减除后，再计征个人收入调节税。是年 11 月 5 日通知，中国公民取得的企业债券收入，都应按税法规定缴纳个人收入调节税。

1992 年 1 月 17 日，国家税务局印发《关于著作权使用收入征收个人收入调节税的暂行规定》，对著作权使用收入，分别依照《中华人民共和国个人收入调节税暂行条例》中的“投稿、翻译收入”和“专利权转让收入”征税。

1993 年 10 月 12 日，省税务局通知，股份制企业兑付给个人的股息和红利，均应全额按次依 20% 的税率征收个人收入调节税。是年 10 月 31 日，八届全国人大常委会第四次会议审议通过《关于修改中华人民共和国个人所得税法的决定》。是年 12 月 25 日，国务院批转《国家税务总局工商税制改革实施方案的通知》，决定把个人收入调节税、城乡个体工商户所得税和原个人所得税统一为个人所得税，从 1994 年起执行。

阳泉市城区在征收个人收入调节税的过程中，根据实际情况，结合税收政策实事求是地解决个人收入调节税征收管理中存在的问题：对达到起征点的煤矿井下工人的工薪收入采取暂缓征收办法；对实行单车承包的交通运输企业职工在行车途中的合理消耗，规定必要的费用扣除限额；对实行购销承包的采购、推销人员的费用，规定合理的扣除限额；对承包、承租人全年一次性兑现的收入，采取按月平均分摊的计税办法。

1989 年 -1993 年，阳泉市城区共征收个人收入调节税 155.4 万元，年均递增 8.74%。

1989 年 -1993 年阳泉市城区个人收入调节税完成情况表

表 1-10　　单位：万元

年　份	完成额	年　份	完成额	年　份	完成额
1989	25.9	1991	19.3	1993	50.2
1990	34.5	1992	25.5	合　计	155.4

第三节　资源税类

一、资源税

资源税是对在我国境内从事国有资源开采，就国有资源开采条件的差异而形成的级差收入征收的一种收益调节税，在我国特指矿产资源税。

1984 年 9 月 18 日，国务院颁布《中华人民共和国资源税管理条例（草案）》，于是年 10 月 1 日起施行。条例的主要规定：凡在我国境内从事开采应纳资源税产品的单位和个人，都是资源税的纳税人；只对原油、天然气、煤炭征收，金属矿产品和其他非金属矿产品暂缓征收。原油指开采的天然原油，不包括以油页岩等炼制的原油；天然气，包括专门开采和与原油同时开采的天然气，暂不包括煤矿生产的天然气；煤炭，包括原煤和以自产煤直接生产的洗煤和选煤。

纳税人根据应税产品的销售收入利润率，按照下列超额累进税率计算缴纳资源税：销售利润率为 12% 和 12% 以下的，不缴纳资源税；销售利润率超过 12% –20% 的部分，按每增加 1%，税率增加 0.5% 累进计算；销售利润率超过 20% –25% 的部分，按每增加 1%，税率增加 0.6% 累进计算；销售利润率超过 25% 以上的部分，按每增加 1%，税率增加 0.7%，累进计算。纳税人自产自用的应税产品，视同销售，应按照产品的销售价格，计算缴纳资源税。

资源税采取分期预缴，年终结算办法，各期都应按照上期的销售利润率计算适用税率；年度终了后，按照全年实际销售利润计算适用税率，进行结算，多退少补。山西省规定：对需要照顾和鼓励的小煤矿及县以下小煤矿按应纳税额减征 50% 的资源税；对新建煤矿，在施工过程中挖掘的煤炭，其销售收入用以抵减工程费用的，免征资源税。

1986 年 1 月 1 日，对煤炭改按销量计征资源税。1990 年，省财政厅通知，从是年 1 月 1 日起，对乡镇煤矿资源税吨煤定额幅度调整为 1.5–2 元，吨煤定额在 1.5 元以下的，调为 1.5 元；吨煤定额在 1.5 元以上的，调为 2 元。1993 年 12 月 25 日，国务院颁布《中华人民共和国资源税暂行条例》和《批转国家税务总局工商税改革实施方案的通知》，决定将资源税与盐税合并为资源税，从 1994 年起执行。

1994 年，财政部公布《中华人民共和国资源税暂行条例实施细则》及《资源税税目税额明细表》，确定山西省所属非统配煤矿吨煤税额为 1.6 元。列举名称的其他非金属矿原矿中的石墨、石英砂、蛭石、长石、白云石、硅灰石、高岭土（瓷土）、耐火黏土、云母等税额为每吨 3 元；大理石、花岗石为每吨 3 元；石灰石、菱镁矿、天然碱、石膏、硅线石每吨 2 元；石棉分一至六等，税额分别为每吨 2 元、1.7 元、1.4 元、1 元、0.8 元和 0.5 元，硫铁矿、自然硫、磷铁矿每吨 1 元。未列举名称的其他非金属矿原矿的税额为每吨或每立方米 0.5–3 元。黑色金属矿原矿列铁矿石、锰矿石、铬矿石三类，其中锰矿石和铬矿石的税额为每吨 2 元和 3 元。有色金属矿原矿中的铝土矿只列 3 等，税额为每吨 20 元。

2004 年 6 月 23 日，国家税务总局要求各省、自治区、直辖市和计划单列市地方税务局，为简化行政审批事项，规范对资源税扣缴义务人的管理，决定自 2004 年 7 月 1 日起，将《中华人民共和国资源税代扣代缴管理办法》第二条中“扣缴义务人应当主动向主管税务机关申请办理代扣代缴义务人的有关手续。主管税务机关经审核批准后，发给扣缴义务人代扣代缴税款凭证及报告表”的规定予以废止。资源税的代扣代缴事宜，一律依照《中华人民共和国税收征收管理法》及《中华人民共和国税收征收管理法实施细则》的有关规定办理。

2004 年 12 月 12 日，财政部、国家税务总局规定：自 2004 年 7 月 1 日起，将山西省境内煤炭资源税税额调整至每吨 3.2 元，青海省、内蒙古自治区境内煤炭资源税税额调整至每吨 2.3 元。

2006 年 10 月 18 日，执行山西省地方税务局印发《资源税管理证明使用管理办法》，城区重新明确税务机关资源税管理证明主管部门的主要职责：负责本地区资源税管理证明的领发工作，保证及时供应；指导和监督下属基层税务机关正确填用和报缴资源税管理证明；对下属基层税务机关结报缴销情况进行严格审核；负责本地区资源税管理证明的盘点工作；定期编报资源税管理证明领用计划；组织本地区资源税管理证明使用的检查工作。

1985 年 –2015 年，阳泉市城区资源税共计完成 157 万元。

1985 年 –2015 年阳泉市城区资源税完成情况表

表 1–11 单位：万元

年　份	完成额	年　份	完成额	年　份	完成额	年　份	完成额
1985	0.9	1993	5.5	2001	0	2009	3
1986	1.1	1994	2.2	2002	0	2010	0
1987	2.2	1995	4	2003	1	2011	0
1988	3.9	1996	5	2004	2	2012	35
1989	2.7	1997	3	2005	0	2013	42
1990	1.9	1998	1	2006	0	2014	27
1991	3.5	1999	0	2007	0	2015	7
1992	3.1	2000	0	2008	0	合　计	157

二、城镇土地使用税

城镇土地使用税是国家对拥有土地使用权的单位和个人征收的一种资源税。新中国成立后，于 1951 年 1 月设立地产税。同年 8 月，政务院发布《城市房地产税暂行条例》。1973 年简化税制，将对国营企业和集体企业征收的房地产税并入工商税保留税种，只对房管部门、个人、外国侨民、外国企业和外商投资企业继续征收。1984 年改革工商税制，将土地使用税确定为开征的 4 种地方税之一。1988 年 9 月 27 日，国务院发布《中华人民共和国城镇土地使用税暂行条例》，同年 11 月 1 日起施行，适用于国内单位和个人。征收城镇土地使用税不仅是国家筹集财政资金的手段，而且可以通过征税促进合理使用城镇土地，加强市政建设的规划和管理，调节国有土地使用单位因占用土地的地理位置而获得的土地级差收入，鼓励公平竞争。

1988 年 11 月 16 日，山西省人民政府发布城镇土地使用税实施办法，从 11 月 1 日起施行，城区从 1989 年起开始征收。主要内容：城镇土地使用税的征收范围包括（1）县城，即县区人民政府所在的城镇；（2）建制镇，指镇人民政府所在地，不包括所辖行政村；（3）工矿区，指工商业比较发达、人口比较集中，符合国务院规定的镇建制标准，但尚未设立镇建制的大型工矿企业所在地。凡在上述地域使用土地的单位和个人均为纳税义务人，以纳税人实际占用的土地面积为计税依据，依照规定的税额计算征收。税额标准按每平方米年单位税额确定。山西省城镇土地使用税每平方米年单位税额规定：大城市，一等为 3–5 元；二等 1–3 元；三等 0.5–1 元。中等城市，一等为 2–4 元；二等 1–2 元；三等 0.4–1 元。小城市，一等为 1.5–3 元；二等 1–1.5 元；三等 0.3–1 元。县城、建制镇和工矿区，一等为 1–2 元；二等 0.5–1 元；三等 0.2–0.5 元。

国家机关、人民团体、军队自用的土地，由国家财政部门拨付经费的事业单位的自用土地，宗教寺庙、公园、名胜古迹自用的土地和直接用于农、林、牧、渔业的生产用地，市政公共设施用地，免征土地使用税；对经批准开山填海整治的土地和改造的废弃土地，从使用月份起，免征土地使用税10年。城区城镇土地使用税，按年计征。占用土地多的单位，每年分上半年和下半年两次征收入库，上半年于6月征收，下半年于11月15日至12月15日征收；占用较少土地的单位与个人，于每年6月征收入库。

2004年8月5日，为认真做好城镇土地使用税和土地增值税的征收管理工作，按照国家税务总局要求，阳泉市城区就进一步加强城镇土地使用税和土地增值税征收管理工作提出以下要求：（1）要重视和加强城镇土地使用税和土地增值税的征收工作。城镇土地使用税和土地增值税两个税种收入规模小，征收难度大，但其在规范和引导土地市场健康、有序发展，贯彻国家产业政策方面具有积极的作用。各地要进一步加强基础征管工作，查找税源管理中的薄弱环节与漏洞，深入挖掘增收的潜力，完善管理办法和操作规程，不断提高两个税种的征管质量和精细化管理水平。（2）要严格按照减免税的管理权限和减免税审批程序办事。根据国家宏观调控的要求和清理整顿工作重点，认真清理、从严控制各类开发区、各类园区用地和属于国家产业政策限制发展行业用地的减免税。（3）要针对本地区土地等级划分不合理，城镇土地使用税单位税额偏低，增量不足的状况，借鉴兄弟省市的工作经验，认真调查研究，充分运用城镇土地使用税税源数据库更新后的数据资料，及时、合理地调整土地等级，适当提高单位税额，以充分发挥其调节土地级差收入的作用，增加地方收入。（4）要加强城镇土地使用税和土地增值税政策执行情况的调研，对政策执行中的有关情况和问题要认真研究，对征管工作中遇到的新情况、新问题，要及时采取措施，进一步规范征收管理。

2006年12月31日，按照国务院发布《关于修改〈中华人民共和国城镇土地使用税暂行条例〉的决定》，针对全市的土地使用状况和税制本身存在的一些问题，阳泉市城区将修订后的城镇土地使用税暂行条例在如下方面作完善：（1）较大幅度提高城镇土地使用税的税额幅度。修订后的条例将税额标准在原有基础上提高2倍，调整后的城镇土地使用税每平方米年税额为大城市1.5元－30元；中等城市1.2元－24元；小城市0.9元－18元；县城、建制镇、工矿区0.6元－12元。（2）将外资企业纳入城镇土地使用税征税范围。新条例在第二条中增加一款：把在城市、县城、建制镇、工矿区范围内使用土地的外商投资企业、外国企业和外籍人员也确定为城镇土地使用税的纳税人。

2009年，全年征收城镇土地使用税387万元。

2010年，为使全区城镇土地使用税逐步达到规范化、制度化、信息化管理要求，城区地税局统一部署，全线拉网，重点整顿、集中清理，坚持以“四个结合”征收城镇土地使用税。

（1）与纳税辅导相结合。在清理管户，核实城镇土地使用税计税依据过程中，针对性地组织开展辅导工作，重点是对房地产开发企业讲解税收政策，提高纳税意识。

（2）与半年工作考核相结合。为彻底澄清管户底子，建立“城镇土地使用税”底册，完善数据库。城区地税局把该项工作纳入半年工作考核，对在抽查中发现的问题严格予以追究。

（3）与税务登记验证相结合。定期从征管软件中导出纳税人税务登记信息，重点核查“经营、业务场所情况”中涉及的自有经营场所面积、原值，承包经营场所面积、租金及出租人相关信息，发现异常信息，责令相关人员重新调查。

（4）与企业所得税汇算清缴相结合。在企业所得税汇算期间，注重对纳税人的应税房产、土地进行详细登记，并对以前年度应缴未缴的税款进行追征、处罚。

全年征收城镇土地使用税 324 万元，为上年的 83.72%。

1989 年 –1990 年，阳泉市城区征收城镇土地使用税 24.2 万元；“八五”时期（1991 年 –1995 年），征收 73.5 万元；“九五”时期，征收 139 万元；“十五”时期，征收 192 万元；“十一五”时期，征收 1242 万元；2011 年 –2013 年，征收 1721 万元。

1989 年 –2015 年，城区共征收城镇土地使用税 5050.7 万元，年均递增 19.85%。

1989 年 –2015 年阳泉市城区城镇土地使用税完成情况表

表 1–12　　单位：万元

年　份	完成额	年　份	完成额	年　份	完成额	年　份	完成额
1989	9.6	1996	24.0	2003	30.0	2010	324.0
1990	14.6	1997	25.0	2004	41.0	2011	647.0
1991	13.3	1998	30.0	2005	55.0	2012	651.0
1992	13.7	1999	30.0	2006	43.0	2013	423.0
1993	14.7	2000	30.0	2007	93.0	2014	594.0
1994	16.8	2001	31.0	2008	395.0	2015	1065.0
1995	15.0	2002	35.0	2009	387.0	合　计	5050.7

三、土地增值税

1993 年，为规范土地、房地产市场交易秩序，国务院于是年 12 月 13 日颁发《中华人民共和国土地增值税暂行条例》。规定：凡转让国有土地使用权、地上建筑物及其附着物产权，并取得收入的单位与个人，为土地增值税的纳税义务人，都应按条例规定缴纳土地增值税。在房地产交易中，对交易收入的增值部分征收。土地增值税实行四级超率累进税率：增值额未超过扣除项目金额 50% 的部分，税率为 30%；增值额超过扣除项目金额 50%、未超过扣除项目金额 100% 的部分，税率为 40%；增值额超过扣除项目金额 100%、未超过扣除项目金额 200% 的部分，税率为 50%；增值额超过扣除项目金额 200% 的部分，税率为 60%。对纳税人建造普通标准住宅出售，增值额未超过扣除项目金额 20% 的，因国家建设需要依法征用、收回的房地产免征土地增值税。

1996 年，阳泉市城区执行《山西省土地增值税征收管理办法》，并提出如下要求：

从事房地产开发的纳税人，应在取得土地使用权并获得开发项目许可后 30 日内向主管税务机关报送《土地增值税项目登记表》，并按月办理纳税申报，于月底终了后 10 日内申报纳税。其他转让房地产的纳税人，按次纳税，应当在转让房地产合同签订后 7 日内办理纳税申报，并在主管税务机关核定的期限内缴纳税款，但最长不得超过一个月。

纳税人在办理纳税申报时，应向主管税务机关提交房屋及建筑物产权、土地使用证书和转让合同、房地产评估报告、与房地产转让有关的税金的完税凭证、有关房地产开发的财务会计报表及资料，以及税务机关要求报送的其他资料。

纳税人因国家建设需要依法征用、收回房地产而得到经济补偿的；纳税人因城市实施规划、国家建设需要而搬迁，由纳税人自行转让原房地产而取得收入的；个人因工作需要调动或改善居住条件而转让已居住满五年以上房地产的；个人之间互换自有居住用房地产的；纳税人转让普通标准住宅增值税未超过扣除项目金额20%的；享受其他免税规定的应在纳税期限内向房地产所在地主管税务机关提出免税申请，并提供其有关资料，经主管税务机关认可后，办理免税证明。

2002年7月10日，阳泉市城区为保证税收任务的完成，要求认真做好土地增值税的征收管理工作，通知如下：要进一步完善土地增值税的征收管理制度和操作规程，建立健全土地增值税的纳税申报制度、房地产评估规程、委托代征办法等。对在1994年1月1日以前已签订房地产开发合同或立项并已按规定投入资金进行开发，其首次转让房地产的，免征土地增值税的税收优惠政策已到期，应按规定恢复征税。针对当前房地产市场逐步规范，房地产投资商的投资回报趋于正常情况，各地要进一步完善土地增值税的预征办法，预征率的确定要科学、合理。对已经实行预征办法的地区，可根据实际情况，适当调减预征率。

继续加强与房地产有关部门的配合，严格按照财政部、国家税务总局、国家国有资产管理局《关于转让国有房地产征收土地增值税中有关房地产价格评估问题的通知》、国家税务总局和国家土地管理局《关于土地增值税若干征管问题的通知》、国家税务总局、建设部《关于土地增值税征收管理有关问题的通知》等联合发文的要求，加强部门之间的配合和协作，共同搞好土地增值税的征收管理。

2006年12月，执行国家税务总局发布的《关于房地产开发企业土地增值税清算管理有关问题的通知》，确定：房地产开发企业有下列情形之一的，税务机关可以参照与其开发规模和收入水平相近的企业的土地增值税税负情况，按不低于预征率的征收率核定征收土地增值税：依照法律、行政法规的规定应当设置但未设置账簿的；擅自销毁账簿或者拒不提供纳税资料的；虽设置账簿，但账目混乱或者成本资料、收入凭证、费用凭证残缺不全，难以确定转让收入或扣除项目金额的；符合土地增值税清算条件，未按照规定的期限办理清算手续，经税务机关责令限期清算，逾期仍不清算的；申报的计税依据明显偏低，又无正当理由的。

2008年3月1日，财政部、国家税务总局印发《关于廉租住房经济适用住房和住房租赁有关税收政策的通知》，决定对个人出租住房，不区分用途，在3%税率的基础上减半征收营业税，按4%的税率征收房产税，免征城镇土地使用税。

2009年，全年征收土地增值税77万元。

2010年，阳泉市城区地税局通过“五项推进”强化土地增值税管理。即，推进城区地税局征收工作人员与市地税局专家的定期联系，在市局的指导和帮助下及时解决工作中发现的问题。推进城区地税局土地增值税及房地产税收管理人才库建设。把在土地增值税及房地产税收培训和考试中表现优秀的人员确定为城区地税局的师资力量，通过确定的师资对局进行后续培训，将培训覆盖面扩大到所有从事相关工作的税务干部。推进房地产企业的规范核算。加强对房地产企业负责人和财务人员的培训，提高财务核算的规范性，增强企业纳税的自觉性。推进专项检查工作。抽调全局业务尖子，集中优势力量，选择典型企业，采取解剖麻雀的办法，开展专项检查。对企业的成本核算、财务管理、纳税情况等查深查透，对违反税收政策和管理规定的依法严肃处理，发挥震慑和警示作用，打开工作突破口。推进链条式管理。制定强有力的措施，出台专门的管理细则，大力推行项目管理、税款预征、项目清算、清算审核、核定征收的链条式管理办法，推动全区土地增值税和房地产税收管理水平迈上新台阶。全年征收土地增值税 556 万元，较上年增长 43.67%。

2001 年 –2015 年，阳泉市城区共征收土地增值税 7507 万元。

2001 年 –2015 年阳泉市城区土地增值税完成情况表

表 1–13　　单位：万元

年　份	完成额	年　份	完成额	年　份	完成额	年　份	完成额
2001	1	2005	23	2009	77	2013	2124
2002	0	2006	110	2010	556	2014	802
2003	0	2007	145	2011	1406	2015	672
2004	0	2008	89	2012	1502	合计	7507

第四节　特别目的税类

一、建筑税

1983 年 9 月，国务院发布《中华人民共和国建筑税征收暂行办法》（以下简称《建筑税征收暂行办法》），以加强基本建设管理，控制固定资产投资规模，保证国家重点建设。

1984 年，根据《建筑税征收暂行办法》开征建筑税。其主要内容：一切国营企业、事业单位、机关、团体、部队、地方政府以及所属的城镇集体企业，用国家预算外资金、地方机动财力、企业事业单位留用的各种自有资金、银行贷款、其他自筹资金安排的自筹基本建设投资，更新改造项目中的建筑工程投资，以及按规定不列入国家固定资产投资计划的建筑工程投资，都由使用投资的单位依法缴纳建筑税。建筑税以自筹基本建设的全部投资额和更新改造措施项目中的建筑工程投资额为计税依据，按 10% 的税率计征；更新改造措施项目中的建筑工程，凡投资额超过该项目全部投资额 20%，或者新增建筑面积超过原有面积 30% 的，应视同基本建设，按照该项目的全部投资额计征建筑税。能源、交通、学校教学设施和医院医护设施等投资，中外合资企业的投资，利用国际金融组织、外国政府贷款进行的项目及相应配套工程的投资，利用国际组织、外国政府、国外社团和华人赠款进行的项目及相应的配套工程投资，以及经财政部专项批准的投资免征建筑税。建筑税按年度实际完成的投资额计征，分季预缴，年终后汇算清缴，多退少补。

1985 年，阳泉市城区税务局拟定《建筑税征收管理办法》。同年，财政部明确，对国营企业事业单位、机关、团体、部队、地方政府（包括各主管部门及县区属镇政府）所属的集体企业事业单位，均应征收建筑税；对乡政府及其所属企业暂不征收建筑税；对农村基层供销社自筹资金安排的基建投资，免征建筑税。同年 5 月，国家税务局通知，营建出售商品房由建设单位缴纳建筑税。是年 10 月，执行财政部规定，对乡镇企业、街道企业、个体经济、以及各类经济联合体到城市、郊区（包括县城和县属镇）和工矿区内进行建设的自筹投资，一律征收建筑税；对更新改造措施项目，一律按建筑工程项目投资额征收建筑税；对房屋翻修和拆迁工程，只对扩大面积部分征收建筑税；对新建科研设施、社会公共图书馆、博物馆，县以下（包括县）文化馆、社会公共体育设施等自筹投资，以及属于省以上政府确定保护的文物古迹、寺庙等自筹修复资金，免征建筑税；建筑税的计征方法改为按批准年度计划投资额原则上一次缴足，竣工清算；对自筹基建全年实际完成的投资额超过国家计划的部分，加征10%的建筑税，即按20%征收。同年，建设银行开始代征建筑税。

1986年，按财政部规定对供水、排水及污水处理、煤气、集中供热、道路、桥梁、防洪、公共交通、环境卫生、园林绿化等市政公用设施的自筹建设投资免征建筑税。

1987年6月，国务院发布《中华人民共和国建筑税暂行条例》，从7月1日起执行。条例调整税率，扩大征税范围。对国家计划内安排的自筹基本建设投资和技术改造项目中的建筑工程投资，税率为10%；对超计划部分和计划外安排的项目税率为20%；对未列入国家计划的楼、堂、馆、所（宾馆、招待所、疗养院、礼堂、会堂、办公楼、展销楼等）以及应当严格控制的其他非生产性建设项目的税率为30%；对乡镇集体企业事业单位的自筹建设投资、乡镇企业、个体工商户在城市、郊区、县城和县属镇、工矿区的自筹建设投资的税率为10%。山西省规定，对乡镇企业和个体户在农村自筹的建设投资，暂免征建筑税。增加的免税项目：国家基本建设计划安排的拨改贷投资和利用建设银行、工商银行、中国银行存款发放的大中型项目基本建设贷款的投资；经国务院批准发放的专项基本建设贷款投资；用于社会福利项目和治理污染、环境保护项目的投资，以及因遭受各种自然灾害而进行恢复性建设的投资。

1989年，执行国家税务局规定，对房屋经营单位和建设单位向职工个人出售住房，免征建筑税。省税务局通知，用人防经费安排的人防工程建设项目，免征建筑税；对各级法院审判法庭和人民法院自筹的基建投资，在1990年年底以前免征建筑税。1991年起，建筑税改为固定资产投资方向调节税。

1991年4月16日，废止《中华人民共和国建筑税条例》，决定从1992年停征。

1985年–1993年，阳泉市城区共征收建筑税178.3万元。

1985年–1993年阳泉市城区建筑税完成情况表

表1–14　　单位：万元

年　份	完成额	年　份	完成额	年　份	完成额	年　份	完成额
1985	24.7	1988	19.2	1991	49.0	——	——
1986	29.7	1989	13.1	1992	2.1	——	——
1987	22.8	1990	16.2	1993	1.0	合　计	178.3

二、固定资产投资方向调节税

1987年6月，国务院在总结建筑税征收工作经验的基础上，修改了征税办法，制定颁布了《中华人民共和国建筑税暂行条例》。随着改革的深化和建设的发展，为了更好地贯彻国家产业政策，国务院于1991年4月发布《中华人民共和国固定资产投资方向调节税暂行条例》，取代建筑税。城区于当年开征此税。其主要内容：（1）以在中国境内进行固定资产投资的单位和个人为纳税人。（2）

以固定资产投资项目实际完成的投资额为计税依据；属于更新改造的投资项目，则以建筑工程实际完成的投资额为计税依据。（3）税率为差别比例税率。根据国家的产业政策和项目的经济规模，税率分为0%、5%、10%、15%、30%五个档次。对于基本建设项目的投资，属于国家急需发展的项目，如农、林、水利、能源、交通、通讯、原材料、科教、地质勘探、矿山开采等基础产业和薄弱环节的部分项目投资，城乡个人修建、购买住宅投资，以外国政府赠款和其他国外赠款安排的投资以及单纯的设备购置投资等，给予零税率照顾；对国家鼓励发展但受到能源、交通等制约的项目投资，实行轻税政策，税率为5%；对楼堂馆所以及国家严格限制发展的，课以重税，税率为30%；对职工住宅（包括商品房住宅建设）的建设投资，实行区别对待和适当鼓励政策，税率有的为零，有的为5%；对一般的其他项目投资，实行中等税负政策，税率为15%；对于更新改造项目投资类，属国家急需发展的项目投资，给予优惠扶持，税率为零；对其余更新改造项目投资，适用10%的税率。（4）对于计划外固定资产投资项目和以更新改造为名进行新建，扩建的投资实行罚款或加倍征税。（5）固定资产投资方向调节税，除国务院另有规定外，不得减税免税。

1991年7月12日，阳泉市城区执行国家计划委员会、国家税务局对《固定资产投资方向调节税暂行条例》的若干补充规定，明确投资方向调节税税率的分类办法，项目纳税计划的编报办法，要求税金要纳入建设项目的总投资。

1993年，按照上级税务机关要求，阳泉市城区对个人集资进行住宅建设的投资按零税率征收固定资产投资方向调节税。

1999年6月20日，按照山西省地方税务局下发的《关于加强固定资产投资方向调节税征收管理工作的通知》，阳泉市城区对强化固定资产投资方向调节税的源泉控管提出要求：（1）加强对固定资产投资方向调节税的源泉控管工作的领导。各级计划、地税部门要密切配合，建立联席会议制度，制定措施，互通信息，共同研究解决征管中存在的问题。层层把关，提高征管质量，堵塞征管漏洞，切实把固定资产投资方向调节税的源泉控管工作做好。（2）全面实行由各级地税部门委托计划管理部门在计划下达时代征固定资产投资方向调节税。（3）明确地税部门与计划部门的权利、责任。各级地税部门和计划部门要签订委托代征协议，明确各自的权利和义务。地税部门要及时向代征单位通报税收政策变化情况，解释税收政策规定，帮助解决工作中遇到的问题和困难；计划部门要按规定办理税款代征事项，不得挤占、挪用税款。（4）做好委托代征固定资产投资方向调节税的检查工作，对在委托代征中做出突出贡献的给予表彰和奖励。

1999年7月，国家决定从下半年开始，减半征收固定资产投资方向调节税。

1999年12月17日，传达贯彻中共中央12号文件《关于暂停征收固定资产投资方向调节税的通知》，从2000年开始，暂停征收固定资产投资方向调节税。

2000年6月13日，阳泉市城区执行山西省地方税务局《关于个人购买商品房如何计征固定资产投资方向调节税的通知》，要求：个人购买商品住宅，若购买后由本人及其家属直接居住的，按零税率计征固定资产投资方向调节税；若购买后在2年内用于出租、出售或营业的，计征固定资产投资方向调节税。国内个人无论购买国内开发企业的商品营业用房还是“三资”开发企业的商品营业用房，都属于投资方向调节税税目税率表说明第4条规定的未列出的其他固定资产投资，购买者为投资方向调节税的纳税义务人，应在购买时计征固定资产投资方向调节税。

1992年–2003年，阳泉市城区共征收固定资产投资方向调节税1016万元。

1992 年 -2003 年阳泉市城区固定资产投资方向调节税完成情况表

表 1-15　　单位：万元

年　份	完成额	年　份	完成额	年　份	完成额	年　份	完成额
1992	61.8	1996	115.0	2000	180.0	——	——
1993	86.5	1997	69.0	2001	26.0	——	——
1994	82.7	1998	108.0	2002	21.0	——	——
1995	122.0	1999	137.0	2003	7.0	合　计	1016

三、奖金税

奖金税是国家对不缴纳国营企业工资调节税的国营企业、集体企业和事业单位超过税法规定免税限额所发放奖金征收的一种税。奖金税由国营企业奖金税、集体企业奖金税和事业单位奖金税三个相对独立的征税办法组成，属特别目的税类。

国营企业奖金税　国营企业奖金税是为促进企业内部管理，加强经济责任制，调动职工发展生产、提高经济效益的积极性，控制消费基金过快增长而征收的一种税。1984 年 6 月 28 日，城区按国务院发布的《国营企业奖金税暂行规定》，于当年 1 月 1 日起执行。其主要内容：国营企业奖金税以企业为纳税人，以企业全年发放的各种形式的奖金（包括多种具有奖金性质的工资、津贴、补贴和实物奖励）为计税依据，按五级超额累进税率按年征收，其分级税率：全年发放奖金总额不超过标准工资两个半月的免征；全年发放奖金总额超过标准工资两个半月至四个月的部分，税率为 30%；超过标准工资 4 至 6 个月的部分，税率为 100%；超过标准工资 6 个月的部分，税率为 300%。企业职工每人平均月标准工资不足 50 元的，按 50 元计算。免征奖金税项目：发给矿山采掘工人、搬运工人、建筑工人的奖金；按国家规定颁发的创造发明奖、合理化建议奖、技术改进奖、自然科学奖；经批准试行的特定燃料原材料节约奖；其他经国务院批准免缴奖金税的单项奖金。

1985 年 1 月，阳泉市城区开始结算 1984 年度国营企业奖金税。截至是年 3 月下旬，全区应缴纳 1984 年度奖金税的国营企业全部进行申报。9 月，城区根据国务院于是年 7 月 3 日修订发布的《国营企业奖金税暂行条例》，和财政部颁发的《国营企业奖金税暂行条例施行细则》，对未实行工资总额随经济效益挂钩浮动的国营企业发放各种形式的奖金，都按规定征收国营企业奖金税。分级税率改为全年发放奖金总额人均不超过 4 个月标准工资的，免税；全年发放奖金总额超过 4 个月至 5 个月标准工资的部分，税率为 30%；超过 5 个月至 6 个月标准工资的部分，税率为 100%；超过 6 个月标准工资的部分，税率为 300%。无论企业实行何种工资制度，其标准工资统一按照国家规定的准许进入企业成本的工资等级、工资标准。以企业为单位进行计算，企业职工每人月平均标准工资不足 60 元的，按 60 元计算。

企业在年度内累计发放的奖金额，超过 4 个月标准工资时，应先缴税后发奖金。每年终了至下年 2 月 4 日以前，纳税人应向当地税务机关报送年度纳税申报表和会计报表。在罚则上，纳税人未缴税先发放奖金的，当年提取的职工奖励基金不够缴纳税款、罚款和滞纳金的，应先用自有资金垫付，然后再从下年度提取的职工奖励基金中归还，税务机关同时可对其处以 1 万元罚款；纳税人拖欠税款、罚款和滞纳金，经催缴无效时，税务机关通知其开户行扣缴入库。

1987 年，按财政部通知，阳泉市城区也随之降低国营企业奖金税税率。企业全年发放奖金总额不超过 4 个月的部分，免征奖金税；4 个月至 5 个月的部分，税率降为 20%；5 个月至 6 个月的部分，降为 50%；6 个月至 7 个月的部分，降为 100%；7 个月以上部分，奖金税降为 200%。同年，城区税务局对 1986 年度奖金税进行检查。同年，又根据省政府通知，对国营小型商业租赁企业的职工工资奖金，可不受原企业职工工资总额的限制，不征收奖金税。

1988 年，执行省政府 7 月 18 日发布的《关于全面推行企业工资总额同经济效益挂钩的暂行规定》，要求全区国营企业要普遍实行工资总额同经济效益挂钩的办法。实行工资总额同经济效益挂钩的企业由缴纳国营企业奖金税改缴国营企业工资调节税。同年 8 月，按财政部和省财政厅通知，对国营企业奖金税免税限额由原 4 个月放宽到 4 个半月的标准工资。

1989 年，依照国家税务局通知，对国营小型商业企业从是年恢复征收奖金税。阳泉市城区 1985 年 –1993 年共计征收国营企业奖金税 33.5 万元。

1985 年 –1993 年阳泉市城区国营企业奖金税完成情况表

表 1–16　　　　　　　　　　　　　　　　　　　　　　　　　　　　单位：万元

年　份	完成额	年　份	完成额	年　份	完成额	年　份	完成额
1985	22.0	1988	0.4	1991	1.6	—	—
1986	1.8	1989	0.2	1992	1.5	—	—
1987	1.5	1990	0.2	1993	4.3	合计	33.5

集体企业奖金税　集体企业奖金税是为促进集体企业加强经济责任制，逐步提高职工收入水平，控制消费基金增长过快而征收的一种特别目的税。1986 年，城区根据国务院发布的《集体企业奖金税暂行规定》和财政部颁发的《集体企业奖金税暂行规定实施办法》，对全区从事工业、商业、物资供销、交通运输、建筑安装、金融、出版业、娱乐业、服务业和其他行业的城乡集体所有制企业发放的各种形式的奖金，征收集体企业奖金税。按国家规定转为集体所有制的国营小型企业；租赁或承包给集体经营并按规定向国家缴纳租赁或承包费的企业；实行工资总额、标准工资或奖金同各种经济指标挂钩活动以及其他责任制的集体企业；国营企业、事业单位办的各种集体所有制企业；集体与集体联营或集体与个体联营的企业；集体企业所属中的事业单位；国家不核拨经费的集体所有制事业单位；向所属企业提取管理费的企业性质的集体企业主管部门等也按照集体企业奖金税规定征税。集体企业奖金税以独立核算的企业为纳税义务人。纳税人发放的各种形式奖金、包括用职工奖励基金、分红基金或其他资金渠道（包括上级主管部门及外单位给予的奖金）发放的各种奖金、实物奖励和超过规定标准发放的各种形式的工资、津贴、补贴、劳动分红、股金分红等，均应计征奖金税。纳税人每年发给职工的劳动分红，在 1 个月标准工资总额以内的免征奖金税；超过 1 个月标准工资总额的部分，应征奖金税；纳税人每年发给职工集资入股的股金分红，以职工集资入股额 15% 以下的部分，不计征奖金税，超过的部分应征奖金税。纳税人发放的加班工资，超过当地劳动部门批准的加班工资额的部分，均计征奖金税。集体企业奖金税的免缴规定与国营企业奖金税的免

缴规定相同。集体企业奖金税的工资标准：凡执行国营同行业企业工资标准的，比照国营同行业企业工资标准计算，未按国营同行业企业工资标准执行的，每人每月工资统一按60元计算；超过部分，视同发放奖金。集体企业奖金税实行超额累进税率，按年计征，其分级税率与1985年7月修订后国营企业奖金税的分级税率相同。征收管理也比照《国营企业奖金税暂行规定》及其实施办法办理。

1986年，按财政部通知，对县、区以上的集体企业、交通企业批准发放的原材料、燃料节约奖免征奖金税。按省财政厅通知，从是年起，暂免征收乡镇集体企业奖金税；对城镇集体企业，如未按国营同行业企业工资标准执行的，征收奖金税时的工资标准限额由60元提高到80元。

1987年，按国家规定停征国营小型商业租赁企业奖金税；财政部降低集体企业奖金税税率，其税率级距和国营企业奖金税税率级距完全相同。

1988年，按省财政厅通知，对集体企业奖金税免征限额由4个月放宽到四个半月标准工资。对执行国营同行业企业工资等级、工资标准制度的、月人均工资标准不足75元的，按75元计算；未按国营同行业企业工资等级、工资标准制度执行的，每人每月按85元的工资标准限额计算。

1989年，按国家税务局通知，对国营小型商业租赁企业从本年起恢复征收奖金税。

1990年，按省税务局通知，对乡镇集体企业从1990年起恢复征收奖金税。同年，国家税务局规定，按1989年国务院文件规定调整工资的集体企业，凡执行国营同行业企业工资标准的，比照国营企业征税规定办理；未执行国营同行业企业工资标准的，征收1989年度奖金税时，计税标准工资可由原月人均80元调整为83元，征收1990年度奖金税时，调整为90元。1986年–1993年，阳泉市城区共征收集体企业奖金税33.2万元。

1986年–1993年阳泉市城区集体企业奖金税完成情况表

表1-17 单位：万元

年 份	完成额	年 份	完成额	年 份	完成额	年 份	完成额
1986	6.8	1988	1.8	1990	7	1992	10.6
1987	0.2	1989	1.0	1991	3	1993	2.8

事业单位奖金税 事业单位奖金税是为鼓励事业单位向经济自立、经费自给过渡，使事业单位有计划逐步提高职工收入水平，控制消费基金的过快增长而征收的一种特别目的税。

1985年9月20日，城区按国务院发布的《事业单位奖金税暂行规定》，和财政部于同年11月15日颁发的实施细则，于本年度起征收事业单位奖金税。主要内容：凡从事教育、卫生、计划生育、科学研究、文化、文物、艺术、体育、新闻、出版、通讯、广播、电视、农业、林业、水利、气象、海洋、水产、畜牧、地质勘探、地震、测绘、规划、商品检验、物资储备、社会福利、环境保护、环境卫生、公路养护、园林绿化、市政建设、房产管理的事业单位以及其他事业单位均属缴纳事业单位奖金税的范围。

国营企业所属事业单位、国家不核拨经费的集体所有制事业单位，不属缴纳事业单位奖金税的范围；凡实行企业化管理的事业单位，国家不再核拨事业经费，经上级主管部门和财政部门批准，按照规定的工资标准和核定的增资指标，自费工资改革的，在增发工资外，全年发放奖金总额人均不超过 3 个月基本工资金额的免税；超过免税限额部分，比照国营企业奖金税适用税率征收奖金税。

凡需要国家核拨部分事业经费的事业单位，按照国家和省规定的工资标准和核定的增资指标，自费工资改革的，在增发工资外，全年发放奖金总额，人均不超过 5 个月基本工资金额的，免税；部分自费，部分依靠国家拨款进行工资改革的事业单位，在增发工资外，全年发放奖金总额，人均不超过 1 个半月基本工资金额的，免税；超过免税限额的部分，比照国营企业奖金税适用税率征收奖金税。

凡需要国家核拨全部事业经费，并完全用国家核拨经费进行工资改革的事业单位，全年发放奖金总额，人均超过核定限额（免征奖金税的标准，按全年发放奖金总额人均不超过 1 个月基本工资金额计算），比照国营企业奖金税适用税率征收奖金税。

事业单位奖金税的征收和管理，比照《国营企业奖金税暂行规定》执行。计算奖金税的基本工资包括基础工资、职务工资、工龄津贴、地区工资补贴。

1985 年，按财政部通知，对国家科委授予的国家级科技奖和省政府或国务院有关部门授予的省（部委）级科技进步奖，均免征奖金税；对殡葬职工经营承包分成收入免征奖金税；对事业单位从留用的技术转让净收入中按 5–10%提取的奖金，发放给本单位职工的，免征奖金税。

1986 年，根据国务院通知，对银行、保险公司的奖金税以 3 个月基本工资作为免税限额。

1987 年，降低事业单位奖金税税率，即全年发放的奖金总额、未超过免税限额 1 个月基本工资内的部分，税率由 30%降为 20%；超过免税限额 1 个月至 2 个月的部分，税率由 100%降为 50%；超过免税限额 2 个月至 3 个月部分，税率由原来的 300%降为 100%；超过 3 个月以上的部分，税率为 200%。

1988 年，执行财政部将事业单位的免税限额平均放宽半个月标准工资的规定。原实行企业化管理的事业单位由 3 个月放宽到 3.5 个月；原免税限额为 2 个月的放宽到 2.5 个月；原免税限额为 1.5 个月的放宽到 2 个月；原免税限额 1 个月的放宽到 1.5 个月的基本工资。同年，按国家税务局规定，文化馆、群众艺术馆、公共图书馆、文物商店、文物保护所以及各类专业美术馆执行 4.5 个月基本工资免税限额；对职务发明创造、专利的发明人、设计人按规定提取的报酬及奖金、不计入单位发放的奖金总额，不计奖金税。

1993 年 12 月 25 日，国务院批转国家税务总局工商税制改革实施方案的通知，决定自 1994 年起取消奖金税。

四、国营企业工资调节税

国营企业工资调节税是国家对部分国营企业超过国家规定标准发放的工资所征收的一种特别目的税。

1985 年 1 月，国务院就国营企业工资改革问题发出通知，决定在部分国营大中型企业实行工资总额同经济效益挂钩浮动办法，企业可以随经济效益提高提取工资增长资金，用来增加职工工资。7 月，为促进国营企业职工工资制度改革，有计划地逐步提高职工工资水平，国务院发布《国营企业工资调节税暂行规定》。9 月，财政部颁布施行细则。城区于 1985 年度起执行，对实行工资总额随经济效益挂钩浮动的国营企业征收工资调节税。

工资调节税按照国务院关于国营企业工资制度改革的规定，实行工资总额随经济效益挂钩浮动的国营企业为纳税义务人；计税依据是企业当年发放的工资总额。其中，不超过国家核定的上年工资总额 7%以内的增发工资部分为免税限额；超过 7%的部分，按照超额累进税率计征国营企业工资调节税，其分级税率表如下：

计算公式：应纳工资调节税 = 核定工资增长总额 ×（工资增长总额占核定工资总额的百分比 × 适用税率 – 速算扣除率），或应纳工资调节税 = 核定工资总额 × 适用税率 – 速算扣除率 × 核定工资总额。

国家为进一步搞活国营大中型企业，决定从 1987 年起降低国营企业工资调节税税率，调整税率级距。对企业工资增长总额占核定工资总额不超过 7%的部分，继续免征调节税；超过部分，按调整后的税率征收。纳税人缴纳的税款、罚金和滞纳金，应在企业工资基金中列支。

1988 年，省政府决定，国营企业要普遍推行工资总额同经济效益挂钩的办法，国营企业由缴纳奖金税改缴工资调节税。

1993 年 12 月 25 日，按国务院决定，从 1994 年起取消工资调节税。

五、城市维护建设税

城市维护建设税是国家随产品税、增值税、营业税附征税款专用于城市维护建设的一种特别目的税。为充实和稳定城镇和市政建设的资金来源，我国在 1984 年工商税制改革中决定开征城市维护建设税。

1985 年 2 月 18 日，国务院发布《中华人民共和国城市维护建设税暂行条例》。城区遵照其条例于是年开征此税。是年，征收城市维护建设税 40.9 万元。

1996 年 12 月 27 日，财政部、国家税务总局发出通知，决定从下年 1 月 1 日起，供货企业在向出口企业和市县区外贸企业销售出口产品时，以增值税当期销项税额抵扣当期进项税额后的余额为计税依据，计算缴纳城市维护建设税和教育费附加。

1999 年 4 月 6 日，山西省地方税务局下达《关于城市维护建设税和教育费附加征收问题的通知》，指出：近来一些地方询问实行“先征后退”“先征后返”“即征即退”（简称“三税”）等方式缴纳增值税、消费税、营业税的纳税义务人，其附加的城市维护建设税及教育费附加如何办理。经请示国家税务总局，现明确如下：“先征后退”“先征后返”“即征即退”的政策只限于“三税”，对于以“三税”为计税依据的城市维护建设税和教育费附加，不列入“退还”范围。

城市维护建设税的征税范围是城市、县城、建制镇和工矿区。凡在上述范围内从事工商经营，并缴纳产品税、增值税、营业税的单位和个人，都是该税的纳税人。城市维护建设税以纳税人实际缴纳的产品税、增值税、营业税税额为计税依据。税率分为三档。即纳税人所在地为市区的，税率为 7%；在县城、建制镇的，税率为 5%；不在市区、县区或建制镇的，税率为 1%。城市维护建设税的征收、管理、纳税环节、奖罚等项，比照产品税、增值税、营业税的有关规定办理；减免亦然，一般不作单独减免。

阳泉市规定：城区（含娘子关办事处），矿区（含贵石沟）管辖建设规划区内的纳税人和郊区所辖义井、平坦、李家庄三个乡范围内的区营以上企业事业单位，按 7%的税率缴纳；县区所辖城、镇建设规划区内的纳税人，按 5% 的税率缴纳；上述区域以外的纳税人，均按 1%的税率缴纳。

2009 年，阳泉市城区地税局采取有效措施认真做好内外资企业和个人城市维护建设税的征收。

认真组织学习，充分认识将内外资企业纳入城市维护建设税征收范围的意义，确保该项政策贯彻落实。加强宣传解释，搞好纳税服务。对外资企业征收城市维护建设税是一项重要而全新的工作，为此，征管人员深入企业，向纳税人宣传现行政策规定，进一步提高纳税人依法纳税的遵从度。摸清税源，规范管理。加强与城区国税、工商等部门联系，充分利用掌握的信息及时做好各纳税事项的确认工作，包括纳税人、纳税申报、纳税地点、适用税率等事项的确认，确保该项政策贯彻落实到位。

是年，阳泉市城区城市维护建设税完成 1475 万元，较上年增加 145 万元。

2010 年 11 月 4 日，财政部、国家税务总局联文印发《关于对外资企业征收城市维护建设税和教育费附加有关问题的通知》，根据《国务院关于统一内外资企业和个人城市维护建设税和教育费附加制度的通知》决定，自 2010 年 12 月 1 日起，对外商投资企业、外国企业及外籍个人（以下简称外资企业）征收城市维护建设税和教育费附加。对外资企业 2010 年 12 月 1 日（含）之后发生纳税义务的增值税、消费税、营业税征收城市维护建设税和教育费附加；对外资企业 2010 年 12 月 1 日之前发生纳税义务的“三税”，不征收城市维护建设税和教育费附加。

2011 年，国务院发布《关于统一内外资企业和个人城市维护建设税和教育费附加制度的通知》后，阳泉市城区地税局将相关资料送达本区涉外企业，随后组织局业务股室、税务所业务骨干深入到企业，向企业负责人、财务人员详细解释该项政策的内容、出台背景、法律依据，以及对统一税收制度、公平内外资企业税费负担的重要意义，并就具体的办税事宜进行认真辅导，取得企业的理解和大力支持。另一方面，城区地税局认真做好外资企业城建税和教育费附加开征各项工作，及时从网上下载相关资料，组织税务人员认真学习城市维护建设税和教育费附加的相关征收政策，并从申报纳税、税源分析、税收预测等方面做充分准备，确保该项政策落实到位。通过多方努力，全年征收城市维护建设税 1609 万元，较上年增加 21 万元。

1985 年 –2015 年，阳泉市城区城市维护建设税共计完成 17965.3 万元。

1985 年 –2015 年阳泉市城区城市维护建设税完成情况表

表 1-18 单位：万元

年 份	完成额	年 份	完成额	年 份	完成额	年 份	完成额
1985	40.9	1993	146.2	2001	204.0	2009	1475.0
1986	50.3	1994	135.6	2002	241.0	2010	1588.0
1987	56.9	1995	150.0	2003	330.0	2011	1609.0
1988	70.3	1996	159.0	2004	488.0	2012	1649.0
1989	85.5	1997	198.0	2005	666.0	2013	1939.0
1990	99.9	1998	225.0	2006	577.0	2014	1561.0
1991	106.4	1999	188.0	2007	904.0	2015	1386.0
1992	122.3	2000	184.0	2008	1330.0	合 计	17965.3

第五节 财产税类

一、城市房地产税

城市房地产税是国家对城市中的房屋、土地按照标准房价、地价或标准租价，由房地产所有人缴纳的一种地方税。

1951 年，政务院颁布《城市房地产税暂行条例》，主要内容：凡开征房地产税的城市，由中央人民政府财政部核定，未经核定者不得开征。房地产税由产权所有人缴纳；产权出典者，由承典人缴纳；产权所有人不在当地或产权未确定及租典纠纷未解决者，由代管人或使用人缴纳。房产税依标准房价按年计征，税率为 1%；地产税依标准地价按年计征，税率为 1.5%。标准房价与地价不易划分之城市，暂依标准房价地价合并按年计征，税率为 1.5%；标准房地产价不易求得之城市，暂依标准房地租价，按年计征，税率为 1.5%。

军政机关及人民团体自有自用房地，公立及已立案之私立学校自有自用房地，公园名胜古迹及公共使用房地，清真寺喇嘛庙本身使用房地，省（市）以上人民政府核准免税的其他宗教寺庙本身使用房地，均免征房地产税；对新建房屋自落成月份起，免纳 3 年房地产税；翻新房屋超过新建费用二分之一者，自竣工月份起，免纳 2 年房地产税。

1952 年 12 月，城市房地产税原附加并入正税征收，房产税按标准房价按年征收的，税率为 1.2%；地产税按标准地价按年计征的，税率为 1.8%。

1956 年以后，对公营、公私合营企业改按企业房地产账面价格计税，房产税率为 1.2%，地产税率为 1.8%；对房管部门的房屋从租价征 18%；对私人房地产税仍按标准租价征 18%。

1957 年 7 月，征收方法按账面价格计税，房产税率为 1.2%，地产税率为 1.8%，房地不分者以 1.8% 计征。1958 年后半年，对私人房地产税的征收改为不论自住或出租、市内一般按自然间定额征收，税额标准：一般房屋每间每半年定额 1.6 元，间小破旧者定额为 1 元；窑洞一般每间每半年定额为 2.4 元，间小破旧者为 1.6 元。取消以工农收入比例划分征免办法，改为按纯农户和非农户来确定征免。组织街道办事处参加评议，由居民委员会干部或居民小组长负责代征，财税干部在征收期间辅导检查或在跑街巡回中向代征员收款。

1979 年 1 月，对私人征收房地产税的地区、范围和负担作调整：征收范围改为只对城区管辖范围的各公社、居民区和私人自用房产征收；征收地区以内的居民自有或掌典房产应按规定申报纳税；原定房地产税税额不分等级一律降低 20%。

1986 年，国务院发布《中华人民共和国房产税暂行条例》，城区对房管部门和私人征收的城市房地产税改征房产税。

二、房产税

房产税是国家对城市、县城、建制镇、工矿区的房产，按照房产原值（减除一定比例）或按租金计征的一种税。1982 年，财政部着手对企业的房屋和土地恢复征收房地产税，并起草《中华人民共和国房产税暂行条例（草案）》。

1986 年 9 月 15 日，国务院发布《中华人民共和国房产税暂行条例》，阳泉市城区于下年 1 月 1 日起征收房产税。房产税以产权所有人为纳税义务人。产权属全民所有的，以经营管理单位为纳税义务人；产权出典的，以承典人为纳税义务人；产权所有人、承典人不在房产所在地的，产权未确定或者租典纠纷未解决的，以房产代管人或使用人为纳税义务人。作为房产税课征对象的房产，是指以房屋形态表现的财产，独立于房屋以外的其他建筑物，不在房产税征收之列。房产税的计税依据和税率有两种：属于非出租的房产依照房产原值一次扣除 10–30%后的余值征收，年税率为 1.2%；属于出租的房产，依照房产租金收入征收房产税，年税率为 12%。房产税按年征收，分期缴纳。对国家机关、人民团体、军队、由财政拨付经费本身没有经营性收入的单位、宗教寺庙、公园、名胜古迹等自用的房产以及个人所有非营业用的房产，免征房产税。

1993 年 12 月，国务院批转《国家税务总局工商税制改革实施方案的通知》。1994 年，阳泉市城区按国务院通知将全区城市房地产税和房产税合并为新的房产税，对全区内资、外资企业统一征收。

2004 年 6 月 23 日，执行国家税务总局印发的《关于房产税部分行政审批项目取消后加强后续管理工作的通知》，就有关问题通知如下：（1）对《财政部税务总局关于房产税若干具体问题的解释和暂行规定》第 24 条关于“房屋大修停用在半年以上的，经纳税人申请，税务机关审核，在大修期间可免征房产税”的规定作适当修改，取消经税务机关审核的内容。（2）纳税人因房屋大修导致连续停用半年以上的，在房屋大修期间免征房产税，免征税额由纳税人在申报缴纳房产税时自行计算扣除，并在申报表附表或备注栏中作相应说明。（3）纳税人房屋大修停用半年以上需要免征房产税的，应在房屋大修前向主管税务机关报送相关的证明材料，包括大修房屋的名称、坐落地点、产权证编号、房产原值、用途、房屋大修的原因、大修合同及大修的起止时间等信息和资料，以备税务机关查验。（4）税务机关要加强房产税的税源管理，摸清纳税人房屋的使用状况，设立房产税税源管理台账。有条件的地方要充分利用信息化手段，建立房产税信息管理系统，及时掌握房产税的申报、纳税、免税情况，加强税源管理。

2006 年 7 月 26 日，按照山西省地方税务局做出《房产税城镇土地使用税车船使用税资源税减免审批办法》，阳泉市城区做出规定如下：本办法所指的减免是指房产税、城镇土地使用税、车船使用税的困难减免和资源税的自然灾害、意外事故损失减免。纳税人如遇到以上困难时，应分税种及时向地税机关提出书面申请，并报送以下资料：减免申请报告；申请减免期的财务会计报表；有关部门出具的证明材料；地方税务机关要求提供的相关资料。地方税的困难减免、自然灾害和意外事故减免，由纳税人提出申请，各级地方税务机关审核，省地方税务局集中审批，在 60 个工作日内办结。

2008 年 12 月，阳泉市城区地税局地税五所针对管辖范围内私房出租税收征管难点，采取积极措施，加大基础管理力度，使房产税征收管理取得显著成效。其做法如下：加强领导，完善机制，成立以所长为组长的房产税征管小组，把该项工作紧紧抓在手上。摸清底子，借助房产管理部门、街道社区等力量，对私房出租户逐一登记造册，理清出租房的底子。积极与有关部门配合，强化综合治税。明确责任，将任务具体落实到税收管理员头上，并强化责任追究。加强宣传，通过媒体、社区等途径扩大税法宣传力度，使房主知晓税法，自觉守法。由于加强管理，是年房产税完成 775 万元，较年初调整预算净增 235 万元。

2009 年，阳泉市城区地税局采取三项措施做好房产税管理工作。

一是通过建立管理台账，分户跟踪了解土地利用规划、计划投资、施工单位、出包合同或协议以及建设施工进度等情况，及时登记掌握从事建设施工的单位或个人应缴纳的营业税及附加、所得税、印花税等各税种税源情况，使房地产开发建设过程中有关税收征管的信息从立项到用地建设、到税收征纳入库等情况一目了然。

二是跟踪了解并掌握房地产开发商发生的房地产开发成本、费用、商品房预售和实际销售进度、收款方式、收款时间等情况，监控商品房的存量变化。通过绘制《商品房预售和实际销售情况平面图》等措施，跟踪监控商品房的销售进度，并利用契税征管中获取的房地产开发商销售商品房的信息，对房地产开发企业缴税情况进行纳税评估，及时发现问题，及时解决问题。

三是跟踪了解涉税执法程序，按照《税收管理员执法责任制实施办法》的要求，严格落实执法目标责任制，规范执法文书，严格税收征管。对税收征管环节、税务部门岗位衔接环节、征纳事项告知受理环节实行全程监控，做到环环相连，程序公开，充分发挥一体化管理的效能。全年房产税完成 1034 万元，较上年增长 33.42%。

2010 年，阳泉市城区地税局突出抓好"四到位"，实现房地产税收较快增长。全年累计组织入库房地产税收 1176 万元，同比增长 12.38%。主要措施：（1）基础管理到位。严格执行房地产项目管理办法，积极推进计算机控管，实行房地产企业档案电子化管理，严格以票控税，加快信息技术在房地产税收管理中的应用。（2）动态监控到位。积极开展房地产税源普查，对区域内的在建房地产开发项目进行排查登记，重点了解和掌握在建项目的开发进展情况，全面监控房地产行业税源现状及变动情况，及时准确把握税源变化。（3）跟踪巡查到位。加大对重点企业、重点税源和重点项目的跟踪巡查力度，将原有事后检查为主的工作方式改变为"事前告知提醒，事中跟踪掌握，事后检查整改"的全程管理，堵塞征管漏洞，确保税款应收尽收，足额入库。（4）部门合作到位。加强与财政、房地产管理、土地、规划等职能部门建立信息沟通制度，强化税收源泉控管。

1994 年 –2015 年，阳泉市城区房产税共计完成 16494 万元。

1994 年 –2015 年阳泉市城区房产税完成情况表

表 1–19　　　　单位：万元

年　份	完成额	年　份	完成额	年　份	完成额	年　份	完成额
1994	101	2000	275	2006	340	2012	1590
1995	134	2001	268	2007	513	2013	2148
1996	137	2002	275	2008	775	2014	1940
1997	161	2003	306	2009	1034	2015	2648
1998	219	2004	334	2010	1176	——	——
1999	225	2005	428	2011	1467	合　计	16494

三、车船使用牌照税

车船使用牌照税，是对行驶于国家公共道路的车辆及航行于国内河流、湖泊和领海港口的船舶所征收的一种税。

1951年9月，中央人民政府政务院公布《车船使用牌照税暂行条例》，规定车船使用牌照税征收地区，由省（市）人民政府拟定，报请大行政区人民政府（军政委员会）核准开征，并转送中央人民政府财政部备案。

按省规定，载重汽车按净吨位计征，每季每吨7万元（旧人民币，下同）；乘人汽车以辆计征，按座位多少每辆每季18万–25万元；机器脚踏车分为两轮和三轮，每季每辆税额8万–13万元；畜力车分单、双、三套、四套，每季每辆2万–5万元；人力车每辆每季0.5万–1.5万元。对郊区农民生产自用的、军事机关、团体、学校自有自用的，按税务机关核准停驶、拆毁、担任消防、公共卫生任务的车船给予免税照顾。征收方法分三种：采取组织集体纳税；由纳税人向所在地税务机关申报纳税。领取车船牌照及完税证；委托代征。征收期限：机动车按季征收，1月、4月、7月、10月为征收期；非机动车辆按半年征收，1月、7月为征收期；脚踏车按年征收，1月为征收期。税收入库为每月5日–25日。

1955年1月，山西省对车船使用牌照税税额作调整，机动车中的乘人汽车，按座位多少每季税额30元（新人民币，下同）至50元；载重汽车每季每吨12元；机器脚踏车每季每辆税额6～12元。非机动车辆中的畜力车，每季每辆税额2.5–7元；铁轮大车改按胶轮大车的八折计征；人力车每季每辆税额0.5–3元。

1958年10月，接山西省财政厅税务局[1958]税三刘字第149号通知，自1958年10月起，不分城乡全面开征自行车、胶轮马车使用牌照税，征免范围：公私企业单位自有自用的车船征税，支领行政经费的行政机关和支领事业经费确无营业性质的事业机关的车船免税；行政单位和企业单位合署办公或者共同使用的车船，能划分的应当划分征税，不能划分的，应全面征税；农业社、人民公社专门从事运输业务或兼营运输业务以及拖拉机站或其他营业用的车辆征税；国营农场、农业生产社、人民公社、个体农民专供自己农业生产使用的车辆免税，但自行车、机器脚踏车系交通工具，应征税；军政机关、人民团体、公私立学校公有公用的车辆免税；军政机关、人民团体、公私立学校和各企业单位的干部职工、教员、学生及城乡居民、个人私有的车辆征税；菜农，专供自己出售蔬菜或拉运饲料、肥料并不兼营运输业务的车船免征；消防车、洒水车、救护车、卫生车、垃圾车、公立医院、卫生所、保健站、防疫站自有自用的车船免征。扩大车船使用牌照税征收范围：马车、排车、小平车、三轮车按季征税，乘人马车每辆2.5元，单套胶轮马车3.5元，双套5元，三套6元，四套7元；排子车每辆3元，小平车每辆2元；三轮车每辆1元；城市自行车每辆2.4元，农村自行车每辆1.2元。1959年，农村处于自然灾害时期停征农村自行车使用牌照税。

1959年3月，对各管理区经营的工业、手工业、副业和社员个人的各种车辆，在财政包干内统一解决，一律不征税。

1962年，对区辖农村和城镇，恢复自行车使用牌照税的征收，年税额为3元。

1963年，阳泉市站上区下达《关于车船使用牌照税征收工作的通知》，规定：

（1）征收范围。对国营企业、厂矿、公私合营企业、各种合作组织公有公用的汽车、胶轮马车和自行车征税，其他车辆不征；生产大队、生产队和城乡人民公社的社办企业、队办企业公有公用的自行车和职工、干部、社员自有自用的自行车征税，其他车辆不征。

（2）税额。自行车每辆全年为3元，载重汽车每吨每季为12元，轮车双套每季5元，三套每季6元，四套每季7元。

（3）牌照种类及使用范围：征税牌照。凡属征税的自行车，新领者连同行车执照一次领取，每个收取工本费 1.06 元。兽力车牌照，仍用省制统一牌照。自行车免税牌照，一律换省统一制发的白底红字牌照；自行车免税牌照每个收取工本费 0.5 元；兽力车免税牌照，每个收取工本费 0.4 元。纳税期限标志（红底白字）计有自行车、兽力车等六种。都用于该六种应征税的车辆，免税车不发。1962 年已经纳税并领过牌照的应征税车辆在征税时，一律发给纳税标志以便检查。

（4）农村人民公社、生产大队、生产队及社员的免税胶轮马车，自 1963 年起，都统一发给省制的免税牌照。

（5）1961 年度以前（包括 1961 年）省制发的各种征免税牌照，自 1962 年换发新牌照之日起一律作废。

（6）各种纳税期限标志，不分车种，每个收取工本费 0.15 元。

（7）对漏纳 1962 年自行车税的补征规定，对查获的 1962 年有意偷税者一律进行补征，每辆自行车除补征应纳税款 1 元 5 角外，并加收滞纳金 9 角 2 分，对仍然抗税不交者可依法处理。

1965 年对新购、新用自行车自购买之日起，按月计征车船使用牌照税，当月不满 15 天的次月开始计征；满 15 天以上的，按当月计征。1967 年 1 月，按省人民委员会规定，对市郊农村的公私自行车，一律停征牌照税。

1971 年 1 月，按山西省规定，对人民银行支行及基层机构自用的车辆停征车船使用牌照税；对列入财政预算行政经费开支的单位也照此办理。

1973 年税制改革，对企业征收的车船使用牌照税并入工商税，保留下来的自行车使用牌照税于 1979 年 1 月停止征收。

四、车船使用税

车船使用税是国家对拥有并使用车船的单位和个人征收的一种财产税。

1986 年 9 月，国务院颁布《中华人民共和国车船使用税暂行条例》，城区从 1987 年起施行。行驶的车船，除另有规定外，都属于车船使用税的征税范围。拥有车船的单位与个人均为纳税义务人。车船使用税税额山西省规定：（1）机动车。乘人汽车 10 座以下每辆年税额（下同）60 元，11–30 座 120 元，31–50 座 180 元，51 座以上的 240 元；载重汽车和拖拉机按净吨位计征，每吨 42 元；摩托车轻骑为 24 元，二轮 36 元，三轮 50 元。（2）非机动车。畜力驾驶车按 1–4 套规定，分别为 12 元、18 元、24 元、28 元；人力驾驶车分排子车、小平车、三轮车、自行车，分别为 8 元、6 元、4 元、3 元。挂车按 7 折计算，平板车超 10 吨以上减半征收。

车船使用税对以下车船给予免税照顾：国家机关、人民团体、军队自用的车船；由财政部门拨付事业经费的单位自用的车船；各种消防车、洒水车、囚车、警车、防疫车、救护车船、垃圾车船、港作车船、工程船；经财政部批准免税的其他车船。个人自用的自行车和非营业用的非机动车船；为便利残疾人行动而特制的车辆；用于农业生产的拖拉机、企业化管理事业单位自用的车船；停驶的车船在停驶期间按省规定免税。车船使用税按年征收，分期缴纳。上半年的税款于 3 月征收入库，下半年税款于 9 月征收入库。

1994 年 –1998 年，阳泉市城区各年分别完成车船税 6.6 万元、11 万元、10 万元、12 万元、20 万元。

1999 年，阳泉市城区地税局为不断扩大税源，组织开展大规模的车船使用税专项整顿。第一阶段是抓宣传、造声势；第二阶段是抓征收、搞整顿；第三阶段是建底册、抓规模。从5月1日到6月15日，为开展宣传和自行申报阶段。宣传期间，通过阳泉日报社、电视台、电台发布整顿通告，在区内车辆停靠、存放点进行张贴宣传，印制1万多份车船使用税宣传资料，组织全局人员利用双休日现场宣传，接受咨询，开展征收。从6月起转入清理整顿阶段，在公安交警的配合下上路清理整顿，全局共分为5个清理小组，每组分别由1名局领导带队，周一至周五每天上路清理整顿，各组依次轮换，在市区主要路口查扣偷逃税车辆。星期六、星期天全局出动上路检查。其间，全局没有休息过一个星期天，有的家中亲人生病住院顾不上照顾；有的人员把婚期一推再推；有的小孩上学没人照顾就托给邻居；有的带病坚持工作。全局干部、职工顶烈日、冒酷暑，面对各方面压力，表现出良好的精神风貌和过硬的工作作风。在清理整顿中，广大税务干部坚持原则，耐心细致，不徇私情，对查出的偷税车辆严格按照征管法规进行处罚。共清理各类车辆3244辆，征收入库税款12.6万元，罚款13.2万元，全年完成车船使用税51万元，为年计划的200.8%，超收25.2万元。

2000年，阳泉市城区完成车船税10万元。

2001年–2004年，阳泉市城区各年分别完成车船税6万元、7万元、8万元、7万元。

2005年3月15日，执行国家税务总局印发《关于进一步加强车船使用税征管工作的通知》，提出如下要求：

（1）提高认识，加强管理。车船使用税虽然收入规模小，征收难度大，但在调节收入分配、增强纳税人依法纳税意识、增加地方财政收入等方面具有积极作用。地方税务机关一定要提高认识，进一步加强车船使用锐的基础征管工作，查找管理中的薄弱环节，深入挖掘增收潜力。

（2）推进部门合作，加强源泉控管。针对车船流动性大、难以控管的特点，地方税务机关要依靠地方政府的支持，大力推进部门合作，切实实行源泉控管。继续推进与公安、交通部门的联系与协作，研究税源控管的具体办法。要认真贯彻落实《中华人民共和国道路交通安全法实施条例》第12条的规定，抓住车辆登记和检验的关键环节，采取部门联合办公、明确并公示工作流程等方式实现税检同步；要与车辆管理部门建立税源信息传递制度，掌握应纳税和未纳税车主的有关信息，采取措施进一步完善税源监控体系。

（3）摸清税源，堵塞漏洞。地方税务机关要充分利用所掌握的车辆税源信息资料，摸清本地车辆的税源底数，堵塞收入流失漏洞。要建立和完善车船使用税税源数据库，建立车辆使用税税源档案，实行按纳税人归集，一车一档。要加强分析比对工作，通过车船使用税征收数据与有关管理部门统计掌握的车船保有数据和税务系统对车船征收的其他税收数据的比对分析，进行纳税评估，认真查找漏征漏管车船，采取有效措施堵塞税收漏洞，夯实车船使用税的征管基础。

2006年，阳泉市城区完成车船税10万元。

2007年2月1日，阳泉市城区执行财政部、国家税务总局发布的《中华人民共和国车船税暂行条例实施细则》。

纳税人未按照规定到车船管理部门办理应税车船登记手续的，以车船购置发票所载开具时间的当月作为车船税的纳税义务发生时间。对未办理车船登记手续且无法提供车船购置发票的，由地方税务机关核定纳税义务发生时间。

购置的新车船，购置当年的应纳税额自纳税义务发生的当月起按月计算。计算公式：应纳税额=(年应纳税额/12）× 应纳税月份数。

在一个纳税年度内，已完税的车船被盗抢、报废、灭失的，纳税人可以凭有关管理机关出具的证明和完税证明，向纳税所在地的主管地方税务机关申请退还自被盗抢、报废、灭失月份起至该纳税年度终了期间的税款。

已办理退税的被盗抢车船，失而复得的，纳税人应当从公安机关出具相关证明的当月起计算缴纳车船税。

由扣缴义务人代收代缴机动车车船税的，纳税人应当在购买机动车交通事故责任强制保险的同时缴纳车船税。

纳税人应当向主管地方税务机关和扣缴义务人提供车船的相关信息。拒绝提供的，按照《中华人民共和国税收征收管理法》有关规定处理。

《车船税税目税额表》中的载客汽车，划分为大型客车、中型客车、小型客车和微型客车4个子税目。其中，大型客车是指核定载客人数大于或者等于20人的载客汽车；中型客车是指核定载客人数大于9人且小于20人的载客汽车；小型客车是指核定载客人数小于或者等于9人的载客汽车；微型客车是指发动机气缸总排气量小于或者等于1升的载客汽车。载客汽车各子税目的每年税额幅度：大型客车，480元至660元；中型客车，420元至660元；小型客车，360元至660元；微型客车，60元至480元。

是年，阳泉市城区完成车船税21万元。

2008年，阳泉市城区地税局在车船税征收工作中，依据“坚持独立自主、规范代收代缴、实施分类管理”的三位一体工作思路，努力寻求有效的征管办法，成效较为明显。

完善制度。建立与各保险公司、财政、交警等相关部门的联席会议制度和信息反馈制度，加强信息反馈。定期召开联席会议，解决问题，并制定相应措施和对策，达到“协调、沟通、改进、规范”的目的。

加强配合。在征收方式上，与交警部门配合在上牌和审验环节代收代缴车船税，与征费部门配合在养路费征收环节代收代缴车船税，与路政部门配合在运管费征收环节代收代缴车船税，并且在交警部门开设车船税征收窗口。在征收环节上，对行政事业单位的车辆，积极与财政部门协调，在编制财政年度预算时代收代缴；对摩托车，通过运管、交警等部门在路查、上户时代收代缴；对免税车辆，制定相关跟踪管理办法，一户一档，建立健全档案册籍。

立足自主。制定城区地税局《车船税税源数据库办法》，建立局、所两级数据库，摸清税源底子。在此基础上，将车船税征收计划下达各征收单位按季度严格考核通报，紧紧抓住征收工作的主动权，确保收入任务的超额完成。全年共计完成车船税132万元，较上年增长5.28倍。

2011年12月5日，发布《中华人民共和国车船税法实施条例》，自2012年12月5日起执行。本条例规定：省、自治区、直辖市人民政府根据车船税法所附《车船税税目税额表》，确定车辆适用税额，应当遵循以下原则：乘用车依排气量从小到大递增税额；客车按照核定载客人数20人以下和20人（含）以上两档划分，递增税额；完税或者依法减免税的车辆，纳税人应当向扣缴义务人提供登记地的主管税务机关出具的完税凭证或者减免税证明。

是年，阳泉市城区完成车船税1548万元。

2012年，为更好地贯彻落实车船税法及其实施条例，阳泉市城区地税局高度重视，召开专题会议，广泛开展宣传和培训，完善协作机制，确保车船税法能真正落到实处。

专题部署。召开专题会议，就车船税新政涉及的税额调整、税源调查、宣传解释、征收管理等各项工作进行周密部署和安排，确保车船税各项政策落实到位。

专人负责。要求明确工作人员负责车船税的日常管理工作，把责任细化到人，具体负责税收政策的宣传和实施，并加强与代征单位日常联系，确保按照新政策有序开展征税工作。

专门协作。积极与车辆管理等部门联系，摸清辖区车辆税源状况，准确掌握保有车辆和新购车辆的相关信息资料，建立和完善车船税税源数据库。并与交警队召开联席会议，将“先税后检”的政策落实到位，强化源泉控管。

是年共计完成车船税 2097 万元，较上年增加 549 万元。

2013 年，阳泉市城区完成车船税 2231 万元，较上年增长 6.39%。

1994 年 –2015 年，阳泉市城区共征收车船使用税 13610.6 万元，年均递增 32.19%。

1994 年 –2015 年阳泉市城区车船使用税完成情况表

表 1–20　　单位：万元

年　份	完成额	年　份	完成额	年　份	完成额	年　份	完成额
1994	6.6	2000	10.0	2006	10.0	2012	2097.0
1995	11.0	2001	6.0	2007	21.0	2013	2231.0
1996	10.0	2002	7.0	2008	132.0	2014	2515.0
1997	12.0	2003	8.0	2009	836.0	2015	2783.0
1998	20.0	2004	7.0	2010	1280.0	——	——
1999	51.0	2005	9.0	2011	1548.0	合　计	13610.6

第六节　行为税类

一、印花税

新中国成立初期，印花税的征收按照华北人民政府公布的《华北区印花税暂行条例》的规定执行。1950 年 12 月，政务院颁布《印花税暂行条例》后，按照该条例的规定执行：凡在市县区内因商事、产权等行为所书立或使用的凭证，均按规定缴纳印花税。1952 年 2 月，印花税由邮局代售，由税务局按邮局申请，按实际情况配发。同年 12 月，对邮局经销期刊等业务，按 2% 税率开征印花税。

1955 年 2 月，财政部重新修订印花税税率税额，税目进一步归并为 9 目：资金、资本账簿按 3‰贴花，营业簿册每本每年贴花 5 角（新人民币，下同）；借贷契据，按 3‰贴花；保险契据，按件贴花 5 分；股票按件贴花 5 角；投资契约按件贴花 5 角；委托及承揽契据、手续费或加工费按其金额万分之三贴花，不能计算金额的，按件贴花 5 角；预订买卖契据，按金额万分之三贴花，不能计算金额的，按件贴花 5 角；授产、析产契约，按金额 3‰贴花；典当、买卖、转让、承顶财产契据，按金额万分之三贴花；租赁契据，按金额万分之三贴花。

1957 年 1 月，国营商店各专业公司所属单位的印花税，一律以营业额的 1% 按月计缴；食品、专卖、贸易等公司所属单位可按营业额的万分之五按月计缴；国营商业各单位所立账簿，借据合同一切凭证不再贴花。

1958年改革工商税制，将印花税全部并入工商统一税内征收。

1988年6月24日，阳泉市城区执行国务院颁布《中华人民共和国印花税暂行条例》。是年9月29日，财政部发布《中华人民共和国印花税暂行条例实施细则》。条例规定的税目税率：购销合同，由立合同人按购销金额万分之三贴花；加工承揽合同，由立合同人按加工或承揽收入万分之五贴花；建设工程勘察设计合同，由立合同人按收取费用万分之五贴花；建筑安装工程合同，由立合同人按承包金额万分之三贴花；财产租赁合同，由立合同人按租赁金额1‰贴花，税额不足1元的按1元贴花；货物运输合同，由立合同人按运输费用万分之五贴花；仓储保管合同，由立合同人按仓储保管费用1‰贴花；借款合同，由立合同人按借款金额万分之零点五贴花；财产保险合同，由立合同人按投保金额万分之零点三贴花；技术合同，由立合同人按所载金额万分之三贴花。

1990年7月2日，省税务局通知，企业所属的医院、学校、食堂、托儿所设立的账簿，属于核算非生产性营业性质的收入，不属于贴花范围，但对外营业所设立的账簿均应贴花；对于处于军转民阶段的军工企业，因没有军品生产封存了的固定资产，如果是单独设账的，可暂缓征收印花税。

1997年9月，执行山西省地方税务局制定的《山西省购销合同类印花税征收管理暂行办法》，规定：对从事货物购进和销售的工业生产企业或商品流通企业，凡按照规定设置账簿进行核算，并能如实提供购销合同及合同性凭证的，应实行由纳税人按照购销合同标的金额，自行汇总缴纳印花税的办法；凡不按规定设置账簿或虽设置账簿，但账目混乱，收入、费用凭证残缺不全，且不能如实提供购销合同及合同性凭证的，经地方税务机关核实，发给其“印花税核定汇缴通知书”，实行由地方税务机关按纳税人购销金额一定比例核定征收印花税的办法。

2004年11月5日，执行财政部、国家税务总局印发《关于改变印花税按期汇总缴纳管理办法的通知》，为进一步方便纳税人，简化印花税贴花手续，将《中华人民共和国印花税暂行条例施行细则》第22条“同一种类应纳税凭证，需频繁贴花的，应向当地税务机关申请按期汇总缴纳印花税。税务机关对核准汇总缴纳印花税的单位，发给汇缴许可证。汇总缴纳的期限限额由税务机关确定，但最长期限不得超过1个月”的规定，修改为“同一种类应纳税凭证，需频繁贴花的，纳税人可以根据实际情况自行决定是否采用按期汇总缴纳印花税的方式。汇总缴纳的期限为1个月。采用按期汇总缴纳方式的纳税人应事先告知税务机关。缴纳方式一经选定，1年内不得改变”。

印花税按期汇总缴纳管理办法调整后，城区税务机关重点加强以下工作：税务机关接到纳税人要求按期汇总缴纳印花税的告知后，及时登记，制定相应的管理办法，防止出现管理漏洞。对采用按期汇总缴纳方式缴纳印花税的纳税人，加强日常监督、检查，重点核查纳税人汇总缴纳的应税凭证是否完整，贴花金额是否准确。

从2008年9月19日起，对证券交易印花税政策进行调整，由现行双边征收改为单边征收，税率保持1‰。

2014年10月，财政部和国家税务总局联合发布《关于金融机构与小型微型企业签订借款合同免征印花税的通知》，鼓励金融机构对小微型企业提供金融支持，在金融贷款方面明确印花税优惠政策。《通知》规定，自2014年11月1日至2017年12月31日，对金融机构与小型、微型企业签订的借款合同免征印花税。

1990 年 –2015 年，阳泉市城区印花税共完成 4009.5 万元。

1990 年 –2015 年阳泉市城区印花税完成情况表

表 1–21　　　　单位：万元

年　份	完成额	年　份	完成额	年　份	完成额	年　份	完成额
1990	8.7	1997	14.0	2004	91.0	2011	516.0
1991	10.2	1998	26.0	2005	124.0	2012	410.0
1992	11.4	1999	29.0	2006	88.0	2013	523.0
1993	17.1	2000	39.0	2007	176.0	2014	377.0
1994	13.1	2001	43.0	2008	264.0	2015	391.0
1995	14.0	2002	117.0	2009	246.0	——	——
1996	13.0	2003	97.0	2010	351.0	合计	4009.5

二、筵席税

筵席税是国家对在饮食营业场所举办筵席的单位和个人征收的一种消费行为税。

1950 年，原政务院发布《特种消费行为税暂行条例》，将筵席税列为特种消费行为税的 5 个税目之一。

1953 年修订税制，取消特种消费行为税，将筵席税并入营业税。

1988 年 9 月 22 日，国务院发布《中华人民共和国筵席税暂行条例》。

1989 年 1 月 1 日，阳泉市城区重新开征筵席税。是年征收筵席税 0.2 万元。

凡在城区的饭店、酒店、宾馆、招待所以及其他饮食场所举办筵席的单位和个人都是筵席税的纳税义务人。承办筵席的饭店、酒店、宾馆、招待所以及其他经营饮食业的单位和个人为筵席税的代扣代缴义务人。计税依据为一次筵席支付的全部金额，包括菜肴、酒、饭、面食、糕点、饮料、水果、香烟等价款金额和饮食业单位另外加收的服务费以及其他价款金额。征收方法为按次从价计征，城区按山西省筵席税税率 15%征收；起征点规定为一次筵席支付金额 300 元以上（包括 300 元），并人均达 15 元者，按支付金额全额计征。对台胞、侨胞、外籍人员举办的筵席；外事活动按规定举办的筵席免征筵席税。

1993 年 12 月 25 日，国务院《批转国家税务总局工商税制改革实施方案的通知》，决定将筵席税下放地方管理。

1994 年 5 月 13 日，省税务局决定在全省范围内停止征收筵席税。

阳泉市城区 1989 年、1990 年、1992 年、1993 年分别征收筵席税为 0.2 万元、0.2 万元、0.3 万元、0.2 万元，共计 0.9 万元。

三、屠宰税

屠宰税是国家按税法规定对屠宰牲畜行为征收的一种行为税。

1953 年修正税制后，将屠宰商应纳的营业税、印花税及其附加并入屠宰税内缴纳，税率为 13%。

1958 年 7 月，接山西省财政厅 [1958] 财税字第 15 号和第 143 号通知，对经营屠宰业务的国营企业宰杀牲畜征收屠宰税的办法改变如下：凡山西省经营屠宰业务的国营企业市、县级以上各单位与省外或本省境内各地区调拨屠宰的牲畜，均一律在牲畜收购起运的时候，由当地的税务机关按照牲畜的收购价格征收一次屠宰税，税率为 5%。牲畜运到销地后或在当地屠宰，由销地的税务机关或当地的税务机关，按照牲畜屠宰后当地的牲肉零售牌价再征收一次屠宰税，税率为 4%。对经营屠宰业务的国营企业本身饲养屠宰的牲畜，也同样照此办法征收屠宰税，但对经营屠宰业务的国营企业，只供屠宰，不作调出的基层单位，为简化征收手续，屠宰税仍按原规定零售牌价 8% 计征。在商业系统内部的调拨价，随着税收办法的变更，经计算应在原基础上提高 4%。在屠宰前因伤、病已死，在屠宰后可按零售牌价 4% 的五折（50%）计征屠宰税。对伤、未死的牲畜屠宰后，仍按零售牌价 4% 计征。由于纳税环节和税率改变，对头蹄下水肠肚油等可按账面实际销售价 4% 计征屠宰税。对经营屠宰业务的国营企业 6 月底库存的牲畜，因在改变征收办法以前收购的，可按原收购价补征 5% 的屠宰税，到屠宰时再征 4% 的屠宰税。

1959 年 10 月，根据省税务局通知，对经营屠宰业的国营企业向外省调拨屠宰牲畜的，改为在产地按牲畜收购价格征收屠宰税，税率为 10%；在山西省内调拨屠宰牲畜和农民自养的牲畜，在屠宰后也一律按收购价格征收 10% 的屠宰税。

1962 年 10 月，省政府对屠宰税重新修订，对在山西省范围内调拨屠宰牲畜，对机关、团体、学校、居民、城乡人民公社及非经营屠宰业务的工商企业所宰杀的牲畜，一律改在屠宰环节按屠宰后牲畜肉的实际重量，比照国营零售牌价按 8% 的税率计征屠宰税。

1985 年 8 月 24 日，财政部颁发《关于改进屠宰税征税办法的若干规定》。9 月，城区执行山西省规定，将生猪的屠宰税额由原来的每头 2 元调整为 3 元；羊由原来的每只 0.5 元调整为 0.8 元；驴由每头 2 元调为 3 元；牛、骡、马、骆驼由每头 3 元调为 4 元。

1988 年，按省税务局通知，调整个人、个体户、集体伙食单位屠宰税定额，生猪、驴每头 6 元，羊 2 元，马、牛、骡、骆驼为 8 元。

1994 年 1 月，国务院下发《关于取消集市交易税、牲畜交易税、烧油特别税、奖金税、工资调节税和将屠宰税、筵席税下放给地方管理的通知》。

5 月，阳泉市城区执行省地方税务局下发的《山西省屠宰税征收办法》：

（1）凡在市县区范围内屠宰应税牲畜的单位和个人为屠宰税的纳税义务人。

（2）征税范围为猪、羊、牛、骡、马、驴、骆驼等牲畜。

（3）实行从价计征，税率 3%，其计税依据区别不同情况分别规定：经营应税牲畜的单位和个人，以收购应税牲畜所支付的金额为计税依据，其纳税额计算公式为：应纳税额 = 收购金额 × 税率；其他单位和个人屠宰应税牲畜的，以屠宰后牲畜的实际市场价格为计税依据，其应纳税金额的计算公式：应纳税额 = 屠宰后牲畜的实际重量 × 市场单位价格 × 税率；

（4）对单位和个人自养自宰自食的牲畜免征屠宰税；对专为科研实验，制造防疫疫苗而屠宰的牲畜，免征屠宰税；经省税务局批准免税的其他项目。

（5）屠宰税由税务机关负责征收。税务机关可根据征收管理需要委托有关单位和个人代征屠宰税，并可按代征税款的 10% 付给代征手续费。

8 月，执行省地方税务局下发《关于屠宰税若干具体问题的解释和规定》，对其他单位和个人屠宰应税牲畜的，在征税时可暂按猪每头以 60 公斤计税、牛每头以 90 公斤、羊每只以 12 公斤计税；其他牲畜在征税时，可由主管税务机关参照上述标准类推。

1996 年 –2004 年，阳泉市城区共征收屠宰税 307 万元。

从 2005 年开始，屠宰税暂停征收。

1996 年 –2004 年阳泉市城区屠宰税完成情况表

表 1–22　　单位：万元

年　份	完成额	年　份	完成额	年　份	完成额	年　份	完成额
1996	22	1999	63	2002	13	——	——
1997	50	2000	59	2003	13	——	——
1998	67	2001	19	2004	3	合　计	307

四、牲畜交易税

牲畜交易税是国家对购买牲畜行为征收的一种交易行为税。新中国成立初期，牲畜交易市场由税务所接办，并制定牙纪管理办法及成交手续。后根据上级要求和市场需要，暂停牲畜交易。牲畜交易税包括骡、马、牛、驴、骆驼、猪、羊 7 种，税率以 4%从价计征。

1953 年 11 月 11 日，又依省税务局通知，对猪、羊停征牲畜交易税。

1955 年 3 月，合作社与社员直接购销牲畜，由免纳交易税改为由买方缴纳牲畜交易税；合作社系统内部拨售的牲畜，仍免税。

1956 年 2 月，牲畜交易市场交易员，移属供销合作社领导，并成立耕畜交流服务部，因对交易员安置欠妥，使牲畜交易市场陷入停滞状态。农业社买不到牲口，大车业户到外地市场购买，对税收影响很大。

1981 年 12 月，对个人购买的牲畜征收牲畜交易税改为不论国家、集体和个人，一律向买方征收，税率由 5%降为 3%。

1982 年 12 月，国务院发布《牲畜交易税暂行条例》，从 1983 年 1 月执行。《条例》规定：凡进行牛、马、骡、驴、骆驼五种牲畜交易的公民、机关、部队、团体、农村社队和企事业单位，都要缴纳牲畜交易税，以购买者为纳税义务人；税率按照牲畜匹（头）的成交额 5%计算，向成交地的税务机关缴纳。对受灾地区在恢复生产期间，持有乡一级人民政府以上机关证明购买自用的牲畜和配种站、种畜场（站）购买的种畜和科研单位科研用畜及省、自治区、直辖市人民政府规定需要免税的牲畜，免纳牲畜交易税。山西省规定，遭受自然灾害的地区，比照农业税遭灾减免规定，当年农业税减免四成以上的乡村，在恢复生产期间，乡村生产单位或个人购买自用牲畜，持乡一级人民政府以上机关证明，给予免税；部队购买的军马，凭部队团以上单位的证明免税；实行生产责任制后，生产队第一次作价归社员的牲畜免税。

1993 年 12 月 25 日，按国务院通知精神，取消牲畜交易税。

第三章　企业收入

企业收入，是国家预算科目中类级科目之一，是财政收入的主要来源。企业收入包括国有企业上缴的利润、基本折旧基金，企业上缴的资金占用费和1985年第二步利改税以后，国有企业缴纳的所得税、调节税，按照国家有关规定退库的国有企业计划亏损补贴以及通过退库形式向企业支付的民用煤、粮油等购销价差的补贴。国家预算收入中，部分是来自国营企业的缴款，包括全民所有制企业、事业单位上缴国家的利润、事业收入以及由预算收入退库拨补的企业计划亏损和价格补贴。

国营企业实现的利润，除按国家规定可以由企业留用一部分外，绝大多数以“利润”形式上缴国家。

1949年，阳泉市第一区（城区前身）共组织和发展各类手工业企业1272户。1950年，由于小商合股经营使总户数减到1092户，比1949年减少180户，而在产值上却比1949年增长76.3%。

1953年，全区私营工商户顺利发展，在满足人民生活需要、推动全区经济发展上起重要作用。

1954年，积极兴办各种手工业合作社23个，街道企业11个。

1956年，手工业在工商企业中占很大比重，总产值达57万元，人均产值2161元。

1957年，总产值升为621万元。顺应手工业的兴起，城区联组手工业联社，运输业的大量发展也组成了运输公司。

1958年，由于受“大跃进”的影响，工业发展盲目，调控失衡。至1960年前后，辖区虽有街道、公社办工厂和服务性商业网点，但到1970年阳泉市城区企业才真正起步，纳入地方计划的生产销售经营。是年，阳泉市军烈属工厂、纸箱厂、泡花碱厂、多晶硅厂下放阳泉市城区，从而确定区属工业在辖区的地位。

1971年，是阳泉市城区企业繁荣的一年，计有区属企业13个，城市公社企业13个，总产值为249.36万元，其中，区属企业173.42万元，公社企业75.94万元。1977年，总产值为757.74万元，其中，区属企业482.85万元，公社企业274.89万元。中共十一届三中全会以后，城区区委、区政府通过深化企业改革，转换经营机制，依靠科技进步，发展第三产业等一系列措施，上效益、上品种、上质量，使经济持续、健康、快速发展。先后建立和发展电机、日用木器、食品饮料、日用化工、文化用品、服装加工、机电维修、包装装潢、型煤制造等一系列服务型工业，基本上形成以轻工、食品、机械为“龙头”，商业、物资供应、房地产等第三产业协调发展的经济体系。至此，城区已成为阳泉市能源重化工基地的重要组织部分，并在阳泉经济建设项目中发挥越来越重要的作用。1978年，全年工业产值538.2万元，其中，区直企业409.3万元，街道企业128.9万元。

“六五”计划时期，是阳泉市城区国民经济发展较快的时期。在中共十一届三中全会和十二大精神指引下，城区区委、区政府带领全区人民坚持以经济建设为中心，加大经济体制改革力度，极大地调动群众的积极性。在经济管理方面，努力扩大企业自主权，推行厂长（经理）负责制，使企业焕发了生机和活力。同时，对价格、财政、科技、教育、政治体制等方面进行改革，开创各项事业的新局面。在工业生产方面，深入开展国有企业的整顿和改革，从生产计划、产品销售、劳动人事、工资奖金、经营管理等方面扩大企业经营自主权；推行国有企业利改税，扩大企业留成比例；普遍推行厂长（经理）负责制；初步改革企业劳动和工资制度；扩大开放，发展横向经济联合。通过以上措施，工业生产得到较大发展。

其中，1981 年，根据全区工业、交通企业情况，财政对现行的利润分成办法作相应改进，实行“利润包干”办法，以促进工交企业落实经济责任制，把国家利益、地方利益、企业利益和职工利益联系在一起，完成生产计划和财政上缴任务。全区工业总产值完成 476.39 万元，比计划超额完成 10.7%；比上年增长 1.26%。电机、车辆、纸箱、玻璃、印刷等 23 个区、街道企业有 20 个超额完成计划任务。列入计划的 14 种主要产品比 1980 年有不同程度的提高。区直属亏损企业由 1980 年的 6 个下降为 3 个，全区工业企业利润盈亏相抵，实现盈利。全区各种生活服务网点发展到 54 个，从业人员 120 余人，营业总额达 80 余万元。

1982 年，通过企业财务整顿，进一步完善和落实经济责任制，改善经营管理，提高经济效益。

1983 年，国家实行“利改税”，对部分国营企业开征所得税，原来上缴的利润，通过税收渠道缴纳，企业收入占国家预算收入的比重也随之大幅度下降。对国营工商企业实行“利改税”，主要是把国营企业上缴利润的形式改按国家税法规定缴纳所得税，税后利润除按规定给企业合理留利外，其余部分以利润形式上缴国家。

1984 年 10 月，中共十二届三中全会召开，讨论并通过《关于经济体制改革的决定》。阳泉市城区也相应制定《阳泉市城区贯彻落实省、市经济体制改革实施方案》，进一步扩大企业自主权，扩权范围包括生产方向、技术改造、经营管理、工资分配、机构设置、人事管理、固定资产、产品销售 8 个方面。在企业财务管理方面实行第二步“利改税”，全区大部分有盈利的国营企业均由上缴利润改缴所得税和调节税，仍列入企业收入核算。到是年年底，全区工业总产值完成 874.1 万元，同比增长 28.5%，实现利润 51.74 万元，增长 37.6%。全区商业服务业也有较快发展，各种商业服务网点发展为 46 个，比上年新增 7 个，全年营业总额 200 万元，实现利润 15 万元。

1985 年，阳泉市城区工业生产继续贯彻中央“调整、整顿、改革、提高”的八字方针，普遍推行厂长经理负责制，进一步扩大企业自主权，充实和完善各种形式的生产责任制。并围绕降低成本、提高综合效益，狠抓企业的技术进步。是年，全区工业总产值完成 1018.8 万元，为年计划的 109.3%，同比增长 16.6%；实现利润 76.2 万元，为年计划的 130.9%，同比增长 53.8%。全年出现 4 个利润翻番企业：微型电机厂由上年的 7 万元翻番为 14.23 万元，城区饮料厂由当年计划的 2 万元翻番为 5 万元，综合修理公司由计划的 2 万元翻番为 4.3 万元，城区童装厂由计划的 0.5 万元翻番为 1.12 万元。全区企业逐步摆脱行政组织的束缚，向自我约束、自我发展、自我积累、自主经营、自负盈亏的商品生产者和商品经营者迈出一步。是年，城区企业收入完成 179.6 万元。

“七五”计划时期，为把各项计划落到实处，阳泉市城区区委、区政府以中共十三大精神为指引，采取一系列措施学习、宣传、贯彻中共十三大精神，把全区上下的思想统一到中共十三大精神上。按照城区区委制定的《抓住实施沿海战略机遇、加快全区经济发展的实施意见》，安排和启动一批新项目；制定优惠政策，加强内部管理，引进资金人才，加强宏观指导；加快建设出口创汇基地和副食品生产基地；大力发展洗涤剂、啤酒等消费品生产；鼓励和扶持个体、私营经济发展。深化国有企业改革，推行国有企业承包经营责任制，在一些企业试行股份制等多层次的所有制结构，在外贸、粮食、教育、科技等方面落实改革措施。

“七五”计划时期的1986年，通过对区直企业整顿，加强企业的经营管理和各项基础工作，使市场竞争力得到有效提高。6月，根据中共中央关于“对现有改革成果要巩固、深化、补充、改善、存利除弊”的指示精神，在总结分析以往经济体制改革经验教训基础上，阳泉市城区区委、区政府分别下达《阳泉市城区集体所有制企业厂长（经理）负责制（试行）工作条例》和《关于区直企业厂长任期目标承包责任制试行方案》，要求进行落实。在监督检查措施方面，城区经委拟定《阳泉市城区区直企业厂长（经理）、书记任期目标千分考核办法》在基层推行。《千分考核办法》着眼物质文明建设和精神文明建设，对产值、利润、产品、产量、销售、成本、消耗、安全、技改、新产品开发、设备、双增双节、管理、计划生育、职工福利、环境保护等项内容均作具体化规定与要求，以提高各厂（公司）搞好生产的积极性。电机厂通过工艺改革，解决电机的震动和噪音问题，使一次合格率提高到91.2%，吹风机达到92.1%。玻璃厂、电机厂、小阀门厂、车辆厂等企业都试制和生产一些新产品，适应市场需要。到是年年底，阳泉市城区社会总产值完成2120.53万元，同比增长18.8%；利润完成116万元，增长8.4%。

1987年，中共中央、国务院确定在全国范围内开展增产节约、增收节支运动。阳泉市城区在全区积极开展“十个一”（节约一滴水、一滴油、一度电、一支线、一锹煤、一块砖、一寸铁、一张纸、一分钱、一个螺丝钉）、“五一五”（每个职工一年节约50元，班组节约1000元，车间节约5000元）活动，促进全区经济实现“三个转变”，即企业由单纯生产型向生产经营型转变；经济结构由封闭型向开放型转变；政府职能部门由直接管理向统筹服务转变，全区经济呈现出稳步增长的良好势头。到9月，城区汽车工业公司、电机厂、食品二厂提前一个季度完成全年利润计划。玻璃制品厂、汽车工业服务公司、印刷厂、电机厂连续3年超额完成城区下达的利润计划的15%。至是年年底，城区工业利润达128.5万元，比上年增长10.8%；实现工业总产值1448.1万元，增长19.7%，其中，区属企业产值1101.8万元，增长34.8%；街道企业产值346.3万元，增长4.1%。

1988年，阳泉市城区对企业全面推行经营承包责任制，实施所有权与经营权两权分离。该重大改革措施把基层干部和职工的责、权、利紧密联系在一起，企业经营者和生产者的积极性空前高涨。从1月开始，经过6个月的紧张工作，13个区直企业全部落实承包制。其中，蓝天时装店实行经理任期目标责任制；实行现金抵押承包制的企业3个；占企业总数的25%；实行厂级领导现金抵押、全体职工入股承包制的企业9个，占企业总数的75%。在进行总承包中，实行区直承包的企业又在企业中全面推行“二级承包”（即以内设机构为单位，按科室、分店、不同产品或车间为单位），层层制定方案，与企业签约。城区阀门二厂先进行公开招聘、论证、答辩等程序，然后择优选定分厂承包人，最后再请主管部门与会监督，签订二级承包合同。车辆厂按照农机产品、型煤、电器分类签订二级承包。为确保承包管理有序，承包企业还适当划小核算单位，分级管理。如汽车工业公司以汽修厂、铆焊车间、配件门市部为核算单位，实行利润承包，减少中间层次，充分调动各核算部门职工的积极性，使经营规模不断扩大。

针对承包企业适应竞争环境能力弱，企业资金短缺的状况，阳泉市城区决定用活财政间歇资金，积极培植财源。经过深思熟虑，城区财政的做法是企业承包后，财政不是撒手不管，而是要搞好宏观调节，一帮到底，提高经济效益。通过调查分析，决定调度财政间歇资金，扶持企业增产增收。如：对蓝天时装店，借给其36万元购置经营设备，增加花色品种，扩大销售，使该店全年实现销售收入210万元，比上年增长1倍；实现利润13.5万元，比上年增加13万元，到年底已归还财政13万元。同时，还利用预算外专户储存的间歇资金3万元，扶持童装厂扩大生产，补充该厂流动资金，提高经济效益。

1989年，搞好技术改造，引申“双增双节”活动的开展。工作中，把双增双节、技术改造、质量管理和降低消耗等环节结合起来，收到比较好的效果。在技术改造和新产品开发中上马20个项目，进展顺利，投入生产。列为城区重点项目的“四条线”，即10万台电机能力的装配喷漆流水线、真空镀膜彩色玻璃生产线、维尔康自动灌装流水线、电子钢琴生产线，全部投入使用。在增产的同时，注重抓好节约。阳泉市城区文化用品厂厂长带领全厂职工在抓原材料节约方面走在全区前面。一是用于做文件夹、讲义夹的大合页、小合页、贴角的马口铁相当缺，只好买阳泉市二轻局一个单位的边角料，因此每吨节约开支2400元，全年节约3万余元；二是把用来做文件夹包皮的塑料薄膜的边角料又从中挑拣出能利用的塑料薄膜条，做市场急需的胸卡、胸牌、胸标、工作证皮，由此多盈利5000余元；三是做文件夹、讲义夹封面的纸板，裁剪后剩下的边角料，用来做3个型号的文件夹、讲义夹、代数本夹的胶条，全年估计增值3000余元。由于抓节约，在市场疲软的当年，共完成利润9.5万元，比计划提高14.4%。全区节约煤炭80吨，节约油料4010公升，节约电12万度等，节约价值33.19万元，全员劳动生产率达到1.13万元，同比增长19.7%。

1990年，阳泉市城区个体经济在治理整顿和深化改革中得到进一步发展。个体工商户从1989年的1986户发展到2112户，从业人员由上年的2873人发展到2965人；市场贸易成交额和市场规费收入分别达到3781万元和7.5万元，分别增长3.75%和10.1%。为充分发挥市场的作用，通过展销会、让利优惠、减免税费、提供方便等形式，先后引进外省客户120户。在企业生产经营方面，城区承包企业还改革内部分配制度，实行灵活多样的分配形式。经统计，区直各厂在承包后，立足企业实际，采取多种方式，打破原有固定工资形式，使职工利益与数量、质量、效益、成本、销售、服务等企业经营成果挂钩，克服过去那种干多干少一个样、干与不干一个样的平均主义弊端。采用这种分配形式的有印刷厂和饮料厂实行的百元产值或吨位工资含量，电机厂实行成本控制效益工资制、木器厂实行定额加奖励工资制、食品二厂和童装厂实行品种计件工资制，汽车工业公司实行利润和费用包干工资制。承包企业还十分注重抓技改和新产品开发，全区进行技术改造71项，累计投入资金近900万元，先后创名牌产品14项，为以后的发展奠定了物质基础。截至1990年年底，城区有区直企业33个，街道企业13个，职工人数为1121人；全区工业总产值达3246万元，完成年计划的108.1%，实现利润219.54万元。

“七五”计划时期，阳泉市城区各年分别完成企业收入197.9万元、145.9万元、168.9万元、297.6万元、341.4万元，合计1151.7万元，年均递增13.68%。

“八五”计划时期，阳泉市城区完善和建立社会主义市场经济体制，全面推进各项改革，促进全区经济持续、快速、健康发展。其间，全区经济紧紧围绕“经济要有新发展、改革要有新作为、稳定要有新局面”主题，在经济工作中坚持深化企业改革，转换企业经营机制，克服工业生产面临的市场、资金、原材料、价格等不利因素，连续5年保持持续、稳定、快速发展的良好态势，工业总产值1991年为4185万元，1995年为14587万元，年平均递增28.4%；销售收入年平均递增23.4%；实现利税年平均递增6%。到1995年，全区区直企业发展到20个，拥有固定资产原值2938万元，固定资产净值2057万元，企业职工总人数2597人，全区经济工作步入良性循环、协调发展的轨道。

1991年3月，阳泉市城区区直企业第一轮承包结束，新的一轮承包即将开始。为保证两轮承包之间有机衔接，城区对区直企业第一轮承包指标完成情况、存在问题及对第二轮承包的打算等几个问题进行调查，提出要搞好第一轮承包的审计考核，注意选配好企业领导班子，克服企业短期行为，注意增强企业后劲，加快产品、产业结构调整等。为此，区政府积极落实该类建议，对全区产品、产业结构作较大调整，调整面达到55%，使企业进一步注入活力，焕发生机，保持了全区经济工作的良好发展态势。5月，城区政府决定将城区房地产开发公司、城区物资供应公司纳入城区财政预算管理，要求两家单位严格执行国家预算管理的有关规定。同时下达城区房地产开发公司是年上缴利润指标为2万元的任务。

1992年10月18日，中共十四大闭幕后，阳泉市城区下发《关于全区经济上新台阶的实施方案》，努力建立适应社会主义市场经济发展的新机制。阳泉市城区提出在20世纪末，经济发展的根本任务是上规模、上水平、上效益，打破旧的经济格局，建立适应社会主义市场经济发展的新型机制。为此，城区近两年来主要是强化五个方面的措施：制定区级领导干部蹲点包片制度和督促检查制度，逐步强化各部门为经济工作服务的整体功能。针对城区经济基础薄弱，资金、技术、人才缺乏的客观实际，借鉴乡镇企业迅速发展的经验，积极探索城镇集体经济发展的新路子，发展一批技术含量高的新产品，逐步改变城区传统的生产格局。落实城区区委制定的《推进企业内部人事、劳动、工资三项制度改革的实施方案》，让企业真正成为自主经营、自我约束、自我发展、自负盈亏的经济实体。制订一系列优惠政策。通过多渠道、多层次、全方位对外开放，打破长期以来封闭保守的陈旧经营模式。实行工商并举方针，大力发展为能源重化工基地和城镇居民服务的第三产业，使经济结构日趋合理。个体工商户由1989年的1986户发展到3118户，增长57%；市场交易额达到7765.4万元，比1989年增长113%。由于推行该类措施，到是年年底，全区工业总产值完成5282.5万元，比1989年增长101%，年均递增26.2%；实现利润477.1万元，比1989年增长148.1%，年均递增35.4%，实现了产值、利润每年跨越一个千万元大关和百万元大关的目标，提前三年完成“八五”计划制定的发展指标。

1993年，阳泉市城区企业基础设施建设、规模逐步壮大。针对城区总体经济较弱的状况，采取强化企业基础建设和接受区外企业的方针。支持部分企业向外围发展，积极占领地盘，不断扩大生产规模。大力提倡接受区外企业，先后接受3家区外企业。积极开展“创新、创优、创先、创最佳效益”的管理年活动，在全市“奉献杯”立功竞赛活动中，连续两年荣获第一名。共创建省级先进企业1个，市级先进企业2个，先后创市优产品14项，省优产品8项，部优产品1项，实现城区部优产品零的突破。是年，区直企业固定资产原值2599.5万元，年末职工人数2712人，全年工业总产值5442.1万元，销售产值5848.9万元，利润总额达到449.6万元。

1994年，阳泉市城区区委、区政府在总结前两轮承包的基础上，多次深入企业调查研究，结合企业实际情况拟定《城区企业二轮续延承包实施方案》，重新测算区直各厂续延承包指标标的，与企业法人履行合同签字、公证、抵押金收缴等法律手续，使企业承包实现平稳过渡。下半年，全区区直企业全面落实全员劳动合同制。依法建立企业与职工的劳动关系，努力实现劳动者与生产资料的最佳组合。在经济管理方面，城区提出：以经济建设为中心，以强化城市管理为重点，以科技教育为先导，继续走“接受区外企业、扩大经营地盘”的外围发展战略，逐步使全区工业结构由手工作坊式向现代工业转变。在拓展企业经营思路方面，组织部分区直企业于9月赴厦门参加“1998年经贸洽谈会”；10月，组织区直企业、部分街道企业负责人80余人，赴石家庄参加全国第七届发明展览；11月，组织有关企业负责人赴杭州参加“新科技、新产品招商会”，参观学习有效开拓城区企业家的思路，为发展商品经济铺就基础。在各方努力下，全年工业总产值由1993年的6687万元一跃为1.05亿元，同比增长57.7%；实现利润526万元，同比增长17%。

1995年，阳泉市城区紧紧围绕“调整结构、强化内功、夯实基础、提高效益”16字方针，狠抓现场管理，全面提高企业管理水平。

积极开展“管理年”和“上等升级”活动，狠抓企业现场管理。1991年以来的五年间，城区日用木器厂达到省级先进企业标准。饮料厂、永安化工厂、刻字工艺厂、第二食品厂、城区印刷厂达到市级先进企业标准。

强化“人本管理、成本管理和资本管理”，其中“人本管理”是关键。重点搞好企业班子建设和后进企业的整顿，做好企业领导班子人选的考察和推荐。此外，积极组织区直企业的党支部书记、厂长（经理）和车间班组长等管理人员参加各种形式的培训，不断提高他们的管理素质和管理水平。

狠抓区营企业的促销压库和清欠工作。组织企业按照“增畅、拓平、停滞”的原则进行生产，千方百计盘活企业资金，抑制企业“三项资金”居高不下势头。一方面，以开展财务综合分析，合理使用资金入手，适度储蓄原材料及辅件，加速产品配套与传递，压缩不合理库存，定期通报“三项资金”占用情况，督促企业发挥有限资金效益。另一方面，积极指导企业加强贷款回款工作，专人负责，限期清欠。按照上述措施，在扶持区营企业方面，确定和着重培植5个年产值超千万元的骨干企业，从改革、改造、管理、资金投入、项目贴息等方面集中扶持，到是年年底使城区汽车工业公司、微型电机厂、永安化工厂、饮料厂、太行电熔镁厂全部跨入了千万元行列，成为区营企业的排头兵。到是年年底，全区工业总产值完成1.46亿元，实现4年翻两番；实现利税887万元，同比增长12.5%。

“八五”计划时期，阳泉市城区各年企业收入分别完成280.4万元、313.9万元、298.6万元、171.1万元、166万元，合计为1232万元，较“七五”计划时期增长6.97%。

“九五”计划时期，由于受到亚洲金融危机的影响和国内市场经济发展多种因素作用，加之长期以来形成的比较单一的经济结构，经济发展遭遇许多困难。阳泉市城区区委、区政府把困难当作机遇和挑战，以调整和优化产业、产品结构为突破口，全面实施优势产业、优势产品、优势企业的“三优”战略，加大改革开放力度，创造性地采取一系列扎实有效的措施。以抓大改小为重点，铺开中小企业的改制工作，初步走出一条“试点先行，纵横联动，以大带小，整体推进”的企业改革新路子。亚洲金融危机的蔓延和加深，使工业经济运行遇到巨大困难。面对该种经济环境，以创新企业产权制度为突破口，在搞活工业企业方面做大胆尝试。通过联合、兼并等多种形式，狠抓企业集团的组织和规范。1999年，全区工业企业狠抓产业结构调整、制度创新、扭亏增盈工作，使工业经济在极其艰难的环境中实现平稳发展。

1996 年，阳泉市城区区委、区政府把实现“两个根本性转变”（体制转轨和增长转型）的重点放在经济增长方式转变上，促进经济增长方式由粗放型向集约型转变。在该方面，着重抓以下环节：

紧紧围绕“两个根本转变”，强化市场竞争、营销手段，提高服务、信誉以及企业主体和自我生存、发展、约束等意识，转变经营思想与观念，适应市场经济发展。

选择永安化工厂作为股份制和现代企业制度的试点单位，进行稳妥的探索。

按照优胜劣汰原则，依法对 8 家资不抵债的企业实施破产，除个别回生无望外，有 4 家企业组建了新的企业，并开始正常运行。

大力支持技术改造。列入阳泉市目标的 4 个技改项目，即钢管厂“纵剪生产线配套改造”、汽车工业公司的“天津维修站电脑控制系统”、朝阳钢木家具厂的“扩建钢木家具生产线”、永安化工厂的“液体二氧化硫生产线”经审计和验收，年内投入生产。

继续抓好龙头企业，使 5 个骨干企业的累积年生产总值超过 1 亿元，同时培植 2 个年创利税达百万元的企业。

是年年底，全区工业总产值完成 1.72 亿元，同比增长 33.7%；实现利税 83 万元，同比增长 12.96%。

1997 年，采取如下方法发展经济。

（1）对产业结构调整进行全面部署。10 月，阳泉市城区召开五届七次全体会议，部署产业结构调整事宜。城区区委书记指出：城区早就确定了“以经济建设为中心，以城市管理为重点、以科教兴区为先导”的工作方针，实践证明，要促进全区经济大发展，必须以经济建设为中心，注重突出四个重点，即改革第二产业、发展第三产业、扶持民营经济、加强税收征管。要发展城区的“大经济”，要突破过去一讲“城区经济”总是把目光盯在区营企业上，似乎区营企业就是城区经济的全部内容；不能再按过去的习惯去仔细分辨区营、街办、个体企业。非公有制经济是我国社会主义市场经济的重要组成部分，从城区的实际看，地方财政收入中三分之一来自非公有制经济。今后要理直气壮地、实实在在地支持非公有制经济发展。要按照中共阳泉市委要求，实施“退二进三”（是指将实施范围内制造业中不符合城市总体规划或已不适合在当地继续发展的相对低端低效的产业、企业或某些生产环节，从原所占有的空间腾退出来，继而引进先进服务业的行为与过程）战略，在第三产业的发展上取得突破，使第三产业成为城区经济的支柱产业。要在经济管理上彻底摆脱计划经济的束缚，着力推进产权制度的改革，加快资产的流动重组，做好资本运营大文章。

（2）加大改革宣传力度。组织召开全区直属企业厂长（经理）专题会议，引申企业内部配套改革，认真回顾总结城区近年经济运行和经济体制改革情况的经验教训，强调解放思想，更新观念，强化改革意识，并及时转发全省国有小型企业改革经验交流会议的主要精神和《阳泉市企业改革工作方案》，组织区直企业领导参加山西侯马股份合作制培训班。

（3）努力盘活资产。以“三个有利于”为标准，以“发展才是硬道理”为宗旨，积极探索盘活存量资产的举措，先后将阳泉市城区永安化工厂部分经营权托管给市化工总厂；城区型煤二厂经营权租赁给个人；城区百货公司出租经营场地。通过这些经营形式的改革，使处于停产、半停产状态的企业重新开始正常运营，稳定职工队伍。

（4）坚持把发展三产作为重要工作来抓，要求各部门一定要把帮助居委会发展第三产业作为增加城区新的经济增长点、密切党和人民群众联系的重要任务来抓。同时，开展创新发展环境大讨论，宣传党对发展第三产业的政策，为第三产业的发展提供良好的环境。

到年末，阳泉市城区区属街道办事处均成立社会服务中心，建起各具特色的社区服务网点165个。全区第三产业总值达到4.51亿元，同比增长104.3%，比1992年增长592%。

1998年，在发展经济方面，阳泉市城区做到以下几点：

（1）加快以区域经济为主体的第三产业发展。阳泉市城区区委、区政府坚持"围绕财源抓经济、围绕效益抓财源"，积极帮助企业建立行之有效的内部财务管理体系，规范开支行为。对用于财源建设的各项资金逐步建立跟踪服务及监督管理制度，使有限的资金发挥较大的作用，产生较多的效益。截至是年年末，全区第三产业营业额完成6.76亿元，同比增长50%。

（2）加快个体、私营经济发展。阳泉市城区区委、区政府根据第三产业和非有制经济发展情况，制定《关于加快非公有制经济发展的实施意见》，开展与个体、私营企业"结对子、交朋友、促发展、做贡献"活动，使非公有制经济成为全区经济发展的重要增长极。截至是年年末，私营企业发展到106户，个体工商户达到4018户。个体、私营经济纳税额达到2069万元，同比增长54%，占全区地方财政收入的48%。

（3）加快区直企业改制步伐。出台《关于继续深化企业改制的意见》，明确要求以完善股份合作制和多种经营为主要形式，对企业实行改制、改组、改造，形成新的经济增长点；对深化企业改制范围中的各企业进行清产核资、资产评估和产权界定；推行产权转让，实行兼并、托管、分立重组、租赁、拍卖及破产。

是年年末，全区工业总产值完成2.43亿元，同比增长18.9%；工业销售收入完成7167万元，增长15.1%；实现利润256万元，增长20.8%。

1999年，阳泉市城区积极支持企业改制和扶持个体、私营企业发展。

在积极支持企业改制方面。按照中共中央总书记江泽民在东北和华北八省、市国有企业改革和发展座谈会上明确指出的，要坚持建立现代企业制度的改革方向，实现公有制与市场经济的有效结合；加强和改善企业管理，从严治吏；切实解决好国有企业的突出问题和困难；加快技术进步和产业升级；建设高素质的经营管理者队伍。城区区委、区政府认真落实这次座谈会精神，按照现代企业要求，采取改组、联合、兼并、租赁、承包等形式，放开和搞活企业，使区直企业迈出坚实的改革步伐。

下调工业总产值指标，由市计划的1.7亿元下调到1.2亿元，使企业得以"休养生息"。

进一步深化企业改革，重点是在原阀门二厂基础上，新组建睿盛实业有限公司；第二饮料厂与第二食品厂虚拟联合也迈出实质性步伐。

加大投入，狠抓技改。先后投资25万元，分别对饮料厂冷却水处理设备、玻璃厂磨边机进行了改造。

强化企业管理。在管理较为规范的微型电机厂推广邯钢"模拟市场核算、实行成本否决"的管理模式。在刻字工艺厂、印刷厂等7家企业开展"企务公开"活动。

实施扶优扶强战略。在全区范围内开展优势企业、优势产品的评选活动，对入选的11个区直企业在管理、产品营销等方面给予重点扶持和帮助。

通过上述措施，使全区经济在十分困难的经济环境中保持基本正常的运行态势，圆满完成了调整计划目标任务。截至是年年末，全区工业总产值完成1.22亿元，为调整计划的101.5%；完成工业增加值2240万元，为市目标的100.2%；实现利润178万元，为市目标的101.1%；全区非公有制经济纳税额为2587.7万元，占全区财政总收入的40.3%。

2000年，不断深化改革，用市场经济的思维和办法解决区属经济的困难和问题，重点抓好区属经济的"调整、改革、整顿、提高"。8月，阳泉市城区政府下发《关于采取区属企业进一步深化改制的实施方案》，指出：要通过产权转让、股份制和股份合作制改造、规范企业破产行为、推进租赁经营、实施兼并收购等方式，形成比较完善的法人治理结构和规范的运行机制，初步建立现代企业制度。区属玻璃制品厂、印刷厂、车辆配件厂、汽车工业公司、睿盛实业有限公司5家企业采取"全部退""部分退""人员退"等方式，退出第二产业领域，发展第三产业。全区20家区直集体企业中有15家实行股份合作制改造，5家实行股份有限责任制改造，全区70%的企业完成改制。将发展非公有制经济作为重点来抓。区委、区政府将1999年年底全区非公有制经济纳税额在50万元、20万元、10万元以上的1户、4户、9户企业作为重点扶持和帮助的对象，加强服务，促进发展。日日新商业广场是非公有制经济大户，总投资达2300万元，可安置就业人员700名，年营业额7000万元，实现税金100万元。泉美大酒店开设泉美火锅城，新增营业面积1500平方米，年可增加税金30万元，到年底上缴税金可突破100万元。该类规模较大、发展较快的非公有制企业已成为城区新的经济增长点。截至是年年末，全区非公有制经济纳税额完成2876万元，占全区财政收入的42.8%，同比增长2.5个百分点。

"九五"计划时期，各年分别完成企业收入161万元、181万元、183万元、178万元、249万元，合计为952万元，为"八五"计划时期的77.27%。

"十五"计划时期。是进入21世纪的第一个五年计划，该计划的实施与完成对新世纪国民经济的发展有着十分重要的意义。阳泉市城区区委、区政府紧紧围绕经济建设这个中心，不断深化财税体制改革，大力培植财源，严格控制支出，强化预算外资金管理，使财政收入在"十五"期间出现连续增长的好势头。采取的主要措施：

以解放思想为先导，在观念创新上突破，全区上下树立起赶超发展的信念。"赶"就是与时俱进，学习先进，追赶先进，争先创优，加快发展；"超"就是审时度势，扬长避短，打破制约，加速推进二次创业进程。

改造和提升传统产业，新上一批技术先进，注重环保的调产项目。

国有企业进一步改制重组。一方面，加快国有资本从竞争性领域有序退出的步伐；一方面，以产权制度改革为重点，以战略性重组为主线，对国有企业进行不同形式、不同方式的改革，实现企业做大做强，提高经济效益，激活一批困难企业。

2001年，阳泉市城区立足城市中心区区位优势，围绕"赶超发展"主题，开展如下工作：

大力发展非公有制经济，充分发挥非公有制经济在城区经济发展中的生力军作用。全区非公有制经济纳税额完成3376.8万元，占全区财政收入的45.8%，同比增长3个百分点。在对区直企业扶持方面，大力推进"退二进三"战略，就是采取"全部退、部分退、人员退"的方式，逐步向第三产业转移。饮料厂全年完成工业总产值701万元，实现销售收入502万元，上缴税金49.6万元，重新回到年销售收入500万元的市考核重点企业行列。通过区直企业改革，全区基本形成了以机械、食品、轻工、服务四大行业为支柱，名优产品为龙头，集体企业为基础，集体、个体、第三产业为补充的经济新格局。

扶优扶强，扶困解危，大力推动区直工业企业产品升级和结构优化。根据全区经济结构调整的总体思路，有条件实施“退二进三”的区直工业企业，结合各自的区位和实际情况，进一步挖掘现有潜力，分别采取“全部退、部分退、人员退”的方式，坚决实施“退二进三”逐步向第三产业转移。对于少数若干年内还没有条件实施“退二进三”，还需要保留的工业企业，本着“特色做强、骨干做大、困难做活”的总体思路，搞好企业产品结构、所有制结构、组织结构的调整。经过“退二进三”，共有7家企业部分或全部发展第三产业。重点企业产销形势良好。饮料厂全年完成工业总产值701万元，同比增长14.8%。

截至年末，全区工业总产值完成3019.9万元，同比增长15.6%；工业产品产销率为91.8%；工业增加值完成446万元，增长13.1%。

2002年，加快调整经济结构。11月，阳泉市城区出台《关于学习贯彻党的十六大精神安排意见》，着力在结构性障碍上求突破。明确提出要抓好两个重点，即，调整结构、优化环境。并提出全区经济和社会发展的目标：推动经济结构调整，实现经济结构优化升级。进一步延伸、拓展“调整优化第二产业，突出提升第三产业，放手发展非公有制经济”的经济发展思路，以提高经济运行质量和经济效益为中心，推进产业、产品、所有制和企业组织结构调整，进一步提高第三产业和非公有制经济的份额。加快经济结构调整步伐，促进经济社会协调发展。到是年年底，结构调整成效初步显现。6个调产项目（即饮料厂的PET饮料生产线和维尔康系列产品、日日新商业广场、勤工实业公司橡胶闸板闸阀项目、豫泰商厦和奉荣建材有限公司的胶体聚氨酯弹性防水防腐涂料）进展顺利，其中，饮料厂的两个调产项目和日日新商业广场完工并产生效益，实现销售收入2900万元，GDP580万元，上缴税金330万元，成为区直企业的领头雁。到是年年底，全区国内生产总值完成1.62亿元，同比增长9.3%；全区社会固定资产投资总额完成9726万元，增长42.76%；社会消费品零售总额完成3.64亿元，增长7.3%。

2003年，阳泉市城区抓住“三产主导、非公支撑、消费拉动、环境推动”的区域经济特点，坚持以经济结构调整为主线不动摇，大力发展第三产业和非有制经济，加快全区经济发展；积极推进区属企业改革，提高区属经济的质量和效益，促进全区经济持续快速健康发展和社会事业全面进步，迈出全面建设小康社会新步伐。在发展第三产业方面，城区采取“优化发展兴民营、企业改制转民营、招商引资壮民营”等多种形式，不断壮大第三产业和民营经济总量。到是年年底，全区国内生产总值完成1.78亿元，同比增长10%；社会消费品零售总额完成4.01亿元，增长10.2%；城镇居民人均可支配收入达到6682元，增长13.5%。

2004年1月，阳泉市城区召开区委七届三次全体（扩大）会议，会议指出：要立足城市中心区的区位优势，树立商贸兴区、三产强区思想，把发展第三产业作为经济发展的首要目标。产业布局上，要在建立多元化多层次的便民利民的城市服务网络，大力构建城市功能区和特色商贸街区，使生产要素得到聚集。8月，城区召开全区上半年经济运行分析会，会议指出：要按照科学发展观的要求，坚持做到“四个不动摇”，即坚持既定发展思路不动摇；坚持既定发展重点不动摇；坚持经济社会协调发展不动摇；坚持发展的重点保障措施不动摇。以正确的政绩观抓落实，以科学的人才观抓落实，以求真务实的精神抓落实。全年围绕“三产强区”“民营富区”的奋斗目标，深化改革，扩大开放，“优二创三”（优化第二产业、创新第三产业），发展非公，全区经济发展态势良好。按税域口径计算，全年生产总值完成 8.1 亿元，同比增长 15.7%；全社会固定资产投资完成 2.07 亿元，增长 15%；社会消费商品零售总额完成 14.9 亿元，增长 20.2%；城市居民人均可支配收入 7898 元，增长 18.2%。

2005 年，以推进“三产强区”为目标，以服务人民生活、服务经济建设、繁荣城市经济为目的，全面提升商贸流通、餐饮服务等传统服务业，大力发展房地产、科技服务、信息服务、社区服务、教育文化等新兴服务业，扩大规模，提高层次，促进第三产业健康快速发展。到是年年底，第三产业实现增加值 6.6 亿元，同比增长 16.2%；第三产业纳税额实现 1.15 亿元，增长 26.32%，占全区财政总收入的 76.84%。在放手发展非公有制经济方面，把个体、私营等非公有制经济作为一个充满活力的经济群体，作为全区经济发展的重要支撑。大力培育骨干龙头，通过评选区内民营企业 10 强、个体工商户 20 佳等活动，重点培育一批实力强、规模大，能起到龙头带动效应的非公有制经济实体。充分利用各类新闻媒体，广泛宣传国家和省、市、区关于鼓励非公有制经济发展的政策和非公有制经济在发展地方经济、解决带动就业、维护社会稳定等方面做出的贡献，形成有利于非公有制经济发展的社会舆论导向。到是年年底，个体工商户达到 3992 户，新增 646 户，私营企业达到 722 户，新增 76 户，非公有制经济纳税额完成 8582 万元，同比增长 43.34%，占到全区财政总收入的 57.11%。

“十五”期间，阳泉市城区各年企业收入完成 475 万元、137 万元、124 万元、190 万元、301 万元，合计为 1227 万元，较“九五”期间增长 22.80%。

“十一五”期间，全区工业增加值实现稳步增长，累计实现 63.05 亿元，由 2006 年的 10.9 亿元增加到 2010 年的 14.6 亿元，年均增速为 10.7%；“十一五”期间，阳泉市城区经济总量累计实现 343 亿元，由 2006 年的 51 亿元增长到 2010 年的 90.3 亿元，平均增长速度为 19.3%。而“十一五”期间，全区财政总收入累计实现 15.84 亿元，由 2006 年的 1.82 亿元增加到 2010 年的 4.10 亿元，年均增长 22.2%，财政总收入的持续增长，为全区经济社会发展提供坚实保障。

2006 年 6 月，阳泉市城区召开第八次党代会，会议坚持以科学发展观统领经济社会发展全局，按照中共十六届五中全会和省委八届七次、市委九届八次全会精神，努力将城区打造成为经济文化区、文化经济区、教育先导区、人才聚集区、税收诚信区、市民文明区、管理规范区、消费洼地区、平安和谐区和窗口形象区，为早日建成开放文明城、繁荣和谐城之目标而奋斗。要建立以城市中心区为主体，“东进、北扩、南连”，互利互惠、互助互动，全方位、多层次、经济合作的城市中心区经济圈。要大力实施“三产强区”战略，大力发展“写字楼经济”“总部经济”，加强对非公有制经济的指导、服务、监督，开创非公有制经济与城市公益事业双赢的局面，打造富有城市特色的经济文化区。全年规模以上企业工业增加值完成 9.99 亿元，社会消费品零售总额 44.1 亿元，增长 17.9%；城镇居民人均可支配收入达到 10100 元，增长 12.3%。

2007 年 1 月，阳泉市城区召开区委八届二次全会，决定要从构建和谐社会的高度，充分认识建设“三城十区”的重大意义。要以商贸文化建设为核心，结合城市“扩容提质”战略的推进、新区建设与旧城改造并举、主城区“东进、北扩、南连”以及中心区“退二进三”的规划，着力构建以下站地区和桥北东街两大商贸街区为依托，以特色商业街区为骨干，以各类专业市场为纽带的城市中心区经济圈。要以市场文化建设为重点，大力发展个体、私营等非公有制经济，加快资本、劳动力、技术等要素市场建设，使非公有制经济成为全区经济发展最具活力的经济增长极。是年，城区充满商业文化特色的三产商贸体系逐步完善，非公有制经济发展迅猛。第三产业和非公有制经济纳税额分别达到2.08亿元和1.88亿元，同比增长47.57%和53.40%；全年外来投资项目16个，总投资29.26亿元；签约项目14个，到位资金8.02亿元，同比增长24.13%。在是年的全省119个县（市、区）地区经济社会发展考核评价排名中，城区经济社会发展水平位居34名，居全市第一；经济发展指数位居47名，居全市第二。

2008年1月，阳泉市城区区委召开八届三次全会，会议决定本年是贯彻落实中共十七大精神的第一年，是落实省、市党代会工作部署、实施“十一五”规划的重要一年，也是“三城十区”建设的关键一年。为此，城区力推“三产主导、非公支撑、消费拉动、环境推动”的发展经济措施，吃透政策，增强信心，超越自我。坚持把非公有制经济作为城区未来发展的重要增长极，以培植壮大龙头骨干企业为重点，全面提升非公有制经济的发展规模、质量和效益，全区生产总值完成68.5亿元，同比增长12.9%；社会消费品零售总额66.9亿元，增长25.2%；全社会固定资产投资30.4亿元，增长12.1%。

2009年，在开展学习实践科学发展观活动中，阳泉市城区紧紧围绕“三城十区”建设目标，以“科学发展、富民强区”为指向，深入分析研究区情特点、发展规律和阶段性特征，不断丰富和完善发展思路，创新发展模式和发展途径。提出牢牢把握“走向、结构、布局、领域、规模、理念、资本、消费、市场”18个字的要求，狠抓服务业的“九转九统一”。全年，争取中央和省、市扶持资金1800多万元，是2008年的近两倍；全区48个项目共完成投资16.45亿元，为年计划的105.45%；列入市“百项工程”的4个项目完成投资7.01亿元。金街购物中心、美隆国际商贸城项目竣工开业，滨河世纪城项目建设进度加快，天融中兴商业广场项目抓紧推进。在重点调产项目的带动下，服务业整体发展层次和水平进一步提升。全区服务业增加值占GDP比重由2008年的74.2%提高到79.26%；实现税收30092万元，增长5.77%，占全区财政总收入的79.69%。

2010年3月，阳泉市城区区委八届五次全会召开，会议牢固树立和落实科学发展观，坚持以实施“十个年”（既定目标实现年、转型发展突破年、项目建设储备年、总部经济壮大年、商业布局调整年、税收诚信成效年、基层基础夯实年、民生民计提升年、社会矛盾化解年、中国共产党的建设加强年）为抓手，更加注重提高“三城十区”建设的质量和效益，更加注重推动全区第三产业的优化升级，更加注重推进项目建设和招商引资的达产达效，增强经济增长活力和动力。到是年年底，全区生产总值达93.7亿元，是“十五”末的2.2倍；全社会固定资产投资完成60亿元，是“十五”末的5.1倍；社会消费品零售总额实现87.3亿元，是“十五”末的20.4倍；财政总收入完成42025万元，是“十五”末的2.8倍。

“十一五”时期，阳泉市城区各年企业收入分别完成754万元、1463万元、2111万元、1448万元、1581万元，合计为7357万元，较“十五”时期增长5倍，年均递增39.26%。

2011年，阳泉市城区率先在财政支持经济发展上大胆探索，先行先试。

积极支持重点工程项目建设。进一步强化“服务项目就是服务发展”的理念，把重点项目工程作为财政服务的重点对象，充分发挥政府投入、资金补贴、专项扶持、财政奖励等多种手段的叠加作用，切实发挥财政手段“四两拨千斤”作用，推动项目建设上水平，求突破。

引导推进产业结构调整。充分运用国债、税收等经济手段，制定财税鼓励和扶持政策，积极推动新能源、新材料、现代物流业等新兴产业发展壮大。出台以奖代投、贷款贴息、融资等优惠政策，努力打造经济发展新的增长极。

大力支持区域经济发展。积极实施结构性减税政策，认真落实财税优惠政策和财政转移支付等手段，切实发挥财政投融资的杠杆作用，引导社会资金向实体经济、民营经济和中小企业流动。支持和鼓励各类金融信贷机构加大对中小企业的扶持力度，着力解决中小企业融资难的问题。

2012年，阳泉市城区求真务实，全力推动包括企业收入任务在内的财政总收入圆满完成。

振奋精神，明确责任抓落实。实行经济工作项目化、项目工作目标化、目标任务责任化，切实把发展的目标具体到项目、落实到人头、量化到时间进度，做到在其位、谋其政、履其职、尽其责。强化争先意识，始终保持一种奋发向上、积极进取的朝气；一种不怕困难、不怕挫折的勇气；一种敢闯敢干、敢为人先的锐气，保持旺盛斗志，加快工作节奏，争创良好业绩。强化进取意识，树立强烈的事业心和责任感，努力克服怕担风险，怕担当的畏难情绪和“等靠要”消极依赖思想，不断提升工作的层次和水平。

开拓创新，攻坚克难抓落实。创新工作理念，进一步破除陈旧理念和狭隘思维，不被各种干扰所束缚，积极寻求推进发展的新办法、新途径、新举措，创造性地开展工作。创新工作机制，进一步完善招商引资、项目建设、重点工程实施等重点工作推进机制，改进督查方式，完善考评体系，充分发挥考核激励和导向作用，确保每一项工作真正落在实处。

团结协作，凝心聚力抓落实。团结协作是实现发展目标的内在要求，是抓好落实的重要手段。全区上下强化发展理念，牢固树立“唯发展为大、唯发展是从”思想，珍惜良好的发展局面，自觉摆正位置，把认识统一到城区区委、区政府的要求和部署上来。到10月底为止，城区范围内总部企业（或总部类型的企业）有6户，分别是华通、苏宁、泉美、天元、华龙、商业银行。全年重点工程项目累计完成投资20.91亿元，完成项目落地任务59.75亿元，落地率为93.36%。

2013年，阳泉市城区召开区委九届六次全体（扩大）会议暨全区经济工作会议，提出，是年经济发展目标如下：做大做强，在引领发展上做文章。区域经济是城区发展的方向。坚持依法治税、诚信收税、诚信用税、诚信协税、涵养税源，应收尽收，实现税域经济向区域经济的转变。以实施商务楼宇集群化、企业总部楼宇化、项目合作飞地化为载体，大力发展总部经济、楼宇经济和“飞地”经济，突破土地瓶颈制约。提高税收贡献率。实施项目带动战略，建立项目储备、签约、落地、开工、建设、投产“六位一体”的新机制，大做项目，做大项目，实现由铺天盖地的小企业向顶天立地的大集团转变。以下站商贸中心、滨河商贸中心、泉东路商贸中心“三大商贸中心”为载体，全力打造晋东商业城；以培育颐高数码广场、赛格数码城、移动通讯大厦“三大IT市场”为载体，全力打造晋东信息文化城；以谋划桃南中路物流园区、白羊墅货物转运物流园区、义白路汽配和货物配送物流园区“三大物流园区”为载体，全力打造晋东物流城，努力构建结构优化、特色鲜明的服务业发展新格局。

2014年12月，阳泉市城区执行阳泉市出台的《扶持中小微企业发展实施办法》，从财政扶持、加大融资服务及技术创新支持力度等13个方面入手，进一步支持中小微企业加快发展。在财政扶持方面，设立100万元中小微企业发展专项资金，主要用于支持全区中小微企业技术进步、结构调整、转变发展方式、改善服务环境等方面。在企业融资方面，建立政府、银行、企业和担保机构为主体的助保贷管理办公室，为中小微企业提供融资服务，积极拓宽融资渠道，搭建方便快捷的融资平台；

建立中小微企业贷款风险补偿机制，对金融机构为中小微企业发放贷款增量30%以上形成的不良增率部分，给予一定风险补偿；建立“风险资金池”，安排增信资金，注入“风险资金池”，与银行、企业、担保机构建立信用共同体，专门用于和建设银行共同推行的“助保贷”业务。在落实税收优惠政策方面，切实执行对中小微企业减征、免征、缓征的各项税收规定。在技术创新支持方面，支持中小微企业应用新技术、新工艺、新材料、新设备开发适销对路的新产品，对开发新技术、新产品、新工艺发生的研发费用。

2015年，阳泉市城区实施五大工程，做大做强民营经济。环境创优工程。按照“六权治本”的要求，推行政府部门“两个清单”（权力清单、责任清单）制度。放宽市场准入，完善信用体系建设，创造公平、优质、高效的市场环境。企业成长工程。助推中小微企业“限下变限上”“资质低变资质高”，培育扶持一批市场优势明显、成长性好的“小巨人”企业。品牌创建工程。引导民营企业注册商标，鼓励企业注册原厂地商标，支持企业争创驰名（著名）商标，努力打造一批有较大影响力的品牌企业和品牌产品。产业集群工程。大力发挥城区商务楼宇集聚优势，引导各类民营企业入驻，打造电子信息、高新技术服务产业集群。产业转型工程。抓住晋东化工有限公司老工业区搬迁改造的机遇，盘活存量土地资源，促进产业转型，大力发展现代服务业。

1991年–2015年，阳泉市城区企业收入共计完成26381.3万元，年均递增36.07%。

1991年–2015年阳泉市城区企业收入完成情况表

表1–23　　　　单位：万元

年　份	完成额	年　份	完成额	年　份	完成额	年　份	完成额
1991	2.0	1998	183.0	2005	301.0	2012	2601.0
1992	20.3	1999	178.0	2006	754.0	2013	2913.0
1993	30.9	2000	249.0	2007	1463.0	2014	3125.0
1994	171.1	2001	475.0	2008	2111.0	2015	3248.0
1995	166.0	2002	137.0	2009	1448.0	——	——
1996	161.0	2003	124.0	2010	1581.0	——	——
1997	181.0	2004	190.0	2011	2397.0	合　计	26381.3

第四章　其他收入

新中国成立后，财政征收的其他收入主要有行政性收费收入（规费收入）、公产收入、罚没收入、专项收入和其他杂项收入。

1985 年 –2015 年阳泉市城区其他收入完成情况表

表 1–24　　　　单位：万元

年　份	合　计	其他杂项收入	行政性收费	专项收入	罚没收入
1985	2.7	——	——	——	2.7
1986	6.2	0.1	——	——	6.1
1987	16.4	——	——	——	16.4
1988	32.2	——	——	——	32.2
1989	43.4	1.5	——	——	41.9
1990	42.6	3.8	——	9.9	28.9
1991	70.0	0.8	——	31.6	37.6
1992	59.3	1.6	——	35.1	22.6
1993	77.1	2.2	——	45.7	29.2
1994	124	1.8	14.5	55.6	52.1
1995	296.0	2.0	——	60.0	234.0
1996	537.0	1.0	——	69.0	467.0
1997	487.0	11.0	——	——	476.0
1998	458.0	10.0	——	116.0	332.0
1999	362.0	3.0	38.0	137.0	184.0
2000	312.0	25.0	11.0	162.0	114.0
2001	363.0	8.0	11.0	186.0	158.0
2002	428.0	2.0	53.0	235.0	138.0
2003	522.0	19.0	122.0	191.0	190.0
2004	820.0	55.0	382.0	250.0	133.0
2005	891.0	4.0	533.0	282.0	72.0
2006	796.0	5.0	338.0	398.0	55.0
2007	1034.0	——	457.0	495.0	82.0
2008	1219.0	46.0	467.0	626.0	80.0
2009	1383.0	41.0	526.0	683.0	133.0
2010	1476.0	93.0	545.0	728.0	110.0
2011	1558.0	147.0	449.0	790.0	172.0
2012	1698.0	244.0	409.0	772.0	273.0
2013	1834.0	353.0	408.0	820.0	253.0
2014	1681.0	77.0	494.0	730.0	380.0
2015	2122.0	8.0	615.0	1026.0	473.0
合　计	20750.9	1165.8	5872.5	8933.9	4778.7

一、其他杂项收入

其他杂项收入包括的项目繁杂，各年度也无固定内容，变化较大。其中有土地证照费，人民捐款收入，契税收入，以前年度支出收回资金、清仓收入，“三清”“四清”收入，劳改生产收入，公用事业附加收入，宾馆、招待所收入，一些年度的退赃收入，牌照工本费，行政事业单位固定资产变价收入，审计和纪检上缴违纪款收入、国库存款利息收入、其他利息收入和其他收入。

二、行政性收费收入（规费收入）

主要是各级人民政府专属公安、司法、民政、工商行政管理等职能部门为维护人民合法权益，保证实施公务需要而颁发的各种证照、表册，以及向有关的个人和单位收取的工本费、手续费、商标注册费、企业登记费、公证费等都属规费收入范围，是一项比较经常的收入，种类项目繁多，涉及面广，政策性很强，关系到各方面的切身利益。除交通规费自收自支不缴财政，卫生规费、中医医务人员检验合格证及工商登记证规费按规定上缴外，其余各项规费收入，均按规定解缴同级财政部门，作为地方固定收入。2004 年后，行政性收费包括的主要项目：国土资源、建设、文化、公安、民政、劳动保障、人口和计划生育、环保、法院、人事、质量监督、财政和其他行政性收费等。

1993 年 10 月 9 日，财政部发布《关于对行政性收费、罚没收入实行预算管理的规定》，指出：国家机关依法对公民、法人和其他组织收费、罚款、没收财物，是国家管理社会经济生活的重要手段。但是有些地方的行政机关和司法机关存在超越职权乱设收费、罚没项目，有的将收费和罚没收入与部门的经费划拨和职工奖金、福利挂钩，有的坐支、留成甚至挥霍滥用收费和罚没收入。这不仅增加企业和个人负担，而且助长不正之风，腐蚀干部，影响国家机关的形象。为贯彻落实中共中央关于开展反腐败斗争的工作部署，经中共中央、国务院同意，现就对行政性收费、罚没收入实行预算管理（即“收支两条线”）的问题规定如下：

行政性收费范围。行政性收费包括国家行政关、司法机关和法律、法规授权的机构依据国家法律、法规行使其管理职能，向公民、法人和其他组织收取的费用。

各种行政性收费收入，应作为国家财政收入，逐步纳入预算管理。所收款项，除国家另有规定的外，应根据执收部门的行政隶属关系，分别作为本级财政的预算收入，上缴同级国库。

各级执收部门，应在每年 11 月 15 日以前，将下一年度各项收费收入和相关的行政管理补助支出编入本部门的预算草案，报本级财政部门审核，财政部门要在预算中做出安排。执行中，如果收入和支出情况发生变化，有关部门应及时提出调整预算方案，报本级财政部门审批。

行政管理补助支出预算应明确列出具体项目和数额。支出项目和范围，应按国家有关规定执行，不得擅自突破或变动。

1994 年 3 月 25 日，阳泉市《关于行政性收费纳入预算管理有关问题的通知》精神，就行政性收费纳入预算管理有关问题通知如下：

行政性收费是指国家行政机关、司法机关和法律、法规授权的机构，依据国家法律、法规行使其管理职能，向公民、法人和其他组织收取的费用。行政性收费包括管理性收费、资源性收费和证照性收费。

行政性收费应按照执收单位的财务隶属关系和各项收费的不同情况，分批逐步纳入同级财政预算管理。第一批先将属于全国性的资源性收费、证照性收费以及部分收入数额较大的管理性收费纳入预算管理。

各级执收单位对该《通知》附件所列的行政性收费，应按规定在取得收入的3日内全额上缴所在地同级国库；零星收费收入，账面余额不足1000元的，经财政部门同意，可每15日上缴一次；达到1000元的，应及时上缴同级国库；任何单位和个人不得拖欠、截留、坐支、挪用、私分收取的行政性收费；凡纳入预算管理的行政性收费，原来实行的预算外管理、收入按比例分成、收支结余上缴财政以及在财政预算上列收列支的办法均不再执行。

1995年5月，执行财政部《行政性收费、罚没收入实行预算管理实施办法》，对行政性收费收入、罚没收入的管理与缴纳规定：

国家行政机关、司法机关和法律、法规授权执行收费和罚没的机构依据国家法律、法规进行收费和罚款时，应使用财政部门统一印制的行政性收费票据和罚没票据，并按要求的内容认真填写。执收执罚单位和部门要建立健全收、罚款票据领用、缴销管理和收、罚款的会计核算制度，加强对收费和罚款管理的监督检查。

各部门、各单位的罚没收入必须全部纳入预算，如数上缴财政。行政性收费，凡财政部已明确纳入预算的，应按规定上缴同级财政；尚未纳入预算的，按现行预算外资金管理办法实行预算外专户储存管理，由部门和单位按规定用途和范围使用，并接受财政监督。

各执收执罚单位缴纳的行政性收费和罚没收入的预算科目、归属、缴款期限、缴款办法，按《规定》和财政部有关罚没收入及行政性收费管理的规定执行。

2004年以后，行政性收费收入主要包括建设、文化、公安、民政、劳动保障、人口和计划生育、环保、法院、人事、质量监督、财政和其他行政性收费等。

2010年12月，阳泉市城区财政局、发展和改革局联文公布《阳泉市城区行政事业收费项目目录》，行政事业性收费包括物价局收费2项；教育局收费21项；公安分局收费10项；民政局收费3项；司法局收费3项；财政局收费3项；人力资源和社会保障局收费7项；国土资源部门收费11项；住房城乡建设部门收费9项；交通部门收费7项；商务部门收费1项；卫生部门收费11项；人口和计划生育部门收费1项；法院收费1项；税务部门收费1项；工商部门收费2项；质检部门收费4项；环保部门收费2项；食品药品监督收费2项；档案部门收费2项；残联收费1项；老龄委收费1项。在收费过程中，城区严格执行该规定。

2014年12月31日，阳泉市城区财政局、物价局联文下达《关于公布2014年阳泉市城区行政事业性收费（政府性基金）项目目录的通知》，收费目录中的行政事业性收费项目为截至2014年10月31日城区执行的合法的行政事业性收费项目，共计18项，其中，国家规定项目16项，省规定项目2项。2014年10月31日以前城区执行的合法批准的行政事业性收费项目，一律以新公布的《收费项目目录》为准。凡未列入《收费项目目录》以及《收费项目目录》文件中未规定的行政事业性收费项目，公民、法人和其他社会组织可以拒绝支付。

1999 年 -2015 年阳泉市城区行政性收费分部门完成情况表

表 1-25　　　　单位：万元

年 份	小 计	公 安	法 院	计 生	人 事	建 设	环 保	林 业	卫 生	民 政	统 计	其 他
1999	38	——	——	——	——	——	——	——	——	——	——	38
2000	11	——	——	——	——	——	——	——	——	2	——	9
2001	11	——	——	——	——	——	——	——	——	1	——	10
2002	53	——	——	16	——	——	——	6	2	——	——	29
2003	122	——	82	27	——	——	——	10	——	2	——	1
2004	382	——	195	12	——	——	——	——	102	2	——	71
2005	533	——	306	20	——	——	——	8	110	2	——	87
2006	338	——	157	12	——	——	——	6	94	2	——	67
2007	457	36	117	13	2	81	6	5	189	2	——	6
2008	467	39	110	22	3	67	6	5	207	2	1	5
2009	526	29	134	33	4	63	7	2	245	2	——	7
2010	545	83	134	121	13	17	7	——	160	2	7	1
2011	449	57	97	81	4	9	11	——	181	2	7	——
2012	409	27	95	62	5	5	16	7	184	2	6	——
2013	408	——	61	84	——	27	21	11	190	2	7	5
2014	494	——	193	47	25	25	9	——	189	2	——	4
2015	615	——	393	33	20	8	9	——	149	2	——	1
合 计	5858	271	2074	583	66	302	92	60	2002	29	28	351

三、罚没收入

主要包括行政、工商、公安、司法、物价、税务等部门的罚没收入以及其他罚没收入，还有按规定依法处理的罚款收入和没收物品变价收入，以及各单位、各部门追回的赃款、赃物变价收入等。

四、专项收入

系指和基层财政联系最紧密的教育费附加收入和排污费收入。

（一）教育费附加

教育费附加是国家为加快发展地方教育事业，扩大地方教育经费的资金来源，对按实际税额缴纳产品税、增值税、营业税的单位和个人附加征收的一种专项基金。

1986 年 4 月 28 日，国务院发布《征收教育费附加的暂行规定》。

随后，财政部制定《征收教育费附加的暂行规定》，决定从是年 7 月 1 日开始征收教育费附加。同时指出征收教育费附加的重要意义：为贯彻落实《中共中央关于教育体制改革的决定》，加快发展地方教育事业，扩大地方教育经费的资金来源，特制定该规定。

凡缴纳产品税、增值税、营业税的单位和个人，除按照《国务院关于筹措农村学校办学经费的通知》的规定，缴纳农村教育事业费附加的单位外，都应当依照该规定缴纳教育费附加。

教育费附加，以各单位和个人实际缴纳的产品税、增值税、营业税的税额为计征依据，教育费附加率为 1%，分别与产品税、增值税、营业税同时缴纳。教育费附加的征收管理，按照产品税、增值税、营业税的有关规定办理。

地方征收的教育费附加，按专项资金管理，由教育部门统筹安排，提出分配方案，商同级财政部门同意后，用于改善中小学教学设施和办学条件，不得用于职工福利和发放奖金。

凡办有职工子弟学校的单位，应当先按本规定缴纳教育费附加；教育部门可根据它们办学的情况酌情返还给办学单位，作为对所办学校经费的补贴。办学单位不得借口缴纳教育费附加而撤并学校，或者缩小办学规模。

6 月 15 日，山西省人民政府颁布《山西省征收教育费附加的实施办法（试行）》。

7 月 1 日正式开征，以缴纳产品税、增值税、营业税的单位和个人为缴纳对象，以实际缴纳的产品税、增值税、营业税的税额为计算依据，附加率为 1%，分别与产品税、增值税、营业税同时缴纳。地方征收的教育费附加，主要留作当地安排使用，按专项基金管理，由教育部门统筹安排，用于改善中小学教育设施和办学条件。

1990 年后，按国务院决定，将教育费附加的征集率先后提高为 2% 和 3%。

是年 7 月 23 日，根据国务院第 60 号令发布的《关于修改〈征收教育费附加的暂行规定〉的规定》，教育费附加纳入预算管理，作为教育专项基金。

教育费附加的预算管理原则。教育费附加的收入和支出纳入预算后，应按“先收后支、列收列支、收支平衡”的原则进行管理和使用。各级财政部门年初应按收支相等的数额编列预算；按照收入的入库数和支出的拨款数在月报中反映，逐级汇总上报；年终决算时，在各级财政总决算中，此项收支平衡，应无结余，年度执行中收入大于支出的余额应全部拨给同级教育部门。

教育费附加的使用范围和程序，按《关于修改〈征收教育费附加的暂行规定〉的规定》第八条规定执行。

预算科目已增设教育费附加收支科目，即在预算收入科目第十类“专款收入类”中，已增设第 219 款之一“教育费附加收入”一个“款”级科目；在预算支出科目第 27 类“专款支出类”中，已增设第 287 款“教育费附加支出”一个“款”级科目。根据规定在预算上列收列支的教育费附加收入和支出，适用两个预算科目。

2005年8月20日，阳泉市城区按照《国务院关于修改“征收教育费附加的暂行规定”的决定》，做出如下安排：教育费附加，以各单位实际缴纳的增值税、营业税、消费税的税额为计征依据，教育费附加率为3%，分别与增值税、营业税、消费税同时缴纳。除国务院另有规定外，任何地区、部门不得擅自提高或者降低教育费附加率。

2010年11月7日，财政部以财综字[2010]98号，下达《关于统一地方教育附加政策有关问题的通知》，阳泉市城区在此基础上规定如下：

统一开征地方教育附加。尚未开征地方教育附加的，省级财政部门应按照《教育法》的规定，根据本地区实际情况尽快研究制定开征地方教育附加的方案。

统一地方教育附加征收标准。地方教育附加征收标准统一为单位和个人实际缴纳的增值税、营业税和消费税税额的2%。低于该标准的，应调整为该标准。

财政部门要按照《中华人民共和国教育法》规定，采取有效措施，切实加强地方教育附加征收和使用管理，确保应收尽收，专项用于发展教育事业。

凡未经财政部或国务院批准，擅自多征、减征、缓征、停征，或者侵占、截留、挪用教育费附加的，要依照《财政违法行为处罚处分条例》追究责任人的行政责任；构成犯罪的，依法追究刑事责任。

1990年–2015年，阳泉市城区共征收教育费附加8061.4万元。

1990年–2015年阳泉市城区教育费附加征收情况表

表1–26　　单位：万元

年份	数额	年份	数额	年份	数额
1990	9.9	1999	113.0	2008	590.0
1991	31.6	2000	136.0	2009	670.0
1992	35.1	2001	152.0	2010	717.0
1993	38.7	2002	204.0	2011	775.0
1994	49.1	2003	172.0	2012	761.0
1995	54.0	2004	209.0	2013	812.0
1996	62.0	2005	231.0	2014	726.0
1997	——	2006	354.0	2015	595.0
1998	104.0	2007	460.0	合计	8061.4

（二）排污费收入

1982年5月，国务院发布《征收排污费暂行办法》，规定：

根据《中华人民共和国环境保护法》第 18 条关于“超过国家规定的标准排放污染物，要按照排放污染物的数量和浓度，根据规定收取排污费”的规定，制定该办法。

征收排污费的目的，是为促进企业、事业单位加强经营管理，节约和综合利用资源，治理污染，改善环境。

一切企业、事业单位，都应该执行国家发布的《工业“三废”排放试行标准》等有关标准。省、自治区、直辖市人民政府批准和发布地区性排放标准的，位于当地的企业、事业单位应当执行地区性排放标准。对超过上述标准排放污染物的企业、事业单位要征收排污费；对其他排污单位，要征收采暖锅炉烟尘排污费。排污单位缴纳排污费，并不免除其应承担的治理污染、赔偿损害的责任和法律规定的其他责任。

排污单位应当如实向当地环境保护部门申报、登记排放污染物的种类、数量和浓度，经环境保护部门或其指定的检测单位核定后，作为征收排污费的依据。

排污费的征收标准，按本地环保部门的规定执行。个别工业密集、污染特别严重的大、中城市，经国务院环境保护领导小组批准，对收费标准可作适当调整。排污单位所排放的废水、废气、废渣中，同一排污口含有两种以上有害物质时，应当按收费最高的一种计算。

2003 年 2 月 28 日，执行财政部等四部委制定《排污费征收标准管理办法》，阳泉市城区规定：

为规范排污费征收标准的管理，根据国务院《排污费征收使用管理条例》（以下简称《条例》）等有关规定，制定该办法。

直接向环境排放污染物的单位和个体工商户（以下简称“排污者”），必须按照本办法规定，缴纳排污费。

区级以上地方政府环境保护行政主管部门应按下列排污收费项目向排污者征收排污费：

（1）污水排污费。对向水体排放污染物的，按照排放污染物的种类、数量计征污水排污费；超过国家或者地方规定的水污染物排放标准的，按照排放污染物的种类、数量和该办法规定的收费标准计征的收费额加一倍征收超标准排污费。

（2）废气排污费。对向大气排放污染物的，按照排放污染物的种类、数量计征废气排污费。对机动车、飞机、船舶等流动污染源暂不征收废气排污费。

（3）固体废物及危险废物排污费。对没有建成工业固体废物贮存、处置设施或场所，或者工业固体废物贮存、处置设施或场所不符合环境保护标准的，按照排放污染物的种类、数量计征固体废物排污费。对以填埋方式处置危险废物不符合国务院环境保护行政主管部门规定的，按照危险废物的种类、数量计征危险废物排污费。

（4）噪声超标排污费。对环境噪声污染超过国家环境噪声排放标准，且干扰他人正常生活、工作和学习的，按照噪声的超标分贝数计征噪声超标排污费。对机动车、飞机、船舶等流动污染源暂不征收噪声超标排污费。

2006 年 6 月，根据国务院 1982 年发布的《征收排污费暂行办法》，国务院 1984 年发布的《关于环境保护工作的决定》和国务院 1988 年发布的第十号令，即《污染源治理专项基金有偿使用暂行办法》等规定，财政部规定：各地环境保护部门征收的排污费，应按照上述规定缴入当地财政，主要用于重点污染源治理，原规定的使用方向不变。排污单位在采取治理污染措施时，首先应利用本身的财力，确有不足，经环境保护部门和财政部门审核后，可在其缴纳排污费的 80% 范围内给予补助。

2007 年 4 月 19 日，发布《山西省焦炭生产排污费征收管理办法》，城区对排污费解缴规定如下：

代征单位公路稽查站和铁路稽查追缴补征的排污费，按属地原则分级按比例解缴国库，不得设立收入过渡户。省财政、环保部门应与人民银行太原中心支行联合行文明确排污费解缴方式。对于未设银行账户的焦炭生产企业以及在公路稽查站和铁路稽查追缴补征的以现金方式缴纳的焦炭生产排污费，应使用“山西省征收排污费收费收据”征收款项，并填写“缴款书（五联）”，于 24 小时内将征收的款项缴至同级财政部门指定的商业银行。

焦炭生产排污费的征收部门和国库部门应严格按规定的分成比例及时将焦炭生产排污费分别缴入各级国库，不得造成混库。焦炭生产排污费征收入库留省级的 10%，按规定的比例用于省、市、县三级焦化行业治污监测等技术系统建设，或用于对环境污染严重，群众反映强烈的区域性、流域性污染治理工程项目的建设。

焦炭生产排污费属行政事业性收费，收费收入应全额纳入预算，严格实行收支两条线管理。征收单位必须依法向物价部门申领“收费许可证”，使用省财政部门统一印制的“缴款书（五联）”和“山西省征收排污费收费收据”向社会公示收费项目和收费标准，严格按规定收费。

1993 年 –2015 年，阳泉市城区共征收排污费 454.5 万元。

1993 年 –2015 年阳泉市城区排污费征收情况表

表 1–27　　单位：万元

年　份	征收额	年　份	征收额	年　份	征收额
1993	7.0	2001	34.0	2009	13.0
1994	6.5	2002	31.0	2010	11.0
1995	6.0	2003	19.0	2011	15.0
1996	7.0	2004	41.0	2012	11.0
1997	11.0	2005	51.0	2013	8.0
1998	12.0	2006	44.0	2014	4.0
1999	24.0	2007	35.0	2015	2.0
2000	26.0	2008	36.0	合　计	454.5

第五章 契 税

契税是一种重要的地方税种，在土地、房屋交易的发生地，不管何人，只要所有权属转移，都要依法纳税。目前，契税已成为地方财政收入的重要固定来源。

契税源于东晋的“估税”。契税之所以产生，主要是百姓需要交易房产、田产等价值高昂的财产，为保障交易的可靠性，避免纠纷，维护自己的权益，于是立契约为凭证。由于房产、田产是很多老百姓一辈子的身家性命，所以他们在交易时，往往又觉得仅凭买卖双方立个文书还不够，最好是政府出面盖个章，做个见证，就更加保险。请政府办事，当然不能白干，所以政府部门借机收个费，这就是契税。显而易见，契税的本源，就是老百姓借助国家权威保障重要商品交易的可靠性，政府从中所收取的费用。

同所有其他税种的命运一样，征税的权力一旦完全掌握在国家手中，征税行为就会成为政府的单边行动，而逐渐背离税收的本来意义。契税，也逃脱不了这种命运，很快就成为政府在老百姓那里吸金的利器。在宋代，一开始税率还不算高，约为4%左右。到了南宋，由于连年战事，加上官员腐败，政府开支浩大，税收于是倍增，契税征收“大率民间市田百千，则输于官者十千七百有奇”，高达17%。政府为多收税，还增加很多名目，交易一次房产、地产，除缴纳契税正税之外，还要缴纳名目繁多的附加税，如定贴钱、头子钱等，约略相当于现在的工本费、手续费。该种工本费较昂贵，差不多是交易额的2%，手续费高达5%。

清初顺治四年（1647），契税在平定县开征。

北洋政府统治时期，于1914年颁布契税条例，规定买契税率9%，卖契税率6%。

南京国民政府统治时期，公布《验契暂行条例及章程》，将契税划为地方收入。

新中国成立后，政务院于1950年4月颁布《契税暂行条例》，在全国城市和已经完成土地改革的乡村征收契税，发给新契证。凡土地、房屋的合法买卖、典当、赠予或交换，均应凭原有效的土地房屋所有权证明，由当事人双方订立契约，领取新的契证。税率规定为买契税率按买价征收6%；典契税率按典价征收3%；赠予的契税按现值价格征收6%；交换的土地、房屋等不动产，双方价值相等的免征换契税，不相等的其超过部分按买契税率征收契税；此外，只征收契纸工本费，其余杂费一概免除。对于继承土地、房屋等不动产的，不征契税。

1954年规定，机关、部队、学校、党派、受国家补贴的团体、国营企业与事业单位以及合作社等，有土地、房屋等不动产买入、典入、接收、赠予、交换等事项的，免征契税。之后，还对一些在特定情况下取得土地、房屋等不动产所有权的人，作了一些免征契税的规定。

社会主义“三大改造”完成后，土地禁止买卖和转让，征收土地契税随之自然停止。由于土地禁止买卖和转让，房屋产权转移变动的征税范围也逐步缩小，契税收入额变小。至“文化大革命”后期，契税征收工作基本处于停顿状态。

1978 年新宪法公布后，国家逐步落实房产政策，城乡房屋买卖日益活跃。财政部于 1981 年 11 月 23 日发布《关于改进和加强契税征收管理工作的通知》，要求把城乡契税征管工作开展起来。

1981 年 11 月 23 日，财政部发布《关于改进和加强契税征收管理工作的通知》，要求按《暂行条例》和其他有关规定，把城乡契税征管工作开展起来，保障人民房屋的合法权益，增加财政收入。

1985 年，阳泉市城区建立一级财政后，财政收入方面没有来自农业、农村的税收。契税在税收管理方面归类于农业税收。在此，主要介绍契税收入情况。

1988 年，征收契税的范围主要是对个人和私营企业单位依法购买、承典、接受赠予或交换的房屋等不动产征收契税，发给契证。

现行契税征收是执行 1997 年 7 月 7 日重新颁布的《中华人民共和国契税暂行条例》，于 1997 年 10 月 1 日起实施。《中华人民共和国契税条例》的主要内容：在中华人民共和国境内转移土地、房屋权属，承受的单位和个人为契税的纳税人，应当依照规定缴纳契税。转移土地、房屋权属是指：国有土地使用权出让；土地使用权转让，包括出售、赠与、交换，但不包括农村集体土地承包经营权的转移；房屋买卖；房屋赠予；房屋交换。人民政府规定的幅度内按照本地区的实际情况确定，并报财政部和国家税务总局备案。计税依据：国有土地使用权出让、土地使用权出售、房屋买卖，为成交价格；土地使用权赠予、房屋赠予，由征收机关参照土地使用权出售、房屋买卖的市场价格规定；土地使用权交换、房屋交换，为所交换的土地使用权、房屋价格的差额；前款成交价格明显低于市场价格并且无正当理由的，或者所交换土地使用权、房屋价格的差额失常并且无正当理由的，由征收机关参照正常价格核定。契税减免：国家机关、事业单位、社会团体、军事单位承受土地、房屋用于办公、教学、医疗和军事设施的，免征；城镇职工按规定第一次购买公有住房的，免征；因不可抗力灭失住房而重新购买住房的，酌情准予减征或者免征；财政部规定的其他减征、免征契税的项目。经批准减征、免征契税的纳税人改变有关土地、房屋的用途，不再属于上述规定的减征、免征范围的，应当补缴已经减征、免征的税款；契税的纳税义务发生时间，为纳税人签订土地、房屋权属转移合同的当天，或者纳税人取得其他具有土地、房屋权属转移合同性质凭证的当天。纳税人应当自纳税义务发生之日起 10 日内，向土地、房屋所在地的契税征收机关办理契税纳税申报，并在契税征收机关核定的期限内缴纳税款。

10 月，执行财政部印发的《中华人民共和国契税暂行条例细则》，阳泉市依此规定：土地、房屋被县级以上人民政府征用、占用后，重新承受土地、房屋权属的，成交价格没有超过土地房屋补偿费、安置补助费或已超出但不超出 30%的（超出 30%以上部分征收），免征契税；纳税人承受荒山、荒沟、荒丘、荒滩土地使用权，用于农、林、牧、渔业生产的，免征契税；对监狱管理部门承受土地、房屋直接用于监狱建设，视同国家机关办公用房建设，免征契税；山西省契税适用税率为 4%。

1999 年，财政部、国家税务总局发出通知，从 1999 年 8 月 1 日起，个人购买自用普通住宅，契税暂按减半征收。

2002 年 8 月，规定从是月起对个人购买自用普通住宅，按适用税率 3%减半征收契税。

2006 年 6 月 6 日，为加强契税征收管理，强化地税部门与财政、国土资源、建设（房地产）、发展改革等部门之间的职责分工和协调配合，确保契税收入稳定增长，城区财政局就有关事项通知如下：

（1）提高认识，加强领导。契税不仅是地方财政收入的重要来源，也是国家调节经济运行的重要手段。加强契税征收管理工作，对于调控房地产交易价格，促进房地产市场健康发展，增加地方财政收入具有十分重要的作用。财政、税务等部门要加强对契税征收管理工作的领导，成立由地税、财政、国土资源、建设（房地产）、发展改革等部门负责人组成的契税协调领导组，组长由政府领导担任，领导组办公室设在地税部门。契税协调领导组要定期举行联席办公会议，及时协调解决契税征收管理工作中的有关问题，研究部署有关工作。

（2）明确责任，搞好协作。地税部门要积极创造条件推行契税直接征收，充分利用国土资源、建设（房地产）等部门的办公场所和房地产交易信息，建立健全契税税源档案及房地产税收税源数据库。要简化办税程序，采取纳税人直接到指定地点申报、邮寄申报、电子申报等多种申报方式，优化纳税服务环境，方便纳税人申报纳税。对从相关部门获取的房地产信息资料只能用于征税的目的，并负保密责任。在征管工作中如发现纳税人未办理房地产权属登记手续的，应及时将有关信息提供给国土资源、建设（房地产）部门，以便加强土地、房地产管理。要按月将房地产税收的征收管理有关信息向国土资源、建设（房地产）部门通报。财政部门要对国土资源、建设（房地产）部门配合契税征收管理工作增加的支出，给予必要的经费支持。国土资源、建设（房地产）部门要积极向地税部门提供房地产交易有关文件、资料，协助地税部门在房地产权属登记场所设立房地产税收征收窗口，将契税征收纳入房地产权属登记流程。严格按照《中华人民共和国契税暂行条例》的规定，要求出具完税（或减免）凭证；对于未出具完税（或减免）凭证的，房地产管理部门不得办理权属登记；对上市交易的旧房，要审查转让方的契税完税凭证或免税凭证，凡不能提供契税完税或免税凭证，又不能证明属于免税范围的，按照该次成交价由转让方补缴契税后，方可办理权属变更登记手续；要按月将房地产权属登记情况汇总并向地税部门提供，以便及时与契税征收情况相核对。发展改革部门要将是年的基本建设和房地产建设计划及时向地税部门提供，年度中新增计划及变更计划也要及时向地税部门提供，以便确定和调整契税及相关税收收入计划与征收重点。

（3）依法治税，精细征管。各有关部门和单位应积极支持、协助地税部门依法执行公务，保证税款应收尽收，摸清税源底数。地税、财政、建设（房地产）、国土资源等部门要组成联合工作组，收集相关信息，摸清城区契税税源情况。建设（房地产）、国土资源部门作为契税税源统计的源头，要认真统计全年征收土地出让金、房产交易总额，地税、财政部门据此测算出契税应征额，并与契税实际征收额进行对比分析，查找影响契税收入的原因，提出针对性的措施；严格执行税收政策。地税部门要严格贯彻执行契税政策，坚决制止违反规定擅自缓征、减免，或不征契税的行为；要对现行契税优惠政策进行全面清理，凡不符合有关规定的立即停止执行，补征税款；要严格执行《山西省耕地占用税契税减免管理办法》，规范契税减免程序；对地税及有关部门工作人员徇私舞弊、玩忽职守、不征或少征税款，致使国家税收遭受损失，按有关规定追究相关人员行政或刑事责任；强化监督检查。地税部门要充分发挥税收稽查职能，加强稽查工作，以查促收，以查促管。要排除一切干扰，清缴欠税。要严格执行《中华人民共和国税收征收管理法》的有关规定，对偷逃税款的纳税人予以处罚，稽查处理和处罚情况要向社会公告，促进纳税人自觉申报纳税；加强税收征收管理信息化建设。地税部门要积极采取措施，加大征收管理软件的开发、运用力度，同时要积极创造条件与当地房地产权属登记系统进行联网，最大限度地实现资源共享。国土资源、建设（房地产）部门要积极与地税部门联网，加强税源控管，加快税收信息化步伐，提高办税效率，为纳税人提供快捷的服务；逐步实行房地产税收一体化管理。按照《国家税务总局关于进一步加强房地产税收管理的通知》精神，结合城区实际，把住房地产税收税源控管的关键环节，强化对房地产税收的管理。要建立严密、完整的房地产税收管理链条，提高房地产诸税种征管的质量和效率，促使房地产税收成为地方可用财力新的增长点。

2007年，阳泉市城区执行《中华人民共和国契税暂行条例》《国家税务总局、财政部、建设部〈关于加强房地产税收管理的通知〉》等契税法规、政策规定，为方便公民个人及时申报缴纳契税和办理房屋产权证，规定如下：

（1）必须先税后证。凡需办理土地使用权和房屋所有权权属转移承受土地、房屋权属的单位和个人为契税的纳税人。必须按照先缴纳契税取得完税凭证后，才能到土地、房产管理部门办理土地、房屋权转移登记。

（2）纳税对象。向国家交付土地使用权出让费用，而在一定年限内取得国有土地使用权的；以支付货币、实物、无形资产或者其他经济利益而取得土地、房屋权属的；土地使用权交换、房屋交换以及土地使用权与房屋相互交换，需要支付交换价格差额的；以受赠、获奖等方式无偿获得土地、房屋权属的；以作价集资、募股方式承受土地、房屋权属的；债权人以抵债方式取得债务人的土地、房屋权属的；向房地产开发企业以预购或者预付集资建房款方式承受土地、房屋权属的；以划拨方式取得土地使用权，经依法有批准权的人民政府批准转让房地产的；法律、法规和省级人民政府规章规定的承受土地、房屋权属的其他方式。土地使用权交换，房屋交换以及土地使用权与房屋相互交换的，由支付交换价格差额的一方缴纳契税。

（3）税率。土地权属转移税率为3%。房屋权属转移税率分两种情况：凡购买自用单套建筑面积在144平方米以下（含本数）、住宅小区建筑容积率在1.0以上、实际成交价格低于同级别土地上住房平均交易价格1.44倍以下为普通住宅，暂按3%减半征收契税；非普通住宅，契税税率为3%。

（4）计税依据。土地、房屋权属通过“招拍挂”交易，以成交确认书价格计税；土地出让（转让）方式交易的，以出让（转让）合同价或评估价计税；商品房（含经济适用房）、二手房和市场化运作房交易按合同确定的成交价格计税；若合同确定的成交价格明显偏低、成交价格明显低于市场价格、交换价格差额明显不合理并且无正当理由的，由征收机关依照有关法律、行政法规的规定指定具有资质的评估机构进行评估或者参照市场价格核定。

2008年12月，阳泉市城区执行财政部、国家税务总局联文印发的《关于企业改制重组若干契税政策的通知》，规定下列情况的契税计算方法：（1）企业股权转让。在股权转让中，单位、个人承受企业股权、企业土地、房屋权属不发生转移，不征收契税。（2）企业合并。两个或两个以上的企业，依据法律规定、合同约定，合并改建为一个企业，且原投资主体存续的，对其合并后的企业承受原合并各方的土地、房屋权属，免征契税。（3）企业分立。企业依照法律规定、合同约定，分设为两个或两个以上投资主体相同的企业，对派生方、新设方承受原企业土地、房屋权属的，不征收契税。（4）企业出售。国有、集体企业出售，被出售企业法人予以注销，并且买受人按照《中华人民共和国劳动法》等国家有关法律法规政策妥善安置原企业全部职工，其中与原企业30%以上职工签订服务年限不少于3年的劳动用工合同的，对其承受所购企业的土地、房屋权属，减半征收契税；与原企业全部职工签订服务年限不少于3年的劳动用工合同的，免征契税。

2009年4月，执行国家税务总局印发的《关于企业改制重组契税政策若干执行问题的通知》，对企业改制重组契税征收规定：财税〔2008〕175 号文件第二条中规定的“股权转让”，仅包括股权转让后企业法人存续的情况，不包括企业法人注销的情况。在执行中，应根据工商行政管理部门对企业进行的登记认定，即企业不需办理变更和新设登记，或仅办理变更登记的，适用该条；企业办理新设登记的，不适用该条，对新设企业承受原企业的土地、房屋权属应征收契税。财税〔2008〕175 号文件第二、三、四条中的“企业”，是指公司制企业，包括股份有限公司和有限责任公司。财税〔2008〕175 号文件第七条中规定的“行政性调整和划转”，是指县级以上人民政府或国有资产管理部门批准的资产划转。以出让方式或国家作价出资（入股）方式承受原改制重组企业划拨用地的，不属于财税〔2008〕175 号文件规定的免税范围，对承受方应征收契税。

2010 年 3 月，财政部、国家税务总局对财税〔2008〕137 号文件中首次购买普通住房契税优惠政策问题明确如下：对两个或两个以上个人共同购买 90 平方米及以下普通住房，其中一人或多人已有购房记录的，该套房产的共同购买人均不适用首次购买普通住房的契税优惠政策。

是年，阳泉市城区契税入库 1320 万元。

2011 年，解放思想大讨论开展以来，城区财政局配合城区地税局多次深入房地产交易中积极完善征税窗口的各项工作。

（1）按照“以户建档”的管理要求，对房地产交易过程中房屋、土地涉及的各类涉税资料按月进行归类、整理，建立查询目录，实行一户式管理。

（2）统一安排完善和修订征税窗口有关规章制度，如涉税事项告知制度、办税窗口限时服务制、办税服务厅领导值班制、税务人员着装制、配证上岗制，以此规范税务人员的工作行为。

（3）积极开展政策咨询和纳税辅导。针对国家新一轮房地产税收调控政策的出台，人们对契税优惠政策收紧问题比较关注起来，对契税优惠紧缩政策从什么时候开始执行，如何执行，老百姓咨询比较多，对此通过电话和现场解答等方式进行及时宣传，为老百姓答疑解惑。

（4）以“电子触摸屏”为载体，加大征税窗口的工作宣传力度。结合新的税收政策对六大模块内容进行及时调整或更新，内容涉及全局概况、办税流程、税款征收、政策法规、政务公开、税收优惠等方面，使纳税人一目了然。

（5）建立税收电子台账和电子表格。根据集中征收、统一管理的原则，按税源不同分别建立契税征收台账，为契税解缴入库提供依据。同时以电子表格的形式建立“二手房交易情况统计表”“存量房和增量房交易情况统计表”“90 平方米及以下普通住宅优惠情况统计表”等基础资料，为上级部门了解房地产及契税征收动态提供依据。

是年，契税入库 960 万元。

2012 年 1 月 12 日，按照财政部、国家税务总局要求，城区对企事业单位及企业公司制改造契税政策规定：非公司制企业，按照《中华人民共和国公司法》规定，整体改建为有限责任公司，有限责任公司整体改建为股份有限公司，股份有限公司整体改建为有限责任公司的，对改建后的公司承受原企业土地、房屋权属，免征契税。非公司制国有独资企业或国有独资有限责任公司，以其部分资产与他人组建新公司，且该国有独资企业（公司）在新设公司中所占股份超过 50% 的，对新设公司承受该国有独资企业（公司）的土地、房屋权属，免征契税。国有控股公司以部分资产投资组建新公司，且该国有控股公司占新公司股份超过 85% 的，对新公司承受该国有控股公司土地、房屋权属，免征契税。

是年，阳泉市城区契税完成 1400 万元，增长幅度为 45.83%。

2013 年 12 月 2 日，执行财政部、国家税务总局关于棚户区改造相关契税政策规定，对下列几种情况免征契税：对经营管理单位回购已分配的改造安置住房继续作为改造安置房源的，免征契税。对个人首次购买 90 平方米以下改造安置住房，按 1% 的税率计征契税；购买超过 90 平方米，但符合普通住房标准的改造安置住房，按法定税率减半计征契税。对个人因房屋被征收而取得货币补偿并用于购买改造安置住房，或因房屋被征收而进行房屋产权调换并取得改造安置住房，按有关规定减免契税。

是年，阳泉市城区契税完成 1130 万元，较上年降低 19.29%。

1985 年 –2015 年阳泉市城区契税完成情况表

表 1–28　　　　单位：万元

年　份	完成额	年　份	完成额	年　份	完成额	年　份	完成额
1985	0.1	1993	5.2	2001	182.0	2009	900.0
1986	0.2	1994	53.3	2002	323.0	2010	1320.0
1987	0.1	1995	89.0	2003	500.0	2011	960.0
1988	0.2	1996	86.0	2004	482.0	2012	1400.0
1989	0.7	1997	129.0	2005	848.0	2013	1130.0
1990	——	1998	141.0	2006	600.0	2014	2204.0
1991	0.7	1999	228.0	2007	700.0	2015	1467.0
1992	0.7	2000	156.0	2008	374.0	合　计	12076.2

第二编

财政支出

财政支出也称公共财政支出，是指在市场经济条件下，政府为提供公共产品和服务，满足社会共同需要而进行的财政资金的支付。财政支出是一级政府为实现其职能对财政资金进行的再分配，属于财政资金分配的第二阶段。国家集中的财政收入只有按照行政及社会事业计划、国民经济发展需要进行统筹安排运用，才能为国家完成各项职能提供财力保证。

按照支出活动的性质、结构、规模以及支出的效益，财政支出有下列五种分类方法：

按经济性质将财政支出分为生产性支出和非生产性支出。生产性支出是指与社会物质生产直接相关的支出，如支持农村生产支出、农业部门基金支出、企业挖潜改造支出等。非生产性支出指与社会物质生产无直接关系的支出，如国防支出、武装警察部队支出、文教卫生事业支出、抚恤和社会福利救济支出等。

按财政支出的经济性质，即按照财政支出是否能直接得到等价的补偿进行分类，可以把财政支出分为购买性支出和转移性支出。其中购买性支出又称消耗性支出，是指政府购买商品和劳务，包括购买进行日常政务活动所需要的或者进行政府投资所需要的各种物品和劳务的支出，即由社会消费性支出和财政投资支出组成。转移性支出是指政府按照一定方式，将一部分财政资金无偿转移给居民和其他受益者，主要有社会保障支出和财政补贴组成。

按最终用途将财政支出分为积累性支出与消费性支出。积累性支出指最终用于社会扩大再生产和增加社会储备的支出，如基本建设支出、工业交通部门基金支出，该部分支出是社会扩大再生产的保证；消费性支出指用于社会福利救济等，该部分支出对提高整个社会的物质文化生活水平起着重大的作用。

按财政支出与国家职能关系可将财政支出划分如下：经济建设费支出，包括基本建设支出、流动资金支出、地质勘探支出、国家物资储备支出、工业交通部门基金支出、商贸部门基金支出等；社会文教费支出，包括科学事业费和卫生事业费支出等；抚恤和社会福利救济费；行政管理费支出，包括公检法支出、武警部队支出等；其他支出，包括国防支出、债务支出、政策性补贴支出等。

财政支出范围主要如下：保证国家机器正常运转，维护国家安全，巩固各级政府政权建设的支出，如行政管理、国防、公安、司法、监察等方面的支出；维护社会稳定，提高全民族素质，支持社会公共事业支出，如社会保障、科技、教育、卫生、文化、扶贫等方面的支出；有利于经济环境和生态环境改善，具有巨大外部经济效应的公益性基础设施建设的支出，如水利、电力、道路、桥梁、环保、生态等方面的支出；进入21世纪以来，我国经济正处在转轨时期，在市场机制还不完善的条件下，国家对宏观经济运行还应有必要的调控，财政也要留有一定的财力，对经济活动进行适当的干预。

新中国成立初期，国家财政十分困难。为集中财力，在财政管理上采取“统收统支”的办法，即收入全部上缴，支出核定指标。1958年，国家下放财权，财政管理实行“定收定支”（年初核定全年收入数额，在收入数额的基础上核定支出数额）的办法，财政支出规模有较大发展。1961年1月，按照中共八届九中全会精神，对国民经济实行“调整、巩固、充实、提高”的方针。同时，在财政工作中狠抓控制财政支出，压缩基本建设投资，冻结银行存款，控制社会集团购买力，退赔平调等工作。

1978年12月中共十一届三中全会召开以后，在邓小平建设有中国特色的社会主义理论指导下，财政部提出要为社会主义利润恢复名誉，为税收恢复名誉，要打破精神枷锁，解放思想，调动一切积极因素，做好财税工作。

中共十一届三中全会以后，为适应改革开放的新形势，对各项事业和行政财务进行一系列改革，推动事业、行政单位从统收统支的封闭型财务管理向扩大单位自主权、增强单位内在活力的开放型财务管理转变，从单一渠道向多渠道、多形式、多层次办事业转变，从单纯服务型向有偿经营服务型转变。1978年起，还对文教科学卫生事业等单位和行政机关，全面实行预算包干办法，支持事业单位合理组织收入，积极推进涉农事业单位实行财务包干，改革农业事业单位的财务管理。通过以上转变和改革，调动各方加强财务管理，努力增收节支的积极性，促进各项事业的发展和行政任务的完成。

1991年–2000年，是我国社会主义现代化建设和改革开放史上非常重要的10年，也是阳泉市城区经济和社会发展的一个重要时期。面对艰难复杂的国内经济环境，阳泉市城区区委、区政府认真贯彻落实中共十五大精神，团结和带领全区人民，不断解放思想、转变观念，重新审视和进一步理清全区经济发展思路，牢固树立“大城区”“区域经济”的观念，认真实施“调整优化第二产业、突出提升第三产业、放手发展非公有制经济”的经济发展思路，对全区经济进行结构性调整，把经济工作的重点放在大力发展第三产业和非公有制经济上来，使全区经济发展更加符合城市中心区的实际和特点，全区经济建设和社会发展都取得显著成效。到2000年，城区区属国民生产总值达到1.45亿元，比1995年增长86.4%，年均增长8.6%；全区固定资产投资累计完成21122万元，是“八五”时期的3.67倍；全区第三产业营业额达到11.01亿元，比1995年增长5.35倍，年均增长44.7%；非公有制经济总值达到9.11亿元，比1995年增长5.49倍，年均增长45.4%；财政总支出为4478万元，是1990年的3.35倍，年均递增12.85%。

2001年–2010年，阳泉市城区区委、区政府团结带领全区人民，按照区第八次党代会确定的“三城十区”发展战略和“十个年”奋斗目标，一手抓经济转型促发展，一手抓民生改善促和谐，开创了城区经济快速发展、社会和谐稳定、人民安居乐业的良好局面。2010年，全区生产总值完成90.3亿元，增长16.0%；全社会固定资产投资完成60亿元，增长22.5%；社会消费品零售总额实现87.3亿元，增长18.1%；财政总支出完成35867万元，较上年增长16.53%，城区区级财力用于民生的支出达到16586万元，占整个区级财力的57.83%，主要为大幅度增加低保金发放。全年城区共发放低保金1438.46万元，其中为低保对象发放一次性生活困难补贴122万余元；全面推进企业职工补缴和续缴基本养老保险费工作，共补缴养老保险费1531万元，城镇基本社会保障覆盖率达92.66%，同比提高3.66%；积极落实廉租住房保障政策，发放廉租住房补贴420万元，48户住房困难的居民租到廉租房；提高社区干部工作报酬。社区专职工作人员报酬每人每月分别由750元、730元和700元提高到1000元、950元和900元，同时，为居委会退职干部每人每月增加生活补贴50元；大力推进创业就业再就业工程。2009年全区新增就业人数5083人，使城镇登记失业率控制在3.5%以内；全方位加强基层卫生服务机构建设。社区卫生服务机构标准化建设不断加强，6个机构达到省级示范标准，上站和义井两个社区卫生服务中心基础设施项目开工建设；切实解决困难居民看病难问题，全年共发放医疗救助金197.6万元；加快推进校舍安全工程。2010年，消除校内危房面积6.2万平方米，基本实现三年任务两年完目标；不断加大残疾人康复救助力度，0岁至6岁残疾儿童康复救助率达到100%。由于狠抓涉及千家万户的民生支出管理，使“以群众的实惠为主旨的民生建设、以民安民乐为目标的和谐稳定”在2010年取得有效进展。

“十二五”计划时期，面对复杂严峻的国内外经济形势，在阳泉市城区区委、区政府的正确领导下，财政部门深入贯彻落实科学发展观，按照稳中求进的工作总基调，充分发挥财政职能作用，实施积极的财政政策，既促进经济平稳健康运行，又使各项财政工作取得新成绩。在具体工作中，坚持服务大局，推动科学发展。牢固树立发展观念，努力发挥财政促进经济稳定增长、优化经济结构和调节收入分配的职能作用，促进经济持续健康发展。坚持以人为本，保障改善民生。始终把实现好、维护好、发展好最广大人民群众的根本利益作为财政发展改革的出发点和落脚点，使发展成果更多更公平地惠及全体人民。坚持完善体制机制，着力深化财税改革，形成有利于科学发展的财税体制，进一步完善公共财政体系和社会主义市场经济体制。坚持强化管理，提高财政绩效。建立健全管理制度和运行机制，严格财政资金监管，强化财政监督，有序推进预算绩效管理，不断提高财政资金的使用效益。根据进一步深化财政体制改革的要求，优化财政支出结构，严格控制一般性支出，贯彻统筹兼顾原则，加强财政科学管理，促进经济持续健康发展和社会和谐稳定。

“十二五”时期，阳泉市城区财政支出共计为232242万元，较“十一五”时期增长83.98%。其间，用于经济建设、文教科学卫生等事业、社会保障事业、行政管理费类、其他支出类的支出额分别为33007万元、123244万元、29578万元、44357万元、2056万元，分别较“十一五”时期增长144%、89.74%、114%、39.06%、2.03%。

从1985年阳泉市城区建立一级财政体制到2015年的31年，城区财政总支出共计为430867.9万元，年均递增18.68%。其间，用于经济建设、文教科学卫生等事业、社会保障事业、行政管理费类、其他支出类的支出额分别为59085.7万元、216553.2万元、52044.3万元、94189.5万元、8995.2万元，为全区经济社会和各项事业发展做出贡献。

1985年–2015年阳泉市城区财政支出分类情况表

表2-1 单位：万元

年 份	合 计	经济建设费类	文教科卫生事业费	抚恤和福利救济事业费	行政管理费类	其 他支出类
1985	306.6	42.7	141.6	19.4	89.9	13.0
“六五”时期小计	306.6	42.7	141.6	19.4	89.9	13.0
1986	515.2	153.8	167.0	23.4	119.3	51.7
1987	543.7	135.9	163.0	21.0	152.2	71.6
1988	678.2	174.8	230.7	26.3	191.8	54.6
1989	1128.4	185.5	514.5	26.0	343.5	58.9
1990	1337.9	274.2	619.7	28.3	332.1	83.6
“七五”时期小计	4203.4	924.2	1694.9	125.0	1138.9	320.4
1991	1591.2	440.8	614.0	30.8	391.5	114.1
1992	1765.9	423.0	738.0	36.4	484.8	83.7
1993	2116.5	525.0	846.0	37.8	539.8	167.9
1994	2421.3	532.0	1138.7	46.9	666.6	37.1

续表

年 份	合 计	经济建设费类	文教科卫生事业费	抚恤和福利救济事业费	行政管理费类	其 他支出类
1995	2774.0	658.0	1196.0	51.0	782.0	87.0
“八五”时期小计	10668.9	2578.8	4532.7	202.9	2864.7	489.8
1996	3466.0	856.0	1353.0	41.0	928.0	288.0
1997	3468.0	818.0	1538.0	45.0	986.0	81.0
1998	4094.0	742.0	1457.0	375.0	1220.0	300.0
1999	4025.0	757.0	1486.0	439.0	1156.0	187.0
2000	4478.0	796.0	1821.0	508.0	1171.0	182.0
“九五”时期小计	19531.0	3969.0	7655.0	1408.0	5461.0	1038.0
2001	5393.0	733.0	2045.0	989.0	1306.0	320.0
2002	5951.0	796.0	2108.0	1299.0	1421.0	327.0
2003	7703.0	874.0	2578.0	1816.0	1921.0	514.0
2004	8713.0	1140.0	3422.0	1402.0	1760.0	989.0
2005	9922.0	1502.0	4177.0	1357.0	1973.0	913.0
“十五”时期小计	37682.0	5045.0	14330.0	6863.0	8381.0	3063.0
2006	13852.0	1536.0	6890.0	1645.0	2453.0	1328.0
2007	19367.0	1701.0	9358.0	2214.0	5915.0	179.0
2008	26370.0	2567.0	13045.0	2932.0	7594.0	232.0
2009	30778.0	3206.0	16974.0	3687.0	6765.0	146.0
2010	35867.0	4509.0	18688.0	3370.0	9170.0	130.0
“十一五”时期小计	126234.0	13519.0	64955.0	13848.0	31897.0	2015.0
2011	38534.0	5084.0	19517.0	4339.0	9280.0	314.0
2012	45386.0	6365.0	23849.0	4604.0	9808.0	760.0
2013	50385.0	7106.0	26741.0	6313.0	9881.0	344.0
2014	45773.0	6221.0	24454.0	6394.0	8176.0	528.0
2015	52164.0	8229.0	28683.0	7928.0	7212.0	112.0
“十二五”时期小计	232242.0	33005.0	123244.0	29578.0	44357.0	2058.0
合 计	430867.9	59083.7	216553.2	52044.3	94189.5	8997.2

说明：在核算该表时，因为从2007年开始科目发生较大变化，故对各类支出包括的内容进行较大调整。调整后各类支出分别包括如下事项：

经济建设费类。包括节能环保、城乡社区事务、农林水事务、交通运输支出、资源勘探电力信息等事务、商业服务业等事务、金融监管等事务支出、地震灾后恢复重建支出、援助其他地区支出、国土资源气象等事务、粮油物资储备等事务、住房保障支出、国债还本付息支出。

文教科学卫生事业费类。包括教育、科学技术、文化体育与传媒、医疗卫生等。

抚恤和社会福利救济事业费类。反映社会保障和就业支出。

行政管理费类。包括一般公共服务、公安安全支出等。

其他支出。包括国防、其他支出等。

2012年11月，按照上级党委、政府的决策，城区财政在学有所教、劳有所得、病有所医、老有所养、住有所居上持续发力，努力让人民过上更好生活。“十一五”期间，民生支出91150万元，占其间财政总支出的72.21%。“十二五”期间，民生支出183755万元，占其间财政总支出的79.12%，较“十一五”期间加快6.91个百分点。

2006年–2015年阳泉市城区民生支出情况表

表2–2 单位：万元

年份	教育	科技	文体传媒	医疗卫生	社会保障	节能环保	社区事务	农林水	交通运输	商业服务	住房保障	合计
2006	6133	127	108	556	1629	116	1153	——	——	——	——	9822
2007	7857	213	147	1141	2214	113	1580	——	——	8	——	13273
2008	10496	320	147	2082	2932	159	2380	——	——	28	——	18544
2009	13338	363	433	2840	3687	108	2459	——	——	5	——	23233
2010	14695	463	480	3050	3370	123	3541	8	——	152	396	26278
“十一五”	52519	1486	1315	9669	13832	619	11113	8	——	193	396	91150
2011	14897	487	347	3786	4339	190	3751	2	——	389	494	28772
2012	18905	597	354	3993	4604	233	4346	49	——	210	1230	34521
2013	20567	697	425	5052	6313	482	4759	59	——	384	985	39723
2014	17523	202	429	6300	6394	287	4545	74	——	2	859	36615
2015	21918	101	500	6164	7928	250	4842	98	1000	1	1322	44124
“十二五”	93810	2084	2055	25295	29578	1442	22243	282	1000	986	4890	183755
合计	146329	3570	3370	34964	43410	2061	33356	290	1000	1179	5286	274905

第一章　上解支出

新中国成立初期，面临生产停顿、职工失业、通货膨胀等残破不堪的经济局面。为摆脱困境，尽快发展生产，国家实行高度集中的财政管理体制。高度集中的财政管理体制，就是把国家收入和支出的支配权集中在中央，即实行“统收统支”制度。

1985 年，阳泉市城区实行“核定支出、分级包干、结余留用、超支不补”的财政管理体制。坚持统一领导、分级管理的原则，进一步明确各行政事业单位的权力和责任，做到责权结合，调动各单位理财的积极性，同年城区上解支出为 503 万元。1986 年，上解额为 570.5 万元。1987 年，城区财政实行“划分收支、总额分成”的财政体制，同年上解支出 592 万元。1988 年，认真贯彻国务院稳定经济、深化改革的指示，以改革总揽全局，保持国民经济持续稳定的发展，同年上解支出 767 万元，城市维护建设税专项上解 35 万元。1989 年，根据阳泉财政局阳财预字第 41 号文件规定，确定城区留解比例 49%，同年上解支出 779 万元，其中，城市维护建设税专项上解 42 万元，上划税务事业费 18 万元。1990 年，是“七五”计划的最后一年，财税干部为增加财政收入、控制支出，发扬艰苦奋斗，勤俭办事业的精神，在组织财政收入、从严从紧安排支出方面，千方百计克服困难，为缓解资金供需矛盾做大量工作。是年，上解支出 895 万元，城市维护建设税专项上解 49 万元，城镇土地税按原体制上解 7.4 万元，地方向中央做贡献 41 万元，罚没收入建立价格调控基金上解 4.7 万元，上划税务事业费 18 万元。

1991 年，是“八五”计划的第一年，阳泉市城区财政局开展以“上品种、上质量、上效益”为内容的管理年，认真组织收入，从严从紧压缩支出，是年总额分成上解数 962 万元，专项上解 63 万元（其中，向中央做贡献上解 41 万元，建立价格调控基金上解 22 万元），税务事业费上划 18 万元。

1992 年，阳泉市城区财政局认真贯彻中共十四大精神，学习邓小平视察南方重要讲话，深化改革，扩大开放，为全区国民经济持续稳定协调发展做出努力。是年，总额分成上解 1035 万元，专项上解 53.6 万元（其中向中央做贡献上解 41 万元，建立价格调控基金上解 12.6 万元），税务事业费上划 18 万元。

1993 年，根据阳泉市财政局财预字〔1989〕第 41 号文件规定，确定城区参与总额分成部分，体制上解比例为 51%，是年城区财政收入 3111.5 万元，上解支出 1218.3 万元，专项上解 80.6 万元（向中央做贡献 41 万元，建立价格调控基金上解 6.6 万元，提高商品零售营业税上解 33 万元）。

1994 年起，阳泉市城区实行“划分收支范围，实行分税制”的财政管理改革。根据中共十四届三中全会的决定，为进一步理顺中央与地方的财政分配关系，更好地发挥国家财政的职能作用，国务院决定从 1994 年 1 月 1 日起改革现行地方财政包干体制，对各省、自治区、直辖市以及计划单列市实行分税制财政管理体制。改革财政管理体制是经济体制改革的重要内容。现行财政包干体制，在过去的经济发展中起过积极的作用，但随着市场在资源配置中的作用不断扩大，其弊端日益明显，主要表现在：税收调节功能弱化，影响统一市场的形成和产业结构优化；国家财力偏于分散，制约财政收入的合理增长，特别是中央财政收入比重不断下降，弱化中央政府的宏观调控能力；财政分配体制类型过多，不够规范。从总体上看，现行财政体制已经不适应社会主义市场经济发展的要求，必须尽快改革。是年，城区上解支出为 1320 万元，其中包括原体制上解 1242.7 万元，专项上解 77.3 万元（城市维护建设税 67.8 万元，金库购微机款 2 万元，建立价格基金 7.5 万元）。

1995 年，阳泉市城区原体制上解 1354.5 万元，专项上解 295.1 万元（地税局经费挂钩上解 69.7 万元，取消集贸分成上解 126.6 万元，工商行政管理费上划 22.6 万元，城市维护建设税上解 74.7 万元，微机上划 1.5 万元）。

1997 年，按原体制上解 1610 万元，上划地税挂钩经费 72 万元，城市维护税上解 99 万元，价格调控基金上解 92 万元，向中央做贡献 41 万元，税务事业费上划 18 万元，工商事业费上划 23 万元，税务集贸提成上划 127 万元。

1998 年，体制上解 1750 万元，城市维护建设税上解 113 万元，价格调控基金上解 63 万元，上划地税挂钩经费 136 万元，向中央做贡献 41 万元，税务事业费上划 18 万元，工商事业费上划 23 万元，税务集贸提成上划 127 万元。

1999 年，体制上解 1913 万元，专项上解 358 万元（城市维护建设税上解 94 万元，价格调控基金上解 34 万元，上划地税挂钩经费 230 万元），向中央做贡献 41 万元，税务事业费上划 18 万元，工商事业费上划 23 万元，税务集贸提成上划 127 万元。

2000 年，体制上解 2085 万元，专项上解 369 万元（城市维护建设税上解 92 万元，价格调控基金上解 20 万元，上划地税挂钩经费 257 万元），向中央做贡献 41 万元，税务事业费上划 18 万元，工商事业费上划 23 万元，税务集贸提成上划 127 万元。

2001 年，体制上解 2273 万元，城市维护建设税上划 97 万元，罚没收入建立价格调控基金 28 万元，定额结算补助上划 423 万元。

2002 年，体制上解 2273 万元，城市维护建设税上划 109 万元，罚没收入建立价格调控基金 26 万元，定额结算补助上划 466 万元，地税系统增收奖励结算上划 18 万元，地税系统契税手续费结算上划 16 万元。

2003 年，体制上解 2273 万元，城市维护建设税上划 142 万元，罚没收入建立价格调控基金 34 万元，定额结算补助上划 373 万元，地税系统增收奖励结算上划 26 万元，地税系统契税手续费结算上划 25 万元。

2004 年，体制上解 2273 万元，城市维护建设税上划 190 万元，定额结算补助上划 209 万元，地税系统增收奖励结算上划 29 万元，地税系统契款手续费结算上划 24 万元。

2005 年，体制上解 2273 万元，城市维护建设税上划 262 万元，定额结算补助上划 657 万元，地税系统增收奖励结算上划 62 万元，地税系统契款手续费结算上划 42 万元。

2007 年，体制上解 2273 万元，定额结算补助上划 655 万元，城市维护建设税结算上划 370 万元，价格调控基金上解 124 万元，地税系统征收奖励结算上解 166 万元，地税系统契税手续费上解 35 万元，网络线路租用费上解 1 万元。

2008年，体制上解2273万元，结算补助为-1366万元。
2009年，体制上解2273万元，结算补助为-1510万元。
2010年，体制上解2273万元，结算补助为-1889万元。
2011年，体制上解2273万元，结算补助为-1823万元。
2012年，体制上解2273万元，结算补助为-1953万元。
2013年，体制上解2273万元，结算补助为-1932万元。
2014年，体制上解2273万元，结算补助为-1932万元。
2015年，体制上解2281万元，结算补助为-1705万元。

1985年-2015年阳泉市城区上解支出情况表

表2-3　　　　单位：万元

年　份	上解额	年　份	上解额	年　份	上解额	年　份	上解额
1985	503.0	1993	1278.3	2001	2273.0	2009	2273.0
1986	570.5	1994	1320.0	2002	2273.0	2010	2273.0
1987	592.0	1995	1354.3	2003	2273.0	2011	2273.0
1988	767.0	1996	1508.0	2004	2273.0	2012	2273.0
1989	779.0	1997	1610.0	2005	2273.0	2013	2273.0
1990	895.0	1998	1750.0	2006	2273.0	2014	2273.0
1991	962.0	1999	1913.0	2007	2273.0	2015	2281.0
1992	1035.0	2000	2085.0	2008	2273.0	合　计	53025.1

第二章 经济建设费

新中国成立之初，国家财政制度不健全，现金管理、物资管理制度尚未建立，财政决算制度和收支系统还不统一，各地自收自支的现象普遍存在，使得本来有限的财力、物力得不到有效使用，财政面临很大困难。1950 年，中财委召开全国财政会议，讨论统一财经、紧缩编制、预算收支、现金管理及物资平衡 5 个重大经济问题，确定财经工作总方针是集中一切财力、物力做目前必须做的事。随着国民经济的发展，财政支出项目不断增加，支出范围不断扩大，财政对经济建设的支持力度和作用越来越大。到 2005 年，经济建设费支出项目包括有基本建设投资支出、企业挖潜改造资金、科技三项费用、流动资金、农林水利气象等部门事业费、支援农村生产支出、商业简易建筑费、“五小”企业投资补助、工交商等部门事业费、城市维护费、农业综合开发支出、土地和海域开发支出、专项支出及城镇人口下乡经费等。

1985 年 -2006 年阳泉市城区经济建设费支出情况表

表 2-4　　单位：万元

年　份	合　计	基本建设	企业挖潜改造	科技三项费用	流动资金	工交商等部门事业费	环保支出	城市维护费	城镇青年下乡安置费
1985	42.7	——	10.0	0.1	——	0.6	——	31.0	1.0
1986	153.8	69.8	40.0	——	10.0	3.5	——	28.9	1.6
1987	135.9	88.5	0.9	1.5	——	2.3	——	40.7	2.0
1988	174.8	114.0	10.0	4.1	——	2.8	——	42.2	1.7
1989	185.5	52.7	40.0	5.2	10.0	17.6	——	58.0	2.0
1990	274.2	30.0	10.0	9.4	10.0	8.4	——	204.7	1.7
1991	440.8	135.0	10.0	23.0	——	10.0	1.8	259.0	2.0
1992	423.0	76.0	30.0	28.0	——	17.0	3.0	266.0	3.0
1993	525.0	80.0	70.0	20.0	——	14.0	3.0	336.0	2.0
1994	532.0	——	30.0	——	——	23.0	4.0	472.0	3.0
1995	658.0	143.0	80.0	36.0	——	13.0	5.0	379.0	2.0
1996	856.0	266.0	80.0	24.0	——	16.0	5.0	463.0	2.0

续表

年份	合计	基本建设	企业挖潜改造	科技三项费用	流动资金	工交商等部门事业费	环保支出	城市维护费	城镇青年下乡安置费
1997	818.0	245.0	61.0	23.0	——	17.0	5.0	465.0	2.0
1998	742.0	102.0	5.0	40.0	——	17.0	6.0	572.0	——
1999	757.0	90.0	14.0	53.0	——	20.0	18.0	562.0	——
2000	796.0	144.0	——	48.0	——	26.0	32.0	546.0	——
2001	733.0	6.0	——	43.0	——	29.0	38.0	617.0	——
2002	796.0	22.0	——	52.0	——	32.0	49.0	641.0	——
2003	874.0	33.0	——	69.0	——	40.0	48.0	684.0	——
2004	1140.0	197.0	——	83.0	——	40.0	49.0	771.0	——
2005	1502.0	408.0	——	84.0	——	45.0	75.0	890.0	——
2006	1536.0	160.0	——	106.0	——	59.0	102.0	1109.0	——
合计	14095.7	2462.0	490.9	752.3	30.0	453.2	443.8	9437.5	26.0

2007 年 –2015 年阳泉市城区经济建设费支出情况表

表 2–5　　单位：万元

年份	合计	节能环保	城乡社区事务	农林水事务	交通运输事务	资源勘探电力	商业服务	国债还本	国土资源气象	援助其他地区	金融监管支出	住房保障支出
2007	1701	113	1580	——	——	——	8	——	——	——	——	——
2008	2567	159	2380	——	——	——	28	——	——	——	——	——
2009	3206	108	2459	——	——	233	5	——	——	171	230	——
2010	4509	123	3541	8	——	122	152	——	25	142	——	396
2011	5084	190	3751	2	——	211	389	23	24	——	——	494
2012	6365	233	4346	49	——	154	210	54	27	62	——	1230
2013	7106	482	4759	59	——	233	384	83	54	67	——	985
2014	6221	287	4545	74	——	236	2	116	35	67	——	859
2015	8229	250	4842	98	1000	467	1	147	35	67	——	1322
合计	44988	1945	32203	290	1000	1656	1179	423	200	576	230	5286

第一节 基本建设支出

“六五”计划时期

1981 年 1 月，国务院批转国家计委等单位《关于实行基本建设拨款改贷款的报告》，指出：基本建设投资试行建设银行贷款，变无偿使用为有偿使用，是用经济办法管理经济的一项重要措施。从发文之日起，凡是实行独立核算、有还款能力的企业，都应该实行基建拨款改为贷款的制度。

3 月，国务院做出《关于加强基本建设计划管理，控制基本建设规模的若干规定》，指出：凡属基本建设，不论其资金来源如何，都要按照隶属关系和计划安排权限，由各级计委综合平衡后，在核定的基本建设规模之内，纳入各级基本建设计划，严格遵守有关基本建设的规定，接受国家和各级政府的财政和审计监督。

4 月，国家计委等部门发出《关于抓紧检查停缓建和清理计划外项目的通知》，指出：国家已确定缓建的大中型项目和各部门、各地区确定的停缓建项目，主管部门必须立即通知建设单位，除当年计划所列工程内容外，其余在建工程一律停下来，不得拖延或变相继续施工；凡是没有列入本年基本建设计划的在建项目，一律视同停、缓建项目处理，决定从 4 月 15 日起对计划外的在建项目一律停止拨款，停止施工；对已确定的停缓建项目和视同停缓建处理的项目，必须认真做好善后工作，切实做到稳定秩序，保障国家财产不受侵犯。

1982 年 9 月，国家计委、财政部等单位发出《关于进一步实行基本建设拨款改贷款的通知》，为进一步实行基本建设贷款办法，决定进一步扩大贷款范围。从是年开始凡是实行独立核算并有还款能力的企事业单位，一律改为银行贷款。改进提前还清贷款本息的办法。

1983 年 7 月，执行国务院发出的《严格控制基本建设规模、清理在建项目的紧急通知》，认真清理在建项目，凡是计划外的项目，要一律停下来，并且做好善后工作。计划内的项目，应视工艺、能耗、产品销路等情况确定是否继续建设。

1984 年 12 月，执行国家计委《关于加强基本建设自筹资金管理的暂行规定》，为有效地控制基建规模，改革基建自筹投资管理办法，城区规定各企事业单位用于基建的自筹资金，必须专户存入建设银行，并坚持先存后批、先批后用的原则。

1985 年开始，要求提前半年将使用的基本建设自筹资金存入建设银行，存足半年后才可动用。各部门存入建设银行的自筹资金，作为核定各部门自筹基建规模的重要依据。地方机动财力、城市维护建设资金用于基本建设的部分要按此规定办理，必须把全年要用的资金，在当年 6 月月底以前转入建设银行后，方能使用。

1981 年 –1985 年，阳泉市城区固定资产投资额达到 694.4 万元，其中，集体工业企业投资 358.2 万元，新增固定资产 268.8 万元，企业技术水平有明显提高。

“七五”计划时期

1986 年，阳泉市城区基本建设支出 69.8 万元。

1987年，继续清理在建项目，严格控制新开项目，集中财力、物力保重点、保竣工，建设规模得到控制。将已经改造的复寿街、兴隆街铺装成沥青混凝土。道路建设首次与市政管网建设同步进行。为加快城市道路开挖效率，采用方位或规划交叉式作业。在楼儿街铺装沥青路面550平方米，南庄路采用乳化沥青新工艺罩面4400平方米。是年年末，市中道路趋于完善，硬化76%的人行道。至此，城区市政道路基本形成以高级沥青混凝土路面（含小区道路）为主、低级路面为铺的框架。是年，城区基本建设投资完成88.5万元。

1988年，根据固定资产投资和消费基金的双膨胀、总需求大大超过总供给的情况，阳泉市城区执行中共中央发出的“治理经济环境、整顿经济秩序”的紧急指示，在严格管理制度，控制通货膨胀等方面采取了一系列的措施。同时，根据国务院发布的《楼堂馆所建设管理暂行条例》，规定：进行楼堂馆所建设，必须报批项目建议书和项目开工报告。楼堂馆所项目实行“先审计，后建设”的原则，开工报告必须经审计部门审计后方可报批。根据国务院和国家计委通知精神，城区结合实际，对固定资产在建项目进行全面清理。是年，城区财政安排基本建设支出114万元。

1989年6月，开始清理地方级“拨改贷”投资项目。8月，转发《国务院关于清理固定资产投资项目实行指标控制和考核的通知》。根据《通知》精神，提出全年全社会固定资产投资要在上年实际完成额的基础上再压缩，当年财政列支基本建设支出52.7万元，比1988年下降50%。1990年，执行省政府下发的《山西省地方基本建设基金管理办法》，将预算内“拨改贷”收回的本息，列为地方基本建设基金来源。继续贯彻中央关于控制投资规模，调整投资结构的方针。投资结构进一步合理，城市基础设施建设得到优先发展，当年财政安排基本建设支出为30万元。 1990年，当年财政列支基本建设支出30万元；带动全区基本建设投资达46054万元，比1989年增长46.7%，其中住宅建设投资4418万元，比1989年增长59.9%。“七五”期间，城区固定资产投资得到有效控制，共完成1249.6万元，其中，基本建设项目投资805.1万元，技改项目投资444.5万元；在基本建设项目中，已竣工项目投资577.1万元，在建项目投资228万元。

“八五”计划时期

1991年，阳泉市城区基本建设支出135万元。1992年邓小平视察南方重要讲话发表以后，加快房地产开发等方面的建设，基本建设支出迅速扩大。城区以创建优美环境、优良秩序、优质服务为主要内容，以环境卫生整治为突破口，先后投资60余万元，新建、改建水冲式厕所3个，新增垃圾清运车3辆。是年，城区财政基本建设支出76万元。为加强投资规模的宏观调控，1993年7月中共中央、国务院发出《关于当前经济情况和加强宏观调控的意见》，提出贯彻落实的十四条决定。同年8月，城区提出加强固定资产投资规模宏观调控的具体措施，包括：清理在建项目，按照是否符合国家产业政策，市场前景好不好和建设资金是否落实等情况进行排队；严格限制新开工项目，规定新开工项目必须具备的条件。集中财力、物力先后建设新建路蔬菜肉蛋批发市场、城区汽车工业公司星海汽车改装厂一期工程等一批促进全区经济上规模、上效益的项目。列入全市重点工程项目的以煤矸石原料生产蜂窝煤示范工程，也在城区型煤二厂破土动工。在基础设施建设方面，先后完成环卫处宿舍楼主体工程，建筑面积4157平方米；北大街小学教学楼扩建、城区法院法庭建设等，新建10个居委会办公室，使城市基础设施建设得到明显改善。是年，城区基本建设支出80万元。

1994年3月，根据国务院发出《继续加强固定资产投资宏观调控的通知》阳泉市城区规定：有自行审批权的单位，投资规模必须严格控制在计委下达的“切块”指标之内；凡有自行审批权的单位，一律不得自行批准新开工；自行审批的项目建立项目备案制度，严格控制新开工项目。是年，城区未安排基本建设支出。

1995年，贯彻执行中央通知精神，采取一系列切实可行的具体措施：严格限制新开工项目；加强对工业小区的开发规模控制，加强规范化管理和政策指导；清理未开工项目，压缩基本建设战线，停建一批项目；严格控制高档房地产开发项目立项；适当集中项目审批权限，加强项目审批管理工作。上述措施的实施，对抑制投资需求的过快增长起到了积极作用。本年，在市政建设方面，阳泉市城区政府协调专项投资100余万元，建成2个垃圾转运站、2个水冲式厕所；投资230万元对主要大街的车行道、人行行道树、隔离带等进行了维修、补种和粉刷；在市区主要街道设置、安装了100个果皮箱、200个垃圾桶。是年，阳泉市城区基本建设支出143万元。

“九五”计划时期

1996年，阳泉市城区基本建设支出执行266万元，其中投入行政单位20万元，投入公检法系统246万元。1997年，基本建设支出执行245万元，其中投入教育系统140万元，投入行政单位20万元，投入公检法系统85万元。1998年，根据市委、市政府的部署，阳泉市城区适时抓住国家加大基础设施建设投资、扩大内需、拉动经济增长的机遇，重点实施小阳泉旧区改造工程。同年10月18日，举行工程奠基仪式和一期工程开工典礼。小阳泉旧区改造工程规划用地面积28.78公顷，规划建筑面积38.2万平方米，新建面积30.7万平方米，总拆除旧房8.66万平方米，动迁居民1171户，居民6000余人，总投资4.7亿元。该工程完成之后，对于改变市容市貌，促进城区发展起到重要的推动作用。是年，剔除小阳泉改造工程，城区还下达基本建设计划4项，计划投资1035万元，实际完成投资757万元，包括1996年动工建设的教师乐居工程，是年6月完成主体工程，累计完成投资1150万元。

1999年，阳泉市城区小阳泉旧区改造工程拆迁任务全部完成，年内开工建设11万平方米，完成投资额1.2亿元。西垴组团4万平方米10栋楼进入竣工扫尾阶段。绿矾沟组团7万平方米13栋楼主体工程全部结束，进入装修和水、电、暖安装阶段。准备开工的3个商品房组团的土石方等前期准备工作已经就绪。第一批236户拆迁户新居回迁工作结束。引资开发工作稳步推进，6万平方米（3300万元）引资开发合同签订。商品房预售收入达到1500万元。第二次建造贷款项目评估结束，到位资金900万元。整个工程以项目管理法人化为中心内容的新的管理机制在探索中运行、运行中完善。

2000年，阳泉市城区进行新华四小区改造。新华四小区改造尽管是市政府确定的27件实事之一，但由于拆迁面积大，耗资较多，仅靠市政府投资20万元难以完成。为此，城区政府在资金紧张的情况下，投资10万元用于该小区建设，保证小区建设的顺利进行。白草堰小区居委会积极动员居民住户开展义务劳动，邀约驻小区邻近单位出资、出力帮助，共筹资3万余元，对小区进行绿化，建成小区办公室，改善小区环境，为城区小区建设闯出一条新路。

1996年–2000年，阳泉市城区基本建设支出分别为266万元、245万元、102万元、90万元、144万元。

“十五”计划时期

2001年，大力吸引社会资金，抓好重点招商、基建项目的签约、落实工作。在小阳泉旧区改造项目方面，完成与泉美大酒店的合作，引进资金200万元；在城区环卫处生活垃圾无害化处理项目方面，与德国萨克斯尼亚工程设计及服务有限公司就合作项目继续保持洽谈；对物资公司建材装潢批发市场，继续按期落实合同；开工建设小阳泉绿矾沟便民市场，全面启动城区电影院改造工程；小阳泉旧区改造工程全年开工建设面积13万平方米，竣工面积7万平方米；完成中心广场垃圾中转站、水冲式公厕建设，再建一个垃圾中转站；进一步深化环卫体制改革，完善环卫所基础建设。2001年，阳泉市城区基本建设支出6万元。

2002年，从是年9月1日开始，阳泉市城区集中力量，全力完成治理桃河工程。城区承担的治桃任务为1.5公里，西起战备路原阳泉钢铁公司车队门前，东至原化工局背后，包括两座大桥的桥基加固，两处水渠，一处锁坝，一处弯道护底，3000米排水沟。工程预算总造价1574万元，其中25%计400万元由城区财政负担，其余由市财政两年内拨付。在全年的施工中，共组织“五大战役”，即9月1日至10日的第一战役，阳泉五建承建的6+000 – 6+160标段率先砌入全线第一方石料，砌石工程全面展开。9月11日至25日的第二战役，各项工作平稳推进，工程质量、施工进度以及现场管理等项指标均名列前茅。9月26日至10月5日的第三战役，胜利实现北堤如期封顶。10月6日至27日的第四战役，提前实现南堤封顶。10月28日至11月10日的第五战役，全面决战，完成全部水工工程建设任务。其间，累计完成工程总造价1250万元，坝体砌石4.3万立方米，机械挖土方21.2万立方米，回填土11.3万立方米，滩槽碾压5.98万平方米，外运土方20万立方米；桃河桥、华盛桥桥基加固浇注混凝土3300立方米；弯道护底砌石9600立方米，锁坝砌石560立方米，排水沟砌石2544米，南、北两坝压顶抹灰2600平方米。在阳泉市治桃办组织的评比考核中没有一次落后，全部达到国家质量标准。在小阳泉旧区改造工程建设方面，千方百计融通资金，全力推进小阳泉旧区改造扫尾工程进度。到是年年底，新开工3.1万平方米，竣工4.85万平方米，完成工程总投资3000余万元，累计完成工程投资3亿元，完成总投资的93%，竣工面积30.8万平方米，售房率达到98%。是年，阳泉市城区基本建设支出22万元。

2003年，阳泉市城区完成阳泉市治理桃河办公室分配的应急通道浇铸任务。城区承担的治理桃河任务十分艰巨，制定“全面铺开、两翼先行”的施工方案，并辅以具体措施确保完成。采用机械化作业，调动大型挖掘设备多台，确保施工效率；实行奖惩制度，以天为单位进行考核；坚持统一调度机制，树立“一盘棋”思想，按时完成城区承担的3公里长应急通道浇注工程。是年7月18日，城区隆重举行桃河治理工程城区标段竣工庆典。城区桃河治理工程从2002年9月1日开工以来，广大工程建设者奋战240多个日日夜夜，依靠上下同心、共铸伟业的团结精神，在全长1.5公里的标段，完成坝体砌石4.3万立方米，机械挖土21.2万立方米，弯道护底砌石9600立方米，应急通道浇注10500平方米，景观18处，播种草坪78900平方米，种植大乔木1300株、灌木31万株，完成工程总投资3100万元。是年，城区基本建设支出33万元。

2004年，狠抓城市环境改善，使第二阶段城市环境综合整治成效明显。拆除违建、临建3.2万平方米，彻底取缔13条路段马路摊位1000多个，铺装改造人行便道6.5万平方米，完成街面绿化1万平方米。1.5公里桃河治理绿化工程如期竣工，完成投资1400万元，增加绿地29万平方米，人均公共绿地面积达到6.28平方米。小阳泉旧区改造工程基本完成，竣工面积30.8万平方米，完成工程总投资3亿元，人居环境得到改善，城市品位明显提升。是年，阳泉市城区基本建设支出197万元。

2005年，阳泉市城区基本建设支出408万元。利用财政有限的资金投入，全年更多地吸引社会资金，使基本建设搞得有声有色。在小区创建方面：组织领导小街小巷、居民小区“四化”工程；

组织开展环境卫生达标小区创建，达标率达到50%，共创建环境卫生达标小区、楼院180个；做好物业管理小区的推广工作，新建住宅小区物业管理覆盖率达到100%，创建市物业管理小区10个，区物业管理小区20个，创建1个全市物业管理示范小区。

“十一五”计划时期

2006年，阳泉市城区基本建设支出160万元。是年城区以科学发展观统领经济社会发展全局，围绕“十一五”规划和“三城十区”奋斗目标，使固定资产投资稳步增长。全年全区固定资产投资完成21亿元，比上年增长79.5%，其中，城镇投资14亿元，增长86.6%。在城镇投资中，国有及国有控股投资13.9亿元，增长101%。其特点为投资结构进一步优化，呈现“二产稳、三产强”的态势。第二产业投资2.7亿元，增长7%；第三产业投资18.1亿元，增长103%。房地产开发投资完成7亿元，增长86.6%；商品房竣工面积14.7万平方米，下降16%；商品房销售4.6亿元。建筑业实现增加值4.9亿元，增长53%；具有建筑业资质的总承包和专业承包建筑业企业完成建筑业总产值16.6亿元，增长59.6%；实现利润2.37亿元，增长153%。

2007年，取消“基本建设支出”科目。

1986年–2006年阳泉市城区基本建设支出情况表

表2-6 单位：万元

年份	金额	年份	金额	年份	金额	年份	金额
1986	69.8	1992	76.0	1998	102.0	2004	197.0
1987	88.5	1993	80.0	1999	90.0	2005	408.0
1988	114.0	1994	——	2000	144.0	2006	160.0
1989	52.7	1995	143.0	2001	6.0	——	——
1990	30.0	1996	266.0	2002	22.0	——	——
1991	135.0	1997	245.0	2003	33.0	合计	2462.0

第二节 企业挖潜改造资金

企业挖潜改造基金，亦称企业更新改造基金。国营企业主管部门在编制年度基本建设计划时，将本部门所属企业的更新改造项目编列在内，财政部门根据计委审核批准的基本建设计划进行拨款，由银行监督使用，财政不单独反映更新改造资金的支出情况。

1976年，对企业挖潜改造基金实行由主管部门向下拨款的办法支付，单独立项。同时继续保持对区属企业技术改造进行补助投资。国家预算制度规定，列入企业挖潜改造资金类的范围有：工业、交通、建筑工程、农业、商业、文教卫生系统所属企业的挖潜改造；国家拨给各级建设银行的企业挖潜改造贷款基金；国家批准对专项挖潜改造的投资贷款；在部门和地区的挖潜改造资金中统筹支付的补贴利息支出。

1982 年 8 月 14 日，为加强企业更新改造资金管理，执行国务院发出的《关于整顿国内信托投资业务和加强更新改造资金管理的通知》，阳泉市城区要求做好如下工作：国营工业、交通、商业企业的更新改造资金，只能用于技术改造和设备更新，不能用于新建项目和其他支出；各级财政部门、主管部门以及建筑施工企业的更新改造资金，应全部存入建设银行，由建设银行管理；国营工业、交通、商业企业的更新改造资金，凡已确定用于更新改造的部分，仍应在人民银行专户存储；企业的更新改造资金，同人民银行贷款合用的，由人民银行管理；同财政拨款、建设银行贷款合用的，由建设银行管理；同人民银行、建设银行两家贷款合用的，现在是谁管理仍由谁管理。企业更新改造资金历年的结余，因已参加流动资金周转，不再划转建设银行。

1984 年，国务院发布《国营企业成本管理条例》，强调企业应在基本建设资金、各种专项资金和专项经费中开支的费用，应在企业留利中开支的奖金，超出国家规定开支标准的各项费用支出、专项贷款利息以及赔偿金、违约金、滞纳金和罚款一律不得列入成本开支。对于违反本条例，擅自提高开支标准，随意摊提成本费用，弄虚作假，造成严重损失浪费以及损公肥私等行为的企业，由有关部门进行严格监督检查。随着国家财政体制的改革，财政预算拨款有所压缩。企业挖潜改造资金中的不足部分，改为企业向银行申请专项贷款的办法解决，并以新增利润、固定资产占用费以及企业留用的更新改造资金归还。1985 年，阳泉市城区建立一级财政，是年，企业挖潜改造资金支出 10 万元。

“七五”计划时期，企业挖潜改造资金累计支出 109.9 万元。其中，1986 年，全区企业挖潜改造资金支出 40 万元，比上年增长 3 倍。是年，财政部门充分发挥“技改周转金”“科技发展基金”和“新产品开发基金”的“三把米”作用，采取“一顶轿子几家抬”的办法，配合专业银行的贷款，保证全区重点工程的实施。

1987 年，针对财政拨付的企业挖潜改造资金数量太少，难以保证企业需要的状况，省财政厅、建设银行山西省分行下达《山西省小型技术改造措施贷款管理办法》，指出小型技措贷款主要用于国营工交企业、符合条件的集体所有制企业。该类企业利用现有设备、厂房，挖掘和扩大生产能力，有明显经济效益的小型技措项目的企业，均可申请小型技措贷款，为企业进行挖潜改造开辟资金来源。

1988 年，阳泉市城区企业挖潜改造资金支出 10 万元，同税务、银行等部门互相配合，广泛筹集资金对出口创汇、短平快的重点技改项目进行扶持。

“七五”期间，阳泉市城区先后进行技改、“短平快”科技开发项目 22 个，总投资 658.5 万元，建成年产 10 万台电机的组装和喷漆生产线、维尔康系列饮料灌装生产线、型煤生产线、玻璃真空镀膜生产设备的引进和投产运行，不仅填补省、市空白，而且增加出口创汇能力。日用化工系列产品、彩印工艺、玻璃组装家具、“三针一钉”等新产品、新工艺。“七五”期间，城区共完成固定资产投资 1249.6 万元，包括基本建设项目投资 805.1 万元、技术改造项目投资 444.5 万元。在基本建设项目中，竣工项目投资 577.1 万元，占基建总投资的 71.68%；在建项目投资 228 万元，占 28.32%。由于进行企业挖潜改造，大大增强城区企业的竞争力。

“八五”期间，阳泉市城区企业挖潜改造资金共计支出 220 万元。“八五”期间，城区确定发展为生产和生活服务的消费品工业和第三产业，对企业的发展，主要依靠科技进步，走内涵挖潜的道路。采用先进设备和技术对现有生产能力填平补齐，促进提高产品质量和产品升级换代，改变产品结构初级化和技术、设备老化状况，提高企业素质和竞争能力。在企业发展方面，侧重以骨干企业为龙头，在巩固和发展电机、饮料、阀门、文教用品、木制家具等重点产品的同时，确定引进和完善一批技改、科研、短平快项目，加强城区的经济、技术实力，力争达到建成1 ~ 2个产值达千万元以上的企业。

“九五”期间，阳泉市城区坚持科技进步，下大力搞好技术改造和新产品开发，提高经济运行质量，为全区经济发展积蓄后劲；从适销对路、节能降耗、效益好的产品入手，不断使企业产品向起点高、科技含量大、附加值高的方向转化。从1996年–2000年年底的5年间，城区企业挖潜改造资金前4年共计支出160万元，2000年未列支出。其间，列入市目标和城区自筹技改和新品投入资金累计约1322万元，建成或投产34个技改、新品项目。

1996年，列入市技改扶持目标的4个技改项目，即钢管厂“纵剪生产线配套改造”、永安化工厂“液体二氧化硫生产线”、汽车工业公司“天津汽车维修站电脑控制系统”、朝阳钢木家具厂“扩建钢木家具生产线”，经审计和验收，年内投入生产。从培植新的经济增长点出发，年内又先后确立7个城区自筹技改项目，即永安化工厂“氨基胍生产线”，被省、市列为重点开发项目，并通过省经贸委组织的项目论证；新组建的特种耐火材料厂“不烧电炉顶生产线”项目于年底开机投产；蓝天时装店的“服装生产车间改造”项目完成；“城区百货公司的大楼改造项目”分期实施。是年，城区企业挖潜改造资金支出80万元。

1997年，列入市政府年度工作目标责任制的技改项目2项，即城区玻璃制品厂“斜边机”和特种耐火材料厂“复合不烧电炉顶砖”全部完成并投入生产。城区年初确定的4个项目，包括技改项目3项，即城区汽车工业公司的“天津汽车维修站”、城区印刷厂的“覆膜机”、太行电熔镁总厂的“镁质散装料车间”建成并投产；新产品项目1项，即城区饮料厂的“神奕乐”可乐型饮料试制成功并投入生产。是年，阳泉市城区企业挖潜改造资金支出61万元。

1998年，市下达技改项目2项，即城区饮料厂“罐装生产线改造”、玻璃制品厂“磨边机”引进完成并投产达效；3项新产品开发项目，即城区饮料厂“神奕乐”可乐型饮料、特种耐火材料厂“三角曲砖”和“碳化硅陶瓷架板砖”全部完成。经有关部门鉴定，“三角曲砖”使用寿命可达20次左右，在同类产品中处于国内领先水平。是年，阳泉市城区企业挖潜改造资金支出5万元。

1999年，组织企业进行技术改造，建立技改项目目标责任制，集中力量对关键设备、重要工序进行改造，认真做好技改前考察、论证等工作，打好“短平快”战役，全年完成技改项目3项，即城区饮料厂的“冷却水处理设备”、玻璃制品厂的“磨边机”和“玻璃深加工”项目。是年，阳泉市城区企业挖潜改造资金支出14万元。

2000年，取消“企业挖潜改造”支出科目。

1985年–1999年阳泉市城区企业挖潜改造资金支出情况表

表2–7　　　　　　　　　　　　　　　　　　　　　　　　　　　　单位：万元

年份	金额	年份	金额	年份	金额	年份	金额
1985	10.0	1989	40.0	1993	70.0	1997	61.0
1986	40.0	1990	10.0	1994	30.0	1998	5.0
1987	0.9	1991	10.0	1995	80.0	1999	14.0
1988	10.0	1992	30.0	1996	80.0	合计	490.9

第三节　科技三项费用

科技三项费用是国家预算用于新产品试制费、中间试验费和重要科学研究补助费的简称。设立该项目预算资金的目的在于开展科学技术的应用研究，将科学技术转化成为生产力。科技三项费用支出具有对生产、科研单位开发新产品研究、试制及投产所需经费给予补助的性质，对促进生产、科研单位重视应用技术的研究推广具有重要意义。

新产品试制费。用于经政府部门和主管部门批准的，全国、全省范围内从未试制、生产的产品和对老产品确有重大改进，需要进行研制所需的支出。资金使用范围包括设计制图费、工艺规程制作费、设备调整费；必需增添的非主要设备和相应的土建工程；专用工具卡；原材料、半成品和产成品的试验费；样品、样机购置费；技术鉴定费和技术文件校订费；新产品试制成本高于售价的支出，以及试制失败发生的损失；样品、样机的出售价款，应冲减试制费用。

中间试验费。指已有科学研究成果，但尚未取得必要数据，不能在生产或建设中直接采用，必须建立一定装置、机组、车间或试验场地，进行扩大规模试验或较长期试验验证改进，经批准纳入计划的项目，其所需支出，即为中间试验费。试验研究成果，或小型试验还不成熟的项目，不列入此项开支。其资金使用范围包括：进行中间试验所需的土建工程、设备购置及其安装、仪器购置和其他试验费用等。

重要科学研究补助费。主要用于补助高等院校和企业事业单位所承担的全国性重大科研任务中需要费用较多、经批准纳入计划的项目。

新产品试制费。1953 年 –1957 年，由国家拨给的“三项”费用（指技术组织措施费、新种类产品试制费和零星基本建设支出）中解决；1958 年 –1961 年，改由利润留成中开支；1962 年起，恢复财政拨款。

中间试验费。1964 年以前，列入工业交通商业事业费，1964 年后采取“三项”费用管理办法。科学研究经费由国家预算拨款解决。1972 年国家将上述“三项”费用合并为科技三项费用，由财政预算拨款解决。预算拨付的科技三项费用主要用于全国性的和具有地区特点的新产品试制、中间试验和重要科研项目。地方自行确定的项目由各地预算拨款或自筹资金解决。

城区 1985 年开始有科技三项费用支出，是年，列支 0.1 万元。

“七五”计划时期，阳泉市城区十分注重开展科技研究。1987 年，城区科委独立建制后，注重对科技项目的考察、论证立项、实施工作。至 1990 年年底，公开引进、推广各类科技成果 10 项，其中列为市级的 5 项、区级的 5 项，特别重点抓市级科技项目的开发，即真空镀膜新技术运用、彩印包装新技术、挂面新品种开发、洗涤剂新产品研制开发、特种电珠开发。该类项目共投资 6362 万元，其中，彩印包装新技术和洗涤系列产品的研制开发，于 1988 年 7 月经过市级鉴定；洗涤机系列产品获市级科技进步三等奖；真空镀膜新产品填补华北地区空白。在技术改造上，重点对有一定技术实力的企业进行改造，总投资为 549.5 万元，新增产值 1693 万元。至 1990 年年底，城区已拥有的先进设备生产线是 10 万台微电机生产线、微电机自动喷漆生产线、饮料自动灌装生产线、型煤自动生产线。在科普宣传推广方面，城区科协多次利用各种渠道，运用墙报、板报、标语、广播、录音、实物展览等形式开展科普宣传。1990 年 10 月，利用 3 天时间，由城区科协牵头，在福寿街举办“城区首届科技周活动”。该次活动采取广播、录音、实物展览、图片、黑板报、咨询服务、散发科普资料等方法，开展“识别伪劣产品”“计划生育知识”“优生优育、科学育儿”“标准计量法知识”“取暖蜂窝煤炉的科学使用方法及优惠展销”“新型日化产品优惠展销”等一系列科学知识的宣传和服务，共展出版面 30 多块、标语 6 幅、组织音响播出录音宣传 30 余次，计 100 个小时。接待群众来访、咨询服务 6000 人次，散发科普资料 1 万份，对提高全区科技意识，在人民群众中形成“爱科学、讲科学、用科学”和倡导“尊重知识、尊重人才”的良好风尚起到积极的推动作用。

“七五”计划时期，阳泉市城区科技三项费用支出各年分别为 0、1.5 万元、4.1 万元、5.2 万元、9.4 万元，共计为 20.2 万元；年均支出 4 万元，占同期经济建设费支出的比重很小。

“八五”计划时期，阳泉市城区科学技术委员会坚持“科学技术是第一生产力、经济建设必须依靠科学技术，科学技术工作必须面向经济建设”的指导方针，为实现城区“科技兴区”战略目标，完成“八五”计划的各项任务，为全区经济发展和社会事业的全面进步做出了积极贡献。其间，全区科技三项费用共支出 107 万元（1994 年无支出），年均支出 20 万元，占同期经济建设费支出的比重很小。

1991 年，阳泉市城区区委、区政府注重科技发展，主要开展如下工作：

印发《阳泉市城区关于科技兴区的实施意见》，标志着城区区委、区政府已经把“科技兴区”列入全区工作重点。全区科技三项费用由年初预算的 5 万元追加到 25 万元，占 1991 年全区财政预算支出的 2.01%，第一次超过国家规定不低于 1% 的比例。加上省、市三项费用切块资金，全年城区科技三项费用总额 37.5 万元，再加上历年科技三项费用投资积累的“自然科学发展基金”，实际达到 55 万元，具备一定的资金规模，为城区科学技术进步注入生机和活力。

全区技改和新品项目共计立项 32 项，是城区历史上立项最多的一年，投资总额近 900 万元，相当于阳泉市城区“七五”期间的投资总和。

以“科技兴区”为目标，努力推进技改和新产品开发。制定《阳泉市城区关于科技兴区的实施意见》，成立“阳泉市城区实用技术开发研究所”，设立“城区自然科学奖励基金”，组织区直企业领导、科技人员 45 人观摩“全国第六届发明展览会”，全年共申报立项技改和新产品项目 33 项，总投资为 900 万元。是年，阳泉市城区财政科技三项费用支出 23 万元。

1992 年，阳泉市城区积极依靠科学技术，努力增加科技投入。全年财政用于科技发展的支出为 25 万元，占全年财政预算支出的 1.6%。全年城区共申报立项技改和新产品项目 32 个，总投资 900 万元。全年已有洗涤剂生产线、第二条维尔康生产线、讲义夹生产设备改造等 8 个技改项目建成投产。全年新增产值 796.1 万元，新增利税 178.36 万元。为鼓励广大科技人员和工人的劳动积极性和创造性，城区政府于是年召开自然科学、技术改造成果项目暨个人表彰奖励大会，对实施城区区委、区政府“科技兴区”战略，贯彻、落实科学技术是第一生产力方针，为全区经济繁荣和社会进步起到推动作用。是年，城区阀门二厂的稀土远红外节能炉盘项目试产成功，新增产值 160 万元，节约煤气用量 30%，炉面温度可由原来的 700 摄氏度提高到 1000 摄氏度，比其他炉盘产生的有害气体大幅度下降，其中一氧化碳降低 43.8%，氮氧化物降低 74.4%。是年，城区科技三项费用支出28万元。

1993年，阳泉市城区实施刻字工艺厂的原子印章铜印技术项目，总投资5万元，是国内最先进的印章，可连续使用一万次以上，章面有保护盖，可自行关闭，携带方便。该技术的引入，填补全市印章制作和应用的一项空白。积极支持企业向外围扩展，努力开发新工艺、新产品，不断扩大生产规模，在区财力十分紧张的情况下，仍拿出100万元资金用于企业的贷款贴息，有力保证了重点技改项目的完成。是年，城区财政科技三项费用支出20万元。

1994年，区属企业立项18个，实现投资320万元。在项目实施过程中，阳泉市城区科委积极帮助企业解决技术上的难点和企业管理中存在的问题，为创造城区高科技龙头产品奠定良好的基础。

1995年，区属企业立项6个，总投资149万元，其中市立项目2个，总投资119万元。区政府本着"突出重点、兼顾一般、扶优扶强"的原则，确定和着重培植5个年产值超千万元的骨干企业，从改革、改造、管理、资金投入、项目贴息等方面集中扶持，整体推进，保证该5户企业形成拳头，占领市场。到是年年底，城区汽车工业公司、微型电机厂、永安化工厂、饮料厂、太行电熔镁厂全部跨入千万元行列。是年，财政支出科技三项费用达36万元，是"八五"期间科技三项费用投入最高的一年。

"九五"计划时期。1996年，为适应全国科技发展需要，财政部等国家四部委联文下达《科技三项费用管理办法》，规定科技三项费用是指国家为支持科技事业发展而设立的新产品试制费、中间试验费和重大科研项目补助费，是国家财政科技拨款的重要组成部分，是实施中央和地方6大重点科技计划项目的重要资金来源。重新明确科技三项费用的开支范围包括设备购置费；能源及原材料费；试验外协费；资料、印刷费；租赁费；差旅费；管理费；其他费用。

1997年，阳泉市城区根据《山西省促进私营科技企业发展条例》，明确提出实施"科教兴区、优势产品和私营科技企业经济"三大战略，规定对民营科技企业的资格认定和管理办法，使民营科技企业成为区域经济发展的一支生力军。

1998年5月5日，阳泉市城区出台《关于创建全国科技工作先进区活动方案的通知》。《方案》对创建活动的各项指标、任务进行分解和细化，将责任、任务、质量、目标落实到人头，层层负责，做到领导到位、责任到位、措施到位、资料到位。在创建中狠抓"六项一票否决指标"的落实，"六项一票否决"即GDP年增长速度达到全国年增长速度5个百分点以上；科技三项费用不低于全国财政预算支出总额的1%；九年制义务教育普及率达到100%；城区区委、区政府专题研究科技工作每年不少于2次；城区科委机构健全；科技进步在经济增长中贡献份额不低于全国水平，其中任何一项不达标，即予以一票否决。到是年年底，共立项科技新项目8项，开发新产品3项。

1999年，阳泉市城区经科技部验收并批准为"1997至1998年度全国科技先进城区"，跨入全国科技先进区行列。科技队伍不断扩大，区内全民、集体、个体、民营科研机构蓬勃发展；科技成果不断涌现，民营科技企业发展迅速，科技投入每年增加，科技意识大为提高，全区上下形成尊重知识、尊重人才的良好氛围。是年7月6日，省科委专家组通过实地考察、听取汇报、审阅资料、会议答题、认真评议，对25项一级指标和50项二级指标逐条审核，采取现场打分办法进行评价，城区以总分970.61分的成绩通过验收，并报科技部予以审定。

2000年，阳泉市城区制定《科学技术发展"十五"计划及2015年远景规划》，出台《关于大力发展民营科技企业的实施意见》《关于引进人才、资金、技术的优惠政策》《关于对全区有突出贡献的科技人员进行奖励的办法》等措施。是年 6 月 15 日，阳泉市城区科委做出《关于巩固“创先”成果暨广泛开展“十个一”活动的决定》，在科技创新方面主要培育一个龙头企业——城区饮料厂，是年给予该厂 20 万元三项费用扶持，使该厂的“水处理及 PET 饮料罐装生产线”项目获得较大经济效益。

1996 年 -2000 年，阳泉市城区科技三项费用支出分别为 24 万元、23 万元、40 万元、53 万元、48 万元，合计为 188 万元。

“十五”计划时期。2001 年，为适应建立公共财政框架和 WTO 规则的要求，将国家计委、国家经贸委归口管理的科技三项费用从原“科技三项费用”中分离出来，更名为“产业技术研究与开发资金”，专项用于支持产业技术研究与开发。该项资金由财政、计委、经贸委负责管理。财政部门职责为负责资金预算管理，会审下达资金使用计划，办理资金拨付手续，对资金使用情况进行追踪问效、监督检查；支持产业技术成果转化。并规定项目承担单位应具备如下基本条件：在中华人民共和国境内注册，具有法人资格；有健全的财务核算与管理体系；有必要的研发设备；有一定数量和水平的专业技术人员；在研发领域已取得相关的科研成果；其他应具备的条件。在符合上述规定时，财政可给予产业技术研究与开发资金扶持。

2002 年，阳泉市城区先后组织专人到安徽省安庆市国家级民营科技园区进行学习考察。回来后，建成了“勤工科技园”和“城区信息科技园”。“勤工科技园”建筑面积 5000 平方米，集产品研发、生产、销售、技术培训为一体。“城区信息科技园”经营面积 1100 平方米，经营计算机网络、电脑经销、软硬件开发、计算机培训、特行服务等，下设 IT 数码港、电脑开发部、特行服务部 4 个分公司。到是年年底，城区“天河汽车镗磨维修有限公司”“北冰洋炊事制冷设备有限公司”“鹏跃科技商贸中心”3 家民营企业被省科技厅认定为“山西省科技型企业”。

2003 年，勤工技术实业开发有限公司的“并联式煤炭气化炉”项目被推荐为省火炬计划和省科技创新项目，山西晋东包装材料有限公司的“防静电包装材料”被列入国家级火炬计划成功的典范。

2004 年，阳泉市城区在民营科技企业扶持方面，重点抓“四个扶持”。一是舆论扶持。充分利用舆论氛围，大力宣传优秀民营科技企业家的突出成绩。二是资金扶持。积极为民营科技企业多方争取资金，如为勤工技术实业开发有限公司“并联式煤炭气化炉”争取到省科技扶持资金 45 万元。三是技术服务扶持。就是在项目申报等方面积极为民营科技企业进行服务指导。四是引导扶持。积极引导和鼓励民营科技企业研发拥有自主创新能力和自主知识产权的产品。

2005 年，阳泉市城区区委、区政府加强“城区科技网”和“科技人才库”建设。积极有效地开展“科技进社区”活动，对全区 43 个社区 630 多名干部进行科技知识培训，在条件较好的新华东街社区建成标准化的科技长廊。到 2005 年年底，城区运用科技扶持和产业结构调整的方式，积极创新环境，引导扶持发展非公经济，形成“三产主导、非公支撑、消费拉动、环境推动”的经济格局，实现区属经济向税域经济的转变，经济体系更加符合城区的实际和特点。

“十五”期间，阳泉市城区科技三项费用支出分别为 43 万元、52 万元、69 万元、83 万元、84 万元，合计为 331 万元。

“十一五”计划期间。2006 年，围绕“十一五”发展规划所制定的发展目标，建立科技计划项目管理基本制度，发布《阳泉市城区科技计划项目申报指南》，增强科技计划项目的指导性和针对性，促进拥有自主知识产权的重大科技成果实现产业化。一是注重项目申报前的调查研究、立项中的指导服务、立项后的跟踪问效工作。对照城区科技申报指南，认真筛选项目，指导项目单位按时完成项目申报工作。二是充分发挥科技项目应有的经济效益，加强科技计划立项、中期监督、结题全程管理，最大限度地发挥科技资金使用效益。三是搭建企业专利技术产品转化平台，提升城区知识产权创造、运用、保护、管理能力，收到预期效果。指导城区中驰纳米科技有限公司被评为“专利申请突出的企业”。是年，阳泉市城区科技三项费用支出106万元。

2007年开始，将“科技三项费用”并入“科学技术支出”。

1985年–2006年阳泉市城区科技三项费用支出情况表

表2-8　　　　单位：万元

年　份	金　额	年　份	金　额	年　份	金　额	年　份	金　额
1985	0.1	1991	23.0	1997	23.0	2003	69.0
1986	——	1992	28.0	1998	40.0	2004	83.0
1987	1.5	1993	20.0	1999	53.0	2005	84.0
1988	4.1	1994	——	2000	48.0	2006	106.0
1989	5.2	1995	36.0	2001	43.0	——	——
1990	9.4	1996	24.0	2002	52.0	合　计	752.3

2007年以后，国家对预算支出科目进行调整，将2006年以前使用的“科技三项费用支出”与“科学事业费”，一同并入2007年开始使用的“科学技术”支出科目。

第四节　流动资金

流动资金是企业占用在生产过程和流通过程中的周转性物资和商品上的那部分资金，它因劳动对象在一个生产周期内被消费，其价值全部转移到产品中去而区别于固定资金。流动资金包括财政直接拨给预算内投资新建、扩建国有企业的流动资金和增拨给银行采用贷款方式，供应给企业的信贷基金两部分。

1979年3月，国务院将财政部整理的《关于压缩流动资金搞挖潜、革新、改造》的资料印发各省、自治区、直辖市，要求各地搞好挖潜、革新、改造工作。城区在此基础上提出：不拖欠货款。压缩下来的流动资金，首先要归还拖欠其他单位的货款。两、三年内不增加流动资金。不能一面拿流动资金搞挖潜改造，一面向国家要求增加流动资金。保证按期归还贷款，不占用应上缴的国家税利。是年清产核资后，主管部门重新对国营企业流动资金定额进行核定，由财政和人民银行在国家下达的指标内，审批各企业应增加的流动资金。

“六五”计划时期，1982 年 12 月，国务院批转国家经委、国家计委、财政部、中国人民银行《关于加强企业流动资金管理的报告》，指出：目前企业流动资金占用多，周转慢，经济效益差的情况仍然相当严重。1981 年，国营工、商企业流动资金的周转天数，都没有达到历史上的较好水平。为改变该种状况，节约流动资金的使用，加快资金周转，是年必须迅速采取以下措施：

加强生产的计划管理，搞好产销平衡。严格禁止计划外布点和重复建设，减少流动资金的占用。减少流通环节，疏通渠道，扩大商品销售。各级商业部门要会同银行区别不同情况，逐步核定正常合理的周转库存限额。超过限额而又不合理的，银行要加收利息。限期处理积压物资。1982 年 1 月 1 日以后发生积压物资和商品，须要报废、削价、改制而发生的损失，一律不准冲减国家资本金和银行贷款，应分别列入企业成本、损益或有关资金中解决。加强流动资金管理。从 1983 年起提出流动资金周转指标，作为指令性指标，纳入经济计划，层层落实到企业，据以执行和考核。

在资金的供应上，根据不同情况，采取区别对待的措施。对于有利于发展生产，搞活经济，扩大产品销售，能够提高经济效益的；对于增产短线产品和改产耗能少、原材料消耗低的产品；以及采用新技术、新工艺、新设备、新材料，生产新产品，引进先进技术的，银行要在流动资金和设备上，积极给予支持。

1983 年 6 月，执行国家规定，国营企业的流动资金实行除企业自行补充部分外，改由人民银行统一管理，由人民银行制定流动资金管理制度，管理企业的国拨流动资金，核定企业的流动资金定额和计划。银行统一管理流动资金的办法如下：

企业的国拨流动资金仍然留给企业。对企业的国拨流动资金，应该实行有偿使用，收取一定的占用费。考虑到原来上缴财政的流动资金占用费已计入上缴收入任务之内，可暂时停收。

改进企业流动资金定额或计划的核定办法。由过去按储备、生产、成品三个过程和主要物资的合理周转需要核定，改为按平均先进的销售收入资金率（或销售成本资金率）核定工业企业的流动资金定额，每年按销售计划调整一次，生产和销售增长了，流动资金可相应增加。

考核企业的流动资金使用情况，对超定额（或计划）贷款实行加息或“浮动利率”。

根据国家的经济政策，对不同行业、企业和产品实行差别利率。

1993 年新企业财务制度实行后，国家对流动资金管理交由企业自行处理。

1985 年–2008 年，阳泉市城区共支出流动资金 30 万元。其间，只有 3 个年份有，即 1986 年、1989 年、1990 年，每年分别为 10 万元。

第五节 工业、交通、商业等部门事业费

工业、交通、商业等部门事业费，指国家用于工业、交通、商业等主管部门所属的不直接从事物质资料生产、交通运输业务，但又直接或间接为生产建设服务的事业机构人员所需的经费和业务费。该类事业费在城区按部门设置款级科目，下设勘察设计费、科学研究费、中等专业学校经费、技工

学校经费、干部训练费和其他事业费 6 个项级科目。该类事业费在城区涉及的部门主要有交通部门、测绘部门、标准部门、计量部门、劳动部门、物价部门和环境保护部门。

1991 年，针对阳泉市城区企业基础差、底子薄的实际状况，积极想办法、定措施，着手对企业的产品、产业结构进行调整。在 1990 年企业生产要素合理流动和优化组合的基础上，将童装厂从日化二厂划出，与饮料厂合并经营，为饮料厂扩大生产创造条件。从阀门二厂分设出铸造分厂独立经营，并将原小阳泉铸造厂的铸造生产部分划归铸造分厂。通过调整，为企业发展奠定了扎实基础。是年，阳泉市城区区委、区政府在全区范围内开展质量、品种、效益“管理年”活动，从区政府至基层单位，层层建立“管理年”活动领导机构，制定“管理年”活动实施方案，分别对质量、安全、技改、新产品开发、销售及量化考核指标作具体要求。各企业从基础管理入手，建立、健全各项管理制度。把开展“管理年”活动与“奉献杯”立功竞赛等活动有机结合起来，积极采纳职工合理化建议，大力开展“双增双节”运动，共节约各种原材料价值近 70 万元，促进产品创优和企业上档升级。城区木器厂被评为省级先进企业，该厂生产的卧室组合家具通过省优复评；城区饮料厂被评为市级先进企业，该厂生产的维尔康系列饮料获省优产品奖。“管理年”活动、“奉献杯”竞赛推动区营企业的改革和发展，“酒必清”饮料获省优秀食品奖；文化用品厂讲义夹获部优产品称号，全区实现部优产品零的突破，优质产品产值率达到 54.6%，比上年提高 17.5%。

1992 年，阳泉市城区区委、区政府继续加快企业改革步伐，先后出台《推进企业内部人事、劳动、三项制度实施意见》《城区若干项目开发实施方案》《鼓励外商投资优惠政策》《城区经济上新台阶实施方案》等一系列改革方案。在学习和借鉴省、市及外地先进经验的基础上，选择了城区饮料厂、印刷厂、电机厂 3 个企业作为试点，建立干部能上能下、职工能进能出、工资能升能降的新机制。在立项困难、资金紧缺的情况下，全区共申报立项技改和新品项目 27 项，其中，技改 10 项、新产品 17 项，总投资 954 万元。到是年年底，10 项技改项目验收投产；全区共收到职工合理化建议 1300 余条，创造经济价值 192 万余元，节约各种原材料及费用 111 万余元。

1993 年，阳泉市城区在财政十分紧张的情况下，区政府拿出 100 万元资金用于企业贴息贷款，有力保证重点技改项目的完成。同年，区直企业申报立项的技改、新品项目 17 项，总投资为 1457.5 万元，新增固定资产 700 余万元，是建区以来投入最多、收效最大的一年。是年年末，汽车工业公司的汽车改装厂一期土建工程全部完工，首批样车已投放市场；永安化工厂投资 80 万元增添空分机设备后，使原闲置设备全部投产，年产量翻番；食品二厂的花色雪糕自动生产线投产，产品投放市场后颇受消费者青睐；城区装潢厂的特种瓦楞纸生产线基建工程完工，前期设备已到位。区营企业基础建设的加强，不仅提高企业的生产能力，扩大企业生产规模，同时也为企业的继续发展夯实基础。

1994 年，全区新增固定资产 880 余万元，新增厂房等基础设施建筑面积 800 余平方米。区政府加强了企业的基础管理工作，努力提高企业管理水平，取得了明显成效。全区共申报省优产品 2 项，荣获省级优秀 QC 小组 1 个，市级 3 个；创省级现场管理先进企业 1 个；创市普及型企业 3 个。区直企业全部落实全员劳动合同制，探索试行“两厂一长”制和股份合作制。各种形式的社会主义劳动竞赛活动广泛开展。年内，职工共提合理化建议 320 条，采用后节约各种原材料和资金共计 202 万元，双增双节总价值 1208.7 万元，职工人均实现价值 4259 元。

1995 年，阳泉市城区相继建成永安化工厂液体二氧化硫生产线和食品二厂速冻食品生产线，钢管厂纵剪设备已投入运行，1400 平方米的纵剪车间交付使用，实现了配套效益。食品二厂、电机制造公司新车间已全部落成。玻璃厂喷砂雕刻、印刷厂胶印工艺也相继投产，第二饮料厂还新开发出了“卡卡”饮料、车辆厂开始生产“磨浆机”“小型粉碎机’等新产品。是年，城区政府重点培植的汽车工业公司、微型电机厂、永安化工厂、饮料总厂、太行电熔镁厂5个年创产值千万元的骨干企业，总产值共计8448万元，占区营企业总产值的77.66%。

1996年，阳泉市城区企业在改革中有新进展。一是抓住难点，双管齐下，着重抓好企业内部资金盘活和外部融资“两个关键”，狠抓困难企业与后进企业扭亏、转化“两个重点”，及时调整、充实企业领导班子，签订扭亏目标责任状，收到明显效果。二是企业破产工作迈出较大步伐。城区政府狠抓企业深化改革，根据省、市有关文件精神，依法对8个企业实施破产，年内有4个单位组建新的企业并开始正常运行。三是继续加大技术改造力度。年内列入市目标的4项技改、2项新产品项目已全部完成。年内，又先后确立的7项城区自筹技改项目基本完成。

1997年，根据市委、市政府总体安排，城区政府大胆解放思想，更新观念，从“放小”入手，全面推进企业改革。区直26个企业中完成改制的有17个。日用木器厂、特种耐火材料厂、物资公司、开发公司、玻璃厂5个企业已正式挂牌运行；型煤二厂、文化用品厂已整体出租给个人经营；车辆厂、日化二厂等5个企业已向社会公开拍卖；汽车工业公司公开拍卖两个门店；永安化工厂由市化肥厂采取托管经营。同时，各企业因企制宜，多形式并举，在试行股份制合作、“退二进三”等方面也迈出较大步伐，取得一定成效。

1998年，阳泉市城区进一步深化企业改革，加快企业改制步伐。区属24个企业完成改制的19个，正在准备改制的企业5个。在改制工作中，重点抓改制企业的规范完善、生产经营战略和实施减员增效以及再就业工程。企业改革的目的在于转换经营机制，激发企业内部活力。如改制后的特种耐火材料厂，根据市场需求开发市场急需的三角曲砖、碳化硅陶瓷架板砖，迅速打开太原钢铁公司和其他市场。玻璃制品厂积极引进玻璃异形边深加工设备，投入生产后，客户络绎不绝。技改、新产品开发为改制企业发展插上腾飞的翅膀。

1999年，按照“退二进三”的经济发展思路及城区实际，区直工业围绕经济建设，不断提高企业素质和经济效益。下调工业总产值指标，由市计划的1.7亿元下调为1.2亿元，使企业得以“休养生息”。进一步深化企业改革，按照建立现代企业制度要求，采取改组、联合、兼并、租赁、承包等形式放开搞活企业。加大投入，狠抓技改。先后投资25万元，分别对饮料厂冷却水处理设备、玻璃厂磨边机进行改造。强化企业管理。在管理较为规范的微型电机厂推广了邯钢“模拟市场核算，实行成本否决”的管理模式；在刻字工艺厂、印刷厂等7家企业实行“企务公开”活动。实施扶优扶强战略。在全区范围内开展优势企业、优势产品的评选活动，对入选的11个区直企业给予重点扶持和帮助。

2000年，阳泉市城区企业改革以提高区直企业经济运行质量和效益为中心，狠抓 “退二进三”工作。全区18家工业企业中，5家有条件实施“退二进三”的企业，采取“全部退、部分退、人员退”的方式，退出第二产业领域，发展第三产业。城区玻璃制品厂将位于市区繁华地带的180平方米场地，改建为8间商业门面；城区印刷厂将270平方米的临街门面改建为经营服装、饮食的门店；城区车辆配件厂利用本厂临街闲置场地，吸纳43万元社会资金，修建1250平方米的临街门面房，从事配件、餐饮和小商品批发。

2001年，继续贯彻落实《关于区属企业进一步深化改制的实施方案》，深化区属企业改革。

对文化用品厂、日化二厂、第二耐火材料厂、永安化工厂、汽车工业公司、饮料厂、型煤二厂、日用木器厂等企业进一步深化产权制度改革。改为公司制的企业，年底初步建立现代企业制度。是年年底，完成微型电机厂与通用机械厂联合，完成钢管制造总厂破产。至是年年底，全区民营企业发展到762户，个体工商户发展到4231户，非公有制经济纳税额3376.8万元，所占份额比1999年增加5.8个百分点。

2002年，阳泉市城区财政局着力推进区属工业企业优化升级。帮助玻璃制品厂、刻字社等特色企业改善经营，提高素质，把企业做强。如玻璃制品厂结合技术更新，进行厂区改造，使企业的资产状况和经营条件大为改善。重点培育饮料、电机两大集团。如引导饮料厂进行“三厂合一”的兼并重组，引进具有国内先进水平的制冷机、混合机、水处理机和塑料包装瓶生产线，开发“维尔康新口味”和纯净水等新产品，提高生产能力，开拓山东、河北等新市场，实现销售收入502万元，上缴税金49.6万元，成为区属龙头企业。

2003年，全区经济结构调整继续推进，第三产业进一步发展，批发零售、餐饮住宿、商务服务等传统服务业快速增长，房地产业、物业管理、社区服务等新兴服务业加快发展，信息咨询、电子商务、中介服务等现代服务业兴起，连锁、专营、特色等新兴服务方式不断发展。全年第三产业纳税额实现7767.7万元，增长19.1%。

2004年，全年确定的重点调产项目共有4个，分别是“维尔康”系列产品开发项目、联丰商城项目、电子印章项目和温州商贸城项目。通过加强项目动态管理和协调服务，各项目进展顺利。如：联丰商城项目选址于白草堰阳光广场东侧，占地面积1.2万平方米，建筑面积2.2万平方米，总投资3000万元，是年完成投资700万元。温州商城项目，在位于兴隆街的城区电影院、招待所兴建，占地面积1800平方米，建筑面积8000平方米，总投资4500万元。到年底，该项目已达成协议，正申办土地、规划等事宜。

2005年，紧紧围绕“三产强区”的奋斗目标，根据“三产主导、非公支撑、消费拉动、环境推动”的区域经济特点，发展壮大商业服务业等传统服务业，加快中介服务、社区服务、文化娱乐、医疗保健、信息等新兴服务业和现代服务业的发展步伐，促进中心商业街区、专业特色街区的形成和发展，大力发展电子商务等新型经营业态，促进第三产业的提档升级和结构优化，作为全区经济主体的第三产业和非公有制经济纳税额分别完成11548万元和8582万元，同比增长26.32%和43.34%，占到全区财政总收入的76.84%和57.11%。

2006年，阳泉市城区“民营企业十强”之一的金联置业建设有限公司与世界500强企业沃尔玛深国投百货有限公司签订进驻合同；北方晋东科贸有限公司与北京海润房地产有限公司签订合资建设金街购物广场的合同，仅该两个项目，城区就引进外资达3425万美元。到是年年底，全区14个项目签订合作协议和合作合同，利用市外资金187200万元，到位外资64000万元。其中，沃尔玛项目自是年7月双方签订协议以来，各项工作进展顺利，到是年年底投入资金5000万元，到位外资625万美元，完成主体工程量的60%。金街项目到卫生外资金2000万元，完成公司注册和拆迁工作。全区港洽会项目开工率达到80%。

2007年，将是年新使用的科目“交通运输事务”“资源勘探电力信息等事务”“商业服务业事务支出”“国土资源气象等事务”的支出数额和内容也合并在该科目下进行表述。

2007年，阳泉市城区充满商业文化特色的三产商贸体系逐步完善。坚持以打造消费洼地为目标，以重点项目建设为抓手，以构建三产园区为主攻方向，推动经济结构优化升级。上年全区确定的12个重点项目开工10个，开工率为83.3%；完成投资7.86亿元，为年计划的156.54%。其中，富百家购物广场、蔬菜瓜果批发交易市场等3个项目如期完工，其余7个项目，尤其是滨河世纪城、晋东购物广场等被列入阳泉市“百项工程”的重点项目加快推进，全年新增商用面积22万平方米，桃北东路、下站地区商贸中心商业集聚度和辐射带动力进一步提升。商贸物流、餐饮住宿、交通运输等传统主业改造升级和规模扩张步伐加快，金融、商务、信息、科技等现代服务业继续壮大。到是年年底，全区商业面积比“十五”期末的48万平方米新增40万平方米，达到88万平方米；第三产业增加值达到43.3亿元，同比增长13.9%；纳税额达到20832万元，同比增长47.57%，占全区财政总收入的比重达到79.13%。

2008年，阳泉市城区坚持以项目建设为抓手，深入推进经济结构优化升级。是年开工的10个重点项目共完成投资9.57亿元，为年计划的111.28%。其中，列入市“百项工程”的5个项目完成投资6.74亿元，为年计划的125.98%。美隆国际商务城、晋东购物广场进入装修阶段，天融中兴商业广场项目奠基，特别是通过积极推进滨河世纪城建设，引进沃尔玛、麦当劳、肯德基、苏宁电器等一批国内外知名商家，一个以新天地商业广场为核心的商贸中心初具规模。在重点调产项目的拉动下，第三产业对全区经济的贡献份额进一步提高。全区第三产业增加值完成50.8亿元，增长15.6%，占GDP的比重由上年年末的73.4%提高到74.2%；纳税额实现28451万元，增长36.57%，占全区财政总收入的比重由79.1%提高到81.185。

2009年，阳泉市城区围绕国家重点鼓励支持的行业和领域，制定出台《加快服务业发展的实施意见》，通过跑项目、争资金、强服务、抓推进，加大重点项目建设力度，以项目建设拉动经济增长，促进结构优化，实现经济转型。争取中央和省、市扶持资金1800多万元，是2008年的近两倍。全区48个项目共完成投资16.45亿元，为年计划的105.45%，其中，15个重点项目开工13个，竣工6个，完成投资8.62亿元。被列入市“百项工程”的4个项目完成投资7.01亿元。全区服务业增加值占GDP的比重由2008年的74.2%提高到79.26%；实现税收3.0092亿元，增长5.77%，占全区财政总收入的79.69%。本年在决算支出项目中，将原“工业商业金融等事务”细分为“采掘电力信息等事务”“粮油物资储备管理等事务”“金融监管支出”三个科目。本志书在核算归类方面，“采掘电力信息等事务”类级科目用于核算“安全生产监管”和“支持中小企业发展和管理支出”两个款级科目的内容；“粮油物资储备管理等事务”用于核算“旅游业管理与服务支出”；“金融监管支出”用于核算对商业银行的贷款贴息。

2010年，区直工业经济努力克服金融危机带来的诸多不利因素，积极推进经济结构调整，转变经济发展方式，切实做好工业和节能降耗，形成以煤炭、铝冶炼、电力为主导，以耐火、装备制造、轻工食品等为优势的较为完备的工业体系。是年，按照规模以上工业企业的统计口径，城区的规模以上工业企业数量减至17家，其中，重工业企业14家，轻工业企业3家。继续实施借力发展战略，积极组织参加港洽会、中博会、能博会、厦洽会、渝洽会等大型招商引资活动，全年共签订各类外来投资项目16个，包括2009年结转的项目在内，实际到位外来资金9.68亿元，为年计划的107.56%；第三产业增加值完成72.24亿元，增长17.8%。占GDP的比重达到80%。

2011年，加大项目建设力度，产业结构调整取得新进展。全年共组织实施固定资产投资项目79个，其中16个市级重点项目完成投资13.75亿元，为年计划的111.52%。国内家电零售业龙头——国美电器、全省单体面积最大的家电卖场——苏宁电器以及颐高数码、北国商城等一批重点调产项目相继落户开业，进一步提升第三产业服务业的整体层次和发展水平，促进产业结构的转型升级，第三产业服务业对全区经济的贡献份额进一步提高。是年，全区第三产业服务业增加值完成92亿元，增长13.8%，占GDP的比重达79.9%；上缴税金33373万元，占全区财政总收入的72.3%。

2012年，强力推进重点项目，转型跨越步伐加快。按照全省“项目落地年”的总体要求，推行了区级领导包保重点项目责任制，切实加大重点项目推进力度。被列入市重点工程的17个项目完成投资32.36亿元，为年计划的146.4%。重点项目落地任务完成64.33亿元，为年目标的100.5%。天元智能家电生产项目初步投产，移动通讯大厦、嘉禾3D影院、金联商务酒店等项目相继建成。重点项目的顺利推进和建成达效，特别是“十大转型标杆项目”的有力推进，促进产业结构的优化升级，传统服务业提档升级步伐加快，现代服务业所占比重稳步提高，区域经济总量和发展质量得到进一步提升。

2013年，阳泉市城区大力发展循环经济。位居山西天元集团“城市矿产”再生资源循环利用产业集聚园区的山西天元集团绿环科技有限公司是城区一直培育指导、扶持帮助的“本土企业”和企业总部，是城区发展循环经济、加快转型发展的示范样板。截至是年年底，该公司共回收处理废旧电器80万台，其中彩电36万台、洗衣机24万台、冰箱15万台、电脑5万台，形成再生资源量4.27万吨。是年，预计全年可达到100万台的回收处理规模，可实现产值1亿元。

1985年–2015年，阳泉市城区工交商等部门事业费共支出4458.2万元。

1985年–2015年阳泉市城区工交商等部门事业费支出情况表

表2–9　　　　单位：万元

年 份	金 额	年 份	金 额	年 份	金 额	年 份	金 额
1985	0.6	1993	14.0	2001	29.0	2009	238.0
1986	3.5	1994	23.0	2002	32.0	2010	299.0
1987	2.3	1995	13.0	2003	40.0	2011	624.0
1988	2.8	1996	16.0	2004	40.0	2012	391.0
1989	17.6	1997	17.0	2005	45.0	2013	671.0
1990	8.4	1998	17.0	2006	59.0	2014	273.0
1991	10.0	1999	20.0	2007	8.0	2015	1503.0
1992	17.0	2000	26.0	2008	28.0	合 计	4458.2

第六节 城市维护费

城市维护费是国家财政用于城镇公共设施、公用事业维护和建设的专项资金。1962 年，全国大、中城市根据国务院决定开始征收工商业税附加（即工商统一税附加 1 %，和工商所得税附加 1 %）、公用事业附加和城市房地产税，专门用于城市公用事业、公共设施的建设、维护与保养，由此形成城市维护费的专项资金来源。1962 年后，城市维护费的分配使用，始终贯彻是年 10 月 6 日中共中央、国务院《关于当前城市工作若干问题的指示》中提出的有关规定，即保证用于城市的公用事业、公共设施以及房屋的维修养护，不能挪作他用。1973 年，工商税制改革，将原来随同工商统一税征收 1% 的附加，改为从新的工商税收入中按月提取 1%；原随同工商所得税征收的 1% 附加，仍由纳税单位随正税缴纳；原由城市房地产税解决的城市维护费，改为由国家预算安排，并按照每年大体增长 5% 的幅度由中央财政逐年列支，称为国拨城市维护费。是年 12 月 22 日，国家计委、建委、财政部联合下达《关于加强城市维护费管理工作的通知》，指出，从 1963 年起，将工商业税附加，公用事业附加和城市房地产税，作为城市维护的固定资金来源。该项规定实施以后，市政建设失修状况有所改善。但是，由于该项资金被大量挪用，有的用于地方工业，水利等基本建设，有的甚至搞楼堂馆所，同时，城市维护所需的材料设备安排也不落实，出现城市房屋、市政设施和公用事业设备普遍失修，危房增多现象，水、气漏损率上升，车辆完好率下降。为此，要求严格贯彻执行中共中央和国务院关于城市维护费要保证用于城市的公用事业、公共设施，以及房屋的维修和保养，不能挪作他用。所需材料设备，要按照物资管理体制，纳入计划，统筹安排，保证供应。同时，要求加强城市维护费的计划、财务管理工作。城市维护费的安排和使用，由城市建设部门统一归口，计划、财政、城建等部门要密切合作，认真贯彻勤俭建国和自力更生的方针，少花钱，多办事，建立健全必要的计划、财务管理制度，使有限的资金发挥更大的效益，进一步发挥市政设施在社会主义建设中的积极作用。

城市维护费支出，20 世纪 70 年代属于经济建设费下的城市公用事业支出款级科目，下设公用事业拨款，公共工程建设费，公用事业及维护费，其他城市维护费等项。其主要支出范围包括城镇道路、桥涵、给排水、防洪堤坝等工程设施；园林、苗圃、公共绿地、风景绿地等园林绿化设施；公用消防、公安交通标志设施；自来水、供热等公共事业的维护；中、小学校舍维修补助和其他城市公用事业及公共设施的维护费用。城市维护资金除在该款级科目内列支外，还有被列入基本建设投资计划，在基本建设支出类中列报的城市建设项目投资；在预算外列收列支的城市公用事业附加；房管部门“以租养房”的自收自支资金；以及其他城建事业单位以收抵支、自收自支的资金。

1982 年，阳泉市城区成立街道卫生清洁队，逐步发展为一支专职的环卫队伍。清扫面积扩大至 7 条街，市区内的小巷有 58 条，计 421782 平方米。1982 年，全区 73 个居民区有 22 个达到卫生标准，有 15 个基本达到卫生标准，对 1100 多人次违章行为进行处罚。据统计，从 1982 年 –1984 年，全区共清运垃圾 42344 余吨，粉刷墙壁 25000 平方米，清理厕所 2594 个（次），整理煤土堆 20000 多个，灭鼠 212900 只，疏通下水道 29300 米，刷树 14800 株（次）。1983 年，利用民办公助的方法铺设新华西街硬化路面，比公办少投资 7000 元，此路为长 220 米、宽 5 米的耐火砖路。

1985 年，用于环境卫生的支出 131921 元，园林绿化支出 2913 元，其他支出 3250 元；用于公共住宅建设及维护费 92518 元，中小学校舍维修补助 78500 元，全年城市维护费支出 31 万元。

1986 年，用于环境卫生的支出 16.3 万元，园林绿化 0.4 万元，其他支出 0.5 万元；用于公共住宅建设及维护费 9.4 万元，中小学校舍维修补助 2 万元，全年城市维护费支出 28.9 万元。

1987 年，全区共设有垃圾点 410 个，垃圾桶点 140 个，摆放 635 个垃圾桶，用封车提升装运，部分街道实行垃圾容器盛装，摇铃清扫。一些偏僻地区、单位设有垃圾点 351 个，由人工装运，实行二级搬运有偿服务。是年，阳泉市城区城市维护费支出 40.7 万元。

1988 年，市区（含矿区）共有环卫公共设施：垃圾站 476 个，厕所 1022 个，蹲位 5706 个。其中，环卫公厕 46 个，房管公厕 132 个，单位厕所 469 个，私厕 375 个。垃圾粪便的清运也由过去的人挑手推发展到半机械化作业。是年，阳泉市城区城市维护费支出 42.2 万元。

1989 年 1 月 12 日，财政部发布《城市维护建设资金预算管理办法》，重新明确以下问题：（1）城市维护建设资金的来源包括列入财政预算支出的专项拨款，按国家规定征收的城市维护建设税收入；按国家规定征收的城市公用事业附加收入；按国家规定收取的市政公用设施有偿使用收入；按国家规定征收的超标排污费收入和城市水资源费收入；法律、法规、规章允许地方人民政府筹集的其他用于城市维护建设的资金。（2）城市维护建设资金的使用范围：市政公用设施的维护，包括对城市道路、桥涵、排水、防洪堤坝、公共污水处理等市政工程设施，园林、苗圃、公共绿地等园林绿化设施，公共厕所、清运垃圾、街道洒水、扫雪等公共环境卫生设施，城市路灯等公共设施，城市公共环境保护设施，城市交通管理设施，公共消防设施的维护以及城市园林界内文物的维护补助；城市分管房屋的维修，包括对房屋部门管理的公房维修和城市中小学校舍的维修补助；在保证上述各项设施得到正常维护的情况下，也可用于有关城市公用设施的小型基建投资。是年，城区城市维护费支出 58 万元。

1990 年 4 月，阳泉市城区组织第二个爱国卫生月活动，整个活动分四个阶段，组织两次群众大会战，掀起两次宣传高潮。在活动中，全区共召开各种形式的动员会 98 次，广播宣传 930 多次，悬挂横标、吊挂 1580 余幅，展出板报 400 多块，印发宣传材料 2780 余份，设立宣传点 17 个，出动宣传车 19 辆次，全区约有 109760 人（次）受到教育。共清运积存垃圾 3400 余吨，清理违章建筑材料 5400 余吨，拆除各种违章建筑 42 处，维修铺装人行道，疏通下水道 5700 余米，整修残墙断壁 120 余处。在全省卫生月活动评比竞赛中，荣获第二名。是年，为适应城区环卫事业的发展，市政府从实际出发，在体制上进行改革，将环卫处下放城、矿两区管理。城区环卫处隶属于城区城环局领导，有职工 647 人，其中，正式工 282 人，协议工 365 人，街道办事处有清洁工 192 人；共有汽车 42 辆，其中，垃圾车 26 辆，大小吸淤车 8 辆，环境监测车 1 辆，后勤服务车 7 辆。是年，清运垃圾达 90898 吨。是年，城市维护费支出 204.7 万元。

1991 年，全年清运垃圾 87100 吨，比 1990 年增长 3%；清运粪便 56817 吨，比上年增长 8%；清扫面积 350239 平方米，超额完成 3%；自收费 39 万元，超额 30%。同年，阳泉市城区环卫处组织人员突出清除本区范围外的垃圾 62 次，共计清运 7200 吨；干部及管理人员参加一线装垃圾、扫街 180 人（次）；为群众做好事 360 余次，共收到表扬信 130 余件、镜匾 12 块。全年整修绿色篱笆 2200 米，砍伐死树 300 株，整修花坛 160 个，焊花池护栏 1570 片，油刷花池护栏 6442 米，粉刷树木 3744 株，种植盆花 5606 盆，植树 10200 株，大环境绿化 50 万余株，庭院绿化达标单位达 29 个。是年，阳泉市城区城市维护费支出 259 万元。

1992 年，全年清运垃圾 91591 吨；清运粪便 65061 吨；清扫面积 319393 平方米；自收费 35 万元。全处组织突出清运垃圾 990 吨，义务劳动 260 个工；三队疏通厕所蹲位 1000 个，挖检查井 52 个，疏通下水管道 450 米，共创收 1.5 万元。是年，全区累计完成整修绿地 2200 平方米，新修、维修大型花池 160 个，种植各种具有观赏价值的花卉 606 盆，攀缘植物 4350 株，70 平方米温室建设工程正式启动。大环境义务植树共计完成 27902 株，完成全年计划的 127.8%，初步建成义务植树基地三处。全区全年累计完成大环境义务植树 94375 株，完成全年计划的 122%。是年，城区城市维护费支出 266 万元。

1993 年，先后开展“市容环卫大整顿”和“第五个爱国卫生月”等 5 次大战役、10 次攻坚战，城市环境综合治理收到明显成效。全年完成大环境义务植树 9.44 万株，超计划 22%。辖区庭院绿化达标单位达到 32 个。新建烟尘控制区 0.8 平方公里，全区烟尘控制区覆盖面达到 58.1%。全年清运垃圾 89277 吨，超额完成 4277 吨；清运粪便 63799 吨，超额完成 5340 吨；清扫面积 344090 平方米，城区在省卫生城市检查中，荣获全省并列第三名。建设完成环卫处宿舍楼主体工程，建筑面积 457 平方米；新建 10 个居委会办公室，城市基础设施得到明显改善。是年，城区城市维护费支出 336 万元。

1994 年，阳泉市城区全年清运垃圾 105032 吨，清运粪便 62279 吨，清扫面积 398751 平方米。在南庄路、天成巷等 19 处“三不管”地段组织清运垃圾共 458 吨，参加义务劳动 50 个工（日）。在街道清扫工作中，全天保持 8 条大街干净、整洁。在粪便清运工作中，三队全年负责城区内 40 个公厕、300 余个单位厕所、100 余个居民区厕所的清掏，达到环卫清洁卫生标准。全年繁殖草、木本植物 40 个品种 431 盆，温室建设工程完成 72.5 平方米，并正式投入使用。全年累计完成大环境义务植树 88410 株，完成年计划的 111.6%。城区城环局完成北岭坡 0.87 公顷苗圃的四大基建工程。在苗圃建设中，推平 2 个山丘、填平 5 道沟，改修 2 条旧路、新开 50 米的一条新路，地表垫土 2 万余方，完成苗圃的起垫土方工程；架设电路 400 余米；修建 1200 立方米的水池一个；完成自来水配套工程、地表平整及部分防护林的种植，总计投资 6 万元。完成北岭坡三区小游园的主体工程，其中修建游园围墙 102 米、管理房主体工程 15 平方米，总投资 1.5 万元，比计划投入节约了 3.1 万元。投资 4.8 万元完成局机关的暖气安装工程，改善办公条件，比预算投入节约 7200 元。协调专项资金 100 余万元，建成 2 个垃圾转运站和 2 个水冲式厕所。投资 230 余万元对主要大街的车行道、人行道、行道树、隔离带等进行维修、补种和粉刷。在市区主要街道设置、安装 100 个果皮箱、200 个垃圾桶。是年，阳泉市城区城市维护费支出 472 万元。

1995 年，阳泉市城区全年清运垃圾 103387 吨，超额完成 19.7%；清运粪便 63974 吨，超额完成 26.12%；清扫面积 398751 平方米。全年累计新建工艺围墙 106.25 米，管理房 70.5 平方米，建成 243.7 平方米舞池，并完成舞池音响、灯光等配套设施。硬化小游园场地 340 平方米，完成小游园大门、组合花池等工程，并于是年夏初，采取租赁管理的办法正式对外开放，到年底创利 3000 元。是年，阳泉市城区城市维护费支出 379 万元。

“九五”期间，城市功能进一步完善，随着市政府广场、城市中心广场、南大西街、小阳泉旧区改造等市政建设项目的实施和完成，区内道路、绿地、供热、供气、供水等设施较“八五”时期有较大改善，市容市貌进一步改观。按照经营城市的思路，阳泉市城区人民政府进行了环卫体制的改革，进一步健全区、街两级环卫网络，区内 8 条主要大街严格推行定时定点垃圾清倒制度，80 万平方米的主次干道和 30 万平方米的小街小巷分别实行全天候和定时保洁，减少裸露垃圾，市容环境卫生长效管理机制得到加强。

1996 年 10 月 3 日，执行财政部发布的《城市维护建设资金管理办法》，阳泉市城区财政重新阐明以下几点：

（1）城市维护建设资金是指专门用于城市公共基础设施和公用事业的维护建设，促进城市经济发展，优化城市居民生活环境的财政性专项资金。该办法所称“城市”，是指按国家行政建制设立的市、县城、建制镇。

（2）城建资金的来源。包括：列入财政预算支出的专项拨款；按国家规定征收的城市维护建设税；按国家规定征收的城市公用事业附加；国有土地使用权有偿使用收入；按国家规定收取的市政公用设施有偿使用费；按国家规定征收的超标排污费和城市水资源费；城建借款和城建周转金；法律、法规、规章允许各级人民政府筹集的其他用于城市维护建设的资金。

（3）城市维护建设资金的使用范围。市政工程设施：城市的道路、桥涵、下水道、排水、防洪堤坝、公共污水处理等设施；园林绿化设施：公园、苗圃、植物园，公共绿地等设施；公共环境卫生设施：公共厕所、清运垃圾、街道洒水、扫雪等设施；其他公共设施：城市园林界内的一般文物、公共消防、城市路灯、交通标志等设施；在保证上述各项设施正常维护的情况下，也可用于有关城市公共设施建设投资。

城市维护建设资金不得用于城市公共交通、供水、煤气、集中供热、市政工程施工、规划设计等单位的财务开支。

是年，阳泉市城区城市维护费支出 463 万元。

1997 年，全民发动，全党动员，分三个阶段、四次“战役”，对市容、市貌、城市秩序进行综合大整治，共清运各种垃圾 20.2 万吨，新增清扫面积 14.5 万平方米，环卫街道日清扫保洁面积达 47.27 万平方米，保洁率达 100%。清理各种死角 30 余处，清理乱贴广告 1200 余处，协调各级、各单位投资 1500 余万元。在 186 个沿街安装射灯 1086 个，安装霓虹灯和灯箱 100 个，128 处安装了轮廓灯，安装“满天星”、软管灯 5000 余平方米，大型霓虹灯广告牌 18 个，更换铝合金门窗 4.8 万平方米，装修改造建筑物 96 栋 2.2 万平方米，粉刷牌匾 158 个，对沿街 84 残墙断壁进行装修。多方协调资金 40 多万元，建成阳泉二电厂、巨兴街等 5 个文明小区和 10 个庭院绿化达标单位，全区庭院绿化达标单位累计达到 59 个。种植行道树 1.2 万余株、草坪 15 万平方米。市、城区政府投资 100 余万元，购置环卫铲车 1 部，更新车辆 5 部，购置垃圾桶 300 个、果皮箱 100 个，新建水冲式公厕 5 座。全年共完成噪声申报登记 200 余家，申报率达 90%。累计完成监测锅炉 78 台次、茶炉 50 台次。新建成 1 平方千米的噪声达标小区，全区噪声控制区累计达到 2 平方千米。是年，城区城市维护费支出 465 万元。

1998 年，阳泉市城区围绕创建文明城市的总体目标，紧紧抓住“爱国卫生运动月”“省卫生城市检查”和“迎国庆、创三优”等有利时机，分四个阶段、六次“战役”，对市容、市貌、城市秩序进行综合大整治，使整个城市管理水平和市容市貌较上年有新的提高和改观。新建绿地 2.07 万平方米，新建成庭院绿化达标单位 10 个，全区庭院绿化达标单位累计达到 61 个。全区共建成安全文明小区 173 个，其中高档型 17 个、普通型 65 个、标准型 65 个、开放型 26 个。是年，城区城市维护费支出 572 万元。

1999 年，阳泉市城区连续围绕创建国家级文明城市的总体目标，组织六次“战役”，对市容市貌、城市秩序进行综合大整治，推进文明卫生城市创建活动深入开展，使整个城市管理水平和街容市貌较上年有新的提高和改观。年内，有 33 个居民区实现生活垃圾规范化管理，在北大街、泉中路等 4 条城市主干道试行定时定点倾倒垃圾制度。继续加大组织协调力度，对 7 条大街、4 条小街、5 个重要路段的灯饰进行维护和改装，亮化、美化工程在巩固中得到发展。义务植树累计达到 15 万余株，新建绿地 2.5 万平方米，建成庭院绿化达标单位 6 个，新建样板文明小区 5 个，文明小区累计达到 31 个。是年，阳泉市城区城市维护费支出 562 万元。

2000 年，围绕“城市管理年”活动，完成了根据市委、市政府 27 件实事所确定的 16 项工作目标，继续保持省级卫生县区、省灭鼠工作先进县区的称号。小区建设完成 3 个示范小区硬化和 12 个文明小区、15 个清洁小区建设任务。全年组织 12 次卫生大会战，清理北深沟、小阳泉、阳坡垴等多年积存的垃圾 960 吨，使城市脏、乱、差现象有进一步改观。全年共投放鼠药 7000 余千克，完成义务植树 13.34 公顷、植树 2 万株，建成 15 个庭院绿化单位。是年，阳泉市城区城市维护费支出 546 万元。

2001 年，广泛开展爱国卫生达标、创建卫生红旗单位活动，促进驻区单位卫生水平上档升级。协助驻区单位抓基础建设，健全组织管理机构，做到爱国卫生工作有人抓、有人管、责任到人。抓卫生设施建设，明确检查标准，督促驻区单位购置和建设必要的卫生设施。抓宣传教育和监督检查工作，在达标创建活动中，采取“抓两头带中间”的方法，坚持定期对驻区单位进行监督检查。开展达标活动以来，全区有 16 各单位被评为省卫生先进单位，有 16 个单位被评为区级爱国卫生红旗单位，38 个单位被评为爱国卫生达标先进单位，55 人被评为爱国卫生和灭鼠先进个人，全区驻区单位 95% 基本达到卫生标准。

2002 年，围绕创建文明卫生城市的总体要求，集中整治和长效管理相结合，广泛动员社会各方面力量，积极开展创建活动，连续 8 年保持省“卫生区”和“灭鼠达标先进区”称号。环境综合整治效果明显。是年城市环境第一阶段综合整治，拆除违建临建 14488 平方米，铺设人行便道 3.9 万平方米，美化整饰临街建筑物 100 余幢。取缔泉中路、北大街、南大街指定地段内全部马路摊点，主要大街市容环境美化、品位提高。环境卫生长效管理机制日益加强。基本形成以主要大街为依托，向小街小巷、居民小区、城乡接合部延伸的环卫管理网络。全区主要干道和小街小巷，分别实现全天候和定时清扫保洁。主要大街严格实行定时定点垃圾倾倒和清运制度，垃圾点管理进一步规范合理。123 个居民小区建立卫生管理制度，8.3% 的居民户数实现了物业管理。

2003 年，全年主要开展 8 项工作，建立清扫、保洁、清运、清掏逐日检查验收制度，提高清扫保洁水平。主要大街和繁华地段实行全天候保洁，小街小巷加大清扫保洁力度和扩大保洁范围；规范垃圾点布局，主要大街、繁华地段、重要场所、学校周边全面取消暴露垃圾点；深化环卫体制改革，挖潜增效；新建公厕 3 座，维修公厕 29 座，改造公厕 3 座；完成阳光广场生活垃圾转运站建设，将下站地区垃圾点重新设置，全部进入小区和单位院内；主、次干道新增 200 个果皮箱，200 个生活垃圾筒，制作垃圾箱 35 个；新购置铲车 1 辆，洒水车 1 辆，清雪车 2 辆，进一步提高机械化作业水平；具体组织实施第 16 个“爱国卫生月”活动，进一步推进爱国卫生达标活动向社区延伸，创建国家级卫生社区 2 个，争取创建国家级卫生街道办事处，巩固提高省卫生城区和灭鼠、灭蟑先进区成果。

2004年，按照集中整治和长效管理相结合原则，进一步加大卫生文明城市创建力度。认真组织开展第三阶段城市环境综合整治和“五乱”治理，新铺人行便道6.5万平方米；拆除各类违章和临时建筑5000平方米；集中整治卫生死角142处，取缔主要大街裸露垃圾点28个；整饰恢复巨兴街明清仿古建筑风格，完成北岭五小区的硬化任务，市容市貌明显改观。深化环卫体制改革，加大设施设备投入，环卫作业能力和水平稳步提高。扎实开展爱国卫生达标活动，继续保持省级“卫生城区”和“灭鼠、灭蟑先进区”称号。积极探索新形势下城市管理的有效方式，广泛开展园林城市创建活动，新增绿地6.73万平方米，人均绿化面积11.55平方米，绿化覆盖率为13.47%。

2005年，阳泉市城区出台《关于小街小巷居民小区“四化”维修改造工程的实施方案》，对根治小街小巷居民小区基础设施不完善和脏、乱、差现象提出组织实施措施。要求：各街道办事处对辖区内的净化、亮化、硬化、绿化维修改造工程负总责，计划用3年时间，基本解决城区范围内的小街小巷、居民小区脏、乱、差问题。是年，实施维修改造的居民小区共40个，小街小巷50条，重点对煤气、暖气配套、靠近主要大街、楼群成片、城市中心区内、社区办公楼附近的小街小巷和居民小区进行维修改造。向驻地单位、受益单位、社会力量进行宣传发动，真正形成各方面广泛参与的格局，共建美好家园。严格建设程序，保证工程质量，实行全程工程监理，保证合理安排使用工程建设资金。明确责任，严格考核，对任务完成好的办事处适当奖励。对工作不力，影响整个工程建设任务完成的，进行严格责任追究。

2006年，阳泉市城区在城市建设方面大力开展“管理规范区”建设活动。大力开展市容环境综合整治，通过集中整治、规范管理、建立市场等手段，使人流、车流、物流拥挤混杂且严重占道的行为得到较好清理。严格泉中路、南大街、北大街零摊位标准，整治后的11条小街小巷面貌焕然一新。针对户外广告设置混乱，对影响市容的广告牌匾进行清理拆除。加大对“牛皮癣”小广告查处力度，做到随时出现，随时覆盖，夜喷晨涂，强化覆盖。积极开展“控危拆违”活动，完成小区违建拆除面积12972平方米。完成对8条景观大道沿街29个违建厅棚的拆除任务，共清洗楼房42幢，面积约63000平方米；对沿街353家店铺门前堆放物进行清理搬迁，拆除过街条幅267条。拔除废弃电线杆18根，组织清洗覆盖小广告15670处。道路日清扫面积126.2万平方米，清扫人员159人；道路保洁面积96万平方米，保洁人员73人；年清运垃圾10.76万吨。

2007年始，“城市维护费支出”所反映的数额和内容放在“城乡社区事务”科目下反映。

2007年，大力推进园林城市创建工作。全区共种植法桐、白皮松、百日红、国槐、银杏、杨树等乔木20余种5.8万株，种植黄杨等4种小灌木45万株，播撒草坪1.3万平方米，新增绿化面积90万平方米，总绿化面积达到370万平方米，绿化覆盖率达到23%，绿地率达到20%。单位庭院和居住区绿化效果明显，共有128家驻地单位参与园林城市创建活动，新增绿化面积30.14万平方米、绿地面积24.9万平方米，完成投资约1033万元。在保洁方面，日清扫面积130万平方米，保洁面积110万平方米，年清运垃圾10.76万吨。

2008年，针对城市脏、乱、差等问题，开展改善城市环境面貌、提升城市整体品位的环境卫生清洁大会战。组织城管、环卫、卫生、食药、工商、规划等部门及各街道，启动10条大街整饰整治，启动全区清洁整治行动，共涉及主次干道44条、小街小巷130多条、居民小区380个、驻地单位楼院及公共场所260余个，各类沿街门店、马路市场3100余家。由此为广大居民营造干净、整洁、卫生、有序的生活环境。在保洁方面，日清扫面积130万平方米，清扫人员174人；保洁面积110万平方米，保洁人员 200 人；年清运垃圾 10.8 万吨。全年取缔裸露垃圾点，设置成桶点和箱点垃圾点 540 个，摆放垃圾桶 1300 个、大垃圾箱 30 个，更新 18 辆垃圾车。

2009 年，以迎接新中国成立 60 周年为契机，有效推进“三城同创”（即：2010 年建成国家园林城市、2012 年建成国家卫生城市、2013 年建成国家环境保护模范城市）。实施城市亮化工程，采取以办事处为责任主体，实施协议落实制、重点督办制和检查通报制，有效推动城市亮化工程的顺利实施。全区城市亮化工程共完成 245 栋（幢）楼宇，累计投资 2000 余万元，美化城市环境，提升城市整体品位。在廉租住房方面，是年，始终把建立健全廉租住房保障制度作为全区民生工程的重点来抓。对低收入家庭申请廉租住房首次进行扩面提标，即申请人范围调整为人均住房建筑面积低于 10 平方米、人均 2008 年度可支配收入低于 6650 元的家庭，同时补贴标准也提高为每人每月 9 元 / 平方米及人年均住房建筑面积 13 平方米。年清运垃圾 11.2 万吨，购置垃圾桶用款 40 万元。

2010 年，在推进廉租住房方面，第二次扩面将人均 2009 年度可支配收入标准提高为低于 8000 元。到是年年底，全区享受廉租住房保障家庭为 1579 户、4241 人，其中，享受廉租住房补贴家庭 1531 户、4117 人，实物配租 48 户、124 人，共发放廉租住房补贴 768.8 万元。在保洁方面，日清扫面积 122 万平方米，保洁面积 122 万平方米，年清运垃圾 10.76 万吨；购置垃圾桶用款 87 万元。到是年年底，将承担城市管理事项的市直或省属交警、供电、邮政、移动、电信、联通等 9 家单位纳入全市城市建设管理体系，形成城市建设管理全方位联动机制，基本实现城市建设管理的高效运转。

2011 年，累计投入 3000 多万元，先后对 13 条大街进行集中整饰，同时大力推进小区绿化、街巷绿化、单位庭院绿化以及立体绿化，完成 59 个园林示范小区、170 个园林达标小区、29 个园林示范单位和 13 个园林达标单位的创建任务，全区绿化率覆盖率、绿地率、人均公共绿地面积分别达到 36.55%、33.1% 和 16.39 平方米，为全市通过国家园林城市达标验收发挥应有的作用。创新环卫作业机制，初步实现了全区域、全路段、全覆盖的垃圾不落地管理。接管 6 个城中村的环卫作业任务，为进一步促进四区融合发展打下基础。

2012 年，加强城市生态建设，环境质量继续改善。围绕国家“森林城市”“卫生城市”“环保模范城市”创建目标，大力推进市容整治和生态建设。按照“一街一景观、一路一特色”的思路，深入推进园林单位、园林小区达标创建活动，全区森林覆盖率、绿地率分别达 29.49%、33.1%，人均公共绿地面积达 16.39 平方米。大力开展以城市“四乱”治理和城市容貌“十创”工程为主要内容的城乡清洁工程百日集中整治行动，完成西河滩、南庄路、天成巷等 20 余条街道的整治任务，建成桥北民族烧烤一条街，取缔青年路、新建路、南山东路等市民反映强烈的夜市烧烤，市容市貌进一步改观，连续 17 年获得省级“卫生区”称号。

2013 年，加强城市建设管理，市容环境持续改善。坚持把生态文明理念融入城市管理的全过程，深入推进国家卫生城市、国家森林城市和国家环保模范城市创建工作。全年新增绿化面积 6.5 万平方米，绿化覆盖率 36.92%，绿地率 33.35%，人均公共绿地面积 16.73 平方米。

2014 年，努力打造“清洁城区”，不断提升城市环境质量。在继续推进国家森林城市、国家环保模范城市创建工作的同时，把主要精力放在“清洁城区”的创建上来。结合全市开展的城乡清洁工程，进一步创新环卫作业模式，理顺环卫管理体制和城管执法理念，大力实施街景容貌整饰、环卫设施改造、居民小区清洁、便民市场建设、大气污染防治、园林绿化提升等“六大工程”。以治理“四乱”（垃圾乱倒、摊点乱摆、广告乱贴、店前乱放）为突破口，下大力抓好城市主要街道、商业区及人口密集区、校园周边、城乡接合部的环境卫生综合整治，加强对背街小巷、居民小区道路的维修整饰。年内，改造便民市场5个、新建3个。继续深化爱国卫生运动，不断增强市民环卫意识，着力根治脏、乱、差现象时有反弹的顽疾。继续推进城市绿化工作，进一步提升园林绿化养护管理水平。

2015年4月，阳泉市城区开展环境卫生整治工作。在城区参加创建省级文明城市市容环境综合整治暨第27个爱国卫生月高潮日活动。城区四套班子领导以及全区各机关单位、人民团体、各街道、各驻地单位干部职工、各中小学校师生、沿街门店经营商户与广大市民群众等一起劳动，共同扮靓居住环境，携手为创建省级文明城市做贡献。活动的主要任务是通过开展大清扫、大清理、大整治、大清洗、大清运等行动，对辖区主要大街、支次干道、背街小巷、城乡接合部、商贸区域、公共场所、建筑工地、铁路沿线、驻地单位楼院、居民小区及居民住宅内的积存垃圾、废弃物、杂草、树叶、白色垃圾进行清理；对沿路构筑物上的乱写乱画、乱贴乱挂进行涂刷、清理；对主次道路两侧的公交候车亭、站牌、电线杆、配电箱、花坛石、垃圾箱等进行清洁、擦拭。在上站街道办事处德胜街路段、南山路街道办事处南山南路段、下站街道办事处中医院周边小巷、北大街街道办事处桃北东街路段四个集中劳动点，广大市民群众与干部职工一起劳动，呈现出一派热火朝天的清扫景象。在大家的共同努力下，街道的卫生环境有明显改善。据了解，该次市容环境综合整治活动共出动车辆20余台次，粉刷行道树1200余棵，铲除乱贴乱画3000余处，喷涂小广告10000余条，粉饰墙壁2000余平方米，擦拭交通隔离护栏2000余米，清理积存垃圾5处、30余吨，整治占道经营100余处，治理“五小”行业27家，没收燃煤设施2台套，拆除燃煤灶火3台套，下达油烟净化装置不规范整改通知4份。

1985年–2015年，阳泉市城区城市维护费（2007年以后，改为“城乡社区事务”）共计支出41640.5万元，年均递增18.34%。

1985年–2015年阳泉市城区城市维护费支出情况表

表2–10　　　　单位：万元

年　份	金　额	年　份	金　额	年　份	金　额	年　份	金　额
1985	31.0	1993	336.0	2001	617.0	2009	2459.0
1986	28.9	1994	472.0	2002	641.0	2010	3541.0
1987	40.7	1995	379.0	2003	684.0	2011	3751.0
1988	42.2	1996	463.0	2004	771.0	2012	4346.0
1989	58.0	1997	465.0	2005	890.0	2013	4759.0
1990	204.7	1998	572.0	2006	1109.0	2014	4545.0
1991	259.0	1999	562.0	2007	1580.0	2015	4842.0
1992	266.0	2000	546.0	2008	2380.0	合　计	41640.5

第七节 城镇青年下乡安置费

城镇青年下乡安置费，是1962年为贯彻国民经济调整方针，精简城市人口，将精减人员和城镇待业青年安置到农场、牧场、林场或下放农村插队，在财政支出方面相应增设的人口下乡经费，当时称城镇人口下乡安置费，主要用于精简职工工资补贴、城镇知识青年生活补贴、动员费和基本建设费用。

1964年，阳泉市站上区（城区前身）安置工作以组织城镇青年上山下乡为主，遵循“少花钱，多办事，办好事”的原则进行。

1984年，城镇青年就业经费“款”级科目下增设扶持生产资金、安置费、就业训练费、业务费、其他费用五个项级科目。扶持生产资金：用于扶持城镇青年就业兴办各种独立核算的集体企业发展生产、增加服务项目的周转金；安置费：用于安置城镇待业青年到农村生产就业的补助和在乡插队知青的困难补助；就业训练费：用于组织城镇青年就业前的技术训练补助费；业务费：指劳动管理部门为开展城镇待业青年就业工作所需要的业务费，如宣传费、培训费、小型专业会议费等；其他费用：指不属于上属项目的其他开支。

1985年，阳泉市城区成为一级财政后，是年城镇青年就业经费支出1万元。

1986年，城镇青年就业经费支出1.6万元。1987年－1990年，城镇青年就业经费支出分别为2万元、1.7万元、2万元、1.7万元。“七五”计划时期，阳泉市城区城镇青年就业经费共支出9万元，占同期经济建设类支出比重很小。

1991年，阳泉市城区城镇青年就业经费列支2万元；1992年，列支3万元；1993年，列支2万元。1994年后，城镇青年就业经费“类”级科目改为“款级科目”，在其他支出类中列支。是年，支出3万元。1995年，城镇青年就业经费列支2万元。“八五”计划时期，阳泉市城区城镇青年就业经费共列支12万元。

1996年，阳泉市城区城镇青年就业经费列支2万元，1997年列支2万元。

1998年，城镇青年就业经费改称“城镇就业补助费”，列入“社会保障补助支出类”下，以反映对城镇失业人员和困难企业下岗职工再就业基金的补助支出。1985–1997年，全区共列支城镇青年就业经费26万元。

1985年－1997年阳泉市城区城镇青年下乡安置费支出情况表

表2-11　　单位：万元

年份	金额	年份	金额	年份	金额	年份	金额
1985	1.0	1989	2.0	1993	2.0	1997	2.0
1986	1.6	1990	1.7	1994	3.0	——	——
1987	2.0	1991	2.0	1995	2.0	——	——
1988	1.7	1992	3.0	1996	2.0	合计	26.0

第八节　节能环保支出

该科目变化与时代的发展联系非常紧密。1991 年，国家在“工交商等部门事业费类”下首次列支“环保部门费用支出”科目。1998 年，在财政总决算表中首次列入“专项支出”类级科目，对排污费支出进行核算，同时核算的还有教育费附加支出。2006 年，将“环保部门费用支出”改为“环境保护支出”，其所属“目”级科目包括勘察设计费、干部训练费、环境保护专项管理、环境监督执法、环境监测与信息、环境宣传教育、放射性和危险废物管理、自然保护区管理、其他环境保护事业费。2007 年，将“排污费支出”和“环境保护支出”一并在“环境保护支出”项下核算。2011 年，将“环境保护支出”改称“节能环保支出”。

1991 年，阳泉市城区首次列支环保支出 1.8 万元。

1992 年，阳泉市城区环境监测站对辖区 82 台 4 吨以下锅炉、窑炉实行全面监测，其中烟尘控制区的监测率达到 100%。多次组织居民干部、义务环保监督员进行培训，城区环保局先后派出 10 余人（次）参加国家、省、市环保系统组织的业务技术培训。是年，环保支出 3 万元。

1993 年，累计完成监测锅炉 128 台（次），噪声监测 32 点（次），油厂收费额达 2.2 万元。重点对 64 个单位进行排污申报工作，为环境监测、管理提供第一手资料。先后组织召开《经济与环保》《毒吻》专题片大型座谈会，组织播放环保宣教电视片，组建“城区环保与改革小记者采访团”，深入各驻区单位、工厂进行巡回采访，组织全区中小学环保法律、法规及环保知识考试。是年，环保支出 3 万元。

1994 年，监理所累计对 80 余个驻区单位的防治污染设施和污染源进行检查，对 52 个不履行“三同时”手续和超标排放污染物的单位进行处罚；对商业繁华地段的饭店、单位食堂炉灶和超标噪声源进行全面检查，对其中 30 余个单位进行监理、监测，初步完成全区防止污染设施登记和大气污染物排放申报登记工作。是年，环保支出 4 万元。

1995 年，重点开展噪声监测、监理工作及噪声达标小区建设工作，组建环保科技推广站，全区环保科技推广工作取得积极成效。完成全区污染防治设施登记发证和大气污染物排放申报登记工作。是年，环保支出 5 万元。

1996 年，以“4・22”地球日、“6・5”世界环境日为契机，以街道办事处、居民区、区直中小学为依托，以各级领导、居民群众、中小学生为重点，大力加强环保宣传教育工作。一是围绕环保达标工作的开展，先后在各企业、主要路口、路段设立永久性环保宣传标语牌，提示书写 15 条巨幅宣传标语，为达标工作大造舆论氛围。二是以“保护桃河，爱我家园”“环境千年，世纪达标”为主题，分别在“4・22”地球日、“6・5”世界环境日开展大型宣传活动。三是继续引深环保教育试点学校工作，分别在区直 4 所中小学校开展环保教育课程，组织学生开展环保绘画作品和环保方案征集活动。是年，环保支出 5 万元。

1997 年 6 月，阳泉市城区区委区政府决定将城区环保与城建分设，环保局实现单立建制。是年，环保支出 6 万元。

1998 年，进一步强化环境监督，深化环保管理、监督、现场管理，检测频率明显加大，先后开展建筑施工噪声污染防治，餐饮、理发业环境管理，区直企业污染源限期治理达标，中、高考期间噪声监理联合行动，使全区环保工作进入一个新的发展时期。是年，环保支出 18 万元。

1999 年 12 月，批准设立城区排污监督管理所，增加编制、人员、经费，保证环保监测队伍的落实。机构分设后，城区环保局积极履行参谋、规范、监督三大职能，自加压力，奋力拼搏，积极参与政府的综合决策。是年，环保支出 32 万元。

2000 年 1 月，把市下放的 14 个市直单位纳入全区环保目标责任制管理范围，并建立半年一次的考核机制。是年，大力推行环境综合整治。按照省、市安排，全面开展餐饮、理发业环境管理，在泉中路等 4 条街道开展禁烧散煤工作试点，先后拆除 11 台锅炉，并纳入集中供热。是年，环保支出 38 万元。

2001 年 –2002 年，在全面完成区直工业企业重点污染源达标的基础上，进一步加强企业达标后续管理工作。工业企业环保管理方面，大力推行产业结构和产品结构调整，城区玻璃制品厂、车辆厂等 8 家企业分别采取自办、合资、租赁等形式，调整产业结构，开办商贸、饮食、社会服务等三产服务项目，共消除污染物排放口 30 余个。

2003 年 –2005 年，强化餐饮、娱乐、房地产开发、工业企业和社会服务业环境影响评价登记工作，依法受理并办理环评登记项目 87 件次。完成各类锅炉、茶浴炉治理改造 246 台套，餐饮业灶火改造 430 户、1800 余抬眼，依法没收各类燃煤灶具 300 余个，暂扣鼓风设施 300 余台套，强制拆除各类小型锅炉、茶浴炉 27 台套，拆除热电联产范围内废弃烟囱 153 根，强制拆除耐火倒烟窑 4 座，改造 11 座，城市烟尘控制区覆盖面积达 100%。

2001 年 –2005 年，阳泉市城区各年环境保护支出分别为 49 万元、48 万元、49 万元、75 万元、102 万元，合计 323 万元。

2006 年，在环保工作方面进一步引深以工业企业污染排放综合防治为主要内容的“达标行动”，继续按照“两规范、两提高”的工作思路深入开展工业企业污染综合防治。强化环境执法监督，深入开展城市环境综合整治，大力改善广大人民群众的生活居住环境。

2007 年，突出把餐饮业污染防治作为提高政府公信力、执行力和为民办实事的重要内容。在全市范围内率先开展餐饮业禁煤工程，全面启动餐饮业专项监管；进一步推行餐饮业油烟净化及高空排放装置，有效避免油烟、噪声扰民问题；结合排污总量控制，在区域重点街区全面推行建设项目环境影响评价、“三同”审核审批及排污许可证制度。

2008 年 3 月 20 日，阳泉市城区出台《关于开展第一次全国污染源普查实施方案》，主要内容如下：

普查工作目标。全面掌握各类污染源的数量、行业和区域分布；掌握主要污染物及其排放量、排放去向、污染治理设施运行状况，为污染治理和产业结构调整提供数据；建立各类重点污染源档案盒各级污染源信息库，促进污染源信息共享机制的建立；掌握普查结果，建立新的“十二五”环境统计平台，提高环保部门管理能力；动员社会各界力量广泛参与污染源普查，提高全民环境保护意识。

普查对象：凡在城区范围内排放污染物的工业源、生活源单位及集中式污染治理设施均属普查对象。

普查内容：全部工业污染源中的采矿业、制造业、电力、燃气机水的生产和供应业排放的污染物，包括污染源的基本情况、污染物的种类、数量和浓度、污染治理设施及其运行情况等指标；城镇生活污染排放的以污水、垃圾和医疗废物等为主的污染物，包括污染物排放量、污染治理设施及其运行情况等指标。

2009 年，阳泉市城区环保工作持续健康发展，初步完成第一次全国污染源普查工作，累计完成各类污染源清查 1804 个，污染源普查 659 个。对辖区 45 家单位完成泡沫领域、家用制冷行业、工商制冷领域、TCT 生产、化工助剂行业的消耗臭氧层物质（ODS）调查工作。

2010 年 4 月，“三城同创”开展以来，阳泉市城区积极开展餐饮业环境污染治理，共制作现场检查记录 436 份，下达各类文书 367 份，对 135 家餐饮业单位下达整改通知，对逾期未完成整治任务的 113 家餐饮业单位下达“责令停业”的《行政处罚决定书》。

2011 年，阳泉市城区决定在“十二五”期间，加强大气环保、声环境保护。巩固工业污染源全面达标成果，确保工业企业环保设施正常运行。巩固“高污染燃料禁燃区”创建成果，不断提高清洁能源使用率。加强对餐饮业的环境管理，加强对建筑工地噪声和生产经营设备噪声的日常监管和治理，依法把好新建项目噪声污染源审批关和验收关。认真执行环保法律法规，进一步做好行政执法责任制工作。努力使全体干部职工牢固树立“尽心尽力、尽职尽责”的工作理念，建造一支政治坚定、团结高效的高素质环保执法队伍。

2012 年，安排部署环保“百日攻坚”，要求各成员单位要严格按照职责分工，对环境违法行为始终保持高压态势，一律高限处罚，对性质恶劣、造成重大影响的，予以严厉打击；要设立举报电话，鼓励公众监督，对于群众反映的问题，一经查实，坚决处理。领导组要每月召开一次例会，听取汇报，研究对策，部署行动。

2013 年，阳泉市城区努力从以下几个方面实施“减排工程”。严格企业排污总量控制，进一步健全企业排污总量控制和排污许可证制度，对新改扩建项目要按照清洁生产和循环经济的标准进行审批与验收，从源头上减少污染物产生和资源能源的消耗。以提升环境空气质量为重点，实施“净空工程”。要强化辖区环境综合整治，集中治理燃煤污染、油烟污染、机动车尾气污染和城市扬尘污染，大力普及使用清洁能源，推动辖区大气环境质量全面改善。以改善水环境质量为重点，实施“净水工程”。加大辖区水域综合整治，取缔干河河道两侧 3 公里范围内的排污企业，加强入河排污口监督管理和水质监控，彻底清理河道淤泥、垃圾，消除黑臭水体，改善水环境和水质。

2014 年 11 月，阳泉市城区召开专题会议，就全区大气污染防治和环境卫生整治工作进展情况、存在问题和下一步工作措施进行分析研究，会议要求：

提高认识，认真履职。各单位各部门要进一步提高认识，真正把环境整治工作摆在重要的位置，认真贯彻落实省委、省政府关于环境整治的安排部署和全市的工作要求，结合城区实际，切实把大气污染防治和环境卫生整治工作抓实、抓好。

统筹协调，突出重点。牵头部门要切实负起责任，相关部门要抓紧落实具体方案，以取缔工业企业燃煤锅炉、餐饮业禁烧原煤、抑制扬尘污染为重点，切实抓紧、抓好、抓实各项工作，努力完成大气污染防治任务，有效改善区域空气环境质量。

政府先行，领导带头。大力推进城市环境卫生集中整治行动和大街小巷的清扫、保洁力度，不断提升环卫作业水平，为人民群众营造干净整洁的居住环境；大力倡导绿色出行方式，党政领导干部要带头减少公车使用，上下班尽量乘坐公交车，为减少雾霾影响做出贡献。

1991 年 –2015 年，阳泉市城区环境保护补助支出共计为 2479.8 万元。

1991 年 –2015 年阳泉市城区环境保护支出情况表

表 2–12　　　　单位：万元

年　份	支出额	年　份	支出额	年　份	支出额	年　份	支出额
1991	1.8	1998	18.0	2005	102.0	2012	233.0
1992	3.0	1999	32.0	2006	96.0	2013	482.0
1993	3.0	2000	38.0	2007	113.0	2014	287.0
1994	4.0	2001	49.0	2008	159.0	2015	250.0
1995	5.0	2002	48.0	2009	108.0	——	——
1996	5.0	2003	49.0	2010	123.0	——	——
1997	6.0	2004	75.0	2011	190.0	合　计	2479.8

在从 2007 年开始使用的经济建设费支出科目中，还有农林水事务支出、国债还本付息支出、援助其他地区支出、金融监管支出、住房保障支出的支出情况需要说明如下：

农林水事务。核算大学生村干部在基层锻炼的工资，从 2010 年开始发起，2010 年 –2015 年分别发生 8 万元、2 万元、49 万元、59 万元、74 万元、98 万元，合计为 290 万元。

交通运输事务。核算建设阳大铁路建设资金，仅 2015 年发生 1 笔支出，为 1000 万元。

债务付息支出。核算地方政府归还其他一般债务利息所发生的支出，2011 年 –2015 年分别发生 23 万元、54 万元、83 万元、116 万元、147 万元，合计为 423 万元。

援助其他地区支出。2009 年、2010 年数据核算支援汶川等地地震灾后重建资金，两年分别为 171 万元、142 万元，共计 313 万元；2012 年 –2015 年数据为各地支援新疆建设的资金支出，分别为 62 万元、67 万元、67 万元、67 万元，共计 263 万元。

金融监管支出。反映为扩充中小企业融资平台，城区财政 2009 年筹资 230 万元扩充中小企业担保资本金，着力解决中小企业融资难问题的支出。

住房保障支出。反映用于新建、改建、购买、租赁公共租赁住房的支出；反映各级政府向低收入家庭发放的廉租住房租金补贴支出。2010–2015 年，各年分别发生 396 万元、494 万元、1230 万元、985 万元、859 万元、1322 万元，共计 5286 万元。

债务还本支出：反映地方政府用于归还一般债务本金所发生的支出。在一般预算支出项下单独反映。2015 年支出 6727 万元。

第三章 文教科学卫生事业费

新中国成立后，国家十分重视发展文教科学卫生等各项事业。在财政支出统计方面，文教科学卫生事业费支出项目有文化、出版、文物、教育、党政群干部训练、卫生、公费医疗、体育、科学、地震、广播电视、计划生育及其他文教等事业费。

阳泉市城区的文教科学卫生事业费，按国家预算支出科目规定，开支范围包括文化、文物、教育、卫生、体育、科学、计划生育、公费医疗、党政群干部训练费、档案、中医、药品监督费和其他文教事业费等项。

1985年-2015年阳泉市城区文教科学卫生事业费支出情况

表2-13　　单位：万元

年份	合计	文化事业费	教育事业费	卫生事业费	公费医疗	体育事业费	科学事业费	计划生育	党政群干训费	其他文教事业
1985	141.6	2.1	111.3	7	10	1.1	3.3	5.5	1.3	——
“六五”时期	141.6	2.1	111.3	7	10	1.1	3.3	5.5	1.3	——
1986	167.0	4.4	110.2	9.6	15	6.5	0.4	14.5	1.3	5.1
1987	163.0	2.4	122.5	11.3	14.4	2.2	0.6	6.4	1.8	1.4
1988	230.7	4.1	171.5	14.1	17.1	3.2	0.7	15.1	2.3	2.6
1989	514.5	5.1	401.2	56.2	30	6.7	1.2	10.6	1.5	2
1990	619.7	4.2	466.5	59.6	47	6.8	1.1	13.5	18.8	2.2
“七五”时期	1694.9	20.2	1271.9	150.8	123.5	25.4	4	60.1	25.7	13.3
1991	614.0	5	491	31	62	7	1	12	2	3
1992	738.0	7	584	37	75	8	1	15	4	7
1993	846.0	7	690	34	75	8	4	19	4	5
1994	1138.7	11	944.7	55	85	8	1	25	3	6
1995	1196	11	976	50	110	9	2	29	3	6
“八五”时期	4532.7	41	3685.7	207	407	40	9	100	16	27
1996	1353.0	11	1122	51	110	12	5	32	3	7

续表

年份	合计	文化事业费	教育事业费	卫生事业费	公费医疗	体育事业费	科学事业费	计划生育	党政群干训费	其他文教事业
1997	1538.0	12	1292	62	110	9	2	39	4	8
1998	1457	11	1195	57	115	9	9	47	6	8
1999	1486	15	1211	67	125	8	7	39	5	9
2000	1821	20	1521	65	124	9	3	49	20	10
"九五"时期	7655	69	6341	302	584	47	26	206	38	42
2001	2045	24	1738	79	110	10	3	54	15	12
2002	2108	31	1806	87	60	12	4	77	17	14
2003	2578	30	2181	157	54	10	5	119	6	16
2004	3422	39	2964	180	50	9	5	153	6	16
2005	4177	55	3516	267	125	7	5	174	8	20
"十五"时期	14330	179	12205	770	399	48	22	577	52	78
2006	6890	65	6132	322	100	7	5	218	13	28
2007	9358	98	7857	437	355	7	213	310	——	81
2008	13045	89	10496	555	1181	10	320	346	——	48
2009	16974	310	13338	1056	1329	19	363	455	——	104
2010	18688	330	14695	464	1620	15	463	966	——	135
"十一五"时期	64955	892	52518	2834	4585	58	1364	2295	13	396
2011	19517	157	14897	553	2104	15	487	1129	——	175
2012	23849	145	18905	477	2425	10	597	1091	——	199
2013	26741	170	20567	1480	2366	17	697	1206	——	238
2014	24454	193	17523	2316	2768	22	202	1216	——	214
2015	28683	239	21918	2256	3080	11	101	828	——	250
"十二五"时期	123874	904	93810	7082	12743	75	2084	5470	——	1706
合计	217183.2	2107.3	169942.9	11352.8	18851.5	294.5	3512.3	8713.6	146	2262.3

说明：其他文教事业费中包括档案事业费

第一节　教育事业费

阳泉市城区的教育事业费包括财政支出的中学教育经费、小学教育经费、教师进修与干部培训经费、特殊教育经费、幼儿教育经费和其他教育经费等。

新中国成立以后，党和人民政府对教师关怀备至，不断提高教师政治地位和物质待遇。教师工资待遇及学校教育经费由国家拨付一定数额的办学资金，大部分教育经费由地方财政统筹。1978年后，国家用来办教育的专业性经费逐年增长，阳泉市城区驻区厂矿企业用于办学的经费也相应增加。随着经济的增长，教育经费逐年增加。1986年–1990年，城区财政教育投资每年增长47.7%；教育经费增长高出财政收入增长26.3%。1986年，全区教育支出143.3万元，占财政支出27.83%。1988年，全区教育支出为316.3万元，占财政支出的46.66%。1990年全区教育支出525.9万元，占财政支出的39.31%。

1983年，教育系统制定机关工作人员岗位责任制和教职工的计奖考评制度以及班主任津贴考评制度，按德、绩、勤、能进行考评，改变年中平均分配奖金、吃“大锅饭”的现象，调动广大教职工的积极性。

1984年9月，阳泉市城区教育局制定体制改革方案，下发由5项、32条规定组成的《教育体制改革方案（讨论稿）》，并选择北大街小学作为试点。北大街小学依据此方案，结合实际制定“三制一表津贴制”的改革方案，有效调动广大教职工的积极性。在改革方案的指导下，非试点学校也结合实际，致力改革，全区教育系统呈现出可喜的局面。

1985年进行工资改革，所有公办教师的工资又调高一个档次，个别教师调高两个档次，全区中小学教师的月工资额平均为80元。为实现各级学校“校校无危房、班班有教室、学生人人有课桌凳”的“一无两有”目标，阳泉市城区努力加大教育投入。从是年开始，城区组织全体幼儿教师开展“十个十会”（会讲十个故事、会背诵十首儿歌、会弹奏十支曲子、会弹唱十首幼儿歌曲、会画十张彩色图画、会跳十首舞蹈、会折十种纸工、会作十个小试验、会作十个小游戏、会剪贴十种图形）教学基本功评比活动。该种提高教师业务素质的有效方法，得到省、市幼教专家的肯定。是年，城区职工教育管理委员会还制定以“双补”（文化、技术补课）工作为重点的“六五”期间干部培训和职工教育规划，特别是对“双补”做具体安排，本着“干什么、学什么，缺什么、补什么”的原则，开展厂办、自学等形式的补课活动。全区小学招生数为1521名，在校学生数为7618名；全区幼儿园幼儿数为1082名。

1986年，阳泉市城区认真贯彻落实省教育厅《纠正片面追求升学率倾向的十项规定》，全区学校全部取消优秀班，编为平行班。根据具体情况，各校开设劳动技术教育课，建立勤工俭学基地，把培养全面发展、学有所长的合格毕业生作为教育的目标。同时，注重按照教育规律办事，逐步克服片面追求升学率的倾向，为深化教育体制改革创造良好的外部环境。不包括安排发展教育事业的基本建设投资，全区小学新增校舍面积近1600平方米，修复危房面积1424平方米，更新课桌凳458套，购置电教设备、教育、音乐器材等232件，使全区教学条件、教育环境、教学设备都有较大的改观，为提高教学水平创造有利条件。

1987年，《中共中央关于教育体制改革的决定》和省教育厅《全日制中学全面贯彻党的教育方针，纠正片面追求升学率倾向的十项规定》在城区得到贯彻落实。决定在全区学校取消优秀班，混编平行班。之后根据实际情况，开设劳动技术教育课，建立勤工俭学基地，把培养全面发展、学有所长的合格毕业生作为目标。阳泉市城区教育局注重按教育规律办事，以逐步克服片面追求升学率的倾向，为深化教育改革创造良好的外部环境。

从1988年开始，阳泉三中、四中、六中、七中划归本区管理，全区各校相继实行并逐步完善校长负责制、目标管理责任制、岗位责任制、量化考核制。阳泉四中率先实行全员聘任制和结构工资制。是年，省幼儿教育工作现场会在阳泉市召开，利用该契机，城区幼儿教师进行现场表演，受到好评。是年，城区教育局为适应深化教育改革的需要，制定《学校工作综合评估试行方案》《教学质量评估试行方案》，是年就进行一次评估。实践证明：根据《方案》评估，不仅能科学准确、正确客观地评价学校的工作，而且还能科学正确地指导学校工作，充分发挥教育局的职能。是年，切实加大教育投入，努力改善办学条件。先后投资110万元修建阳泉三中教学楼、阳泉七中实验楼、城区幼儿园、北岭小学办公楼，完成阳泉七中宿舍楼扫尾工程，努力改善学校教学和教职工生活条件。全区小学基本实现“一无两有三配套”（校校无危房，班班有教室、人人有课桌凳，教学仪器、文体器材、图书资料配套），推进九年制义务教育的实施。

1989年6月，阳泉七中与省教委、市教委签订为期3年的《中小学教育改革实验项目议定书》。实验项目是“中学学校管理”，具体如下：实行校长负责制、教职工聘任制、教师浮动工资制；改革管理制度，完善“责任制、考评制、奖惩制”三位一体的管理制度；强化岗位职责，狠抓常规教育，实现学校管理规范化；严格管理制度，强化管理职能，实现学校管理制度化；探索新的管理办法，使学校管理科学化。是年，阳泉市城区育新幼儿园经省教委验收，符合省规定示范幼儿园标准，被确定为省第二批合格示范幼儿园，为全市、全区幼儿园提供有益的办学经验，充分发挥示范幼儿园的骨干和模范作用。

1990年底，全区有20所小学附设学前班40个，幼儿班5个。在校幼儿达1776人，6周岁幼儿入班率达99%。全区有幼儿园7所，其中示范幼儿园1所，厂矿幼儿园1所，街道办托幼园2所，个体幼儿班3个；在园幼儿282人。截至1990年年底，全区有保教职工人员94人，其中，幼儿教师81人，保育员13人；30岁以下的青年教师52人，占幼儿教师总数的64%；30–40岁的中年教师10人，占幼儿教师总数的12.3%；初中学历的15人，占总数的18.5%；高中、中专以上学历的64人，占幼儿教师总数的79%；大专学历以上的2人，占幼儿教师总数的2.5%。到是年年底，城区取得“十个十会”过关合格证的幼儿教师60人，合格率达75%。截至是年年底，全区共有完全中学4所，高中31个班；初级中学8所、98个班、学生4699人；全区学龄儿童总数14508名，学龄儿童入学数14506人，入学率达100%，巩固率达99.1%，毕业率达98%，普及率达100%；，全区21所小学实现“一无两有三配套”。

“八五”计划时期，阳泉市城区区委、区政府认真贯彻党的教育方针，全面实施教育战略目标，全区教育事业蓬勃得到发展。

1991年，全区教育工作认真贯彻中国共产党的教育方针，坚持治理整顿，深化教育改革，使教育事业得到稳定协调的发展。基础教育以扎扎实实地推进九年义务教育的实施重点，使全区教育迈上一个新台阶。由于加大教育投资，强化教育教学管理，使全区教学质量明显提高，中考、小考成绩名列全市前茅，幼教、弱智儿童教育也取得一定成效。

1992年，全区教育事业进一步发展，教育经费增长继续超过财政收入增长幅度。全年教育投入比上年增长 12.15%。全区中、小学实现“三配套”。三中教学楼和上站小学、北岭小学办公楼竣工并投入使用。新建路小学校门、北大街小学校园美化取得进展，改善育人环境。购置钢琴、投影仪、生物坐标等，使全区中小学在“一无两有三配套”上又向前迈进一步。中学入学率达 100%，巩固率达 100%，毕业率达 99.83%。

1993 年，在教育方面继续深化教育体制改革，确保教育经费的两个增长。是年，教育事业费支出达 671.54 万元，比上年增长 21.87%，超过财政收入增长幅度 3 个百分点。是年，城区政府投入 86.8 万元，新扩建教室、办公用房面积 2294 平方米；为阳泉四中、阳泉七中、朝阳小学解决安装暖气用款；中、小学入学率、巩固率、毕业率均达 99% 以上；被省教委命名为中、小学“三配套”合格县区；被省政府命名为“实现义务教育先进县区”；特殊教育工作受到国家教委等四部委通报表彰；城区教委连续两年被省教委授予“德育工作先进单位”荣誉称号。

1994 年，全区教育事业费增长高于财政收入增长 16.6 个百分点，保证教育经费的“两个增长”（各级人民政府教育财政拨款的增长应当高于财政经常性收入的增长，保证教师工资和学生人均公用经费逐步增长）。在市、区及有关部门大力支持下，筹资 130 余万元，对四所中学、三所小学的教学楼、办公楼进行改、扩建。基础教育稳步发展，“双基”教育通过省级验收，成为全省 14 个合格县区之一，受到省委、省政府的表彰。城区培智学校在北岭小学正式挂牌成立，标志着阳泉市城区特殊教育工作上一个新台阶，形成以培智学校为主体，以学校附设培智班和随班就读为必要补充的特教工作新格局。全区残疾儿童入学率达到 90% 以上，被命名为“全国特殊教育先进区”。

1995 年，全年教育总投入 991 万元，占本年全区财政支出的 35.72%。1991 年以来的 5 年，共投入资金 1000 余万元，改、扩建校舍 5000 平方米，增加冬季取暖面积 15000 平方米，使中、小学在基本实现“三配套”的基础上不断提高标准，开始向规范化学校迈进。至是年年底，全区 23 所学校中有 16 所学校达到规范化标准，占全区学校的 69%；23 所学校全部开展电化教学；6 所学校配备计算机；4 所学校装备语音室；全区已有 75% 的学校步入规范化的学校行列。

1991 年 –1995 年阳泉市城区教育经费“三个增长”情况表

表 2-14

项　目		1991 年	1992 年	1993 年	1994 年	1995 年
全区财政总收入（万元）		——	——	1857	2263	2991
比上年增长（%）		7.56	11.00	18.12	21.84	32.16
教育支出总额		604.7	624.7	720.6	952.4	991
比上年增长（%）		15.56	3.3	15.36	32.16	4.06
生均教育经费（元）	中　学	628	503	480	649.7	707.3
	小　学	259	311	398	510	532.7
生均公用经费（元）	中　学	81	174.73	126	132.2	160
	小　学	57.7	85.69	95	85.2	88.3
教育支出占全区财政支出（%）		38	35.3	34.9	42.1	35.7

“九五”计划时期，阳泉市城区坚定不移地把教育放在优先发展的战略地位，多渠道筹措教育经费，改善办学条件。基础教育在成为全省首批“两基”合格县区的基础上进一步巩固、提高；继续贯彻落实《中华人民共和国义务教育法》，努力办好一所重点中学——阳泉三中，扩建四中为二、六轨制中学。积极发展幼教事业和特教事业，力争到2000年，3周岁至6周岁幼儿入园率从1995年的34.8%提高到60%；残疾儿童入学率由1994年的96.3%提高到99.9%。大力发展职业技术教育，努力尽快改变职业技术教育落后于全区经济发展的状况，在高中附设职业班的基础上创造条件，新建一所两规制职业学校，开设计算机、厨师等专业，以适应全区经济发展的需要。“九五”时期，全区教育事业费每年仍以100万元以上的速度增加。

1996年，为培养合格的社会主义现代化建设者和接班人，阳泉市城区在教育方面大力实施“科教兴区”战略，紧密结合实际，制定并实施“363”工程。具体如下：

建立实施素质教育的“三大机制”，即落实教育优先发展的战略地位，形成有利于教育的运行机制；深化教育改革，形成实施素质教育的运行机制；完善督导评估制度，形成实施素质教育的督导评估机制。

确立六个重点突破方向，即以“五爱”教育为主线，养成教育为重点，心理健康教育为切入点；优化教育结构和过程，构建主体型教育模式；改革考试方法，探索素质教育的评估途径；采取有力措施，减轻学生课业负担；发挥学校优势，创建办学特色；建立督导评估体系，推动素质教育全面实施。

构建实施素质教育的“三加”模式，即提高办学水平，创建“规范加特色”的学校；加强队伍建设，造就“合格加专长”的教师；提高学生素质，培养“全面加特长”的学生，被中共山西省委、省政府命名为全省首批“德育示范区”，上站小学、下站小学成为全省“德育示范小学”。全区幼教、特教又有新发展，被国家教委命名为“全国特殊教育先进区”。

是年，全区教育总投入达到1133.3万元，比上年增长14.35%，圆满完成1996年教育目标责任书的各项指标。

1997年，全面推进从应试教育向素质教育的转轨，制定出台《关于全面实施素质教育的意见》和《阳泉市城区“构建督导评估机制、推动实施素质教育”实验工作方案》，建立“三位一体”的素质教育评价体系。区直23所中、小学中有市级文明学校10所、省级文明学校2所、省级文明幼儿园1所、省级德育示范学校3所。连续8年全区在校生违法犯罪率为零。教师“乐居工程”动工兴建，累计完成投资750万元。进一步改善学校办学条件，完成阳泉七中、朝阳小学等6所中小学的采暖工程。城区被列为“全省素质教育实验联系区”。全年财政对教育投入达1125万元，比上年增长14.79%，高于一般预算收入的增长幅度3.92个百分点；其中，生均教育事业费1389元，比上年增长13.62%；生均公用经费261元，增长30.52%。

1998年起，阳泉市城区以上站小学为试点，建立“政府投入、学校自筹、企业投资、个人参股”的筹资机制。历时3年，逐步推进信息技术教育，共吸引投资约360万元，装备750余台电脑，建成5个多功能电教室、18个多媒体教室；开通2个校园局域网；在20所学校开设信息技术教育课，基本普及中、小学信息技术教育，探索出一条在市场经济条件下企、校合作投资办学的新路子。全面推进从应试教育向素质教育的转轨，被市政府命名为“中、小学素质教育成绩显著”区；积极开展创建特色教育示范校活动，被中共山西省委、省政府授予“山西省特色教育示范单位”和全省“教学整体改革先进集体”荣誉称号。全区中、小学电化教育开展率达100%，被命名为“全省实验教学普及区”。全年财政对教育投入达1059万元，为上年的94.13%。

1999年，全面实施素质教育，推动教育事业持续、稳定发展。是年5月18日至20日，全省示范小学课堂教学改革观摩会在城区召开，全省各地、市教委和学校负责人、优秀教师150余人参加了观摩会。全区23所中、小学中有市级文明学校18所、省级文明学校9所、省级文明幼儿园1所、省级德育示范学校3所，连续10年全区在校生违法犯罪率为零。全区中、小学电化教育开展率达100%，被命名为“全省实验教学普及区”“电化教育先进单位”。教师“乐居工程”住宅楼全部竣工，累计完成投资1250万元，学校工作和教学条件有所改善。保证教育投入，是年财政对教育投入达1135万元，比上年增长7.18%。

2000年，全面推进素质教育，减轻中、小学生负担，加强教学改革，促进学生德、智、体、美全面发展。不断深化教育体制改革，以全员聘任制为重点，积极稳妥推进中、小学内部管理体制改革，制定出台《阳泉市城区中、小学内部管理体制改革实施方案》，着力构建“能上能下、能进能出”的学校用人机制。通过改革，教师队伍结构得到整体优化。阳泉市实验小学于12月12日开工建设。通过多渠道筹措教育资金，积极引进社会资金，在上站小学、北大街小学开展电脑教学。对上站、下站、北大街、北岭等学校校舍、场地进行维修改造。至是年年底，高中教师学历合格率由1997年的82%提高到100%，比1997年提高近20个百分点；初中教师学历合格率为99%，比1997年提高7个百分点；小学教师学历合格率达到98.4%。

“十五”计划时期，随着新世纪的到来，城区的教育事业也进入一个持续发展的新时期。

2001年，阳泉市城区教育事业取得如下成果：继续巩固“两基”成果，努力提高“两基”水平。小学入学率、小学女童入学率、初中阶段入学率均为100%；残疾儿童少年入学率为94.1%；小学、初中辍学率均为零；小学、初中毕业率均为100%；15周岁人口文盲率为零，15周岁至17周岁人口初等教育完成率为100%。对城区的11名成人文盲，均落实包教学校，并进行学习辅导。全省“两基”工作检查组经过全面、认真的复查，认为城区“两基”工作正在向高标准、高水平、高质量的目标迈进，走在全省前列。全年生均教育经费1193.47元，比上年增长9.47%；生均公用经费44.05元。教育费附加应征136万元，实征152.4万元，征收率为112%。教育经费的“三个增长”中生均公用经费仍不达省标准，基本保证教育事业发展的需要和教师工资的按月足额发放。全年教育事业费支出1267万元。

2002年6月12日，阳泉市城区召开中小学危房改造捐资动员会，正式启动中小学危房改造资金筹措工作。城区大多数学校建于20世纪60、70年代，校舍建筑质量低，设计落后，专用教室短缺，楼梯少，走廊窄，面积小。全区生均面积6.02平方米，其中中学生生均9.5平方米，小学生生均4.37平方米。到是年年底，大多数校舍均超年限使用，部分房屋根基下沉，多数校舍出现严重险情，严重威胁师生人身安全。其中，存在严重险情、隐患、危房的学校：阳泉四中、北大街小学、朝阳小学、阳泉三中、阳泉七中、下站小学等。在动员会上，城区区委书记梁怀玉要求广泛动员，多方筹措中小学危房改造资金。教育等部门和各个学校要把该项工作紧紧抓在手上，迅速行动起来，摸清危房底子，制定筹资办法，明确筹资任务，保证该项工作顺利进行。

6月24日，阳泉市城区积极开展中小学危房改造捐资工作。在中小学危房改造捐资工作中，城区认真贯彻落实中共阳泉市委、市政府的指示精神，周密部署，积极行动，成立中小学危房改造领导组，实施区领导包校帮扶制。在具体工作中，区领导深入驻区单位，宣传中小学危房改造捐资工作的重要意义，广泛发动全社会积极参与捐资活动。城区教育局在保证各项考试和日常工作顺利进行的同时，将所有科室人员分成五个组，深入机关、厂矿、企业等，将中小学危房改造捐资的意义广泛宣传，使之家喻户晓。区属各中小学也积极行动，争取有关单位和部门的支持。许多驻区单位积极主动投入到捐资活动中，阳泉市委办公厅 71 人为改造捐资 11150 元、建设银行电力支行和城区支行职工分别捐资 6800 元、6100 元。还有许多单位主动投入到该项活动中，单位集体、个人纷纷为城区教育事业献上一片爱心。全年教育事业费支出 1587 万元，比上年增长 25.26%。

2003 年，出台《阳泉市城区关于深化基础教育改革和深层推进素质教育的决定》，主要如下：继续创新和完善教育五大机制。争先发展的保障机制；督导评估的激约机制；质量标准的评析机制；办学特色的导向机制；安全责任的监管机制。实施五项创新工程和“两基双高”工程；“三优”名师工程；“校校通”工程；改危扩建工程；教师乐居工程。深化五项改革。继续深化和完善中小学内部管理体制改革；积极探索基础教育办学体制的改革；继续推进学前幼儿教育办园体制改革；不断深化教学、德育、体卫艺改革。依法加大教育投入，开工建设北大街小学教学实验楼和朝阳小学危房改造工程，完成阳泉七中、北大街小学操场改扩建。全年教育事业费支出 1716 万元，比上年增长 8.13%。

2004 年，阳泉市城区中考再创佳绩，崔晓娇、张美真、燕文宇、刘骍男 4 名同学进入全市前 10 名，有 39 名进入全市前 100 名；另外，梁擎刚、商澜鐠、杨超共 3 名同学的数学以 120 满分并列全市第一；燕文宇、崔晓娇 2 名同学的政治以 91 分的成绩并列全市第一；张强同学的物理以 99 分居全市第一；张梁同学的英语以 119 分的成绩居全市第一。高考成绩稳步提升，超额完成市定指标，达本科线共 42 人。其中，一本文理类达线 3 人，艺术体育类达线 16 人；二本文理类达线 20 人，艺术体育类达线 2 人。是年，注重加强教育基础设施建设，阳泉四中教学楼改造工程完成投资 100 万元，北大街小学综合大楼完成投资 60 万元，朝阳小学教学楼完成投资 45 万元，实验小学二期工程完成投资 320 万元。全年教育事业费支出 2582 万元，比上年增长 50.47%。

2005 年，阳泉市城区教育系统与区政府签订五项主要工作任务：深化基础教育课程改革。继续巩固一、二年级课程改革成果；启动新年级课程改革实验；促进课程改革实验质量不断提高；整合教育资源，改善布局结构。巩固和完善北大街分校整合办学成效；做好企业中小学划归城区管理后的资源整合工作；进一步深化人事制度改革。贯彻落实省政府晋办发〔2003〕13 号文件精神，完善教职工聘用制，实施中、小学教职工新一轮聘用制；进一步规范教育收费管理，要求做到：各校领导提高认识，高度重视教育收费工作，严格执行“一费制”。严格遵守财经纪律，规范收费行为，以上级教育行政部门下达的规定为执行依据。加大教育收费监督检查力度，严厉查处各类违规违纪行为；大型校园改造工程顺利进行，旱厕改造工程圆满完工，校园网建设扎实推进，全区中小学全部实现入网供暖。是年，教育事业费支出 3363 万元，比上年增长 30.25%。

2006 年，阳泉市城区以措施到位促各项危改任务落实。在该方面，认真做好三项工作。

（1）明确任务，营造氛围。通过排查，将阳泉四中、北大街小学、朝阳小学列为项目单位，对阳泉四中 1514 平方米 D 级危房立即拆除，在原址筹建 3263.24 平方米的教学实验综合楼；对北大街小学 320 平方米危险窑洞和 130 平方米 D 级危房限期拆除，新建 2964.4 平方米教学楼和 150 米跑道操场，并对 731.9 平方米 B 级危房进行加固维护；对朝阳小学危险护坡立即拨付资金，彻底进行改建，对 3374 平方米 B 级危房启动整体维修计划，并拆除校园危厕。由于落实任务，调动学校搞好危改工作的积极性，保证危改工程的顺利实施。

（2）严格管理，保证质量。严格把住“三关”：一是把住施工关。在施工中坚持进行“四验”，即验基槽、验基础、验主体、竣工总体验收。二是把住质量关。在委托监理的同时，还成立工程质量督查组，负责对质量进行督查，发现问题，立即整改。三是把住审计关。全区实施统一决算审计，防止工程的随意性和资金流失。

（3）落实资金，稳步推进。针对资金紧张的状况，城区出台《关于筹措中小学危房改造资金的实施意见》，动员项目学校挤一点，干部群众捐一点，企业献一点，区直部门助一点，驻区单位帮一点。由于组织得力，共收到捐款 998075.23 元，补上区财政拨款的缺口，确保危改工程顺利推进。

在实施中小学危房改造的同时，多方筹措资金，兴建一批教学设施。将实验小学选址重建，一期工程 4157.13 平方米的教学楼已于 2001 年 12 月全部投入使用。二期工程建筑面积为 5200 平方米的综合教学楼正在建设中；在城区阳光广场西侧建设 12800 平方米的操场，解决阳泉七中开展体育锻炼没有操场的问题；投资 272.5 万元，完成中小学旱厕改造工程；投资 100 万元热源建设配套费，使全区中小学全部实现集中供热；投资 685 万元推进校园网的建设，使全区信息化建设迈上一个新台阶。

自危改工作实施以来，城区累计投入危改资金 1229.26 万元，其中上级拨款 642 万元，城区自筹 575.26 万元，合计新建、改建校舍 17973.87 平方米，消除危房 6550 平方米，使全区学校展现新的面貌。

11 月，阳泉市城区全面完成第二批中央驻晋企业学校移交工作，辖区的中央企业学校包括晋东集团学校、山东铝业公司阳泉矿子弟学校、南庄煤矿学校、大阳泉煤矿学校、中电投娘子关电厂子弟学校、中铁三局五处所属子弟学校共 6 所学校，陆续与区政府达成协议，是年共移交教职工 468 人，总资产价值 1310.76 万元，土地面积 61018.13 平方米，房产面积 20854.17 平方米，每年中央转移支付资金 1606 万元。

12 月，为保障城市家庭困难学生接受义务教育，根据阳泉市财政局〔2006〕362 号文《关于下达 2006 年 -2007 年城市义务教育阶段补助寄宿生生活费专项资金的通知》，城区财政、教育部门对全区中小学义务教育阶段家庭经济困难的学生进行摸底调查，具体情况：免教科书和免杂费的学生 676 人，补助寄宿生生活费的学生 12 人，共需资金 14.24 万元，截至 12 月，资助资金已全部落实到位并发放到贫困生手中。是年，城区教育事业费支出 5599 万元，比上年增长 66.49%。

2007 年，阳泉市城区教育工作继续书写辉煌。继续推进“教育先导区”建设，出台《阳泉市城区创建“教育先导区”实施方案》，并逐一分解。实施“校园网建设”工程，全区 22 所学校已有 18 所建成校园网。是年，城区教育支出为 7857 万元，较上年增长 40.33%。

2008 年，阳泉市城区进一步加大对教育的投入力度，全年教育支出为 10496 万元，较上年增长 33.59%。

加大中小学校舍建设力度，实施中小学校园、校舍达标工程。新建教学楼和生活用房 4741.46 平方米，维修教学楼 10181.9 平方米，新建水冲式厕所 104 平方米，修建围墙 190 米，改造操场 22512 平方米，改建全区第一个全新的塑胶跑道操场，更新铺设暖气管道、自来水管道 600 米。

加大中小学技术装备配备力度，共购置和更新价值 1542 万元的教学仪器 125622 件，文体器材 16514 件，电教器材 200 件，图书 244193 册；购置价值 175 万元的图书柜、办公桌椅和学生桌椅。完成教育信息化工程，全区 20 所学校全部进入校园网。

认真落实义务教育阶段资助政策，确保残疾儿童享受免费义务教育。是年春季对享受低保的 663 名学生实行“两免一补”（对义务教育阶段家庭经济困难学生免费提供教科书、免杂费，逐步补助寄宿生生活费）资助，对 68 名“特困”家庭学生实施“免杂费”资助，免除 14 名智残和肢残学生义务教育阶段学杂费；秋季对享受低保的 620 名学生实行“两免一补”资助。

全年投入 4000 余万元，顺利通过省义务教育标准化建设达标县区的检查验收，建成义务教育标准化建设达标县区。

2009 年，阳泉市城区将“班班通”建设工程纳入城区教育信息化建设规划，为提升教育信息化的实力，推进教育现代化发展奠定坚实基础。圆满通过省义务教育标准化建设达标县区复验，标志着城区义务教育整体发展水平跃上一个新台阶。全年加大对教育的投入，教育支出 13338 万元，比上年增长 27.08%；财政对教育投入的增幅高于财政经常性收入的增幅 5.08 个百分点。生均公用经费按省定标准拨付 582 万元；拨付义务教育阶段学校免除学杂费补助资金 616 万元，使全区义务教育阶段22472名中小学生享受到免费教育；拨付校舍安全工程专款738万元，到是年年底有7个工程竣工，共消除危房面积 25262.95 平方米；拨付校舍维修及采暖补助 793 万元，保证全区教育事业的发展。

2010 年 9 月，为防止普通高中助学金管理发放工作出现漏洞，阳泉市城区规定：普通高中助学金实行学校法人代表负责制，校长是第一责任人，对学校助学金管理工作负主要责任。同时做好以下工作：制定学校助学金具体实施办法；认真做好申请资助学生的资格审查，将学生申请表、受理结果、资金发放等有关凭证和工作情况分年度建档备查，杜绝虚报、漏报；受助学生如出现休学、转学、退学、失学、外校借读等情况，学校应及时停止该生享受助学金。若出现转入、复学、新生入学等新增学生，按程序申报；各普通高中学校一律不得以实物或服务等形式，抵顶或扣减助学金。

12 月，从 2008 年起用三年时间实施的全市中小学校危房维修改造工程基本竣工。在实施中，本着“三个结合”的工作方针，即校舍安全工程与校舍安全改造任务相结合，校舍安全工程与标准化学校建设相结合，校舍安全工程与城区教育发展的目标相结合。进一步强化领导，落实工作职责，保证“校舍安全”工程顺利进行，圆满通过省、市级校安工程建设专项督查和验收。到是年年末，共消除危房 87632 平方米，项目开工、竣工率达 100%，实现全覆盖的目标。进一步完善义务教育保障机制，拨付免除城市义务教育阶段学生学杂费 616 万元；拨付生均公用经费 578 万元；拨付中小学校舍安全工程专项资金 6000 余万元；兑现 2009 年招聘教师 77 人的工资 236 万元。是年，城区教育支出 14695 万元，比上年增长 10.17%，占财政总支出的 40.97%。

2011 年 4 月，阳泉市城区按照上级规定，对学校服务性收费项目和收费标准提出如下要求：

（1）补办证卡费。学校首次为学生办理学生证、借书证、校徽、就餐卡等学生在校学习生活中必须使用或应当取得的证卡时，不得收取各类证卡工本费。

（2）在校学生放学后代管费。为方便学生家长接送孩子，确保学生安全，小学生下午放学后，学校对未能在规定时间内离校的学生进行代管，每生每次收代管费 1 元。代管必须坚持学校和学生家长自愿的原则，学校要与学生家长签订代管协议，明确双方的责任和义务。学校在代管期间，严禁给学生讲新课和组织集体辅导。

（3）高中生节假日辅导费。为满足高中学生辅导要求，在坚持学生自愿参加和学校不营利原则的前提下，学校可利用节假日为高中阶段学生辅导。辅导时间：星期六 1 天、寒假不超过 10 天、暑假不超过 30 天，每天不超过 6 小时。辅导费每课时收费不超过 1.5 元，并对家庭困难学生可实行减免。

12 月，阳泉市城区财政先后投入 5100 万元，积极推进校安工程后续项目和义务教育标准化学校创建工作。加快推进幼儿园标准化建设，滨河幼儿园实现主体竣工。多年来，城区重视教师队伍建设，城区区委、区政府先后对命名的 4 批 100 名“三优名师”进行隆重的表彰奖励。不断提高教师岗位技能和业务素质水平，通过培训进修，城区小学教师大专率达 83.63%，初中教师本科率达 75.29%。积极补充优秀人才充实教育教学一线，2006 年 –2011 年，及时补充录用 248 名优秀大学生充实教育教学一线，使城区教师队伍整体素质得到显著提升。进一步完善义务教育保障机制，拨付免除城市义务教育阶段学生学杂费 607 万元；拨付生均公用经费 573 万元；拨付中小学校舍安全工程专项资金 5100 余万元。是年，教育支出为 14897 万元，比上年增长 1.37%，占财政总支出的 39.17%。

2012 年 6 月，按照上级要求，阳泉市城区严格普通高考、中考报名考试收费标准。规定：（1）普通高考报名考试费标准为每生 105 元。其中，交省招生考试管理中心 49 元，交市招办 16 元，区招办留 40 元。（2）考试费标准每生 60 元。其中，交市 30 元，区留 30 元。（3）考试费收入主要用于命题、报名、数码摄像、入围保密、试卷印制预押运、租用场地、监考、阅卷和登分等开支，不得挪作他用。（4）执收单位应按有关规定到区级价格主管部门办理“收费许可证”变更手续，收费使用省财政部门统一印制的行政事业性收费票据，实行“收支两条线”管理。

是年，阳泉市城区人民政府承诺为民办好的“八件实事”中，涉及教育的有三件：一是投入 1500 万元，启动并完成义务教育学校“班班通”工程。到年底，“班班通”工程通过前期论证和规划，“班班通”设备的分校统计数据上报省装备处，在 12 月月底全部到货并安装调试完毕，投入使用。二是新建、改建公办标准化幼儿园 2 所。新建项目确定为城区实验幼儿园，是年 6 月 4 日，城区政府通过新建城区幼儿园的有关意见，城区教育局拟定新建的相关办法，为幼儿园购置必要的教育设施设备，使幼儿园的办园条件基本符合《山西省新（改、扩）建标准化幼儿园办园条件的基本要求》，到是年年底，各项建设有序进行，9 月 1 日正常招生。改建项目确定为上站幼儿园，政府投入 150 万元进行全方位改造，9 月 1 日按期开学。三是投入 800 万元，开工建设城区青少年校外活动中心。规划选址在阳泉七中，办理完成用地规划图、选择意见书、土地使用规划证，完成地质勘探工作，9 月初招标后开始动工建设。惠民政策的有效落实，使人民群众享受到更多的改革发展成果。优先发展教育事业，投资 1300 万元实施中小学教育“班班通”工程，义务教育标准化学校建设通过省级验收，中考保持全市领先，高考取得重大突破。是年，教育支出 18905 万元，比上年增长 26.90%，占一般预算支出的 41.71%。按照市考核口径要求，财政教育支出占比达到 38.2%，超过市考核任务（37.9%）的 0.3 个百分点。进一步完善义务教育保障机制，拨付免除城市义务教育阶段学生学杂费 600 万元、城市义务教育阶段教科书专项资金 257 万元、作业本专项资金 60 万元；拨付生均公用经费 544 万元，教师进修 37 万元，学前教育专项资金 140 万元；拨付薄弱学校改造配套资金 645 万元、中小学校舍安全工程专项资金 3400 余万元、校安工程贷款还本付息 375 万元。

2013 年 8 月，阳泉市城区教育局对违规发放津贴补贴行为做出如下处罚规定：将执收执罚工作预津贴补贴挂钩，使用行政事业性收费、罚没收入发放津贴补贴的，给予记大过处分；情节严重的，给予降级或者撤职处分。以发放津贴补贴的形式，变相将国有资产集体私分给私人的，给予记大过处分；情节较重的，给予降级或者撤职处分。违反财政部关于行政事业单位工资津贴补贴有关会计核算的规定核算津贴补贴的，给予警告处分；情节较重的，给予记过或者记大过处分。使用“小金库”款项发放津贴补贴的，给予警告处分；给予记过或者记大过处分。利用职务上的便利或者职务影响，违反规定在其他单位领取津贴补贴的，给予记过或者记大过处分；情节较重的，给予降级或者撤职处分；情节严重的，给予开除处分。

是年，由于教育支出不断增加，教育事业发生如下变化：

教育保障力度不断加大。阳泉市城区区委、区政府始终坚持把教育摆在优先发展的突出位置，不断健全和完善教育经费保障机制，教育经费投入连续三年平均增速超过 10%，2011 年 -2013 年，预算内教育拨款占到区级财政经常性收入的 50% 以上，先后投入 2.2 亿，用于中小学校园基础设施改造、教育技术装备更新和校舍安全改造，实现校舍安全工程的“全覆盖”及义务教育省级标准化。

教育惠民政策全面落实。积极落实各项教育惠民政策，中小学入学率、毕业率、巩固率均达到 100%，残疾儿童少年入学率达 95%，进城务工人员随迁子女全部依法接受义务教育。积极推进学前教育改革，新建、改扩建 5 所标准化幼儿园、1 所小学附属幼儿园，并全部投入使用。城区青少年校外活动中心建设有序推进，是年建筑主体封顶，年底竣工并投入使用。城区青少年校外活动中心的建成使用，使青少年的校外活动内容更加丰富多彩，对于进一步拓展学生第二课堂、丰富业余生活、培养实践能力和创新精神将产生积极影响。

2014 年，加快教育均衡优质发展。坚持“水平均衡、特色鲜明、品牌亮丽”的方针，加大均衡教育力度，做好全国“义务教育发展基本均衡县（区）”申报验收工作。创新教育教学理念，实施“优秀传统文化进校园”工程，深化阳光体育品牌引领，促进教育内涵式发展。年内，启用青少年国防教育基地和校外活动中心。加快公办幼儿园标准化建设，幼儿园标准化率要达到 50%，学前三年毛入园率达到 90.5%。

2015 年 4 月，阳泉市城区努力开创教育新局面。一是以“国家义务教育发展基本均衡县区”验收为契机，加快全区义务教育均衡发展步伐。二是继续引申“传统文化进校园和阳光体育活动”两项特色活动，不断提升校园文化品位。三是继续推进《阳泉市城区推进教育现代化发展工作实施方案》的实施，强化教师队伍建设，进一步提高全区素质教育发展水平。四是继续实施学前教育推进工程，提高适龄幼儿入园率，学前三年入园率达到 90.8%。五是继续抓好学校的房屋设施安全、道路交通安全和食品卫生安全，进一步做好安全长效机制实施工作。六是加大督学责任区制度的实施力度，着力完善和充实教育督导评估体系，继续做好市区教育重点目标责任制考核和省厅对县区政府基础教育工作目标的考核。七是全力做好城区青少年活动中心接受省教育厅和财政厅检查验收的相关工作，建立运行机构，配备组织管理机构、工作人员和活动设施设备，制定具体的活动规划，为全区适龄青少年提供科技实践活动的有效场所。八是加强和巩固群众路线教育活动和学习讨论落实活动成果，扎实提升“双活动”实践成效，切实改进机关作风提高行政效能。

1985 年 –2015 年阳泉市城区教育事业费支出情况表

表 2–15　　　　单位：万元

年 份	金 额	年 份	金 额	年 份	金 额	年 份	金 额
1985	111.3	1993	690.0	2001	1738.0	2009	13338.0
1986	110.2	1994	944.7	2002	1806.0	2010	14695.0
1987	122.5	1995	976.0	2003	2181.0	2011	14897.0
1988	171.5	1996	1122.0	2004	2964.0	2012	18905.0
1989	401.2	1997	1292.0	2005	3516.0	2013	20567.0
1990	466.5	1998	1195.0	2006	6132.0	2014	17523.0
1991	491.0	1999	1211.0	2007	7857.0	2015	21918.0
1992	584.0	2000	1521.0	2008	10496.0	合 计	169942.9

2003 年 -2015 年阳泉市城区教育队伍情况表

表 2-16　　　　单位：人

年　份	总人数	在　职	离退休	年　份	总人数	在　职	离退休
2003	1078	1073	5	2010	2290	1502	788
2004	1411	1092	319	2011	2369	1541	828
2005	1713	1264	449	2012	2408	1546	862
2006	2220	1612	608	2013	2506	1625	881
2007	2311	1666	645	2014	2492	1566	926
2008	2306	1617	689	2015	2478	1526	952
2009	2296	1544	752	——	——	——	——

第二节　文化事业费

新中国成立后，为扶持和发展文化事业，在财政支出中设文化事业费科目，其科目设置和开支范围多有变化。1951 年，文化事业费支出款下设科学文化普及事业费、文艺研究事业费、戏剧事业费、文物事业费。1955 年，增设文化馆事业费、博物馆事业费、图书馆事业费。1956 年，增设出版经费。1965 年，增设表演场所经费。1975 年，将文物事业费、图书馆事业费从文化事业费中划出，单独设款；将图书馆经费划入文化事业费，同时将文化馆经费改成群众文化经费。1985 年，文化事业费支出中共有 8 个项级科目，即艺术表演团体经费、表演场所经费、图书馆经费、群众文化经费、科学研究经费、中等专业学校经费、干部训练经费和其他文化事业费。

1984 年 2 月，阳泉市城区所属 11 个单位 17 个节目参加阳泉市“振兴中华”业余文艺会演，获二等节目奖 2 个，三等节目奖 2 个，创作奖 4 个，优秀演员 6 名，优秀组织者 1 名。同年 12 月，城区教育局、文体局、团委联合举办城区小学生、教师文艺会演，区属 18 所学校的 48 个节目参加演出。

1985 年 3 月，举办 1985 年春节文艺会演，在该基础上，精选出 11 个单位的 21 个优秀节目参加阳泉市“春之歌”文艺演出，获二等节目奖 1 个，三等节目奖 1 个，创作奖 1 个，优秀演员 3 名，优秀组织者 1 名。

12 月，阳泉市城区教育局、文体局、团委联合举办“城区小学生文艺会演”，区属 15 所学校的 31 个节目参加演出。是年，城区文化事业费支出 2.1 万元。

1986 年 2 月，区属 8 个单位、20 个节目参加阳泉市春节文艺会演，获一等节目奖 2 个，二等节目奖 1 个，三等节目奖 2 个，二等优秀创作奖 1 个，优秀演员 4 名，优秀组织者 1 名。《阳泉报》在报道会演的消息时，对城区演出取得的成绩给予很高的评价。是年，城区文化事业费支出 4.4 万元。

1987年3月，阳泉市城区举办“阳泉美”春节文艺晚会，在该基础上，选出19个优秀节目组成代表队参加阳泉市“阳泉美”春节文艺会演，有10个节目入选，获一等节目奖2个，二等节目奖3个，三等节目奖1个，一等创作奖2个，二等优秀创作奖2个，三等创作奖1个；一等演奏员1名，二等演奏员2名，二等优秀演员2名，优秀组织者1名；城区民乐队获伴奏奖，城区首次获得市级文艺会演的先进集体奖。是年，阳泉市城区文化事业费支出2.4万元。

1988年3月，区属10个单位、20个节目参加阳泉市春节文艺会演，获一等节目奖1个，二等节目奖3个，三等节目奖2个，一等创作奖1个，二等优秀创作奖1个，三等创作奖3个，一等演员1名，二等演员1名，三等优秀演员2名，优秀组织者1名，同时还获得舞美奖和先进集体奖，并有4个节目参加阳泉市春节文艺会演汇报演出。是年，阳泉市城区文化事业费支出4.1万元。

1989年12月，阳泉市城区文化局、教育局联合举办1989年城区中、小学文艺会演，共演出节目29个，评出一等优秀节目5个，二等优秀节目7个，三等优秀节目4个，并于12月30日在晋东化工厂俱乐部进行汇报演出。是年，阳泉市城区文化事业费支出5.1万元。

1990年12月，阳泉市城区文化局、教育局联合举办区中、小学生文艺会演，24所小学校的640名学生参加，演出节目29个，有5个节目被推荐参加全市中、小学生文艺会演。是年，城区文化事业费支出4.2万元。

1991年，阳泉市城区文化工作进一步坚持为人民服务、为社会主义建设服务的“两为”方针，深入贯彻执行中共十三届七中全会精神，进一步落实一手抓“扫黄”、一手抓繁荣的方针，促进城区文化事业的发展，全年共举办各类文艺会演5场，文艺比赛活动7次。是年，“三节”文化活动邀请祁县晓义村民间艺术团一行270人，同辖区的10余支文艺表演队共同表演传统民间艺术，形成现代文化与传统民间艺术交相辉映的节日风景线，开启城区民间艺术交流活动的先河。元宵节活动期间，城区文化局组织辖区52个单位展出精心制作的彩灯3395盏，观灯游人达30万人次，丰富全区人民的文化生活。根据中共阳泉市委、市政府及市社会文化管理委员会安排，城区广泛开展书刊市场检查，全年共没收违禁书刊40本，审批书刊1万余册，没收卦具1套，净化城区文化市场。是年，城区文化事业费支出5万元。

1992年，阳泉市城区区委、区政府为加强对文化工作的领导，成立城区社会文化管理委员会。本着“群众文化群众办”的原则，成功举办或联办“教工健美操比赛”、纪念毛泽东同志《在延安文艺座谈会上的讲话》发表50周年大型演出、“人口与计划生育会演”“环保杯会演”“中、小学文艺会演”。元宵节活动期间，在“四街”（德胜街、南大街、北大街、华盛街）、“两点”（晋东化工厂、阳泉钢铁厂）共展出座灯68座，机械灯67座，花灯5737盏，各类装饰灯52级，彩门7座，游人达30万人。组织彩车50辆，74支文艺队伍3500余人在街头进行精彩表演。是年，城区文化事业费支出7万元。

1993年，全区继续认真贯彻中国共产党的文艺方针，文化事业取得可喜成绩。全年共举办大型文艺会演6场，各级展览4次。为弘扬民族民间剪纸艺术，城区为民间剪纸艺人郝秋珍拍摄“神剪郝秋珍”电视专题片，在市教育电视台播出。精选出10余件剪纸作品，作为阳泉市外事活动礼品，赠送英国切斯特菲尔德市友好访问团。为整顿文化市场，城区社文委全体人员对100多个个体摊点进行检查，全年共出动检查车辆30多辆（次），检查人员200多人（次），检查摊点149家，没收各类不健康书刊565册，查封涉嫌赌博活动的游艺机61台，查封无证经营摊点14家，取缔非法经营摊点6家，没收卦具5套。是年，文化事业费支出7万元。

1994年，全区文化事业继续向纵深发展。8幅民间剪纸、面塑先后被中国新闻社采用，张兴国撰写的论文《一簇烂漫的山花》在“中国民间美术研讨会”上进行交流并获得优秀奖。10余件面塑、剪纸作品参加“山西省民间一绝展”和“中国民间一绝展”，城区获省优秀组织奖。为满足广大群众文化生活需要，各办事处文化站由原来的1个增至8个，上站办事处文化站被文化部授予“标准文化站”荣誉称号。是年，城区文化事业费支出11万元。

1995年，坚持“改革和发展同步，整顿和繁荣并举”的原则，在不断发展和繁荣文化市场的同时，对全区文化市场实行档案化管理，文化市场管理工作逐步走向规范化。举办“三节”文化活动、“城区首届少年艺术月”“青年歌手赛”等10余项活动，收到良好的社会效益。全年文化事业费支出11万元。

“九五”时期，阳泉市城区文化工作坚持“二为”方向和“双百”方针，弘扬主旋律，提倡多样化，促进全区文化事业的繁荣和发展。

1996年，精神文明建设得到加强，群众性文化活动丰富多彩。集中开展“扫黄打非”活动，不断强化对文化市场的监督和管理力度。在文物保护方面，城区采取群众自筹、自捐的方式，投资17万元，对小阳泉“新泉观”古迹进行复原和修缮。修复后的“新泉观”保持原有风格，殿内塑像造型优美，殿外千年古槐绿树成荫，更显得道观古朴典雅，别有洞天。是年，城区文化事业费支出11万元。

1997年，继续坚持“二为”方向和“双百”方针，进一步强化市场的监督管理，文化市场的经营行为日趋规范。认真抓好“五个一工程”。1997年，推荐的10个作品参加阳泉市第三届文学艺术创作评奖活动，下站小学商广树创作的儿童歌曲《心爱的小白杨》获得市“五个一工程”优秀作品奖，城区“五个一工程”迈上一个新台阶。是年，城区文化事业费支出12万元。

1998年，全区文化工作连续坚持“二为”方向和“双百”方针，进一步强化市场的监督管理，被省文化厅评为全省文化市场管理先进集体。进一步完善执法责任制，修订和补充、完善公开办事制度、市场稽查制度、执法监督举报制度等，加大检查力度，促进文化市场的繁荣、有序、稳定发展。是年12月，阳泉市城区被省政府命名为文化先进（县）区。是年，城区文化事业费支出11万元。

1999年，围绕争创省级文化先进区的奋斗目标，下大力构建三级文化网络，发展文化产业，净化文化市场，被省政府命名为“文化先进区”。坚持“二为”方向和“双百”方针，进一步强化文化市场的监督管理，文化市场的经营行为更加规范。积极开展丰富多彩的群众性文化、体育活动，精心组织“迎三节”、“庆新中国成立50周年”和“迎澳门回归”系列文体庆祝活动及1999年度全区中、小学生文艺会演。在坚持一年一度的节日文化基础上，社区文艺队伍异军突起，形成以“两馆”为龙头，带动街道文化站（室）发展的三级文化网络。是年，城区文化事业费支出15万元。

2000年，以城区文化场馆为龙头，以社区为载体，连续下大力构建三级文化网络，积极组织开展丰富多彩的社区群众文体活动，省级文化先进区创建成果得到进一步巩固。依法强化对文化市场的监督管理，开展文化市场专项清理整顿工作，对书刊市场开展评选“文明书店”活动，全区文化市场得到进一步净化和规范。始终坚持“二为”方向和“双百”方针，精心组织“迎三节”文化节活动。是年，城区文化事业费支出 20 万元。

2001 年，阳泉市城区文体局组织文化馆、少体校的文艺、体育骨干到街道办事处为社区干部开办文艺、体育基础理论知识讲座，旨在提高社区文化站及社区干部日常开展群众文体活动的能力；全年共开展类似活动 5 次，使文体事业发挥出凝聚功能、导向功能、纽带功能和辐射功能。进一步加强社区文化建设，用社会主义先进文化占领社区阵地。各社区以文体活动辅导站为基地，加快公共文化设施建设。积极培养文体骨干和专职文化员，强化社区民间文体队伍，发挥民间艺人的创作精神，积极兴办社区文体产业。全年文化事业费支出 24 万元。

2002 年，针对文化市场无证经营、乱设摊点、秩序混乱的状况，集中进行检查整顿。共检查各类文化摊点 53 处，清理无证书摊和书店 14 家，没收非法出版物 820 册、光盘 690 盘，扣押电脑主机 3 台、显示器 2 台，特别对违反有关规定浏览黄色网站、14 岁以下未成年人无监护人陪同光顾网站的 3 家网吧予以查封，取缔 1 家无证经营的酒吧，下达处罚通知书 13 份，净化节前文化市场。全年文化事业费支出 31 万元。

2003 年，在元宵节之前，通过举办多种形式的文化活动，不断满足人民群众多方面、多层次的精神文化需求，让全区人民在喜庆、祥和的气氛中欢度元宵佳节。正月十三，举办“城区 2003 年春节群众文艺会演”，有舞蹈《新世纪、新阳泉》等 15 个节目奉献给大家。是年，文化事业费支出 30 万元。

2004 年，确定全年在四个方面搞好文化工作：（1）群众文化工作方面。举办 2004 年“三节”文化活动；举办民间美术、书法、剪纸、摄影展；举办“群星风采”广场文化活动及消夏文化活动；组织推荐艺术作品及选手参加各类比赛活动。（2）省级文化先进区创建工作方面。制订创建工作计划；制作专题音像资料片；进一步完善区、街、社区三级文化网络。（3）群众体育工作方面。大力实施“全民健身计划”，开展形式多样的群众性文化体育活动，协助老年体协开展工作。（4）文化市场管理方面。完成网络文化市场的年检换证工作；完成印刷行业的年检工作；组建文化市场稽查队。全年文化事业费支出 39 万元。

2005 年，阳泉市城区为开发和利用现有文物，实现可持续发展，拟定文物保护的新思路：将辖区文物遗址的保护工作，作为全区文化建设的一项重要内容，列入区政府工作议事日程。将文物管理经费列入财政预算，并随着财政收入的增长而增加投入。在保护文物遗址的同时，加强对文物的合理利用，通过政策扶持和资金投入，树立辖区文化品牌，提升知名度。充分利用历史文物的价值和资源，创建爱国主义教育基地、革命历史教育基地和国防教育基地，为全体市民提供历史、文化科学、道德等方面的教育阵地。政府主管部门要加强对文物保护工作的关注，制订更加科学、合理、严密、完整的保护制度，依法制止和打击各种破坏文物的违法犯罪活动。尽快解决城区文管所有编制无人的问题。文物主管部门要与公安、工商、法院、建设、环保、旅游等部门共同为全区地上、地下文物的保护和开发利用协调配合，各尽其责。全年文化事业费支出 55 万元。

2006 年，阳泉市城区确定文化产业规划、项目设计与包装。拟扶持组建城区首家文化系统自办的文化企业，即“城区民间艺术品经营责任有限公司”，作为城区文化产业第一个研发、培训基地，向市场推出具有城区特色的文化产品。组建城区综合文化服务公司，以带动文明时尚的推广。以项目招商的方式，开办一定规模的文化产品交易市场，设古玩、旧书等多个交易区。以小阳泉传统庙会为载体，举办城区区级文化艺术节系列活动。组织各种门类的文化体育培训，培养大量文艺、体育、民间艺术传承人才。以城区自己管理的阳光广场群众文化活动为基础，逐步规范群众自发活动，不断提升档次和品位。全年城区文化事业费支出 65 万元。

2007 年，阳泉市城区全力创新，积极推进文化经济区建设。按照以上指导思想提出是年新的文化工作思路：提出文化工作的总体思路；明确文化工作的职责定位；倡导文化工作的辨证方法；提出文化工作“职业底线”；注重城市文化的政治方向。是年，城区文化支出 105 万元，包括行政运行 57 万元、文化活动 45 万元、文化市场管理 3 万元。

2008 年，举办阳泉市城区“全健牌舞”文艺骨干培训班，共有社区文艺骨干 30 余人参加培训。向市群众艺术馆申报 9 项第一批省级非物质文化遗产，包括剪纸、面塑、仿青铜、工艺葫芦、古建彩画、珐琅工艺、十字绣、布老虎和布堆画，并全部收集在市级非物质文化遗产目录中。在中央文明办、文化部主办的全国第五届“四进社区”文艺展演活动中，城区新华东街社区荣获第三批全国文化先进社区。全年城区文化支出 89 万元，其中，行政运行 58 万元、一般行政管理事务 8 万元、文化活动 18 万元、文化市场管理 5 万元。

2009 年 10 月，对全区文物保护单位进行公布。第一批（1 处）：小阳泉新泉观；第二批（16 处）：百团大战纪念碑、保晋煤铁行小学旧址、工农兵铁铸像、人民日报造纸厂旧址门楼、阳泉市工人文化宫、阳泉宾馆北楼、阳泉晋东化工厂职工住宿楼、阳泉火车站旧址、狮脑山两地峰开石刻、狮脑山蒲台庙遗址、邮电大楼、小漾泉、阳泉市革命烈士纪念馆、阳泉市政府旧址、晋东化工厂俱乐部、禅岩寺。是年，城区文化支出为 310 万元，其中，行政运行 31 万元、一般行政管理事务 16 万元、文化活动 21 万元、群众文化 234 万元（主要用于城区文化中心建设）、文化市场管理 8 万元。

2010 年，按照省、市要求，城区大力推进文化体制改革。加强文化基础设施建设，新建城区文化馆和城区图书馆，成立“全国首家网友旅游活动基地”，深入挖掘阳泉“红色旅游”的内涵，整合“阳泉古玩城”、沙江小市古玩店、邮电大楼文化古玩展，形成“三点一线”的文化工艺品交流市场。全年文化体育娱乐业实现生产总值 6438 万元，同比增长 39.2%；完成税收 600 万元，同比增长 87.5%，对经济增长贡献率为 2.2%，拉动经济增长 0.2 个百分点。是年，城区文化支出为 330 万元，其中，行政运行 43 万元、一般行政管理事务 222 万元、文化活动 28 万元、群众文化 37 万元。

2011 年，阳泉市城区在文化工作中注重突出以下几点：以强化公共文化基础和组织网络为重点，繁荣公共文化，注重文化体育基础建设，保障人民群众享受更好的文化民生服务。以强化市场监管的廉洁性、科学性和主动性为重点，规范文化市场，优化文化市场管理机制，组织开展“扫黄打非”等专项整治，加强文化经营场所安全监管，始终坚持严格的市场准入和最终审核，实现文化市场繁荣和净化双赢共进。以发展“红色旅游”和建设“网友旅游基地”为重点，开拓文化旅游，加强文物保护和申报工作。高度重视新开工建设场地的文物保护工作，挖掘提升文物景点的文化内涵，精心打造城区“文化旅游”，开创城区文化旅游产业新局面。以“文化旅游、创意会展和工艺美术”为发展重点，振兴文化产业，加快传统文化产业化进程，培育新兴文化体育产业，发展节庆会展休闲娱乐业，使文化产业尽快成为城区加快经济发展方式转变和调整经济结构的核心和内驱。是年，城区文化支出为 157 万元，包括行政运行 40 万元、一般行政管理事务 10 万元、图书馆 3 万元、文化活动 20 万元、群众文化 84 万元。

2012年，阳泉市城区大力发展社区文化，增强社区凝聚力，提高社区居民归属感。自“幸福社区”创建以来，各社区充分利用公示栏、黑板报等宣传阵地，纷纷开展社区文艺组织、社会演艺团队、职能部门宣传队进社区，送欢乐等活动，大力宣传“幸福社区”创建的重要意义，利用各种方式弘扬“城区精神”，传递正能量。上站街道小阳泉南社区组织召开第七届社区睦邻文化节，开展评选优秀共产党员、最美邻居、最美公益明星等活动，植入社区文化，搭建邻里沟通平台，使居民深切感受到睦邻友好的浓厚氛围。是年，城区文化支出为145万元，包括行政运行33万元、一般行政管理事务12万元、文化活动43万元、群众文化57万元。

2013年，阳泉市城区采取健机制、搭平台、强保障等措施，使残疾人文化事业取得长足发展。是年，城区培智学校表演的《小瓜棚》被中国残联、教育部、文化部、国家新闻出版广播电影电视总局评为“第五届全国盲聋培智学校学生艺术会演优秀奖”；在山西省第四届残疾人职业技能竞赛中，刘芳获得水彩绘画一等奖，闫军获得计算机组装二等奖；残疾人牛海成书法作品、梁凤娇绘画作品获“‘情系奥运’暨山西省第三届残疾人书法摄影工艺大赛优秀奖”。

2014年，阳泉市城区对辖区内网吧、KTV等文化娱乐场所开展消防安全大排查。检查人员主要对响铃儿网吧、网与咖网吧等文化场所的消防安全责任制落实、消防设施和灭火器材配备、消防安全出口和疏散通道通畅、常规安全电力使用等情况进行检查，并对员工消防知识的掌握和灭火器使用的情况进行抽查。对检查中发现的消防安全通道不畅、缺少禁止吸烟标识、员工不会使用灭火器等问题现场进行督促整改。城区文化执法部门还加大对文化娱乐场所消防安全监管执法力度，对发现的安全隐患予以坚决查处；进一步健全巡查机制、巡查后整改落实机制、经常性的工作跟进机制等；进一步加强消防安全知识和技能教育培训，提高居民群众安全防范意识和自救能力。

2015年，执行财政部印发《关于中央文化企业执行“企业会计准则”有关事项的通知》，城区要求所有文化企业认真做好执行《企业会计准则》的各项基础工作。

认真组织《企业会计准则》的学习培训工作。各文化企业应当将学习和掌握《企业会计准则》作为提高经营管理水平、完善内控机制建设的重要基础工作来抓，认真、扎实地组织开展《企业会计准则》层层培训工作。在培训范围上，既要包括各级企业财务、审计人员，也要对企业各级领导以及相关业务部门开展培训；在培训内容上，既要学习了解《企业会计准则》的具体内容、主要变化和应用要求，还要紧密结合文化企业实际情况，深入研究探讨《企业会计准则》对各企业经营管理等方面的影响及其应对措施。

全面开展企业户数清理工作。按照《企业会计准则》规定，母公司能够控制的全部子企业均应当纳入合并范围。因此，各文化企业应当按照产权或财务隶属关系自上而下分级组织做好子企业户数清理核实工作，对下属企业（单位）的户数、管理级次、股权结构、经营状况等要认真组织清理，做到全面彻底、不重不漏，为规范界定合并范围和企业级次奠定基础，不得存在应纳入未纳入合并范围的子企业。中央文化企业所属各级子企业，包括各级全资及控股子企业，以及各类独立核算的分支机构、事业单位、境外企业和基建项目等，都应当纳入户数清理范围。

认真做好资产负债清查工作。各文化企业应当按规定对各项资产和负债进行认真盘点、全面清查和质量核实，特别是对各类借款、长短期投资、投资性房地产、无形资产、表外核算资产等应作为重点清查对象，并严格划分各类资产的范围，如实反映各类资产负债状况及潜在财务风险，为规范其初始确认和后续计量，准确执行《企业会计准则》奠定基础。

1985 年 –2015 年阳泉市城区文化事业费支出情况表

表 2–17　　　　　　　　　　　　　　　　　　　　单位：万元

年　份	金　额	年　份	金　额	年　份	金　额	年　份	金　额
1985	2.1	1993	7.0	2001	24.0	2009	310.0
1986	4.4	1994	11.0	2002	31.0	2010	330.0
1987	2.4	1995	11.0	2003	30.0	2011	157.0
1988	4.1	1996	11.0	2004	39.0	2012	145.0
1989	5.1	1997	12.0	2005	55.0	2013	170.0
1990	4.2	1998	11.0	2006	65.0	2014	193.0
1991	5.0	1999	15.0	2007	105.0	2015	239.0
1992	7.0	2000	20.0	2008	89.0	合　计	2107.3

第三节　卫生事业费

卫生事业费支出项目包括医院经费、卫生院补助费、防治防疫事业费、公费医疗经费、妇幼保健经费、科学研究费、干部训练费、合作医疗补助费、药品检验和机构经费以及其他卫生事业费等。

从 1953 年起，每年国家按人员多少，工作任务情况拨给卫生事业费，由县（区）卫生部门具体掌管、安排使用。1959 年以前，国家对医疗卫生单位执行差额预算补助。1960 年，改为定额补助。1979 年，改为人员包干。各医疗卫生单位的全民所有制人员按人数拨发，集体所有制人员按 60% 拨发。各医疗卫生事业单位人员工资、补助工资、职工福利、卫生保健、奖金津贴、业务开支、医疗杂支、小型购置、办公旅差等费，由各单位在业务费收入项下，加上拨经费自行掌握支付。

民国 37 年（1948 年）6 月，阳泉市第一区（城区前身）内设卫生助理员，负责管理全区的卫生行政工作。1950 年 7 月，撤销卫生助理员。1954 年 6 月，复设文卫助理员。1956 年 1 月，站上区人民政府内设文教卫生股。1957 年 8 月，机构随区建制一起撤销。1966 年 5 月，阳泉市站上区人民委员会内设文卫助理，管理卫生行政工作，“文化大革命”期间被撤销。1973 年 2 月，阳泉市城区革命委员会设立文教组，负责全区的文化、教育、卫生、体育等工作。1976 年 6 月，撤销文教组，设立文教办公室，下设教育科、卫生科（一套机构、两个名称）。同年 8 月，单设为卫生科。1980 年 11 月，撤销卫生科，设立卫生局，编制 2 人。

1980 年，贯彻《食品卫生条例》，对区、办事处两级饮食行业的从业人员进行体检，应检 105 名，实检 101 名，占应检人数的 96.2%。

1981 年，对全区 16 个饮食单位和农贸市场饮食点进行监督检查，在育人饭店召开约 60 人参加的饮食卫生现场会，推广“三抓”“四不”的典型经验。

1982年，重点对蚊蝇滋生地进行了消杀，厕所投药393次，污水井口投药40次，垃圾站投药207次。

1984年，对区属24个饮食产品生产单位进行大检查、大评比，对评出的先进单位，包括新时代饭店、育才饭店、食品二厂糕点车间等4个单位予以通报表扬。1982年–1984年，全区组织7次群众性的集中灭鼠活动。

1985年开始，阳泉市城区卫生局内设办公室、文印室、财务室、肿瘤防治办、保偿办、医政药政科、红十字会。是年7月1日，国家颁布《中华人民共和国药品管理法》，城区药品管理工作开始纳入法制化轨道。与此同时，城区卫生局散发宣传材料80余份，组织人员对全区经营药品的单位进行药品大清查，查出劣药71种，全部封存；取缔在自由市场上出售劣药、假药的药贩子。是年8月，食品卫生工作由条条管理过渡到块块管理；为生产经营饮食的单位全部发放卫生监督簿；增加卫生院监督员20人，在集市繁华地段设立食品卫生意见簿6个，采取工具售货来防蝇、防尘，未发生任何食品中毒事件；驻区及区直各单位开展群众性统一灭鼠活动，堵洞、药具并用，投放“敌鼠钠盐”等灭鼠药2万包，共灭鼠41600多只，使鼠密度大幅度下降。全区组织一支100余人参加的专业消杀队伍，分为29个小组，配有喷雾器8台，投放敌敌畏、敌百虫、黑矾等药物2800公斤，分别对859个厕所、536个垃圾点、207条下水道、133个污水口、93个饮食摊点进行喷药消杀，使蚊蝇密度明显下降。是年，城区卫生事业费支出7万元。

1986年上半年，阳泉市城区卫生局对医药市场进行全面检查，共查出伪劣药品、淘汰药品11种，全部封存。同年，城区卫生局采取每月5日、15日、25日定期巡回检查的方法，取缔不法游医。加强食品卫生监督工作，进一步开展食品卫生监督工作，共采样86份，合格率达49%，并受到省级表扬。6月至10月，城区爱卫会组织各街道办事处和驻区单位及时开展蚊蝇消杀工作，并坚持每月消杀两次。是年，城区卫生事业费支出9.6万元。

1987年，阳泉市城区建立健全三级药品监督管理网络，在城区卫生局设立1名专职药品监督员，聘任51名药品检查员、68名药品质量报告员。落实中央爱卫会“七五”计划中“除四害”指标要求，开展突击灭鼠活动。活动中全区共出动宣传车14辆，受教育人数达到72800人次，张贴宣传标语1407幅，印发宣传材料4518份，培训投药员1340人，投放鼠药3389公斤，布药71600多堆，毒饵拌药250公斤，灭鼠器械355个，鼠密度由灭鼠前的30%降为5.1%。是年春、夏季，全区开展大规模消杀工作，共用药974.9公斤，组织消杀队伍129支、451人，其中，专业队伍36支、191人，消杀次数最多的达到14次；培训骨干5期、177人，消杀厕所485个，粪堆579个，污水口146个，面积达394620平方米。是年，城区卫生事业费支出11.3万元。

1988年，阳泉市城区卫生局坚持定期召开药品监督例会，加强对医药市场的监督管理。举行多次违法食品展览、咨询、宣传车等形式的法制宣传，开展从业单位好、中、差贴标活动，制定春秋季食品卫生十条措施，要求重点对熟肉、饮料、糕点等进行监督监测，严格处罚不法人员和违法食品。其中，警告、预期改进43户，停业214户次，罚款15736.5元，销毁违法食品181户、3071.05公斤。同年，全区备鼠药5.18吨，比1987年多布1.678吨，备药范围广、药量足，95%以上的单位、85%以上的居民户进行投药，经测试，鼠密度由投药前的9.23%降为3%。省检查团测定鼠密度为2%。是年，城区卫生事业费支出14.1万元。

1989年，阳泉市城区执行卫生部印发的《关于防止防疫机构有偿服务管理工作的通知》，规定：

各级卫生防疫防治机构必须把提高社会效益作为各项工作的最高原则，坚持无偿服务和有偿服务相结合，为社会提供优质服务。开展有偿服务要有领导，有组织地进行，正确处理国家、集体和个人利益之间、各部门之间以及各层次卫生防疫防治机构之间的关系。

严格执行国务院有关部门和省、自治区、直辖市有关文件规定的卫生防疫防治机构有偿服务范围和收费标准。

上级卫生防疫防治机构要对下级机构在业务上进行全面质量监督和技术指导，帮助下级卫生防疫防治机构开展卫生监督监测工作；各级卫生防疫防治机构应严格执行各级卫生行政部门按照职能原则规定的工作范围和任务，不得重复监测，不得损害服务对象利益。未经法律法规授权的机构或组织不得进行卫生监督监测工作。

卫生防疫防治机构要严格按照各项有关法规、规章及工作规范向社会提供服务并不断提高服务质量。

卫生防疫防治机构有偿服务的收支必须由单位财会部门统一管理、核算。

按照“以副补主”原则，有条件的卫生防疫防治机构在不违反国家现行的法律、法规和完成正常工作任务的前提下，可结合各单位实际，量力组织编外人员兴办第三产业或小型工副业，但不得影响正常工作开展，并从赢利中提取一定比例补偿发展卫生防疫事业和改善职工生活待遇。

是年，阳泉市城区卫生事业费支出 56.2 万元。

1990 年，增加对每季末水样进行化验，有计划地进行细菌总数及大肠菌群两个项目的化验，除新华街 1 份大肠菌群超标外，其余均符合国家标准。是年，区属工厂共有 13 个，城区防疫站对其中 6 个工厂的 116 人进行体检，体检率达 100%。召开两次全区性灭鼠动员大会，印发宣传材料 17000 余份，集中培训投药员 120 多名。同年 6 月 5 日至 15 日，组织进行统一投药灭鼠活动。7 月，对全区灭鼠工作进行验收。11 月 8 日、9 日，省灭鼠鉴定委员会考核组对城区灭鼠“一役达标”工作进行考核，通过省级鉴定，城区跨入灭鼠先进区行列。是年，阳泉市城区卫生事业费支出 59.6 万元。

“八五”期间，阳泉市城区卫生事业紧紧围绕服从、服务于经济建设中心，积极贯彻中国共产党的卫生工作方针、政策，以初级卫生保健工作为龙头，以预防保健为重点，以执行卫生法律、法规为保障，使全区卫生工作规范化、制度化、法制化建设得到加强。

1991 年，国家下达《中华人民共和国传染病防治法实施办法》，规定有下列行为之一的，由县级以上政府卫生行政部门责令限期改正，并可处 5000 元以下的罚款；情节较严重的，可以处 5000 元以上 2 万元以下的罚款，对主管人员和直接责任人员由其所在单位或者上级机关给予行政处分。

是年，阳泉市城区卫生保健工作以“2000 年人人享有卫生保健”为战略目标，全面开展无疫情漏报单位竞赛活动，卡介苗、百白破等“四苗”接种率达 95%。坚持对食品卫生、公共场所的监督检查，停业整顿 11 户（次），限期改进 24 户（次）。建立健全肿瘤防治网络，医政药政工作严格执行社会、个体办医和药品经营许可证制度，取缔非法行医 8 人（次），查处伪劣假药 49 种，销毁过期变质食品 4000 公斤。是年，城区防疫站被评为“全国计划免疫先进单位”。是年，城区卫生事业费支出 31 万元。

1992 年 6 月，执行国家物价局、财政部联合印发的《关于卫生系统行政事业性收费项目及标准的通知》，卫生监督防疫收费项目和范围规定如下：

消毒药械、化妆品审批费。卫生部组织专家对国内生产和进口的消毒药剂、器械及在全国销售的化妆品进行评审，收取审批费，其中，国产消毒药剂、器械，每种（件）2500元；进口消毒药剂、器械，每种（件）3000元。国产特殊化妆品（指用于育发、染发、烫发、脱毛、美乳、健美、除臭、祛斑、防晒的化妆品），每种1000元；进口化妆品每种2000元。地方卫生主管部门初审收费标准由省级物价、财政部门制定。

新资源食品申请审评费。利用新资源生产的食品须由卫生监督检验机构组织专家进行审评。为此，申请生产新资源食品的单位和个人应向审评机构交纳申请费和审评费，申请费100元，由进行初审的省级食品卫生监督检验部门收取；审评（包括试生产审评和试生产转正式生产审评）费8000元，由卫生部食品卫生监督检验所收取。未获批准生产不收审评费。省级食品卫生监督检验部门对新资源食品的初审不组织专家进行审评，不收审评费。

监测费。卫生监督防疫监测是指按《中华人民共和国食品卫生法》《中华人民共和国传染病防治法》《放射性同位素与射线装置放射防护条例》等规定，对食品卫生、传染病、化妆品卫生、公共场所卫生、放射性废水、废气、固体废物、尘肺病及其他有毒有害物质进行的卫生标准的检验、测定和测试。监测收费的对象限于产生病源的单位和个体从业者。对新建、改建、扩建工程进行的卫生监测和卫生监督检查活动不得收费。

预防接种劳务费。有劳务补助经费的计划免疫预防接种不收劳务费。

委托性卫生防疫服务费。委托防疫部门进行的预防性处理，或以本着自愿、互利的原则收取卫生防疫服务费。

疫情处理，如消毒、杀虫、灭鼠等原则上不收费。确需收费的，收费范围只限于经营业主并负有责任的疫点和疫区。

1993年，制定阳泉市城区市容整顿实施方案，提出市容整顿的远、近期规划。在制定规划的同时，广泛发动群众，多方协调配合，开展多种形式的创建卫生城市活动。普及健康教育，提高市民卫生意识，召开各项会议50余次，印发各种宣传材料50余份，张贴各种宣传标语2000余条，更换各类板报500余块，出动宣传车7部，受教育人数达36864人（次）。投资30万元建成餐具消毒中心站及消杀中心，大力开展消灭脊髓灰质炎强化免疫工作，强化率达95%以上，儿童“四苗”接种率均超过国家指标。是年，阳泉市城区卫生事业费支出34万元。

1994年3月，阳泉市城区人民政府进一步落实“门前三包”责任制，与驻地单位重新签订“门前三包”责任书，编印“门前三包”知识问答、《市民卫生公约》等宣传材料13000余份进行散发。在4月的卫生月活动中，进行全区统一灭鼠活动，解决一些群众反映强烈、严重影响市容卫生的“老大难”问题。卫生月活动结束后，城区爱卫会又乘省市管理年检查、省街头食品卫生检查和省卫生城市检查的东风，对卫生月活动的成果进行巩固。普及健康教育，提高市民卫生意识，召开各类会议14次，印发各种宣传材料40020份，张贴各种宣传标语3430条、大型吊挂300余幅，出动宣传车14次，受教育人数达84600人（次）。是年，阳泉市城区卫生事业费支出55万元。

1995年，按照《山西省爱国卫生管理条例》进行严格检查，鼠密度由灭鼠活动前的5%下降为灭鼠活动后的2.09%。灭鼠工作取得较大成果。圆满完成三轮六次全国强化免疫日活动，传染病发病率由1990年的1189.5/10万下降到1995年的844.02/10万。儿童“四苗”全部接种率达到97.26%。全区共建成6个中心站、48个卫生站，预防保健人员有92名。全区87个居民区建立卫生站。是年，城区卫生事业费支出 50 万元。

1996 年，阳泉市城区卫生工作在城区区委、区政府领导下，全面贯彻执行中国共产党和国家卫生工作方针、政策、法律、法规，对全区的医疗、预防、保健等项工作进行组织指挥、协调控制、服务监督，在医政、药政管理上加大对医药市场的执法力度，保证人民群众就医用药安全。城市初级卫生保健工作向纵深发展，辖区 11 所医院全部达到“爱婴医院”标准。经省级验收，城区达到“爱婴区”标准。是年，城区卫生事业费支出 51 万元。

1997 年，按照中共中央、国务院颁发的《关于卫生改革与发展的决定》，城区要求如下：切实做好预防保健工作，深入开展爱国卫生运动。各级政府对公共卫生和预防保健工作要全面负责，加强预防保健机构的建设，给予必要的投入，对重大疾病的预防和控制工作要保证必需的资金。认真做好食品卫生、环境卫生、职业卫生、放射卫生和学校卫生工作。要十分重视健康教育，提高广大人民群众的健康意识和自我保健能力，积极推进“九亿农民健康教育行动”。依法保护重点人群健康。加强妇幼保健工作，提高出生人口素质，降低婴幼儿死亡率、孕产妇死亡率。是年，城区卫生事业费支出 62 万元。

1998 年，在初级卫生保健工作方面重点抓预防保健、卫生监督执法、社区卫生服务、健康教育等项工作，不断加大卫生执法力度，大力整顿规范医药市场。城区妇幼站达到国家卫生部“一级甲等”妇幼保健站标准。对全区医药市场依法实施监督管理。一是坚决取缔无证游医药贩；二是对辖区内 108 个医疗卫生单位和 18 个药品生产、经营单位进行监督，对违法、违规行为予以纠正与处罚。是年，阳泉市城区卫生事业费支出 57 万元。

1999 年，改革医疗服务模式，大力发展社区卫生服务，建成 11 个社区卫生服务站。进一步加大卫生执法力度，加强医药市场整顿，保证医药、医疗市场秩序稳定。坚持“预防为主”的方针，强化预防免疫工作，有效控制传染病和地方病的流行发生。等级医院管理步入正轨，城区妇幼站通过省评比验收，达到国家一级甲等标准，阳泉市城区防疫站达到县（区）级二等防疫站标准。是年，阳泉市城区卫生事业费支出 67 万元。

2000 年，不断完善基层健康教育网络，大力开展全民健康教育，全区健康知识普及率达到 92%，居民健康行为形成率达到 84%，中、小学健康教育课程开课率达到 100%。加强社区卫生服务建设，促进社区卫生服务发展，对全区 11 个社区卫生服务站进行考核，促进社区卫生服务健康发展。坚持“预防为主”的方针，强化预防免疫工作，有效控制传染病和地方病的流行发生。加大卫生执法力度，加强医药市场整顿，保证医药、医疗市场秩序稳定，对全区医疗、医药市场进行清理整顿，维护人民群众的身体健康。依法对辖区 1043 户食品从业单位、2569 名食品从业人员、115 户公共场所从业单位（其中旅店 23 户、公共浴室 11 户、商场 4 户、文化娱乐场所 4 个、理发店 73 户）、23 个化妆品经营户、410 名从业人员实施监督管理。是年，全区卫生事业费支出 65 万元。

2001 年，阳泉市城区主要完成以下工作：组织防疫站有关人员对街头食品进行大检查，加强对各食品经营单位卫生监管、监测，制定出具体预防措施。成立应急队伍，密切监视疫情动态，有效预防肠道传染病的发生；在夏季到来之时，抓住灭害的有利时机，专程购回消杀药物，对 21 个单位进行打药，确保市民身体健康；切实落实辖区卫生的全行业管理，以整顿医疗卫生市场为切入点，为人民群众创造一个安全的就医环境。是年，阳泉市城区卫生事业费支出 79 万元。

2002 年，全区卫生工作在初级卫生保健、医政药政管理、监督执法、疾病控制、妇幼保健、红十字会及无偿献血等方面都取得长足进展。全区共有各类医疗卫生单位 115 个，医疗机构 108 个。全区食品卫生从业人员体检率达 86.36%，卫生许可证发放率达 82.5%，食品卫生检查覆盖率达 100%；全区公共场所从业人员体检率达 99.5%，卫生许可证发放率达 97.9%，公共场所检测覆盖率达 100%；卡介苗接种率 100%、糖丸接种率 99.98%、百白破接种率 100%、麻疹接种率 99.68%、乙肝疫苗接种率 100%、五苗全程接种率 98.67%。是年，城区卫生事业费支出 87 万元。

2003 年，在抗击非典工作中，阳泉市城区成立以区长为组长，由 22 个相关部门参加的非典防治领导组，共投入资金 60 余万元，仅指挥部和防疫站就投入 26 万元，先后购置防护服、隔离衣、消毒液等，并购置通信工具和防役专用车，运送留验观察病人，保证全区防“非典”工作正常进行。在全力控制传染源方面，对 2128 户个体门面进行检查；对 22 所学校、13 所幼儿园定期消毒；对 10 家歌城、320 家歌厅、9 家录像厅、7 家舞厅全部查封；对 6669 户个体户、住户发放消毒液 81063 公斤；对 18 所医院、46 个卫生所、45 个个体诊所、21 个社区卫生服务站进行检查，有效控制“非典”疫情。组建城区计生妇幼服务中心，将城区计生、妇幼两站合并，进一步激活医疗卫生机构的生机与活力。全区儿童“五苗”全程接种率达到 96.7%，适龄儿童“两脑”接种率均达 90% 以上，甲肝、风疹、腮苗的接种率均达 70%，在全市处于领先地位。是年，阳泉市城区卫生事业费支出 157 万元。

2004 年，努力搞好卫生执法监督。认真实施“食品放心工程活动”，加大卫生执法监督力度；加强“食品卫生许可证”的发放和管理，卫生许可证持证率达到 95%；管辖单位日常卫生监督覆盖率达 100%。全年城区卫生事业费支出 180 万元。

2005 年 1 月，为保证应急献血工作顺利进行，根据《阳泉市应急献血方案》要求，阳泉市城区组建应急献血队伍，成立应急献血梯队。第一梯队由各街道办事处负责组织，共 210 人。其中，上站、下站、南山路、北大街、义井街道办事处各抽 50、50、30、40、40 人组成；第二梯队共 200 人，其中，医务工作者 50 人，由城区卫生局负责组织，共青团员 50 人，城管执法人员 50 人，青年干部 50 人。

6 月，大力发展卫生事业，着力抓好疾病防控、医疗救助和卫生执法三大体系建设，突发公共卫生事件的应急反应能力进一步提高。全年城区卫生事业费支出 267 万元。

2006 年，阳泉市城区卫生局认真落实国家和省、市有关社区卫生服务政策，提高社区卫生服务质量。按照卫生部和国家中医药管理局《城市社区卫生服务管理办法》和卫生部《城市社区卫生服务中心、站基本标准》等文件精神，安排部署对城区社区卫生服务机构进行重新设置。同时完成了 6 个社区卫生服务中心和 16 个社区卫生服务站的设置和建设工作。

2007 年，阳泉市城区卫生工作结合民主评议政风行风活动，向社会做出如下公开承诺：坚持做到首问责任制、首办责任制、限时办结制；加强对食品卫生专项整治的领导和打击非法行医的督促检查工作，保证人民群众健康安全；坚持文明执法、公正执法、依法办事，树立良好形象；对行政审批要做到公开、公平、公正、透明；对在民主评议政风行风活动中群众反映的问题，要做到立查、立改；简化办事程序，提高办事效率，对申请开设医疗机构的审批 10 日内办完；卫生许可证自批准之日起 7 日内发放；从业人员健康检查 7 日内出结果。是年，阳泉市城区加大对公共卫生事业的发展，医疗卫生支出 755 万元，同比增长 105.22%，增支 585 万元。其中，安排 240 万元用于社区卫生服务站标准化建设，支持社区卫生体制改革，加快社区卫生服务网络标准化建设步伐；安排 288 万元，继续增加对疾病预防控制等公共卫生体系建设投入。

2008 年，支持医疗卫生事业发展，加大投入力度，全年医疗卫生支出 901 万元，同比增长 19.34%，其中，社区公共卫生服务支出 327 万元，用于 6 个社区服务中心和 15 个社区服务站标准化建设，以加快社区卫生服务网络标准化建设步伐，为社区居民就医提供便利条件；疾病预防控制支出达到 291 万元。

2009 年 9 月，执行国家药品监督管理局印发的《关于加强基本药物质量监督管理规定的通知》，城区规定如下：

（1）地方各级食品药品监督管理部门应当进一步加强对城市社区和农村基本药物质量监督管理，充分发挥农村药品监督网在保证基本药物质量监督管理中的作用。

（2）基本药物生产企业应当主动开展药品标准研究和修订工作，完善和提高药品标准。国家食品药品监督管理局组织对基本药物的标准逐一进行评估，加快推进基本药物标准提高工作。对需要完善标准的，基本药物生产企业应当按照要求完成标准的修订工作；对同一药品存在不同标准的，国家食品药品监督管理局按照标准先进性的原则予以统一提高。

（3）基本药物生产企业应当对处方和工艺进行自查，针对基本药物生产规模大、批次多的特点，严格按照《药品生产质量管理规范》组织生产，建立和实施质量受权人制度，完善质量管理、强化风险控制体系建设，对原辅料采购、投料、工艺控制及验证、产品检验、放行等环节加强管理，确保药品质量。

是年，阳泉市城区医疗卫生支出 1511 万元，其中，医疗卫生管理事务 67 万元、医疗服务 98 万元、社区卫生服务 656 万元、疾病预防控制 453 万元、卫生监督 229 万元、妇幼保健 8 万元。

2010 年 5 月，阳泉市城区出台《阳泉市城区公务员医疗补助暂行办法》，标志全区公务员医疗补助工作正式启动。

医疗补助范围。符合《国家公务员暂行条例》《国家公务员制度实施方案》规定的国家行政机关工作人员和退休人员；列入依照国家公务员制度管理的事业单位工作人员和退休人员；参照国家公务员制度管理的党群机关、人大、政协机关、各民主党派和工商联机关、其他单位工作人员和退休人员；审判机关、检察机关工作人员和退休人员；原享受公费医疗待遇的其他事业单位工作人员和退休人员。医疗补助标准。年内个人医疗费用自付累计超过 582 元（含个人账户支付金额）以上的部分，583 元至 2000 元补助 70%；2001 元至 5000 元补助 75%；5001 元至 10000 元，补助 80%。年医疗费自付部分超过 2000 元（含起付标准）的，超出部分由公务员医疗补助经费全额补助。

是年，阳泉市城区医疗卫生支出 1430 万元，其中，医疗卫生管理事务 88 万元、公立医院 98 万元、基层医疗卫生机构 161 万元、公共卫生 995 万元（包括疾病预防控制机构 296 万元、卫生监督机构 202 万元、妇幼保健机构 8 万元、基本公共卫生服务 427 万元、重大公共卫生专项 50 万元、其他公共卫生支出 12 万元）、中医药 33 万元、食品和药品监督管理事务 55 万元。

2011 年 7 月，按照国务院办公厅发布的《关于清理化解基层医疗卫生机构债务的意见》，阳泉市城区进行认真清理，同时规定：

债务化解基本原则。谁举债，谁负责。各省（区、市）人民政府对本省（区、市）基层医疗卫生机构债务清理化解工作负总责，县级人民政府具体实施。中央财政按照重点支持中西部地区、适当兼顾东部地区的原则，对地方债务清理化解予以适当补助。先清理后化解。在全面摸清基层医疗卫生机构债务底数的基础上锁定债务，由各地结合实际情况确定化债的先后顺序，逐步化解。先承诺后补助。由国务院医改办公室与各省（区、市）医改领导小组签订责任书，各省（区、市）承诺在 2 年左右时间内全部完成基层医疗卫生机构债务化解任务。

债务化解范围。纳入本次债务化解范围的基层医疗卫生机构是指由政府举办的乡镇卫生院和社区卫生服务机构。纳入化解范围的债务是基层医疗卫生机构发展建设过程中形成的长期债务，主要包括发生于业务用房、辅助用房建设维修和医疗设备购置等与基层医疗卫生机构发展建设直接相关的债务。债务计算时间原则上截至 2009 年 12 月 31 日。2010 年 1 月 1 日至本意见印发之日形成的债务，各地参照本意见进行化解，不纳入中央财政补助计算范围。

偿债资金来源。各地区可从以下渠道筹集偿债资金：统筹安排地方一般预算收入、上级财力性转移支付资金；中央财政安排的基层医疗卫生机构实施基本药物制度“以奖代补”资金和用于支持化解债务的专项补助资金；基层医疗卫生机构实施基本药物制度前的收支结余资金；从基层医疗卫生机构在“核定任务、核定收支”后超收的资金中安排一定的比例用于偿债。

是年，全区医疗卫生支出 1682 万元，其中，医疗卫生管理事务 101 万元、公立医院 98 万元、基层医疗卫生机构 154 万元、公共卫生 1245 万元（包括疾病预防控制机构 292 万元、卫生监督机构 131 万元、妇幼保健机构 170 万元、基本公共卫生服务 596 万元、重大公共卫生专项 54 万元、其他公共卫生支出 2 万元）、医疗保障 2104 万元、食品和药品监督管理事务 84 万元。

2012 年 11 月，阳泉市城区疾控中心在全区开展 1 周岁至 45 周岁健康人群流脑菌群携带率和免疫水平的抽样调查，以了解城区 2012 年健康人群脑膜炎奈瑟菌携带状况，以及脑膜炎奈瑟菌的血清学抗体水平。根据省疾控中心的安排，该中心采用单纯随机抽样方法选择 2 个社区、1 所幼儿园、1 所小学、1 所高中和 1 座工地进行样本采集和调查，于本月月底完成了 6 个年龄段的 280 人的样本采集和调查。通过开展该项工作，为控制全省流行性脑膜炎的发生提供科学依据。是年，全区医疗卫生支出 1568 万元，其中，医疗卫生管理事务 80 万元、公立医院 129 万元、基层医疗卫生机构 269 万元、公共卫生 967 万元、食品和药品管理监督事务 55 万元。

2013 年 6 月，阳泉市城区出台《阳泉市城区慢性非传染性疾病综合防控示范区创建工作实施方案》，决定从是年起，力争在 2014 年创建成为省级示范区，2015 年创建成为国家级示范区，全面推动全区慢性非传染性疾病防空工作。该次示范区的创建活动内容包括收集基础资料，开展慢性病相关社区诊断；建立和完善慢性病监测系统；深入开展全民健康生活方式行动；重视慢性病高危人群，采取预防性干预措施；加强基层慢性病防治，规范慢性病患者管理等内容。城区卫生局作为示范区创建工作的牵头部门，要做好整体调度和协调，及时掌握工作进度，研究解决创建过程中遇到的困难和问题，确保示范区创建工作顺利完成。到年底，阳泉市城区卫生事业费共支出 2686 万元。

2014 年 3 月，阳泉市城区红十字会按照省、市红十字会要求，全力开展“红十字博爱送万家”活动，共向贫困家庭发放 500 箱价值 10 万元人民币的救助物资。城区“红十字博爱送万家”活动已连续开展 11 年，累计发放救助物资达到 63.395 万元，使全区近 3560 户贫困家庭 10439 人次受益。

2015 年，支持完善医疗卫生服务保障体系，医疗卫生支出 3084 万元，为调整预算的 100%。其中，公共卫生支出 1049 万元，医疗保障支出 2801 万元，城镇居民医疗保险金区级配套资金足额拨付到位，拨付食品安全专项经费 18 万元，养老服务中心专项资金 103 万元，有力地改善和提升社区卫生服务水平。

1985 年 -2015 年阳泉市城区卫生事业费支出情况表

表 2-18　　　　单位：万元

年　份	金　额	年　份	金　额	年　份	金　额	年　份	金　额
1985	7.0	1993	34.0	2001	79.0	2009	1056.0
1986	9.6	1994	55.0	2002	87.0	2010	464.0
1987	11.3	1995	50.0	2003	157.0	2011	553.0
1988	14.1	1996	51.0	2004	180.0	2012	477.0
1989	56.2	1997	62.0	2005	267.0	2013	1480.0
1990	59.6	1998	57.0	2006	322.0	2014	2316.0
1991	31.0	1999	67.0	2007	437.0	2015	2256.0
1992	37.0	2000	65.0	2008	555.0	合　计	11352.8

第四节　公费医疗经费

新中国成立之初，在各级政府工作人员的供给标准中有“医疗费”支出标准的规定。“医疗费”从各行政事业单位经费中列支，办法是按月发给单位，由单位统一掌握使用，供给制工作人员按规定标准享受“医疗费”待遇。1952 年 8 月，政务院颁布《关于全国各级人民政府、党派、团体及所属事业单位的国家工作人员实行公费医疗预防的指示》，指出：公费医疗预防的措施，在老革命根据地早有先例，但新中国成立之后，由于各种条件的限制，仅在部分地区、人员及某些疾病范围内重点实行；工矿部门则于 1951 年 2 月开始试行劳动保险条例，以解决工人的医疗问题。同年，在陕北老根据地及某些少数民族地区试行公费医疗预防制。1952 年年初，将免费医疗预防办法，扩大到第二次国内革命战争的各根据地。现在，中央根据国家卫生人员力量与经济条件，决定将公费医疗预防的范围，自 1952 年 7 月起分期推广，使全国各级人民政府、各党派、工青妇等团体以及文化、教育、卫生、经济建设等事业单位的国家工作人员和革命残废军人，得以享受公费医疗预防的待遇。《指示》还规定实行公费医疗预防的具体办法。此时，“医疗费”改称“公费医疗费”，在卫生事业费中设“公费医疗”项级科目支付。同时，扩大享受人员范围，规定全国各级人民政府、党派、团体以及文教、卫生、经济建设等事业单位的工作人员和革命伤残军人都享受公费医疗待遇。公费医疗开支范围包括门诊和住院医药费、住院费和手术费，公费医疗标准每人每月 2 元。

1952 年 10 月，阳泉市第三区（城区前身）在国家工作人员中实施公费医疗。

1955 年 11 月，阳泉市第一区（城区前身）执行山西省《公费医疗预防实施办法》，公费医疗经费由卫生行政部门掌握，专款专用，包干支出。

1956 年，阳泉市第一区（城区前身）执行国务院人事局、卫生部、内务部联合发出《国家机关工作人员退休后仍享受公费医疗待遇的通知》，指出：（1）经费问题。该批人员退休前大部分原来已享受公费医疗，故退休后公费医疗经费不再另行追加，由所在省、市调剂解决。（2）医疗问题。由退休人员所在地的卫生行政机关给予指定医疗机构办理。（3）退休人员住院的来往旅费及住院期间的伙食费由本人自备，如果确有困难时可向当地县、市辖区人民委员会申请补助，该项补助从优抚事业费内开支。

1965 年，阳泉市站上区（城区前身）公费医疗费标准调整为区以下每人每年 17 元，规定挂号费、出诊费、救护费、运送费改为自费负担；服用滋补药品，除急重病人外，其余药费由个人负担。

1977 年 10 月，阳泉市城区执行卫生部、财政部、国家劳动总局下达的《关于享受公费医疗、劳保医疗人员自费药品范围的规定》的通知，指出：新中国成立以来，党和国家对国家工作人员和企业职工分别规定公费医疗和劳保医疗的制度，对保障职工的身体健康，起很大的作用，充分体现中共中央对广大群众的深切关怀，显示社会主义制度的无比优越性。根据“厉行节约、反对浪费”的精神，各地先后规定一些自费的药品。实践证明，这对保证医疗、节约药品、缩小三大差别都收到良好的效果。特拟订《享受公费医疗、劳保医疗（含实行劳动保险条例的企业职工供养的直系亲属）自费药品范围的规定》，享受公费医疗、劳保医疗人员自费药品范围：

各种人参、鹿茸、猴枣、狗宝、海马、玛瑙等；各种可以药用的动物脏器，以及动物的胎、鞭、尾、筋、骨、睛等；蛤士蟆、龟灵集、首乌延寿丹、定坤丹、蜂蜜等；人参鹿茸丸、参茸卫生丸、参茸丸、三肾丸、人参膏、全鹿丸、参茸精、鹿茸精以及以人参、鹿茸为主要成分的制剂；各种药酒以及各种水果膏剂；各种补汁；口服葡萄糖；各种鱼肝油、玉米油、维他麦精、蜂皇精、蜂王浆、王浆蜜、蜂乳、蜂乳胶丸等；三磷酸腺苷及其复方制剂、辅酶 A 及复方制剂、浓淡力维隆、水解胎胞糖浆、能量合剂、胎盘球蛋白、胎盘（包括人血）丙种球蛋白、人血（包括胎盘血）白蛋白等；

下列范围的药品，单味使用应按自费处理，因病情需要，在复方中使用，可在公费中报销：三七、何首乌、枸杞子、阿胶、阿胶珠、鹿角胶、龟角胶、龟鹿二仙胶、龟板胶、鳖甲胶、马宝、珊瑚、玳瑁、冬虫夏草、藏红花、羚羊、犀角、牛黄、麝香等。

上述一、二类范围的药品，在危重病人抢救期内或治疗工伤人员，可以在公费中报销。对职工从事有毒有害的特殊工种，直接引起的病症，所需药品费用报销的问题，由各省、市、自治区酌定。

各种营养滋补药品和非治疗必需的药品（包括新产品、进口药品）以及可药用的高级食品、副食品以及水果等均应自费。

1978 年 8 月，阳泉市城区按照财政部、卫生部联合发出《关于整顿和加强公费医疗管理工作的通知》，由于公费医疗经费超支很大，增加地方财政的负担，挤占卫生事业和部门经费，影响卫生事业的发展。为此，城区提出：适当提高公费医疗预算定额。为有利于加强管理，扭转超支，将公费医疗预算定额由每人每年 20.5 元提高到 30 元。

为便于考核公费医疗实际开支情况，明确资金渠道，决定将公费医疗经费作为一项专款管理。并从 1979 年起，公费医疗经费在国家预算科目中单列一款，将专项指标分配下达。凡属公费医疗的开支，都应在公费医疗经费中列报，不要挤占卫生事业费和各部门的经费。公费医疗费年终结余，可结转下年继续使用。尚有超支，应查明原因，先从公费医疗经费上年结余中弥补，不足时报请同级革命委员会处理。

认真整顿和切实加强公费医疗管理工作。各地应当健全公费医疗管理机构并切实加强工作，纠正公费医疗开支的浪费现象。要认真清理核实享受公费医疗的人数，至少每年清理一次，堵塞漏洞。凡是有条件的地区都应实行定点医疗的办法。要坚决执行自费药品规定，凡按规定应属由个人负担的自费药品，任何人均无权批准由公费医疗经费报销。转诊转院要严格执行国务院批转卫生部、财政部的有关规定，凡未经批准而转诊转院的，一切费用均由个人自理，不得报销。要坚决纠正特殊化、走后门等不正之风。

1985 年，阳泉市城区确立一级财政。是年，公费医疗经费支出 10 万元。

“七五”计划时期，阳泉市城区公费医疗经费共支出 123.5 万元，年均支出 24.7 万元。其中 1986 年支出 15 万元，比 1985 年提高 50%。1987 年支出 14.4 万元，比上年略有下降。从 1988 年开始，对公费医疗的管理进一步加强，除住院者外，均实行限额报销制度，有效地控制公费医疗的大额支出。是年，公费医疗经费支出 30 万元。1990 年，支出 47 万元，比 1986 年增长 3 倍多。1990 年前，公费医疗经费一直在文教科学卫生事业费中单独立项列支，1991 年开始并入卫生事业费中列支。1991 年后的卫生事业费合计数中包含该项支出。

“八五”计划时期，公费医疗经费共支出 337 万元，年均支出 67.4 万元，比“七五”时期增长 174%。

1991 年，阳泉市城区公费医疗经费支出 62 万元，占当年文教科学卫生事业费支出的 10.09%；1992 年，支出 75 万元，比上年增长 20.96%；1993 年，支出 75 万元，与上年持平；1994 年，支出 85 万元，比上年提高 13.33%。

1995 年，为加强公费医疗管理，减少浪费，节约开支，使公费医疗制度逐步向社会医疗保险制度过渡，从是年 1 月 1 日起，执行山西省政府下发的《山西省公费医疗制度改革起步方案》及其实施细则。主要内容包括：在合理确定公费医疗定额标准的基础上，将定额标准的 40% 划拨给享受公费医疗单位，作为门诊病人包干费用，结余留用，超支不补。将定额标准的 60% 划拨给定点医院，实行住院费用的目标合同管理。对医院费用的合理超支部分，由财政、享受单位、定点医院按 6∶2∶2 比例承担。享受公费医疗的干部职工在医疗过程中发生的医疗费用适当与个人挂钩。门诊病人个人负担总费用的 10%，住院病人负担总费用的 5%，退休人员负担 3%，个人负担部分每年最高负担额以个人 1 个月工资总额为限。对作 CT、ECT、MRI、数字显影造影检查、碎石机治疗者，一律以 10% 与个人挂钩。对安装心脏起搏器、置换人工关节和脏器移植等项目，本人应负担费用的 15%，且该类特殊检查、治疗费用和个人负担部分不包括在封顶线内。对老红军、已办理离休手续的干部职工、二等乙级以上革命伤残军人和因公负伤者、精神病患者和法定甲类传染病患者，其医疗费用一律不与个人挂钩。对保健干部只能指定一所综合医院定点医疗，保健干部个人挂钩封顶线不以个人实发月工资计算，而以每 100 元为一档计算。

是年，公费医疗经费支出 110 万元，比 1990 年增长 29.4%；占当年文教科学卫生事业费总支出的 9.6%。

“九五”期间，国务院于 1998 年 12 月出台《关于建立城镇职工基本医疗保险制度的决定》，阳泉市城区通过认真学习，从根本上明确如下几点：

医疗保险改革的任务。医疗保险制度改革的主要任务是建立城镇职工基本医疗保险制度，即适应社会主义市场经济体制，根据财政、企业和个人承受能力，建立保障职工基本医疗需求的社会医疗保险制度。

改革的原则。建立城镇职工基本医疗保险制度的原则：基本医疗保险的水平要与社会主义初级阶段生产力发展水平相适应；城镇所有用人单位及其职工都要参加基本医疗保险，实行属地管理；基本医疗保险费由用人单位和职工双方共同负担；基本医疗保险基金实行社会统筹和个人账户管理相结合。

覆盖范围。城镇所有用人单位，包括企业（国有企业、集体企业、外商投资企业、私营企业等）、机关、事业单位、社会团体、民办非企业单位及其职工，都要参加基本医疗保险。乡镇企业及其职工、城镇个体经济组织业主及其从业人员是否参加基本医疗保险，由各省、自治区、直辖市人民政府决定。

缴费原则。基本医疗保险费由用人单位和职工共同缴纳。用人单位缴费率应控制在职工工资总额的 6 %左右，职工缴费率一般为本人工资收入的 2 %。随着经济发展，用人单位和职工缴费率可作相应调整。

建立基本医疗保险统筹基金和个人账户。要建立基本医疗保险统筹基金和个人账户。基本医疗保险基金由统筹基金和个人账户构成。职工个人缴纳的基本医疗保险费，全部计入个人账户。用人单位缴纳的基本医疗保险费分为两部分，一部分用于建立统筹基金，一部分划入个人账户。划入个人账户的比例一般为用人单位缴费的 30%左右，具体比例由统筹地区根据个人账户的支付范围和职工年龄等因素确定。

“九五”计划时期，阳泉市城区公费医疗经费共支出 584 万元，年均支出 116.8 万元，比“八五”时期增长 72.9%；占同期文教科学卫生费总支出 6872 万元的 8.5%。其中，1996 年公费医疗经费支出 110 万元，与 1995 年持平；1997 年，支出 110 万元；1998 年，支出 115 万元；1999 年，支出 125 万元；2000 年，支出 124 万元，比 1995 年增长 12.72%，占本年文教科学卫生事业费支出的 7.95%。从 2000 年开始，“公费医疗经费”的科目名称改变为“行政单位医疗经费”。

“十五”计划时期，全区公费医疗经费支出 399 万元，年均支出 79.2 万元，比“九五”时期下降 31.67%，占同期文教科学卫生事业费支出总额 12640 万元的 3.15%。其中，2001 年、2002 年、2003 年、2004 年、2005 年分别支出 110 万元、60 万元、54 万元、50 万元、125 万元。从 2002 年开始，将“行政单位医疗经费”改称为“行政事业单位医疗经费”，下设两个“项”级科目：行政单位医疗经费、事业单位医疗经费。

从 2007 年开始，将“公费医疗经费”改为“医疗保障支出”。在“医疗保障支出”“款”级科目下设：行政单位医疗、事业单位医疗、公务员医疗补助、优抚对象医疗补助、城市医疗救助、城镇居民基本医疗保险、其他医疗保障支出等“项”级科目。

2008 年 9 月，阳泉市城区卫生局对 20 个社区的慢性非传染性疾病患者实施规范化管理。城区卫生局要求各社区卫生服务机构设专职人员管理慢性病工作，建立社区慢性病防治网络。对已确诊的 6 种慢性病患者（高血压、糖尿病、脑卒中、冠心病、肿瘤、慢性阻塞性肺炎）分别建立登记册，实行归档管理。并设置慢性病管理档案柜，实施对慢性病患者定期随访，保证慢性病管理的连续性。能够详细掌握社区慢性病发病情况，开展针对性的防治情况。通过免费测血糖、测血压、健康教育、健康体检和问卷调查等形式，筛查与收集登记高血压和糖尿病及其高危人群，并且加强对高危人群的管理，建立门诊测血压制度，对18周岁以上的初诊病人一律检测血压。对高危人群进行登记，通过门诊、病房、化验室和咨询等方式，当发现血压正常高值、一级和二级亲属、空腹血糖受损和糖耐量受损、高血脂、超重（肥胖）病人时马上进行登记。同时，对该类病人进行健康教育，传授防治疾病的基本知识，改变不良生活习惯，定期检测以及必要时进行药物干预。如发展成高血压和糖尿病，列入慢性病管理。

10月，开始执行财政部、民政部、劳动和社会保障部联文发布《关于优抚对象医疗补助资金使用管理有关问题的通知》，规定各地财政部门要把优抚对象医疗保障资金纳入预算安排。同时，统筹考虑、合理安排优抚对象医疗保障工作经费，对相关工作给予必要的支持。各级财政部门在安排优抚对象医疗补助资金时，应加大对下级优抚对象人数较多的困难地区的倾斜力度。另外，各地应从民政部门使用的彩票公益金中合理安排部分资金用于优抚对象医疗保障。进一步规范资金使用管理，专款专用。各地民政部门还要会同有关部门，结合民政统计工作，及时、准确上报享受各种医疗保障优抚对象的人数、优抚对象医疗补助资金支付等优抚对象医疗保障工作进展情况数据。各地民政、劳动保障、卫生、财政等有关部门要加强协调配合，实现优抚对象医疗费用信息共享，按照方便、快捷的原则，尽可能减少结算环节，简化操作程序，推行优抚对象医疗费“一站式”结算服务。对优抚对象医疗费中非个人自付部分，应在其医疗终结时同步结算；对患危急重病的优抚对象，应实行先就医后结算等医前救助措施。

2009年12月，执行人力资源和社会保障部印发的《流动就业人员基本医疗保障关系转移接续暂行办法》，阳泉市城区进一步规定如下：

城镇基本医疗保险参保人员跨统筹地区流动就业，新就业地有接收单位的，由单位按照《社会保险登记管理暂行办法》的规定办理登记手续，参加新就业地城镇职工基本医疗保险；无接收单位的，个人应在中止原基本医疗保险关系后的3个月内到新就业地社会医疗保险经办机构办理登记手续，按当地规定参加城镇职工基本医疗保险或城镇居民基本医疗保险。

城镇基本医疗保险参保人员跨统筹地区流动就业并参加新就业地城镇基本医疗保险的，由新就业地社会医疗保险经办机构通知原就业地社会医疗保险经办机构办理转移手续，不再享受原就业地城镇基本医疗保险待遇。建立个人账户的，个人账户原则上随其医疗保险关系转移划转，个人账户余额通过社会医疗保险经办机构转移。

参保（合）人员跨制度或跨统筹地区转移基本医疗保障关系的，原户籍所在地或原就业地社会（医疗）保险或新型农村合作医疗经办机构应在其办理中止参保（合）手续时为其出具参保（合）凭证（样式见附件），并保留其参保（合）信息，以备核查。新就业地要做好流入人员的参保（合）信息核查以及登记等工作。

社会（医疗）保险和新型农村合作医疗经办机构要指定窗口或专人，办理流动就业人员的基本医疗保障登记和关系接续等业务。要逐步将身份证号码作为各类人员参加城镇职工基本医疗保险、城镇居民基本医疗保险和新型农村合作医疗的唯一识别码，加强信息系统建设，及时记录更新流动人员参保（合）缴费的信息，保证参保（合）记录的完整性和连续性。

“十一五”计划时期的2006年，全区公费医疗经费支出为100万元；2007-2010年，全区公费医疗经费分年度支出按财政支出科目新口径的行政单位医疗、事业单位医疗、公务员医疗补助3项合计数计算，分别为 297 万元、469 万元、413 万元、663 万元。

2011 年 11 月，阳泉市城区提高城市居民疾病医疗之后的救助封顶线标准、临时救助标准，扩大慢性病救助对象范围，并扩展救助方式。是月 23 日，城区民政部门出台有关补充规定。新修订的救助办法，首先提高辖区居民医后救助封顶线标准和临时救助标准。按照新规定，居民医后救助封顶线标准由原来的每人每年 2.5 万元提高到 3.3 万元；临时救助标准由原来的 5000 元提高到 15000 元。新的救助办法还根据低保对象患门诊治疗的病种，新设立门诊特殊大病和普通病救助，明确救助比例；对患有慢性病又不需要住院治疗的救助对象中，长期治疗费用较高者将纳入救助范围。是年，公费医疗经费支出 655 万元。

2012 年 5 月，阳泉市城区召开 2012 年度城镇居民基本医疗保险部门联席会议。会议要求：一是继续完善工作责任制。通过逐级落实责任，将参保扩面任务分解到社区、学校，落实到人；二是加强部门沟通协作。实施城镇居民基本医疗保险是惠国利民的好事，联席会议成员单位要加强沟通协作，确保城镇居民基本医疗保险工作始终在强大的合力下顺利推进；三是加大政策宣传力度。采取各种宣传渠道，做好政策宣传工作，扩大城镇居民医疗保险的影响力度，让广大居民真正享受到该项惠民政策。是年，公费医疗经费支出 631 万元。

2013 年 9 月，阳泉市城区组织全市 15 名知名医疗专家深入各社区，现场为居民开展免费诊疗和健康知识讲座活动。同时，在全区 21 个社区卫生服务中心开展为 1000 名 65 岁以上老人免费体检活动，并建立健康档案，使居民群众不出社区就能享受到医疗专家面对面的医疗服务和咨询服务，切实提升居民的健康生活意识。下一步，阳泉市城区将每一季度组织医疗专家进社区一次，共同“把脉”“幸福社区”医疗服务的完善与加强。城区作为全市的政治、经济、文化中心，社区建设一直以来都是城区各项工作的重中之重。城区“幸福社区”创建工作启动以来，“幸福社区”统领“五型社区”（社区治理多元化、社区自治法制化、社区服务标准化、社区管理网络化、社区建设精品化）建设，通过服务、管理、环境、文化、安全等体系的建立，努力为社区居民创造幸福、传递幸福、提升幸福，不断提升社区居民的幸福指数。是年，公费医疗经费支出 406 万元。

1985 年 –2015 年，阳泉市城区医疗保障支出共计为 18851.5 万元。

1985 年 –2006 年阳泉市城区公费医疗经费支出情况表

表 2–19 单位：万元

年 份	金 额	年 份	金 额	年 份	金 额	年 份	金 额
1985	10.0	1991	62.0	1997	110.0	2003	54.0
1986	15.0	1992	75.0	1998	115.0	2004	50.0
1987	14.4	1993	75.0	1999	125.0	2005	125.0
1988	17.1	1994	85.0	2000	124.0	2006	100.0
1989	30.0	1995	110.0	2001	110.0	——	——
1990	47.0	1996	110.0	2002	60.0	——	——

2007 年 -2015 年阳泉市城区医疗保障支出情况表

表 2-20　　单位：万元

项　目	2007	2008	2009	2010	2011	2012	2013	2014	2015
合　计	355	1181	1329	1620	2104	2425	2366	2768	3080
行政单位医疗	129	243	206	244	200	300	299	256	199
事业单位医疗	168	226	207	213	225	83	107	118	103
公务员医疗补助	——	——	——	206	230	248	——	100	100
优抚对象医疗补助	——	54	45	25	36	26	24	24	18
城乡医疗救助	58	248	304	276	225	241	183	256	241
城镇居民基本医疗保险	——	410	567	656	1188	1527	1753	2014	2412

第五节　体育事业费

体育事业费是用于各级体育运动委员会举办各项体育活动或修建各种体育设施所需的经费，包括体育竞赛费、体育训练费、体育场馆补助费、科学研究费、中等专业学校经费和其他体育事业费。

1976 年，阳泉市城区体委成立，区直各单位也相继建立相应的体育工作机构。区直企业、单位的职工体育活动在区体委的领导下有组织地开展起来。同年 6 月，组织全区万人长跑接力活动。12 月，城区体委、教育科、工会联合举办全区直属单位职工冬季越野赛，有 300 余人参加比赛。区体委被评为 1976 年“第七届省运会万人长跑先进单位”。

中共十一届三中全会后，阳泉市城区职工体育发展迅速。1979 年，为保证运动员、教练员平时训练和参加比赛体力消耗的需要，各类运动员的伙食标准按行政级或运动项目的标准执行。1980 年，执行山西省修订的各级体育竞赛经费支出标准。凡经各级政府批准的运动会，其伙食补助标准如下：运动员、教练员，地（市）级 0.95 元，县级 0.75 元；裁判员每场加发补助费 0.3 元，工作人员按会议标准执行；业余体校学生、教练员在“三集中”（学习、食、宿）期间，每人每天供给标准为地（市）级 0.8 元，县级 0.6 元，走训生训练一次（3 小时）不分级次补助 0.3 元；为参加比赛，赛前集训的伙食补助，按同级运动会标准执行。

1979 年，区直各单位、各厂都建立起职工体育代表队。同年，区体委组织区直职工象棋赛区、羽毛球赛区、乒乓球赛、越野赛等项比赛活动，促进全区职工体育的开展。同时，驻区单位的职工体育活动也逐渐活跃。如阳泉铁路地区举办铁路职工纪念五四运动 60 周年火炬接力赛；晋东化工厂举行 1979 年度职工篮球赛等活动。

20 世纪 80 年代，职工体育活动进一步发展。1983 年 9 月，阳泉市城区体委、区武装部等部门联合举办机关干部射击考核活动，机关中的 50 余名男女同志参加活动，打靶及格率为 48%，其中有

10人达到优秀标准。

1984年2月，组织开展阳泉市城区机关象棋、扑克、康乐棋、篮球、乒乓球等6项比赛活动，共有500余人次参加。

1985年，阳泉市城区机关、各街道办事处和区直各企业都重新开展广播操活动。建立区机关体育游艺活动室，组织开展机关篮球协作赛，比赛每月1次，以部门出队，协作进行。是年，阳泉市城区体育事业费支出1.1万元。

1986年，阳泉市城区体育事业费支出6.5万元。

1987年，辖区体育工作实行属地管理。同年5月，阳泉市城区体委举办隆重的“庆祝阳泉解放40周年火炬接力赛”，全程约4000米，共有100余人参加，参赛者中既有离退休职工，也有青少年。是年，阳泉市城区体育事业费支出2.2万元。

1988年9月，配合阳泉市红十字会，城区组织“1988年国际体育援助十公里接力活动”，共有400余人参加。同年10月，阳泉市城区体委全体人员还参加在盂县举行的全市五县区体委体育交流活动，参加盂县体委组织的篮球、乒乓球比赛。是年，城区体育事业费支出3.2万元。

1989年9月20日至10月20日，阳泉市城区举办“庆祝新中国成立四十周年群众体育活动月”，该次活动共举办体育展览（含书法、摄影、板报）、职工拔河、猜谜、围棋、象棋、举重、摸高、投篮、跳绳、扑克等比赛活动。是年，组织区级活动10项17次，参加人数达22552人，基层组织活动70余次，参加总人数达到37716人，加上常年坚持体育锻炼人数，全区经常参加体育活动的总人数占到全区总人口的60%以上。是年，阳泉市城区体育事业费支出6.7万元。

1990年，阳泉市城区体委组织区直机关迎春体育游艺（象棋、围棋、扑克、跳舞等）、街道办事处干部职工扑克、拔河、象棋、跳棋、篮球比赛活动。同年8月21日至9月21日，组织城区“迎亚运群众体育活动月”，组织迎亚运干部篮球赛、乒乓球赛、象棋、围棋、跳棋赛、“亚运火炬接传递活动”以及家庭篮球赛等18项活动，参加人数达到19600余人。其中，“迎亚运家庭篮球赛”是城区组织的第一次家庭篮球赛，参加比赛的对象必须是具有血缘关系的直系亲属，该次比赛共有6个家庭组成家庭男、女混合队，进行15场较量，最后由晋东化工厂的田宝四一家获得第一名。该次活动中，李森等6人受到省体委表彰，被评为山西省“亚运之光”火炬传递、第二届群众“体育月”先进个人。是年，城区体育事业费支出6.8万元。

1991年，阳泉市城区体育工作坚持重点发展和群众性体育活动相结合的方针，完善“一条龙”（幼儿园、小学、中学、体校）训练体系，强化少体校的管理和训练，培养出一批体育“苗子”。群众性体育活动点多面广，全年共组织各类竞赛活动35次，参加人数达25190人（次）；组队参加市级竞赛8次，获得较好成绩。是年，城区有9个单位、12名个人受到阳泉市体委表彰，1人两次受到省体委表彰。是年，城区体育事业费支出7万元。

1992年，组织全区性体育活动28次（项），参加人数达45966人（次）；参加市级比赛11项（次），获得团体第一名9个，第二名3个。组队参加省比赛2次，并获得较好成绩。在全国少年田径分龄比赛中，城区选手夺得金牌2枚、银牌2枚，实现夺取国家体育竞技项目奖牌零的突破。1993年，组织全区性体育活动28次（项），参加人数达45966人（次）；参加市级比赛11项（次），获得团体第一名9个，第二名3个。组队参加省比赛2次，并获得较好成绩。是年，阳泉市城区体育事业费支出8万元。

1993年，为隆重庆祝“三八”国际妇女节83周年，阳泉市城区体委、妇联、总工会于3月6日联合举办庆祝“三八”妇女节拔河比赛。来自区直厂矿、学校、办事处、机关的25个代表队参加比赛。文化用品厂、上站小学、机关代表队分获厂矿组、学校组和办事处机关组冠军。是年，为支持北京申办2000年奥运会，活跃机关干部的业余生活，城区体委、司法局联合于5月4日至11日，在晋东化工厂中学举办首届城区“金法杯”篮球邀请赛。是年，阳泉市城区体育事业费支出8万元。

1994年，由阳泉市青少年宫承办的城区少儿乒乓球赛，有6支代表队参加比赛。下站小学、北岭小学、娘子关电厂小学分别获男、女乙组团体A、B、C类第一名。4月14日至17日，全区教职工，中、小学田径运动会在市体育场举行，共有21所中、小学的75支男、女代表队、486名运动员、49名教职工参加。是年，共举办区级各类体育竞赛31次，参加人数22882人（次）；参加市级竞赛共16次，参赛人数2250人。其中，阳泉市城区获全市花剑职工比赛团体总分第一名；乒乓球赛少儿组团体第二名；羽毛球赛成人组第二名；在全市田径运动会上，阳泉市城区儿童组获全市团体第一名，成人组获团体第三名，并有9人被选拔参加省田径分龄赛。是年，阳泉市城区体育事业费支出8万元。

1995年5月29日至30日，阳泉市城区体委、教育局联合在城区体委训练房举行城区少儿乒乓球比赛，下站小学、新建路小学、娘子关电厂小学分别获得A、B、C类第一名。是年，群众体育活动深入发展，全年组织区级各种比赛共15次，参加市级比赛5次，在全市中、小学体育运动会上，城区获团体第一名。全区中、小学体育达标率为95.5%，实施率为100%，高于全市平均水平。是年8月29日，第八届全国人民代表大会常务委员会第十五次会议全票通过《中华人民共和国体育法》。《中华人民共和国体育法》的诞生，在新中国体育发展史上具有里程碑式的重要意义，标志着我国体育事业的发展开始纳入法制化轨道，进入依法治体的新阶段。是年，阳泉市城区体育事业费支出9万元。

1991年–1995年，阳泉市城区体育工作继续深化改革，紧紧围绕“奥运争光战略”和“全民健身战略”，立足基层，以少儿业余训练为突破口，以增进学生身体健康、提高业余训练成绩为重点，逐步实现以竞赛为杠杆，调整和引导全民健身计划的实施，增进全民身体素质和竞技水平的提高。群众性的体育活动轰轰烈烈，形式多样，一方面，由驻区各大厂矿单位组织的群众体育活动越来越多。另一方面，群众自发形成的各种体育活动范围也愈加广泛。1991年–1995年，阳泉市城区组织的比赛活动每年平均约40余次，驻区厂矿和其他自发的活动每年总计100余次。活动项目有篮球、乒乓球、象棋、围棋、网球、门球等10余项。截至1995年，全区达标率为95.5%，达优率为18.3%，位居全市两县三区之首。1991年–1995年，各年体育事业费支出分别为7万元、8万元、8万元、8万元、9万元。

1996年–2000年，阳泉市城区体育工作紧紧围绕为人民服务、为增强人民体质服务的基本要求，高举邓小平理论伟大旗帜，认真贯彻中国共产党的路线、方针、政策，进一步解放思想，开拓创新，圆满完成预定的各项工作任务，为全区两个文明建设做出积极的贡献。五年间，城区不断深化体育改革，对群众体育竞训、学校体育齐抓共建，取得了可喜成绩。其间，群众体育工作以《全民健身计划纲要》为中心，紧紧围绕提高国民素质、引导体育消费两个议题开展工作。在社会各界的大力支持下，群众性体育活动开展得轰轰烈烈、有声有色，全民健身进一步深入，人民群众的健身意识普遍增强，全区体育锻炼人数达到65%。

1996年，阳泉市城区体委为积极探索体育产业发展的新路子，经山西省体育彩票管理中心批准，于4月12日在市政府广场隆重举办300万元体育彩票发行活动。彩票由中国体育彩票发行中心统一印制，面值2元，即开即兑。该次活动对于在市场经济条件下发展体育产业是一次有益的尝试。体育彩票发行活动由县区体委主办，属阳泉市首例。是年，阳泉市城区体育事业费支出 12 万元。

1997 年，阳泉市城区体委组织开展“庆香港回归，全民健身长跑活动”。6 月 28 日，区直各大局，各厂矿、学校、辅导站组成的 80 个方队、共 2 万余人参加长跑活动。阳泉市城区全民健身工作得到国家、山西省全民健身委员会的好评。继续实施全民健身计划，广泛开展群众性体育活动，全年共组织各类群体竞赛及活动 30 余次，参加市级比赛 7 次，省级竞赛 2 次。全区中、小学体育达标率 94%，达优率 18%，高于全市平均水平。是年，阳泉市城区被国家体委授予“全民健身宣传周活动优胜奖”。是年，城区体育事业费支出 9 万元。

1998 年，阳泉市城区体委根据省、市关于开展第四次全国体育场地普查有关精神，在全区范围内组织开展体育场地普查工作。经过对驻区各大局、厂矿、学校共计 200 余个单位的全面普查，全区体育场地情况如下：城区范围内，体育馆 1 个；体育场 1 个；小型运动场 6 个；体育训练房 2 个；门球场 2 个；篮球场 75 个；室外游泳池 1 个；室内游泳池 1 个；室外网球场 1 个；室内射击场 1 个；室外射击场 1 个；排球场 2 个；灯光篮球场 5 个。全区各类体育场所、设施总计 100 个，其中教育体统 36 个。是年，城区体育事业费支出 9 万元。

1999 年，阳泉市城区体委在推行《国家体育锻炼标准》活动中，荣获国家体育总局、教育部颁发的“先进单位”称号。是年，阳泉市城区体育事业费支出 8 万元。

2000 年，阳泉市城区体育事业费支出 9 万元。

2001 年 5 月，阳泉市城区执行山西省人民政府印发的《关于加强老年人体育工作的意见》提出：多渠道筹措活动经费。各级政府和体育行政主管部门，要按照中共中央、国务院《关于加强老年工作的决定》精神，财政预算和彩票收益金要按一定比例对老年人体育进行投入。鼓励企事业单位、社会团体、个人资助老年人健身活动。积极研制开发适合老年人特点的体育健身产品和服务项目，兴办老年人体育俱乐部和体育产业，引导老年人进行自我健身消费，推动老年人体育向社会化、产业化方向发展。

多方面提供活动场地。各级体育行政部门要努力为老年人参加体育活动创造条件，要利用中国体育彩票“全民健身工程”的设施，引导并组织老年人开展健身活动。在城市社区和农村乡镇的改造和建设中，应大力提倡增设适合老年人健身的体育公园及各类体育健身场地、设施。体育场馆和公园等公共设施要为老年人、特别是 70 岁以上的老年人提供优先、优惠服务。鼓励个人、社会团体修建公益性的体育设施。

是年，阳泉市城区体育事业费支出 10 万元。

2002 年，阳泉市城区体育事业费支出 12 万元。

2003 年，阳泉市城区体育事业费支出 10 万元。

2004 年 1 月，国家体育总局、中央文明办联文公布《全国城市体育先进社区评定办法》，城区积极采取措施争取尽快成为全国城市体育先进社区。是年，阳泉市城区体育事业费支出 9 万元。

2005 年，阳泉市城区体育事业费支出 7 万元。

“十五”期间，阳泉市城区体育主要发生如下变化：（1）基础设施得到进一步完善。针对参加体育活动人数不断增多，对健身器材和场地的要求越来越广泛的情况，不断加大对体育设施的投资力度，使全区体育场馆绩全民健身路径的拥有量达到省定标准。五年间，全区范围内共建有标准体育场 3 处、综合体育馆 1 处、体育健身广场 3 处、游泳馆 3 个、露天泳池 1 个。在各社区安装全民建设路径，广大居民有了健身场所，城区体育基础设施建设迈上一个新台阶。（2）群众体育开展较好。城区紧紧围绕提高国民素质、引导体育消费两个议题开展工作。加强社区和社团的群众体育指导工作，每万人中有社会体育指导员5名，对多名体育骨干进行培训，并为他们颁发国家社会体育指导员证书，极大地满足各级各类群众的健身需求。五年间，共举办不同规模全民健身展示及群众性比赛150余次，参加人数达到健身人数的80%以上。（3）社区体育和学校体育蓬勃开展。其间，城区体育工作以社区体育和学校体育为重点，大力开展体育工作。在各社区建立文化体育活动中心，配备专兼职文化体育工作人员。在各学校推行《国家体育锻炼标准》，以争创国家、省、市、区“体育传统项目学校”为目标，开展阳光体育运动和形式多样的课外健身活动，提升全区体育工作的水平。

2006年12月，教育部、国家体育总局联文印发《关于进一步加强学校体育工作、切实提高学生健康素质的意见》，要求大力增加学校体育工作的经费投入。各级教育行政部门要加大对学校体育经费的投入力度，学校公用经费要按一定的比例专项用于学校体育工作。要把农村学校体育的条件保障作为学校体育经费投入的重点，纳入农村义务教育保障新机制。实施“农民体育健身工程”，要与农村中小学体育设施建设有机结合起来，以改善农村学校体育条件。同时，体育设施向广大村民开放，充分提高体育资源的利用效率。要认真执行《普通高等学校体育场馆设施、器材配备目录》和《中小学校体育场馆设施配备目录》，做好规划，力争在“十一五”期间配齐体育设施与器材。同时，学校要因地制宜开发和利用各种体育资源，努力满足学生开展体育活动的需要。各级教育、体育行政部门和学校要相互配合，积极创造条件，在保证正常教学秩序的情况下，使学校体育场馆在课余和节假日向广大学生和社区居民开放。是年，阳泉市城区体育事业费支出7万元。

2007年，阳泉市城区被评为“山西省全民健身先进单位”。是年，阳泉市城区体育事业费支出7万元。

2008年，阳泉市对城区范围内的体育设施进行维修及完善，使全区的体育场馆及全民健身路径的拥有量达到省定标准。成立“城区体育舞蹈协会”等，使群众体育开展取得突破；被授予“山西省全民健身活动优秀组织奖”。是年，城区体育事业费支出10万元。

2009年，积极协调驻区单位，对城区范围内的体育设施进行维修及完善，使全区体育场馆及全民健身路径的拥有量达到省定要求。通过举办各级各类比赛，不仅提升全区的运动竞技水平，还为各级体育专业队伍选拔出优秀的后备人才；被评为“山西省群众体育先进单位”，荣获国家体育总局授予的“全民健身活动先进单位”称号。是年，体育事业费支出19万元。

2010年3月，国务院办公厅印发《关于加快发展体育产业的指导意见》，要求各级政府加大投融资支持力度。拓宽体育产业发展资金来源渠道，政府可以通过安排补助资金等方式促进体育产业发展。支持有条件的体育企业进入资本市场融资，通过发行债券、股票，以及项目融资、资产重组、股权置换等方式筹措发展资金。积极鼓励民间和境外资本投资体育产业，兴建体育设施。鼓励金融机构适应体育产业发展需要，开发新产品，开拓新业务。

“十一五”期间，全区范围内共建有标准体育场3处、综合体育馆1处、体育健身广场3处、游泳馆3个、露天泳池1个，还建成健身中心、网球场、门球场、溜冰场、保龄球馆、篮球场、非标准型运动场，广大居民有了健身场所，全区体育基础设施迈上一个新台阶。共举办不同规模全民健身展示及群众性比赛150余次，参加人数达到健身点人数的80%以上，其中最为突出的是每年元旦的全民健身千人登高、长跑活动。到2010年年底，城区已有北岭小学、新华小学、上站小学、阳泉三中、阳泉十九中荣获“省级体育传统项目学校”称号。是年，阳泉市城区体育事业费支出15万元。

2011年，阳泉市城区体育事业费支出15万元。

2012年10月，按照教育部、财政部等四部委联文下达的《关于加强学校体育工作的意见》，要求有关部门做到如下几点：

加大学校体育投入力度。要统筹教育经费投入，切实保障学校体育经费。合理保证中小学校公用经费中用于体育的支出，并随公用经费标准提高而逐步增加。利用现有渠道，将学校体育场地设施建设、体育活动经费纳入本级财政预算和基本建设投资计划，并加大投入力度。优先支持农村和民族地区学校体育工作。

健全学校体育工作奖惩机制。各地要把学校体育和学生体质健康水平纳入工作考核指标体系，作为教育等有关部门和学校领导干部业绩考核的重要内容，加强学校体育工作绩效评估和行政问责。对学校体育工作成绩突出的地方、部门、学校和个人进行表彰奖励。对学生体质健康水平持续三年下降的地区和学校，在教育工作评估和评优评先中实行“一票否决”。

营造学校体育发展良好环境。各地各有关部门要认真宣传学校体育工作的政策要求、典型经验和有效做法，采取多种方式加强校园体育文化建设，加大对群众性学生体育活动的宣传报道，广泛传播健康理念，引导广大青少年、各级各类学校和全社会树立科学的教育观、人才观和健康观，形成珍视健康、热爱体育、崇尚运动、积极向上的良好氛围。

全年体育事业费支出10万元。

2013年9月1日，全国群众体育先进及体育系统先进表彰大会在沈阳举行。会议对全国群众体育先进集体、先进个人代表和全国体育系统先进集体、先进个人代表进行隆重表彰。山西省2个先进集体及13名先进个人受到表彰。

10月，在全市中小学生田径运动会上，阳泉市城区上站小学获得小学组团体总分第一名，北大街小学获得小学组团体总分第五名；阳泉四中获得初中组团体总分第一名，阳泉三中获得初中组、高中组团体总分前六名；市十九中获得体育道德风尚奖。到是年年底，全区体育事业费支出17万元。

2014年，阳泉市城区抓好体育教学工作推进校园体育蓬勃开展。一是把落实学生每天一小时体育活动工作作为学校体育工作的硬指标，纳入学校工作综合评估指标之中。全区18所学校均按要求制定学校体育工作方案及课外体育活动总表，学生活动内容以校园集体舞、健美操、健身操、武术操、跳绳、踢毽、球类、中长跑等学生喜闻乐见的课外“体育、艺术2 + 1”项目为主，做到活动时间、内容、场地、指导教师四落实，确保学生每天一小时体育活动工作有组织、有计划的开展。二是进一步完善学校体育活动制度，搭建学生体育特长展示和发展的平台。区属中小学认真实施《国家学生体质健康标准》，为每一个学生建立体质健康档案。广泛实施“阳光体育运动”，坚持“立足校园，扎根班级”的工作方针，让学生走出教室，走进操场，到阳光下，到大自然中去锻炼身体，陶冶情操。进一步完善学校每年举办春季或秋季田径运动会以及定期或不定期开展小型多样体育比赛活动的制度，形成了“人人有项目、班班有团队、校校有比赛”的体育氛围，切实增强学生体质健康。三是强化学校体育团队训练工作机制，学校体育传统项目特色明显。全区中小学校根据学生的兴趣与爱好，坚持开展日常训练不间断，建立田径、球类、棋类、武术、跆拳道等体育代表队，学校在项目规划、经费投入、条件保障、训练指导和竞赛组织等方面积极提供支撑和服务，并将学生体育团队训练工作与学校体育传统项目和特色项目建设工作有机结合，积极组织学生参加市中小学生田径运动会、中小学生乒乓球比赛和中学生篮球赛等体育赛事，参赛成绩喜人，全区体育教学工作走在全市前列。

1985 年 -2015 年，阳泉市城区体育事业费共计支出 294.5 万元。

1985 年 -2015 年阳泉市城区体育事业费支出情况表

表 2-21　　　　单位：万元

年　份	数　额	年　份	数　额	年　份	数　额	年　份	数　额
1985	1.1	1993	8.0	2001	10.0	2009	19.0
1986	6.5	1994	8.0	2002	12.0	2010	15.0
1987	2.2	1995	9.0	2003	10.0	2011	15.0
1988	3.2	1996	12.0	2004	9.0	2012	10.0
1989	6.7	1997	9.0	2005	7.0	2013	17.0
1990	6.8	1998	9.0	2006	7.0	2014	22.0
1991	7.0	1999	8.0	2007	7.0	2015	11.0
1992	8.0	2000	9.0	2008	10.0	合　计	294.5

第六节　科学事业费

科学事业费支出内容主要包括科学技术委员会、科学技术协会、社会科学、自然科学和其他科学事业费。

新中国成立初期，科技知识的宣传普及未能开展。新中国成立后，中国共产党和政府大力提倡群众性的科学技术教育。1978 年全国科学大会后，随着科协组织的逐渐成立壮大，科普宣传轰轰烈烈地开展起来。

1981 年 1 月 2 日，阳泉市城区科学技术委员会（简称城区科委）成立。城区科委是城区人民政府的科学技术综合管理部门，在业务上受阳泉市科委的直接指导。

阳泉市城区的职称评定工作起步于 1981 年，最早的职称评定领导组是 1981 年 6 月成立的“城区社会科学专业干部技术职称评定领导组”，共由 7 人组成。阳泉市城区设有初级评审委员会。

从 1981 年至 1983 年的三年间，阳泉市城区共有 47 人评定技术职称，其中会计系列助理会计师 6 人，会计员 25 人；统计系列助理统计师 1 人，统计员 4 人；工程系列助理工程师 6 人，技师 1 人，技术员 4 人。

1984 年 3 月，阳泉市城区科委与城区经委合署办公，未设科委主任，科技工作由城区经委一名副主任分管。

1987 年以前，阳泉市城区所属单位高、中、初级专业技术人员仅有 40 人，其中会计系列助理会计师4人、会计员6人；卫生系列医师3人、医生20人、护士3人、检验士2人、助产师1人；统计系列统计员1人。

1987年1月，阳泉市城区人民政府下文成立“阳泉市城区职称改革领导小组”，主管全区专业技术职务评定聘任和任命工作。区职称改革领导组下设办公室，办公室设在城区科委。区职称改革领导组成立后，先后建立小学教师、卫生、会计、工程、经济5个系列的职改指导组及办公室，成立小学教师、会计、卫生、工程4个系列的初级评审委员会及档案、经济2个系列的评审小组，对全区25个全民事业单位的695名专业技术人员确定相应的技术职称。其中，有2人获高级职称，213人获中级职称，318人获助理级职称，122人获员级职称；并对273名职称聘任人员兑现工资，月增工资工资额3037.5元。

1987年7月14日，经阳泉市城区人民政府决定，城区科委与经委分设，编制4人。从1980年到1987年间，主要抓新产品、新技术、新材料、新工艺的开发、推广和挖潜等新技术改造工作，8年中共开发新产品15种，投资30.5万元。其中，分马力电机、固化7901树脂漆、双喜牌塑料讲义夹等都取得明显的经济效益，远销国内外市场，有5种产品荣获省优质产品奖称号，有8种产品获市优质产品奖。8年技术改造共完成18项，投资389.5万元，其中国家拨款30万元，银行各种贷款245.6万元。

1990年10月13日至15日，由阳泉市城区科协牵头，在复寿街举办“城区首届科技周活动”。该次活动采取广播、录音、实物展览、图片、黑板报、咨询服务、散发科普资料等方法，开展“识别伪劣商品”“计划生育知识”“优生优育、科学育儿”“标准计量法知识”“取暖蜂窝煤炉的科学使用及优惠展销”“新型日化产品优惠展销”等一系列科学知识的宣传和服务，共展出版面30多块、标语6幅、组织音像播出录音宣传30余次，共计100个小时。接待群众来访、咨询服务6000人次，散发科普资料1万份，进行实物展览200余件，优惠销售食品、饮料、日化产品、微型收音机、文化用品等共700余件。该次“科技周”活动，区直各单位充分发挥各自的科技优势，寓科学性、知识性、趣味性于一体，对提高全区科技意识，在人民群众中形成“爱科学、学科学、用科学”和倡导“尊重知识、尊重人才”的良好风尚起到积极的推动作用。经过1988年的职称改革，至1990年年底，区属单位有专业技术人员1182名，是1987年以前的29.6倍。1990年，全区各类大学毕业生增加到5475人，占全区总人数的4.2%，高中毕业生也占到全区总人数的25.53%。

至1990年底，阳泉市城区共开发引进、推广种各类科技成果10项，列为市级的4项、区级的6项。1985年–1990年，城区分年度科学事业费支出为3.3万元、0.4万元、0.6万元、0.7万元、1.2万元、1万元。

1991年–1995年，阳泉市城区科学技术委员会坚持“科学技术是第一生产力、经济建设必须依靠科学技术，科学技术工作必须面向经济建设”的指导方针，为实现城区“科技兴区”战略目标，为全区经济发展和社会事业的全面进步做出积极贡献。

1991年，阳泉市城区区委、区政府印发《阳泉市城区关于科技兴区的实施意见》，标志着城区区委、区政府已经把“科技兴区”工作列入全区工作重点。全区科技三项费用由年初预算的5万元追加到25万元，占1991年区财政预算支出的2.01%，第一次超过国家规定不低于1%的比例。加上省、市三项费用切块资金，全年城区科技三项费用总额37.5万元，再加上科技三项费用投资积累的“自然科学发展基金”，实际达到55万元，具备一定的资金规模，为城区科学技术进步注入生机和活力。

是年，全区技改和新品项目共计 32 项，是城区历史上立项最多的一年，投资总额近 900 万元，相当于城区“七五”期间的投资总和。建立“城区自然科学奖励基金”，召开自然科学、技术改造成果项目暨个人表彰奖励大会。是年，仅城区微型电机厂技术改造项目实现产值 1516 万元，成为全区第一个产值超千万元企业。是年，阳泉市城区科学事业费支出 1 万元。

1992 年，阳泉市城区所属企业开发新项目 8 项，总投资 103 万元，新增产值 796.1 万元，新增利税 178.36 万元。为鼓励广大科技人员和工人的劳动积极性和创造性，召开自然科学、技术改造成果项目暨个人表彰奖励大会。对实施城区区委、区政府“科技兴区”战略，贯彻、落实科学技术是第一生产力的方针，为全区经济繁荣和社会进步起到积极的推动作用。是年，城区科学事业费支出 1 万元。

1993 年，阳泉市城区科学事业费支出 4 万元。

1994 年，阳泉市城区区属企业立项 18 个，实现投资 320 万元。在项目实施过程中，城区科委积极帮助企业解决技术上的难点和企业管理中存在的问题，为创造城区高科技龙头产品奠定良好的基础。是年，城区科学事业费支出 1 万元。

1995 年，区属企业立项 6 个，总投资 149 万元，其中市立项目 2 个，总投资 119 万元。支配科技三项费用达 40 万元，是“八五”期间科技三项费用投入最高的一年。是年，城区科学事业费支出 2 万元。

1996 年 –2000 年，阳泉市城区科技工作认真坚持“经济建设必须依靠科技进步，科学技术工作必须面向经济建设”的战略方针，坚持“以经济建设为中心，以城市管理为重点，以科教兴区为先导”的工作方针，大力实施技术创新、成果转化、人才环境工程，进一步深化科技体制改革，使全区科技事业得到长足发展。城区科持三项费用逐年增长，五年累计达 196 万元。为保证科技三项费用的投入效益，城区科委对每个新立项目都认真审核，多方论证，严格把关。

1996 年 10 月，执行以中华人民共和国主席令第 68 号出台的《中华人民共和国促进科技成果转化法》，阳泉市城区对保障措施规定如下：财政用于科学技术、固定资产投资和技术改造的经费，应当有一定比例用于科技成果转化。科技成果转化的国家财政经费，主要用于科技成果转化的引导资金、贷款贴息、补助资金和风险投资以及其他促进科技成果转化的资金用途。对科技成果转化活动实行税收优惠政策。金融机构应当在信贷方面支持科技成果转化，逐步增加用于科技成果转化的贷款。各级政府鼓励设立科技成果转化基金或者风险基金，其资金来源由国家、地方、企业、事业单位以及其他组织或者个人提供，用于支持高投入、高风险、高产出的科技成果转化，加速重大科技成果产业化进程。是年，阳泉市城区科学事业费支出 5 万元。

1997 年，阳泉市城区始终在科技成果转化上做文章，靠科研、技改提高产品科技含量，占领市场。阳泉车辆厂的 YT155 型玉米脱粒机，总投资 9 万元，城区投资 5 万元，是年 6 月投产，至是年年底生产 400 台，完成产值 20.8 万元，完成利税 2.21 万元；坡底办事处养殖场引进美国海兰鸡，总投资 7 万元，到是年年底饲养 3000 只；特种耐火材料厂的电炉顶三角区用油浸复合刚玉碳化硅组合转项目，总投资 150 万元，城区科委资助 5 万元，到是年年底投入正常生产。是年，城区科学事业费支出 2 万元。

1998 年 5 月 5 日，阳泉市城区出台《关于创建全国科技工作先进城区活动方案的通知》。该方案对创建活动的各项指标、任务进行分解和细化，将责任、任务、质量、目标落实到人头，层层负责，做到领导到位、责任到位、措施到位、资料到位，确保创建任务的完成。是年，城区科学事业费支出 9 万元。

1999 年，阳泉市城区经过科技部验收，被批准为“1997 年至 1998 年度全国科技先进城区”，跨入全国科技先进城区的行列。科技队伍不断扩大，区内全民、集体、个体民营科研机构蓬勃发展；科技成果不断涌现，民营科技企业发展迅速，科技投入每年增加，科技意识大为提高，全区上下形成尊重知识、尊重人才的良好氛围。是年 7 月 6 日，省科委专家组通过实地考察和认真评议，对 25 项一级指标和 50 项二级指标逐条审核，采取现场打分办法进行评价，城区以总分 970.61 分的成绩通过验收，并报科技部予以审定。11 月 23 日，科技部批准阳泉市城区为“1997 年至 1998 年度全国科技工作先进城区”。12 月 9 日，科技部下发《关于表彰 1998 年度全国科教兴市（县）先进个人的通知》，董岩、梁怀玉、宋文勇被科技部授予“全国科教兴区先进个人”称号。是年，城区科学事业费支出 7 万元。

2000 年，阳泉市城区制定《科学技术发展“十五”计划及 2015 年远景规划》《关于大力发展民营科技企业的实施意见》《关于引进人才、资金、技术的优惠政策》《关于对全区有突出贡献的科技人员进行奖励的办法》等措施，努力实现科技方面的新突破。

6 月 15 日，阳泉市城区科委做出《关于巩固“创先”成果，广泛开展“十个一”活动的决定》，主要内容为扶持发展一个民营企业、重点扶持帮助勤工技术开发有限公司；申报一项国家专利。是年，城区科学事业费支出 3 万元。

2001 年，确定全年科技工作的重点：积极扶持民营科技企业，全年经省认定的科技民营企业达到 2–3 户；加强创业园区建设，为园区提供实用技术、人才、市场信息，加快园区建设步伐；继续组建企业科协，指导企业科协的科研组织活动，为企业增加经济效益，同年建成 5 个企业科协。是年，阳泉市城区科学事业费支出 3 万元。

2002 年 6 月，执行国家出台的《中华人民共和国科学技术普及法》，对保障措施规定如下：各级人民政府应当将科普经费列入同级财政预算，逐步提高科普投入水平，保障科普工作顺利开展。各级人民政府有关部门应当安排一定的经费用于科普工作。省、自治区、直辖市人民政府和其他有条件的地方人民政府，应当将科普场馆、设施建设纳入城乡建设规划和基本建设计划；对现有科普场馆、设施应当加强利用、维修和改造。以政府财政投资建设的科普场馆，应当配备必要的专职人员，常年向公众开放，对青少年实行优惠，并不得擅自改作他用；经费困难的，同级财政应当予以补贴，使其正常运行。国家支持科普工作，依法对科普事业实行税收优惠。科普组织开展科普活动、兴办科普事业，可以依法获得资助和捐赠。是年，阳泉市城区科学事业费支出 4 万元。

2003 年 12 月，执行中华人民共和国科学技术部下达的《国家科学技术奖励条例》，对国家科学技术奖的评审和授予规定如下：国家科学技术奖每年评审一次。国家科学技术奖候选人由下列单位和个人推荐：省、自治区、直辖市人民政府；国务院有关组成部门、直属机构；中国人民解放军各总部；经国务院科学技术行政部门认定的符合国务院科学技术行政部门规定的资格条件的其他单位和科学技术专家。评审委员会做出认定科学技术成果的结论，并向国家科学技术奖励委员会提出获奖人选和奖励种类及等级的建议。国家科学技术奖励委员会根据评审委员会的建议，做出获奖人选和奖励种类及等级的决议。国家科学技术奖的评审规则由国务院科学技术行政部门规定。是年，阳泉市城区科学事业费支出 5 万元。

2004 年，阳泉市城区科技工作走出特色路，主要表现如下：利用载体，加强科技信息服务，充分发挥城区科技信息中心网络优势，开办电子商务，编印科技信息 12 期，公布科技推广成果 26 项，为全区经济发展提供信息服务。拓宽领域，兴办科技中介机构，全区共兴办各类信息服务、技术中介等 58 家，使服务领域、服务内容渗透到全区各行业。典型引路，大力引导科技园区建设。以勤工科技园为典型，大力引导科技园区建设，开发出一条“科技链”。全面推进构建科技创新体系。共建成科普画廊、宣传栏等 148 个；综合性科普活动场所 25 个。是年，城区科学事业费支出 5 万元。

2005 年，阳泉市城区在科技资金投入上，围绕以下几项开展工作：引导企业依靠科技进步，研发具有自主知识产权的新产品；进一步营造科技人才勇于创新的政策环境、实现价值的创业环境，探索建立人才培养机制；开展丰富多彩的科技活动、科技知识培训和宣传，完善社区服务功能，提高社区居民素质；以兼顾全面、确保重点、择优宣传、监督实施的原则，开展项目评估、考察、过程监督。是年，城区科学事业费支出 5 万元。

2006 年，阳泉市城区科学事业费支出 5 万元。

2007 年，阳泉市城区科技发展计划和科技立项顺利进行。坚持“兼顾全面、确保重点、公正择优”的原则，科技项目申报逐渐向节能减排、环境保护、其他循环经济类以及与落实中央扩内需保增长相关项目上倾斜，优势项目得到扶持落实，确保优势产业、优势企业、优势产品的资金扶持，确保科技资金专款专用，提高项目实施的质量和效益。是年，城区科学技术支出 213 万元，其中，科学技术事务管理 16 万元、技术研究与开发 194 万元、科学技术普及 4 万元、其他科学技术支出 3 万元。

2008 年，阳泉市城区科学技术支出 320 万元，其中，科学技术管理事务 24 万元、技术研究与开发 289 万元、科学技术普及 4 万元、其他科学技术支出 3 万元。

2009 年，科学技术部印发《科技企业孵化器认定和管理办法》《国家中长期科学和技术发展规划纲要（2006–2020 年）》《国家中长期人才发展规划纲要（2010–2020 年）》，引导我国科技企业孵化器的健康发展。是年 10 月，城区财政部门会同科技局、审计局对 2006 年以来的 15 个科技计划项目实施和经费使用情况进行检查验收，对完结项目进行结题，努力提高项目实施的质量和效益。城区民营科技企业——阳泉市勤工技术实业开发有限公司选送的“高效燃气锅炉”、山西华通蓝天环保有限公司选送的“河流、沟渠莲鱼池蓄水坝养鱼种藕防护装置”、山西建工申华暖通设备有限公司选送的“带流量刻度指示和锁闭功能的自力式流量控制阀”，获得第七届中国国际工业设计博览会暨第六届中国国际专利与名牌博览会大会金奖。是年，阳泉市城区科学技术支出 363 万元，其中，科学技术管理事务 34 万元、技术研究与开发 324 万元、科学技术普及 4 万元、其他科学技术支出 1 万元。

2010 年，阳泉市城区从四个方面狠抓科技工作。

（1）在转型发展突破年建设中，充分发挥科技在加快发展方式转变中的支撑和引领作用，认真组织实施“科技兴商贸、科技进社区、科技进校园”工程，在科技立项上加大对第三产业的扶持力度，重点向节约能源资源，低碳经济及保护生态环境和提高健康水平、保障改善民生的重大公益性科技问题等项目上倾斜。

（2）在发展项目储备年建设中，挖掘并储备一批科技含量高，发展前景好的科技项目。

（3）在总部经济壮大年建设中，将总部设在城区的科技型企业列入扶持范围内，积极为其提供科技服务和资金扶持。同时，通过实行优先给予资金扶持、提供资金担保、主动牵线搭桥，建立企业、科技人才和项目联合机制，积极开展产学研活动等优惠政策吸引更多优秀的科技型企业入驻城区。

（4）在民生民计提升年建设中，加强科普基地建设，认真组织好 2010 年科技周活动，广泛开展群众喜闻乐见的科普宣传活动，送科技进机关、进企业、进学校、进社区。是年，城区科学技术支出 463 万元，其中，科学技术事务管理 44 万元、技术研究与开发 407 万元、科学技术普及 4 万元、其他科学技术普及 8 万元。2006–2010 年，城区专利申请数达 396 件，专利申请数、授权数及专利拥有量均在全市名列前茅。其间，大力宣传《中华人民共和国专利法》《中华人民共和国科技进步法》，累计发放科普宣传资料 3 万余份，展出版面 100 余块，接受咨询 5000 余人次；实施科技项目专家评审制度，突出企业在科技创新、科研投入、成果转化的主体地位，促进产学研紧密结合，加速科技成果的转化。2006 年 –2010 年，共资助项目 75 项，资助金额 1302 万元。

2011 年 5 月，阳泉市城区科技局、司法局等部门在阳光广场举办科技宣传活动，推动科学技术知识的普及。该次活动中，城区科技局主要向公众宣传科学保健、健康理念、健康生活等科普知识，介绍部分科技型节能环保优秀成果和优秀企业。城区司法局主要宣传《中华人民共和国科技进步法》《中华人民共和国专利法》等有关科技方面的法律法规，提高公众的科技法律意识。城区地震局着重宣传地震基本常识及防震避震、自救互救等方面的知识。区计生妇幼保健中心、新华东街社区卫生服务站着重宣传人口和计划生育条例等科普知识。该次宣传活动共设立 7 个咨询点，展出版面 40 余块，发放宣传资料 14 种共计 15000 余份，接受咨询 300 余人次。

是年，阳泉市城区科学技术支出 487 万元，其中，科学技术事务管理 51 万元、技术研究与开发 439 万元、科学技术普及 4 万元、其他科学技术支出 3 万元。

2012 年 9 月 15 日至 17 日，阳泉市城区参加在大连市举办的第八届中国国际专利技术与产品交易会。城区参展的“免冲水小便器”“矿用隔爆型灯具”“全面水利平衡通断时间面积法热计量装置”“河流、沟渠莲鱼池蓄水坝养鱼种藕防护装置” “固化食品” “新型电子针灸器”6 项专利在会上广泛开展产学研对接活动，寻求合作伙伴。在该次大会上，城区“全面水利平衡通断时间面积法热计量装置”专利获得大会金奖。通过参加专交会，进一步促进城区专利发明及成果转化，提高企业自主创新能力。

是年，阳泉市城区科学技术支出为 597 万元，其中，科学技术管理事务 51 万元、技术研究与开发 516 万元、科学技术普及 30 万元。

2013 年 8 月，阳泉市城区科技局完成全区 2013 年第一批专利资助经费发放工作，对 2012 年授权的 35 项专利给予资助，资助金额共计 5.2 万元，已经全部发放到专利申请权属人手中。其中，山西邦奥伟业半导体照明有限公司的“矿用本安 LED 智能接线盒” 、刘仲勤发明的“胆式交换器” 、葛建忠发明的“新持续对流冲洗管”等专利获得该次资助。

10 月，阳泉市城区严格按照国家有关的科普设施标准，进行一站、一栏、一员建设，并加大科普画廊投入力度，因地制宜进行科普宣传栏建设。在楼宇间、街道旁、楼道中都随处可见科普宣传栏，社区配有兼职的科普宣传员。学校中的每位班主任都是科普辅导员，他们利用班会、班级板报进行科普宣传，把学校的每一项活动都作为科普教育的主阵地。截至 10 月月底，辖区内共有科普服务站 52 个，科普宣传栏 160 余个，黑板报 285 块，科普画廊 10 余处，约 120 米；科普宣传员 225 名、科普志愿者 1150 余名。在建有一站一栏一员的基础上，城区还进行具有自己特色的“五有五上墙”（五有：有组织、有队伍、有牌子、有设施、有活动；五上墙：组织机构上墙、工作队伍上墙、工作职责上墙、基础设施上墙、工作风采上墙）规范化建设。

是年，阳泉市城区科学技术支出为 697 万元。

2014 年，执行财政部出台的《关于科技企业孵化器税收政策的通知》，对科技孵化企业规定应当同时满足以下条件：企业注册地和主要研发、办公场所必须在孵化器的孵化场地内；属新注册企业或申请进入孵化器前企业成立时间不超过 24 个月；企业在孵化器内孵化的时间不超过 42 个月。纳入"创新人才推进计划"及"海外高层次人才引进计划"的人才或从事生物医药、集成电路设计、现代农业等特殊领域的创业企业，孵化时间不超过 60 个月；符合《中小企业划型标准规定》所规定的小型、微型企业划型标准；属于迁入企业的，上年营业收入不超过 500 万元。

2015 年，阳泉市城区实施"五个工程"支持科技创新。一是基金引导工程。建立创业投资引导基金，大力支持新型创业服务机构的发展，对软件开发、房租、宽带费等给予补贴。二是人才集聚工程。大力实施人才强区战略，鼓励领军人才、高端人才，带技术、带项目、带资金来城区领办或合办科技型企业。三是科技孵化工程。通过政策引导，资金扶持，鼓励兴办创业载体，打造科技型企业孵化器。四是成果转化工程。通过产学研、项目联动等形式，加大对成果转化项目资金支持力度，形成鼓励科技研发成果产业化的创新链条。五是大众创业工程。按照城区区委、区政府最新出台的《鼓励大众创新创业实施意见》，进一步加大科技投入和创业资金扶持力度。

1985 年 -2015 年，阳泉市城区科学技术支出共计 3512.3 万元。

1985 年 -2006 年阳泉市城区科技投入一览表

表 2-22　　　　单位：万元

年　份	合　计	科技三项费	科学事业费	年　份	合　计	科技三项费	科学事业费
1985	3.4	0.1	3.3	1997	25.0	23.0	2.0
1986	0.4	——	0.4	1998	49.0	40.0	9.0
1987	2.1	1.5	0.6	1999	60.0	53.0	7.0
1988	4.8	4.1	0.7	2000	51.0	48.0	3.0
1989	6.4	5.2	1.2	2001	46.0	43.0	3.0
1990	10.5	9.4	1.1	2002	56.0	52.0	4.0
1991	24.0	23.0	1.0	2003	74.0	69.0	5.0
1992	29.0	28.0	1.0	2004	88.0	83.0	5.0
1993	24.0	20.0	4.0	2005	89.0	84.0	5.0
1994	1.0	——	1.0	2006	111.0	106.0	5.0
1995	38	36.0	2.0	——	——	——	——
1996	29	24.0	5.0	合计	821.6	752.3	69.3

2007 年 -2015 年阳泉市城区科学技术支出一览表

表 2-23 单位：万元

年　份	2007	2008	2009	2010	2011	2012	2013	2014	2015
合　计	213	320	363	463	487	597	697	202	101
科学技术事务管理	16	24	34	44	51	51	63	66	86
技术研究与开发	194	289	324	407	439	516	610	116	12
科学技术普及	4	4	4	4	4	30	24	20	3
其他科学技术支出	3	3	1	8	3	——	——	——	——

第七节　计划生育事业费

阳泉市城区的计划生育事业费，主要包括手术费、避孕药品和器具经费、节育优生科研经费、基层计划生育专职干部经费、独生子女保健费及其他有关计划生育的费用。1964 年以前，计划生育事业费在其他卫生事业费中列支。1965 年，计划生育事业费列为“款”级科目。

20 世纪 70 年代阳泉市城区就开始抓计划生育工作。1970 年全区总人口为 109500 人，出生率为 31.3‰，自然增长率为 23.3‰。1971 年 7 月，成立城区计划生育领导组，为全区计划生育工作顺利开展提供组织保证。此后，不断健全机构、发展队伍，人口生育逐步纳入有计划增长的轨道。

1972 年，计划生育没有指标要求，生育政策是“一个少、两个正好、三个多了”。1973 年，生育政策的基本要求是“晚、稀、少”，提出“一对夫妇生育子女数最好一个，最多两个”的具体要求。

1974 年，阳泉市城区计划生育事业费的开支范围规定如下：

国家供应的避孕药具。

城镇居民和农村社员施行男、女结扎输精、输卵管手术，放、取、透视节育环，施行人工流产等各项节育手术的挂号费、检验费、手术费（包括手术中需用的药品、材料费、节育环等）、医药费、住院费、术后治疗费等；集体所有制企业不享受劳保待遇的职工及其供养的直系亲属施行计划生育手术的上述费用。

计划生育部门召开的业务性会议，印发计划生育宣传、技术资料，举办展览会和颁发奖旗、奖状以及必要开支的宣传费用。

区以上计划生育部门组织大嫂队长、计划生育宣传员等基层骨干短期培训的教材费、公杂费和伙食补贴费、路费及误工补贴，非国家职工参加计划生育宣传小分队所需费用（如伙食补助等）应在计划生育手术费收入中开支，不足部分在计划生育事业费中开支。

给有困难的公社和大队医疗机构添置计划生育小型专用手术器械的购置费。

经区以上节育手术技术领导小组鉴定，城乡居民，城镇居民兼做其他手术的费用，不得在计划生育事业费中开支，但个人负担确有困难的，经区或区以上计划生育办公室审批后可酌情减免，减免经费在计划生育事业费中开支。

1979 年 11 月，根据山西省计划生育工作的若干规定，城区制定贯彻全省计划生育若干规定的几点具体意见，对自愿实行计划生育，一对夫妇终生只生一个孩子的，每月发给保险费 5 元，直到孩子 14 周岁为止。

1984 年，阳泉市城区计划生育委员会成立。同年 11 月，按照“块块领导、属地管理”的原则，接管 75 个驻区县、团级单位、23 个区直单位的计划生育工作。全区各街道办事处和计生委调整和充实了计划生育专职干部，形成较为完备的全区计划生育工作网络，计划生育、控制人口增长的效果逐年明显。

1985 年，全区人口出生率为 10.16‰，低于规定指标的 14.5‰；计划生育率达 91.13%，高于规定指标的 85%；综合节育率为 97.5%，高于规定指标的 95%。是年，城区计划生育事业费支出 5.5 万元。

计划内生育二胎必须落实长效节育措施，实行人口计划承包责任制。区政府与 6 个街道办事处签订 1990 年人口目标承包合同，各办事处又与驻地单位签订责任状，层层落实合同制，共签订合同 85 份，保证长效节育任务的完成。

是年年底，全区人口出生率为 9.26‰，低于阳泉市规划指标的 14.01‰；人口自然增长率为 6.84‰，低于市规划指标的 10.12‰；计划生育率为 99.51‰，高于区 95‰和市 98.53‰的规划指标；长效节育率为 88.1%，高于市、区规划指标的 80%。1986–1990 年，城区分年度计划生育事业费支出为 14.5 万元、6.4 万元、15.1 万元、10.6 万元、13.5 万元。

1991 年 –1995 年，阳泉市城区计划生育工作认真贯彻中央、省、市计划生育工作会议精神，始终坚持“三个不变”的原则，在抓好落实工作上下功夫。城区区委、区政府每年至少召开两次常委会、常务会，专门研究解决计划生育工作中存在的实际问题。

加强对计划生育工作的领导，成立城区人口与计划生育领导组，由区长担任组长；调整区计划生育领导组组成人员，成立流动人口管理办公室。

每年均由区长亲自与各街道办事处、工商分局、公安分局签订人口目标责任状，执行一票否决制。

为各街道办事处选配优秀专职副主任，增配 10 名计生助理员；由区财政拨款，提高独生子女父母奖励费和专、兼职计划生育管理人员岗位津贴；为服务站购置微波组织凝固治疗仪、恒温培养箱等服务仪器。

对计划生育管理实行档案化。各基层单位全部建立计划生育工作有关簿、卡、表、台账。

逐年增加计划生育经费投入。1995 年计划生育经费由 1991 年的 12.43 万元增加到 23.6 万元，年平均增加 2.23 万元，为搞好计生管理奠定坚实的基础。由于领导重视，措施得力，全区计划生育工作成效显著。截至 1995 年，全区共出生 1483 人，出生率为 8.97‰，比市下达指标降低 2.04 个千分点；计划生育率为 100%，比市指标高 0.98%；人口的自然增长率为 6.06‰，比市指标低 1.53 个千分点；累计一胎上环率为 94.55%，比市指标高 4.55 个百分点；二胎结扎率为 77.05%，比市指标高 2.05 个百分点；综合节育率为 96%。

1991 年，贯彻《山西省计划生育条例》，切实加强对计划生育工作的管理。以责任状的形式，把计生工作的任务、指标、措施及要求分解落实到基层，实行定期检查，考核兑现和计划生育一票否决制度。是年，计划生育事业费支出 12 万元。

1992 年，阳泉市城区计划生育工作按照中共中央、国务院《关于加强计划生育工作、严格控制人口增长的决定》的总体要求，围绕全区经济上台阶，严格控制人口增长。11 月，下发《关于今冬明春开展计划生育“双服务”活动的安排意见》，要求认真坚持“三为主”（宣传教育为主、避孕为主、经常性工作为主）和“三不变”（党政一把手负总责不变、计划生育政策不变、人口计划指标不变），在全区范围内广泛开展计划生育宣传教育和技术“双服务”活动，逐步使流动人口管理趋于规范化、制度化、科学化的管理轨道。是年，城区计划生育事业费支出 15 万元。

1993 年，阳泉市城区人大代表对计生工作进行评议，取得 90.43 分的信任分。在是年市政府组织的计生工作考核验收中，城区计生工作名列全市两县三区第一名。同年，城区区委、区政府被市政府授予“计划生育工作先进单位”荣誉称号；城区计生委被授予“红旗单位”荣誉称号。全区积极开展计划生育宣传教育和技术“双服务”活动，全区人口出生率、自然增长率分别比市下达指标降低 4.42 个千分点和 2.11 个千分点，计划生育率达 100%，受到市政府表彰。是年，计划生育事业费支出 19 万元。

1994 年，全区 70% 的单位达到计划生育合格单位的要求，全区人口自然增长率为 5.72‰，比市计划降低 0.28 个千分点。是年，城区计划生育事业费支出 25 万元。

1995 年 10 月，阳泉市城区计生服务站顺利通过省级验收，进入省星级文明服务站行列。是年年末，在市政府组织的计生工作考核验收中，城区以 88.85 分的成绩名列全市二县三区之首，并荣获“全省计划生育工作先进区”光荣称号。

12 月，阳泉市城区区委、区政府不断加大计划生育工作投入，计生经费由 1991 年的 12.43 万元增加到 23.6 万元。年平均增加 2.23 万元，计划生育工作稳步推进。1991 年至 1995 年年底，全区共出生 1483 人，出生率为 8.97%，比上级分配指标降低 2.04 个千分点；计划生育率为 100%，比上级分配指标提高 0.98 个百分点；人口自然增长率为 6.06‰，比指标降低 1.53 个千分点。是年，计划生育事业费支出 29 万元。

1996 年 –2000 年，全区计划生育工作在市政府和城区区委、区政府的正确领导下，在城区人大、政协的监督支持下，严格执行《山西省计划生育条例》，人口与计划生育工作取得显著成绩，保持低出生、低死亡和低自然增长的良好人口再生产环境。坚持把宣传教育放在首位，充分利用春节、“六一”儿童节、“7・11”世界人口日活动、“9・25”中共中央公开信发表纪念日等节假日，广泛开展计划生育宣传教育活动，累计组织活动 30 余次，出动宣传车 1500 余辆，组织秧歌队 300 余支，出吊挂、标语 3500 余条，制作板报 4000 余块，印发宣传计生知识《为您服务》小册子 3.6 万册，并全部发放到居民家中。城区计生委还在 12 个居委会、22 个居民楼中编写板报 406 块，张贴标语 812 条。通过上述措施，计划生育效果进一步显现。

1996 年，继续坚定不移地落实计划生育国策，计划生育率达到 99.3%，高于市下达指标 1.93 个百分点；人口出生率控制在 9.29‰以内，低于市下达指标 1.71 个千分点；人口自然增长率为 6.12%，低于市下达指标 0.15 个千分点；计划生育知识普及率达到 96%，高于市下达指标 6 个百分点；人均计划生育经费投入达 1.82 元，高出市规定指标，计划生育工作走在全市前面。是年，城区计划生育事业费支出 32 万元。

1997 年，在阳泉市城区人民政府的高度重视下，城区计划生育协会由副科级提升为正科级规格；

区计生服务站由股级升格为副科级。各基层单位、居民区重新按照“六清六建”摸底情况，规范各种簿、卡、表、台账。由于领导高度重视和计生干部的努力，城区计划生育工作不断取得优异成绩，同年 11 月，城区被市委、市政府授予“计划生育先进集体”称号。是年，计划生育事业费支出 39 万元。

1998 年，在全区开展以“清查总人口，建总人口账；清育龄妇女总数，建育龄妇女账；清违法生育底子，建超生惩处账；清计划外生育费征收情况，建计划生育费征收账；清流动人口数，建流出、流入育龄妇女账；清‘合格单位’、‘合格居委会’计生底子，建卡、簿管理账”为主要内容的“六清六建”工作，规范各种账、卡、表、台账，确保清查工作质量。全区计划生育率达到 99.78%，比市下达指标提高 1.78 个百分点；人口自然增长率为 4.65‰，比市下达指标降低 3.3 个千分点，城区计划生育协会被省计划生育协会授予“先进集体”称号；城区区委、区政府被市委、市政府授予“计划生育优秀区”称号；7 月，城区计生委被中共阳泉市委授予“先进基层党组织”称号。是年，计划生育事业费支出 47 万元。

1999 年，认真开展“婚育新风进万家、优质服务下基层”活动，制定《关于在全区开展婚育新风进万家和优质服务下基层活动的实施方案》，圆满完成人口与计划生育各项指标。全区计划生育率为 99.76%，比市下达指标提高 2.26 个百分点；人口出生率为 7.5%，比市下达指标降低 3.69 个千分点；人口自然增长率为 5.11%，比市下达指标降低 2.21 个千分点。城区被省政府授予“1998 年计划生育工作五清五建先进”称号；被国家计生委确立为全国 103 个对外开放点之一。是年，计划生育事业费支出 39 万元。

2000 年年底，全区总人口从“八五”期末的 15.5 万控制到 17.6 万，人口出生率由 8.97‰下降到 5.4‰，平均人口自然增长控制到 5.35‰；计划生育度保持在 99% 以上；一孩妇女率逐步提高，从 1995 年的 67.24% 提高到 2000 年的 76.9%；已婚育龄妇女长效节育率保持在 96% 以上，为全市稳定低生育水平做出贡献。是年，阳泉市城区计划生育事业费支出 49 万元，为搞好计生管理奠定坚实基础。

2001 年，确定全区计划生育工作的主要奋斗目标：按照“三个代表”重要思想的基本要求，认真贯彻《山西省计划生育条例》，稳定低生育水平目标，进一步坚持和完善人口目标责任制，以流动人口和离婚、下岗育龄人群为重点，以综合治理为突破口，树立群众意识、服务意识、创新意识，抓好依法管理和“双进万”活动，不断探索城市计划生育工作的思路和方法，促进全区计划生育工作再上新台阶。到是年年底，全区总人口规模控制在 18.5 万人以内，出生率控制在 11‰以下，计划生育率控制在 98% 以上。是年，全区计划生育事业费支出 54 万元。

2002 年，在城区公安分局配合下，结合全区开展的流动人口计划生育专项整治年活动，依照国务院和省政府《流动人口计划生育管理办法》和国家计生委《流动人口婚育证明管理规定》，深入到上站、下站、北大街辖区进行集中整治。是年，全区计划生育率为 99.83%，人口出生率为 6.77%，人口自然增长率为 4.17%，全区计划生育事业费支出 77 万元。

2003 年，阳泉市城区计划生育和妇幼服务中心成立。该中心是由原城区计划生育服务站和妇幼保健站合并而成的。针对原来两站存在职能交叉、业务重叠、资源不能共享的弊端，本着精简机构，提高效率，促进发展的原则，适时对这两个部门进行合并重组。中心在兼备原有两机构的工作职能上，广泛开展妇女保健、儿童保健、婚前保健、生殖保健、上环、取环、人流、查环、查孕等妇幼计生服务。

是年，全区计划生育事业费支出 119 万元。

2004 年，阳泉市城区围绕转变生育观念、提高人口素质的总体目标，以创新省级“计生优质服务县区”为突破口，圆满完成市下达的各项计划生育指标。全区人口出生率控制在 6.28‰，比市下指标降低 3.12 个千分点；人口自然增长率控制在 2.88‰以内；符合政策生育率为 99.12‰；出生性别比为 100∶103。为 213 户纯居民独生子女家庭进行政策奖励兑现，实现区政府做出的承诺。是年，计划生育事业费支出 153 万元。

2005 年，认真学习山东经验，在以下几个方面坚持推广。（1）创新理念，实现赶超。要求全区人民观念更新，齐心开拓，为想干事的人提供机会，为能干事的人提供舞台，为敢干事的人创造环境。（2）借计划生育综合改革东风，以稳定低生育水平，提高出生人口素质和满足群众需要为主题，整体推进计划生育工作。（3）健全政策功能。针对城区计划生育节育避孕的要求，逐步健全利益导向机制，使计划生育变成育龄群众的自觉行动。（4）增强服务意识，以群众满意不满意、赞成不赞成作为衡量标准，积极探索计划生育优质服务的新形势和新方法。是年，计划生育事业费支出 174 万元。

2006 年，阳泉市城区人口和计划生育局坚持政务公开，实行民主监督。（1）公开办事程序，以方便群众为宗旨，按规定时间和条件，进行计划生育行政审批，做到该办的事不拖延，不该办的事不违规。（2）严格执行“收支两条线”财务管理，坚持按规定的项目、标准收费，杜绝乱收费现象。（3）简化再生育审批程序，探索高效、便民、优质的审批方式和计划生育证件发放形式，免费发放计划生育相关证件。（4）落实计划生育奖励优惠政策，为实行计划生育的群众提供基本项目的免费优惠。（5）严格按计划生育“七不准”规定文明执法、公正执法。（6）大力推进全区计划生育工作。将独生子女父母奖励费由每人每月 10 元调整到每人每月 50 元，并落实独生子女父母退休一次性奖励的规定，共为 165 名独生子女父母发放一次性奖励金 33 万元。逐步建立完善救助帮扶机制，共慰问帮扶贫困独生子女家庭、贫困独生子女父母 15644 户，累计帮扶资金达 95.59 万元。把流动人口服务和管理作为重点，努力探索流动人口计划生育综合管理新机制。将每季度第一个月定为流动人口服务月，为流动人口育龄妇女开展宣传、咨询、免费“查环查孕查病”服务，全区流动人口享受查环查孕及计划生育基本免费项目服务率达到 100%。是年，全区计划生育事业费支出 218 万元。

2007 年，阳泉市城区计生部门指导义井街道办事处计划生育工作，取得以点带面的成效。该办事处在开展计划生育工作中，采取如下措施：（1）严。就是严格要求街道和社区的计生工作人员，重新认识计生工作的重要性，找差距、明不足、订责任、订目标。（2）实。就是办事处投入资金，用于社区计生软件，重新建立各种基础档案，做到底子清楚，数字准确。（3）细。就是认真查找工作中的每一个漏洞，做到不遗、不漏。（4）勤。就是对重点对象要腿勤跑，嘴勤问，用辛勤的工作，建立起计生工作的坚固防线。（5）活。针对辖区 4000 余户居民散居在农村，紧密联系农村计生部门，携手做好计划生育工作。到是年 5 月，全街道人口出生率为 2.40‰，符合政策生育率为 100%。

是年，计划生育事业费支出改名为“人口与计划生育事务”，全年支出 310 万元，其中，行政运行 22 万元、计划生育家庭奖励 18 万元、人口和计划生育信息系统建设 3 万元、计划生育免费基本技术服务 21 万元、人口和计划生育服务网络建设 186 万元、流动人口计划生育管理和服务 8 万元、人口和计划生育目标责任制考核 6 万元、其他人口与计划生育事业支出 46 万元。

2008 年，阳泉市城区人口与计划生育事务支出 346 万元，其中，行政运行 32 万元、计划生育家庭奖励 54 万元、计划生育及生殖健康促进工程 1 万元、计划生育免费基本技术服务 15 万元、人口和计划生育服务网络建设 201 万元、人口和计划生育宣传教育经费 2 万元、流动人口计划生育管理和服务 7 万元、人口和计划生育目标责任制考核 12 万元、其他人口与计划生育事业支出 22 万元。

2009 年，阳泉市城区采取三项举措加强计划生育工作。（1）创新机制，政策惠民。建立健全计划生育综合协调机制、优质服务机制、利益导向机制，继续落实现有奖励、扶助、救助政策，进一步巩固政策，落实成果，不断扩大救助范围。（2）转变观念，服务亲民。把提高出生人口素质尤其是减少出生人口缺陷和开展独生子女早期教育暨能力培养作为服务亲民的重点，强化政府主导，突出公共服务，富有成效地开展好优生优育优教工作。（3）夯实基础，措施为民。进一步提高技术装备和服务平台建设水平，加强计生服务队伍建设；积极发挥免费服务低投入、高效益的公共服务职能，确保广大育龄群众享受计划生育服务全覆盖。是年，城区人口与计划生育事务支出 455 万元。

2010 年，阳泉市城区在计划生育方面，主要完成以下工作：深入开展城镇违法生育专项治理工作，对全区 172 个驻地单位及 43 个社区全部进行严格审查，查出违法生育 15 户，党政处分 1 人，行政处分 7 人，全部进行社会抚养费征收。开展共产党员和国家工作人员计划生育情况专项检查工作，全区共有 190 家单位进行专项检查，共查出 2003 年 5 月 1 日以来违法生育 86 人，全部进行经济处罚。逐步建立完善救助帮扶机制，共慰问帮扶贫困独生子女家庭、贫困独生子女父母 15644 户，累计帮扶资金达 95.59 万元。驻区各领导组成员单位发挥各自职能作用，建立部门联动机制，通过“两免一补”、安排再就业等措施，优先照顾独生子女家庭，使他们感受到党和政府的温暖。

是年，人口与计划生育事务支出 966 万元。是年人口与计划生育事务支出大幅提升，主要是计划生育家庭奖励支出 197 万元、人口和计划生育服务网络建设支出 591 万元所致。

2011 年，阳泉市城区在人口与计划生育工作方面采取如下措施：以实现人口计生基层工作创新为目标，夯实新型生育文化建设、流动人口“一盘棋”建设、信息化建设、人口计生队伍建设基础。以深化人口计生优质服务为重点，加强服务体系建设，进一步引深优质服务“八进家”活动，全面推行计生服务“三大工程”，广泛开展“三优促进”工程，大力开展出生缺陷干预服务工作，着力提升为民服务水平。以完善各项人口计生新机制为抓手，完善领导责任机制、考核评估机制、工作创新机制和居民自治机制，努力推动人口计生各项工作科学发展。以创建“平安和谐区”建设为载体，强化利益导向机制，大力推进依法行政，加强联合执法力度，全面提高行政执法水平。以创新中国共产党的建设为基础，抓好党员干部队伍管理、党风廉政建设和发展党员工作，全面加强中国共产党的建设各项工作。是年，阳泉市城区人口与计划生育事务支出 1129 万元。

2012 年 9 月，阳泉市城区召开人口计生工作推进会，回顾总结 2012 年以来人口计生工作，科学分析形势和任务，安排部署下一阶段工作。会议确定，做好下一阶段人口计生工作，一要抓好同辖区医院、卫生站（所）、派出所的协调，在出生防疫、户籍申报等环节做好人口数据比对，确保人口不重不漏，做到底子清、数据准、情况明；二要着眼大局，文明行政、依法行政，为人民群众提供满意、便捷、优质的服务；三要克服困难，多措并举，全力以赴完成好目标管理责任书签订的各项任务。是年，城区人口与计划生育事务支出为1091万元。

2013年3月，阳泉市城区人口计生局荣获“全国阳光计生行动示范单位”荣誉称号，成为该次全省获该称号的8家单位之一。城区计生工作之所以取得如此荣誉，得益于自2010年以来，城区人口计生局健全机制，创新举措，以政务公开带动“阳光管理”，以民主评议推动“阳光服务”，以社会监督保障“阳光维权”，有力促进人口计生工作的开展。一是创新管理模式。建立局、街道、社区三级政务公开机制，将办事程序、服务承诺、监督电话、计生政策及人口出生情况、居规民约、计生奖优政策兑现、再生育审批情况、社会抚养费征收情况等向社会公开公示。同时，开通“12356”阳光热线，24小时全天候畅通服务。二是创新服务模式。实现“一站式”服务，开展流动人口均等化服务，不断延伸流动人口服务触角。三是创新维权模式。每年开展“请城镇居民评计生”“请流动人口评计生”“上评下”“下评上”活动，以“恳谈会”“评议会”形式，邀请基层群众对人口计生系统工作进行民主评议。

2014年9月10日，国家卫计委“新家庭计划——家庭发展能力建设”项目在阳泉市城区上站街道金三角社区启动。阳泉市人口计生委相关负责人应邀出席。“新家庭计划——家庭发展能力建设”项目是全区推行“三社联动”的最好诠释，是实现基层社区治理网格化、信息化、项目化、多元化“四化”目标的最佳路径。金三角社区以此为契机，用好政策、用活资源，先行先试、大胆探索，凝聚合力、搞好服务，不断促进家庭幸福和社会和谐，真正使该项目成为全区“三社联动”的示范引领、“幸福社区”创建的标志标杆、百姓普遍认可的知名品牌。上站街道要加强指导帮扶，加大力量，强化措施，确保试点工作落到实处、取得实效。城区民政、卫生、计生等部门要及时总结成果，为全区创建“幸福社区”、推进“三社联动”、打造“11245”社区建设阳泉城区模式积累经验、提供借鉴。是年，全区计划生育事业费支出1206万元。

1985年–2015年，阳泉市城区计划生育事业费共计支出8713.6万元。

1985年–2006年阳泉市城区计划生育事业费支出情况表

表2-24　　　　单位：万元

年　份	支出额	年　份	支出额	年　份	支出额	年　份	支出额
1985	5.5	1991	12.0	1997	39.0	2003	119.0
1986	14.5	1992	15.0	1998	47.0	2004	153.0
1987	6.4	1993	19.0	1999	39.0	2005	174.0
1988	15.1	1994	25.0	2000	49.0	2006	218.0
1989	10.6	1995	29.0	2001	54.0	——	——
1990	13.5	1996	32.0	2002	77.0	合　计	1166.6

2007 年 –2015 年阳泉市城区人口和计划生育支出情况表

表 2–25　　　　单位：万元

项　目	2007	2008	2009	2010	2011	2012	2013	2014	2015
合　计	310	346	455	966	1129	1091	1206	1216	828
行政运行	22	32	36	44	42	48	49	68	482
计生家庭奖励	18	54	130	197	240	231	302	276	——
信息系统建设	3	——	2	14	2	2	2	2	——
计生技术服务	21	15	13	13	23	24	24	26	162
服务网络建设	186	201	236	591	734	677	692	734	——
流动人口服务	8	7	2	55	42	37	65	53	——
目标责任考核	6	12	13	11	11	15	15	16	——
其他计生支出	46	22	22	32	31	48	42	28	184
生殖保健促进	——	1	1	6	1	1	7	5	——
宣传教育经费	——	2	——	3	3	3	3	3	——
抽样调查费用	——	——	——	——	——	5	5	5	——

第八节　党政群干部训练事业费

党政群干部训练事业费包括各级党校经费、县（区）级以上政府机关举办的训练本系统干部的院校（班）经费，民主党派和共青团、妇联等人民团体举办的各类干部训练费。1963–1981 年，党政群干部训练费在文教科学卫生事业费类中列支；1982 年，在文教科学卫生事业费类中增设党校事业费款级科目；1985 年，在文教科学事业费类下增设党政群干部训练事业费，党校事业费随之降为项级科目。是年，党政群干部训练事业费支出 1.3 万元。1986 年支出 1.3 万元，与上年持平。1987 年，支出 1.8 万元，比上年增长 38.46%。1988 年，支出 2.3 万元，比上年增长 27.77%。

1996 年以来，阳泉市城区区委组织部加大对干部的教育和培训力度，以区委党校举办各类培训班为主，进一步提高广大干部特别是领导干部的综合素质。一是在学习内容上，主要学习马克思列宁主义、毛泽东思想，特别是邓小平同志建设有中国特色的社会主义理论和江泽民同志关于党的建设和干部队伍建设的讲话。同时还努力钻研业务，勤奋学习社会主义市场经济、现代科学技术、法律等各方面的知识。二是在学习方法及形式上，有计划地举行中国共产党的理论、微机、经贸、法律、会计及现代管理知识的培训活动。1996 年 –2000 年，共办培训班多期，有效提高干部队伍的综合素质。

2001 年以来，坚持把用科学理论武装党员干部头脑，提高中共党员的思想政治素质作为中共党员培训的根本任务来抓，在教育培训内容上，一是深入开展以中共十六大精神和“三个代表”重要思想为主要内容的学习教育活动，制定下发《城区机关关于兴起学习贯彻“三个代表”重要思想新高潮的实施意见》。机关各党组织积极动员部署，采取多种形式认真组织学习，迅速掀起来学习贯彻中共十六大精神和“三个代表”重要思想的新高潮。二是组织开展保持共产党员先进性教育活动，加强机关党员的党性意识教育、理想信念和革命传统教育、党员标准教育、党风党纪和廉洁自律教育等。三是组织以 WTO 知识为主要内容的现代管理知识、科学技术知识和适应本职工作岗位的业务知识的学习。通过学习教育，机关党员干部政治思想素质明显提高，践行“三个代表”重要思想的自觉性和坚定性进一步增强，工作能力和业务素质有长足进步。

1985 年 –2006 年阳泉市城区党政群干部训练事业费支出情况表

表 2–26　　　　单位：万元

年　份	支出额	年　份	支出额	年　份	支出额	年　份	支出额
1985	1.3	1991	2.0	1997	4.0	2003	6.0
1986	1.3	1992	4.0	1998	6.0	2004	6.0
1987	1. 8	1993	4.0	1999	5.0	2005	8.0
1988	2.3	1994	3.0	2000	20.0	2006	13.0
1989	1.5	1995	3.0	2001	15.0	——	——
1990	18.8	1996	3.0	2002	17.0	合　计	146.0

从 2007 年开始，上级财政调整预算科目，原来党政群干部训练事业费归口核算各机关团体用于干部训练的支出职能，分别由各受训部门代替，“党政群干部训练事业费”科目随之取消。

第九节　档案事业费

阳泉市城区的档案事业费是指各党政系统单独设立的档案馆经费和档案管理机构的档案专业业务费，包括档案馆经费、干部训练费和其他档案事业费。

1958 年，在科学事业费中设“档案馆经费”科目；1959 年，档案馆经费改为科学研究费；1963 年，恢复档案馆经费；1975 年，档案馆经费归科学事业费款级科目；1978 年，档案馆经费改在行政费中支出；1981 年，档案馆经费又从行政费中划归科学事业费中列支；1986 年，设档案事业费款级科目，档案馆经费从科学事业费中分出，划归文教科学卫生事业费类；1987 年，设文教科学卫生事业费类，科学事业费单列为类级支出科目，档案事业费仍归文教科学卫生事业费类。1997 年，档案事业费归文教科学卫生事业费类。2007 年，档案事业费改称档案事务，划归一般公共服务支出。

1947 年，阳泉市第一区（城区前身）区级档案工作由秘书、办公室工作人员兼办，在此过程中形成的档案资料均交市档案馆保存。1963 年，阳泉市站上区设立机关档案馆，开始收集整理全区档案资料。

1975 年，档案馆经费归科学事业费款级科目。1978 年，档案馆经费改在行政费中支出。1980 年，区政府办公室下设档案科，统一管理全区的档案事务。由于受客观条件限制，档案工作进展缓慢，大量档案资料散存在部门和个人手中，为保证档案资料的完整和安全，1984 年，开始对散存的档案进行收集、整理、归档，同时还对原馆藏档案资料及零散文件进行清理，将无保存价值的文件分类、造册、销毁；对不合格案卷进行重新组卷、装订、划分保管期限，使案卷规范化、标准化。档案的收集、整理、当档工作逐步走向正规。是年，馆藏文书档案达到 565 卷，划分为 3 个全宗，图书资料 99 种，3600 册。

1981 年，档案馆经费又从行政费中划归科学事业费项下列支。

1985 年 7 月，阳泉市城区档案局成立。区档案局狠抓档案馆建设、档案专业培训、档案的整理和归档工作。是年，馆藏档案达到 5005 卷，划分类 32 个全宗；图书资料 380 种，6761 册；馆藏总量达到 11766 卷。

1986 年前，馆藏档案主要是文书档案，之后，接受财会档案进馆，开展声像档案、科技档案、婚姻档案等工作，改变过去只有文书档案的单一结构，丰富馆藏内容。馆藏总量达到 15016 卷册。

1987 年，馆藏档案达到 8467 卷，划分 34 个全宗，12 个类别，照片档案 19 本，2502 张，馆藏总量达到 15228 卷册。

1988 年，接受档案 222 卷，资料 78 册，馆藏总量达到 17806 卷册，馆藏档案达到 11045 卷，划分为 35 个全宗，其中文书档案 4594 卷，财会档案 3704 卷、声像档案 2502 张。

1989 年，档案馆总面积为 200 平方米，其中库房达到 100 平方米，并按照“七防”要求和标准化规定，采取一定的安全措施和创造必要的保管条件，档案资料分库管理，馆藏总量达到 19369 卷册。

1990 年，开始接受公证档案、婚姻档案进馆，共接收婚姻档案 28 卷，公证档案 1347 卷，文书档案 771 卷，财会档案 40 卷。到 1990 年年底，共有档案柜 55 套，档案馆藏总量 21814 卷册，档案 11939 卷，划分为 38 个全宗，照片 2960 张，科技档案 76 张，录音录像带 78 盘，资料 380 种 6761 册。

1991 年 –1995 年，全区档案工作以服从、服务经济建设为中心，全面贯彻落实《中华人民共和国档案法》《中华人民共和国档案法实施办法》，使档案工作再上新台阶。

制定、出台执法工作目标和《普法、执法年度目标责任制及实施方案》，对《中华人民共和国档案法》及《中华人民共和国档案法实施办法》的职责进行分解，责任落实到部门及承办人，使区机关各部门、区直属企、事业各单位档案意识普遍提高，档案工作列入各单位领导的议事日程。

馆藏档案数量日益增加，门类逐渐齐全。五年中，馆藏档案由 21814 卷（册）增加到 41917 卷（册），比“七五”时期增长 92%；档案门类除原有的文书、婚姻、公证、财会、声像 5 种门类外，增加科技、审计、统计、实物、技术人员、死亡干部 6 种门类档案。

档案信息资源得到开发。为方便查阅，区档案馆编制案卷目录 58 本，全引目录 49 本，专题目录 1 本，资料目录 14 本，人名索引 1 本，开放目录 2 本，统计台账 12 本。共接待查阅人员 980 人（次），提供档案资料 3582 卷（册），在落实政策、工作考查、学术研究、编史修志和社会主义经济建设中发挥重要作用。

档案编研成果喜人。阳泉市城区档案局根据馆藏档案的实际情况，整理编印出版了城区《深化企业改革文件选编》《深化改革专题文件概要》《计划生育工作文件选编》《论文选编》，收集整理编写 30 例利用档案效果典型实例汇编；编写档案人员、档案（1963 年 –1993 年）基础数字汇编和区委、区政府（1984–1993 年）10 年工作重要文件汇编、干部任免专题文件目录。编研成果较为集中系统地反映城区“八五”期间改革开放和经济建设的历史进程。

建立健全档案制度。1992 年，城区档案局重新制定或修订文书、财会、公证、审计、声像、婚姻、科技 7 种档案管理办法；完善档案保管、保密、利用、立卷归档四项制度和公证、审计、科技、声像 4 种档案保管期限表；还分别编制档案馆档案分类方案、档号编制办法；制定岗位目标责任制及其考核办法。1994 年，城区档案局根据升级标准，在原有制度的基础上，又制定档案收集、整理、鉴定、统计等制度；重新制定和修订文书、财会、公证、审计、科技、声像 6 种档案保管期限表，以及档案馆档案分类方案和档号编制方案；健全鉴定、销毁审批手续。

档案保管条件不断改善。“八五”期间，城区档案馆新增库房面积 33 平方米，使库房面积达到 132 平方米；购置 33 套档案柜，还配备电风扇、灭火器、干湿球温度计、防盗保险架等必要设备，档案库房基本达到“七防”要求，为档案的科学管理提供物质保障。

1992 年 3 月，阳泉市城区档案局在全区范围内开展关于档案工作先进单位的总结评比活动。3 月 24 日，召开全区档案工作先进表彰大会，对全区选出的 1991 年度档案工作 6 个先进集体、38 名先进个人进行表彰。6 月 4 日，城区档案局与区妇联联合举办“档案系统巾帼建功”技术比武竞赛活动。本年，组织全区档案管理人员 80 余人系统地学习“档案法学”“文书法”“档案管理学”等课程。

1996 年 –2000 年，阳泉市城区档案馆继续宣传贯彻《中华人民共和国档案法》和《中华人民共和国档案法实施办法》，健全行政执法制度，加大对企业档案执法检查力度，区直企业档案工作又上新台阶。积极开展《中华人民共和国档案法》和档案工作的宣传。五年中，先后组织参加“国际档案大会知识”，“中宝杯”和“世纪科技杯”档案法规、档案现代化管理等知识大赛，共印发宣传材料 1000 余份，答题 200 份，为群众提供咨询服务 50 余人次，悬挂宣传条幅 15 幅，总投资额 2000 余元。健全行政执法制度。1998 年，制定行政执法责任制、错办事项追究制度，以及公开办事制度。开展企业档案执法检查，促进企业档案工作发展。5 年间，馆藏档案由 11 类发展到 14 类，新增城环、图纸和纪检 3 类档案。档案资料数量由 41917 卷增加到 50058 卷；其中，文书档案 11421 卷；会计档案 5979 卷；公证档案 5318 卷；婚姻档案 826 卷；审计档案 163 卷；统计档案 92 卷；城环档案 52 卷；科技档案 20 卷；专业技术人员职称档案 1446 卷；死亡干部档案 54 卷；实物档案 151 件；图纸 33 张；声像 7567 张；纪检档案 12 卷，资料 16620 卷。1996 年 –2000 年，城区档案事业费分年支出为 7 万元、8 万元、8 万元、9 万元、10 万元。

2001 年 1 月，阳泉市城区召开地方图书资料征集活动表彰会，对 29 名捐赠图书者进行表彰。为充分利用全区图书信息资源，扩充区图书馆馆藏，城区从 2000 年 9 月开始，在全区范围内开展地方图书、资料征集活动。活动中，政府有关领导积极带头捐献图书，各驻区单位及文化界人士也给予大力支持。经过一段时期的征集，共收到各类捐献图书资料 500 余册，价值 0.7 万元。

2002 年，阳泉市城区投入资金，为档案馆安装 3 组 12 列共计 36 节档案密集架，解决档案容量问题，也克服存在的隐患，保证档案安全；在档案工作中撰写《建立干部廉政档案是促进党风廉政建设的重要手段》的体会稿，参加城区机关工委组办的“学习十六大报告专题研讨会”的交流讨论；通过狠抓落实，帮助城区国税局、公安分局、检察院档案工作晋升为省一级。

2003 年 8 月，阳泉市城区对防治非典档案实行专门化管理。城区非典防治指挥部及时对防治非典工作中的文字、图像等资料进行整理，建立起防治非典工作专项档案，与近日全部移交城区档案馆。该项档案的收集整理，严格按照全国防非指挥部办公室和国家档案局下发的《关于做好非典型肺炎防治工作文件材料收集归档工作的通知》，做到真实可靠，齐全完整，规范有序，符合国家和省档案部门新制定的业务标准和技术规范要求。该项归档档案共 764 件，其中文书档案 310 件、声像档案 447 件、发文汇集 6 册、“防非”（防治非典型肺炎）工作资料汇编 1 套。

2004 年，按照《社会档案管理办法》，重点完成观象台、小阳泉北社区、新华东街社区、娘子关电厂社区规范化建档工作；将“非典”档案及时顺利接受进馆保存。

2005 年，在档案工作方面，开展“如何提高档案干部理论素质业务能力”的专题讨论，提出体现新时期共产党员先进性的具体目标要求，保证档案事业沿着中国特色社会主义发展方向稳步前进；使兴隆街社区、小北沟社区、城区房地产开发公司档案工作达到规范化管理要求；全区档案规模进一步扩大，结构更加合理。管理更加科学，馆藏更加丰富。

2001 年 –2005 年，阳泉市城区档案事业费分年支出为 12 万元、14 万元、16 万元、16 万元、20 万元。

2007 年 3 月，城区档案馆努力开展基层业务指导工作，派出 2 名工作人员深入北大街幼儿园，进行档案业务指导，帮助幼儿园整理成立以来的所有档案资料 503 卷（册），各种档案 351 卷。11 月，城区档案局组织全体人员认真学习中共十七大报告，并且进行热烈讨论。大家一致表示：中共十七大报告求真务实，内涵丰富。中共十七大是在我国改革发展关键阶段召开的一次重要大会，必将为我国夺取小康社会新胜利奠定坚实的基础。工作中一定要以改革创新的精神继续落实好科学发展观，全面推行城区的档案管理工作，为“三城十区”建设提供强有力的资料保障。

2008 年，加快档案信息化建设，推动档案管理现代化。增添信息电子化管理设备，安装档案管理系统化软件；邀请省专业技术人员对城区档案工作人员进行相关的知识培训；依据《信息公开条例》，编制符合城区特点的《档案信息公开指南、目录及内容》，开通档案信息公开平台，努力使政府网站的档案信息提现实用性、文化性和历史性；开展馆藏档案数字化工作，将各类档案信息录入微机管理系统。是年底共录入馆藏各类档案目录 13010 条，使档案检索达到规范化、标准化。

2009 年，坚持每周学习制度，精心组织每一次学习。一是领导重视。领导带头学习各种理论文章及《中华人民共和国档案法》《山西省档案管理条例》，提高全体干部职工的理论修养。二是学习和工作实际相结合。结合实际开展专题讲座、专题调研、座谈会，增强政治理论的指导意义。三是建立长效机制。建立和完善学习制度、内部管理制度、干部队伍建设制度、调查研究制度，有效提升干部职工的政治思想素质，促进全区档案工作上档升级。

2010 年，在档案管理方面主要做如下工作：依据《山西省各级档案馆收集档案暂行规定》，对馆存档案进行全面检查、整理，做到案卷标题正确、保管期限划分准确、各种目录齐全完整、各种档案归类合理；重新修订完善城区档案馆收集、整理、编目、鉴定、保密、利用等各种管理制度，使业务工作有章可循，为各项工作走上制度化、规范化、科学化管理的轨道打下坚实基础；开展档案法制宣传教育活动，深入宣传档案法律、法规。利用每年 12 月 4 日的法制宣传日，组织宣传《中华人民共和国档案法》，设立宣传点、咨询台，营造良好的宣传氛围；以服务社会、服务经济建设为目标，多形式加强对档案的开发利用。共接待各方面利用者 1942 人次，复制档案 1176 份，为全区各方面工作提供第一手资料。

2006 年 –2010 年，阳泉市城区档案事业费分年支出为 25 万元、29 万元、39 万元、135 万元、59 万元。

2011 年，阳泉市城区档案事业费支出 42 万元。

2012 年 8 月，阳泉市城区档案局主动围绕全区工作大局，扎实做好各项工作，积极为推动经济社会平稳健康发展提供服务，以优异成绩迎接中共十八大。

积极主动服务大局。紧密围绕迎接中共十八大和贯彻落实城区党代会精神，进一步做好档案服务全区转型跨越发展各项工作，积极发挥档案工作的参谋助手作用。

依法行政规范管理。积极组织纪念《中华人民共和国档案法》颁布25周年普法宣传教育活动，以档案法制知识竞赛为抓手，推动档案“六五”普法取得新成效。编制全区档案行政审批业务手册和办事指南，试行网上审批。加强档案执法监督检查工作，促进全区档案工作进一步规范化、法治化、科学化。

无缝衔接确保安全。牢牢树立安全工作是档案工作生命线的观念，进一步强化安全意识，落实安全制度，加强安全管理，完善人人有责、层层落实的机制，做好档案安全工作，确保档案馆库、馆藏档案和档案信息数据安全，万无一失。

是年，全区档案事业费支出49万元。

2013年8月，出台《档案接收、保管、利用程序》。该《程序》明确档案实体、纸质档案目录、档案机读目录（电子目录）数据接收进馆和保管利用的工作流程以及相关处室职责。该《程序》要求，档案馆接到移交档案申请后，5个工作日内到移交单位现场，并对移交档案进行检查验收；接收移交档案后，10个工作日内对档案进行消毒、上架，同时上传档案目录数据至档案利用平台；接收移交档案10个工作日后对外提供档案实体利用。

1996年–2006年，阳泉市城区档案事业费支出145万元，其数额包括在“其他文教事业费”中；2007年开始，“档案事业费”在“一般公共服务支出”项下反映，2007–2015年，支出513万元；两项共计为658万元。

1996年–2015年阳泉市城区档案事业费支出情况表

表2–27 单位：万元

年份	支出额	年份	支出额	年份	支出额	年份	支出额
1996	7	2002	14	2008	39	2014	51
1997	8	2003	16	2009	135	2015	59
1998	8	2004	16	2010	59	——	——
1999	9	2005	20	2011	42	——	——
2000	10	2006	25	2012	49	——	——
2001	12	2007	29	2013	50	合 计	658

第十节 其他文教事业费

主要反映新闻出版、其他文化体育与传媒支出，由于数额较小和本志书篇幅限制，本处不再详细介绍。

第四章　抚恤和社会福利救济事业费

民国初期，抚恤和社会救济费包括在内务费中。抗日革命根据地和解放区的抚恤救济费主要有抚恤金、残废金、荣誉军人待遇和社会救济费等。

新中国成立后，阳泉工矿区第一区（城区前身）的抚恤和社会福利救济费支出范围主要包括：国家用于对牺牲病故军人的家属、牺牲病故的国家机关和党派团体工作人员的家属、参战牺牲的民兵和民工家属发放的一次性抚恤金，烈军属、复员退伍军人的生活补助费，革命伤残人员的抚恤金和补助费，农村社会救济费，城镇社会救济费，社会福利救济及其事业单位经费，自然灾害救济费，残疾人事业费以及由民政部门管理的离休、退休、退职人员的费用等。随着事业的发展，其支出内容、范围不断有所变化和扩大。2005 年，阳泉市城区抚恤和社会福利救济事业费所包括的项目：抚恤事业费、安置费、社会福利救济事业费（包括城市居民最低生活保障费、农村社会救济费、精简退职老弱残职工救济费、社会福利事业费）、自然灾害救济事业费、残疾人事业费、其他民政事业费、行政事业单位离退休经费和社会保障补助支出。

2006 年，国家对一般预算支出科目进行重大调整，“抚恤和社会福利救济事业费”改为“社会保障和就业支出”类级科目，下设“款”级科目：社会保障和就业管理事务、民政管理事务、财政对社会保险基金的补助、行政事业单位离退休、企业改革补助、就业补助、抚恤、退役安置、社会福利、残疾人事业、城市居民最低生活保障、其他城镇社会救济、自然灾害生活补助、红十字事业、农村最低生活保障、其他农村社会救济、其他社会保障和就业支出，共 17 个“款”级科目。

1985 年 –2006 年阳泉市城区抚恤和社会福利救济事业费支出情况表

表 2–28　　单位：万元

年　份	合　计	抚恤事业　费	安置军队移交离休费	退休退职　费	社会救济福　利	残疾人事业　费	行政单位离　退	社保补助支　出	其他民政事　业
1985	19.4	5.8	3.8	3.3	4.8	——	——	——	1.7
1986	23.4	6.8	4.2	3.0	4.9	——	——	——	4.5
1987	21.0	7.0	4.9	3.1	3.5	——	——	——	2.5
1988	26.3	8.7	5.7	3.8	3.7	——	——	——	4.4
1989	26.0	9.4	6.0	4.3	3.2	——	——	——	3.1
1990	28.3	9.9	6.2	4.0	4.9	——	——	——	3.3
1991	30.8	10.1	6.1	4.5	5.5	——	——	——	4.6
1992	36.4	10.0	6.2	5.4	4.9	——	——	——	9.9

续表

年　份	合　计	抚恤事业费	安置军队移交离休费	退休退职费	社会救济福利	残疾人事业费	行政单位离退	社保补助支出	其他民政事业
1993	37.8	11.6	3.8	5.3	7.4	——	——	——	9.7
1994	46.9	13.9	9.2	8.2	8.8	——	——	——	6.8
1995	51.0	16.0	10.0	8.0	9.0	——	——	——	8.0
1996	41.0	16.0	4.0	——	9.0	——	8.0	——	4.0
1997	45.0	17.0	5.0	——	10.0	——	9.0	——	4.0
1998	375.0	29.0	15.0	——	17.0	6.0	295.0	——	8.0
1999	439.0	12.0	11.0	——	22.0	9.0	355.0	19.0	11.0
2000	508.0	20.0	16.0	——	32.0	7.0	404.0	21.0	8.0
2001	989.0	26.0	14.0	——	215.0	10.0	665.0	43.0	16.0
2002	1299.0	25.0	30.0	——	394.0	1.0	596.0	234.0	19.0
2003	1816.0	30.0	46.0	——	949.0	14.0	727.0	24.0	26.0
2004	1402.0	22.0	51.0	——	848.0	10.0	359.0	31.0	81.0
2005	1357.0	107.0	54.0	——	837.0	13.0	24.0	193.0	129.0
2006	1645.0	120.0	56.0	——	1014.0	15.0	23.0	267.0	150.0
合　计	10263.3	533.2	368.1	52.9	4407.6	85.0	3465.0	837.0	514.5

2007 年 -2015 年阳泉市城区社会保障和就业支出情况表

表 2-29　　　　单位：万元

项　目	社保管理事务	民政管理事务	财政对社保补	行政事业离退	就　业补　助	抚　恤	退　役安　置	残疾人事　业	城市最低保障	其　他	合　计
2007	140	152	537	38	200	160	101	34	852	——	2214
2008	169	246	683	49	160	209	101	41	1269	5	2932
2009	174	311	498	60	168	219	95	35	1779	348	3687
2010	200	137	133	72	511	226	104	36	1882	69	3370
2011	295	246	96	68	850	289	125	121	2227	22	4339
2012	323	242	301	78	760	327	174	190	2196	13	4604
2013	316	379	610	76	676	1433	160	201	2411	51	6313
2014	455	1099	28	76	750	1439	249	139	2127	32	6394
2015	411	1820	168	85	919	847	255	253	2699	54	7928
合　计	2483	4632	3054	602	4994	5149	1364	1050	17442	594	41781

2007年-2015年阳泉市城区社会保障管理事务支出情况表

表2-30　　单位：万元

项　目	行政运行	一般行政事务	劳动保障监察	就业管理	经办社保经费	综　合业务等	合　计
2007	30	6	21	28	55	——	140
2008	42	20	17	35	55	——	169
2009	50	19	17	31	57	——	174
2010	63	21	21	35	60	——	200
2011	72	31	37	57	98	——	295
2012	69	49	35	63	107	——	323
2013	64	10	38	58	128	18	316
2014	73	30	39	57	140	116	455
2015	96	20	54	79	162	——	411
合　计	559	206	279	443	862	134	2483

2007年-2015年阳泉市城区民政管理事务支出情况表

表2-31　　单位：万元

项　目	行政运行	拥军优属	老龄事务	基层政权建　设	行政区划和地名　等	其他民政事　务	合　计
2007	57	2	1	87	——	5	152
2008	55	2	7	146	——	36	246
2009	55	2	4	187	——	63	311
2010	67	2	4	37	——	27	137
2011	64	3	4	81	15	79	246
2012	65	3	5	84	11	74	242
2013	68	3	27	209	——	72	379
2014	62	5	22	820	5	185	1099
2015	92	4	25	1554	18	127	1820
合　计	585	26	99	3205	49	668	4632

第一节 抚恤事业费

抚恤事业费支出的范围主要如下：牺牲病故抚恤费、烈军属和复员退伍军人补助费、伤残抚恤费、退伍军人安置费、优抚事业单位经费、烈士纪念物管理维修经费及其他抚恤事业费。1985年–2005年，全区共支出抚恤事业费533.2万元，占抚恤和社会福利救济费类总支出（10263.3万元）的5.2%。

新中国成立初，阳泉工矿区第一区（城区前身）始终把拥军优属作为一项重要工作来抓，经常帮助优抚对象解决生活中的实际困难，深入烈军属家中访贫问苦，同时还广泛组织群众，动员社会力量为烈军属挑水、担煤、扫院、洗衣、缝被等。每逢春节、“八一”建军节期间，还向军烈属赠送春联、年画；给子弟兵做鞋垫、写慰问信；组织慰问团到驻区部队表演文艺节目进行慰问。

中共十一届三中全会以来，阳泉市城区随着改革开放的不断深入，拥军优属工作更趋于群众化、经常化、社会化。由单一的民政部门搞拥军扩展为街道、厂矿、机关、学校层层搞拥军的新局面；由单纯依赖国家优待，转变为国家、集体、个人相结合的新方针。

1982年，阳泉市城区广泛开展以“为军人安心服役做好事”为主题内容的拥军优属活动。活动中，涌现出一批先进个人和先进集体，为表彰他们的模范事迹，于1983年7月召开“全区优抚对象先进个人和拥军优属先进集体表彰大会”，会上共有101人被评为“先进个人”；驻区交通局汽修厂、重工局水泵厂、商业局兴隆街商店、晋东化工厂居委会和区属上站街道办事处、下站街道办事处的太上西街居委会6个单位被评为“拥军优属先进集体”。

1983年，北大街街道办事处与驻街的粮食局、蔬菜门市部、糖业烟酒副食门市部、人民商场、阳泉钢铁公司、物资局、铝矾土矿等单位联合组成优抚服务网络，利用各自行业的便利条件，开展行业拥军优属活动，率先在全区走出一条拥军优属社会化的新路子。1983年以来，北大街街道办事处共为优抚对象做好事、送温暖近万余次。

1985年10月，阳泉市城区成立退伍军人安置领导组，按照《退伍义务兵安置条例》，接受安置退伍军人。本着“从哪里来，到哪里去”的原则，1986年–1990年，共接受、安置退伍军人632人，其中复职的30人。

经常组织慰问团到驻军部队进行慰问。1986年至1988年三年，赠送慰问品总价值共35093元。

1987年，为鼓励战士安心服役建功立业，阳泉市城区设立军功奖励金。凡部队荣立三等功以上的现役军人，由区民政局凭立功通知书发给奖金。具体如下：每立一次一等功，发给奖金200元；每立一次二等功，发给奖金100元；每立一次三等功，发给奖金50元。截至1990年年底，全区共有2名战士享受二等功奖励金，25名战士享受三等功奖励金。是年，城区抚恤事业费支出7万元。

1988年7月，在阳泉市召开的“为军人安心服役办好事活动经验交流暨表彰大会”上，辖区所属的阳泉钢铁公司人民武装部、阳泉交通局第四汽车运输公司等8个单位被评为“拥军优属”先进单位。是年，城区抚恤事业费支出 8.7 万元。

1989 年，阳泉市城区成立国防教育委员会，把拥军优属宣传工作正式列入全国国防总体规划之中，把拥军优属与爱国主义教育结合起来，深入开展“双向教育”“双向服务”，即对全社会进行拥军优属教育，积极支持军队建设，为优抚对象排忧解难，并提供服务；对优抚对象进行保持和发扬革命传统教育、权利和义务教育，鼓励他们为“四化”建设建功立业，并提供服务。是年，城区抚恤事业费支出 9.4 万元。

1990 年，辖区内阳泉市房管局老干部、老红军岳孝义获“优抚对象建功立业先进个人”，受到省政府的表彰。是年，城区抚恤事业费支出 9.9 万元。

1991 年 –1995 年，全区优抚工作在区委、区政府的领导下，认真贯彻国务院、中央军委《关于批转全国拥军优属工作会议纪要》精神，以省、市“双拥”工作会议精神为指针，以《开展“双拥模范”和“爱国拥军模范”活动实施方案》为目标，紧紧围绕加强军政军民团结主题，按照共创“同呼吸、同命运、心连心”的“双拥”工作新局面的总要求，充分动员和组织社会力量，把全区的“双拥”工作不断推向新高度。在实践中做到以“双拥”促优抚，以优抚带“双拥”。“双创”中主要抓住“双拥”这个龙头，突出“共建”这条主线，在“双拥”上下功夫，在共建上做文章，重点放在健全机制，完善制度，落实服务。

加强对“双拥”工作的领导。1991 年 9 月，中共阳泉市城区区委、区政府成立“双拥”工作领导组，各街道办事处也相继成立“双拥”工作领导组，制定《阳泉市城区开展创建“双拥”模范活动实施方案》，并积极开展“双拥”模范街道的创建活动，及时总结表彰先进。通过加强领导、制定方案、开展活动、总结表彰，使“双拥”工作不断迈向新台阶，进入全市“双拥模范区”行列。

完善“双拥”工作制度。1992 年，阳泉市城区“双拥”工作领导组制定《关于对“双拥”工作有关单位的职责分工》，把“双拥”工作的各项任务具体分解到各成员单位和有关部门，使“双拥”工作做到职责分明、任务落实、方向明确、制度健全。之后不久，区政府又制定《创建“双拥”模范街考核评比条件》和《创建“双拥”模范街实施方案》，把街道“双拥”工作列入街道办事处议事日程，开展警民共建文明小区活动。各街道办事处的“双拥”活动在形式上各有特色，在内容上丰富多彩，“双拥”工作蓬勃发展。

“双拥”工作不断深入。1993 年，阳泉市城区在公安礼堂召开创建“双拥”模范区千人动员大会，制定《阳泉市城区创建“双拥”模范区实施方案》，即建成一条警民共建文明大街，两个警民共建车站、三个警民共建单位、四个警民共建学校。驻区以上较大的单位基本达到拥军优属、拥政爱民先进单位条件。其中，有的单位已跨入省、市、区先进单位行列。同时制定“双拥”工作七项制度：宣传教育制度；传统教育制度；军地联谊制度；“双拥”例会制度；走访慰问制度；评比总结表彰制度；“国防日”活动制度。各街道办事处、驻区单位和驻区部队也分别制定《拥军优属公约》和《拥政爱民公约》，使“双拥”工作有章可循、有序可循，总体上做到方案、工作目标、制度、措施“四落实”，从而保证“双拥”工作常抓不懈，持之以恒地开展下去。

拥军优属重落实。“八五”期间，全区共有优抚对象 1496 户，共 3624 人，因公牺牲军人家属 2 户 4 人，病故军人家属 19 户 58 人，在乡复员军人 11 户 11 人，革命伤残军人 384 人。在广泛开展拥军优属活动中，以改革精神努力探索新形势下拥军优属工作的新特点，把拥军优属工作向社会化推进，使各单位、各部门拥军优属工作网络化，初步形成“上下一条线、纵横连成片、层层有人抓、事事有人管”的可喜局面。每年“八一”建军节和春节期间，阳泉市城区区委、区政府组成慰问团；各街道办事处主要领导亲自带队，采取普遍走访和重点走访的办法，听取意见和建议，了解烈属、军属的困难，为他们全心全意排忧解难；邀请驻区部队及武装部门有关领导进行座谈，商讨军民共建大事；广泛在社会各界开展“为军人安心服役做好事”活动，使全区拥军优属活动做到既轰轰烈烈，又扎扎实实。1991年–1995年，全区继续搞好优抚的安置，努力开创“双拥”新局面，积极为军人安心服役办好事。1991年至1995年的5年间，城区财政局共发放抚恤费61.2万元，其中1991年10.1万元，1992年9.9万元，1993年11.7万元，1994年13万元，1995年16.4万元。

到1995年，全区有优抚对象2249人。其中，革命伤残人员369人，烈、军属1870人；在乡复员军人10人。优抚对象中，未享受定期抚恤的22人，享受定期、定量补助的11人。

1996年至2000年间，阳泉市城区民政部门按照“思想教育、扶持生产、社会优待、国家抚恤、依法保障”的优抚工作方针，坚持以政府为主导、上级部门为指导、社区街居为依托、人民群众广泛参与为基础，认真落实优待抚恤政策，五年共发放各项抚恤事业费77.4万元。

到2000年，全区共有优抚对象2742人。其中，享受定期抚恤的“三属户”127人，老复员军人5人，伤残军人292人，全年共发放抚恤事业费15.2万元。

“十五时期”阳泉市城区优抚工作如下：2001年–2005年，城区抚恤事业费分年支出情况为26万元、25万元、30万元、22万元、107万元。2006年–2010年，城区抚恤事业费分年支出为120万元、160万元、209万元、219万元、226万元。2011年，支出289万元，包括死亡抚恤15万元、其他优抚支出274万元。2012年，支出327万元，包括死亡抚恤5万元、其他优抚支出322万元。

一、牺牲病故抚恤费

牺牲病故抚恤费，指用于牺牲、病故军人家属，牺牲病故国家机关和党派团体工作人员的家属，以及参战牺牲的民兵、民工遗属的一次性抚恤。1950年12月，中央人民政府政务院规定，革命军人牺牲或病故后，除发给棺葬费粮食300–400公斤外，对其家属发给一次性抚恤粮。具体标准如下：凡因公牺牲定为烈士的，按照不同级别发给家属抚恤粮300–600公斤；对病故者按照不同级别发给抚恤粮225–450公斤。1952年，对抚恤粮标准进行调整：棺葬费为500–750公斤；按照不同级别，对烈士家属一次性发抚恤粮600–2400公斤；对病故者家属发450–1800公斤。

1955年1月，对牺牲、病故抚恤标准进行调整。牺牲抚恤：战士级180元，班长级230元，排长级280元，营长级350元，团长级450元，师级以上650元；民兵、民工150元。病故抚恤：战士级150元，班长级200元，排长级230元，营长级280元，团长级360元，师级以上520元；民兵、民工120元。1979年1月，调整牺牲病故一次性抚恤标准，牺牲抚恤金调整为470–700元；病故抚恤金调整为370–600元。

1980年9月，对参加对越自卫反击战牺牲的现役军人家属增发抚恤金300元；同年6月前，经批准将烈士的抚恤金标准调整为800–1000元；参战牺牲的民兵、民工经批准为烈士的，按照班长、战士级标准发给。同年2月12日，各类学校教职工牺牲病故后执行教育部、财政部《关于教职工牺牲、病故抚恤金标准的通知》。

1984年，根据民政部、财政部规定，对革命烈士一次性抚恤金提高为2000–2400元，并对部分职级范围进行调整：营职或 19–20 级干部职级范围调整为 20–21 级，团职或 14–17 级干部职级范围调整为 15–18 级，师或 13 级以上干部调整为 14 级以上干部。

1985 年 12 月，对 1984 年 4 月 1 日以后牺牲经批准为革命烈士的军人和其他人员，其一次性抚恤金按牺牲者 40 个月工资计发。生前无工资收入或工资低于军队 23 级正排职干部工资标准的，按其牺牲时军队 23 级正排职干部的 40 个月工资计发；被军委或大军区授予英雄模范称号的烈士，增发应领一次性抚恤金的四分之一；病故工作人员，按其病故时工资的 10 个月计发。是年，还对革命烈士家属、因公牺牲军人家属和病故军人家属，由定期定量补助改为领取定期抚恤金，在农村的孤老烈属每人月补 35 元，非孤老烈属与因公牺牲军人家属每人月补 25 元，病故军人家属每人月补 20 元。是年，阳泉市城区牺牲病故抚恤费支出 0.1 万元。

1986 年，调整军人、机关人员、参战民兵民工因公牺牲病故一次性抚恤金。对在 1986 年 7 月 7 日以后因公牺牲、病故人员一次性抚恤金，分别按下列标准计发：军队干部、志愿兵、机关工作人员因公牺牲的一次性抚恤金，按其牺牲时的 20 个月工资计发；军队干部、志愿兵、机关工作人员病故的一次性抚恤金，按其 10 个月工资计发，但其最高数额不得超过 3000 元；义务兵、参战民兵、民工和工资低于所在部队 23 级正排职干部的军队（校）学员、志愿兵因公牺牲的一次性抚恤金，均按其军队 23 级正排职干部的 20 个月工资计发；病故的一次性抚恤金，按军队 23 级正排职干部的 10 个月工资计发。是年，阳泉市城区牺牲病故抚恤费支出 2 万元。

1987 年，阳泉市城区牺牲病故抚恤费支出 1.7 万元。1988 年，支出 2.3 万元。

1989 年，提高定期抚恤金，烈士家属、因公牺牲军人家属每人每月 40 元，病故军人家属每人每月 35 元。是年，阳泉市城区牺牲病故抚恤费支出 2.1 万元。

1953 年 –1990 年，革命残废抚恤金标准进行 8 次调整提高。1953 年，一等残废军人抚恤金每人每年 360 元；1988 年，提高为 1020 元。1951 年 –1990 年，5 次换发革命残废抚恤证。

“九五”计划时期，各年牺牲病故抚恤事业费支出 3.7 万元、3.2 万元、4.7 万元、3.9 万元、7 万元。其中，1995 年，执行人事部、财政部通知，取消病故后一次性抚恤金最高限额不得超过 3000 元的规定。全区有优抚对象 2249 人，其中，革命伤残人员 369 人，烈、军属 1870 人，在乡复员军人 10 人。优抚对象中，年末享受定期抚恤的 22 人，享受定期定量补助的 11 人。是年，牺牲病故抚恤费支出 7 万元。

“十五”计划时期，阳泉市城区民政部门按照“思想教育、扶持生产、社会优待、国家抚恤、依法保障”的优抚工作方针，坚持以政府为主导、上级部门为指导、社区街居委依托、人民群众广泛参与为基础，认真落实优待抚恤政策，五年共发放牺牲病故抚恤费 40 万元。

2000 年，全区共有优抚对象 2742 人，其中，享受定期抚恤的“三属户”127 人，老复员军人 5 人，伤残军人 292 人，全年发放牺牲病故抚恤费 5 万元。

“十一五”时期，阳泉市城区巩固和发扬“双拥模范区”的优良传统，不断开创优抚工作的新局面。一是严格落实各项优抚政策。根据国家有关文件，5 次提高抚恤标准。完善优抚对象抚恤补助标准自然增长机制，使优抚对象的生活水平能和城区的经济发展、居民生活水平实现同步增长。二是优抚医疗保障制度全面推行。把建立优抚对象的医疗保障制度作为提高优抚服务水平的一项重要举措，制定《阳泉市城区重点优抚对象医疗保障办法》，建立起优抚对象医疗减免、医疗保险、医疗救助、医疗补助“四位一体”保障体系，使全区优抚对象医疗有保障。

2004 年，将阳泉市城区民政局管理的军队离退休干部和二等乙级以上在乡革命伤残军人医疗保险转入城区医保所管理，实行医疗保险。妥善处置原 8023 部队及其延续部队的政策落实，组织对他们进行体检、评残等工作。共有 50 人进行了初检，28 人进行复检，1 人评残。

2005 年，以保障重点优抚对象基本生活为目标，以为重点优抚对象排忧解难为出发点，以建立抚恤补助标准自然增长机制为突破口，积极探索符合城区实际的优抚保障机制，全面推动城区优抚双拥政策的贯彻落实，使优待抚恤标准大幅度提高。

2001 年 –2005 年，阳泉市城区牺牲病故抚恤费分年度支出 11 万元、8 万元、5 万元、5 万元、6 万元，合计 35 万元。

2006 年，阳泉市城区牺牲病故抚恤费支出 11 万元。

1985 年 –2006 年，全区牺牲病故抚恤费共支出 130.3 万元。

从 2007 年开始，国家调整预算支出科目，“牺牲病故抚恤费”支出科目改为“抚恤”支出。2006 年 –2010 年，根据国家的相关文件规定，5 次提高抚恤标准，完善落实优抚对象抚恤补助标准自然增长机制，提高优抚对象的生活质量，使优抚对象的生活水平能够和城区的经济发展、居民生活水平实现同步增长。2007 年 –2015 年，全区抚恤支出为 5149 万元。

二、伤残抚恤费

伤残抚恤费是用于残废军人、国家机关和党派团体的残废工作人员和参战残废民兵、民工的各种伤残补助费，包括残废抚恤金、伤口复发的治疗补助、安装假肢和配置辅助器械的一应开支。1950 年 1 月规定，凡因参加革命战争或因对敌斗争负伤致残者，在伤愈出院时，由医院按规定评定残废等级。经审核后，换发残废证，按特等、一等、二等甲级、二等乙级、三等甲级、三等乙级六个等级享受残废金抚恤粮和优待金。其标准规定：参加工作的残废人员。一等每年发给残废抚恤金粮食 150 公斤，二等甲级每年发给 100 公斤，二等乙级每年发给 75 公斤，三等甲级发给 50 公斤，三等乙级发给 40 公斤，均为一次性发给；一等终身供给；二等两年后减半终身供给；复员回家的残废人员。特等每年供给残废金粮 150 公斤，抚恤金粮 650 公斤，终身供给；一等每年供给残废金粮 100 公斤，抚恤金粮 500 公斤，终身供给；二等甲级每年供给残废金粮 75 公斤，抚恤金粮 450 公斤，两年后减半终身供给；二等乙级每年供给残废金粮 50 公斤，抚恤金粮 300 公斤，两年后减半终身供给；三等甲级和乙级分别一次供给残废金粮 200 公斤和 150 公斤，抚恤金粮 300 公斤和 200 公斤；住教养院或学校者，特等每年供给 150 公斤，一等供给 100 公斤，二等甲级供给 75 公斤，二等乙级供给 50 公斤，三等甲级供给 40 公斤，三等乙级供给 30 公斤抚恤金粮；优待金标准：按参加工作或住教养院者和复员回家者两种情况分别对待。参加工作或住教养院者，特等供给 150 公斤，一等 100 公斤，二等甲级 75 公斤，二等乙级 50 公斤，三等甲级 40 公斤，三等乙级 30 公斤；复员回家者特等 750 公斤，一等 550 公斤，二等甲级 450 公斤，二等乙级 300 公斤，三等甲级 300 公斤，三等乙级 200 公斤。特等、一等终身供给，二等两年后减半供给，三等一次发给；民兵、民工致残后的抚恤标准：特等每年发给粮食 500 公斤，一等 400 公斤，终身供给；二等每年发给粮食 250–300 公斤，两年后减半供给；三等一次发给粮食 200–300 公斤。

1952 年，国家调高伤残抚恤标准。1953 年，将伤残抚恤实物发放改为货币计算发放，并提高抚恤标准；一等残废军人抚恤金每年为 360 万元；对因年老、病弱、社会困难退伍的 4 位老红军，给予享受二等因公致残抚恤金标准；对二等以上残废军人，不论在职和在乡，一律实行公费医疗；对在乡三等残废军人，因伤口复发治疗期间的医药费、住院费由民政部门实报实销。1955 年，伤残抚恤标准又有所提高。

1964年,对三等残废军人由原来的一次性抚恤,改为长期抚恤。1965年,对在乡三等革命残废军人,不分因战、因公致残,都按统一标准补助。是年,对三等残废军人由原来的一次性抚恤,改为长期抚恤。

1978 年 3 月，阳泉市城区执行财政部《关于有关残废抚恤方面几个问题的答复》中提出的几点：

关于三等在乡革命残废人员残废抚恤费的发放问题。由每年一次发给，改为每年在 1、7 月分期发给，每期发给半数。是年已一次发放的，可从下年度开始。

三等在乡革命残废人员病故后，原规定除发当年残废补助费外，另发给其家属一年的补助费。抚恤标准提高后，改为除已领残废抚恤费外，另发给其家属相当死者半年的残废抚恤费。

退休或领取老弱病残退职救济费的革命残废人员，仍按在职残废抚恤标准发给。但对于退休费（或救济金）加在职残废抚恤费的总额，低于在乡同等级残废抚恤标准的，可以不领退休费（或救济费）和在职残废抚恤费，改领在乡残废抚恤费。

财政部〔1977〕财事字第 190 号文规定："休养院和分散供养的享受抚养金待遇的革命残废人员，其待遇低于调整后同级在乡残废抚恤标准的，可按在乡标准发给。"这里说的"其待遇"是指抚养金和在职残废金。如有粮价补贴和地区生活补贴的也包括在内。是年，在乡残废军人抚恤标准调整为因战致残者 80–520 元，因公致残者 80–460 元；对生活不能自理，饮食起居需人扶助的特、一等残废军人，每人每月发给护理费 38 元。

1981 年，根据国家规定，为革命伤残军人换发了由民政部颁发的抚恤证，这是新中国成立以后第四次全国统一换证，并又一次调整残废等级。是年，将特等残废军人的抚恤金由每人每年 390 元提高到 570 元。

1984 年 7 月，抚恤标准提高为在乡残废抚恤金，因参战致残者每人每年 140–570 元，因公致残者 140–518 元；在职残废抚恤金，因参战致残者每人每年 60–132 元，因公致残者每人每年 56–120 元；在职革命残废人员，在乡二等乙级以上革命残废人员，可以享受以下公费医疗待遇：公费安装假肢、镶牙、配戴眼镜和根据需要配置手摇三轮车。

1985 年，阳泉市城区伤残补助费支出 3.3 万元。

1988 年 1 月 1 日起，执行民政部、财政部《关于提高革命残废人员抚恤标准的通知》，并根据民政部、财政部〔1988〕民优字 17 号文件规定，对部分领取 40%救济费或退休费（含国家统一规定的副食补贴、困难补贴），与在职残废抚恤金和低于同一等级在乡残废抚恤金标准的革命残废人员，采取差额补贴办法，使其达到同一等级在乡残废抚恤金标准的数额。1987 年，将生活不能自理，饮食起居需人扶助的特、一等残废人员护理费，从原每人每月 38 元提高到 50 元。1988 年，一等残废军人抚恤金每人每年提高为 1020 元。

1989 年，执行国家事业单位工作人员因公伤残保健金标准，伤残等级为特等者，全年发给保健金 216 元，一等 184 元，二等甲级 140 元，二等乙级 122 元，三等甲级 98 元，三等乙级 82 元；孤老者每人每月领取 50 元；当年伤残抚恤费支出 4.8 万元。

1990 年，残废人员医疗费补助全年提高为 11.4 万元。从 1953 年算起，革命伤残抚恤金标准进行 8 次调整提高。1953 年，一等残废军人抚恤金每人每年 360 元，1988 年提高为 1020 元。1951 年 –1990

年，五次换发革命残废抚恤证。1986 年 -1990 年，城区伤残补助费分年度支出 3.4、3.4、4.8、4.9、4.9 万元，合计 21.4 万元。

1991 年，进行第五次换证。

1994 年 1 月 1 日，提高革命伤残人员（革命伤残军人、伤残人民警察、伤残工作人员、伤残民兵民工）的伤残抚恤金和伤残保健金标准。

1991 年 -1995 年，阳泉市城区伤残补助费分年度支出 4.3 万元、2.4 万元、4.5 万元、7.6 万元、7 万元，合计 25.8 万元。

1997 年 7 月 1 日，提高特等和一等革命伤残人员护理费标准，特等伤残人员每人每月 230 元，一等每人每月 180 元。

1998 年 1 月 1 日，又提高在乡革命伤残抚恤金标准，在 1996 年标准的基础上，特等、一等每人每年提高 300 元；二等、三等每人每年提高 120 元。

1999 年，提高在乡、在职伤残人员抚恤保健金和护理标准，在乡人员加发生活补助费。

1996 年 -2000 年，阳泉市城区伤残补助费分年度支出 7 万元、6 万元、10 万元、7 万元、13 万元，合计 43 万元。

2001 年，妥善安置驻军无军籍退职职工 8 名，并认真抓好军队离休、退休干部和无军籍职工的“两个待遇”的落实。

2002 年 1 月，春节到来之际，阳泉市城区四套领导班子带队，分组深入到 6 个街道的 30 余户优抚对象和困难户家中进行慰问，送去慰问品和慰问金总价 1 万元。城区民政局同时也及时向全区 293 名伤残军人发放 2002 年度的伤残抚恤金 12.8 万元，并向每个伤残军人了解他们的生活情况，对他们提出的问题能及时解决的进行解决，不能及时解决的按照有关政策进行解释，有些还向有关部门进行反映，以督促尽快解决。

2003 年 1 月，在“两节”期间，为使革命伤残军人、低保户能够过一个喜庆祥和的节日，阳泉市城区按时足额发放革命伤残军人保健金和低保户 1 月份的低保金。城区在财政资金紧张的状况下，努力克服困难，优先安排资金的及时到位，使伤残保健金的发放得以顺利进行，全区 292 名在职革命伤残军人全部领到伤残保健金。此外，是年城区还按照国家有关政策，进一步提高伤残保健金发放标准，这是城区自 1999 年以来第 6 次提高革命伤残军人伤残保健金的发放标准，充分体现中国共产党和政府对革命伤残军人的关怀和爱护。

2004 年，阳泉市城区有 12 名参军入伍进藏兵，向其发放特殊优待金 7.2 万元；认真落实军功奖政策，共向获三等功的 12 名现役军人发放奖金 600 元；将城区民政局管理的军队离退休干部和二等乙级以上在乡革命伤残军人医疗保险转入城区医保所管理，实行医疗保险。是年，城区被阳泉市委、市政府评为“双拥模范区”。

2005 年，结合抗战胜利 60 周年纪念活动，开展免费体检、挂章慰问、社区千人放歌等丰富多彩的纪念活动，不断将全区双拥创建工作推向新高潮。

2001 年 -2005 年，阳泉市城区伤残补助费分年度支出 13 万元、14 万元、15 万元、16 万元、87 万元，合计 145 万元。

2006 年，阳泉市城区伤残补助费支出 47 万元。1985 年 -2006 年，全区伤残抚恤费共支出 284.5 万元。

从 2007 年开始，国家调整预算支出科目，伤残补助费支出科目不再单独反映。

三、烈军属和复员退伍军人补助费

烈军属和复员退伍军人补助费是用于孤老烈属、烈士遗孤、无人供养的病故军人家属、失踪军人家属、生活困难的残疾军人、退伍老红军以及带病回乡长期不能劳动的复员军人的定量补助和临时补助，还包括县、社（乡）办烈属养老院的补助及复员军人慢性病治疗补助和慢性病疗养的开支等。

新中国成立后，国家对贫困的烈军属、复员军人、残废军人实行临时救济和定期补助。临时补助费是重点用于优抚对象在吃、穿、住、医疗和遭受自然灾害等特殊困难方面。

1953年规定，贫苦烈军属实物补助费的补助面，省级以上城市不超过烈军属总人口的8%，按应补助人口总平均每人每年60万元计算；相当于县市镇及乡村，不超过烈军属总人口的8%，平均每人每年按24万元计算；子女入学补助费，城市按应补助人数每人每月平均5万元计算（只限在校期间），乡村每人每月2.5万元计算；对无依无靠的烈士遗孤按每人每月10–15万元计算。

1958年，开始接收安置义务兵和退伍军人，按照"从那里来，回那里去"的原则给予妥善安置。1961年，定期定量补助对象规定为无依靠的孤老烈属和烈属遗孤，人口多、劳力少的烈属全年收入（包括供给部分）达不到当地一般社员收入的50%，生活困难、病故、失踪等军人家属和1937年7月6日前入伍的复员军人本人。按照不低于一般社员生活水平的原则，采取"两扣一补"（扣除补助对象的劳动收入和生产队的供给部分后补其不足部分）的办法，由国家给予补助，缺多少，补多少。

到1977年，阳泉市城区有烈属113户、442人；病故军人家属2户、7人；优抚及伤残军人家属103户、125人。

1978年起，对生活不能自理，饮食起居需人扶助的特、一等残废军人，每人每月发给护理费38元；是年，国家调整并提高烈军属复员退伍军人补助费标准。1978年，全区有烈属36户、155人；病故军人家属3户、12人；优抚及伤残军人家属12户、63人。

1983年1月，调整退伍红军老战士和孤老烈士家属、孤老复员军人（简称"三老"）的定期定量补助标准。在原享受实际补助标准的基础上，退伍红军老战士每人每月增加10元；孤老烈属和孤老复员军人每人每月增加5元；调整提高定期定量补助；退伍老红军，每人每月55元；孤老烈军属，每人每月15元；孤老复员军人，每人每月14元；丧失劳动能力又无人抚养的烈士父母和配偶，年人均定补112元；完全丧失劳动能力、生活困难的复员军人，平均定补106元；带病还乡不能参加劳动的复员退伍军人，年人均定补108元。

1984年，一律改为优待现金。对义务兵战士家属，每户每年给予当年本村男劳力平均收入的三分之一或三分之二。

1985年开始，优待金办法逐步改为以乡镇统筹统支的办法，坚持"春评秋兑现"的制度。此外，每年"八一"建军节、元旦和春节都要进行群众性的拥军优属活动，区、街道两级带领有关人员进行走访慰问，召开座谈会，联欢会，征求意见，了解情况，发现问题，及时解决。是年，城区烈军属复员退伍军人支出2.4万元。

1986年，全区有烈属68户、165人；病故军人家属11户、27人；优抚及伤残军人429人；因公牺牲军人家属1户、1人。

1987年起，对生活不能自理，饮食起居需人扶助的特、一等残废军人，每人每月发给护理费50元。1989年，执行晋财行字〔1989〕第276号《关于调整部分优抚对象抚恤补助标准的规定》:

革命烈士家属、因公牺牲军人家属、病故军人家属（简称“三属”）的定期抚恤金在1985年标准基础上，平均每人每月增加15元；“三属”中的孤老、孤儿的定期抚恤金，在此基础上每人每月再增发5元。

在乡退伍红军老战士生活补助费，在山西省民政厅、财政厅确定的基础上，平均每人每月增加15元；对于持有二等功以上证件或军人授予英雄称号证件的人员，每人每月生活补助费可再增加5元。

红军失散人员的定期定量补助费，在1987年省民政厅、财政厅确定的标准基础上，平均每人每月增加10元。

在乡复员军人定期定量补助，在1986年省民政厅、财政厅确定的基础上，平均每人每月增加10元。

带病回乡不能参加生产劳动，生活特别困难的退伍军人，其定期定量补助在原定补助标准基础上，每人每月增加10元。

对病故在乡退伍红军老战士的配偶生活困难的，参照在乡复员军人的定期定量补助标准，给予补助。当年烈军属复员退伍军人补助费支出达到1.9万元。是年，全区开展“双向教育”、“双向活动”，即在干部群众中进行国防教育，开展拥军优属活动，和在优抚对象中进行艰苦奋斗教育，开展建功立业活动。

1989年，全区有烈属62户、128人；病故军人家属16户、47人；优抚及伤残军人452人；因公牺牲军人家属1户、1人。

1986年-1990年，城区烈军属复员退伍军人补助分年度支出1.4万元、1.9万元、1.6万元、2.4万元、2.4万元，合计9.7万元。

1994年1月1日，调整提高革命烈士、因公牺牲军人、病故军人家属定期抚恤金标准。烈属、因公牺牲军人家属，农村每人每月50-55元，小城镇每人每月60-65元，大中城市每人每月65-70元；病故军人家属，农村每人每月45-50元，小城镇每人每月55-60元，大中城市每人每月60-65元。

1995年1月1日，将“三属”定期抚恤金标准，在1994年的基础上，每人每月增加5元。到“八五”末期的1995年，城区共有优抚对象1496户、3624人；其中，烈属58户、125人；军属1020户、3042人；因公牺牲军人家属2户、4人；病故军人家属19户58人；在乡老复员军人11户、11人；革命伤残军人384人。

1991年-1995年，阳泉市城区烈军属复员退伍军人补助分年度支出2.1万元、4.4万元、2.4万元、2.4万元、2万元，合计13.3万元。

1996年，“三属”定期补助费在1995年确定的标准基础上，每人每月再提高5元。1998年，“三属”定期抚恤补助标准在1996年的基础上，每人每月再提高8元。

1999年，再次提高“三属”和在乡复员军人、带病回乡退伍军人的抚恤标准。

2000年，民政部、财政部《关于提高部分优抚对象抚恤补助标准的通知》中规定：烈属、因公牺牲军人家属的定期抚恤金标准为居住在农村的每人每月115-120元，居住在小城镇的每人每月125-130元，居住在大中城市的每人每月130-135元；病故军人家属的定期抚恤金标准为居住在农村的每人每月 110–115 元，居住在小城镇的每人每月 120–125 元，居住在大中城市的每人每月 125–130 元；在乡退伍红军老战士、在乡西路军红军老战士、红军失散人员的生活补助标准为在乡退伍红军老战士每人每月 500 元；在乡西路军红军老战士，每人每月 370 元；红军失散人员每人每月 110 元。

1996 年 –2000 年，阳泉市城区烈军属复员退伍军人补助分年度支出 3 万元、3 万元、2 万元、1 万元、2 万元，合计 11 万元。

2001 年 –2005 年，阳泉市城区烈军属复员退伍军人补助分年度支出 2 万元、3 万元、10 万元、1 万元、14 万元，合计 30 万元。2006 年，支出 62 万元。

1985 年 –2006 年，全区烈军属复员退伍军人补助共支出 129.4 万元。

从 2007 年开始，国家调整预算支出科目，“烈军属复员退伍军人补助费”支出科目不再单独反映。

2014 年 4 月，按照财政部下达的《关于调整完善扶持自主就业退役士兵创业就业有关税收政策的通知》精神，对自主就业士兵从事个体经营的，在 3 年内按每户每年 8000 元为限额依次扣减其当年实际应缴纳的所得税、城市维护建设税、教育费附加、地方教育附加和个人所得税。限额标准最高可上浮 20%。纳税人年度应缴纳税额小于上述扣减限额的，以其实际缴纳的税款为限；大于上述扣减限额的，应以上述扣减限额为限。纳税人实际经营不足一年的，应当以实际月份换算其减免税限额。

2015 年 6 月，对随军家属未参加工作的，每月给予 550 元的补助。

1985 年 –2006 年阳泉市城区烈军属复员退伍军人补助费支出情况表

表 2–32　　　　单位：万元

年　份	合　计	牺牲病故抚　恤	烈军属补　助	伤　残补助费	年　份	合　计	牺牲病故抚　恤	烈军属补　助	伤　残补助费
1985	5.8	0.1	2.4	3.3	1997	17.0	8.0	3.0	6.0
1986	6.8	2.0	1.4	3.4	1998	29.0	17.0	2.0	10.0
1987	7.0	1.7	1.9	3.4	1999	12.0	4.0	1.0	7.0
1988	8.7	2.3	1.6	4.8	2000	20.0	5.0	2.0	13.0
1989	9.4	2.1	2.4	4.9	2001	26.0	11.0	2.0	13.0
1990	9.9	2.6	2.4	4.9	2002	25.0	8.0	3.0	14.0
1991	10.1	3.7	2.1	4.3	2003	30.0	5.0	10.0	15.0
1992	10.0	3.2	4.4	2.4	2004	22.0	5.0	1.0	16.0
1993	11.6	4.7	2.4	4.5	2005	107.0	6.0	14.0	87.0
1994	13.9	3.9	2.4	7.6	2006	120.0	11.0	62.0	47.0
1995	16.0	7.0	2.0	7.0	——	——	——	——	——
1996	16.0	6.0	3.0	7.0	合　计	533.2	119.3	128.4	285.5

第二节 社会福利救济事业费

社会福利救济事业费主要包括农村社会救济费、城镇社会救济费、精简退职老弱病残职工救济费、社会福利事业单位经费、殡葬事业费、收容遣送费及其他社会救济费。城区的社会福利救济事业费自1985年列支以来，至2006年共计支出4407.6万元。

新中国成立初期，阳泉工矿区一区（城区前身）城区根据国家有关规定，制定一系列关于社会救济的措施，确立各种规章制度。救济对象主要是灾民、贫民、散兵、游勇、无业游民、失业人员、无依无靠的孤老、残疾、幼童等。区里为他们提供经费进行物质上的帮助，解决和改善他们的衣食住行问题，创造就医条件，医治疾病，教育和改造沾有游惰习气的人员，使他们生活基本得到保障。社会主义改造时期，在国家制定的自力更生方针的基础上，动员和组织人民实行劳动自救、劳动自助的方针政策，区里的救济对象增添部分家庭人口多、劳力少的困难户、年老体弱的小摊贩、人力三轮车工人，被取缔的迷信职业者以及被管制改造的各种犯罪分子和各种案犯家属。

进入建设社会主义阶段后，救济人数显著下降，救济对象逐渐减少，孤老病残人员比重相对扩大。在该阶段，由于“公社化”运动和严重的自然灾害，以及国家经济的调整，一批职工被精减、辞退。这样，在社会救济的对象中又增加一些精减退职老职工。“文化大革命”期间，社会救济工作受到严重干扰和破坏，社会救济福利事业被当作修正主义来批判。社会救济工作除按原有救济名册发给定期救济外，其他工作基本处于停顿状态。

进入社会主义建设新时期后，社会救济工作得到恢复和发展。随着全党全国拨乱反正、纠正“左”的思想影响，为进一步巩固和发展安定团结的政治局面，充分调动各方面的积极因素，救济对象也有所变化，除无依无靠的孤老残幼和收入不固定、生活有一定困难的职工户等为救济对象外，中共中央、国务院又规定一些人员作为特殊救济对象。主要有原国民党起义、投诚人员，宽大释放的原国民党党政军特人员，平反释放后的无家可归人员，生活困难的散居归国华侨、老归侨人员等。

社会救济的对象和范围包括：

（1）困难救济。城市社会救济分为定期救济和临时救济两种形式。1986年–1990年，阳泉市城区人民政府拨出88275元救济款，共救济32328户次、3056人次。此外，城区人民政府还拨款11万元兴办社会福利生产，对一部分社会困难户，通过生产自救，解决他们的生活问题。

（2）精减退职老职工救济。1961年–1965年，国家面临暂时的经济困难，中央决定停建或缓建一些建设项目，由于企业的下马和并转，因而精减了一批职工。为此，国务院以〔1965〕国内字224号文件下达《关于精减退职老职工生活困难救济问题的通知》，规定1961年–1965年6月9日期间精减退职的、1957年年底参加工作的、发给一次性退职补助金。1980年前，全区有3人享受退职老职工救济。1982年，根据民政部、财政部〔1982〕14号文件《关于进一步做好精减退职老职工生活困难救济工作的通知》精神，有2人办理享受退职老职工救济。1986年–1990年，全区享受40%救济的老职工共计3人，救济款为54716.8元。

（3）宽释人员救济。1985年，根据党中央、国务院的有关规定，增加宽释人员的定期救济，从

1986 年 –1990 年，共有 3 人享受该种救济，救济款为 5760 元。

（4）百岁老人保健费。城区根据省民政厅、财政厅、老龄问题委员会联合下发的晋老龄字〔1988〕2 号文件《关于发给百岁以上老人保健费用和建立健康档案的通知》，发给全区唯一的百岁老人——王喜玉每月 20 元的保健费用。

（5）社会救济。社会救济工作本着“上为政府分忧，下为群众解愁”的原则，认真落实国家有关救济政策，对全区“三无”（无依靠、无经济来源、无法定赡养人）的孤寡老人进行定期、定量救济。1991–1995 年，全区社会救济对象最多时有 338 户、502 人，最少时有 218 户、418 人；社会困难户最多时有 220 户、436 人，最少时有 124 户、228 人；社会散居孤老幼最多时有 190 人，最少时有 66 人；享受定期、定量救济的 12 至 13 人。5 年来共发放救济款 14.3 万元。

（6）城市社会救济。为保障城市贫困居民的基本生活需求，帮助他们通过综合社会救济，逐步摆脱贫困状况，1996 年，城区为 8 户 10 人“三无”对象发放救济款 12480 元，为 160 户（次）350 人（次）发放生活困难临时救济金 1.6 万元。1997 年，有 8 户 10 人“三无”对象享受到社会救济定期定量补助 1.2 万元。1998 年，城区对传统的城市社会救济工作进行改革，建立起城市居民最低生活保障制度。此后，随着低保制度的日趋完善，传统社会救济逐渐减少。

一、社会福利事业单位经费

社会福利事业单位经费，指区（市）以上民政部门兴办的社会福利事业单位经费或补贴，以及集体社会福利事业单位的补助费。

1978 年以后，社会福利工作重点转向解决社会残疾人员的生活出路问题。阳泉市城区采取兴办社会福利生产、自谋出路与国家、集体扶助的办法，使其生活有所保障。1991 年 –1995 年，全区继续贯彻国家“社会福利社会办”的政策，坚持以保障残疾人合法权益为目标，以安置残疾人的劳动就业为重点的发展方向，不断强化福利企业的生产管理。1991 年，全区共有社会福利企业 14 个，从业人员 170 人，其中残疾人 93 人，完成产值 270.5 万元，创利 12.6 万元。1992 年，全区有社会福利企业 18 个，从业人员 238 人，其中残疾人 109 人，完成产值 604 万元，创利 9.5 万元。1993 年，有社会福利企业 19 个，从业人员 215 人，其中残疾人 121 人，全年增加产值 387.2 万元。1994 年，有社会福利企业 30 个，从业人员 370 人，其中残疾人 200 人，全年增加 82.8 加万元。1995 年，有福利企业 22 个，从业人员 269 人，其中残疾人 128 人，全年增加产值 81.5 万元。“八五”期间，全区社会福利企业由 14 家发展到 30 家；从业人员由 170 人增加到 370 人，其中，安置残疾职工人数由 93 人增加到 200 人；1991 年 –1992 年，完成产值 874.5 万元，创利 22.1 万元；1993 年 –1995 年，增加产值 551.5 万元。

1991 年 3 月至 6 月，由全区抽出 345 名普查人员组成的普查队伍，对辖区范围内 6 个街道办事处 115 个居民区的残疾人状况进行全面普查，普查内容包括性别、文化程度、残疾状况、就业状况等方面。普查结果显示：全区残疾人总数 3638 人，其中，男性 2033 人，占 55%；女性 1605 人，占 45%。残疾状况：视力残疾 1025 人，占 28%；聋哑 393 人，占 11%；肢体残 1577 人，占 43%；智力残 252 人，占 7%；精神残 234 人，占 7%；综合残 157 人，占 4%。文化程度：小学以下 2427 人，占 67%；初中以上 1211 人，占 33%。年龄结构：7 岁以下 53 人，占 1.5%；7 ~ 16 岁 60 人，占 1.6%；16 ~ 50 岁 1261 人，占 34%；50 岁以上 2264 人，占 41%。就业状况：有劳动能力 1718 人，占 47%；无就业 1617 人，占有劳动能力的 94%；待业 101 人，占 5%。该次普查为深入了解残疾人状况，开展残联工作奠定基础。1991 年，区残联组织全区各单位共 6000 多人参加以宣传《中华人民共和国残疾人保障法》为主题的“助残日”活动；全区卫生医疗系统还免费为 315 名残疾人进行体检。

1992 年，阳泉市城区残联又新增办福利企业两个，共安置残疾人 98 名，工业产值 180 万元，利润 6 万元；商业收入 70 万元，利润 3 万元。同年，为北岭小学、上站小学两个弱智辅读班购置价值 4350 元的乐器、文具和体育用品，并在市卫生局的支持下，抽出 21 名医务人员为 101 名残疾人进行义务治病。

1993 年，阳泉市城区残联帮助残疾人兴办个体企业 12 个，新安置 7 名残疾人就业。福利企业全年创产值 820 万元，是 1992 年的 6 倍。同年，区残联组织开展以“双项服务”为主题的“助残日”活动，该次活动张贴标语、吊挂横幅、宣传板报共 306 余条，全区 70 余名残疾人参加面向社会的义务服务，修理自行车、钟表达 1000 多人（次）。

1994 年 9 月，由 28 名残疾人运动员组成的城区代表队参加“阳泉市首届残疾人运动会”，夺得团体总分第三名，单项奖分别获拔河赛第一名、乒乓球赛第三名、田径赛第五名的好成绩。1994 年，新增福利企业 5 个，商业网点 4 个，工业企业 1 个，新安置 18 名残疾人就业，全年共完成营业额 200 万元，实现利润 5 万元，完成年计划的 133%。

1995 年，全区“助残日”活动以“一助一、送温暖”为主题，慰问残疾人家庭 79 户；送去毛巾被等慰问 300 多件；为特困家庭分发慰问金共 1500 余元。

1996 年 5 月 19 日是全国第六个助残日，城区残联以“预防残疾、增进健康”为主题，在市政府广场举行宣传《中华人民共和国残疾人保障法》和咨询服务活动。该次活动书写板报 18 块，发放宣传资料 1.5 万余份，组织市第三人民医院、市中医院、区卫生局等单位现场义诊 156 人次。是年，城区自引资金新增福利企业 2 个。全年福利企业完成工业产值 100 万元，完成营业额 200 万元，收取残疾人就业保障金 4.1 万元。

1997 年 5 月 18 日是全国第七个助残日。城区残联以“助残与自强”为主题开展形式多样的宣传活动。各基层残联在各街道办事处门口设置宣传站，利用广播、标语、板报等宣传工具开展宣传活动。是年，慰问残疾人 42 户，发放救济金 6670 元；投资 1200 元为残疾人播放专场电影《孤星泪》。全年福利企业完成工业产值 80 万元，完成营业额 240 万元，收取残疾人就业保障金 2.1 万元。

从 1998 年开始，残疾人事业费单列核算。

二、殡葬事业费

殡葬事业费指对民政部门兴办的火葬场这一殡葬事业单位的收支差额补助费等项支出。殡葬事业费于 1982 年在社会福利救济事业费内分出，单设殡葬事业费“项”级科目，1986 年以后，通过殡葬改革，实行火葬的比例逐年提高，财政对火葬场的差额补助逐年减少。自 1987 年以来，全区殡葬改革的主要内容：破除封建迷信的丧葬习俗，提倡文明、节俭办丧事，禁止重殓厚葬、僧道念经、披麻戴孝等丧俗，规定凡在火化区范围内的死亡者，一律实行火葬。国家职工死亡后实行火葬的，发给其家属丧葬费、抚恤费和遗属补助费等。1988 年 3 月 21 日至 28 日，根据市殡葬改革会议精神，全区开展“殡葬改革宣传周”活动，全区共出吊挂 6 幅，标语 500 余幅，黑板报 100 余块。通过殡葬改革的宣传教育，火葬形式已逐步形成。

三、其他社会救济费

其他社会救济费指民政部门兴办的残、老和教养院、福利院，以及社会福利事业各项开支和盲聋哑人福利事业费，各级民政部门接待来访人员和招待处理等项费用，归国华侨、外侨人员的生活困难救济费和扶持城市社会福利生产的支出；还有民政部门办理的殡葬事业单位的补助费，假肢、科研机构及对假肢厂的专业拨款，社会残疾人福利事业费（1998年前）等项支出。

2007年开始，调整财政核算科目，社会福利救济事业费分项支出取消。

1985年–2006年阳泉市城区社会福利救济事业费分项支出情况表

表2-33　　单位：万元

年份	合计	社会福利救济费	城镇社会救济费	退职老弱病残救济	社会福利单位经费	其他社会救济费	社会残疾福利事业
1985	4.8	1.7	1.7	0.2	2.9	——	——
1986	4.9	2.7	2.7	0.2	——	——	2
1987	3.5	2.6	2.6	0.2	0.7	——	——
1988	3.7	2.5	2.5	0.2	0.2	——	0.8
1989	3.2	1.9	1.9	0.4	0.9	——	——
1990	4.9	1.9	1.9	0.1	——	——	2.9
1991	5.5	2.7	2.7	0.1	——	——	2.7
1992	4.9	2.1	2.1	0.1	2.7	——	——
1993	7.4	2.2	2.2	0.1	——	——	5.1
1994	8.8	2.4	2.4	0.1	——	——	6.3
1995	9.0	3.0	3.0	——	——	——	6.0
1996	9.0	3.0	3.0	——	——	——	6.0
1997	10.0	4.0	4.0	——	——	——	6.0
1998	17.0	17.0	17.0	——	——	——	——
1999	22.0	22.0	22.0	——	——	——	——
2000	32.0	32.0	32.0	——	——	——	——
2001	215.0	215.0	215.0	——	——	——	——
2002	394.0	393.0	393.0	——	——	1.0	——
2003	949.0	949.0	949.0	——	——	——	——
2004	848.0	848.0	848.0	——	——	——	——
2005	837.0	837.0	837.0	——	——	——	——
2006	1014.0	114.0	900.0	——	——	——	——
合计	4407.6	114.0	4245.7	1.7	7.4	1.0	37.8

第三节 退休退职费

新中国成立后，退休离休费指民政部门归口管理发放的离休、退休金，包括离休、退休人员和事业单位经费，不包括原单位开支的离休、退休人员经费。

1958年以前，退休、离休费在抚恤支出款下列支。同年2月，国务院规定：男职工年满60周岁、女职工年满55周岁的应退休。退休之后，按月发给退休费，退休费的标准按工龄长短而定。5年以上10年以下的发本人工资的50%，10年以上15年以下的发60%，15年以上的发70%，并享受公费医疗待遇。其退休费由民政部门发放，在抚恤支出款下列支。1959年在抚恤款下设退休金科目（包括离休和退职费），主要支付国家机关、人民团体、民主党派和军队退休人员的退休金、医药费、退休人员去世后的丧葬补助及亲属抚恤费。

1978年6月，国务院《关于安置老弱病残干部的暂行规定》中规定：男年满60周岁，女满55周岁，参加工作满10年的；或男满50周岁，女满45周岁，参加革命满十年的，经医院证明完全丧失工作能力的，可以退休。退休待遇：抗日战争时期参加工作的，按本人标准工资90%发给；解放战争时期参加工作的，按本人标准工资的80%发给；中华人民共和国成立后参加工作的，工作年限满20年的，按本人标准工资75%发给；工作年限满10年，不满15年的，按本人标准工资60%发给。退休费低于25元的按25元发给。

1981年，改退休费为“项”级科目，增设退休金和退休人员其他费用2个“项”级科目。1982年，国务院规定，对中华人民共和国成立前参加革命工作者享受供给制待遇，达到离职休养年龄的实行离职休养制度，离休后原工资照发。同时预算科目增设离休费“款”级科目和离休金、离休人员其他费用2个“项”级科目。从是年起，原由民政部门管理的离休人员逐步移交组织、人事部门管理。1984年离休费“款”级科目下设军队离休干部离休金（指由民政部门管理的军队离休干部离休金）、地方离休干部离休金（指由组织、人事部门管理的离休人员离休金）、离休人员其他费用和事业单位经费（指直接管理离休干部的事业编制人员的工资、福利费、办公费等）4个“项”级科目；同时将退休费和退职费2个“款”级科目合并为退休退职费1个“款”级科目，下设退休金、退休人员其他费用、退职金3个“项”级科目。

1987年，执行民政部、财政部《关于移交地方管理的军队离休退休干部各项经费开支范围的规定》。对离休费规定为军队离休干部离休金包括离休干部的工资、生活补贴费、副食品价格补贴、粮价补贴（按安置地区标准发放）、符合国发〔1982〕62号文件规定增发的工资补贴费；军队离休干部的其他费用包括按照规定发给离休干部的服装费、交通费、洗理费、护理费、公勤费（领取护理费的不发公勤费）、特需费、福利费、冬季取暖补贴费、医疗费（包括无工作的直系亲属）、探亲路费、丧葬费、遗属生活补助等。是年，阳泉市城区离退休费支出8万元，其中，地方离休干部离休金1.9万元，离休人员其他费用1.9万元，退休金1.7万元，退休人员其他费用1.6万元。

1993年，在退休退职费款级科目下改设军队退休人员退休费、地方退休人员退休费、退休人员其他费用、退职金4个项级科目，取消离休费款级科目下事业单位经费项目。从是年1月1日起，军队离休干部每人每月发给伙食补贴 50 元，增加志愿兵生活补助，另外发放肉、蛋、菜价格补贴，军队干部每人每月 16 元，遗属和 1955 年前复员无工作的女职工每人每月 8 元。是年，城区离退休费支出 9.1 万元，其中，地方离休干部离休金 2.1 万元，离休人员其他费用 1.7 万元，退休金 2.5 万元，退休人员其他费用 2.8 万元。

“九五”期间，阳泉市城区区委高度重视老干部工作，把其当作讲政治的一件大事来抓，尤其是把离休干部党组织工作作为全区加强党的建设的重要方面。在落实好政治待遇的同时，区委积极落实离休干部的生活待遇。城区区委、区政府明确规定，财政每年预算要首先保证老干部的活动经费，老干部所用经费必须及时到位，特殊情况还应拨付专项经费。1996 年、1997 年，区直企业中 5 名离休干部的离休费得不到落实。对此，城区区委领导明确指示，要想方设法尽快解决该问题。城区老干部局与有关部门反复协商，几经周折，克服重重困难，在市委老干部局的支持下，使该问题得到彻底解决。

1996 年，地方行政事业单位离退休经费实行归口管理，单列行政事业单位离退休经费类科目，同时取消抚恤和社会福利救济费类下所设的离休费和退休退职费 2 个款级科目，改设“军队移交地方安置的离退休人员费用”1 个款级科目，下设军队离休干部离休金、军队退休干部退休金、军队离退休人员其他费用 3 个项级科目，是年离退休人员费用支出 8 万元。

1985 年 –2006 年阳泉市城区行政事业单位退休退职费支出情况表

表 2–34　　　　单位：万元

年　份	支出额	年　份	支出额	年　份	支出额	年　份	支出额
1985	3.3	1991	4.5	1997	9.0	2003	727.0
1986	3.0	1992	5.4	1998	295.0	2004	359.0
1987	3.1	1993	5.3	1999	355.0	2005	24.0
1988	3.8	1994	8.2	2000	404.0	2006	23.0
1989	4.3	1995	8.0	2001	665.0	——	——
1990	4.0	1996	8.0	2002	596.0	合　计	3517.9

第四节　社会保障补助支出

“八五”期间，阳泉市城区劳动局积极贯彻执行中央、省、市工业社会保险统筹的有关政策，逐步加大社会养老保险、失业保险、生育、工伤、大病医疗等项保险工作力度。到 2000 年第四季度，一直由市社会保险事业所代管。按照城区国民经济第九个五年规划的要求，城区劳动和社会保障局在“九五”期间始终把社会保险工作作为重中之重，积极贯彻中央、省、市的有关政策，构筑社会保险体系，使职工在生、老、病、死、失业时有一个基本保障，促进社会的稳定。

1991 年，阳泉市城区劳动局积极配合阳泉市职工养老保险所，对 60 多个区属企业的 4000 多名职工进行退休养老保险统筹摸底，为全市集体企业的统筹提供可靠依据。

1993 年，对全区 80 余户企业保险统筹的职工人数、工资总额、退休人数、退休费用、单位和个人缴费比例、基数、缴费额等进行摸底造册、测算。

1994 年，根据市政府出台的养老金计发办法和工伤、生育、大病医疗三个险种社会统筹暂行办法，就一些区属企业经济效益差，一时难以缴纳统筹养老金的客观情况，多次与市养老保险所协商，在有关政策允许的前提下，区别不同情况，通过签订还款缓缴协议，适当降低补缴部分统筹比例，促进区属养老保险统筹工作的开展。

1995 年，参加社会保险统筹五项保险的区属企业有 22 户、1627 人；参加养老保险和失业保险的企业 35 户、1623 人；参加失业保险的企业 3 户、439 人。

1996 年，通过宣传教育和协调疏通，使区属文化用品厂、饮料厂等 6 家企业参加社会保险。同年 3 月，召开城区企业贯彻实施《山西省城镇企业职工失业保险暂行条例》暨城区企业失业保险工作会议。9 月，召开城区首次职工基本养老保险个人账户清单公布大会。10 月，对区属 9 家破产企业的 678 名职工发放失业救济金 29.77 万元。

1997 年，按国家省、市安排，全面推进社会保险制度改革，制定出台《城区养老保险社会化发放办法》，进一步扩大和完善社会保险的覆盖面和保险种类。

1998 年，对全区社会保险工作实施宏观管理，协调监督和综合平衡，加大社会保险的宣传力度，利用各种场合宣传社会统筹的政策和方针。积极为企业服务，解决困难，逐步理顺全区社会保障统筹工作的关系，同时实施劳动监察配套检查，加大保险征缴力度，全年基本养老保险收缴率区全民企业为 100%、集体企业为 91.3%、非公有制企业 85%。是年，城区其他社会保障补助支出 6 万元。

建立和完善城市居民最低生活保障制度，是《中华人民共和国国民经济和社会发展“九五”计划和 2010 年远景目标纲要》提出的一项重要任务，是改革和完善传统社会救济制度，建立、健全社会保障的重大举措。根据国发〔1997〕29 号《国务院关于在全国建立城市居民最低生活保障制度的通知》和阳泉市人民政府阳政发〔1997〕96 号文件精神，从 1998 年 1 月 1 日开始，城区建立起城市居民最低生活保障制度。1998 年，全区低保对象为 95 户 184 人，发放最低生活保障金 10.8 万元。

1999 年，全面贯彻、实施国务院年内颁布实施的《社会保险费征缴暂行条例》，积极主动配合市社保所开展征缴工作，提高基本养老保险收缴率，按照国家有关政策，重新核定各区属企业的缴费比例，解决企业长期存在的缴费比例偏高情况，真正为企业办实事。1999 年，全区低保对象为 110 户 228 人，发放最低生活保障金 18.3 万元。同年 7 月 1 日开始，城区最低生活保证金标准由原来的月人均 110 元调整为月人均 143 元。

2000 年，阳泉市城区按照市政府指示精神，积极筹建城区社会劳动保险事业所，对城区的社保工作现状进行了摸底调查。12 月 5 日，城区社会劳动保险事业所正式挂牌成立。根据市政府的要求，对 2000 年第四季度的业务进行接受管理之后，决定将养老保险业务与原来失业保险所的业务合二为一，一方面抓紧社保机构的筹建，建立起个人账户，设立管理台账。另一方面在人员少、工作量大的情况下，边开展业务，边培训学习，使城区社会保险事业步入一个新的发展阶段。2000 年，全区低保对象为 148 户、445 人，发放最低生活保障金 27.3 万元。

2001 年 2 月，确定全年社会保障工作做到三点：切实搞好“两个确保”，扩大养老保险社会发放面。确保离退休人员基本养老金按时足额发放，力争社会发放面达到70%–80%，征缴率力争达到90%以上，清欠率达到50%；积极筹建城区社会保险事业所；抓好城市居民最低生活保障线工作。对全区城市居民最低生活保障对象进行调查，未保对象总户数为4270户，人数为13568人，年需保障资金1259万元；全年保障282户、445人，发放保障金273438元。

是年，阳泉市城区社会保障补助支出43万元，其中，对养老保险基金的补贴为1万元，社会保险经办机构的经费22万元，其他社会保障补助20万元。

2002年12月，确定城区社会保障工作全年主要有五项任务：

（1）切实搞好“两个确保”，扩大养老保险社会化发放面。全年离退休人员基本养老金全部按时足额发放，社会发放面达到85%，征缴率达到95%，清欠率达到51%。

（2）积极做好医疗保险改革准备工作，全面做好各项社会保险、保障工作。全年机构得到进一步健全，机构、人员、资金得到落实，医保各项准备工作已基本就绪。

（3）抓好城市居民最低生活保障线工作。全年发放1078户次、3638人次、26.86万元低保金。10月按新标准进行重新摸底，新的的低保对象正在确定中。

（4）积极做好残疾人扶贫和劳动就业工作。目标是解决100名特困残疾人的温饱问题，扶持80名有一技之长的残疾人自谋职业。到年底，实际安置158人，自谋职业33人，为105名贫困残疾人解决最低生活保障金。

（5）企业社会保险有根本性的进展。区直企业养老保险和失业保险覆盖面分别达到95.5%和100%，征缴率分别达到96%和97.7%，发放率达到100%，基本保持企业稳定，为企业改革发展奠定基础。是年城区社会保障补助支出234万元，比上年增长5倍多，占当年抚恤和社会福利救济类支出总额的18%，其中，对养老保险基金的补贴为94万元，社会保险经办机构的经费1万元，城镇就业补助8万元，国有企业职工下岗补助110万元，其他社会保障补助21万元。

2003年上半年，经过复查，原享受低保对象中，退保的共有544户、1322人，新入保的共有899户、2419人，1–5月共发放最低生活保障金321.56万元。是年上半年，各街道办事处、社区组织低保户仅参加治桃大规模义务劳动就达3次，参加人数约达5000人次，挖树坑380个，修造绿化带10条，翻土施肥40000平方米，平整土地56000平方米。是年，城区社会保障补助支出24万元，比上年下降9成，占是年抚恤和社会福利救济类支出总额1816万元的1.32%。其中，其他社会保障补助24万元。

2004年，阳泉市城区社会保险工作进一步巩固。全年市养老保险中心下达企业养老保险收缴任务299万元，参保人数2031人。截至12月月底，参保人数2031人，收缴养老保险费322.65万元，完成全年任务的108%。养老保险支出640.53万元，保证离退休人员养老金按时足额发放。失业保险中心下达收缴任务47.5万元，参保人数3930人，截至是年年底参保人数3696人，收缴失业保险费47.54万元，完成任务的100%；失业保险金支出12.23万元。医疗保险参保人数3091人，保险费收缴216.73万元，支出151.16万元。

就业和再就业工作稳步推进。2004年，市下达城区城乡新增就业岗位4200个，城区累计完成新增就业岗位4252个；下达下岗失业人员再就业人数200人，实际就业人数858人；市下达安置下岗失业人员中“4050”人员100人，实际安置326人，均超过市下达的任务。城镇登记失业率为3.1%。

劳动用工管理取得新进展。劳动用工管理逐步规范，呈现出良好的发展势头。全年劳动保障年检135家企业，其中，私营企业110家，年检覆盖率达到64%，完成市下达的任务。检查用人单位800户，补签劳动合同2400份，为500人办理就业证。受理拖欠农民工工资25起，妥善为55名农民工追回工资、抵押金2.6万元，办结率100%，圆满完成市下达的任务。全年受理劳动争议案件6起，结案6起，受理群众来访500余人次，为维护稳定和保障劳动者合法权益起到积极作用。全年城区社会保障补助支出31万元，比上年增长29.16%。

2005年，全区就业和再就业工作取得积极进展。全年新增就业岗位4184个，安置下岗失业人员259人，城镇登记失业率控制在3%以内。社会保险扩面取得实质性进展。企业养老保险参保人数达到2152人，其中有3户私营企业参加企业养老保险统筹；失业保险参保人数达到3750人，基本医疗保险参保人数达到3399人；进一步推进和加强机关事业单位养老保险，基金收入增长5%以上；全面实施“金保工程”，建立数据库；与数据中心联网并上传企业养老保险数据。是年，城区社会保障补助支出193万元，比上年增长6倍多，占当年抚恤和社会福利救济类支出总额1357万元的14.22%。其中，社会保险经办机构的经费36万元，国有企业职工下岗补助80万元，其他社会保障补助77万元。

2006年，全年国家抚恤、补助各类优抚对象250人。全区社会保障体系初步建立，社会保险的参保覆盖面逐步扩大，社会保险征缴基金不断增长。其中，参加基本医疗保险人数3680人，征缴基金297万元，大病统筹保险34.4万元。是年，城区社会保障补助支出267万元，比上年增长27.71%。

2007年，财政资金更多地倾向关注民生的领域，社保等各项重点支出到位率较高，城市低保、城镇居民医疗保险等各项惠民政策得到较好落实。

确保机关事业单位在职人员及离退休人员工资按时足额发放；对2006年7月预调增资补差、事业单位薪级工资增资进行发放，共计345万元；消化以前年度个人部分预支借款353万元。

切实保证社会保障支出需要，社会保障和就业支出2214万元，同比增长35.91%，增支585万元。最低生活保障资金支出906万元，累计发放34384户（次）、85182人（次），做到动态管理下的应保尽保；企业基本养老基金支出1385万元，累计发放17620人（次）；就业补助支出200万元，维护社会和谐稳定；支持社区建设，加大对街道的补助力度。2007年，提高对街道社区干部工资、养老保险及医疗保险的补助标准。

财政支持纯居民医疗保险启动工作。财政拨付困难企业医疗救助支出20万元。支持创建全国残疾人康复社区工作支出18万元。

2008年12月，阳泉市城区财政大力支持社会保障工作，重点保障各类民生支出：城镇居民最低生活补助标准由每人月均213元提高到238元，并且每人月按37元发放临时补贴，累计发放34674户次、84798人次，支出1269万元，保障城市低保家庭的正常生活；对全区特困企业发放了困难补助42万元；就业补助支出160万元，支持搭建城区劳动者创业平台，确保就业再就业工作顺利进行；拨付企业基本养老基金656万元，累计发放17748人次；提高优抚对象的发放标准及离退休干部护理费标准；在机关事业单位职工基本医疗保障得到保障的同时，加大对城市低保对象医疗补助的投入，支出206万元，使每个低保对象每月享有10元的医疗补助。

2009年，阳泉市城区出台“五缓、四降、三补”措施，以应对金融危机对城区企业的影响。

“五缓”是指在确保社会保险待遇按时足额支付、社会保险基金不出现缺口的情况下，在2009

年之内，允许城区暂时无力缴纳社会保险费的困难企业，缓缴6个月的养老、医疗、失业、生育、工伤五项社会保险费。

“四降”是指在2009年之内降低企业城镇职工基本医疗保险、失业保险、生育保险、工伤保险费率。企业城镇职工基本医疗保险，一类是城镇职工基本医疗保险，用人单位缴费比例为6.8%，2009年企业缴费比例由现行的6.8%降低到5.8%，降幅为15%；另一类是困难企业职工医疗保险，用人单位缴费比例为4.5%的区属困难企业，由于已享受财政补贴，不调整缴费比例。失业保险：用人单位缴费比例由现行的2%降低到1.5%，职工缴费比例由现行的1%降低到0.5%，降幅约为33%。生育保险和工伤保险在市医保中心参保的单位，根据阳劳社险〔2009〕56号文件精神执行。生育保险：用人单位缴费比例由现行的1%降低到0.5%，降幅为50%；工伤保险：二类行业费率由现行的1%降低到0.9%，降幅为10%；三类行业费率由现行的2%降低到1.8%，降幅为10%。

“三补”是指在确保按时足额支付失业保险待遇的前提下，对采取在岗培训、灵活用工、弹性工时、轮班工作、协商薪酬等办法稳定职工队伍，并保证不裁员或少裁员的困难企业，可以使用失业保险基金支付社会保险补贴和岗位补贴

2010年，阳泉市城区57.83%的财力用于保障民生。城区区委、区政府始终把保障和改善民生作为发展经济的最终目的，不断加大民生方面的投入。2010年，区级财力用于民生的支出达16586万元，占整个区级财力的57.83%。在中国共产党和政府的关怀下，城区人民群众的生活得到进一步改善。2010年城区共发放低保金1438.46万元，其中为低保对象发放一次性生活困难补贴122万余元。针对物价上涨压力较大的现实，为生活困难群众发放价格临时补贴42.4万元。城区全面推进企业职工补缴和续缴基本养老保险费工作，共补缴养老保险费1531万元，城镇职工基本养老保险净增人数587人，城镇基本社会保障覆盖率达92.66%，同比提高3.66%。城区积极落实廉租住房保障政策，发放廉租住房补贴420万元，48户住房困难的居民租到廉租房。2010年，城区为社区专职工作人员增加报酬，每人每月分别由750元、730元和700元提高到1000元、950元和900元，同时为居委会退职干部每人每月增加生活补贴50元。

“十一五”期间，阳泉市城区就业规模日趋稳定。2006年以来，城区千方百计拓宽就业渠道，通过就业培训帮助劳动者开启就业之门，通过职业介绍帮助劳动者搭建就业之桥，通过政策落实帮助劳动者铺筑就业之路，连续5年实现新增就业岗位稳定增加，城镇失业率稳定控制在3.6%左右，低于全市平均水平。完成农民工技能培训560名，下岗失业人员技能培训1000余人次，创业培训384名，职业技能鉴定352名。

2011年12月，拨付城市居民最低生活保障资金1612万元，累计发放36289户次、84301人次；拨付就业补助620万元；重点支持就业介绍培训、公益性岗位和高校毕业生见习生活补贴等。

2014年2月，执行财政部、人社部联文印发的《城乡养老保险制度衔接暂行办法》，城区规定：参加城镇职工养老保险和城乡居民养老保险人员，达到城镇职工养老保险法定退休年龄后，城镇职工养老保险缴费年限满15年（含延长缴费至15年）的，可以申请从城乡居民养老保险转入城镇职工养老保险，按照城镇职工养老保险办法计发相应待遇；城镇职工养老保险缴费年限不足15年的，可以申请从城镇职工养老保险转入城乡居民养老保险，待达到城乡居民养老保险规定的领取条件时，按照城乡居民养老保险办法计发相应待遇。

1998年–2015年，阳泉市城区社会保障补助支出共计为4191万元。

1998 年 -2015 年阳泉市城区社会保障补助支出情况表

表 2-35 单位：万元

年 份	补助额	年 份	补助额	年 份	补助额	年 份	补助额
1998	5	2003	24	2008	683	2013	610
1999	19	2004	31	2009	498	2014	28
2000	21	2005	193	2010	133	2015	468
2001	43	2006	267	2011	96	——	——
2002	234	2007	537	2012	301	合 计	4191

第五节 行政事业单位离退休经费

行政事业单位离退休经费，是指 1996 年后实行归口管理的各级党政机关、群众团体、公安司法和安全机关、事业单位开支的离退休经费，也包括民政部门管理的地方离退休人员的开支。

1996 年，将民政部门和各级行政事业单位经费内开支的离退休人员经费项目统一归口，单设行政事业单位离退休经费类级科目。

1999 年，随着离退休人员调整工资和民政部门、公安司法部门将所管理的地方离休人员全部移交组织、人事部门管理。

2000 年，全区行政事业单位离退休经费支出 404 万元，比上年增长 13.80%；占当年财政决算抚恤和社会福利救济费支出总额的 79.52%，较上年增长 13.8 个百分点，其中行政单位离退休经费支出 127 万元、公检法司机关离退休经费支出 23 万元、教育事业单位离退休经费支出 233 万元、其他事业单位离退休经费支出 21 万元，分别占是年行政事业单位离退休经费总支出的 31.43%、5.69%、57.67%和 5.2%。

2001 年，全区行政事业单位离退休经费支出 665 万元，比上年增长 64.6%；占是年财政决算抚恤和社会福利救济费支出总额（989 万元）的 67.23%，其中，行政单位离退休经费支出 330 万元、公检法司机关离退休经费支出 30 万元、教育事业单位离退休经费支出 283 万元、其他事业单位离退休经费支出 22 万元，分别占是年行政事业单位离退休经费总支出的 49.62%、4.51%、42.55%和 3.3%。

2002 年，全区行政事业单位离退休经费支出 596 万元，比上年减少 10.37%；占当年财政决算抚恤和社会福利救济费支出总额（1299 万元）的 45.88%，其中，行政单位离退休经费支出 177 万元、公检法司机关离退休经费支出 39 万元、教育事业单位离退休经费支出 350 万元、其他事业单位离退休经费支出 29 万元、管理机构经费 1 万元，分别占是年行政事业单位离退休经费总支出的 29.69%、6.54%、58.72%、4.86%和 0.16%。

2003 年，全区行政事业单位离退休经费支出 727 万元，比上年增长 21.97%；占当年财政决算抚恤和社会福利救济费支出总额（1816 万元）的 40%，其中，行政单位离退休经费支出 209 万元、公检法司机关离退休经费支出45万元、教育事业单位离退休经费支出431万元、其他事业单位离退休经费支出32万元、管理机构经费10万元，分别占是年行政事业单位离退休经费总支出的28.74%、6.18%、59.28%、4.4%和1.37%。

2004年，全区行政事业单位离退休经费支出359万元，比上年减少102%；占是年财政决算抚恤和社会福利救济费支出总额（1402万元）的25.6%，其中，行政单位离退休经费支出275万元、公检法司机关离退休经费支出52万元、其他事业单位离退休经费支出21万元、管理机构经费11万元，分别占是年行政事业单位离退休经费总支出的76.6%、14.48%、5.84%和3.06%。

2005年，全区行政事业单位离退休经费支出24万元。1996年–2005年，全区行政事业单位离退休经费共支出3465万元。

2006年，牢固树立全心全意为老干部服务的意识，以落实老干部各项待遇为主线，以拓宽服务领域为突破，不断提高服务质量，丰富服务内容，全区离休干部“三个机制”运行正常，离休干部离休费按月足额发放。为全区56名离休干部解决医药费75万元。全区离退休人员管理机构经费支出23万元。

2007年，根据离休干部身体、年龄状况和居住情况，本着有利于发挥作用的原则，对7个支部成员重新进行调整，确保每个离休干部组织有归属，活动有人管。城区从7月23日起，正式展开再次调高企业退休人员基本养老金工作，调整范围涉及职工1368人，调整标准月增资最高205元，最低85元，平均工资由656元增加到761元，所有参加养老保险统筹的企业退休人员均按时足额领到补发的养老金。本年，城区离退休费支出36万元。

2008年，阳泉市城区积极落实离退休干部各项待遇。一是参照机关公务员津贴补贴标准，从区财政拨出专款，为企事业单位的离休干部兑现津贴补贴。二是离休干部的护理费标准。即从是年1月1日起，离休干部的护理费标准由原来的150元提高到400元；生活不能自理的离休干部由原来的200元提高到600元。是年，全区行政事业单位离退休支出49万元。

2009年6月16日，在全省召开的深化离退休干部管理服务会议上，城区老干局进行题为《坚持就近就地原则，营造温馨服务平台，努力探索和打造五站服务新模式》的典型发言，受到好评。为扩大试点，进一步推进试点工作取得实效，城区老干部局在广泛借鉴兄弟县区先进经验和总结实际工作成效基础上，进一步完善全区“老干部工作进社区”的实施意见。

2010年，召开老干部工作进社区推进会，在原有基础上，新增小阳泉南社区、南庄路社区、兴隆街社区、太上街社区、晋东社区等15个社区为开展老干部工作的试点单位；通过健全档案、完善机制、优化环境、增添设备、丰富内容，使老干部工作进社区取得实效；为全区离退休干部落实两项新的生活待遇，即从是年起，每年都要为全区副县级以上实职的退休干部和全体离休干部体检一次，每年为他们赠送生日礼物。

2012年1月17日，阳泉市城区举行老干部迎新春座谈会，区领导和老干部齐聚一堂，畅叙情谊，共话城区转型跨越发展大计。城区区委书记在座谈会上致辞，对全区老干部致以新春问候，祝福大家新春快乐，健康长寿。希望全区离退休老干部一如既往地关心、支持全区改革发展个各项事业，更多地发挥自己的政治优势、威望优势和经验优势。

2014年4月，阳泉市城区高度重视老干部工作，利用社区资源为老干部服务工作起步较早、基础扎实、亮点突出，探索和形成的“六站”（生活服务站、文化活动站、医疗卫生站、维权工作站、夕阳奉献站、政策宣传站）服务模式，为全省开展这项工作起到示范和引领作用。

11 月 1 日，财政部、国家发展改革委联文印发《关于减免养老和医疗机构行政事业性收费有关问题的通知》，就减免涉及养老和医疗机构建设全额免征行政事业性收费，对营利性养老和医疗机构建设减半收取行政事业性收费，包括：国土资源部门收取的土地复垦费、土地闲置费、耕地开垦费、土地登记费；住房城乡建设部门收取的房屋登记费、白蚁防治费；人防部门收取的防空地下室易地建设费；各地人民政府及其财政、价格主管部门按照管理权限批准设立的涉及养老和医疗机构建设的行政事业性收费。要求各地区和有关部门严格执行本通知规定，对公布减免的行政事业性收费，不得以任何理由拖延或拒绝执行。各级财政、价格主管部门要加强对落实本通知情况的监督检查，对不按规定减免相关费用的，要追究相关责任人的行政责任。

1996 年 –2015 年，阳泉市城区行政事业单位离退休支出合计为 4067 万元。

1996 年 –2015 年阳泉市城区行政事业单位离退休支出情况表

表 2–36　　单位：万元

年　份	支出额	年　份	支出额	年　份	支出额	年　份	支出额
1996	8	2002	596	2008	49	2014	76
1997	9	2003	727	2009	60	2015	85
1998	295	2004	359	2010	72	——	——
1999	355	2005	24	2011	68	——	——
2000	404	2006	23	2012	78	——	——
2001	665	2007	36	2013	76	合　计	4067

第六节　就业补助

2006 年，阳泉市城区首次开办技能性培训。根据劳动和社会保障部等 18 部门《关于贯彻落实国务院进一步加强就业再就业工作若干问题的意见》精神，城区集体企业职工开始享受国家对下岗失业人员制定的各项优惠政策。停止办理“外来人员就业证”“外出人员就业卡”“城镇临时就业证”“失业人员失业证”等，开始办理“再就业优惠证”“就业失业证”业务。根据省政府《关于企业职工基本养老保险金计发办法有关问题的通知》精神，改变养老金计发办法，个人账户的规模统一由本人缴费工资的 11% 调整为 8%，单位缴费部分不再划入个人账户。

2007 年，开展上门服务式农民工技能培训，开展面向中高级技能人才的职业技能鉴定。开展公益性岗位安置工作，帮助“4050”等困难就业人员实现就业，开展零就业家庭就业援助工作，实行动态消零，形成长效机制。山西省洪洞县发生“黑砖窑”事件经媒体披露后，引起社会各方关注。城区区委、区政府高度重视，成立整治非法劳动用工专项行动领导组，制定《阳泉市城区开展整治非法劳动用工专项活动实施方案》，具体承担排查任务的劳动监察人员加班加点，不分昼夜，连续作战，取得明显成效，受到省专项活动领导组表彰。出台《阳泉市城区区属困难企业基本医疗保险暂行办法》和《阳泉市城区区属困难企业退休人员医疗救助暂行办法》，开办困难企业医疗保险，将区属困难企业及退休职工纳入医疗保险范围，后又于 10 月启动城镇居民基本医疗保险。

2008 年，主要开展如下培训工作：在全市范围内首次在大中专院校开展创业培训，取得了良好的社会效应；首次组织开展全区民营企业招聘周活动，填补城区就业工作的一项空白，逐步形成城区职业介绍工作的一大品牌；根据全市统一安排，对城镇居民基本医疗保险部分政策进行调整：提高城镇居民基本医疗保险统筹基金最高支付限额；提高低级别定点医院的统筹基金支付比例；建立参保居民连续缴费年限与统筹基金最高支付限额挂钩机制；建立城镇居民基本医疗保险门诊医疗费用统筹补偿机制；扩大参保范围，将无力参加城镇居民基本医疗保险的退休人员和大学生纳入城镇居民基本医疗保险范围。扎实推进创业就业工程，全年新增就业 5026 人。

2009 年，根据晋人社厅发〔2009〕62 号《关于同意和规范全省城镇企业职工补缴基本养老保险费的办法》，在全区所辖企业及灵活就业人员中，开展养老保险补缴，共为 966 名企业职工和灵活就业人员补缴养老保险费 1531 万元，解决历史遗留问题。对城镇居民医疗保险政策调整，将参保范围再次扩大，没有阳泉市城镇户口但长期在该市居住且在该市公安户籍管理部门办理“暂住证”的城镇非从业人员，可以参加阳泉市城镇居民基本医疗保险。

2010 年，到是年年底，创业培训 384 人，技能培训 1074 人，农民工培训 560 人，职业技能鉴定 352 人。共举办 31 场就业招聘会，成功推荐就业岗位 2690 个。共办理“再就业优惠证”1102 个，“就业失业证”2729 个。全区企业养老保险共有 187 家参保单位，3281 名参保职工，企业养老保险基金年收缴 1553 万元；管理退休人员 1750 名，年发放养老保险金 2367 万元；事业养老保险参保单位 63 户，参保职工 599 人，基金年收缴 226 万元，管理退休职工 137 人，年发放养老保险金 197 万元。2006 年 –2010 年，连续六次为退休职工提高养老金待遇，退休人员养老金待遇水平由 2006 年的 486 元增加到 2010 年的 1046 元，月人均增资达 560 元，企、事业养老金按时足额发放率达到 100%，离退休人员充分享受到改革开放和经济发展的成果。是年，城区大力发展社会事业，从多方面让全区人民共享改革发展成果，全区新增就业人数 5083 人，创业带动就业 236 人，下岗失业人员再就业 814 人，城镇登记失业率控制在 3.5% 以内。

2013 年 8 月，阳泉市城区委托就业中心举办 2013 年第三期为期十天的 SYB 创业培训，该次创业培训主要针对下岗失业人员、大中专毕业生和复员退伍军人，共有 30 名学员参加。该次培训所采用的是国际劳工组织和人社部共同编撰出版 SYB 创业培训教材。课程安排注重了解学员具体需求，将理论知识与实际案例相结合，为学员讲解创业意识、营销理念、企业管理、法律法规、税收政策等方面的知识。该次培训所体现出的丰富的培训内容、新颖的培训形式、生动的培训案例，受到广大学员的一致好评。通过该次培训，在很大程度上提升创业者对于规范创业的认识水平，有效促进创业就业的全面健康发展。

2014 年，阳泉市城区努力扩大就业。积极落实就业扶助政策，多渠道开发就业岗位，做好大学毕业生、城镇就业困难人员、农村转移劳动力等重点群体的就业工作。对大学生创业实施小额贷款贴息。加大创业培训力度，降低创业门槛，激发创业活力。加强劳动执法监察，严格落实最低工资制度，健全企业职工工资正常增长机制，推进工资集体协商，切实维护劳动者合法权益。

2015 年，阳泉市城区大力推进就业工作发展，加大政策落实力度，积极保障劳动者合法权益，确保全区就业形势稳定。1月至9月，全区新增就业人数1875人，下岗失业人员再就业人数750人，创业带动就业453人，举办就业招聘会9次，提供岗位794个，职业介绍成功人数177人，各项就业指标均按进度完成。同时，城区大力开发就业见习岗位，为高校毕业生提供见习岗位42个，通过公开招考录用政府购买基层公共服务岗位63人。安置公益性岗位在岗人员380人，并通过建立长效机制实现零就业家庭动态消零。积极落实税费减免政策，累计为13名下岗失业人员办理税费减免，并向5名创业者提供小额贴息贷款40余万元。

2007年–2015年阳泉市城区就业补助支出情况表

表2–37 单位：万元

年　份	支出额	年　份	支出额	年　份	支出额
2007	200	2011	850	2015	919
2008	160	2012	760	——	——
2009	168	2013	676	——	——
2010	511	2014	750	合　计	4994

第七节 残疾人事业

"九五"期间，阳泉市城区福利企业按照"管理和发展并重"的原则，继续稳步向前发展。1996年，全区有社会福利企业16个，创利税49.8万元。1997年，全区共有福利企业14家，实现工业产值1010万元，商业销售额490万元，创利税33万元。是年，根据民政部民福发〔1997〕1号文件《民政部关于加强社会福利企业生产管理工作的决定》及省、市民政部门指示精神，为进一步加大城区福利企业管理力度，成立了阳泉市城区社会福利企业公司（社区服务中心），为自收自支的全民事业单位，编制1人。1998年，全区有福利企业20个，实现年产值890万元，上缴利税49.82万元。安置职工278人，上缴管理费6万元。1999年，全区有福利企业19个，资产总额698万元，销售收入350万元，利润总额158.1万元。2000年，全区有福利企业18个，资产总额523万元，销售收入387.6万元，利润总额35.8万元。

1996年–2000年，阳泉市城区残联组织有关方面完成白内障复明手术171例；装配助视器1人，实施小儿麻痹矫治手术98例，装配假肢15例；肢体康复训练38人；聋儿语言训练2人，培训聋儿家长2名；捐赠轮椅21辆；为残疾人提供残疾人用品用具150多件；为65名残疾人家属及子女解决"农转非"户口。

1998年5月17日，是全国第八个助残日，区残联以"扶贫解困"为主题开展活动。该次活动发放宣传劳动就业资料1.1万余份，书写板报52块。区残联、区卫生局、区红十字会组织5家医院对27名残疾人进行义诊；组织家访12人次；慰问残疾人家庭22户，发放慰问金4800元；为特困残疾人家庭申报"城市最低生活保障金"38 户、64 人。北大街街道办事处残联为 20 名残疾人捐赠了纪念品。是年，城区残疾人事业费支出 6 万元。

1999 年 5 月 16 日，是全国第九个助残日，城区残联以"双向"服务为主题开展活动，当日义务服务对象 100 余人次。在助残日期间，慰问残疾人 11 户，发放慰问金 4800 元，为新建路小学特教班赠送慰问金 800 元。是年，慰问残疾人 3 户，发放救济金 600 元。收取残疾人就业保障金 1.8 万元，培训残疾人 85 人，安置就业 106 人，其中，按比例就业 40 人，安排集中就业和帮助自谋职业 50 人。是年，城区残疾人事业费支出 9 万元。

2000 年 5 月 21 日是全国第十个助残日。阳泉市城区残联以"志愿者助残"为主题开展助残工作，城区政府主要领导和区残工委对全区 15 户贫困残疾人家庭和 1 所学校进行慰问，发放慰问金 3200 元。助残日期间，各基层残联办实事、办好事 35 件，悬挂宣传条幅 1 条，书写宣传板报 5 块。是年，对全区 1281 户残疾人家庭进行入户调查。调查结果显示：城区现有特困残疾人家庭 179 户（年收入低于 800 元），已享受最低生活保障救济的 30 户，需要扶持救济的 149 户。全区盲、聋、哑、弱智儿童、少年入学率达 100%。是年，慰问残疾人 21 户，为每户家庭赠送面粉 2 袋、食油 5 千克，并对其中 2 户特困家庭发放救济金 400 元。收取残疾人就业保障金 2 万元，培训残疾人 105 人，安置就业 150 人，其中，安排集中就业 70 人和帮助自谋职业 80 人。同年，城区残疾人事业费支出 10 万元。

2001 年 –2003 年，阳泉市城区分年度列支残疾人事业费 1 万元、14 万元、10 万元。

2004 年，社区劳动保障平台建设进一步规范。年内在完善制度，巩固组织队伍的基础上，在工作范围和职能上做文章，全年在调查摸底、归类建账、针对性管理服务等方面有新突破。在社区的大力支持下，社区居民就业状况摸底调查 6.3 万余户，登记居民 13.2 万人。同时依托社区，大力开发保洁、保绿、保安、家政服务、卫生保健、快递快送等社区就业岗位，开发公益性就业岗位 675 个，安置人员 675 人，其中安置下岗失业职工 274 人，取得较好的社会效益。是年，城区残疾人事业费支出 10 万元。

2005 年，残疾人事业费支出 13 万元。

"十一五"期间，阳泉市城区多措并举做好残疾人康复工作。

2006 年，成立城区残疾人康复技术指导中心，各街道办事处和社区残疾人专职委员、社区康复协调员配备率达 100%。全区 43 个社区普遍建立面积达 30 平方米以上的残疾人社区康复站，康复室设置率为 100%。以创建"全国残疾人社区康复示范区"为契机，紧紧围绕实现"人人享有康复服务"的目标，充分利用城区社区建设积累的优势，以社区为基础、家庭为依托，大力普及残疾预防康复知识，不断整合资源，拓宽投入渠道，积极落实创建工作所需的人、财、物，较好地满足残疾人的社区康复需求，使残疾人康复工作全面推进。是年，城区残疾人事业费支出 15 万元。

2007 年，阳泉市城区残疾人社区康复工作通过全国验收，以 95.5 分达到"全国残疾人社区康复示范区"创建标准，标志着城区残疾人康复工作进入国家级先进行列。在创建过程中，城区残联紧紧抓住"五个环节"（抓组织领导、抓人员培训、抓制度完善、抓建档立卡、抓康复服务），坚持"九动"促进（政府推动、指导促动、部门联动、宣传发动、社区活动、典型带动、志愿者拉动、康复对象心动、残疾人与家属行动），完善"六项机制"（多角度切入，完善用人机制；多渠道筹资，完善投入机制；多基点着力，完善运行机制；多方位服务，完善训练机制；多部门推进，完善服务机制；多层面引导，完善激励机制），形成"五抓""九动""六完善"的工作模式，通过全区上下共同努力，健全和完善康复服务体系和组织网络，保证康复工作顺利推进。是年，残疾人事业费支出 34 万元，包括行政运行 14 万元，一般行政管理事务 10 万元，残疾人康复 4 万元，残疾人就业和扶贫 6 万元。

2008 年 3 月 20 日，阳泉市城区残疾人联合会第五次代表大会召开，代表 80 人，其中残疾人代表 54 人，其他代表 26 人。会议听取城区残疾人联合会工作报告，选举产生城区残联第五次代表大会主席、名誉主席，选举产生了执行理事会理事长、理事，刘玉田当选为理事长。385 名残疾人得到生活救助和康复救助。是年，残疾人事业费支出 41 万元，包括行政运行 18 万元，残疾人康复 14 万元，残疾人就业和扶贫 9 万元。

2009 年，阳泉市城区残联为听力残疾人办实事做好事。全区共有听力残疾人 780 人，其中青少年听力残疾 96 人。城区残联先后为 110 名贫困听力残疾人免费发放盒式助听器，为 4 名听力残疾儿童配发耳道式助听器，转介 12 名听力残疾儿童到市聋儿语训中心训练，输送 26 名听力残疾少年到市盲聋哑学校接受特殊教育。是年，残疾人事业费支出 35 万元，包括行政运行 17 万元，残疾人康复 7 万元，残疾人就业和扶贫 11 万元。

2010 年，经统计，阳泉市城区残疾学生入学率达到 100%。认真落实困难残疾学生优惠政策，对义务教育阶段的残疾学生全面实行“两免一补”政策，并对 87 人次贫困残疾人子女和残疾学生开展 “春雨行动”专项救助，发放救助资金 17400 元，对考入大学的 7 名残疾学生和残疾人家庭子女给予每人 2000 元一次性助学补贴，确保全区残疾儿童入学率达到 100%。是年，城区残疾人事业费支出 70 万元，包括行政运行 36 万元，残疾人康复 7 万元，残疾人就业和扶贫 12 万元，其他残疾人事业支出 15 万元。

2011 年，阳泉市城区探索残疾人服务新模式加大对重度残疾人的生活服务力度。对重度残疾和行动不便的残疾人，动员社区残协组织 11 人的专业服务队伍，每人承包 3 ～ 4 户残疾人家庭，定时提供送餐上门、康复护理、家政卫生、生活照料、医疗保健、信息传输、聊天慰藉、心理疏导等服务。截至 2010 年年底，共有 128 名智力、精神和重度残疾人享受“阳光家园计划”托养服务。区残联主动与市残联协调沟通，争取到托养专项费用 15.4 万元。是年，阳泉市城区残疾人事业费支出 121 万元，包括行政运行 18 万元，残疾人康复 8 万元，残疾人就业和扶贫 85 万元，其他残疾人事业支出 10 万元。

2012 年，阳泉市城区在阳光广场举行第 21 个全国助残日宣传活动暨残疾人机动轮椅车燃油补贴发放仪式。全区共有 34 名用机动轮椅车代步的下肢残疾人领取 2009 年、2010 年的燃油补贴，每人 400 元，共计 13600 元，在全省率先完成该项工作。是年，城区残疾人事业费支出 190 万元。

2013 年 7 月，由省残联和省盲协举办的第三届“夏青杯”朗诵大赛盲人赛区暨追梦杯第四届全国盲人歌手大赛山西选拔赛成功落下帷幕。城区选手获山西选拔赛二等奖。该次大赛全省共有 8 个市的残联组织选送 32 名选手参赛，任红梅是阳泉市选送的唯一参赛选手。2011 年以来，城区高度重视残疾人文化建设，健机制、搭平台、强保障，残疾人文化事业取得长足发展。城区培智学校表演的《小瓜棚》被中国残联、教育部、文化部、广电总局评为“第五届全国盲聋培智学校学生艺术会演优秀奖”；在山西省第四届残疾人职业技能竞赛中，城区选手获得水彩绘画一等奖，计算机组装二等奖。全年残疾人事业费支出 210 万元。

2014 年 2 月，阳泉市城区残联在金三角社区举行 2013 年度二级以上残疾人特殊救助发放仪式，共为全区符合条件的 1069 名二级以上残疾人发放每人 1200 元的特殊救助 128.28 万元。对二级以上残疾人实施特殊救助是城区区委、区政府关注民生，关爱贫困残疾人的重要举措。本着“抓早、抓好、抓细”的原则，城区残联从组织宣传、措施制定、细节落实等几个方面着手，精心组织实施2013年度二级以上残疾人特殊救助工作。召开各街道残联理事长工作会议，详细安排部署全区二级以上残疾人特殊救助工作；广泛宣传，提高政策知晓率，确保对符合规定的救助对象做到应助尽助；坚持“公开、公平、公正”原则，严格审核把关，并按规定进行一周的公示，确保救助程序严谨规范。

5月15日，在第24次全国助残日来临之际，阳泉市城区在阳光广场集中发放残疾人辅助器具。城区人大常委会副主任吴祥玉出席活动。该次发放的辅助器具包括伸缩手杖、四角手杖、凳式拐杖、腋杖、肘杖、助行器、坐便器、轮椅、盲杖、儿童轮椅等，共10大类、193件，近两百位残障人士从中受益。

10月，执行市财政局会同市残联、人社局出台的相关政策，正式启动重度残疾人护理补贴和贫困残疾人生活补贴制度，补贴标准如下：一级重度残疾人护理补贴和一级贫困残疾人的生活补贴标准：城镇户口每人每月120元，其中省财政负担20元，市级财政负担50元，区财政负担50元；二级残疾人补贴标准为城镇户口每人每月可享受100元，其中市级财政负担50元，区财政负担50元。

2015年11月，在太原召开的山西省全国残疾人基本服务状况和需求专项调查总结表彰大会上，城区残联被授予山西省全国残疾人基本服务状况和需求调查“先进集体”荣誉称号。从2014年10月开始的山西省全国残疾人基本服务状况和需求专项调查工作，城区共计调查残疾人2826人，完成率为99.02%，其中入户调查2779人，入户调查率为98.33%，电话调查47人，电话调查率为1.67%。城区残联抽样复录共计抽样人数344人，复录操作完成率达100.00%，复录错误率为0。

1998年–2015年阳泉市城区残疾人事业支出情况表

表2–38　　　　　　　　　　　　　　　　　　　　　　　　单位：万元

年　份	支出额	年　份	支出额	年　份	支出额	年　份	支出额
1998	6	2003	14	2008	41	2013	201
1999	9	2004	10	2009	35	2014	139
2000	7	2005	13	2010	70	2015	253
2001	10	2006	15	2011	121	——	——
2002	1	2007	57	2012	190	合　计	1192

第八节　城市居民最低生活保障

2005年8月，阳泉市城区按照阳泉市民政局安排，城区在窑坡、西营盘、朝阳街三个社区进行城镇居民最低生活保障试点，随机选取45户低保对象，每户确定30名填卡人予以填卡监督。经过认真统计分析，发现有个别公示对象存在虚报、少报、瞒报，不如实反映情况的问题，同时还发现一些使用手机、外出打工等线索，上述情况都在第四季度低保复查中得到查实，对其中4户取消低保，

4 户降低保障金，2 户提高保障金。全年不断健全社会保障体系，养老保险金足额发放率和社会化发放率保持 100%，全年累计发放城镇居民最低生活保障金 733.73 万元。

2006 年 1 月，阳泉市城区决定在上年取得试点经验的基础上，逐步规范操作程序，对遇到的诸如填卡质量差、公示卡内容不够完善、个别居民和单位不配合的问题，在积极向上级反映的同时，及时做出调整。为保证该项工作顺利进行，根据市民政局、财政局《关于在全市开展低保公示卡公示制度的意见》，城区民政局下发《关于在城区开展低保公示卡公示制度的实施方案》，从公示对象的选取、公示卡的发放范围、发卡、收卡、统计、分析的全过程进行规范。

3 月，阳泉市城区决定努力抓好社保扩面工作。其思路是在巩固现有保障范围的基础上，养老、失业、医疗三项保险全面向非公有制企业、个体经济组织、灵活就业人员和进城务工农民工扩展，以进一步扩大基金积累，增强保障能力。在扩面方面采取如下措施：加大宣传和协调力度，使非公有制企业主积极参保；建立目标责任制，从领导到职工层层下任务，包启业，加大工作力度，确保扩面任务完成；加大劳动监察力度，是年推行“四位一体”的监察方法，用法律手段促使非公有制企业参保；加大信息网络建设，充分利用阳泉市“金保工程”建设的有利时机。在年内将城区的劳动保障信息网络建立起来，保质保量上传企业养老保险数据；积极开展“百户民企进社保”活动，促进非公有制企业参加社会保险；在基金征缴上，组建稽核机构，派专职人员，加大清欠力度，特别是对改制企业资产变现清偿欠费情况实行全程跟踪，确保企业欠费清理回收到位；通过努力，完成城镇企业职工养老保险参保 2293 人，失业保险参保 4100 人，医疗保险参保 3805 人；三项保险基金总收入增长 5% 的目标。

2007 年 8 月，阳泉市城区从 2007 年 8 月 23 日起正式展开再次调高企业退休人员基本养老金工作，调整范围涉及职工 1368 人，调整标准月增资最高 205 元、最低 85 元，平均工资将由 656 元增加到 761 元，8 月月底前全部完成该项工作。城区第三期职工大病医疗互助工作正式启动。是年，大病互助的工作重点是：在上一期参加单位和人员的基础上，一是将各机关、事业单位的临时工作人员、雇佣人员全部纳入参加范围；二是在上年新华东街社区工会试点工作取得经验的基础上，是年在全区范围内社区参加工作要稳步扩面，扩大参加互助的社区职工；三是加大困难企业职工参加互助的力度，努力做到“应入尽入”。

2008 年，养老、失业、医疗等社会保险扩面工作整体推进，进一步提高企业退休人员基本养老金和城市贫困居民低保补贴标准。城市基层卫生服务机构向规范化迈进，城镇居民基本医疗保险参保率达 92.9%，基本实现全民医保。

2009 年，阳泉市城区在是年社会保障工作中健全社会保障体系，巩固扩大非公有制经济从业人员参保成果，积极推进灵活就业人员、进城务工人员和自由职业者的参保入保，扩大各类保险覆盖面，完善社会保障体系，不断提高社会保障水平。扎实推进事业单位养老保险改革，探索建立统一规范的事业单位养老保险制度。

2010 年，阳泉市城区在低保工作中强化措施、完善制度，健全审批程序，逐步形成“户主申请、社区评议、街道初审、区民政局审批、按月发放、按季复查、分类管理”的工作程序，并强化入户调查、民主评议、张榜公布、社会监督等审核机制。到是年年底，城区在所有街道、社区推广低保听证会制度，建立社会救助评议小组，邀请人大、政协、老党员、单位代表等人员参加对申请低保、医疗救助对象家庭的资格审查工作，提高群众参与，接受社会监督、促进社会救助工作的透明、公开。结合城区实际，制定出台《城区基层低保规范化建设考核标准》《城区低保工作手册》，建立区、街道、社区三级档案管理制度、“低保边缘户救助制度”、低保来访回执制度、低保取消调整告知制度等，专门印制“低保金发放明白卡”“低保宣传册”，初步实现制度规范化、申请程序化、档案管理标准化、低保数据库信息化的“四化”标准。

2011 年，执行《阳泉市人民政府关于阳泉市城镇居民医疗保险补充意见的通知》和《阳泉市人民政府办公厅关于阳泉市城镇居民补充医疗保险实施意见的通知》，对城镇居民医疗保险政策执行新的规定：一是提高城镇居民住院费用报销比例。统筹基金支付比例调整如下，三级医院由 50% 提高到 60%，二级医院由 60% 提高到 65%，一级医院由 70% 提高到 75%。二是完善城镇居民医疗保险门诊统筹补偿制度。从是年起，参保居民无论当年是否报销过医疗费用，均可享受门诊补偿待遇。门诊统筹补偿标准由原来“当年个人缴费部分”调整为“未成年人每人每年 10 元、成年人每人每年 30 元”，是年结余部分可结转使用。三是启动城镇居民补充医疗保险。城镇居民补充医疗保险是指对参保居民所发生的符合基本医疗保险政策规定的医疗费用自付部分，给予一定比例赔付的医疗保险。

2012 年 8 月 24 日上午，举行城区城镇居民社会养老保险金首发仪式，为全区符合领取条件的 2824 名 60 周岁以上老年人发放 7 至 8 月养老金共计 33.888 万元。

9 月，执行财政部、民政部联文下达的《城乡最低生活保障资金管理办法》，在该基础上城区对资金筹集规定如下：

城乡低保资金的筹集渠道包括各级财政预算安排的资金、社会捐赠收入等。各级财政部门应将城乡低保资金纳入同级财政预算。同时，通过税收优惠政策，鼓励和引导社会力量提供捐赠和资助，多渠道筹集城乡低保资金。

民政部门应按照预算编制要求，根据低保对象人数、低保标准、补助水平和滚存结余等有关数据，认真测算下年度城乡低保资金需求报同级财政部门，由财政部门列入财政预算报本级人民代表大会批准后实施。

年度预算执行过程中，如需调整城乡低保资金预算，应由民政部门根据实际情况向财政部门提出申请，经财政部门审核并按规定程序报批后实施。

城乡低保资金年终如有结余，可结转下一年度继续使用。城市低保资金和农村低保资金年终滚存结余一般均不得超过其当年支出总额的 10%。

12 月，阳泉市城区执行财政部颁发的《城乡医疗救助基金管理办法》，对城乡医疗救助基金的使用规定如下：

城乡医疗救助基金的救助对象是城乡低保对象、农村“五保”对象，以及符合其他医疗救助条件的经济困难群体；城乡医疗救助基金应分别结合城镇居民基本医疗保险和新型农村合作医疗制度的相关政策规定，统筹考虑城乡困难群众的救助需求，首先确保资助对象全部参加基本医疗保险，其次对经基本医疗保险、大病保险和商业保险等补偿后，救助对象仍难以负担的符合规定的医疗费用给予补助，帮助困难群众获得基本医疗服务。对因各种原因未能参加基本医疗保险的救助对象个人自付医疗费用，可直接给予救助；救助方式以住院救助为主，同时兼顾门诊救助。各地要科学制定救助方案，合理设置封顶线，稳步提高救助水平，努力弥合城乡困难群众在获得医疗救助方面的差异，满足其正常的医疗服务需求。

2014年6月，阳泉市城区从几个方面努力完善社会保障体系。继续扩大社会保险覆盖面，稳步提高社会保险统筹层次和待遇水平；加强养老保险体系建设，推进机关事业单位人员养老保险制度改革，加快建立完善社会保障三级网络平台，努力推动社会保障服务进社区；落实企业退休人员基本养老金提标工作，城镇居民基本医保人均财政补助标准由280元提高到320元；完善社会救助体系，进一步提高城市最低生活保障标准；对全区200名贫困残疾人实施康复救助。

是年，社会保障和就业支出6394万元，比上年增长1.28%。拨付城市居民最低生活保障资金2127万元，城市低保标准提高30元，37617户、81954人低保对象受益；加大社会救助投入力度，落实孤儿基本生活保障资金6万元和二等以上和重度残疾人特殊救助及补贴资金156万元。

2015年，阳泉市城区低保工作秉承“以民为本，为民解困，为民服务”的工作宗旨，坚持托底线、救急难、可持续的保障制度，多措并举，成效明显。一是提高低保标准。从1月1日起，及时提高了城市低保标准，由原来每人每月410元提高到430.5元，并为全区在册保障对象补发71.4万元。二是开展专项整治。开展为期6个多月低保专项整治工作，入户调查核实2932户，取消和退出不符合低保条件的373户915人，有效地杜绝和纠正低保工作中存在的“人情保、关系保、错保、漏保”等不规范现象。三是抓好动态管理。按时完成低保动态复核。截至12月月底，全年累计保障低保对象3.71万户次、7.93万人次，月保障2983户、6284人，发放低保金2256.84万元。同时，为全区低保对象发放减免电费电量资金26.38万元。

1998年–2015年阳泉市城区城市居民最低生活保障补助支出情况表

表2-39　　单位：万元

年　份	支出额	年　份	支出额	年　份	支出额	年　份	支出额
1998	5	2003	24	2008	1269	2013	2411
1999	19	2004	31	2009	1779	2014	2127
2000	21	2005	193	2010	1882	2015	2699
2001	43	2006	267	2011	2227	——	——
2002	234	2007	852	2012	2196	合　计	18279

第九节　其他民政事业费

其他民政事业费包括干部训练费、离退休干部管理机构经费、老龄机构经费、拥军优属慰问费、勘界经费，行政区划及地名管理费、民间组织管理费和其他民政事业费等项。

2004年，阳泉市城区对“双拥”工作进行总结。城区每年都要安排2万–3万元活动经费用于“双拥”工作，“再难不难子弟兵，再苦不苦老功臣”，成为全区上下的共识。在“双拥”工作中，发动驻区各单位充分挖掘和利用科技资源优势，广泛开展科技进军营，先进设备进军营，流动书市进军营，法律知识进军营“四进”活动。城区区委、区政府明确规定，凡本籍入伍和本地驻军在科技练兵中立功和被评为科技训练标兵的优秀单位、个人，予以物质奖励。在支援部队建设方面，凡是驻军工程建设，城区在资金上都给予支持和配合。

2004年以来，阳泉市城区先后筹集资金110万元，支持城区人武部修建四层办公楼，解决部分干部宿舍，修建军械仓库；南庄煤矿无偿提供土地，协助人武部建起一流的训练基地；供电局得知66488部队工程建设过程中，碰到“用电难”问题，局领导亲自带领技术人员，深入施工现场，勘察线路，投入资金21万元，架设配电专线一条，又把西城变电站退出运行的一台变压器进行加工改造，及时解决部队生产供电问题。驻城区部队把做好拥政爱民工作变为自觉行动。驻娘子关66444部队、66442部队、91701部队针对驻地群众看电视难的实际情况，军队自费出资为娘子关、程家等村安装电视接收设备，解决这些村的看电视问题。阳泉市武警支队在2004年2月13日狮脑山灭火中的英勇事迹、以及其他驻区部队在支援地方建设方面做出的贡献，都受到人民群众的高度赞扬。

1985年–2006年，阳泉市城区其他民政事业费支出514.5万元，其中离退休干部管理机构经费6万元，老龄机构经费2万元，拥军优属慰问费7万元，其他民政事业费499.5万元。

1985年–2006年阳泉市城区其他民政事业费支出情况表

1985年–2006年阳泉市城区其他民政事业费支出情况表

表2–40　　　　单位：万元

年　份	支出额	年　份	支出额	年　份	支出额	年　份	支出额
1985	1.7	1991	4.6	1997	4.0	2003	26.0
1986	4.5	1992	9.9	1998	8.0	2004	81.0
1987	2.5	1993	9.7	1999	11.0	2005	129.0
1988	4.4	1994	6.8	2000	8.0	2006	150.0
1989	3.1	1995	8.0	2001	16.0	——	——
1990	3.3	1996	4.0	2002	19.0	合　计	514.5

从2007年开始，调整财政决算科目，其他民政事业费不再单独提现。

第五章 行政管理费

新中国成立后，行政管理费是国家权力机关、行政机关、审判机关、法律监督机关及各党派和人民团体的经费，是财政决算总支出的重要组成部分，属于非生产性支出，又是组织和领导国家各项政治、经济、文化活动，保证社会主义建设顺利进行，维护社会治安，安定人民生活必不可少的支出。

行政管理费，主要包括行政支出、公安安全支出、司法支出，在执行过程中变动较多。1950年，行政管理费只有行政支出。1951年，分设行政管理费、民主党派和人民团体经费、其他行政经费等。1953年，取消其他行政经费科目。1954年，城市街道办事处和居民委员会的经费列入行政支出。1955年，司法、公安支出划归中央主管部门垂直管理。1956年，公安、司法、检察支出单独设类管理。1957年，司法业务划归地方。1958年，公安、司法支出类取消，划归行政管理费设款列支；建设银行由原事业费改为行政费列支。1959年，公检法业务费由行政支出列支，县（区）人民银行由企业改为行政，经费改为行政支出。1962年，建设银行和人民银行经费又列事业费支出或企业支出；基层税务人员改列事业费支出，并增设精减人员经费。1963年，增设干部训练费和农村社会主义教育经费。1969年，建设银行改为行政支出，基层税务人员由原税务费列支改为行政支出列支，增设干部下放经费。1970年，各级总工会划为行政编制，各项经费在行政支出项下列支。1971年，农村人民公社专职武装干部的经费改为行政支出。1973年，人民银行和建设银行改为事业费列支，按企业管理。1976年，行政支出款下分设国家机关经费、行政业务费、干部训练费，其他行政经费四个项级科目。1977年，人民武装警察划入行政编制，为行政支出；地方外事支出改列“其他支出类”。1978年，档案馆经费为行政支出。1980年，基层工商管理机构和基层税务人员改由其他事业费列支。1981年，将档案馆经费移科学事业费类开支，增设公安支出。1983年，增设司法支出。1986年，将公检法司支出合并为一个款级科目，增设离退休人员费用。1987年，公检法支出改称政法支出款。1988年，取消离退休人员费用款，分列各类各款中开支；政法支出从行政管理费中分出单列公检法支出类；同时，将行政支出款下项级科目修改为“人大经费”和“政府机关经费”，增设“党派团体补助费”支出科目。1998年，取消“党派团体补助费”，将行政管理费下科目规定为人大经费、政府机关经费、政协经费、共产党机关经费、民主党派机关经费和社会团体机关经费六项。2007年，对支出核算科目进行大幅调整，将行政管理费支出调整为一般公共服务支出、国防支出、公安安全支出三部分。至2015年，支出核算科目再未发生大的变化。

1985年，阳泉市城区建立一级财政后，行政管理费支出逐年增长。1985年，行政管理费支出89.9万元；到2015年，行政管理费支出7212万元，是1985年的80.22倍。1985–2015年，城区行政管理费共支出94189.5万元，年均支出3038.37万元。

1985 年 –2015 年阳泉市城区行政管理费支出情况表

表 2-41　　　　单位：万元

年　份	支出额	年　份	支出额	年　份	支出额	年　份	支出额
1985	89.9	1993	539.8	2001	1306.0	2009	6765.0
1986	119.3	1994	666.6	2002	1421.0	2010	9170.0
1987	152.2	1995	782.0	2003	1921.0	2011	9280.0
1988	191.8	1996	928.0	2004	1760.0	2012	9808.0
1989	343.5	1997	986.0	2005	1973.0	2013	9881.0
1990	332.1	1998	1220.0	2006	2453.0	2014	8176.0
1991	391.5	1999	1156.0	2007	5915.0	2015	7212.0
1992	484.8	2000	1171.0	2008	7594.0	合　计	94189.5

第一节　行政支出

新中国成立后，财政预算设行政支出款级科目。行政支出范围，主要有国家机关经费、行政业务费、干部训练费、其他行政费 4 个项目。具体包括：

国家机关经费。主要是各级人民代表大会常务委员会、党政机关经费、民主党派和共青团、妇联等人民团体经费，以及由国家预算开支的乡镇行政干部经费。

行政业务费。主要是各级人民代表会议费、人民代表视察费、选举费、政协委员视察费、统战业务费、民族华侨宗教事务费、政治宣传费、县（区）以上民主党派和共青团、妇联等人民团体业务费、高等学校毕业生调遣费。

干部训练费。包括团校经费、行政干部训练费。

其他行政费。主要是居民委员会补助费，党政机关、民主党派和人民团体的调干人员未分配工作期间的费用，工作人员 6 个月以上病假期间的费用，机关托儿所差额补助，离休、退休人员费用，老红军生活困难补助等经费。行政支出项目，主要包括个人经费和公用经费两部分。

“七五”时期，全区行政支出 672 万元，年均支出 134.4 万元。其中个人经费支出 260.9 万元，公用经费支出 411.1 万元，分别占同期行政支出的 38.8%和 61.2%。

“八五”时期，全区行政支出 1729.5 万元，年均支出 345.9 万元，比“七五”时期增长 163%；其中，个人经费支出 802.3 万元，公用经费支出 927.2 万元，分别占同期行政支出的 46.38%和 53.62%。

“九五”时期，全区行政支出 3083 万元，年均支出 616.6 万元，比“八五”时期增长 78.31%；其中，个人经费支出 1369 万元，公用经费支出 1714 万元，分别占同期行政支出的

44.4%和55.6%。

“十五”时期，全区行政支出4974万元，年均支出994.8万元，比“九五”时期增长61.33%；其中，个人经费和公用经费在2001年分别支出553万元和157万元，分别占2001年行政支出的77.88%和22.12%。2002年，行政支出817万元，其中个人经费和公用经费分别支出663万元和154万元，分别占2002年行政支出的93.39%和6.61%。2003年，行政支出998万元，其中人员支出717万元，公用支出281万元，分别占当年行政支出的71.84%和28.06%。2004年，行政支出1017万元，比2003年增长1.9%。其中，人员支出797万元，公用支出220万元，分别占当年行政支出的78.37%和21.63%。2005年，行政支出1432万元，比2004年增长40.8%；其中，人员支出1054万元，公用支出378万元，分别占当年行政支出的73.6%、26.4%。

1985年-2006年阳泉市城区行政实际支出情况表

表2-42　　单位：万元

年　份	小　计	个人经费	公用经费	年　份	小　计	个人经费	公用经费
1985	57.0	23.6	33.4	1997	552.0	280.0	272.0
1986	83.8	33.7	50.1	1998	705.0	253.0	452.0
1987	105.9	46.5	59.4	1999	631.0	265.0	366.0
1988	103.5	51.5	52.0	2000	641.0	308.0	333.0
1989	180.0	57.3	122.7	2001	710.0	553.0	157.0
1990	198.8	71.9	126.9	2002	817.0	663.0	154.0
1991	238.6	88.0	150.6	2003	998.0	717.0	281.0
1992	321.5	113.6	207.9	2004	1017.0	797.0	220.0
1993	352.9	145.4	207.5	2005	1432.0	1054.0	378.0
1994	381.5	231.3	150.2	2006	1761.0	1205.0	556.0
1995	435.0	224.0	211.0	——	——	——	——
1996	554.0	263.0	291.0	合　计	12276.5	7444.8	4831.7

“十一五”时期，行政支出各项工作持续推进。2006年，行政支出1761万元，其中人员支出1205万元，公用支出556万元。

从2007年开始，财政决算发生重大变化，核算口径不再沿用以往模式。为保证财政决算的衔接，对2006年决算按新、旧两套方案编制。而2007年决算，对行政支出反映是最为细致的。以2007年城区人大支出为例，是年支出为206万元，包括：工资福利支出44万元，其中，基本工资32万元、津贴补贴9万元、奖金2万元、伙食补助费1万元；商品和服务支出78万元，其中，办公费10万元、印刷费3万元、邮电费3万元、取暖费1万元、交通费15万元、差旅费1万元、会议费 17 万元、培训费 7 万元、招待费 3 万元、其他商品和服务支出 18 万元；对个人和家庭的补助支出 57 万元，其中，离休费 18 万元、退休费 37 万元、住房公积金 1 万元、其他对个人和家庭的补助支出 1 万元；其他资本性支出 27 万元，其中，办公设备购置 1 万元、专用设备购置 4 万元、交通工具购置 22 万元。

一、个人经费部分

2001 年之前，个人经费部分包括工资、补助工资、职工福利费、人民助学金、离退休人员费用、主要副食品价格补贴、社会保险缴费、津贴和其他等项；2002 年后，个人经费部分包括人员支出及对个人和家庭补助支出两部分，其中，人员支出包括工资、津贴、奖金、福利费、社会保险缴费和其他等项目；对个人和家庭补助支出包括离休费、退休费、就业补助费、抚恤金、医疗费、生活补助费、提租补贴、住房公积金、购房补贴、助学金及其他等项。2003 年开始，人员支出减除福利费；个人和家庭补助支出减除就业补助费，提租补贴、住房公积金和购房补贴合并为住房补贴，余者未变。

1. 基本工资。基本工资是个人经费部分的基础，新中国成立后的各个计划时期，国家对工作人员的工资曾多次进行改革和调整，总的体现国家在经济和生产不断发展的情况下，努力改善和提高人民生活的过程。国民经济恢复时期，对国家机关工作人员实行供给制和薪金制两种待遇，即对原解放区入城的工作人员仍实行供给制待遇，对留用旧政权工作人员和新参加工作的人员按薪金制待遇。当时，虽然沿用革命根据地的供给制度，但标准却在不断变动，仅 1950 年就有 3 次较大变动。

1951 年，供给标准的各项开支仍以小米为计算标准，标准规定政府一般干部，每人每月以 200 斤预算。

1955 年 11 月，国家机关工作人员全部改为工资制待遇。是年，执行《国家工作人员工资标准表》，共设 11 个工资类别，30 个工资级别，城区执行四类地区标准。

1985 年，全区由四类地区工资标准改行五类地区工资标准。是年 6 月，按照中共中央、国务院发布的《关于国家机关和事业单位工作人员工资制度改革问题的通知》，对国家机关、事业单位的工资制度进行改革。普通中小学和幼儿园工作人员从 1985 年 1 月 1 日起执行新的工资制度；国家机关和事业单位从 1985 年 7 月 1 日起执行新的工资制度。新工资制度的主要改变如下：

国家机关行政人员和专业技术人员实行以职务工资为主要内容的结构工资制，将原来的基本工资、副食品价格补贴、行政经费节约奖金，与该次工资改革增加的工资合并在一起，按照工资的不同职能，分为基本工资、职务工资、工龄津贴和奖励工资 4 个部分组成基本工资；

事业单位行政人员和专业技术人员的工资制度，根据各行各业的特点“因行制宜”。可以实行以职务工资为主要内容的结构工资制，也可以实行以职务工资为主要内容的其他制度。为鼓励中小学和中等专业学校、技工学校的教师、幼儿教师和护士长期从事本职业，除按规定发给工龄津贴以外，另按从事本职业的工作年限，加发教龄津贴和护龄津贴；

国家机关、事业单位的工人，可以实行以岗位（技术）工资为主要内容的结构工资制，也可以实行其他工资制度。该次工资改革是中华人民共和国成立以来职工增加工资最多的一次，由以级别定工资的职务等级工资制，转到以职务工资为主要内容的结构工资制，结构工资分为基础工资、职务工资、工龄津贴和奖励工资四个部分。是年，全区行政机关基本工资支出 16 万元。

“七五”计划时期，行政机关基本工资共支出 144.6 万元，年均支出 28.96 万元，占同期行政支出中个人部分支出的 55.42%。其中，1986 年全区行政机关基本工资支出 21.1 万元，比 1985 年增长 24.17%，占当年行政支出中个人部分支出的 62.6%；1989 年，国务院决定给国家机关各事业单位工作人员普调一级工资，并在此基础上重点解决专业技术人员工资中的一些突出矛盾。这是自 1985 年实行公务员工资调整以来的第二次公务员工资调整。1990 年，行政机关基本工资支出 37.6 万元，比 1985 年增长 135%，占是年行政支出中个人部分支出的 52.29%。

“八五”计划时期，全区行政机关基本工资支出 376.5 万元，年均支出 75.3 万元，比“七五”时期增长 160%，占同期行政支出中个人部分支出的 46.92%。1992 年，国家适当调整国家机关和部分事业单位工作人员奖励工资（奖金）标准，在全年不超过人均一个半月基本工资的基础上，从当年 3 月 1 日起，再增加一个半月基本工资。增加的奖金从 60 元到 15 元分 10 级，每级相差 5 元，同时调整工龄津贴标准，由每工作一年 0.5 元调整到 1 元。从 1993 年 10 月开始，《国家公务员暂行条例》正式实施，国家干部变为公务员，按不同职能，将机关工作人员工资分为四个部分：职务工资、级别工资、基础工资、工龄工资，其中，以职务工资和级别工资为主体。这是改革开放以来第三次工资制度改革，国家机关建立和实行职务级别工资制，事业单位实行职务（职称）工资制，并建立工作人员定期增资制度。职级工资由职务工资、级别工资、基础工资、工龄工资四部分构成。1994 年，将机关、事业单位单一的工资标准分离开来，机关干部仍执行职级工资制度，分为基础工资、职务工资、级别工资、工龄工资。1995 年，行政机关基本工资共支出 117 万元，比 1990 年增长 2.11 倍；占当年行政支出中个人部分支出的 52.23%。

“九五”计划时期，全区行政机关基本工资共支出 713 万元，年均支出 142.6 万元，比“八五”时期增长 89.3%，占当期行政支出中个人部分支出的 23.12%。其间，1996 年行政机关基本工资支出 117 万元，与 1995 年持平。1997 年，根据国务院《关于机关和事业单位工作人员工资制度改革问题的通知》和国务院办公厅《关于印发机关、事业单位工资制度改革三个实施办法的通知》规定，从是年 7 月 1 日起，将机关行政人员基础工资标准由原每人每月 90 元提高到每人每月 110 元，并适当调整机关工人的岗位工资标准和机关新录用人员的试用期工资标准，机关新录用人员的试用工资相应提高：大学本科生每月 70 元提高到 225 元；硕士生由每月 97 元提高到 260 元；博士生由每月 105 元提高到 290 元。同时根据事业单位各类工作人员工资制度的特点及工资构成比例，相应调整事业单位工作人员工资标准，并相应提高事业单位新参加工作人员见习期工资标准。是年，全区行政机关基本工资支出 114 万元。1999 年，按照国务院办公厅转发人事部、财政部《关于调整机关事业单位工作人员工资标准和增加离退休人员离退休费三个实施方案的通知》精神，从 7 月 1 日起，在职工作人员按下列标准增加工资。离休人员、离休前级别、职务明确的，按上述标准增加离休费；离休前级别、职务不明确的，按照晋政办发〔1996〕35 号文件精神，比照同职务同条件在职人员按规定增加离休费。退休人员按下列标准增加退休费：行政人员，省级 210 元，厅（地）级 170 元，处级 140 元，科级 110 元，科员及办事员 90 元；专业技术人员，教授级 170 元，副教授级 140 元，讲师级 110 元，助教及以下职务 90 元，工人 90 元。依照国家规定退职人员，每人每月增加 80 元退职生活费，民办教师、计划内临时工，每人每月增加 90 元。1999 年，行政机关基本工资支出 154 万元，为上年的 108%。2000 年行政机关基本工资支出 186 万元，比上年增长 20.77%，占同年行政费中个人支出的 60.39%。

2001年1月，进行改革开放以来的第六次调整工资，公务员每人每月180元的基础工资提高到230元；15级至1级每人每月85元至720元的级别工资，提高到115元至1166元。10月，进行改革开放以来的第七次调整工资，公务员每人每月50元至480元的职务工资标准提高到100元至850元。全区行政机关基本工资支出398万元，占行政支出个人经费部分的71.97%，比上年增长1.14倍。

2002年，全区行政机关人员支出625万元。

2003年7月，进行改革开放以来的第八次调整工资，公务员的职务工资由100元至850元提高到130元至1150元。全区行政机关人员支出684万元，比上年增长0.94%，2004年，全区行政机关人员支出752万元，比上年增长0.99%，2005年，全区行政机关人员支出723万元，比上年减少0.4%，

2006年6月14日，国务院发布《公务员工资制度改革方案》，在全国范围实行，是改革开放以来的第九次调整工资。

①改革公务员职级工资制。

a. 调整基本工资结构。公务员基本工资构成由现行职务工资、级别工资、基础工资和工龄工资四项调整为职务工资和级别工资两项，取消基础工资和工龄工资。

职务工资。主要体现公务员的工作职责大小。一个职务对应一个工资标准，领导职务和相当职务层次的非领导职务对应不同的工资标准。公务员按所任职务执行相应的职务工资标准。

级别工资。主要体现公务员的工作实绩和资历。公务员的级别由15个调整为27个，取消现行级别。每一职务层次对应若干个级别，每一级别设若干个工资档次。公务员根据所任职务、德才表现、工作实绩和资历确定级别和级别工资档次，执行相应的级别工资标准。

b. 调整基本工资正常晋升办法。公务员晋升职务后，执行新任职务的职务工资标准，并按规定晋升级别和增加级别工资。公务员年度考核称职及以上的，一般每五年可在所任职务对应的级别内晋升一个级别，一般每两年可在所任级别对应的工资标准内晋升一个工资档次。公务员的级别达到所任职务对应最高级别后，不再晋升级别，在最高级别工资标准内晋升级别工资档次。

c. 实行级别与工资等待遇适当挂钩。厅局级副职及以下职务层次的公务员，任职时间和级别达到规定条件后，经考核合格，可以享受上一职务层次非领导职务的工资等待遇。

②完善机关工人岗位技术等级（岗位）工资制。

a. 调整机关工人基本工资结构。技术工人仍实行岗位技术等级工资制，基本工资构成由现行岗位工资、技术等级（职务）工资和奖金三项调整为岗位工资和技术等级（职务）工资两项。岗位工资根据工作难易程度和工作质量确定，按初级工、中级工、高级工三个技术等级和技师、高级技师二个技术职务设置，分别设若干工资档次。技术等级（职务）工资根据技术水平高低确定，一个技术等级（职务）对应一个工资标准。普通工人仍实行岗位工资制，基本工资构成由现行岗位工资和奖金两项调整为岗位工资一项。

b. 基本工资正常晋升办法。机关工人年度考核合格及以上的，一般每两年可在对应的岗位工资标准内晋升一个工资档次。

③完善津贴补贴制度。在清理规范津贴补贴的基础上，实施地区附加津贴制度，完善艰苦边远地区津贴制度和岗位津贴制度。

a. 实施地区附加津贴制度。地区附加津贴主要反映地区经济发展水平、物价消费水平等方面的差异。在清理规范津贴补贴的基础上，实施地区附加津贴制度。实施地区附加津贴制度的方案另行

制定，适当时候出台。

b. 完善艰苦边远地区津贴制度。艰苦边远地区津贴主要是根据自然地理环境、社会发展等方面的差异，对在艰苦边远地区工作生活的工作人员给予适当补偿。考虑自然地理环境和人文社会发展等因素，建立科学的评估指标体系，合理界定艰苦边远地区津贴实施范围和类别，适当增设津贴类别，合理体现地区之间艰苦边远程度的差异。依据评估指标体系对各地区艰苦边远程度的评估结果，综合考虑政策性因素，确定实施范围和类别。建立艰苦边远地区津贴水平正常增长机制和实施范围、类别的动态调整机制；根据经济发展和财力增长及调控地区工资差距的需要，适时调整艰苦边远地区津贴标准；根据评估指标体系，定期评估并适时调整实施范围和类别。执行艰苦边远地区津贴所需资金，属于财政支付的，由中央财政负担。完善艰苦边远地区津贴制度的实施方案另行制定。

c. 完善岗位津贴制度。在特殊岗位工作的人员，实行岗位津贴制度。国家对岗位津贴实行统一管理。在清理各项岗位津贴的基础上，对岗位津贴进行规范，具体方案另行制定。在此之前，经国家批准建立的机关工作人员岗位津贴仍按现行规定执行。除国务院和国务院授权的人事部、财政部外，任何地区、部门和单位不得自行建立岗位津贴项目或调整岗位津贴实施范围和标准。地区、部门和单位现自行建立的岗位津贴以及在国家规定之外自行扩大范围和提高标准的一律取消。

④健全工资水平正常增长机制。建立工资调查制度，定期进行公务员和企业相当人员工资收入水平的调查比较。国家根据工资调查比较的结果，结合国民经济发展、财政状况、物价水平等情况，适时调整机关工作人员基本工资标准。工资调查制度建立前，国家根据国民经济发展、财政状况和物价水平等因素，确定调整基本工资标准的幅度。

⑤实行年终一次性奖金。对年度考核称职（合格）及以上的工作人员，发放年终一次性奖金，奖金标准为本人是年 12 月的基本工资。

2006 年阳泉市公务员职务工资标准表

表 2-43 单位：元／月

职　务	工资标准		职　务	工资标准	
	领导职务	非领导职务		领导职务	非领导职务
国家级正职	4000	——	县处级正职	830	760
国家级副职	3200	——	县处级副职	640	590
省部级正职	2510	——	乡科级正职	510	480
省部级副职	1900	——	乡科级副职	430	410
厅局级正职	1410	1290	科　员	——	380
厅局级副职	1080	990	办事员	——	340

注：本表为阳泉市的执行标准。

2006年阳泉市公务员级别工资标准表

表 2-44　　　　　　　　　　　　　　　　　　　　单位：元／月

级别	档次													
	1	2	3	4	5	6	7	8	9	10	11	12	13	14
一	3020	3180	3340	3500	3660	3820	——	——	——	——	——	——	——	——
二	2770	2915	3060	3205	3350	3495	3640	——	——	——	——	——	——	——
三	2530	2670	2810	2950	3090	3230	3370	3510	——	——	——	——	——	——
四	2290	2426	2562	2698	2834	2970	3106	3242	3378	——	——	——	——	——
五	2070	2202	2334	2466	2598	2730	2862	2994	3126	3258	——	——	——	——
六	1870	1996	2122	2248	2374	2500	2626	2752	2878	3004	3130	——	——	——
七	1700	1818	1936	2054	2172	2290	2408	2526	2644	2762	2880	——	——	——
八	1560	1669	1778	1887	1996	2105	2214	2323	2432	2541	2650	——	——	——
九	1438	1538	1638	1738	1838	1938	2038	2138	2238	2338	2438	——	——	——
十	1324	1416	1508	1600	1692	1784	1876	1968	2060	2152	2244	——	——	——
十一	1217	1302	1387	1472	1557	1642	1727	1812	1897	1982	2067	2152	——	——
十二	1117	1196	1275	1354	1433	1512	1591	1670	1749	1828	1907	1986	2065	——
十三	1024	1098	1172	1246	1320	1394	1468	1542	1616	1690	1764	1838	1912	1986
十四	938	1007	1076	1145	1214	1283	1352	1421	1490	1559	1628	1697	1766	1835
十五	859	924	989	1054	1119	1184	1249	1314	1379	1444	1509	1574	1639	1704
十六	786	847	908	969	1030	1091	1152	1213	1274	1335	1396	1457	1518	1579
十七	719	776	833	890	947	1004	1061	1118	1175	1232	1289	1346	1403	——
十八	658	711	764	817	870	923	976	1029	1082	1135	1188	1241	1294	——
十九	602	651	700	749	798	847	896	945	994	1043	1092	1141		——
二十	551	596	641	686	731	776	821	866	911	956	1001	——	——	——
二十一	504	545	586	627	668	709	750	791	832	873	——	——	——	——
二十二	461	498	535	572	609	646	683	720	757	——	——	——	——	——
二十三	422	455	488	521	554	587	620	653	——	——	——	——	——	——
二十四	386	416	446	476	506	536	566	596	——	——	——	——	——	——
二十五	352	380	408	436	464	492	520	——	——	——	——	——	——	——
二十六	320	347	374	401	428	455	——	——	——	——	——	——	——	——
二十七	290	316	342	368	394	420	——	——	——	——	——	——	——	——

注：本表为阳泉市的执行标准。

是年，全区行政机关人员支出 828 万元，比上年增长 14.5%。全区行政机关人员工资支出未大幅增长，主要是上述调整工资从 2007 年才开始进行。

2013 年 8 月 12 日，提高区直机关公务员津贴补贴。在职人员各职级提高津贴补贴标准为副厅级、正处级、副处级、正科级、副科级、科员以下分别提高 450 元、400 元、350 元、300 元、250 元、200 元；机关离退休人员各职级分别提高 250 元、235 元、195 元、170 元、130 元、105 元。上述标准从 2011 年 1 月 1 日起执行。

2015 年 2 月 16 日，阳泉市城区决定提高区直机关公务员津贴补贴。区直机关公务员在职人员各职级提高津贴补贴标准为副厅级、正处级、副处级、正科级、副科级、科员、办事员分别提高 260 元、380 元、140 元、230 元、230 元、450 元、350 元。

2015 年 4 月 21 日，下达城人社发〔2015〕14 号文件，决定提高区属事业单位工作人员绩效工资水平，同时提高各级岗位（职务、技术等级）基础性绩效工资标准，提高后的标准见表 2-45。

阳泉市事业单位各岗位（职务、技术等级）核定绩效工资总量参考标准

表 2-45　　单位：元 / 月

岗位（职务）类别	岗　位（职级）	标　准
专业技术岗位	一至四级（正高级）	3550
	五至七级（副高级）	2850
	八至十级（中级）	2530
	十一至十二级（助理级）	2150
	十三级（技术员级）	2050
管理岗位（职务）	三级（厅级正职）	4350
	四级（厅级副职）	3800
	五级（处级正职）	3300
	六级（处级副职）	2850
	七级（科级正职）	2530
	八级（科级副职）	2330
	九级（科员）	2150
	十级（办事员）	2050
工勤技能岗位（职务、等级）	二级（技师）	2470
	三级（高级工）	2170
	四级（中级工）	2080
	五级（初级工）	1990
	普通工	1990

注：本表为阳泉市的执行标准。

2003 年 -2015 年阳泉市城区财政供养人数

表 2-46　　　　单位：人

年　份	总人数	在　职	离退休	年　份	总人数	在　职	离退休
2003	2239	1642	600	2010	1826	1410	416
2004	1924	1598	326	2011	1861	1437	424
2005	1585	1271	314	2012	1910	1462	448
2006	1610	1277	333	2013	1639	1157	482
2007	1560	1226	334	2014	1650	1138	512
2008	1653	1209	366	2015	1582	1141	539
2009	1659	1276	383	——	——	——	——

说明：此表不包括教育部门人数。

2. 补助工资。补助工资是基本工资以外的补助费，包括粮价补贴、副食品价格补贴、冬季取暖补贴、上下班交通补贴、小单位伙食补贴、保健补贴（或营养补贴），以及按规定发给工作人员的专业津贴、补贴、奖金等。

1985 年，全区行政支出中补助工资支出 2.4 万元，占行政支出个人部分支出的 10.17%。

“七五”计划时期，行政支出中补助工资支出 42.2 万元，年均支出 8.44 万元；占同期行政支出中个人部分支出的 16.17%。其中，1986 年 -1990 年，全区行政支出中补助工资支出 5.1 万元 6.6 万元、9 万元、9.9 万元、11.6 万元。

“八五”计划时期，全区行政支出中补助工资支出 215 万元，年均支出 43 万元，比“七五”时期增长 4.09 倍；其中，1991 年 -1995 年，全区行政支出中补助工资支出 19 万元、32 万元、54.7 万元、57.3 万元、52 万元。

“九五”计划时期，全区行政支出中补助工资支出 413 万元，年均支出 82.6 万元，比“八五”时期增长 92%；其中，1996 年 -2000 年，全区行政支出中补助工资支出 63 万元、83 万元、91 万元、86 万元、90 万元。

“十五”计划时期的 2001 年，补助工资支出 128 万元，占当年行政支出中个人部分支出的 23.15%；2002 年 -2005 年，行政支出中补助工资除津贴、奖金仍在人员支出中列支外，增加“对个人和家庭补助支出”，4 年分别支出 38 万元、33 万元、45 万元和 331 万元；行政支出中补助工资共支出 575 万元，年均支出 115 万元；占同期行政支出中个人部分支出的 15.19%。

（1）粮价补贴。1966 年，山西省粮价调高后，为不影响职工生活，于是年 8 月起对粮价提高地区的职工实行粮价补贴，补贴标准为每人每月补助 0.2 元，随工资按月发放。1979 年中央通知，各地粮（煤）价补贴范围不得扩大，标准不得提高，对新参加工作的职工不再实行。1992 年，省财政厅〔1992〕晋财商字第 20 号文件通知，国家机关、事业单位在职、退休工作人员每人每月补贴 5 元，中小学民办教师和普通高等学校、中等专业学校在校生每人每月补贴 3 元。1993 年工资改革后，粮价补贴取消。

（2）副食品价格补贴。1979年几种主要副食品销价提高后，从当年11月起对全民所有制企业、事业单位和国家机关的固定职工，以及在这些单位中的临时职工（包括补贴干部、代课教师和民工等，即凡拿工资不参加社队分配的）每人每月发给副食品价格补贴5元，参加农村分配的临时工人每人每月发给2.5元。城镇集体所有制企业、事业单位职工的副食补贴，可在5元范围内由单位根据情况自行确定，报直属主管部门批准后执行。1985年7月，对国家机关和事业单位工作人员的工资进行改革，改革后的工资已包括副食品价格补贴的因素，原来实行的每人每月发给5元副食补贴即不再执行。1988年因物价大幅度提高，政府对国家机关和事业单位工作人员实行主要副食品价格补贴。

（3）岗位工作补贴。①审计工作人员外勤工作补贴。1984年基层审计人员外勤工作给予每人每天0.4元补贴。1990年1月1日起，审计人员外勤工作补贴由每人每天0.4元提高到每人每天1元。②公检法干警值勤岗位津贴。公检法干警从1992年起实行岗位津贴补助。公安干警每人每月补助30元，人民检察院和人民法院干警每人每月补助18元。1993年1月，公安干警值勤岗位津贴标准提高为每人每月36元。1996年1月，公安干警执勤岗位津贴标准提高为每人每月56元；检察院和人民法院干警岗位津贴标准由每人每月18元提高到36元。1998年1月，调整人民检察院和人民法院干警津贴标准，每人每月补助44元。③纪检、监察干部外出办案补贴。纪检、检察办案人员从1993年1月起实行外出办案补贴，每人每月补助20元。1995年1月，提高到每人每月30元。1999年，提高为60元。

（4）冬季取暖补贴。1948年9月，晋冀鲁豫和晋察冀边区联合通知，规定城区烤火期为3个半月（当年12月1日至翌年3月15日），烤火费平均每人每日小米3两。根据省财政厅〔1956〕财行字第625号通知及山西省国家机关行政经费开支标准规定，将是年冬季及翌年春天取暖费标准分别规定如下：①取暖期限是四个半月，由1956年11月11日开始至次年的3月25日为止。②取暖用炭标准，（包括生火木材在内）规定办公室每人每日2.5千克，集体宿舍每人每日2千克，办公室与宿舍共同居住者每人每日3.5千克。

1977年7月，根据山西省宿舍取暖补贴办法，县城和乡镇的全民所有制单位中的固定职工和在取暖期前已经连续工作半年以上，经劳动部门批准的临时工，住在家里的，可按规定的取暖期限，每人每月发给取暖补贴4元；住在安装有暖气设备的机关宿舍，照发取暖补贴，但要按其住房面积每月每平方米收取0.1元的暖气费；住集体宿舍的单身职工，已由国家免费供暖者，不再发给取暖补助。

从1984年冬季起，因民用煤提价，职工取暖标准改为每人每月按7元发给。1997年，因民用煤价和供暖费提高，职工冬季取暖补贴相应提高，由原来的28元提高为80元。

2001年8月，阳泉市城区财政局下达《关于改变职工住房取暖费补贴方式的通知》规定：①2001年对个人取暖不采用报销方式，而实行按国家规定的住房面积标准发放补贴，即地市级140平方米、县处级100平方米、科级以下80平方米，按75%比例折算成使用面积计算采暖费，夫妇双方各补贴一半，随工资一次性发放到个人，由个人支付供暖单位取暖费。②具体支付个人取暖费的时间为每年度10月。③其他部门、单位可参照执行。

2004年，根据省人事厅、省财政厅晋人字〔2003〕136号《关于省直单位参照执行太原市发放冬季取暖补贴和增发生活补贴有关规定的通知》精神，经市委、市政府同意，市人事局、市财政局3月22日下发《关于市直机关发放冬季取暖补贴和增发生活补贴的通知》，规定如下：

机关、事业单位行政人员。厅级，每人每年1500元；处级，每人每年1100元；科级，每人每年 900 元；科级以下，每人每年 700 元。

事业单位中按规定聘任专业技术职务的人员：正教授（相当职务），每人每年 1500 元；副教授（相当职务），每人每年 1100 元；讲师（相当职务），每人每年 900 元；助理及以下，每人每年 700 元。

机关、事业单位中的工勤人员。高级技师，每人每年 1100 元；技师、高级工，每人每年 900 元；中、初级工、普通工人，每人每年 700 元。

离退休人员按照所享受的工资待遇相对应的行政职务、技术职务，比照在职人员标准计发补贴。

执行初期、见习期、试用期工资的人员和执行学徒期、熟练期工资的工人，每人每年 700 元标准计发。

从 2004 年取暖期执行，市级机关、全额预算事业单位和差额预算事业单位由市财政通过部门预算统筹解决，自收自支事业单位自行负担。

城区执行该规定。

2010 年，由于提高取暖费收费标准，职工取暖补助按本人原取暖补助标准的 2 倍掌握发放。

2013 年，按照阳泉市规定，每人增加取暖费 1000 元。

（5）洗澡理发费补助。1984 年，城区开始对国家机关、党派团体和事业单位工作人员发给洗澡、理发费补助，其规定：国家机关、党派团体，地（市）级每人每月 1.4 元，县、人民公社每人每月 1.55 元；事业单位、地（市）级按工作人员标准工资总额 2.2%，县、人民公社按工作人员标准工资总额 2.8% 提取福利费的，其工作人员每人每月补助洗澡、理发费 2 元，凡高于上述标准提取福利费或有洗澡、理发设施并免费洗澡、理发的，国家机关、党派团体和事业单位工作人员，不再给予洗澡、理发补助。1993 年工资制度改革后，国家机关、党派团体和事业单位的工作人员，不再发给洗澡、理发补助。

（6）生活补贴。按照 2000 年阳人工字〔2000〕42 号《关于转发省人事厅、省财政厅〈关于省直机关事业单位工作人员调整和统一补贴标准的通知〉的通知》规定，对机关、事业单位职工（含离退休人员）每人每月增发生活补贴 170 元。随后，按照 2004 年阳人工字〔2004〕36 号《关于市直单位发放冬季取暖补贴和增发生活补贴的通知》规定，在 2000 年规定的标准基础上，对机关、事业单位职工（含离退休人员）每人每月增发生活补贴 100 元。

3. 职工福利费。国家工作人员的职工福利费，包括按标准提取的工作人员福利费、因公负伤等住院期间的伙食补助费、病假 6 个月以上长期休养人员待遇、职工回家探亲车船费、由原单位支付的退职金、退职人员及随行家属路费、职工死亡丧葬费和遗属补助费等。

新中国成立后，国家机关工作人员都享有职工福利待遇。1985 年，城区职工福利费支出 1.7 万元。“七五”计划时期，职工福利费共支出 17.3 万元，年均支出 3.46 万元。

“八五”计划时期，职工福利费共支出 42.5 万元，年均 8.5 万元，比“七五”时期增长 146.66%；占同期行政支出中个人支出部分的 5.29%。

“九五”计划时期，职工福利费共支出 70 万元，年均支出 14 万元，比“八五”时期增长 64.7%；占同期行政支出中个人部分支出的 1.84%。

“十五”计划时期的 2001 年，职工福利费支出 12 万元，占行政支出个人部分的 2.17%。2002 年以后，职工福利费改由公用支出列支。

（1）工会经费。1951 年，对已成立工会的行政单位按照全部工作人员实际工资总额的 2%，按月拨交工会组织。1958 年按机关实有人数工资总额的 1% 计提。“文化大革命”期间，中止执行。1979 年恢复拨交，事业单位按职工工资总额的 2%，成立工会的行政单位按职工工资总额 1%，按月向工会拨交。

（2）福利费。福利费按工作人员工资总额比例提取或按每人每月固定数额提取，由区人事部门统一掌握使用，年终结余不上缴，但不能挪作他用。其使用范围，主要是解决工作人员家属生活费困难、家属患病医药费困难以及家属死亡埋葬费的困难和其他特殊困难，也可补助集体福利事业方面的开支。1956 年 4 月，将福利费的标准改为按工资总额一定比例提取，提取比例曾多次变动，至 1965 年 8 月，改为省、专、市每人每月 1.4 元，县、公社级每人每月 1.55 元，至 1985 年一直延用该标准。1986 年 1 月 1 日后，国家机关工作人员福利费标准一律按每人每月 2.5 元提取，发放原则是“困难大的多补，困难小的少补，不困难的不补”，用于解决工作人员及其家属的生活费、医药费、丧葬费等困难，发放办法是本人书面申请，全体职工评议通过。

（3）职工探亲路费。为适当解决远离家乡同父母和配偶两地分居的职工回家探亲。1962 年 6 月国家规定，每年可报销一次探亲往返路费，探亲的假期按照本人计时工资标准发给工资。探亲乘火车的，按普通车或快车硬席，乘轮船的按统舱，乘长途汽车按凭据报销。软席、卧铺、途中伙食费、旅馆费、市内交通费、行李费及其他运输费等自理，不得报销。1981 年 4 月财政部又规定，年满 50 周岁以上并连续乘火车 48 小时以上的，可报硬席卧铺费；乘轮船的一律可以报销比统舱高一级的四等舱位费。同时规定，往返途中必须中转车、船，并在中转地点住宿的，每中转 1 次，可凭据报销 1 天的普通房间床位的住宿费；已婚职工探望父母的往返路费，超过本人标准月工资 30% 以上的部分，可以报销。

（4）退职金。1958 年 3 月国务院规定，对退职人员发给一次性补助费，具体规定：连续工龄不满 1 年的发给 1 个月的本人工资；1 年以上至 10 年的，每满 1 年加发 1 个月的本人工资；10 年以上的，从 11 年起每满 1 年加发 1.5 个月的本人工资。但退职补助费的总额最高不得超过 30 个月的本人工资。对年老体弱的退职人员，其退职补助费除按规定发给外，另加发 4 个月的本人工资；连续工龄不满 3 年，停止工作满 1 年的，另加发 2 个月的本人工资。1978 年 6 月规定，经医院证明完全丧失工作能力，又不具备退职条件的干部，退职后，按月发给相当本人标准工资 40% 的生活费，低于 20 元的按 20 元发给。退职干部异地安家的，可以发给本人 2 个月的标准工资，作为安家补助费。

（5）死亡丧葬费。国家 1950 年规定，职工因公在职死亡，发中等棺木一口，普通寿衣一套，平原地区按 250 ~ 300 公斤小米，山区按 200 ~ 250 公斤小米，在此范围内实报实销。1963 年 7 月规定，工作人员死亡，发给殓葬费，在 200 元内按实报销，棺木特别昂贵地区，也不得超过 250 元。1980 年 10 月，丧葬费标准不分地区、职级，也不分因公因病死亡，一律在 300 ~ 400 元的标准内，由机关掌握，不得超支。开支范围包括衣服、被褥、尸体处理费、开追悼会租赁的花圈、白花、遗像、会场租金等。1990 年后按 1000 元计发丧葬费。2008 年 6 月 18 日，人社部发〔2008〕42 号规定：事业单位工作人员和离退休人员死亡一次性抚恤金标准，从 2004 年 10 月 1 日起，调整为因公牺牲抚恤费为本人生前 40 个月基本工资或基本离退休费，病故抚恤费为本人生前 20 个月基本工资或基本离退休费。2011 年 11 月 15 日，民政部以民发〔2011〕182 号文，调整一次性抚恤金发放标准，决定自 2011 年 8 月 1 日起，国家机关工作人员及离退休人员死亡，一次性抚恤金发放标准调整为烈士和因公牺牲的，为上一年度全国城镇居民人均可支配收入的 20 倍加本人生前 40 个月基本工资或基本离退休费。病故的也分两种情况：行政机关开资人员为上一年度全国城镇居民人均可支配收入的 2 倍加本人生前 40 个月基本工资或基本离退休费；事业单位开资人员为生前 20 个月基本工资。发放一次性抚恤金所需经费仍按规定渠道解决。

（6）遗属补助费。1975 年 4 月规定，国家工作人员牺牲、病故后，对其家属除进行一次性抚恤外，如果生活上确有困难，原单位可以根据从严的精神给予临时的或定期的补助。受补对象，只限于死者赡养的直系亲属和配偶。1980 年 6 月省规定：国家机关、事业单位工作人员死亡后，除由遗属居住地区的民政部门发给其遗属一次性抚恤费外，其遗属确有生活困难的，由死者生前所在单位给予定时或临时补助。补助的对象主要是没有经济来源的年满 60 岁的父或夫、年满 50 岁的母或妻，以及未满 16 岁的子女和弟妹。其遗属居住在太原、大同、阳泉、长治的每人每月补助 18 元；居住在小城镇吃商品粮的，每人每月补助 14 元；居住在农村的农业人口，每人每月补助 10 元；单人一户者，按上述三种不同的居住区，每月再分别增加 5 元、4 元、3 元。死者系民国 26 年（1937 年）7 月 6 日前参加革命工作的，对其父母及其配偶的补助费，在规定标准的基础上可再提高 25%；死者系民国 34 年（1945 年）9 月 2 日前参加革命工作的，其补助费可再提高 20%。死者配偶有固定收入，其标准工资高于行政 23 级的，扣除相当于行政 23 级工资作为本人生活费后，从所余部分抽出 50% 作为遗属生活费，不足部分再予补助。

1991 年，遗属困难补助费享受标准为家居县城的每月 35 元、家居农村的 25 元。1992 年，省财政厅晋财商字第 66 号文件规定，职工遗属没有工资收入的每人每月补贴 30 元。1993 年，遗属补助标准调整为机关事业单位工作人员死亡后，遗属在省辖市和行署所在地城区，每人每月在原补助标准基础上增加 20 元；居住在其他县城（市）的，每人每月增加 15 元；居住在乡镇及农村的每人每月增加 10 元。死者系 1937 年 7 月 6 日前参加革命工作的，每人每月加发 10 元；死者系 1945 年 9 月 2 日前参加革命工作的，每人每月加发 5 元；死者系中华人民共和国成立前参加革命工作的，每人每月加发 5 元。无依无靠的孤独遗属可在原加发基础上再增加 10 元。另外，对生活困难的遗属，月补助费总额不再受死者生前的月基本工资限制，均按规定的补助标准予以发放。死者配偶有固定收入，其月工资在 97 元及以下者，可不负担遗属生活费；工资超过 97 元的应以其超出部分中抽出 50%作为遗属的生活费，不足部分再由死者生前所在单位给予补助。

（7）病、产假待遇。1955 年 12 月国务院规定：工作人员病假在 6 个月以内，第一个月工资照发，从第二个月起，工作年限不满 2 年的发本人工资的 70%，不满 5 年的发 80%，不满 10 年的发 90%，满十年的全发；病假超过 6 个月的，从第 7 个月起分别按工龄不满 2 年、5 年、10 年，发本人工资的 50%、60%、70%，10 年以上的发 80%。1984 年国务院规定：工作人员病假在两个月以内的，发给原工资。病假超过两个月的，从第 3 个月起，工作年限不满 10 年的发给本人工资的 90%，工作年限满 10 年的工资照发。工作人员病假超过 6 个月的，从第 7 个月起，工作年限不满 10 年的，发给本人工资的 70%；工作年限满 10 年和 10 年以上的，发给本人工资的 80%；1945 年 9 月 2 日前参加革命工作的人员，发给本人工资的 90%。

1955 年 4 月，国务院对女工作人员产假待遇规定：产前产后共有假期 56 天，难产或双生产假增加 14 天，工资照发。产假期满，因病需继续休养者，按病假处理。

1991 年 1 月，山西省《女职工劳动保护规定细则》规定：女职工产假为 90 天，其中，产前休假

15天；难产的增加15天；多胞胎生育的每多生一个婴儿增加产假15天。

4. 离退休人员费用。1958年2月国务院规定，男职工年满60周岁，女职员年满55周岁的应该退休，退休以后按月发给退休费。退休费的标准按工龄的长短而定，5年以上10年以下的发本人工资的50%，10年以上15年以下的发60%，15年以上的发70%，并享受公费医疗待遇。其退休费由住地民政部门支付。1978年6月国务院《关于安置老弱病残干部的暂行规定》发布，对于丧失工作能力，1949年9月月底以前参加革命工作的地委级正副书记、行政公署正副专员及相当职务以上的干部；民国26年（1937年）7月7日以前参加革命工作的干部；民国31年（1942年）底以前参加革命工作的县委正、副书记、革命委员会正、副主任及相当职务的干部，可以离职休养，工资照发。对职工退休规定男满60周岁，女满55周岁，参加革命工作满10年的，或男满50周岁，女满45周岁，参加革命工作满10年，经医院证明完全丧失工作能力的，可以退休。退休待遇规定，抗日战争时期参加革命工作的，按本人标准工资90%发给；解放战争时期参加革命工作的，按本人标准工资的80%发给；中华人民共和国成立后参加革命工作的，工作年限满20年的，按本人标准工资的75%发给；工作年限满15年不满20年的，发70%；工作年限满10年不满15年的，发给60%。退休费低于25元的，按25元发给。国务院1980年和1982年规定，对新中国成立前参加革命工作，享受供给制待遇的，达到离职休养年龄的，实行离职休养制度，离休后，原工资照发，福利待遇不变，各项生活待遇都与在职干部一样。1982年以前，党政机关、群众团体、事业单位离退休人员经费在民政部门抚恤和社会福利救济费中开支。1982年由原民政部门管理的行政事业单位离退休人员逐步移交组织、人事部门归口管理，行政支出中始列离退休费用支出。2008年10月，根据山西省委老干部局《关于提高部分离休干部护理费标准的通知》精神，城区劳动和社会保障局对抗日战争时期和解放战争时期参加革命工作的离休干部护理费标准进行调整。该次离休干部护理费调整标准由每人每月150元提高为每人每月400元；因瘫痪等原因生活不能自理的离休干部，护理费标准由每人每月200元提高为每人每月600元。

1985年，阳泉市城区离退休人员费用支出3.5万元，占同期行政支出中个人支出部分的14.83%。从1985年5月起，对行政部门工资改革时已离休、退休人员，每月增发17元生活补贴费。

“七五”计划时期（1986年–1990年），离退休人员费用共支出44.9万元，年均支出8.98万元；占同期行政支出中个人支出部分的17.2%。其中，1986年–1990年，离退休人员费用分别支出4.5万元、9.6万元、7.7万元、9.3万元、14.2万元。

“八五”计划时期，离退休人员费用共支出150.5万元，年均支出30.1万元，比“七五”时期增长2.35倍，占同期行政支出中个人部分支出的18.76%。其中，1991–1995年，离退休人员费用分别支出15.2万元、20.9万元、25.1万元、44.3万元、45万元。

“九五”计划时期，离退休人员费用在1996年支出71万元，比1995年增长57.77%，占当年行政支出中个人部分支出的26.99%。根据省财政厅转发财政部《关于行政事业单位离退休经费归口管理有关问题的通知》精神，全区的离退休经费实行归口管理，单列行政事业单位离退休经费类科目并完成划转工作。1996年以后，全区的行政支出不再包括离退休人员经费支出。

2005年4月21日，下达城人社发〔2015〕14号文件，决定提高事业单位离退休人员工资标准，离退休人员按照离退休前实际担任的行政、专业技术职务或计发离退休费的职务提高补贴，提高后的标准见下表（2–47）。

阳泉市事业单位各岗位离休人员及新中国成立前参加工作退休老工人补贴标准

表 2-47　　单位：元／月

岗位（职务）类别	岗　位（职级）	标　准
专业技术岗位（职务）	一至四级（正高级）	3495
	五至七级（副高级）	2640
	八至十级（中级）	2277
	十一至十三级（助理级）	1977
管理岗位（职务）	三级（厅级正职）	3915
	四级（厅级副职）	3420
	五级（处级正职）	2970
	六级（处级副职）	2565
	七级（科级正职）	2277
	八级（科级副职）	2097
	九级（科员）	1935
	十级（办事员）	1845
新中国成立前参加工作并符合劳人险字〔1983〕3号文件规定的退休老工人		2177

阳泉市事业单位各岗位（职务、技术等级）退休人员补贴标准表

表 2-48　　单位：元／月

岗位（职务）类别	岗　位（职级）	标　准
	一至四级（正高级）	2485
	五至七级（副高级）	1995
	八至十级（中级）	1771
	十一至十二级（助理级）	1505
	十三级（技术员级）	1435
管理岗位（职务）	三级（厅级正职）	3045
	四级（厅级副职）	2660
	五级（处级正职）	2310
	六级（处级副职）	1995
	七级（科级正职）	1771
	八级（科级副职）	1631
	九级（科员）	1505
	十级（办事员）	1435
工勤技能岗位（职务、等级）	二级（技工）	1729
	三级（高级工）	1519
	四级（中级工）	1456
	五级（初级工）	1393
	普通工	1393

5. 社会保障缴费和其他工资。1997 年，行政支出的个人部分支出中，在取消离退休人员费用和主要副食品价格补贴的同时，增加了社会保障缴费和其他工资两项开支。“九五”计划时期的 1997-2000 年，社会保障缴费共支出 102 万元，年均支出 25.5 万元。

二、公用经费部分

包括公务费、设备购置费、修缮费、业务费、其他费用和差额补助费等。随着人员和机构不断增加扩大，公用经费也不断增长。

1985 年 -2006 年，城区公用经费共支出 4831.7 万元，年均支出 230.08 万元，占同期行政支出总额的 39.35%。其中，公务费（1985 年 -2001 年）累计支出 1768.1 万元。年均支出 110.51 万元，占公用经费支出的 54.5%；设备购置费（1985 年 -2001 年）累计支出 521 万元，年均支出 32.56 万元，占公用经费支出的 16.06%；修缮费（1985 年 -2001 年）累计支出 161 万元，年均支出 10 万元，占公用经费支出的 4.96%；业务费（1985 年 -2001 年）累计支出 289.6 万元，年均支出 18.1 万元，占公用经费支出的 4.96%；其他费用和业务招待费累计支出 503 万元，占公用经费支出的 15.51%。2002 年 -2006 年公用经费累计支出 1570 万元，年均支出 314 万元，占同期行政支出总额的 76.02%。其间，2002 年公用经费改由日常公用支出和固定资产购建及大修理两项列支。2003 年 -2005 年，上述两项合并为公用支出，包括大小 21 个科目。

1. 公务费。支出范围和标准在执行过程中曾频繁变动，较大项目有会议费、差旅费、办公费、车辆修理及燃料费、办公取暖费、邮电费等。

1985 年，公务费支出 11.3 万元，占行政支出公用部分的 33.8%。

“七五”计划时期，公务费支出 147.2 万元，占同期公用经费支出的 35.8%。其中，1986 年，公务费支出 12.8 万元，占行政支出公用部分的 25.54%，比上年增长 13.27%。1987 年，公务费支出 19.6 万元，占行政支出公用部分的 33%，比上年增长 53.12%。1988 年，公务费支出 22.8 万元，占行政支出公用部分的 43.84%，比上年增长 16.33%。1989 年，公务费支出 37.3 万元，占行政支出公用部分的 30.4%，比上年增长 63.59%。1990 年，公务费支出 54.7 万元，占行政支出公用部分的 43.1%，比上年增长 46.65%。

“八五”计划时期，公务费支出 530.6 万元，比“七五”时期增长 2.6 倍，占同期公用经费支出的 57.22%。其中，1991 年，公务费支出 68.7 万元，占行政支出公用部分的 45.62%，比上年增长 25.59%。1992 年，公务费支出 90.8 万元，占行政支出公用部分的 43.67%，比上年增长 32.17%。1993 年，公务费支出 133.1 万元，占行政支出公用部分的 64.14%，比上年增长 46.58%。1994 年，公务费支出 108 万元，占行政支出公用部分的 71.9%，比上年减少 18.85%。1995 年，公务费支出 130 万元，占行政支出公用部分的 61.6%，比上年增长 23.15%。

“九五”计划时期，公务费支出 980 万元，比“八五”时期增长 84.7%，占同期公用经费支出的 57.18%。其中，1996 年，公务费支出 156 万元，占行政支出公用部分的 53.6%，比上年增长 20%。1997 年，公务费支出 182 万元，占行政支出公用部分的 66.9%，比上年增长 16.66%。1998 年，公务费支出 243 万元，占行政支出公用部分的 53.76%，比上年增长 33.52%。1999 年，公务费支出 203 万元，占行政支出公用部分的 55.46%，比上年减少 16.46%。2000 年，公务费支出 196 万元，占行政支出公用部分的 58.85%，比上年减少 3.44%。

2001 年，公务费支出 99 万元，占行政支出公用部分的 63%，比上年减少 49.49%。

（1）会议费。1956年5月，省规定会议公杂费，专（市）级每人每日0.08元，县级每人每日0.05元。1963年规定，为节约开支，对会议的召开要严格控制，必须开的会议，事先要报同级人民委员会批准，要尽量利用现有条件，以减少租赁费开支。人民代表大会，政协会、党代会，省及太原市每人每日开支标准为伙食标准1元，单位补助0.6元，个人出0.4元，公杂费0.12元；专级及大同、阳泉、长治市，伙食费0.8元，单位、个人各半，公杂费0.12元；县级及市区级伙食费0.7元，补助0.3元，公杂费0.08元。各种代表会、劳模、先进生产者一类的会议，专市补0.3元，县区补0.2元。其他各种会议，专市补0.2元，县区补0.1元。在职人员出席、列席会议往返的差旅费，一律由原单位报销。会议期间的旅馆费、伙食补助费由召开单位开支；对参加会议的不脱产人员伙食费由国家报销。

1979年10月，会议的伙食费和补助都有所提高，人代会、党代会、政协会，专县级每人每月补助0.8元，其他各种会议，专市级补助0.7元，县级补助0.6元。

1984年2月，对各类会议伙食标准和会议补助提高为各类代表会，其他专市级为1.3元，县级为1.2元。1984年规定，农村不脱产干部、农民和城镇个体劳动者参加省地（市）县级召开的会议，除伙食费由会议开支外，误工补贴每人每天由0.4元提高为1元，发给本人。1985年，省级代表会议每人每天补助改为3.5元，其他各种会议改为每人每天2元。

1989年，伙食费补助标准修订为每人每日9元，其中国家补助8元，个人交纳1元，会议公杂费按实际出席、列席会议人数和正式开会天数计算，以每人每天0.2元编列预算，掌握开支。会议医疗费按每人每天0.2元标准编列预算，由会议统一掌握使用。无工资待遇的不脱产人员参加会议的车船费，途中伙食补助费，按差旅费规定标准由会议列支。会议期间的住宿费、伙食补助费也在会议费中列支，误工补贴按原标准执行。

2014年，出台《阳泉市城区区直机关会议费管理办法》，对会议实行分类管理和严格控制会议天数。（1）对会议分类管理。一类会议为区党代会、区人代会、政协全委会；二类会议包括区委全委会议、区人大常委会议、区政府全体会议、区政协常委会、区纪检全体会议，区委、区人大、区政府、区政协召开的全区性会议、各民主党派和人民团体代表大会；三类会议包括区委、区人大、区政府、区政协批准召开的部门工作会议和城区人民法院、城区人民检察院召开的会议；四类会议是指除上述一、二、三类会议以外的其他业务性会议，包括小型研讨会、座谈会等。（2）控制会议天数。一类会议报道和离开时间合计不超过1天；二、三、四类会议会期一般不超过1天，有法律、法规、章程规定的从其规定；传达、布置类会议不得超过半天。

（2）差旅费。包括交通费、旅馆费、途中伙食补助费、住勤费等。

1956年5月，车船费执行标准：乘坐火车途中过夜在6小时以上者，不分职务级别均可购买同席位卧铺票，不再计发途中伙食补助费；如不坐卧铺按途中伙食补助费半数补助。住勤费规定为，到外省省辖市以上城市出差每人每日0.6元，小城市和乡村者每人每日0.3元；省内出差到省辖市每人每日0.25元，县城及乡村每人每日0.1元。

1956年7月，执行《关于旅差费标准的补充通知》。根据省财政厅〔1956〕财行字第282号《关于旅差费标准的几项补充规定》的通知精神，规定：因公出差租赁被、褥费准随旅差费凭据报销。但在省境内固定一地工作在16天以上的，应自带被褥，不报销租赁费。区长级以下人员因公集体出差的行李在不通火车、汽车、轮船的地区，满15人雇大车一辆；不足15人时，满5人者可雇牲口一头，运送所需费用凭据报销；不足5人者大车、牲口均不得雇用。

1963年，途中伙食补助费调整为（不分等级）：乘坐火车每人每日补助1.2元，乘坐其他交通工具或步行的每人补助1元。住勤费，凡到县城以上地区出差，每日每人补助0.5元，县以下每人每日补助0.2元。

1964年，途中伙食补助费调整为乘火车每人每日补助1.5元，乘坐其他交通工具的每人每日补助1.2元。住勤费调整为到市、专所在地及林区出差，每人每日补助0.6元，到县城所在地出差，在机关搭伙的，每人每日补助0.3元；在外买饭吃的，每人每日补助0.6元；到农村出差，无论搭伙或吃派饭，每人每日一律补助0.2元。是年，执行《关于享受公费医疗的国家工作人员到外地就医路费问题的通知》，规定：凡享受公费医疗的国家工作人员，因病在指定的医疗机构不能治疗，需转院治疗时，应尽先转到当地高一级的医疗机构治疗，一般不应转到外地；国家工作人员因病必须转到外地治疗时，凡在本省范围内转外地治疗的，应由指定的医疗机构出具证明，并需经当地卫生部门审查批准；到外地治疗的，须经省卫生厅审查批准。并事先与转往的医院联系妥当，取得同意后，方能介绍转院治疗。没有经联系同意的，不要让病人直接前往；凡经批准到外地就医病人的往返车费和在不通火车、长途汽车地区允许乘用其他交通工具，可参照差旅费的规定，在原单位差旅费项下报销。其余途中伙食补助费、住宿费、旅馆费（包括招待所、饭店、宾馆），市内交通费等，均由个人负担，不得报销。

1965年，对工作人员乘坐车船、住宿标准规定为正、副专员及行政13级以上人员，可乘火车软席，轮船二等舱位，长途汽车按实支报，住单间或两人间旅馆；其余人员乘硬席火车三等舱位，住普通房间；四级以上工程师，正、副教授，正、副研究员及文化，卫生等职务相当的人员出差，可比照正、副厅长（局长）待遇办理；其他人员因情况特殊，乘硬席火车确有困难者，经单位领导批准，可乘软席座位，夜间乘火车可购同席卧铺。出差的途中伙食补助每人每日1.2元。住勤费补助标准，分省内和省外，省内又分专（市）县以上和县以下。1974年，途中伙食补助费又修订为凡出省的不分到达地区，每人每日按1元补助；凡到省内各地出差的，每人每日补助0.8元。

1980年，对差旅费的规定又做调整，可乘火车卧铺不买卧铺票的，按火车硬席座位票价的30%发给个人，不足3元的按3元计发；途中伙食补助费每人每日1.5元，在一类地区内出差每人每日补助住勤费0.8元，二类地区补0.9元。三类地区补1.1元，四类地区为1.4元。

1984年，将一、二类地区途中伙食补助费每人每日提高为1.8元，到三类地区为2.3元，四类地区为2.8元；将夜间乘火车不买卧铺的补助改为按票价的40%发给；住勤费，到一类地区的每人每日补助1.1元，二类地区为1.2元，三类地区为1.4元，四类地区为1.7元。

1985年，出差乘坐车船和住旅馆的职级条件、待遇基本不变。乘火车可买卧铺而不买者，发给本人硬席票价50%的补助费；夜间乘车，一类地区每人每夜补助2.5元、二类地区补助3元、三类地区补助5元。到基层锻炼、实（见）习、支援工作以及各种工作队、医疗队、讲师团等人员，在基层单位工作期间的伙食补助费，按到达地区类别，每人每天补助标准为一类地区1.5元、二类地区1.8元、三类地区3元。工作人员出差，在飞机、舰艇工作，必须吃空勤灶、舰艇灶的，除个人每天负担0.8元外，差额部分可凭证明回所在单位报销。

1989年，降低乘坐车、船、飞机和住宿的级别要求条件。住宿标准为一般地区20元，特区30元。出差伙食补助费，不分途中和住勤，一般地区每人每天补助4元，深圳、珠海等5个特区补助7元。到基层单位支援工作的各种工作人员、医疗队、讲师团在基层工作期间的伙食补助每人每天补助2.4元；到基层单位实（见）习、锻炼、代职的工作人员，在基层工作期间的伙食补助费每人每天补助0.8

元；到农村出差，在农民家吃派饭的，每人每天发给伙食补助费1元，向农民交纳伙食费1元。

从1992年7月起，出差人员住宿费的等级标准分别比1989年提高10元，乘火车按50%发给本人。工作人员的出差伙食补助费，不分途中和住勤，一般地区每人每天补助8元，深圳等5个特区补助14元。

1996年，执行《阳泉市国家机关、事业单位工作人员差旅费开支及管理办法》。规定乘坐车、船、飞机和住宿等级标准：市级正、副市长以及相当职务人员，高等学校教授、科研单位研究员、医疗卫生单位主任医师、文化艺术单位艺术一级人员；职务工资在五级（含五级）以上的高级工程师、高级经济师、高级会计师、副教授、副研究员、副主任医师，艺术二级人员，以及相当以上技术职务人员，火车可乘软席卧铺、轮船二等舱位、飞机普通舱位，其他交通工具（不包括出租小汽车）按实报销；在省内和省外的一般地区，住宿标准为每人每日55元和60元，深圳等5个特区80元。其余人员火车可乘硬席卧铺、轮船三等舱位、飞机普通舱位，其他交通工具（不包括出租小汽车）按实报销；在省内和省外的一般地区，住宿标准为每人每日35元和40元，深圳等5个特区为60元。工作人员出差期间不带交通工具的，一般每人每天可发市内交通费5元，省内每人每天3元，包干使用，出差人员不再凭票据报销市内交通费。出差乘坐火车符合购卧铺票的规定，而不买卧铺票的，改乘火车慢车和直快列车的，分别按慢车或直快列车硬席座位票价的60%发给；乘坐特快列车的，按特快列车硬席座位票价的50%发给；乘坐新型空调列车和新型空调直达特快列车的，分别按新型空调特快列车和新型空调直达特快列车硬席座位票价的30%计发。工作人员离开城区的出差伙食补助费，不分途中和住勤，一般地区每人每天补助15元，深圳、珠海、厦门、汕头、海南省等5个特区补助20元。夜间乘坐长途汽车（不含卧铺汽车）、轮船最低一级舱位（统舱）超过6小时的，每人每夜按一般地区伙食补助费标准发给伙食补助费。市级行政事业单位到农村或基层单位支援工作以及各种工作队、医疗队、扶贫队、社教队等人员，在农村或基层单位工作期间的伙食补助费标准，由县、区自行决定。县级行政事业单位选派到基层单位实（见）习、锻炼、代职的工作人员，在基层工作期间，由工资发放单位补给每人每天伙食补助费2元。县级国家机关、事业单位工作人员，在县内外出，不能回家或回本单位食堂就餐，需在外就餐者，经本单位领导批准，可按误餐顿数，每顿领取误餐补助费4元，出差人员在途期间，连续乘车超过12小时的（含12小时），可凭车票满12小时，加发20元伙食补助费。出差人员在飞机、舰艇上工作，必须吃空勤灶、舰艇灶的，除个人负担2元外，差额部分可凭证明回所在单位报销。

2013年4月，下达《阳泉市城区机关和事业单位工作人员差旅费管理办法》，对城市间交通费、住宿费、伙食补助费、公杂费、会议及培训等差旅费、调动及搬迁差旅费提出明确要求。其中，对城市间交通费规定：赴省外出差原则上应乘坐铁路、公路客运交通工具。如出差任务紧急，经单位领导批准可乘坐飞机普通舱。若到达目的地航线优惠机票价格不超过同程铁路列车硬卧或动车二等座车票价格的，可以乘坐飞机。出差人员乘坐列车，从晚八时至次日晨七时之间在列车上过夜达到六小时，或连续乘车时间达到十二小时，可购买同席卧铺票。夜间乘坐长途汽车、轮船最低一级舱位达到六小时的，每人每夜按30元发给补助费。

2014年10月，阳泉市城区执行财政部办公厅对中央和国家机关差旅费管理新规，做出如下规定：出差人员由接待单位统一安排食宿的如何交伙食费。除接待单位按照《党政机关国内公务接待管理规定》安排的一次工作餐外，出差人员就餐应自行解决。出差人员由接待单位或其他单位提供交通工具的如何交市内交通费。市内交通应由出差人员自行解决。接待位提供交通工具的，出差人员应当在差旅费管理办法规定的标准内向接待单位缴纳市内交通费。出差人员实际发生住宿而无住宿发票的差旅费如何报销。出差人员实际发生住宿而无住宿发票的，如果是住在自己家里的，或到边远地区出差，无法取得住宿费发票的，由出差人员说明情况并经所在部门领导批准，可以报销城市间交通费、伙食补助费和市内交通费，其他情况一般不予报销差旅费。

（3）办公费。包括机关办公文具、纸张、账表等购置，印刷费、书报费、水电费、电话费、临时特殊费等。1952 年，购买一般办公用品的开支以工资分计算。专县级干部每月 10 分，区级干部 7 分，各级勤杂人员每月 3 分。学习费规定为无工会组织的每人每月 1.5 分，有工会组织的为 1.1 分。机关书报费，县级以下机关每人每月 2 分。有电灯设备地区供给制干部按每人每月 1.8 千瓦时供给电灯费，工资制干部 1.2 千瓦时，勤杂人员 1 千瓦时，按当地电价规定电费。电话费，交流电话每人每月 2.5 分，无交流电话地区按单机每月 40 分计算。临时特别费每月 500 分。

1963 年，将水电费、机关公用书报杂志费、电话月租费等并入办公费内，并新增电报费和长途电话费。办公费每人每月的标准：专（市）级 4.1 元，县级 3.6 元，电报电话费按需编列预算。“文化大革命”后，办公费无统一标准，由各单位在包干经费中掌握使用。

（4）车辆修理、燃料费。1952 年规定：汽车燃油，大卡车每辆每月 40 加仑，中吉普 30 加仑，小卧车及小吉普 20 加仑，摩托车 7 加仑。自行车修理费、省辖市以上每辆每月 10 分（工资分），小城市及乡村机关为 25 分，市内交通费每人每月 1 分。1956 年 5 月规定，汽车燃油大卡车每辆每月 80 公斤。中吉普每辆每月 35 公斤，摩托车每辆每月 15 公斤；自行车修理费，专（市）级每辆每月 3 元，小城市及乡村每辆每月 3.5 元。1963 年规定，汽车燃油每辆每月大卡车 80 公斤，吉普车 56 公斤；自行车修理费，专（市）级每辆每月 1.8 元，小城市及乡村每辆每月 2.7 元。1974 年规定，汽车燃料费标准为每辆小车，专（地）为 100 公斤、县区 100–130 公斤。汽车修理费，每辆小车，专（地）全年 800 元，县区 800–1000 元，车辆需大修时，其费用可根据情况具体安排。之后，各专县按财政情况自行规定标准，严格掌握，以控制小车燃料费的较快增长。

（5）办公取暖费。1952 年规定，冬季取暖用煤标准：小锅炉每日 100–400 公斤，36 小时 8 片以上锅炉每日用煤 500–1000 公斤；无暖气设备的办公室，每人每日发炭 2 公斤，宿舍 1.5 公斤。1955 年规定，小学炉火费每班按两炉火计，每炉每天用煤 5 公斤，按煤、炭混合价计算。1963 年规定，取暖期为 4 个月，火炉用煤炭每人每天 2.5–2.75 公斤，集体宿舍 2–2.25 公斤，暖气用煤按实际需要编制预算。之后，各地按实际需要列支，无统一标准。

（6）邮电费。包括长途电话费、电报费、机要邮费、电话会议费等。1961 年按专（市）级每人每月 6 元，县级 5 元，公社 3.5 元标准列预算。“文化大革命”后，不再实行统一标准，一般在包干经费中从严控制开支，据实报销。

2. *设备购置费*。是行政、事业单位不够基本建设投资额度，按固定资产管理的办公用一般设备、车辆购置费，教学、科研、医疗单位专业设备购置费，图书馆、文化馆（站）图书购置费等。

新中国成立后，行政事业单位设备购置费没有具体的开支标准。1963 年，行政系统零星购置包括在办公费内。1978 年规定，新建的行政事业单位购置设备和进行土建所需费用由基本建设费开支，原有行政事业单位购置零星设备、仪器、器具和进行零星土建工程，凡单台或单项工程不超过 2 万元的由行政事业费开支，超过 2 万元的由基本建设费开支。1984 年规定，行政事业单位购置零星设备，不超过 5 万元的由行政事业费开支，超过 5 万元的由基本建设费开支。实际上行政事业单位的购置费，都在公用经费总额内自行掌握，对购置教学科研和大型医疗设备、车辆等均未受购置费划分标准的限制。

1985 年，阳泉市城区设备购置费支出 10.2 万元，占行政支出中公用部分的 30.54%。

“七五”计划时期，设备购置费支出 96.8 万元，年均支出 19.36 万元；占同期公用经费支出的 23.37%。其中，1986 年，设备购置费支出 18.6 万元，占行政支出中公用部分的 37.12%，比上年增长 82.35%。1987 年，设备购置费支出 10.3 万元，占行政支出中公用部分的 17.34%，比上年减少 44.62%。1988 年，设备购置费支出 5.5 万元，占行政支出中公用部分的 10.57%，比上年减少 46.6%。1989 年，设备购置费支出 36.5 万元，占行政支出中公用部分的 29.74%，比上年增长 5.63 倍。1990 年，为使支出执行控制在进度之内，城区政府以〔1990〕44 号文批转城区财政局《关于严格预算管理、从紧控制支出、防止年终突击花钱的几点意见的通知》，把过紧日子的思想真正体现到行动上。从全年执行情况看，尽管有较多的增支因素，但行政管理费中的购置费和修缮费却都比上年减少，分别减少 10.6 万元、8.5 万元。全年设备购置费支出 25.9 万元，占行政支出中公用部分的 20.4%，比上年减少 29%。

“八五”计划时期，设备购置费支出 141 万元，年均支出 28.2 万元，比“七五”时期增长 45.66%；占同期公用经费支出的 15.2%。其中，1991 年，设备购置费支出 32.2 万元，占行政支出中公用部分的 21.38%，比上年增长 24.32%。1992 年，设备购置费支出 60.5 万元，占行政支出中公用部分的 29.1%，比上年增长 87.88%。1993 年，设备购置费支出 19.7 万元，占行政支出中公用部分的 9.49%，比上年减少 67.43%。1994 年，设备购置费支出 2.6 万元，占行政支出中公用部分的 1.73%，比上年减少 86.8%。1995 年，设备购置费支出 26 万元，占行政支出中公用部分的 12.32%，比上年增长 9 倍。

“九五”计划时期，设备购置费支出 272 万元，年均支出 54.4 万元，比“八五”时期增长 92.9%；占同期公用经费支出的 15.86%。其中，1996 年，设备购置费支出 63 万元，占行政支出中公用部分的 21.64%，比上年增长 142%。1997 年，设备购置费支出 22 万元，占行政支出中公用部分的 8%，比上年减少 65%。1998 年，设备购置费支出 129 万元，占行政支出中公用部分的 28.53%，比上年增长 4.86 倍。1999 年，设备购置费支出 46 万元，占行政支出中公用部分的 12.56%，比上年减少 64.34%。2000 年，设备购置费支出 12 万元，占行政支出中公用部分的 3.6%，比上年减少 73.9%。

“十五”计划时期，设备购置工作全面推进。2001 年，设备购置费支出 1 万元。2003 年，设备购置费改列固定资产购建和大修理支出。2004 年，设备购置费包括公用支出中的办公设备购置费、专用设备购置费、交通工具购置费、图书资料购置费。2007 年，发生办公设备购置 162 万元、专用设备购置 211 万元、交通工具购置 368 万元。

2008 年开始，在财政决算中不再反映设备购置费。

3. 修缮费。指行政事业单位的公用房屋、建筑物及附属设备的修缮费用。1950 年规定，修缮费可依据实际情况编列预算支出。1963 年，修缮费包括在办公费内。1978 年，改为新建的行政事业单位进行土建所需费用由基本建设开支；原有的行政事业单位所进行的零星土建单项工程不超过 2 万元的由行政事业费开支，超过 2 万元的，由基本建设开支。1984 年，将划分标准提高到 5 万元。1985 年，国家在预算收支科目中规定，修缮费指行政事业单位的公用房屋，建筑物及附属设施的修缮费用，并包括公用房租金。2002 年，修缮费改在固定资产购建和大修理中开支。2008 年开始，在财政决算中不再反映修缮费。

1985 年，阳泉市城区修缮费支出 5.6 万元，占行政支出中公用经费支出的 16.76%。

“七五”计划时期，阳泉市城区修缮费支出 47.3 万元，年均支出 9.46 万元；占同期公用经费支出的 11.5%。其中，1986 年，城区修缮费支出 8.2 万元，占行政支出中公用经费支出的 16.36%，比上年增长 46.42%。1987 年，城区修缮费支出 5.7 万元，占行政支出中公用经费支出的 9.6%，比上年减少 30.48%。1988 年，城区修缮费支出 3.2 万元，占行政支出中公用经费支出的 6.15%，比上年减少 43.85%。1989 年，城区修缮费支出 19.4 万元，占行政支出中公用经费支出的 15.81%，比上年增长 5.06 倍。1990 年，城区修缮费支出 10.8 万元，占行政支出中公用经费支出的 8.5%，比上年减少 44.32%。

"八五"计划时期，修缮费支出 49.1 万元，年均支出 9.82 万元，比"七五"时期增长 3.8%，占同期公用经费支出的 5.3%。其中，1991 年，城区修缮费支出 8.3 万元，占行政支出中公用经费支出的 5.5%，比上年减少 23.14%。1992 年，城区修缮费支出 15.6 万元，占行政支出中公用经费支出的 7.5%，比上年增长 87.95%。1993 年，城区修缮费支出 10.4 万元，占行政支出中公用经费支出的 5%，比上年减少 33.33%。1994 年，城区修缮费支出 3.8 万元，占行政支出中公用经费支出的 2.5%，比上年减少 63.46%。1995 年，城区修缮费支出 11 万元，占行政支出中公用经费支出的 5.2%，比上年增长 189%。

"九五"计划时期，修缮费支出 57 万元，年均支出 11.4 万元，比"八五"时期增长 16%；占同期公用经费支出的 3.32%。其中，1996 年，城区修缮费支出 20 万元，占行政支出中公用经费支出的 6.87%，比上年增长 81.8%。1997 年，城区修缮费支出 4 万元，占行政支出中公用经费支出的 1.47%，比上年减少 80%。1998 年，城区修缮费支出 17 万元，占行政支出中公用经费支出的 3.76%，比上年增长 3.25 倍。1999 年，城区修缮费支出 4 万元，占行政支出中公用经费支出的 1.09%，比上年减少 76.4%。2000 年，城区修缮费支出 12 万元，占行政支出中公用经费支出的 3.6%，比上年增长 2 倍。

2001 年，修缮费支出 2 万元，占同期公用经费支出的 1.27%。

4. 业务费。指行政事业单位为完成专业所需的消耗费用。如财务、税务、统计部门的大宗账簿、表册、票证、规章制度资料、材料印刷费，行政事业单位临时出国人员制装费、差旅费、国外生活补贴、外宾接待费和举办刊物单位的稿费支出等。业务费开支在单位之间、年际之间差距很大，无统一开支标准，往往根据需要编制预算，经批准后开支。

1985 年 12 月，根据省、市委部署，城区第二期整党工作全面展开，重点开展以抓党风为主的"四个专题"系列教育，即形势和改革及否定"文化大革命"的教育；共产主义理想信念和全心全意为人民服务的教育；党性、党风、党纪教育；端正业务工作指导思想的教育。是年，业务费支出 1.2 万元，占行政支出中的公用经费支出的 3.6%。

"七五"时期，业务费支出 41.8 万元，年均支出 8.36 万元；占同期公用经费支出的 28.4%。

1986 年 9 月月底，阳泉市城区分期分批地顺利完成全区的整党工作，先后有 970 名党员、108 个支部参加了整党。结合整党，全区共查处违纪案件 16 件，对违纪的 11 名党员干部进行严肃处理，其中开除党籍 4 人，留党察看 3 人，党内警告和严重警告 4 人。经过全区各级党组织和广大党员的共同努力，党风和社会风气有了很大的好转。是年，城区区委被山西省委命名为全省 11 个端正党风先进县区之一。全年城区业务费支出 2.2 万元，占行政支出中的公用经费支出的 4.4%，比上年增长 83%。

1987 年，在加强党内监督方面主要抓区机关、北大街小学、电机厂 3 个点，开会 2 次，下发 3 个文件，并进行 2 次汇报检查。是年，城区业务费支出 10.5 万元，占行政支出中的公用经费支出的 17.67%，比上年增长 3.77 倍。

1988 年，为建立健全党内监督制度，抓好开展"三评"（评党员、评干部、评党风）活动，选拔 211 名监督员，制定 7 种有效的监督形式，对党员每季度评议一次，副科级以上党员干部每半年评议一次，各支部和党委的党风状况一年评议两次。还把同年7月定为监督月，经过充分发动党内外群众，提出10个方面、66条意见。是年城区业务费支出5.8万元，占行政支出中的公用经费支出的11.15%，比上年减少41.42%。

1989年，阳泉市城区区委再次对区机关科级干部进行民主考评，采取先个人述职，再民主评议和测评，然后由分管领导和考评小组评鉴，经区委常委会审定，最后考评结果同本人见面的自下而上、自上而下的考评方法。民主评议分为4个档次，即优秀、胜任、基本胜任、不胜任。在民主评议中，有11人被评为优秀干部，有105人被评为胜任和基本胜任，2人被评为不胜任。民主考评，区委进一步掌握干部德才情况，对激发广大干部的工作积极性起到一定的作用。全年城区业务费支出9.3万元，占行政支出中的公用经费支出的7.57%，比上年增长60.3%。

1990年，阳泉市城区区委在全区范围内广泛开展国际国内形势的宣传教育，全区各级党组织把坚持四项基本原则、反对资产阶级自由化作为思想教育的中心任务，为保证中国共产党的路线、方针、政策在全区的顺利贯彻执行，促进全区政治、经济和社会稳定，奠定良好的思想基础。全年城区业务费支出14万元，占行政支出中的公用经费支出的11%，比上年增长50%。

“八五”计划时期，业务费支出91.6万元，年均支出18.32万元，比“七五”时期增长1.2倍；占同期公用经费支出的9.87%。

“九五”计划时期，业务费支出148万元，年均支出29.6万元，比“八五”时期增长61.57%；占同期公用经费支出的8.63%。

2001年2月，阳泉市城区确定全年要狠抓经济工作，认真贯彻执行中共十五届五中全会精神，努力实践“三个代表”重要思想，“围绕一个主题，突出一条主线，抓好两个重点，推进三个创新，实现五个目标”，促进全区经济持续快速向前发展。一个主题是赶超发展。一条主线是经济结构调整。两个重点是发展第三产业和非公有制经济。三个创新是观念创新、环境创新、体制创新。五个目标是大力发展第三产业，逐步构建具有城市中心区特色的区域经济；加快非公有制经济发展，增加非公有制经济在全区经济总量中的比重；推进区直企业结构调整，使企业的所有制、产品得到优化；推动社区服务提档升级，进一步向实体化、产业化、社会化方向发展；深化科技、教育、文化、卫生等各项改革，进一步促进各项社会事业全面进步。全年业务费支出7万元；占同期公用经费支出的4.45%。

2002年，阳泉市城区提出，在全年工作中，要转变职能，改进作风，扎实有效地做好政府各项工作。一是要重实际，解决文山会海和领导干部事务性活动过多的问题，在调查研究解决问题上见实效。要减少领导事务性活动，精简会议，改进作风，帮助基层干部做好群众工作，把问题解决在基层。二要出实招，解决因循守旧的问题，在创新工作思路上见实效。要敢于和善于运用市场经济的办法和手段，解决当前经济面临的问题，创造性地开展工作。三要重实干，解决四平八稳、按部就班、工作拖拉、作风漂浮的问题，在关心群众生活上见实效。要做好城市居民最低生活保障工作，解决好困难企业职工和特困家庭生活问题，到6月底前，按省要求做到应保尽保。四要求实效，解决有领不行的问题，在落实各项制度方面见实效。

2004年，阳泉市城区从主要领导开始，在工作中认真学习和运用《中华人民共和国行政许可法》（简称《行政许可法》）。是年，城区政府系统干部在努力搞好自身工作的同时，坚持不懈学习《行政许可法》，不断充实自己，有力地推动各项工作的开展。3月，在对各街道办事处主任、副主任，政府各部门局长、副局长及具体负责行政许可法规定清理工作的人员进行《行政许可法》培训。

2005 年，阳泉市城区区委、区政府狠抓政风行风评议及行政监察工作，着力加大商业贿赂专项治理力度，规范市场秩序，维护公平竞争，坚决纠正不正当交易行为，为城区经济社会发展营造良好环境。

2006 年，阳泉市城区着力推进制度建设和创新，深化反腐源头治理工作，建立健全政府民主决策机制，推进政务公开，巩固拓展行政审批制度改革成果，进一步深化政府采购制度和各项财政体制改革，努力使各项工作走在全市前面。

5. *其他费用*。包括职工教育经费，居民委员会补助费以及其他必需开支。2013 年，城区出台区直机关和事业单位培训费管理办法，要求各单位举办培训应当坚持厉行节约、反对铺张浪费的原则，实行单位内部统一管理，增强针对性和实效性，保证培训质量，节约培训资源，提高培训经费使用效果。

1985 年 –2001 年，阳泉市城区其他费用共支出 480 万元，年均支出 30 万元，占相应年份公用经费支出的 14.8%。

1985 年，阳泉市城区其他费用支出 5.1 万元，占当年行政支出中公用经费支出的 15.27%。

“七五”计划时期，阳泉市城区其他费用支出 78 万元，年均支出 15.6 万元；其中，1986 年 –1990 年分别支出 8.3 万元、13.3 万元、14.7 万元、20.2 万元、21.5 万元。

“八五”计划时期，其他费用支出 114.9 万元，年均支出 22.98 万元，比“七五”时期增长 47.3%；其中，1991 年 –1995 年，城区其他费用分别支出 23.7 万元、23 万元、22.3 万元、22.9 万元、23 万元。

“九五”计划时期支出 237 万元，年均支出 47.4 万元。各年支出额分别为 24 万元、32 万元、41 万元、72 万元、68 万元。

2001 年，阳泉市城区其他费用支出 45 万元，占行政支出中公用经费支出的 28.66%。2007 年，改称“其他商品和服务支出”，是年支出 1497 万元。2008 年以后，该项支出数字不再体现。

6. *2002 年后的行政支出*。2002 年以后，行政支出中的公用经费分为“日常公用支出”及“固定资产购建和大修理”两项。日常公用支出又分为办公费、取暖费、招待费、其他四个科目；“固定资产购建和大修理”包括维修费、办公设备购置费、交通工具购置费、图书资料购置费和其他诸项。从 2003 年开始，行政支出中的公用经费将上述两项合并统称公用支出，包括办公费、印刷费、邮电费、取暖费、交通费、差旅费、会议费、培训费、招待费、福利费、劳务费、就业补助费、租赁费、物业管理费、维修费、专用材料费、办公设备购置费、专用设备购置费、交通工具购置费、图书资料购置费和其他共 21 个科目。其中，2002 年，城区日常公用支出为 135 万元，固定资产购建和大修理费 19 万元。2003 年，城区公用支出为 281 万元，2004 年为 220 万元，2005 年为 378 万元，2006 年为 556 万元。

2008 年开始，核算科目又发生变化，只是体现所属每个行政单位的开支数额，相应细节不再体现。

2013 年 4 月，阳泉市城区财政局印发《城区区级公务卡强制结算目录》，要求严格执行公务卡强制结算目录，积极扩大公务卡应用范围。对公务卡的使用规定：资金支付仍按照城区财政局有关规定，采用财政直接支付方式进行结算；目录中规定的支出项目，预算单位财务部门必须强制要求持卡人使用公务卡结算，原则上不再使用现金结算；本目录适用于在区级及区级以上地区发生的公务支出。在区级及区级以上地区不具备刷卡条件的场所发生的单笔消费在 300 元以下的公务支出以及按照《现金管理暂行条例》规定，确需使用现金支付给个人的支出，可暂不使用公务卡结算；城区区级公务卡强制结算目录包括：办公费、印刷费、咨询费、手续费、水电费、邮电费、物业管理费、差旅费、维修费、租赁费、会议费、培训费、公务接待费、专用材料费、专用燃料费、委托业务费、公务用车运行维护费、其他交通费用。

2006 年 –2015 年阳泉市城区一般公共服务支出明细表

表 2–49 单位：万元

年 份	2006	2007	2008	2009	2010	小计	2011	2012	2013	2014	2015
合 计	2457	4715	6135	5377	7499	26183	7496	7492	7786	6215	5046
区人大	127	206	205	205	259	1002	291	268	270	284	318
区政协	76	122	130	135	165	628	170	180	174	179	205
区政府	981	1505	2235	1465	2224	8410	1978	2483	2291	2429	1982
发展改革	77	82	157	84	121	521	83	108	118	108	127
统 计	52	90	131	178	255	706	269	197	263	204	233
财 政	112	164	179	191	455	1101	583	324	355	299	334
税 收	——	1093	1559	1105	1195	4952	1057	924	1000	517	51
审 计	30	33	46	54	73	233	87	126	151	153	125
人力资源	19	28	28	40	69	184	30	41	38	39	55
纪检监察	48	53	72	91	112	376	119	152	165	159	183
人口与计生	236	323	346	455	966	2326	1129	1091	1206	——	——
商贸事务	87	87	121	167	192	654	172	169	232	239	150
工商行政	——	——	6	10	——	16	25	10	——	——	——
食品药品	——	——	1	——	——	1	——	——	——	——	——
质检检疫	——	——	5	——	18	23	15	5	5	5	——
国土资源	——	——	2	——	——	2	——	——	——	——	——
地 震	3	7	12	21	——	43	——	——	——	——	——
宗 教	4	5	9	17	21	56	20	23	24	22	28
档 案	25	29	39	135	59	287	42	49	50	51	59
党的事务	376	588	562	709	884	3119	971	794	360	357	350
民主党派	7	7	12	12	13	51	21	24	28	20	25
群团组织	59	80	96	110	182	527	171	171	188	207	211
组织事务	——	——	——	——	——	——	——	——	111	134	129
宣传事务	——	——	——	——	——	——	——	——	81	77	65
统战事务	——	——	——	——	——	——	——	——	46	47	46
其 他	138	213	183	193	236	963	263	353	630	685	370

说明：2006 年数额为换算数额。

第二节 公安安全支出

公安安全支出主要包括公安安全机关经费、公安安全业务费、警校和干部训练费及其他公安安全支出。1981 年以前，公安安全支出包括在行政支出内，未单独立项。1982–1988 年，公安安全支出在行政管理费类中设公安支出“款”级科目，1988 年设“公检法支出类”，下设公安安全支出和国家安全支出两个“款”级科目。

公安安全支出，在 2001 年前包括个人经费和公用经费两部分，个人经费部分在 1997 年以前，包括工资、补助工资、职工福利费、离退休人员费用和主要副食品价格补贴等项；1997–2001 年，包括工资、补助工资、职工福利费、社会保障类、助学金和其他工资等项。公用经费部分包括公务费、设备购置费、修缮费、业务费、其他费用和业务招待费等项。2002 年后，公安安全支出包括人员支出、日常公用支出、对个人和家庭的补助支出、固定资产购建和大修理四部分。其中，人员支出包括基本工资、津贴、奖金、职工福利费、社会保险缴费和其他支出等项；日常公用支出包括办公费、取暖费、招待费和其他支出等项；对个人和家庭的补助支出包括离休费、退休费、退职（役）费、就业补助费、抚恤金、救济费、医疗费、生活补贴、提租补贴、住房公积金、购房补贴、助学金和其他补助费等项；固定资产购建和大修理支出未设细目，2002 年后的变动情况与行政支出相同。

中共十一届三中全会以后，阳泉市城区公安分局逐步走向科学化、专业化、军事化、正规化管理轨道。到 1990 年，区公安分局机关设办公室、政工科、政保科、内保科、治安科、消防科、刑警队、巡警队、预审科、法制科共 10 个职能部门，下设上站、下站、北大街、南山路、新华西街、报马坪、坡底、政府大院、公园 9 个派出所。辖区有供电局公安科、建筑总公司公安科、娘子关电厂公安科、邮电局公安科、南庄矿公安科。

1982 年开始，公安机关会同工、青、妇等有关职能部门，打击、取缔嫖娼活动多起，教育挽救卖淫妇女、嫖客多人。

1985 年，全区公安安全支出 22.2 万元，占当年行政管理费总支出的 23.87%。其中，个人经费支出 13.2 万元，公用经费支出 9 万元。用于支持公安系统贯彻治安管理“谁主管、谁负责”的原则，着力于强化内部单位的自治能力，使治安管理社会化。

“七五”计划时期，全区公安安全支出累计为 314.6 万元，年均支出 71.5 万元；占同期行政管理费类实际总支出的 27.65%，其中，个人经费支出 161.3 万元，年均支出 32.26 万元；公用经费支出 153.3 万元，年均支出 30.66 万元。

1986 年，全区公安安全支出 21.9 万元，比 1985 年略有下降，占当年行政管理费类实际支出的 18.38%；其中，个人经费支出 18.5 万元；公用经费支出 3.4 万元。用于城区公安系统坚决贯彻执行国务院《关于坚决取缔卖淫和制止性病蔓延的通知》，本着“打击少数、教育挽救多数”的方针，对坦白交代者采取依法从宽处理的政策，在全区进行一次禁止和取缔卖淫等社会丑恶现象专项斗争。在制止刑事案件斗争中，抓获各类现行分子 106 名，其中流窜犯罪分子 43 名。以公共复杂场所和特种行业为第二道防线，把原有的 52 个基层治保会，改为联合治保会，加强干警管理、检查，查获各类犯罪分子 237 名。以机关厂矿为第三道防线，动员全社会力量齐抓共管，对内部有违法犯罪行为的 71 名人员，分别建立帮教小组，各单位向社会派出联防人员 105 名，开展值勤巡逻和定点守候。以居民区街道为第四道防线，对全区 120 个重点人口和社会上的 70 名违法青少年分别进行帮教和监控。以设值勤点为第五道防线，在治安复杂场所，交通要道路口和易于发案地段，设立 11 个治安值勤点，进行社会面的全方位控制。

1987 年，全区公安安全支出 30.3 万元，比 1986 年增长 38.35%，占本年全区行政管理费类实际支出的 19.86%；其中，个人经费支出 24.4 万元，公用经费支出 5.9 万元。支持公安部门在安全防范工作中采取划片包干，设立值勤，建立治安岗亭，昼夜巡逻的方法，控制社会面，并动员各方力量，实行群防群治，开展治安大清查活动和严厉打击违法犯罪活动。根据全区刑事案件有所回升的状况，开展扫除卖淫嫖娼、聚众赌博、拐卖儿童、传播淫秽物品、贩运各种吸毒品和利用迷信骗财害人的“六害”运动。

1988 年，公安机关针对卖淫嫖娼活动的特点，加强对旅店、出租房屋、出租汽车、舞厅等公共场所等进行经常管理和查控工作。是年，全区公安安全支出 62.8 万元，比 1987 年增长 107%，占是年全区行政管理费类实际支出的 32.7%，其中个人经费支出 34.7 万元；公用经费支出 28.1 万元。

1989 年，全区公安安全支出 116.5 万元，比 1988 年增长 85.8%；其中个人经费支出 37.9 万元，公用经费支出 78.6 万元；占当年全区行政管理费类实际支出的 33.9%。这些经费的支出，使公安部门在全区共掌握各类重点人口 1796 名，其中有重大现实危害的危险分子 72 人，重点调查控制对象 1101 人；应被列入工作视线引起注意的对象 623 人，其中受刑罚、劳教处理需教育考察的 55 人。受治安处罚、收容审查需教育考察的 204 人，与违法犯罪案件有牵连的 131 人，社会闲散人员需加以注意的 112 人，民事纠纷已缓解还有潜在危险因素的 28 人。对该类情况逐人建立档案资料，实行规范化管理，有效服务于“严打”斗争。同年，全区户籍民警对成年人口“四知”（知基本情况、知现实表现、知经济收入、知社会关系）熟悉率平均达 90%，对重点人口熟悉率平均达 95%，比 1973 年分别提高 50% 和 20%。

1990 年 1 至 4 月，共查获各类违法犯罪人员 728 人，摧毁各类犯罪团伙 115 个，涉及成员 600 余人，缴获赃款赃物共计价值 54000 余元，治安罚款 51600 元。是年，全区公安安全支出 83.1 万元，比 1989 年下降 28.67%，占当年全区行政费类实际支出的 25.12%；其中，个人经费支出 45.8 万元，公用经费支出 37.3 万元。

“八五”计划时期，阳泉市城区公安分局组织干警不失时机地连续开展“春季攻势”“夏季集中打击”“反盗窃斗争”“冬季严打”“反盗禁赌”“严打整治行动”“扫‘六害’专项斗争”“打击车匪路霸”“打击地痞流氓和地方恶势力”等 20 余次专项严打斗争，取得较大战果。在“严打”斗争中认真部署，以“破大案、打团伙、挖积案、追逃犯”为主攻方向；以定领导、定人员、定责任、定时间、定案件和实行考核责任制的“五定一考核”为措施，紧紧抓住人民群众反映强烈的突出问题和社会危害大、影响恶劣的大要案件侦破工作，并取得积极战果。在 1991 年至 1995 年的 5 年间，共破获各类报警案件 6409 起，其中刑事案件 3367 起（重特大案件 752 起），治安案件 3042 起，抓获各类违法犯罪嫌疑人 7956 人。全区公安安全支出累计 647.3 万元，年均支出 129.46 万元，比“七五”时期增长 1.05 倍，占同期全区行政管理费类实际总支出的 22.78%。其中，个人经费共支出 405.8 万元，年均支出 81.16 万元；公用经费支出 241.5 万元，年均支出 48.3 万元。

1991 年，全区共发生刑事案件 1948 起，破获 598 起，破案率为 30.6%；重特大案件发生 298 起，破案 115 起，破案率为 38.6%；打击处理违法犯罪分子 959 名，其中，逮捕 135 名，劳教 25

名，收容审查 249 名，治安拘留 65 名，罚款处罚 305 名，警告处罚 180 名。打掉各类违法犯罪团伙 58 个，涉及成员 213 名，缴获赃款、赃物价值 26.7 万元。发生治安案件 529 起，查处 339 起，查处率为 64%。是年，全区公安安全支出 100.1 万元，占是年行政管理费支出的 24.5%。比 1990 年增长 20.45%；其中，个人经费支出 48.4 万元，公用经费支出 51.7 万元。

1992 年，全区共发生刑事案件 799 起，破获 566 起，破案率为 70.8%；重特大案件发生 185 起，破 96 起，破案率为 51.8%；打击处理违法犯罪分子 1142 名，其中提请逮捕 172 名，劳教 29 名，收容审查 180 名，治安拘留 421 名，其他处罚 300 名。打掉各类违法犯罪团伙 83 个，涉及成员 427 名，缴获赃款、赃物价值 102 万元。发生治安案件 714 起，查处 521 起，查处率为 72%。是年，全区公安安全支出 108.8 万元，占同年行政管理费支出的 22.47%。比 1991 年增长 8.8%；其中，个人经费支出 56.6 万元，公用经费支出 52.2 万元。

1993 年，全区共发生刑事案件 682 起，破获 486 起，破案率为 71.26%；重特大案件发生 158 起，破获 98 起，破案率为 62.02%；打击处理违法犯罪分子 1047 名，其中提请逮捕 225 名，劳教 130 名，收容审查 249 名，治安拘留 57 名，罚款处罚 305 名，警告处罚 180 名。打掉各类违法犯罪团伙 56 个，涉及成员 287 名，缴获赃款、赃物价值 97.3 万元。发生治安案件 792 起，查处 477 起，查处率为 60.23%。是年，全区公安安全支出 123.8 万元，占同年行政管理费支出的 22.94%。比 1992 年增长 13.78%；其中，个人经费支出 73.9 万元，公用经费支出 49.9 万元。

1994 年，全区共发现和受理各类报警案件 1572 起，查破 1385 起，查破率为 88.1%，其中，刑事案件 675 起，破获 572 起，破案率为 84.74%；立为治安案件的 897 起，查处 813 起，查处率为 90.64%。重特大案件发生 207 起，破获 152 起，破案率为 73.43%；打击处理违法犯罪分子 2133 名，其中提请逮捕 311 名，劳教 153 名，治安处罚 1165 人，其他处理 379 人，打掉各类违法犯罪团伙 119 个，涉及成员 490 名，缴获赃款、赃物价值 220.59 万元。是年，全区公安安全支出 157.6 万元，占同年行政管理费支出的 23.73%。比 1993 年增长 27.3%；其中个人经费支出 112.9 万元，公用经费支出 44.7 万元。

1995 年，全区共发生刑事案件 454 起，破获 400 起，破案率为 88.1%；重特大案件发生 175 起，破获 146 起，破案率为 83.4%；打击处理违法犯罪分子 2675 名，其中，提请逮捕 2170 名，劳教 98 名，收容审查 393 名，治安处罚 1841 名，刑事拘留 73 名。缴获赃款、赃物价值 104.4 万元。发生治安案件 763 起，查处 756 起，查处率为 99.1%。同年，全区公安安全支出 157 万元，占是年行政管理费支出的 20.63%。与 1994 年基本持平；其中个人经费支出 114 万元，公用经费支出 43 万元。

“九五”计划时期，1996 年 –2000 年，阳泉市城区公安分局在区委、区政府和市公安局的正确领导下，深入学习、贯彻中共十五大精神，以邓小平理论为指导，围绕“改革、发展、稳定”大局，抓班子，带队伍，促工作，保平安，为全区经济建设和人民安居乐业创造一个稳定的社会环境。五年间，全局共立刑事案件 2602 起，破获 1687 起；共受理治安案件 1759 起，查处 1732 起。通过侦查破获和治安管理整治，共打击、处理各类违法犯罪嫌疑人 5744 人，缴获赃款、赃物总计价值 510 余万元。在抓“严打”、促防范、进行治安整治的同时，加强公安队伍正规化建设，全局民警综合素质进一步提高，队伍整体作战能力进一步增强，赢得领导和群众的信任。“九五”时期，全区公安安全累计支出 1822 万元，年均支出 364.4 万元，比“八五”时期增长 1.81 倍，占同期行政管理费实际总支出的 28%；其中，个人经费支出 924 万元，年均支出 184.8 万元；公用经费支出 898 万元，年均支出 179.6 万元。

1996年，始终坚持以“稳定压倒一切”指导全局工作，把维护政治稳定作为一项长期的、重要的政治任务和首要工作紧紧抓在手上。妥善处置群体性事件，牢牢把握政策界限，依法积极、稳妥处置多起群体性事件。全年全区公安安全支出282万元，比1995年增长79.61%，占当年行政管理费支出的29.87%；其中，个人经费支出166万元，公用经费支出116万元。

1997年，全年以打击杀人、爆炸、绑架勒索、抢劫等严重暴力犯罪、团伙犯罪以及盗窃、抢劫等多发性侵财犯罪为重点，开展破案攻坚，采取定目标、定任务、定人员、定时间的破案责任制，快侦快破，增强群众的安全感。同时还破获发生在城区南山公园的“7·29”麻醉抢劫案。是年，全区公安安全支出321万元，比1996年增长13.82%，占是年全区行政管理费支出的25.94%；其中，个人经费支出161万元，公用经费支出160万元。

1998年，坚持打防结合、标本兼治的方针，采取多种措施，进一步增强社会治安防范管理工作力度，促进治安防范管理的规范化建设，增强公安机关驾驭社会治安的能力。充分发挥巡警职能作用，以“110”巡警为主体的快速反应机制进一步成熟和规范，最大限度地实现了对社会面的动态控制。本年，公安安全支出368万元，比1997年增长14.64%，占是年全区行政管理费支出的26.22%；其中，个人经费支出196万元，公用经费支出172万元。

1999年，按照公安部“苏州会议”精神，城区从推动公安工作开展、增强发展后劲的战略高度出发，全面实施公安派出所和刑侦工作改革。公安机关以“发案少、秩序好、群众满意”为根本标准，把派出所工作任务转移到管理、防范和服务上来，改革和调整派出所以往工作方式和运行机制，把派出所辖区划分为警务区，实行“一区一警，一警多能”的警务工作机制，落实民警责任制，明确工作职责，使公安工作走上正规化、法制化管理轨道。本年，全区公安安全支出360万元，占是年全区行政管理费支出的27.62%；其中，个人经费支出191万元，公用经费支出169万元。

2000年，坚持“带一流队伍、创一流业绩”的工作思路，把队伍建设放在突出位置来抓。加强制度建设，以制度约束人，所定制度涉及执法办案、警容风纪、监督管理等各个方面，增强民警的紧迫感和责任意识。本年，全区公安安全支出491万元，比1999年增长36.38%，占是年全区行政管理费支出的30.74%；其中，个人经费支出210万元，公用经费支出281万元。

2001年，阳泉市城区区委、区政府确定全年公安工作的主要任务及完成情况：

层层签订社会治安综合治理目标责任书，共签订责任书435份。

开展对企业周边、校园周边、特种行业、公共娱乐场所、治安复杂地区的清理整顿，重点整治天成巷一条街。开展“冬季治安安全百日集中行动”等专项斗争，全年破获刑事案件414起，其中，重特大案件80起，打掉犯罪团伙15个，涉及55人。

在全区范围内开展企业地方共建安全社区活动，并在河坡电厂召开企业地方共建安全社区活动现场会。命名1999年安全文明小区21个。

全年全区公安安全支出521万元，比2000年增长6.1%，占当年全区行政管理费支出的31.76%；其中，个人经费支出335万元，公用经费支出186万元。

2002年，阳泉市公安局城区分局帮助南山路派出所认真搞好治安工作，以取得经验，在全区推广。南山路派出所新的领导班子组建后，提出“热情服务，杜绝上访、告状和群众投诉案件，争创群众满意派出所”的目标。派出所干警认真学习讨论有关文件精神，深刻剖析“冷、硬、横、推、拖”现象的根源和危害，全所干警形成共识，从自身做起，转变作风，以新的姿态投入工作。针对日常工作中最容易出现的问题和引起群众不满的值班接待和治安案件办理，制定规定，作为日常工作的参照，相应制定奖罚措施，使派出所工作向前推进一步，受到区政府的肯定。

从2005年开始，城区公安分局划归市公安局直接管理，人员等开支归阳泉市财政局办理。

1985年–1990年阳泉市城区公检法司支出情况表

表2–50 单位：万元

年份	合计	人员经费合计	基本工资	补助工资	其他工资	公用经费合计	公务费	设备购置费	修缮费	业务费等
1985	36	21	16	2	3	15	3	7	1	4
1986	39	28	21	5	2	11	5	3	1	2
1987	56	44	25	8	11	12	6	1	2	3
1988	89	48	30	12	6	41	15	14	——	12
1989	163	54	32	14	8	109	24	12	57	16
1990	132	64	37	19	8	68	27	17	3	21
合计	515	259	161	60	38	256	80	54	64	58

说明：上述数字为城区公安分局、法院、检察院、司法局的支出合计数，从报表上分不到具体单位。

1991年–2006年阳泉市城区公安安全支出情况表

表2–51 单位：万元

年份	合计	人员经费合计	基本工资	补助工资	其他工资	公用经费合计	公务费	设备购置费	修缮费	业务费等
1991	100	46	25	17	4	54	19	11	3	21
1992	109	57	27	23	7	52	26	12	3	11
1993	124	74	30	36	8	50	22	7	——	21
1994	158	113	67	40	6	45	23	2	——	20
1995	157	114	67	41	6	43	29	1	——	13
1996	282	166	112	44	10	116	49	42	1	24
1997	321	161	85	66	10	160	49	37	28	46
1998	368	196	98	90	8	172	63	5	8	96
1999	360	191	105	79	7	169	46	53	10	60
2000	491	210	122	78	10	281	149	32	32	68
2001	521	335	199	117	19	186	60	46	16	64

续表

年　份	合　计	人员经费合　计	基　本工　资	补　助工　资	其　他工　资	公用经费合　计	公务费	设备购置　费	修缮费	业　务费　等
2002	412	354	174	160	20	58	——	——	——	——
2003	499	378	187	160	31	121	——	——	——	——
2004	354	248	115	106	27	106	——	——	——	——
2005	19	——	——	——	——	19	——	——	——	——
2006	8	——	——	——	——	8	——	——	——	——
合　计	4283	2643	1413	1057	173	1640	——	——	——	——

说明：2002年以后，公用经费支出项目太多，难以归类，只能以总数出现。

一、个人经费

1. 基本工资。1985年，全区公安、司法、检察、法院部门基本工资支出16万元，占同期个人经费支出总额的76.20%。

"七五"计划时期，全区公安、司法、检察、法院部门基本工资支出145万元，年均支出29万元，占同期个人经费支出总额的60.92%。

"八五"计划时期，全区公安部门基本工资支出216万元，年均支出43.2万元，占同期个人经费支出总额的53%。

"九五"计划时期，公安部门基本工资支出522万元，年均支出104.4万元，比"八五"时期增长1.42倍，占同期个人经费支出总额的56.5%。

"十五"计划时期的前四年，全区公安部门基本工资支出675万元，占同期个人经费支出总额的51.33%。2005年开始，城区公安经费上划市管理。

2. 补助工资。1985年，全区公安、司法、检察、法院部门补助工资共支出2万元。

"七五"计划时期，全区公安、司法、检察、法院部门补助工资共支出58万元，年均11.6万元，占同期个人经费支出总额的24.37%。

"八五"计划时期，全区公安部门补助工资支出157万元，年均31.4万元，比"七五"计划时期增长2.47倍，占同期个人经费支出总额的38.86%。

"九五"计划时期，全区公安部门补助工资支出357万元，年均71.4万元，比"八五"计划时期增长1.27倍，占同期个人经费支出总额的38.6%。

"十五"计划时期的前四年，全区公安部门补助工资支出544万元，占同期个人经费支出总额的41.37%。

3. 其他工资等。该项核算内容包括职工福利费、离退休人员费用、主要副食品价格补贴、社会保险缴费等。1985年，全区公安、司法、检察、法院部门共支出其他工资等3万元。

"七五"计划时期，全区公安、司法、检察、法院部门共支出其他工资等35万元，年均支出7万元，占同期个人经费支出总额的14.71%。

"八五"计划时期，全区公安部门其他工资等支出31万元，年均支出6.2万元，占同期个人经费支出总额的 7.67%。

"九五"计划时期，全区公安部门其他工资等支出 45 万元，年均 9 万元，比"八五"时期增长 45.16%，占同期个人经费支出总额的 4.87%。

"十五"计划时期的前四年，全区公安部门其他工资等支出 97 万元，年均 24.25 万元，占同期个人经费支出的 7.38%。

二、公用经费

1、公务费。1985 年，全区公安、司法、检察、法院部门公务费共支出 3 万元，占同期公安、检察、法院部门公用经费支出的 20%。

"七五"计划时期，全区公安、司法、检察、法院部门公务费共支出 77 万元，年均支出 15.4 万元，占同期公安、检察、法院部门公用经费支出总额的 31.95%。

"八五"计划时期，全区公安部门公务费支出 119 万元，年均支出 23.8 万元，占同期公用经费支出总额的 48.77%。

"九五"计划时期，全区公安部门公务费支出 356 万元，年均支出 71.2 万元，比"八五"时期增长 1.99 倍，占同期公用经费支出总额的 39.64%。

"十五"计划时期的前四年，全区公安部门公务费支出缺乏分项数字。

2. 设备购置费。1985 年，全区公安、司法、检察、法院部门的设备购置费共支出 7 万元，占同期公用经费支出的 46.67%。

"七五"计划时期，全区公安、司法、检察、法院部门的设备购置费共支出 47 万元，年均支出 9.4 万元，占同期公安、司法、检察、法院部门公用经费支出总额的 21.09%。

"八五"计划时期，全区公安部门设备购置费共支出 33 万元，年均支出 6.6 万元，占同期公安部门公用经费支出总额的 13.7%。

"九五"计划时期，全区公安部门设备购置费共支出 169 万元，年均支出 33.8 万元，占同期公安部门公用经费支出总额的 18.82%。

"十五"计划时期的前四年，全区公安部门设备购置费支出缺乏分项数字。

3. 修缮费。1985 年，全区公安、司法、检察、法院部门修缮费共支出 1 万元，占公用经费支出总额的 6.67%。

"七五"计划时期，全区公安、司法、检察、法院部门修缮费共支出 63 万元，年均支出 12.6 万元，占同期公安、司法、检察、法院部门公用经费支出的 26.14%。

"八五"计划时期，全区公安部门修缮费支出 6 万元，年均支出总额 1.2 万元，占同期公安安全部门公用经费支出总额的 2.46%。

"九五"计划时期，全区公安部门修缮费支出 79 万元，年均支出 15.8 万元，占同期公安安全部门公用经费支出总额的 8.80%。

"十五"计划时期的前四年，全区公安部门修缮费支出无分项数字。

4. 业务费等。1985 年，全区公安、司法、检察、法院部门业务费等共支出 4 万元，占同年公安、司法、检察、法院部门公用经费支出总额的 26.67%。

"七五"计划时期，全区公安、检察、法院部门业务费支出 54 万元，年均支出 10.8 万元，占同期公安、司法、检察、法院部门公用经费支出总额的22.41%。

“八五”计划时期，全区公安部门业务费等共支出86万元，年均支出17.2万元，占同期公安部门公用经费支出总额的35.25%。

“九五”计划时期，全区公安部门业务费等支出294万元，年均支出58.8万元，比“八五”计划时期年均支出增长2.42倍，占同期公安部门公用经费支出总额的32.74%。

“十五”计划时期的前四年，全区公安部门业务费等支出无分项数字。

第三节 检法司支出

检法司支出，主要是各级检察院、人民法院、司法局及其所属单位的经费。检法司机关的个人经费和一般公用经费，属行政费开支范围，业务费分为检察业务费和司法业务费。

新中国成立之初，阳泉市城区的司法检察支出和行政类支出合并计算。1959年，司法检察支出又合并于行政支出一类。1983年司法检察支出在行政管理费类设款列支，下设司法检察机关经费、司法检察业务费、司法检察干校训练费和其他司法检察经费四个项级科目。1988年，设“公检法支出类”，下设司法检察支出“款”级科目。

司法业务费支出范围先后做过几次调整：1980年，修订为审判费、陪审费、招待费、业务设备购置费、业务设备消耗费、宣教费、专业会议费、短期培训费和科研机构经费9项。1985年，法院业务费规定为办案费、服装费、业务设备购置费、专业会议费和其他费用5项。

检察业务费开支范围，1955年规定为检察费、宣传教育费、业务器具购置费、检查通讯费、检验费和专业会议费6项；1963年合并为检察检验费、宣传教育费、枪支弹药器具购置费和专业会议费4项。

中共十一届三中全会以后，司法检察部门加强机构建设，增加人员，经费也随之相应增加。1985年–2006年，全区实际列支司法检察支出5249.3万元，年均支出308.78万元。其中，个人经费实际支出2757.5万元，占司法检察实际支出总额的52.53%；公用经费实际支出2491.8万元，占司法检察实际支出总额的47.47%。

一、阳泉市城区人民法院

新中国成立之前，阳泉是平定县的一个自然集镇，未设法律审判机构。1947年5月阳泉解放设市后，于1948年11月设立阳泉市人民法院，由市人民法院统一管理全市各类案件的审判。1973年8月，阳泉市人民法院依法改称阳泉市中级人民法院。市内各区相继筹建法律审判机构。1975年3月15日，阳泉市城区人民法院成立，正式挂牌办公。1980年10月，阳泉市城区第七届人民代表大会后，成为独立的审判机关。建院之初，院址设在新建路东段市交通局搬运五队，编制5人，受理城区辖区的民事和刑事自诉案件。1979年，编制增至11人，院址迁到区机关办公楼。1980年，人员增至17人。为保障改革开放和社会主义经济建设，严厉打击各种经济犯罪活动，1983年，法院编制增为22人；1985年，为26人；1990年年末，有人员编制42人。

1975 年 3 月对外办公时，设有办公室和接待室。随着《中华人民共和国刑法》《中华人民共和国刑事诉讼法》《中华人民共和国民法通则》《民事诉讼法》及《婚姻法》陆续颁布，1980 年，增设民事审判和刑事审判庭。随着《中华人民共和国经济合同法》的实施，1981 年 8 月，增设经济审判庭。《中华人民共和国行政诉讼法》颁布后，于 1989 年 3 月，设立行政审判庭和执行庭。为进一步便于群众诉讼，1989 年 10 月，组建下站人民法庭，受理下站街道办事处和北大街街道办事处所辖区域的民事诉讼案件。

1985 年，受理民事案件 235 件，结案 224 件。

1986 年，受理民事案件 207 件，结案 203 件。

1987 年，阳泉市城区人民法院行政审判庭于 1987 年开始筹建。受理民事案件 212 件，结案 207 件。

1988 年，受理民事案件 230 件，结案 228 件。

1989 年 3 月，阳泉市城区人民法院行政审判庭正式成立。全年受理民事案件 251 件，结案 246 件。

1990 年，受理民事案件 301 件，结案 301 件。

1991 年 –1995 年，阳泉市城区人民法院认真贯彻中共十届三中、四中、五中全会精神，克服困难，艰苦奋斗，全面完成各项审判任务。共受理各类案件 4151 起，审结 3849 件，结案率为 92%，充分发挥审判工作在全区社会稳定、改革开放和经济发展中的重要作用。

在刑事审判工作中，坚持不懈地开展“严打”斗争，全力维护社会稳定，共审结刑事案件 853 件，判处各类犯罪分子 1558 人，有力地打击严重刑事犯罪活动和严重经济犯罪活动，严惩各种危害社会治安的行为。在经济审判工作中，强化服务意识，积极维护企业利益和经济秩序，共审结经济纠纷案 1205 件，诉讼标的金额达 8608 万元，有力地促进本区经济的健康发展。

“八五”期间，阳泉市城区人民法院在强化自身队伍建设上，充分发挥院庭两级班子的“火车头”功能和广大干警的主观能动性，不断加强自身改革，强化内部管理，探索法院管理工作的科学化、规范化。先后出台《岗位目标责任制》《错案追究制》等 21 项制度，并在实践中狠抓目标制定、考核、奖惩三个环节，努力做到软指标硬化、虚任务变实，完善执法程序，提高执法水平，各项工作均创建院以来最好成绩。

1996 年 –2000 年，阳泉市城区人民法院坚持以邓小平理论和“三个代表”重要思想为指针，紧紧围绕城区改革、发展、稳定的大局，全面履行《中华人民共和国宪法》和法律赋予的审判职责，大力推进内部改革，不断加强自身建设，全面开展各项审判工作，共受理各类案件 10216 件，审结 10086 件，结案率为 99%，收结案数比过去 5 年上升 146%，为维护稳定和促进全区经济发展提供积极的司法保障和法律服务。

2001 年，为加强排查调处矛盾工作，阳泉市城区人民法院按照城区区委、区政府城办发〔2001〕2 号文件《关于经常性开展矛盾纠纷与排查调处工作的安排意见》精神，布置安排开展矛盾纠纷与排查调处工作，专门成立矛盾纠纷与排查调处工作领导组，下设办公室负责具体事宜，并将该项工作分解到庭，责任到人。

2002 年，阳泉市城区人民法院共受理和审结各类刑事案件 215 件、341 人，实现连续 18 年无积案的好成绩。在刑事审判工作中，一是打击以抢劫、抢夺、强奸、重大盗窃为重点的严重暴力犯罪、有组织犯罪。先后依法审理和判处暴力型犯罪案件 101 件、174 人，一批严重危害社会秩序的犯罪分子受到法律的严惩，群众的安全感得到加强，社会风气得到净化，促进全区经济发展。

2003 年，阳泉市城区人民法院提出全年工作思路：继续认真学习十六大报告，紧密联系实际，完善干部人事制度、权利制约和监督机制，通过制度创新，加强法院队伍建设；以十六大精神为指导，认真做好刑事、民事、行政等各类案件的审判工作和执行工作；按照十六大精神，加强法官职业化建设，造就一支政治坚定、业务精通、作风优良、纪律严明、执法公正的司法队伍；自觉接受监督，保障司法公正廉洁，健全监督机制，促进审判工作公正、廉洁、文明、高效。

2004 年，全年共审结各类民商事案件 1218 件，其中婚姻家庭继承纠纷案件 409 件，合同纠纷案件 519 件，权属、侵权纠纷案件 290 件，诉讼标的额达 1.2 亿元。在办理上述案件中，城区法院从事民事审判的法官仅 8 名，人均办案 152 件，平均 2 天审结一起案件。为此，审判人员经常放弃节假日休息，确保案件在审限内审结。审判人员通过克服重重困难，扎扎实实办理每起案件，保护了当事人的合法权益，促进了改革、发展的大好形势，维护了公平竞争的市场经济秩序。

2005 年，组织进行理论教育活动专题讨论，建立学习登记制度，确保教育活动时间、内容、人员“三落实”，使广大干警对社会主义法治理念的科学内涵、开展理念教育活动的重要意义有了深刻认识。城区法院通过对 2004 年所办案件进行自查、自纠，在全院开展庭审观摩活动，所有民事法律文书后附法律条文进行释明，实现社会主义法治理念教育与审判实际相结合，与树立社会主义荣辱观相结合，使法院的整体素质有了明显提高，“为谁执法、靠谁执法、怎样执法”的问题得到初步解决。

2006 年，阳泉市城区人民法院全年共受理各类民商事案件 1155 件，审结 1093 件。在所受理的案件中，婚姻家庭、继承纠纷案件 479 件，合同纠纷案件 459 件，权属、侵权纠纷案件 165 件，适用特别程序案件 52 件。在所审结案件中，判决 490 件，撤诉 88 件，谅解 435 件，其他 480 件。在所受理的民商事案件中，婚姻家庭纠纷案件 471 件，占全部民商事案件的 40%。在所审结的 462 件婚姻家庭纠纷案件中，调解处理的 282 件，原告撤诉的 64 件，调解撤诉案件占所审结婚姻家庭纠纷案件的 76%。

2007 年，阳泉市城区人民法院在民商事审判工作中实行判后释疑，巧用“三心”，为当事人释疑解惑，确保案结了事。一是耐心听疑。对当事人不服判决的，了解当事人不服判决的原因，对适用法律错误进行自查。二是细心答疑。针对当事人提出的疑点和焦点问题，承办法官融合情理和法理，认真解答当事人的疑问，帮助当事人正确理解法院判决。三是热心消疑。对一些案结事未了的，承办法官主动找当事人进行回访释疑，组织专人选择有利时机消除当事人疑惑，全年有效化解矛盾易激化纠纷 19 起。

2008 年 –2010 年，保持高压态势，有力打击犯罪分子的嚣张气焰。依法严惩抢劫、贩卖毒品等严重危害社会治安的案件，审结严重影响群众安全感的盗窃、故意伤害、诈骗、抢夺等多发性犯罪案件，判处金融诈骗、虚开增值税专用发票等破坏社会主义经济秩序犯罪案件，惩办贪污、挪用公款、受贿等职务犯罪，切实保障和维护社会秩序。

2011 年 –2015 年，加强司法领域的人权保护，对具有法定或酌定从轻、减轻情节及初犯、偶犯、社会危害不大的犯罪分子，依法从轻、减轻或免除刑事处罚。

1991年-2006年阳泉市城区人民法院支出情况表

表2-52　　单位：万元

年份	合计	人员经费合计	基本工资	补助工资	其他工资	公用经费合计	公务费	设备购置费	修缮费	业务费等
1991	25	10	5	3	2	15	7	5	——	3
1992	23	12	6	5	1	11	9	1	——	1
1993	29	17	6	8	3	12	9		1	2
1994	35	24	11	12	1	11	8	1	——	2
1995	37	27	18	7	2	10	8	——	1	1
1996	41	31	20	8	3	10	8	——	——	2
1997	210	37	21	13	3	173	13	9	11	140
1998	187	51	24	26	1	136	34	36	——	66
1999	168	57	30	26	1	111	59	24	6	22
2000	312	64	31	30	3	248	153	30	13	52
2001	259	129	74	39	16	130	90	——	32	8
2002	201	126	58	48	20	75	——	——	——	——
2003	275	149	75	43	31	126	——	——	——	——
2004	227	157	68	57	32	70	——	——	——	——
2005	382	163	62	64	37	219	——	——	——	——
2006	350	183	63	62	58	167	——	——	——	——
合计	2761	1237	572	451	214	1524	——	——	——	——

2007年-2015年阳泉市城区人民法院支出情况表

表2-53　　单位：万元

年份	金额	年份	金额	年份	金额	年份	金额
2007	622	2010	885	2013	932	——	——
2008	883	2011	857	2014	849	——	——
2009	783	2012	1154	2015	1010	合计	7975

（一）个人经费

1985年-1990年，阳泉市城区人民法院的各项支出均包括在前面的公安、检察、法院支出中，叙述从“八五”时期开始。

“八五”时期，阳泉市城区人民法院总支出为149万元，其中个人经费支出90万元，公用经费支出59万元。在个人经费支出中，基本工资支出46万元、补助工资支出35万元、其他工资等支出9万元，分别占个人经费支出额的51.11%、38.89%、10%。

“九五”时期，阳泉市城区人民法院总支出为918万元，其中个人经费支出240万元，公用经费支出678万元。在个人经费支出中，基本工资支出126万元、补助工资支出103万元、其他工资等支出11万元，分别占个人经费支出额的52.5%、42.92%、4.58%；分别比“八五”时期支出额增长174%、增长194%、增长22.22%。

“十五”时期，阳泉市城区人民法院总支出为1344万元，其中个人经费支出为724万元，公用经费支出为620万元。在个人经费支出中，基本工资支出337万元、补助工资支出251万元、其他工资等支出136万元，分别占个人经费支出额的46.55%、34.67%、18.78%；分别比“九五”时期支出额增长1.67倍、1.44倍、11.36倍；

“十一五”时期，阳泉市城区人民法院各项工作全面推进。2006年，阳泉市城区人民法院总支出为350万元，其中个人经费支出为183万元，公用经费支出620万元。在个人经费支出中，基本工资支出62万元、补助工资支出62万元、其他工资等支出58万元，分别占个人经费支出额的34.43%、33.88%、31.69%。

（二）公用经费

“八五”时期，阳泉市城区人民法院公用经费支出59万元，其中公务费支出41万元、设备购置费支出7万元、修缮费支出2万元、业务费等支出9万元，分别占公用经费支出额的69.49%、11.86%、3.39%、15.26%。

“九五”时期，公用经费支出678万元，其中公务费支出267万元、设备购置费支出99万元、修缮费支出30万元、业务费等支出282万元，分别占公用经费支出额的39.38%、14.60%、4.42%、41.60%；分别比“八五”时期增长5.51倍、13.14倍、14倍、30.33倍。

“十五”时期，阳泉市城区人民法院各年公用经费支出额分别为130万元、75万元、126万元、70万元、219万元，合计为620万元，为“九五”时期的91.45%。主要原因是“九五”时期的公用经费支出中包括基本建设支出额，形成不可比因素。

“十一五”时期，阳泉市城区人民法院各项工作全面推进。2006年，公用经费支出167万元，分项目支出情况难以区分。2007年–2010年，城区法院各年支出额分别为622万元、883万元、783万元、885万元，“十一五”时期合计支出3523万元，为“十五”时期支出额的5.68倍。

“十二五”时期，阳泉市城区人民法院各年支出分别为857万元、1154万元、932万元、849万元、1010万元，合计为4802万元，较“十一五”时期增长36.30%。

1991年–2015年，阳泉市城区人民法院共计支出10736万元。

二、阳泉市城区人民检察院

阳泉市城区人民检察院于1978年12月成立。1980年阳泉市城区第七届人民代表大会后，成为独立的检察机关，内设刑事侦查检察科、刑事审判检察科、经济检察科、法纪检察科、控告申诉检察科、监所检察科、民事行政检察科、办公室和政工科，全院有干警36人。

1985年，共受理公安机关提请逮捕的案件65件、91人，批捕的案件51件、66人，公安移送起诉的案件52件、71人，起诉的案件50件、68人，免予起诉2件、3人。

1986年，共受理公安机关提请逮捕的案件61件、98人，批捕的案件51件、78人，公安移送起诉的案件63件、97人，起诉的案件54件、27人，免予起诉8件、18人，追回赃款48万余元。

1987年，共受理公安机关提请逮捕的案件74件、131人，批捕的案件69件、100人，公安移送起诉的案件63件、114人，起诉的案件58件、96人，免予起诉3件、15人。

1988年，共受理公安机关提请逮捕的案件91件、168人，批捕的案件82件、126人，公安移送起诉的案件82件、131人，起诉的案件73件、110人，免予起诉6件、17人。

1989年8月15日，在最高人民检察院、最高人民法院《关于贪污、贿赂、投机倒把等犯罪分子必须在限期内自首坦白的通告》下发后，由副检察长亲自指挥经济检察科全体人员，深入单位，走上街头，采取多种形式宣传贯彻《通告》精神，10天后，就有13名犯罪分子携带赃款主动到城区人民检察院自首，打开是年8月以前案源少的被动局面。

1990年，共受理公安机关提请逮捕的案件123件、218人，批捕的案件100件、160人，公安移送起诉的案件129件、226人，起诉的案件95件、152人，免予起诉27件、58人，接受上级交办的3件、4人。

1991年–1995年，共受理各类报捕案件855件、1655人。经审查，依法批准逮捕648件、1245人。受理各类移送审查起诉、免予起诉的案件1010件、1723人，经审查，依法提起公诉689件、1230人。在刑事检察中，城区检察院还突出加强对刑事诉讼的执法监督。针对有案不立、有罪不究、以罚代刑、以行政处罚代刑事处罚、有罪判无罪、重罪轻判等问题，全面开展侦察监督、逮捕执行监督、审判监督和刑罚执行监督，从纠正案件、定性和移送意见、不批准逮捕、免于起诉、不起诉、追捕、追诉、抗诉、建议采取强制措施等诸多方面，加大监督力度。5年中，共依法不批准逮捕128件、250人；免于起诉215件、334人。

1996年–2000年，共获取贪污贿赂等经济犯罪案件线索271件，立案侦查66件、73人，通过办案为国家、集体挽回经济损失700余万元；受理各类批捕案件713件、1167人，批准逮捕602件、950人，不批准逮捕100件、198人；受理各类移送审查起诉案件888件、1361人，提起公诉733件、1110人，不起诉37件、61人，免予起诉68件、94人；受理渎职、侵权犯罪案件线索54件，立案侦查20件、26人；受理人民群众来信、来访296件（次）；受理公民、法人不服法院生效判决的各类民事、经济申诉21件。

2001年，阳泉市城区人民检察院共受理各类报捕案件173件、312人；批捕案件数占受理总数的82.1%和77.6%；结案率为100%；批捕案件受理数比上年增长29.1%，批捕案件准确率达到100%，未发现错捕、漏捕、错不捕问题。

2002年，坚持不懈地抓好队伍建设，不断提高检察官的政治业务素质和职业道德。要严格实行执法责任制和错案责任追究制，自觉接受人大及其常委会和人民群众的监督，提高司法效率，积极推进依法治区。

2003年，阳泉市城区人民检察院根据《党政领导干部选拔任用工作条例》，对19名竞争上岗的中层干部进行考核。

2004年，共受理各类提请批准逮捕案107件、165人，经审查依法批准逮捕103件、160人，不批准逮捕4件、5人。

2005 年，切实发挥检察职能作用，维护社会和谐稳定和公平正义，依法严惩严重刑事犯罪，维护城区政治安定和社会稳定，为城区的改革开放、经济发展创造美好的法制环境。

2006 年 -2010 年，充分发挥检察职能作用，坚决打击各种刑事犯罪活动。加强和改进批捕工作，坚持严格执法，不枉不纵，严把证据关、事实关、法律适用关。通过提前介入引导侦查取证、发出补充侦查提纲、提供法庭证据意见书，引导公安侦查取证，严把案件质量关，为准确指控犯罪奠定基础。五年间，共受理各类批捕案件 849 件、1310 人，依法批准逮捕 760 件、1153 人，依法不批准

1991 年 -2006 年阳泉市城区人民检察院支出情况表

表 2-54　　单位：万元

年　份	合　计	人员经费合　计	基　本工　资	补　助工　资	其　他工　资	公用经费合　计	公务费	设备购置　费	修缮费	业　务费　等
1991	20	9	5	2	2	11	4	5	——	2
1992	21	12	5	5	2	9	5	2	——	2
1993	21	16	6	8	2	5	3		2	——
1994	52	25	15	8	2	27	7	19	——	1
1995	36	24	14	7	3	12	10	——	1	1
“八五”小计	150	86	45	30	11	64	29	26	3	6
1996	50	29	16	9	4	21	18	1	——	2
1997	103	37	17	14	6	66	15	43	3	5
1998	98	50	24	22	4	48	15	20	4	9
1999	88	46	23	21	2	42	20	3	7	12
2000	80	53	28	22	3	27	14	5	7	1
“九五”小计	419	215	108	88	19	204	82	72	21	29
2001	84	75	41	21	13	9	4	2	——	3
2002	114	93	57	31	5	20	——	——	——	——
2003	124	107	61	35	11	17	——	——	——	——
2004	138	123	66	43	14	15	——	——	——	——
2005	166	120	53	56	11	46	——	——	——	——
“十五”小计	626	518	278	186	54	108	——	——	——	——
2006	276	160	74	72	14	116	——	——	——	——
合　计	1471	979	505	376	98	492	——	——	——	——

2007年-2015年阳泉市城区人民检察院支出情况表

表2-55 单位：万元

年份	金额	年份	金额	年份	金额	年份	金额
2007	362	2010	539	2013	820	——	——
2008	432	2011	583	2014	726	——	——
2009	450	2012	859	2015	789	合计	5560

逮捕86件、154人。批准逮捕准确率和有罪判决率达到100%。

（一）个人经费

1985年-1990年，阳泉市城区人民检察院的各项支出均包括在前面的公安、检察、法院支出中，叙述从“八五”时期开始。

“八五”时期，阳泉市城区人民检察院总支出为150万元，其中个人经费支出86万元，公用经费支出64万元。在个人经费支出中，基本工资支出45万元、补助工资支出30万元、其他工资等支出11万元，分别占个人经费支出额的52.33%、34.88%、12.79%。

“九五”时期，阳泉市城区人民检察院总支出为419万元，其中个人经费支出215万元，公用经费支出204万元。在个人经费支出中，基本工资支出108万元、补助工资支出88万元、其他工资等支出19万元，分别占个人经费支出额的50.23%、40.93%、8.84%；分别比“八五”时期支出额增长1.4倍、增长1.93倍、增长72.72%。

“十五”时期，阳泉市城区人民检察院总支出为626万元，其中个人经费支出为518万元，公用经费支出为108万元。在个人经费支出中，基本工资支出278万元、补助工资支出186万元、其他工资等支出54万元，分别占个人经费支出额的53.67%、35.91%、10.42%；分别比“九五”时期支出额增长1.57倍、1.11倍、1.84倍；

“十一五”时期，阳泉市人民检察院各项工作全面推进。2006年，阳泉市城区人民检察院支出额为276万元，其中个人经费支出为160万元，公用经费支出116万元。在个人经费支出中，基本工资支出74万元、补助工资支出72万元、其他工资等支出14万元，分别占个人经费支出额的46.25%、45%、8.75%。

（二）公用经费

“八五”时期，阳泉市城区人民检察院公用经费支出64万元，其中公务费支出29万元、设备购置费支出26万元、修缮费支出3万元、业务费等支出6万元，分别占公用经费支出额的45.31%、40.63%、4.69%、9.37%。

“九五”时期，公用经费支出204万元，其中公务费支出82万元、设备购置费支出72万元、修缮费支出21万元、业务费等支出29万元，分别占公用经费支出额的40.20%、35.29%、10.29%、14.22%；分别比“八五”时期增长1.83倍、1.77倍、6倍、3.83倍。

“十五”时期，阳泉市城区人民检察院各年公用经费支出额分别为9万元、20万元、17万元、15万元、46万元，合计为108万元，为“九五”时期的52.94%。主要原因是“九五”时期的公用经费支出中包括基本建设支出额，形成不可比因素。

“十一五”时期，阳泉市人民检察院各项工作全面推进。2006年，公用经费支出116万元，分项目支出情况难以区分。2007–2010年，城区检察院各年支出额分别为362万元、432万元、450万元、539万元，“十一五”时期合计支出2059万元，为“十五”时期支出额的3.29倍。

“十二五”时期，阳泉市城区人民检察院各年支出分别为583万元、859万元、820万元、726万元、789万元，合计为3777万元，较“十一五”时期增长83.44%。

1991年–2015年，城区检察院共计支出7031万元。

三、阳泉市城区司法局

1980年11月，阳泉市城区司法局设立。1983年，城区司法局配合严厉打击刑事犯罪活动，宣传“坦白从宽、抗拒从严”的政策，共印发法制宣传材料26000余份，写黑板报900余块，出法制宣传专栏13期、195块，办法律咨询站8次，出动法律宣传车5次，在厂矿学校居民区上法律课30次。通过各种形式的宣传活动，广大群众认识到严厉打击刑事犯罪活动的重大意义，震慑犯罪分子，推动“严打”斗争的开展。

1985年，根据国家教委和司法部的指示，司法局和教育局联合制定对近8000名小学生进行法制启蒙教育的规划，在102个校外辅导站对生进行法制教育。司法检察支出13.8万元，占同期行政管理费实际支出总额的14.83%。其中，个人经费支出6.5万元；公用经费支出7.3万元。

1987年，重点整顿三类民调组织，先行调整民调干部87人。在整顿的基础工业，以办事处为主，对民调主任、副主任进行业务培训，推广下站办事处一图（民调组织示意图）一表（调解纠纷登记表）的做法，全区初步形成一个二级民调网络。

1988年，在调处纠纷中，对老纠纷采取持久地调处，耐心地启发教育，引导当事人不记旧账和睦相处；对突发纠纷及时调处，较好地预防非正常死亡，防止民事纠纷转化为刑事案件，效果显著。全年全区共发生民事纠纷148件，比上年下降57.2%，调解成功138件，成功率93.2%，预防可能引发的非正常死亡8起20人。

1989年，阳泉市城区司法局配合文化、工商等部门整顿文化市场，促进“扫六害”斗争，与公检法一起开展打击经济犯罪的法制宣传活动，全年共办宣传专栏6期、12块，出宣传车24辆次，印发宣传材料3000余份。

1990年，对新颁布的《中华人民共和国行政诉讼法》（以下简称《行政诉讼法》）进行普及宣传教育。举办《行政诉讼法》宣传月活动，印发宣传材料40000份，刊出专栏7块，黑板报112块，并进行法律咨询活动。5月，配合“严打”出宣传板报2期、4块，出宣传车15辆次，印发宣传材料6000余份。

1991年–1995年，阳泉市城区司法局在区委、区政府和上级司法局的领导下，以邓小平视察南方重要讲话和中共十四大精神为指针，认真贯彻落实中国共产党的路线、方针、政策，以法制宣传教育为主线，全面推进依法治区工作，充分发挥法律服务和法律保障的双重职能作用，向社会、企业提供优质法律服务和法律帮助，为全区的改革、发展、稳定做出积极的贡献。五年中，城区律师事务所共办理各类案件686件，其中，刑事案件295件，经济案件267件，民事案件124件。累计担任国家机关、企、事业单位常年法律顾问共116家（次），在帮助企业健全经济合同和资金管理制度、清理债权、债务等方面发挥重要作用。区公证处向多方位、多元化、多层次方向发展，在努力开拓证源的同时，注重改进服务作风，提高办证质量。开展对证前法律咨询、建议，证后回访、检查，努力提供优质、高效的公证服务，五年中，共办理公证事项4608件，经济效益在全市同行业中名列前茅。民调以加强标准化调委会建设，做好纠纷排查，防止矛盾激化，遏制突发事件为指导思想，共调解纠纷459起，成功率达96.4%，有力地维护城区的社会安定。普法教育工作5年共举办各类培训班9期，参加人员1600余人；组织大型法制宣传23次，刊出法制宣传专栏150余块，印发各类宣传材料17万余份；普法教育擂台赛、法制宣传文艺会等形式走出法制教育新路子，使全区公民法律意识、法律素质不断得到提高，“二五”普法规划圆满完成。

1996年，阳泉市城区司法局积极做好“三五”普法启动工作，广泛征求多方意见，反复修改后制订“三五”普法方案，召开“三五”普法动员大会，将“三五”普法规划等文件整理合订为《阳泉市城区“三五”普法文件汇编》，配合“打团扫恶”专项斗争，于5月、6月两次组织宣传周和宣传高潮日活动，在全区形成宣传、贯彻“三五”普法的浓厚社会氛围。

1997年，阳泉市城区司法局督促各办事处、居委会层层制订年度普法计划，成立依法治理领导组，发放普法教材，保证全区2000余名干部人手一册，副科以上2册。11月，组织全区行政执法人员普法培训班，针对性地进行行政处罚法、行政复议条例等内容的培训。辅导全区400多名副科以上的干部参加并顺利通过全市副科以上干部法律知识考试。组织全区性的大型法律宣传4次，制作横幅10余条，板报8块，展出黑板报570余块，印发宣传材料6000余份。

1998年，阳泉市城区司法局组织起草阳泉市城区依法治区实施意见及依法治区、依法治校、依法治街标准，筹备召开城区依法治区再动员大会。对全区25个行政执法部门的《执法责任制》的制订和实施情况进行督促、指导。针对存在的问题，起草、印发《进一步规范全区执法部门执法行为的通知》，对各执法部门的执法行为均作详细的规范和要求。

1999年，进一步健全全区各级依法治区领导机构，成立以区委书记为组长的依法治区领导组，制订《关于贯彻落实区委“关于进一步推进依法治区的决定”的实施意见》，明确工作职责，推行执法责任，继续督促、帮助行政执法单位全面实行《执法责任制》《错办事项追究制》《公开办事制度》，并配合城区人大不定期进行抽查，对未取得执法证的13名执法人员进行上岗培训。

2000年，是“三五”普法的最后一年，阳泉市城区司法局继续采取多层次、多形式地宣传法律、法规，增强普法教育力度。保证全区240名领导干部都建立学法档案，领导干部普法合格证发放率达到95%以上。5月，在街道举办法制讲座3次，对居民干部进行“老年人权益保障法”的法制培训；配合城区政法委开展社会治安综合治理宣传周活动，以播放录音、印发传单、义务咨询的形式进行法律知识宣传。

2001年，阳泉市城区司法局印发《关于在公民中开展法制宣传教育的第四个五年规划》，确定“四五”法制宣传教育的方法措施：

联系实际，狠抓落实。结合各部门、各行业、各单位的具体情况，有针对性地开展法制宣传教育，既要兼顾全面，又要突出重点。

普治并举，整体推进。坚持学法用法相结合，一手抓法制宣传教育，一手抓依法治理。

条块结合，齐抓共管。坚持条块结合，以块为主，联合互动的原则，充分发挥地方、行业和基层的积极性。

典型引路，分类指导。注意调查研究，不断总结经验，充分发挥各类典型示范、引导作用。

多种途径，广泛宣传。利用宣传车、永久性标语、专题报告会、发放法制教育宣传单，使广大公民受到形象生动、潜移默化的法制教育。

2002 年，城区基层法制工作经过四年的发展，取得可喜的成绩。

组织机构健全，6 个街道司法所全部建立，并在机构改革中正式立户列编。44 个社区居民委员会都相应组建人民调解委员会和刑释解教人员安置帮扶小组。

民调工作卓有成效。全区形成组织健全、制度规范、运行良好的三级调处网络。共调处各类民间纠纷 323 起，调解成功 312 起。

安置帮教深入人心。全区从 1998 年以来，排查刑释解教人员 418 人，登记帮教 221 人，安置 131 人，安置率达到 59.8%。

2003 年，城区司法工作狠抓创新，在普法和依法治理方面取得突破。

形式创新，多开展像 2002 年“新岸杯”法律知识竞赛这样的法制宣传活动，注意充分发挥现代媒体作用。

方法途径创新，逐步由强制灌输教育向自觉自学转变，用制度引导，发挥行业积极作用。

内容创新。本着“干什么用什么、学什么懂什么”的基本原则，学好部门法及新颁布法律。

效果创新。根据不同对象要求，达到的目的效果要有所不同，领导干部主要是懂点法学理论，具有较强的法制观念、意识和法律素质；国家公务员则要熟悉公共法律知识和掌握岗位所必需的法律。由于工作出色，城区司法局受到城区政府的表彰。

2004 年，阳泉市城区法律援助中心成立以来，共办理非诉讼法律事务 81 起，其中公证援助 2 起，民事援助 79 起，义务解答法律咨询 158 人次，代收 18 件。结合实际，城区率先成立由司法局、民政局、人民武装部组成的法律拥军办公室，从法律方面解决军人的后顾之忧。开展法律咨询进社区活动，建立以街道司法所为法律服务站，45 个社区为法律服务小组的基层法律服务网络，解决社区居民生活中遇到的热点、难点问题，推动全区法律援助工作的深入开展。

2005 年，阳泉市城区司法局对全区各街道司法所规范化建设进行检查。全区司法所规范化建设除硬件外，都开展得扎扎实实。1 月至 4 月，以街道、社区为主，培训民调小组长、纠纷信息员、民调干部 452 人，43 个社区成立法律服务站，建立法律工作台账，有义务法律工作者 36 人，以街道为主，建立安置帮教点 5 个，开展社区关爱工程办好事 9 件。组建文艺骨干队 31 支、945 人。化解各类纠纷 12 起，成功率 100%。“两劳”释放人员总排查 183 人，其中实管 136 人，刑满 109 人。

2006 年，在做好“四帮一”的基础上，不断拓宽安置帮教渠道。与城区发展和改革局、市公安局等部门协调，为 4 名规整人员家属申请办理农转非手续。组织司法助理员、公安民警、社区干部、回归人员及家属等 30 余人，召开“重塑人生、自食其力”座谈会。组织 12 名悔过自新、自食其力的回归人员，到狮脑山百团大战革命烈士纪念碑、纪念馆进行革命传统和爱国主义教育。

2007 年，下站和南山 2 个司法所改造完成并投入使用。同时配备电脑 5 台、照相机 1 部。

2008 年，为司法所购置一汽佳宝警车 1 辆、摩托车 1 辆、照相机 1 部。

2009 年，第三个按省标准建设的司法所办公用房的义井司法所正式投入使用。

2010 年，义井司法所和南山路司法所都达到省级规范化司法所的标准。6 个司法所的档案全部实现统一标签、统一封皮、统一目录、统一填写规范和统一管理、统一工作流程。

1991 年 –2006 年阳泉市城区司法局支出情况表

表 2–56　　单位：万元

年 份	合 计	人员经费合 计	基 本工 资	补 助工 资	其 他工 资	公用经费合 计	公务费	设备购置 费	修缮费	业 务费 等
1991	10	5	3	1	1	5	2	1	——	2
1992	10	5	2	2	1	5	3	——	——	2
1993	12	7	3	3	1	5	3	——	——	2
1994	15	11	7	2	2	4	3	——	——	1
1995	14	8	5	2	1	6	3	——	——	3
“八五”小计	61	36	20	10	6	25	14	1	——	10
1996	17	11	6	3	2	6	4	1	——	1
1997	51	13	5	4	4	38	5	10	2	21
1998	46	15	7	6	2	31	9	2	2	18
1999	56	20	12	6	2	36	12	2	5	17
2000	73	22	12	8	2	51	13	8	4	26
“九五”小计	243	81	42	27	12	162	43	23	13	83
2001	66	30	20	8	2	36	8	1	5	22
2002	74	30	17	9	4	44	——	——	——	——
2003	37	30	15	10	5	7	——	——	——	——
2004	32	25	12	11	2	7	——	——	——	——
2005	130	51	16	15	20	79	——	——	——	——
“十五”小计	339	166	80	53	33	173	——	——	——	——
2006	105	64	25	21	18	41	——	——	——	——
合 计	748	347	167	111	69	401	——	——	——	——

2007 年 –2015 年阳泉市城区司法局支出情况表

表 2–57　　单位：万元

年 份	金 额	年 份	金 额	年 份	金 额	年 份	金 额
2007	87	2010	161	2013	191	——	——
2008	86	2011	169	2014	182	——	——
2009	104	2012	173	2015	233	合 计	1386

（一）个人经费

1985 年 -1990 年，阳泉市城区司法局的各项支出均包括在前面的公安、司法、检察、法院支出中，叙述从“八五”时期开始。

“八五”时期，阳泉市城区司法局总支出为 61 万元，其中个人经费支出 36 万元，公用经费支出 25 万元。在个人经费支出中，基本工资支出 20 万元、补助工资支出 10 万元、其他工资等支出 6 万元，分别占个人经费支出额的 55.56%、27.78%、16.66%。

“九五”时期，阳泉市城区司法局总支出为 243 万元，其中个人经费支出 81 万元，公用经费支出 162 万元。在个人经费支出中，基本工资支出 42 万元、补助工资支出 27 万元、其他工资等支出 12 万元，分别占个人经费支出额的 51.85%、33.33%、14.82%；分别比“八五”时期支出额增长 1.1 倍、增长 1.7 倍、增长 1 倍。

“十五”时期，阳泉市城区司法局总支出为 339 万元，其中个人经费支出为 166 万元，公用经费支出为 173 万元。在个人经费支出中，基本工资支出 80 万元、补助工资支出 53 万元、其他工资等支出 33 万元，分别占个人经费支出额的 48.19%、31.93%、19.88%；分别比“九五”时期支出额增长 90.47%、96.30%、1.75 倍。

“十一五”时期的 2006 年，阳泉市城区司法局支出总额为 105 万元，其中个人经费支出为 64 万元，公用经费支出 41 万元。在个人经费支出中，基本工资支出 25 万元、补助工资支出 21 万元、其他工资等支出 18 万元，分别占个人经费支出额的 39.06%、32.81%、28.13%。

（二）公用经费

“八五”时期，阳泉市城区司法局公用经费支出 25 万元，其中公务费支出 14 万元、设备购置费支出 1 万元、业务费等支出 10 万元，分别占公用经费支出额的 56%、4%、40%。

“九五”时期，公用经费支出 162 万元，其中公务费支出 43 万元、设备购置费支出 23 万元、修缮费支出 13 万元、业务费等支出 83 万元，分别占公用经费支出额的 26.54%、14.20%、8.02%、51.24%；分别比“八五”时期增长 2.07 倍、22 倍、修缮费“八五”时期无支出、7.3 倍。

“十五”时期，阳泉市城区司法局各年公用经费支出额分别为 36、34、7、7、79 万元，合计为 173 万元，为“九五”时期的 1.07 倍。主要原因是“九五”时期的公用经费支出中包括基本建设支出额，形成不可比因素。

“十一五”时期的 2006 年，公用经费支出 41 万元，分项目支出情况难以区分。

2007-2010 年，阳泉市城区司法局各年支出总额分别为 87 万元、86 万元、104 万元、161 万元，“十一五”时期合计支出 543 万元，为“十五”时期支出额的 1.60 倍。

“十二五”时期，阳泉市城区司法局各年支出分别为 169 万元、173 万元、191 万元、182 万元、233 万元，合计为 948 万元，较“十一五”时期增长 74.59%。

1991 年 -2015 年，阳泉市城区司法局共计支出 2134 万元。

第六章 其他支出

新中国成立后，其他支出属经济建设费（或称生产建设费）、文教科学卫生事业费、抚恤和社会福利救济事业费、行政管理费类以外的支出。城区的其他支出包括国防战备费支出、其他部门事业费、政策性价格补贴支出、支援不发达地区发展资金和其他杂项支出等。其他支出科目大多属临时性支出，项目较多，支出起伏较大。

1958年前，其他支出类只包括其他支出一个科目，1959年分设其他部门事业费科目。1980年增设支援不发达地区发展资金项目。1985年，其他支出类包括国防战备费支出、其他部门事业费、支援不发达地区发展资金、政策性价格补贴支出、专项支出和其他支出等科目。为使归类更加合理，本志将专项支出归入经济建设费类叙述；因支援不发达地区发展资金支出有限，本志亦将其归入其他杂项支出中叙述。

1985年–2006年，全区决算共列支其他支出类支出9981.7万元，年均支出453.71万元；占同期全区决算总支出86345.9万元的11.56%。

国民经济发展的各个计划时期，其他支出类支出额占相应各个计划时期全区决算总支出的比重分别为：1985年支出13万元，占4.24%；“七五”计划时期支出320.4万元，占7.62%；“八五”计划时期支出684.3万元，占6.41%；“九五”计划时期支出1989万元，占10.13%。“十五”计划时期，其他支出类共支出5012万元，年均支出1002.4万元，占同期财政支出总额的13.3%。“十一五”计划时期，其他支出类共支出2015万元，年均支出403万元，占同期财政总支出的1.60%。“十二五”计划时期，其他支出类共支出2056万元，占同期财政总支出的0.89%。

1985年–2015年，阳泉市城区其他支出类支出共计为8995.2万元，其中其他部门事业费支出2264.2万元、其他杂项支出6731万元。

1985年–2015年阳泉市城区其他支出类支出情况表

表2–58 单位：万元

年 份	合 计	其他部门事业费	其他杂项支出	年 份	合 计	其他部门事业费	其他杂项支出
1985	13.0	11.3	1.7	2001	320.0	37.0	283.0
1986	51.7	31.6	20.1	2002	327.0	75.0	252.0
1987	71.6	51.6	20.0	2003	514.0	152.0	362.0
1988	54.6	35.6	19.0	2004	989.0	352.0	637.0
1989	58.9	29.5	29.4	2005	913.0	453.0	460.0

续表

年 份	合 计	其他部门事业费	其他杂项支出	年 份	合 计	其他部门事业费	其他杂项支出
1990	83.6	54.0	29.6	2006	1328.0	641.0	687.0
1991	114.1	39.5	74.6	2007	179.0	——	179.0
1992	83.7	57.6	26.1	2008	232.0	——	232.0.
1993	167.9	47.0	120.9	2009	146.0	——	146.0
1994	37.1	30.5	6.6	2010	130.0	——	130.0
1995	87.0	20.0	67.0	2011	312.0	——	312.0
1996	288.0	25.0	263.0	2012	760.0	——	760.0
1997	81.0	25.0	56.0	2013	344.0	——	344.0
1998	300.0	22.0	278.0	2014	528.0	——	528.0
1999	187.0	33.0	154.0	2015	112.0	——	112.0
2000	182.0	41.0	141.0	合 计	8995.2	2264.2	6731.0

第一节 其他部门事业费

其他部门事业费主要包括税务事业费、统计事业费、财政事业费、审计事业费、工商管理事业费、国有资产管理事业费、旅游事业费、劳动保障事业费、监察纪检经费、行政机关事业费、党派团体事业补助费和其他部门事业费。1978 年以前，该类事业费均属于其他支出范围，从 1979 年起设其他支出类款级科目，1982 年，设其他部门事业费“类”级科目。

一、税务事业费

主要是税务机构经费和税务业务费，城区的税务事业费支出始于 1985 年。1985 年 12 月，为适应健全全区级财政和实行财政“分灶吃饭”的需要，阳泉市税务局决定将税务一分局下放城区，改称“阳泉市城区税务局”，由区政府直接领导。税务机构人员由行政编制改为事业编制，自此之后，税务事业费包括基层人员经费和各级税务机关的业务费。

1988 年，制定《查处偷漏欠税暂行规定》，严格区分偷漏欠税的界限和处罚标准。据此，城区税务局狠抓市场检查、批发环节漏税检查、发票检查、财政税务物价大检查等专项检查，共检查纳税户 1072 户，查出有漏洞的 235 户，查补偷漏税款 58.72 万元。

1989 年，开展个人收入调节税、个体工商业户税收和私营企业税收（简称“三税”）的检查整顿工作，组织 1756 户个体工商户、私营企业进行自查，发现有漏洞的 427 户，查补税款 16.08 万元。在此基础上，分成7个组，对735户个体户、私营企业进行重点检查，发现有问题的588户，查补偷漏税款20.4万元，加收滞纳金、罚款0.83万元。对企业也进行查处，稽查队检查100余户企业，查出有问题的65户，追纳税款49.4万元。在财政、税务、物价大检查中，发动税务干部对68个企事业单位进行重点检查，发现有问题的55户，查补税款33.04万元，加收滞纳金、罚款11.9万元。

1990年，开展对纳税鉴定、纳税申报、个体运输户、个体户定额、印花税、发票、批发代扣税款单位、个人收入调节税征收情况的税收检查和财税大检查，稽查队进行全面的税务稽查，共检查纳税户1661户，查出有问题的291户，查补税款72.5万元，加滞纳金、罚款2.8万元。

1994年5月，根据国务院决定，按照省政府晋发〔1994〕41号文件精神，阳泉市城区地税局筹建。8月10日，正式挂牌成立。城区地税局成立后，针对城区地税税源小、税种多、征管资料不全等问题，不断强化征管改革措施，运用多种形式，广泛深入宣传新税制，共出动宣传车17辆，举办专栏6期，发放宣传材料850份。设立税法咨询站4个，举办税法培训班3期，培训企业、厂长、经理、财务人员300余名（次）。

1995年，省委、省政府提出"打好四大战役，搞好五个一工程"的号召（"四大战役"即四次大检查，本年一季度的期初存货已征税款核实大检查；二季度的新税制政策落实到位情况及新税制执法大检查；三季度的增值税专用发票大检查；四季度的税收财务物价大检查）。为坚决贯彻、执行省委、省政府号召，城区国税局积极采取措施，早动手、早安排，认真组织落实，使"四大战役"取得较好成效。一季度的期初存货已征税款核实大检查，共核实检查企业292户，查出多申报库存金额429万元，多申报已征税款70.1万元，有效堵塞收入漏洞。二季度的新税制政策落实情况及执法大检查中，企业自查808户，城区国税局检查316户，查补税款31.34万元。同时，还检查1994年代开发票情况。共代开发票2243份，代开税额52万元，无高开低征、只开不征现象。在三季度专用发票检查中，共检查一般纳税户323户，查补税款及罚款54.81万元，取消一般纳税人资格19户。四季度的税收财务物价大检查，全区抽调税务干部44人，组成22个检查组，共检查企业141户，查补税款57.3万元。

1996年，阳泉市城区国税率先在全省范围内进行个体征管改革。取消专管员管户制度后，将原来的3个个体所合并成个体管理所、个体征收所，设立定额评审委员会。在管理上，建立完善了管户底册，制定了《个体"定额征收"评审办法和工作规程》，有效解决个体税收定额管理难点，促进公平税负，杜绝人情税、关系税的发生。在征收方面，建成申报大厅，按办税程序设置办税窗口，实行"一条龙"服务。特别是率先在全省实行"牡丹国税卡纳税"，税银联手，齐抓共管，保证税款及时足额入库。是年，大力推进计算机软件在会计、征管上的应用，加快征管电算化进程。

1997年，阳泉市城区国税又进行全方位改革。到7月，"以优化服务为基础，以计算机网络为依据，自行申报，集中征收，重点稽查"的征管模式全面开始运行，取消原来的税务所，合并调整为9个职能科室和1个稽查局，全部实现集中征收和划卡解缴，征管效率得到进一步提高。是年，城区地税局40名税务人员分成7个小组对240户进行重点检查，有效增加税收收入。

1998年6月开始，阳泉市城区国税局全面推行《执法责任制》，制定《税务人员错办事项追究办法》《公开办税制度》《岗位执法责任制》。是年，投资购买3台微机，配备服务器，使全局微机数量达到14台，对全局管户实现微机化管理。7月，全局开展"三漏一低"管户清查工作，对所管辖区的34条街道、5个集贸市场的个体业户进行"地毯式"检查，共历时4个月，清理漏征、漏管户256户，补办税务登记证256户，查补入库税款48.99万元，加收滞纳金、罚款5.67万元。是年，城区地税从1月开始，组织4次全局性大规模逐街逐巷、挨门挨户的清理整顿工作。

1999年，阳泉市城区国税共投资30.5万元，购买微机、服务器，顺利启用TAIS征管软件办税程序。积极推行电子申报工作，电子申报户达95户。在发票管理方面，顺利启用全市第一个发票IC卡售票系统，建立包括发票购、销、存情况的发票电子账簿。举办税收知识培训班12期，培训企业财会人员580人（次），收到良好的社会效果。是年，城区地税组织开展大规模的车船使用税专项整顿和发票专项清理，共清理各类车辆3244辆，征收入库税款12.6万元，罚款13.2万元；共重点检查256户，占到用票户的40.14%，对有问题的14户进行处罚，罚款1.5万元。通过检查，对发票的领购、使用、保管、核销、审核、检查和处罚7个环节制定和完善相应的措施。

2000年，阳泉市城区国税局投资5.5万元，对微机室进行改建，达到标准化要求。6月，安装了防伪税控认证系统，到是年年底，共认证进项税票5000余份，有效防范利用专用发票进行偷税的不法行为。是年，根据群众举报，城区地税局在城区公安分局积极配合下，对大胖涮锅城、天年酒店、一瓢水酒店等5家使用假发票单位进行检查，查获假饮食业发票31本零61份，金额29万元，收缴税款、滞纳金、罚款15万元，并将"票贩子"刘某某抓获，有力整顿发票管理秩序。

2001年，阳泉市城区地税局严格票证管理，确保税收工作顺利进行。在对票证管理方面，坚持做到"一清""三禁""四专""六防"。"一清"是指票清离岗；"三禁"是指携票人员外出征收税款严禁票证离身，严禁带票回家，严禁带票参加非工作性活动；"四专"是指专人保管、专库和专柜存放、专用包携带；"六防"是指防盗、防火、防潮、防虫蛀、防鼠咬、防丢失。同时，城区地税局又对代征单位实行"每月见面制"，无论是否代征税款，都必须带票证到税务机关清点，对自用税票做到日清月结，保证税票安全，使客户能够及时购买到税票。

2002年，阳泉市城区国税局认真分析经济形势和组织收入中的有利、不利因素，正视困难，树立信心，把组织收入工作抓紧、抓好，到2月月底已将税收任务及时足额分解下达到科室和人头。层层签订组织收入目标责任书，做到目标明确，严格考核，并在综合考核的基础上，对个体和商业税收任务实行单项考核，采取有效措施，加强对个体和商业税收征管。采取领导包点等方法，加强对组织收入工作的督促检查。坚持依法治税，应收尽收，坚决不收过头税的原则，继续严格执行不准虚收探收、不准有税不收、不准随意批缓、不准随意免滞的组织收入工作纪律，确保税收任务均衡入库。

2003年，阳泉市城区国家税务局做出办税服务公开承诺：不准接受纳税户宴请，邀请外出考察、参观等；不准接受纳税户的礼品、礼金和有价证券；不准到管辖范围报销应由个人支付的各种费用；不准向纳税户压价购买商品或赊欠货款；不准向纳税户借钱借物和无偿占用其财物。由于严格纪律约束，使是年税收管理取得良好成效。

2004年，阳泉市城区国税局为确保全省国税系统"禁酒令"和"禁赌令"落到实处，采取如下措施认真贯彻执行：召开全体职工大会学习"两个禁令"内容，将禁令卡片发至每一位干部职工手中，要求随身携带；在新闻媒体和城区局域网网站上公开"两个禁令"，对干部职工执行禁令情况进行监督检查，树立国税人员勤政廉洁的良好形象。1–10月，城区国税局就征收企业所得税126万元，比上年同期增加110万元。

2005年11月，阳泉市城区地税局根据举报，对市电器供应站纳税情况进行检查。该供应站于是年10月更名为“阳泉市泉恒通电器供应经销部”，于2004年10月至2005年10月取得房屋租赁收入6.2万元，未计收入；于2005年4月签订房屋租赁合同，租金为50万元，未按规定缴纳印花税，造成透漏税款1.1万元。除追缴该户税费11396.5元，加收滞纳金1317.76元外，并处以5675元的罚款。

2006年，阳泉市城区国税局完善全方位纳税服务体系，不断提升服务水平。以启用新办公服务大楼为契机，进一步优化业务流程，简化办税程序，不断完善“一窗式”管理制度，使“一站式”服务水平上一个新台阶。

2007年，阳泉市城区地税局在全年工作中坚持聚财为国建新功，取得较好成效。城区地税局有辖户4600余户，其中个体工商户占总户数的75%以上，以商贸、流通、餐饮服务为主体的第三产业税收占80%，区域经济特点决定城区地税局税源存在主体税源不足，受周边地区经济影响较大等问题。面对快速增长的税收任务与税源相对匮乏的实际困难，城区地税局将税收任务层层分解，层层落实。全局税务工作人员发扬“捡芝麻不怕多弯腰”的精神，认真分析城区税源的现状，在“严”字上做文章，在“细”字上下功夫，积极寻找税源管理的薄弱环节，制订切实可行的措施，使地税收入保持较快增长，从2003年的5659万元，增加到2006年的9885万元，三年来共组织收入24792万元，年平均增长20.4%，是城区地税局成立以来增幅最高、增长绝对额最多的阶段。1994年8月组建以来，到2006年年底，累计组织收入60316万元，为城区经济发展和社会进步做出积极贡献。

二、统计事业费

主要是各级统计部门的事业费、专项调查费、统计干部训练费、统计报表资料印刷费、电信费以及统计专业设备购置费等业务费支出。

阳泉市城区的统计事业费支出始于1987年7月7日。从该日开始，城区人民政府将统计单列，成立独立的统计机构——城区统计局，有工作人员7名，负责管辖区范围内的工业、商业、饮食、服务、物资、固定资产、投资、劳动工资等专业的统计报表工作。

1989年，阳泉市城区统计局对全区工业企业统计工作进行全面检查，采取自查、互查、抽查等形式，检查《中华人民共和国统计法》（以下简称《统计法》）的执法情况。是年4月21日至5月10日为自查阶段，即各单位组织有关人员对1988年统计数字进行检查核实，向城区统计局报送自查报告和自查统计表；5月10日至5月月底为互查阶段，共分6个组，选派对工作认真负责、业务水平较高的6人担任组长进行互查；6月1日至10日，为抽查阶段，即由城区人大财经委主任、人大检查领导组副组长带队，分别对下站办事处、饮料厂、童装厂、阀门三厂和车辆修配厂5个单位进行抽查。在检查中，发现有些单位存在指标含义不深刻、统计核算与会计核算不统一、计算机录入错误等问题，令其纠正统计数字，并进行通报批评；对于统计工作好的单位进行通报表扬。对统计工作实施检查监督，对加强统计工作的严肃性、提高统计质量起到促进作用。

1991年，阳泉市城区统计局围绕“统计工作服从、服务于经济建设”总体思路，为全区经济上新台阶起到积极推动作用。全年完成年报和各项定期统计报表任务；整理和编印《城区社会总产值、国民收入、国民生产总值指标解释》、15期《1990年度统计资料》；狠抓统计基层基础工作，制订《进一步加强基层统计工作的意见》等七项规章制度，在市组织的年度评比中，被评为全市统计年报工作“先进集体”。

1992年，阳泉市城区统计局认真贯彻、执行全国统计工作会议精神，继续坚持深入统计工作改革，圆满完成1992年度各项定期统计报表，并且为区直各部门、各单位提供全区1991年国民经济统计资料和第四次人口普查汇总资料。

1993年，阳泉市城区统计局在各项统计报表外，还完成第三次产业普查和1992年人口变动抽样调查；组织《统计法》颁布10周年纪念活动，深入进行统计法规宣传，共出板报100余块，散发宣传品2000余份，张贴标语1000余条。是年，城区统计局被评为出席省统计系统“先进集体”、市统计年报“先进集体”。

1994年，阳泉市城区统计局坚持以改革统计调查为重点，提高统计工作质量为核心，完成两次人口抽样调查工作和全国第三产业普查工作。

1995年，完成统计登记注册管理工作，登记注册1500余户，其中区属单位300余户，个体工商户1200户，达到省要求比例。

1996年，阳泉市城区统计局认真贯彻、执行新的《统计法》，组织完成人口抽样调查、基本单位普查、工业普查、统计登记等工作任务。

1997年，加强统计基础工作，完成以人口抽样调查为中心的各项统计调查工作。

1998年，全面贯彻、执行统计方法制度改革精神，完成1997年统计年报和是年定期报表任务，完成各项统计调查工作任务，使全区统计工作逐步走上法制化、规模化的轨道。

1999年，阳泉市城区统计局认真贯彻省、市统计工作会议精神，深入开展“统计基础管理年”活动，重视新的统计方法制度、新的统计知识的培训学习；完成各项统计报表，及时提供统计信息服务；完成人口抽样调查和劳动力抽样调查工作；完成小型商业、餐饮业的抽样调查工作；完成个体抽样调查工作；完成统计执法大检查工作。是年，国民经济核算、财务报表受到阳泉市统计局表扬。

2000年，认真组织进行第五次人口普查各阶段的工作。

2001年，阳泉市城区统计局全体人员深入基层调查研究，针对工作中存在的问题制订措施，努力提高服务水平。国庆期间，正值人口抽样调查工作入户登记之时，全体人员主动放弃休息日，与调查人员一道登门入户，认真填写调查表，在审核无误的情况下汇总上报。

2003年，以统计改革和发展为中心，努力做好各项统计工作。在工作中不断提高统计数据的科学性和准确性，切实提高统计水平和质量，为城区的改革发展服务好。

2004年10月，阳泉市城区召开第一次经济普查工作会，以此全面掌握城区区域内第二产业和第三产业的发展规律、结构和效益等信息，建立健全覆盖国民经济各个行业的基本单位名录及其数据库系统。

2005年，阳泉市城区统计局向社会公开服务承诺：坚持依法统计，实行政务公开，严格遵守《统计法》的各项规定，严肃查处统计违规案件，诚恳接受社会各界监督；恪守职业道德，打造诚信统计，严格执行国家统计制度方法，加强数据质量评估，确保统计数据的权威性；严格遵守纪律，恪守保密义务，对国家秘密的统计资料严格保密，对涉及私人、家庭的单项调查资料，未经本人同意，一律不得对外泄露；加强行业管理，改进工作作风，认真落实服务承诺制、首问责任制、责任追究等制度，严格执行廉洁自律“八不准”规定；加强统计文化建设，树立以诚信、敬业、奉献为核心的统计文化理念，及时为各级领导和社会各界提供统计信息咨询服务。

2006年，在全年统计工作中，按照“快、精、准”的要求，搞好统计优质服务，组织力量攻关研究和跟踪分析，努力出精品统计分析；强化统计队伍建设，加强对干部队伍的思想建设、理论信念教育，增强凝聚力、向心力。

2007年，以科学发展观为统领，紧紧围绕城区区委、区政府的工作重点，以提高统计的科学性、准确性和权威性为中心，不断提高统计工作水平，为加快构建社会主义和谐社会服务。

三、财政事业费

主要包括财政部门所属的科研事业费和大宗财政、财务资料印刷费。1960年，属于行政管理费支出，称财务费；1962年，被列入其他支出；1979年以后，被列入其他部门事业费类；1982年，改称财政事业费；2007年开始，改称财政事务，纳入一般公共服务项下核算。

1985年，对全区行政事业单位进行自查和重点检查，共查出违纪事件18件，金额12696元。

1986年，共查出违纪金额26000元，并进行纠正。

1987年，遵照上级有关指示精神，进行自查、自纠。对1730户个体工商户进行检查，共查出偷漏税款9.5万余元，补缴入库4万余元。在检查中，多数单位比较认真，如微型电机厂，积极自查、认真核实，将不应该列入费用的保育员工资、职工副食补贴和多提的交易费6000多元进行账务调整，补缴所得税。

1988年，共有467户进行自查自纠，查出违纪金额约40.8万元，补缴入库39.6万元。

1989年，阳泉市城区财税物价大检查办公室组织自查辅导组，从税务、财政、物价等部门抽调50多人深入100多个单位进行自查辅导。重点检查采取“分工负责、分项检查、有所侧重、点面结合”的方法，分为8个专题进行检查。抽调60人，组成17个重点检查组，检查121个单位，查出违纪金额40万元。自查和重点检查共查出违纪金额47.8万元，截至年底，补缴入库42.6万元。

1990年，在重点检查中，检查组深入基层，把开展检查同治理整顿、健全制度、严肃财经纪律和宣传教育紧密结合起来，采取边检查、边定性、边处理、边入库的办法，实事求是，宽严适度，查出违纪金额59.6万元，补缴入库57万元。

1991年，强化征收管理，狠抓财政收入。是年的收入任务仍然很重，从年度收入计划和税源状况分析，全区一些企业产品积压，销售不畅，停业以及政策性减免退税等因素，征收工作难度很大。为此，区政府在年初就及时召开财税工作会议，传达贯彻上级财税会议精神，落实收支预算，要求各部门、各单位进一步增强全局观念，从全区集体利益出发，变财政压力为开源节流，增收节支的动力，齐心协力共渡难关。1月至5月，收入不达进度，直接影响全年收入任务的完成。为此财政与税务部门分析现状，研究对策，制定强化征管的措施。进一步加强收入分析预测，及时解决组织收入中的困难，保证入库进度。

1992年，认真贯彻国务院发布的《全民所有制工业企业转换经营机制条例》和《中华人民共和国企业法》，对涉及企业的财税政策都坚决落实到企业，做到不截、不留、不收。加强对企业经济效益指标的考核，转变企业经营机制，把企业推向市场。通过努力，是年，全区完成工业总产值5282.5万元，比上年增长19.8%；利润完成400万元，比上年增长10%；销售收入完成4600万元，比上年增长11%。

1993年，加强预算约束，严格控制支出。由于是年新出台的增支因素、刚性支出较多，财政负担进一步加重。面对困难，阳泉市城区财政坚持“一要吃饭、二要建设”的原则，发扬艰苦奋斗精神，量入为出、精打细算，严格按照《国家预算管理条例》办事，不得随意增加预算，维护预算的严肃性。同时，采取配套措施，大力压缩行政事业费的过快增长。继续推行和完善经费包干责任制，财政和各用款部门签订责任书，一包到底，超支不补，结余留用。加强各项资金反馈责任制，专款专用、目标控制、追踪反馈，提高资金使用效果。要求各单位严格执行城政发〔1993〕21 号文件批转的城区财政局《关于开展增收节支严格控制行政事业费支出的几点意见》，对公务费和业务费一律压缩 10%，并从指标中扣减。在严格控制支出的同时，优化支出结构，投入挖潜改造资金比上年增加一倍。为发展生产，增加收入奠定基础。

1994 年，注重加强理论学习，提高业务素质。阳泉市城区财政局认识到，在财税改革的新形势下，必须加强财政干部的理论、业务学习。为此，组织全体干部职工认真贯彻、学习、落实《中华人民共和国预算法》《中华人民共和国会计法》《山西省预算外资金管理条例》等法律法规，结合实际制定一些规定和管理办法。对“两则、两制”进行全面深入的学习和培训，并组队参加市财政局组织的竞赛。为强化会计人员管理，是年会计证年检 179 个，发放会计证 20 个，组织财会人员参加会计专业技术资格考试，提高会计人员的业务素质。

1995 年，紧紧围绕组织收入工作，采取一系列行之有效的措施。

领导高度重视，对财政收入的增长起到极大的推动作用。局领导每月召开两次例会，月初，确定当月收入目标，月中分析研究组织收入中出现的新情况、新问题，并予以及时解决所发现的问题。对于整体经济发展方面存在的问题，积极向城区区委、区政府汇报，争取上级领导的支持。

严格奖惩制度。把收入任务同奖金挂钩，建立激励机制，调动工作积极性。

明确目标，狠抓计划落实，将年初任务层层进行分解，增强责任感和紧迫感。

改变机关工作作风。一年来，经常深入税务部门了解组织收入中存在的问题，协调与企业的关系，改善组织收入的环境。

财税物价大检查工作由一年一度改为日常性检查，打击漏税行为，增加财政收入。由于措施得力，上下齐心，全年地方税收大为增加，个人所得税完成 417.9 万元，完成预算的 183.29%，是上年的 2.6 倍；车船税入库 10.6 万元，完成预算的 212%，比上年增长 60.61%；房产税完成 134.1 万元，比上年增长 32.77%；契税 89.1 万元，比上年增长 67.17%。

1996 年，在全区范围内开展整顿财经纪律、反对铺张浪费、反对官僚主义的“一整两反”工作。在整顿财经纪律方面，主要是整顿会计秩序及清理预算外资金。反对铺张浪费主要是加强支出管理，杜绝不必要的宴请接待，控制购买高档办公用品等。共制作宣传版面 50 余块，张贴标语 500 多条，对全区 200 多名财会人员进行培训，对全区行政事业、企业共 80 多个单位进行了清理整顿，查出违纪金额 11.24 万元。查出“小金库”2 个，发生额 3.5 万元，全部上缴国库，对主要领导进行严肃处理。“一整两反”工作取得较好效果，全年财政总支出执行 3466 万元，占年度预算的 93.62%，行政事业单位的公务费较上年降低 8.4%。

1997 年，进行最后一次财税物价大检查工作。城区财政局把大检查工作同贯彻中共十五大精神紧密结合，把大规模检查与突出重点检查紧密结合，把大检查与加强法制教育紧密结合，把建立领导负责制与调动各方面积极性紧密结合，组织税务、财政、审结物价等部门工作人员 200 多人，组成 40 个重点检查小组开展工作。单位自查面达到 100%，重点检查 699 户，发现有违纪问题的 211 户，到年底入库 145 万元。

1998 年，阳泉市城区财政工作始终坚持“围绕财源抓经济、围绕效益抓财源”的方针，从“三个有利于”出发，积极培植新财源。

大力支持多种经济成分的发展，积极培植新的经济增长点。打破所有制界限，大力发展非公有制经济，积极扶持个体、私营经济的发展，为非公有制经济较快起步营造公平竞争的良好环境。

积极参与企业改革，利用财政资金支持企业改制和技术改造，扶持和发展市场需求量大、科技含量高、纳税多的企业。

重视街道和居民区发展经济，从政策、资金等方面给予支持。由于城区财政局突出财源建设在理财中的重要地位，多渠道培植后续财源和潜在财源，到是年年底，非公有制经济的纳税额已占到一般预算收入的 40%，成为城区财政收入的重要来源。

2000 年，对全区落实“收支两条线”情况进行调查。城区“收支两条线”的主要做法：（1）规范资金行为，收支两条线分离。即严格收费管理，收费一律实行“单位开票、银行收款、统一开户、收支统管”，严禁越权执法，乱收滥发；统一收费票据，各项收费、罚款一律使用套印“山西省财政厅收费专用章”的票据；统一收费账目，非财务部门一律不准自行收款，更不允许公款私存。（2）实行政府统筹，优先保障经费。城区政府在单位编制预算外资金计划的基础上，根据单位实际情况，按规定制订政府调控资金的比例、金额，并以计划形式予以下达。（3）推行财务公开，接受群众监督。要求各单位必须将收费、罚款的项目和依据公开，大额度支出公开，以接受群众监督。（4）建立稽查制度，强化监督检查。对拨付数额大的专项资金建立“支出——效益追踪记录卡”，以便掌握资金的拨付、使用情况。

2001 年 3 月，阳泉市城区召开财政工作会议，时任区长对完成全年财政收入任务提出如下要求：（1）认清形势，加快发展，确保财政税收任务圆满完成。城区以经济结构调整为主线，大力发展第三产业和非公有制经济，非公有制经济占到全区财政总收入的 42.8%，整体经济的发展为财税工作奠定物质基础。财税部门面对税源零散，征收难度大的不利因素，连续三年超额完成任务。是年，继续按照“加强征管、堵塞漏洞、清缴欠税、惩治腐败”的十六字方针，以组织收入为中心，不断加大依法治税力度，确保财税任务圆满完成。（2）求真务实，加大财政调控力度，加快财政改革步伐。随着国家增资等一系列政策出台，全区刚性支出不断增多，财政收支平衡难度很大。是年全区一般预算财力为 3578 万元，仅省统一补贴政策（每人每月 170 元）、全年调增基本工资（每人每月 100 元）、晋档升级、提高住房公积金提取比例等资金缺口约为 600 万元，如果加上医疗费、工程欠款等，缺口更大。为此要牢固树立过紧日子思想，强化管理，优化支出，加大财政宏观调控力度，统筹安排预算内外资金，抓好部门预算制度改革、会计管理制度改革、政府采购制度改革和国库集中收付改革，把全年的财政工作搞好。

2002 年，阳泉市城区财政总收入完成 8801 万元，比上年增长 19.37%。在完成收入任务中，阳泉市城区财政局及早动手，狠抓落实，实现全年超进度的目标。具体做法：严格实行目标责任制，层层落实收入任务；加强对税收征管，特别是对一些征管薄弱环节和收入完成不理想的税种；积极落实财政体制调整任务，充分利用省、市调整财政体制的通知精神，进一步增强全局意识，明晰收入范围，严格分享比例，切实把体制调整的效应体现到税收上来；严格落实好依法治税的方针，加大稽查力度，严打“偷、漏”税行为；强化税源监控，摸清家底，为全年财政收入完成打下坚实基础。

2003 年，阳泉市城区强调在财政工作中要依法强化税收征管，确保收入稳步增长。

继续贯彻“加强征管、堵塞漏洞、清缴欠税、惩治腐败”十六字方针和“实事求是、千方百计”的原则，进一步完善征管制度，强化重点税源监控，加大税收大户、重点行业的监控力度，保住收入大头，确保主体税收及时足额入库。

狠抓税收薄弱环节的征收管理，加强对非公有制经济、商场出租柜台、个体出租房屋、家庭装潢业和专业市场的税收征管。

加大清理欠税工作力度，坚决压缩陈欠，防止新欠。要大力开展专项税收稽查，加大护税、协税网络，进一步完善“金税工程”（金税工程是运用高科技手段，结合我国增值税管理实际设计的税收高科技管理系统），严厉打击偷、逃、抗、骗税等不法行为，坚决堵塞税收漏洞，做到应收尽收。

2004 年，阳泉市城区会计核算中心围绕“内强素质、外树形象”的总体目标，进一步拓展“双评”工作的广度和深度，努力营造亲切和谐的工作环境。在对外服务中，推行“服务文明用语”，杜绝“服务忌语”，做到“来有迎声、去有应声”，真正做到文明办公、礼貌待人、耐心解释、规范举止，做到统一着装上岗，仪表端庄。办公场所配备了纯净水、口杯、报架、老花镜，开展人性化服务。积极与工商银行南大街支行一起，为各单位财务联系人划出专用提款通道，缩短了财务人员提款时间。还更换银行支票打印机，使支票账号和出票行一目了然，受到财务联系人的一致好评。

2005 年，确定全年以科学发展观统领财政工作，确保圆满完成财政预算。

坚持增收节支，增强财政保障能力。要依法加强收入征管，加大对重点行业、重点企业和重点税源的监管力度，针对薄弱环节，强化征管措施，防偷堵漏，确保各项收入应收尽收。用足用好增加地方财力的财税政策，严格政府非税收入管理。通过增收节支一系列措施，巩固财政收支平衡基础，增强财政保障能力。

坚持深化改革，健全财政运行机制。深化部门预算改革，在财政供养人员信息数据库的基础上，建立项目数据库，实施项目预算滚动管理；深化国库集中支付制度改革，提高资金拨付效率；深化政府采购制度改革，进一步降低采购成本。

坚持强化监管，全面提升财政工作质量。要紧紧围绕资金的安全性、规范性和有效性开展财政监督，对社会保障、经济建设等与人民群众密切相关的重点项目、资金、支出进行重点监督。

2006 年 6 月 8 日，阳泉市城区财政收入提前 22 天、超收 418 万元实现财政总收入过半。城区财政收入的好成绩得益于以下方面：（1）全区第三产业稳步发展，财源不断拓宽。进入是年以来，城区第三产业持续增长，特别是金融业、住宿和餐饮业、租赁业和商务服务业、房地产业四大行业等发展较好，创收较高，为财政增收奠定良好基础；（2）积极强化收入征管，努力实现财政收入稳定增长。区领导经常深入征管部门现场办公，查找问题，分析原因；税务部门征管手段的规范化，征管模式的科学化，征管措施的多样化，征管环境的创优化，保证收入任务的完成；（3）坚持增收节支，不断增强财政保障能力。财税部门牢固树立过紧日子的思想，艰苦奋斗，厉行节约，加大对重点行业、重点企业的监管，确保全区财政收入的稳步增长。

2007 年，阳泉市城区会计核算中心针对某些核算单位对原始凭证填制和审核不严的现象，积极加大对原始凭证的审核力度，发现不符合以下要求的原始凭证都要求开出单位重开或补充纠正，否则不予报销。在工作中城区会计核算中心注重做好以下几项工作：从外单位取得的商品或服务发票，必须是税务发票或行政事业收据，并加盖财务专用章或发票专用章；从外单位取得的商品或服务发票，必须填清购货单位名称、购买日期、商品名称或服务项目、单位数量、金额，不得出现漏填项目，购买单位要与发票单位名称相符，大小写一致；一张发票含多种商品或服务的必须要有清单作附件；自制原始凭证要有经办人和单位负责人签章；经上级有关部门批准的经济业务，应当将批准文件作为原始凭证附件。城区会计核算中心通过对原始凭证的严格审核，减少某些单位利用发票弄虚作假的现象，进一步加强财务监督。

2008年，立足发展创新，竭力深化财政改革。部门预算编制进一步精细。重新修订经费开支标准，对单位预算内外各项财政资金实行综合预算。国库集中支付稳步推进。制定城区《国库集中支付管理实施方案》，逐步将区级预算单位纳入国库集中支付管理。会计集中核算效果明显。利用集中核算的优势，加强部门财务监督管理。是年，共拒付各种违规支出396笔，金额46万余元，纠正各种不规范票据285笔，涉及金额58万余元。完善政府采购长效机制。出台《阳泉市城区政府采购管理办法》《阳泉市城区政府采购管理办法实施细则》《阳泉市城区政府采购管理规程》《阳泉市城区政府集中采购目录及采购限额标准》。全年集中采购86批次，实现资金1185万元，节约资金740万元，节约率38%。强化固定资产管理手段。分四批帮助区直89个行政事业单位的固定资产建立卡片台账。通过固定资产卡片管理，做到了固定资产使用人、管理人责任明确。做到账卡相符、账实相符、卡卡相符。完善行政事业单位固定资产管理，保证行政事业单位固定资产的安全、完整、增值。

2009年，严格执行部门预算的“两上两下”编制程序。在“一上”环节要求单位上报全面完整的基本支出预算数，经财政部门审核后将预算控制数下发回单位（“一下”），预算单位在财政控制数范围内对项目资金进行安排，然后上报财政局形成“二上”，财政部门审核后形成财政收支预算上报区政府审定，并报区人大常委会批准，财政部门在人代会批准之日起30日内将部门预算批复到134家预算单位（“二下”）。部门预算的改革，提高了预算编制的完整统一性，规范有序性，公正合理性和科学有效性，增强了预算执行的透明度和公开性，财政支出结构逐步优化，预算管理体系日趋健全，财政职能作用得到有效发挥。同时完成财政供养人员信息系统和地方政府债务报表的统计报送工作。

2010年，在全年财政工作中，一是抓好收支监督，确保重大财税政策落到实处。开展2010年度的治理“小金库”专项工作，对11个行政事业单位进行重点检查。二是以加强财政监督为保障，确保财政资金安全运行。树立财政“大监督”的观念，建立健全预算编制、执行、监督相制衡，事前审核、事中监督和事后检查相衔接，专职监督机构的专项检查和业务机构的日常监管相结合的新型财政监督运行机制，对校安工程、安全资金、应用技术研究与开发、计划生育、廉租住房等专项资金进行检查，确保专款专用、安全高效。对普通高中（阳泉三中）进行债务普查，了解学校资产状况及偿债能力，促进普通高中教育持续健康发展。三是加快建立财政资金使用的绩效评价机制，逐步将考评结果与预算安排结合起来，提高考评的有效性。对城区公共安全专项转移资金进行绩效评价，规范和加强政法经费管理，提高并量化财政资金的使用效益，对城区广益中小企业担保中心进行金融企业的绩效评价，加强对金融企业的财务监管，促进金融企业提升管理水平。

2011年，做好会计集中核算向国库集中支付转轨工作。建立健全区财政国库集中支付机构，按照国库集中支付规范管理需要，加强队伍建设，提高业务素质；建立规范的国库集中支付运行机制。完善部门预算主体责任制度。规范预算单位银行账户管理。加强财政国库管理信息系统建设。于是年10月出台《阳泉市城区会计集中核算向国库集中支付转轨工作实施办法》，使国库集中核算工作取得实质性进展。

2012年，科学组织收入，创新税收征管，确保财政收入实现稳步增长。努力克服财税减收政策的影响，采取积极有效的收入组织措施，建立健全财税收入的增长监控机制，加强对重点行业、重点企业和重点税种的征收管理，保证收入及时足额入库。前三季度，纳入重点监控104户，纳税额17120万元，占到财政总收入的48.18%。组织财税库工商召开联席会议，针对组织收入中发现的漏征漏管问题，积极采取措施，有效堵塞税收的流失。进一步优化收入结构，提高财政收入质量，截至是年年底，一般预算收入占财政总收入比重达到53.94%，以此增加地方可用财力。加强非税收入管理，规范专项收入和行政事业性收费收入，切实做到应收尽收。

2013年，加强财政监督管理，印制下发《阳泉市城区区级部门财政拨款结转结余资金管理办法》《阳泉市城区机关和事业单位工作人员差旅费管理办法》《城区区级公务卡强制结算目录》《阳泉市城区财政局预算资金拨款制度》《阳泉市城区财政局政府投资项目资金拨付程序》《阳泉市城区公立医院综合改革试点财政补偿办法》《城区财政局办公用品管理办法》《城区财政局车辆管理办法》等，转发《阳泉市市本级预算单位公务卡管理暂行办法》。对政法专项转移支付、就业资金、城镇职工基本医疗保险资金进行绩效评价，规范项目资金使用，提高资金使用效益。

2014年9月，阳泉市城区开展严肃财经纪律和“小金库”专项治理工作，做到“广、全、细”。一是范围广。此次专项治理范围广，涉及单位多，包括所有纳入预算管理或有财政拨款的部门和单位，重点是区直各部门、各单位。二是内容全。治理内容主要是各部门各单位2013年以来违反中央“八项规定”和省委“四个实施办法”财经纪律以及设立“小金库”的有关问题。重点包括预算收入管理情况；预算支出管理情况，突出对“三公”经费、津补贴发放、会议费、培训费的清理检查；政府采购管理情况；设立“小金库”情况等。三是方法细。由城区财政局牵头，组织各单位开展严格细致的自查。在自查的基础上，城区财政局、审计局抽调专人组成检查小组对各单位开展重点检查，务必使专项治理落到实处、成效显著。

2015年10月，多措并举推进财政投资评审科学化。（1）不断完善制度建设，全力推进城区财政投资评审工作。下发《阳泉市城区财政投资评审管理工作实施意见》，对财政投资评审范围、内容、方式、程序、相关机构职责等进行明确规范，建立了“先评审、后下达预算”“先评审、后立项”“先评审、后招标”等制约机制。（2）建立专家库，为评审工作的开展提供技术帮助。结合城区实际，以外聘各相关专业人员为主组成评审专业技术人员，同时充分利用市评审中心优秀的专家资源，建立专家库，储存专业人员信息，确保财政投资评审结论的准确性、权威性。（3）加强政府投资工程项目评审工作，提高资金使用效益。严格政府投资项目财政评审工作，凡纳入政府性资金投资30万元以上的项目都必须接受财政投资评审，严格评审程序，层层把关验收。评审人员积极与预算人员认真复核，反复对比，精心测算各项工程量，及时高效地出具评审报告。（4）拓宽评审服务领域，积极开展预算项目评审工作。评审范围从单纯的工程类财政性投资项目评审拓宽到财政预算项目的评审。对项目的合理性、准确性进行评估，提出具体预算安排建议，为政府决策提供了依据，节约财政资金200余万元。

从2011年开始，阳泉市城区财政局坚持对重点税源进行监控统计，整理出全区的纳税大户，从多方面予以扶持和保护，努力为全区财政总收入持续、稳定增长再做贡献。

2011年阳泉市城区前十位纳税大户纳税情况表

表 2-59　　单位：万

单位名称	纳税额
阳泉市商业银行股份有限公司	4957.3
阳泉金联置业建设有限公司	3491.8
阳泉市金地房地产开发有限公司	1358.2
沃尔玛超市	1178.2
山西省电力公司阳泉城区供电支公司	907.0
阳泉市华龙超市	607.3
阳泉铁路实业总公司	507.0
阳泉市瑞源汽车运输有限公司	505.0
阳泉市聚源电力实业有限公司	472.2
山西佳德置地房地产开发有限公司	465.7
合　计	14449.7

2012年阳泉市城区前十位纳税大户纳税情况表

表 2-60　　单位：万元

单位名称	纳税额
阳泉市商业银行股份有限公司	5353.4
阳泉金联置业建设有限公司	3756.0
沃尔玛超市	1352.0
阳泉市金地房地产开发有限公司	805.0
阳泉市华龙超市	675.1
阳泉市瑞源汽车运输有限公司	560.1
阳泉北国商城有限责任公司	542.0
华通路桥集团有限公司	531.2
阳泉市汇通小额贷款股份有限公司	518.0
阳泉聚源电力实业有限公司	438.6
合　计	14531.4

2013年阳泉市城区前十位纳税大户纳税情况表

表2-61　　单位：万元

单位名称	纳税额
阳泉市商业银行股份有限公司	4572
阳泉金联置业建设有限公司	4477
阳泉市金地房地产开发有限公司	1611
沃尔玛超市	910
阳泉市聚源电力实业有限公司	770
阳泉北国商城有限责任公司	714
阳泉市瑞源汽车运输有限公司	608
阳泉市华龙超市	595
阳泉市益昌房地产开发有限公司	553
阳泉市晟城房地产开发有限公司	428
合　计	15238

2014年阳泉市城区前十位纳税大户纳税情况表

表2-62　　单位：万元

单位名称	纳税额
阳泉市商业银行股份有限公司	4572
阳泉金联置业建设有限公司	4477
阳泉市金地房地产开发有限公司	1611
沃尔玛超市	910
阳泉市聚源电力实业有限公司	770
阳泉北国商城有限责任公司	714
阳泉市瑞源汽车运输有限公司	608
阳泉市华龙超市	595
阳泉市益昌房地产开发有限公司	553
阳泉市晟城房地产开发有限公司	428
合　计	15238

2015 年阳泉市城区前十位纳税大户纳税情况表

表 2-63 单位：万元

单位名称	纳税额
阳泉市商业银行股份有限公司	7628
阳泉宾馆有限责任公司	1836
阳泉金联置业建设有限公司	1364
河南省豫兴建筑安装公司	1094
阳泉北国商城有限责任公司	663
沃尔玛超市	487
华通路桥集团有限公司	346
山西旭志房地产开发有限公司	334
阳泉市天峰房地产开发有限公司	309
阳泉市第一人民医院	309
合 计	14370

四、审计事业费

审计事业费是各级审计机关执行监督任务所需的业务费，包括专业设备费、委托和通讯费、宣传印刷费、科研费、干部训练费和业务资料费等。1983 年 9 月，根据国务院〔1982〕36 号文件和有关指示精神，区政府开始筹建审计机构，筹备组共有 3 人。经过两个多月的工作，于 1983 年 11 月 4 日阳城政发〔1983〕57 号文件通知启用“阳泉市城区审计局”印章，并从 1983 年 11 月 14 日开始对外办公，调配干部 2 名。1984 年 3 月 16 日，审计人员增为 3 人。1985 年年底，审计人员增为 4 人。1987 年，区九届人大常委会任命审计局局长，审计人员增至 7 人。1989 年，审计人员增至 8 人。1990 年，审计人员增至 9 人。阳泉市城区审计机构成立，开始有审计事业费支出。

1983 年，阳泉市城区审计局成立后，按照国家审计署“边组建、边工作”“抓重点、打基础”“积极发展，稳步提高”的指导思想，紧紧围绕中国共产党和国家的中心工作，为治理经济环境、整顿经济秩序、维护财经纪律、促进廉政建设、积极开展审计监督。1983 年 –1990 年，共审计 221 个单位（次），查出各种违纪金额 231.8 万元，上缴财政 10.4 万元，查出重大经济犯罪案件 1 起，被追究刑事责任 1 人，为保证改革开放的顺利进行做出应有的贡献。1983 年 11 月，审计机关组建后，对城区 1982 年度科技三项费用的使用情况进行试审，审计总金额 1.6 万元。

1984 年，城区审计局把查处问题作为重点，首先对城区招待所进行财务收支审计工作，查出招待所巧立名目给职工发实物共计 1.2 万元。

1985 年 6 月，对区教育局、上站小学、新华小学、北大街小学进行财务收支审计。查出违纪金额 4.3 万元，并进行严肃处理。1985 年，开始推行行政事业单位定期审计制度，是年，对阳泉市城区公安分局试行定期送达审计。

1986 年 4 月，对城区教育系统的教育经费进行审计，查出违纪金额 14 万元。1986 年 6 月，为加强对罚没财产的管理，促进政法机关严格执法，端正党风和警风，阳泉市城区审计对城区公安分局、法院、检察院的罚没收入进行审计，查出违纪金额 4.1 万元，上缴财政 4.1 万元。

1987 年 2 月，对工商银行南大街办事处进行财务收支审计，查出违纪金额 39.2 万元。其中，未收回的风险贷款 37 万元；无理由冲退罚款收入 0.2 万元；虚列支出 0.6 万元；乱挤乱摊成本 1.4 万元。

1988 年 3 月，对民政事业费中 1986 年和 1987 年度社会救济福利事业费进行审计，查出违纪金额 2.6 万元。

1989 年年初，根据省市审计局和城区政府安排，对 13 个区直企业进行 1988 年度承包经营兑现审计，查出违纪金额 40.5 万元，13 个企业中除 1 个因财务不清不予兑现外，对 12 个企业做出兑现审计结论，区经委根据审计结论予以兑现。

1990 年 3 月，对城区人武部 1989 年民兵事业费和民兵训练基地补助费进行审计，查出违纪金额 0.7 万元。1990 年，对区直 12 个企业进行 1989 年度兑现审计，审计总金额 831.9 万元，查出违纪金额 51.9 万元，经审计，有 9 个企业全面完成承包合同指标，2 个企业只完成利润指标而未完成产值指标，有 1 个企业产值、利润指标均未完成。区主管部门依据审计结论予以兑现，其中受奖单位 11 个，共发奖金 7.3 万元；受罚单位 1 个，罚款 0.3 万元。通过兑现审计，为承包企业奖惩兑现提供依据，同时根据审计发现的问题，针对性地提出改进建议，促进承包经营责任制的进一步完善。

1991 年，阳泉市城区审计局共完成审计项目 2 个，审计单位 39 户，审计总金额 9600.87 万元，查出违纪金额 200.6 万元，应上缴财政 22.49 万元，年底已入库 3.39 万元。罚款 3722 万元，已入库 2077.91 万元。

1992 年，阳泉市城区审计局共完成审计项目 3 个，审计单位 42 户，审计总金额 5755 万元，查出违纪金额 416 万元，应上缴财政 61 万元，年底已入库 27 万元。罚款 2598 万元，已入库 2120 万元。

1993 年，阳泉市城区审计局共完成审计项目 4 个，审计单位 59 户，审计总金额 3480 万元，查出违纪金额 238 万元。

1994 年，阳泉市城区审计局共完成审计项目 2 个，审计单位 25 户，审计总金额 8868 万元，查出违纪金额 170 万元，应上缴财政 3 万元，年底已入库 3 万元，入库率 100%。

1995 年，阳泉市城区审计局共完成审计项目 2 个，审计单位 6 户，审计总金额 591.12 万元，查出违纪金额 206 万元，应上缴财政 40 万元，年底已入库 39 万元，入库率 97.5%。

1996 年，是开展同级财政预算执行审计工作的第一年。阳泉市城区审计局从 1995 年 11 月至 1996 年 3 月，对城区 1995 年度财政预算执行情况及其他财务收支进行审计。审计涉及组织预算部门和执行预算单位17个，为单位预算数的47.2%，涉及预算内资金总额为1516.84万元，共查出违纪、违规金额574万元。

1997年，根据《山西省各级预算执行情况审计监督实施办法》，阳泉市城区审计局对城区1996年度财政预算执行情况和其他财政财务收支情况进行审计，其中审计预算执行单位12个，审计总额2686.4万元，对查出的重要问题逐一进行没收罚款处理。同时，针对城区企业底子薄、负担重、技术落后、产品科技含量低、经济效益差、资金使用效率不理想、财政资金回报率低的问题，提出“围绕财源抓经济，围绕效益抓财源；加大改革资金和科技三项费用的投入，并加强监管，提高资金回报率，尽快扭转区直企业对城区财政收入贡献少的被动局面”的建议。

1998年，对阳泉市城区1997年度本级财政预算执行情况进行审计，共检查组织预算收入及预算执行单位11家，查出违纪、违规金额218万元，应上缴财政15万元，实际入库4.5万元，并向区政府提出“加强财政资金管理，规范财政支出范围”的审计建议。

1999年，1月21日至3月月底，阳泉市城区审计局对城区1998年度本级财政预算执行情况进行审计，共检查组织预算收入及预算执行单位21家，查出违纪、违规金额40万元，应上缴财政3.35万元，并专题向市审计局、区政府报告审计结果，向区人大常委会提交审计工作报告。

2000年2月24日至4月中旬，对阳泉市城区1999年度本级财政预算执行情况进行审计，共检查组织预算收入及预算执行单位16家，查出违纪、违规金额36万元，应上缴财政4.2万元。

2002年，阳泉市城区审计局在市审计局组织的2001年度县区目标责任制年度考核中，获得总分第一，获县区目标责任制考核“优胜单位”称号。城区审计局新领导班子成立后，坚持以“三个代表”重要思想为指针，全面贯彻《中华人民共和国审计法》，紧紧围绕区委、区政府工作中心确定审计项目，全面履行审计监督职能，全局干部职工上下团结一致，加大对违法违纪问题的处理，努力规范违纪行为，把“人、法、技”三者有机结合起来，对审计工作的开展起到积极的促进作用。

2003年，阳泉市城区审计局强调在全年工作中做到三点：（1）紧紧围绕全面建设小康开展审计工作。要充分发挥审计监督、评价、鉴证的职能，及时全面地报告审计发现影响经济发展的问题，纠正部门单位在执行财经制度上的偏差，为政府决策提供翔实的参考依据。（2）依法开展审计工作。按照“三个代表”要求，加强对重点领域、重点部门、重点资金和热点难点问题的监督力度，严肃查处违法违纪问题。强化财政预算审计，以监督预算执行为主线，抓住财政资金运行中的真实、合法、效益问题，加强审计监督。（3）把查处“三乱”作为重点内容，重点检查执行财经纪律和收费政策情况，促进规范执法。要加强专项资金审计，防止资金管理中挤占、挪用、损失浪费问题的发生，提高资金使用效益。

2005年，阳泉市城区政府确定全年审计工作主要有2项任务：开展2005年度本级财政预算执行情况审计。重点查处预算分配管理中不真实、不合法、不规范的问题；查处部门单位不按规定批复转拨预算资金，挤占挪用财政专项资金以及违反“收支两条线”规定，随意坐收坐支预算内外收入，私设“小金库”，滥发钱物等问题。开展党政领导干部任期经济责任审计。对党政领导干部进行任期经济责任审计，为城区区委、区政府加强干部监督管理提供重要依据。

五、工商管理事业费

主要是基层工商行政管理机构经费和工商管理业务费。阳泉市城区的工商管理事业费支出始于 1987 年 3 月，城区工商局成立后，根据分级管理的原则，除兴隆街集贸市场和在市营以上商业企业经营的个体工商户，由市工商局管理工作外，其余的凡在城区范围内经营的个体工商户均由城区工商局管理，负责开业申请审核登记、颁发营业执照以及监督检查，并由城区工商局向个体工商户提供一定数量和统一规格的售货设施，如柜台、售货亭棚、营业房等。随着改革开放的需要，各级工商部门业务逐步扩大，人员相应增加，事业费支出也逐年增多。从 1987 年至 1990 年的四年间，城区个体工商户呈逐年发展趋势。1987 年，个体工商户为 1607 户，从业人员 2390 人，注册资金 162 万元；1988 年，个体工商户为 1733 户，从业人员 2403 人，注册资金 240 万元；1989 年，个体工商户为 1986 户，从业人员 2873 人，注册资金 570 万元；1990 年，个体工商户 2112 户，从业人员 2905 人，注册资金 519 万元。1988 年以后，中共中央对个体经济的发展及其在国民经济中的积极作用予以肯定，并在政策上进一步放宽。城区工商局采取“寓管理于服务之中”的管理办法，积极扶持个体户的发展，至 1990 年年底，城区私营企业发展到 6 户，从业人员 48 人，注册资金 30 万元。

1988 年 6 月 3 日，发布《中华人民共和国企业法人登记管理条例》。根据条例和暂行规定，工商行政管理部门对工商企业实行申请、受理、审查、核准发照、公告等管理程序。对违反条例规定的，根据情节轻重分别予以警告、罚款、没收非法所得、停业整顿、扣缴、吊销营业执照等处理。为加强工商企业的登记管理，还分别建立和实行工商企业档案管理制度、工商企业登记统计年报制度、工商企业年度审核制度。是年，为贯彻中共中央、国务院《关于清理整顿公司的决定》，阳泉市城区工商局按照国家工商局和省市工商局的指示，对 1986 年下半年之后成立的各类公司进行清理整顿。经过 1 年半的时间，至 1989 年年末，对 75 个公司报请市清理整顿领导组审查、撤、并、改公司 32 个，使一度出现的“公司热”得到有效控制。8 月，城区人民政府制定的《户外广告张贴管理办法》。城区工商局在市区主要街道设立 10 块广告张贴栏，计 200 余平方米。

1989 年 12 月，阳泉市城区工商局建设的大兴矿集贸市场（后称四季春小商品批发市场）开业，使一大批个体户由露天经营转入封闭固定经营，并逐步使综合性经营向专业性经营过渡。

1990 年年底，共签证各类合同 169 件，签证总金额 1314.6 万元，调解经济合同纠纷 14 起，争议金额 250 万元，协助企业清理外欠 171.5 万元。

1991 年 –1995 年，阳泉市城区工商部门十分注重个体私营经济发展，将其作为振兴城区经济的一 个经济增长点，摆上工商管理工作的议事日程，集发展、管理、服务于一体，积极扶持、引导个体私营经济的快速、健康发展。至 1995 年年底，全区共发展个体工商户 5021 户，从业人员 7022 人，注册资金 921 万元，分别比 1990 年增长 137.7%、136.8% 和 77.5%。私营企业发展到 88 户、注册资金 1193 万元，雇佣工人数达 832 人，分别比 1991 年增长 450%、222.4% 和 581.9%。

1985 年 -2006 年阳泉市城区其他部门事业费支出情况表

表 2-64　　单位：万元

年份	合计	税务	财政	审计	统计	工商	劳动保障	监察纪检	行政机关	公检法司	其他
1985	11.3	10.5	0.6	0.2	——	——	——	——	——	——	——
1986	31.6	10.6	0.3	0.3	2.0	——	——	——	——	18.4	——
1987	51.6	21.6	0.6	0.3	0.3	6.5	——	——	——	22.3	——
1988	35.6	20.5	1.2	1.4	1.3	11.2	——	——	——	——	——
1989	29.5	11.0	4.2	3.8	1.0	9.5	——	——	——	——	——
1990	54.0	32.0	1.8	1.3	8.2	10.7	——	——	——	——	——
1991	39.5	21.8	1.7	2.2	1.0	12.8	——	——	——	——	——
1992	57.6	22.7	13.7	3.0	5.7	12.5	——	——	——	——	——
1993	47.0	20.6	3.9	3.0	4.1	13.5	——	1.9	——	——	——
1994	30.5	——	8.9	3.1	4.4	11.5	——	2.6	——	——	——
1995	20.0	——	5.0	3.0	6.0	——	4.0	2.0	——	——	——
1996	25.0	——	5.0	3.0	9.0	——	5.0	3.0	——	——	——
1997	25.0	——	10.0	4.0	6.0	——	2.0	3.0	——	——	——
1998	22.0	——	7.0	6.0	4.0	——	3.0	2.0	——	——	——
1999	33.0	——	16.0	5.0	5.0	——	3.0	4.0	——	——	——
2000	41.0	——	10.0	4.0	19.0	——	5.0	3.0	——	——	——
2001	37.0	——	16.0	5.0	6.0	——	——	7.0	——	——	3.0
2002	75.0	——	32.0	14.0	12.0	——	8.0	3.0	6.0	——	——
2003	152.0	——	32.0	4.0	7.0	——	9.0	3.0	97.0	——	——
2004	352.0	——	27.0	5.0	24.0	——	9.0	3.0	284	——	——
2005	453.0	——	27.0	5.0	28.0	——	9.0	3.0	375	——	6.0
2006	641.0	——	34.0	5.0	19.0	——	11.0	3.0	569	——	——
合计	2264.2	171.3	257.9	81.6	173	88.2	68.0	43.5	1331	40.7	9.0

第二节　其他杂项支出

一、政策性价格补贴支出

政策性价格补贴支出，主要指国家给企业单位和居民个人的政策性价格补贴，包括粮食加价款、粮食风险基金、储备粮油利息补贴、粮食政策性财务挂账利息补贴、粮食政策性挂账消化款、国家储备粮油价差补贴、地方粮油价外补贴、居民肉食价格补贴、平抑蔬菜市价差补贴、粮油差价补贴和工矿产品价格补贴等。

1985 年 5 月，按照省财政厅《关于猪肉价格放开后对城镇居民补贴的通知》精神，市镇非农业人口每人每月补贴 1 元，一次性或按月发放。1986 年，按省物价局、财政厅《关于给职工适当增加价格补贴的通知》，从是年 10 月 1 日起，每人每月增发补贴 3 元 39.2 万元。1988 年，国家提高粮油收购价格，财政对粮食部门和副食品部门的补贴也随之大幅度增长额。1992 年，国家将暗补变为明补，在放开粮油价格的同时，减少对粮食部门的政策性补贴。

二、国防支出

在新的政府收支分类科目中，属于 203 类、06 款，包括用于兵役征集、经济动员、人民防空、交通战备、国防教育、预备役部队、民兵建设等方面的支出。

三、其他杂项支出

反映除前述项目以外其他不能划分到具体功能科目中的支出项目。

1985 年 –2015 年，其他杂项支出共计为 6731 万元，其中，兵役征集费 59 万元、办案费补助 240.5 万元、武装部经费 1890.6 万元、抗震加固费 24 万元、餐饮刮奖 230 万元、交通战备费 10 万元、杂项支出 4276.9 万元。

1985 年 –2015 年阳泉市城区其他杂项支出情况表

表 2–65　　　　单位：万元

年　份	合　计	兵役征集　费	办案费补　助	武装部经　费	抗震加固　费	税务提奖	餐饮刮奖	交通战备　费	杂项支出
1985	1.7	0.5	——	——	——	——	——	——	1.2
1986	20.1	1.0	1.2	——	——	——	——	——	17.9
1987	20.0	1.0	3.0	——	——	——	——	——	16.0
1988	19.0	1.0	2.6	——	——	——	——	10.0	5.4
1989	29.4	1.5	3.2	——	——	——	——	——	24.7

续表

年 份	合 计	兵役征集费	办案费补助	武装部经费	抗震加固费	税务提奖	餐饮刮奖	交通战备费	杂项支出
1990	29.6	3.0	1.5	——	——	——	——	——	25.1
1991	74.6	3.0	8.0	12.0	——	——	——	——	51.6
1992	26.1	2.0	3.0	6.6	——	——	——	——	14.5
1993	120.9	2.0	13.0	6.0	——	——	——	——	99.9
1994	6.6	1.0	1.0	4.0	——	——	——	——	0.6
1995	67.0	2.0	4.0	4.0	——	——	——	——	57.0
1996	263.0	3.0	6.0	13.0	——	——	——	——	241.0
1997	56.0	3.0	4.0	9.0	——	——	——	——	40.0
1998	278.0	3.0	5.0	13.0	——	——	——	——	257.0
1999	156.0	3.0	4.0	20.0	——	——	——	——	129.0
2000	141.0	4.0	5.0	19.0	——	——	——	——	113.0
2001	283.0	4.0	10.0	22.0	12.0	——	——	——	235.0
2002	252.0	4.0	——	34.0	——	——	——	——	214.0
2003	362.0	4.0	50.0	28.0	——	——	——	——	280.0
2004	637.0	4.0	116.0	35.0	——	——	——	——	482.0
2005	460.0	4.0	——	48.0	6.0	——	110.0	——	292.0
2006	687.0	5.0	——	——	6.0	——	120.0	——	556.0
2007	179.0	——	——	137.0	——	——	——	——	42.0
2008	232.0	——	——	84.0	——	——	——	——	148.0
2009	146.0	——	——	117.0	——	——	——	——	29.0
2010	130.0	——	——	130.0	——	——	——	——	——
2011	312.0	——	——	172.0	——	——	——	——	140.0
2012	760.0	——	——	160.0	——	——	——	——	600.0
2013	344.0	——	——	177.0	——	——	——	——	167.0
2014	528.0	——	——	528.0	——	——	——	——	——
2015	112.0	——	——	112.0	——	——	——	——	——
合 计	6731.0	59.0	240.5	1890.6	24.0	——	230.0	10.0	4276.9

第三编

财政管理

财政管理，是对财政收支活动进行计划、调节、监督、控制等一系列活动的总称。财政管理包括预算管理、预算外资金管理及各专业部门财务管理等方面。财政管理的实质是国家为执行各种社会职能而参与社会产品的再分配活动，主要体现为对收入和支出进行管理。财政收支活动合理与否，依赖于对财政、财务进行严密的组织，正确的指挥，适宜的调节和有效的监督。一方面，财政部门依据国家方针政策编制财政收支预、决算，对财政、财务活动进行直接管理；另一方面，在财政部门指导下，各单位依据财政方针、政策进行自身的财务管理，努力增收节支，切实讲求理财效果，保障各项国家预算圆满完成。

第一章 财政体制

财政体制，是指各级政权管理财政收支的权限。

明代财政体制的基本特征是中央集权下的一元化管理，一切由皇帝做主，尤其在洪武时期，财政管理事无巨细都由皇帝朱元璋处理。朱元璋去世后，“祖宗成例”在有明一代很少变动，即使变动，也是一事一议，以特批形式实施，因此新旧法令时常并行。明代的户部是名义上的中央财政管理机关，但是实际上从来没有成为决策部门，而只是皇帝控制下的一个会计中枢。这种被黄仁宇称为“洪武型财政”的明代财政制度是保守的，内向的，“只能节流、不能开源”，成为中国社会逐渐保守落后的肇始。

清代，在实行中央集权财政体制的同时，清廷对各省的收支执行“留存起运”制度。山西奉清廷令征收各项赋税，存入公库，同时奉清廷令开销各项经费，由公库动支。动支之外，所剩银两，则须运解清廷。

民国初期，未设县市财政。民国 24 年（1935 年），国民政府颁发《财政收支系统法》，当时辖区的平定县建立有县级财政，收入项目：课税收入（包括土地税、房屋税、营业牌照税、使用牌照税、行为取缔税，由清廷分给的所得税和遗产税，由省分给的营业税），惩罚及赔偿收入、规费收入、代办项下收入、物品售价收入、租金使用费及特许费收入、利息及利润收入、公有企业及事业盈余收入、补助收入、赠予收入、财产及权利售价收入、收回资本收入、公债收入、长期赊借收入及其他收入等。支出项目：政权行使支出、行政支出、立法支出、教育及文化支出、经济及建设支出、债务支出、公务人员退休及抚恤支出、营业投资及维持支出、保安支出、财务支出、卫生及治疗支出、保育及救济支出、损失支出、信托管理支出、普通协助及补助支出、其他支出等。后由于抗日战争爆发，该系统法未能贯彻执行。

民国 30 年（1941 年）11 月，根据国民政府第三次全国财政会议颁布的《改定财政收支系统实施纲要》，将全国财政划分为国家财政与自治财政两大系统，辖区的平定县为自治财政，其收入除原有的房捐、警捐及屠宰税外，另增加营业牌照税、筵席及娱乐税，并将国税中的营业税、印花税、土地税（田赋）和遗产税的部分收入划出。

1947 年 5 月以后，阳泉市第一区（城区前身）属于晋察冀边区行政委员会领导，财政实行全部上缴，支出按规定标准向上级领报的制度。收入项目主要是农业税，支出主要是供给政府机关行政人员给养等经费以及部分支前费用。翌年，华北行政公署建立并管辖阳泉市后，财政管理实行“基本集中、部分分治”的方针，按华北区《财务行政方针决定》实行区、省、县（市）三级财政划分收支范围，初步建立市级财政。

新中国成立初期，国家面临百废待举、通货膨胀等残破不堪的经济局面。为医治战争创伤，迅速恢复濒于崩溃的国民经济，中共中央于 1950 年做出统一全国财政管理的重大决策，将国家收入和支出的分配权集中在中央，实行严格的统收统支制度，包括：国家财政管理权和制度制定权集中在中央；预算收支由中央统一掌握和分配；建立统一的预算、决算和会计制度；通过实行统收统支，促进国民经济恢复，制止通货膨胀。当时，区级财政纳入全省统收统支体制，即由地方组织的预算收入，统一上缴省，地方的财政支出统一由省拨付。

1951 年，山西省下达《贯彻 1951 年度地方财政方案》，主要内容包括：

以县为单位统收统支，在专区（市）范围内量入为出，适当照顾地方事业需要。

取消 1950 年各事业部门的比例规定，不再分别掌握，而采取统一编制、统一标准、统一管理，量入为出，重点使用，坚决执行全年概算，严格预决算制度，节约开支，以达到收支平衡。

规定地方财政年度收支科目：农业税附加、工商业税附加、罚没收入、没收品变价、公产收入（包括房地产出租、拍卖等）、规费收入、证照收入、契税收入、企业收入、房地产税附加、杂费收入、杂项收入、上年结余。地方财政年度支出科目：行政事业费，包括地财、地粮库干部供给，优军救济，会议费；村行政费包括：村干部补助、村公杂费、村烤火费、村邮资费、村民主建设费；训练费包括农村党员训练和村干部训练费；文教事业费包括教杂人员工资、公杂费、人民助学金、学校建设费、高等初等小学教员训练费、社会训练费、教员工会费、教员福利费、奖励费；生产事业费包括农场苗圃费、劳模费、各种奖励费、交通修补费；卫生事业费包括卫生院（所）补助训练费、医生下乡防疫补助、临时费；民兵事业费包括洗理费、枪证费、训练费、检阅费、临时费；财务费包括地方补助、脱损折亏、地粮调运费、印刷费；预备费包括杂项支出、本年结余转下年度数。

1954 年，各级财政的收入来源分为固定收入、固定比例分成收入、调剂收入三部分。省对阳泉市的固定收入无大的调整；固定比例分成收入项目有农业税（50%）、工商营业税（40%）和工商所得税；调剂收入有商品流通税（70%）和货物税（70%）。

1958 年，省对市县实行“以收定支”财政体制。阳泉市财政采取“划分收入、分类分成”办法。财政收入项目：包括市、县的企事业收入、其他收入以及印花税、利息所得税、屠宰税、牲畜交易税、城市房地产税、文化娱乐税、车船使用牌照税全部划归市收入；企业分成收入包括中央划归地方管理的企业和中央管理、地方参与分成的企业的利润，20% 划给企业所在县（区）作为预算收入；三是调剂分成收入，包括商品流通税、货物税、营业税、所得税、农业税和公债收入，分成比例按各县（区）财政收支实际情况分别计算确定。

1978 年 12 月，中共十一届三中全会提出把工作着重点转移到以社会主义经济建设为中心的轨道上来，拉开我国经济体制改革的序幕。邓小平在讲话中指出：“现在我国的经济管理体制权力过于集中，应该有计划地大胆下放，否则不利于充分发挥国家、地方、企业和劳动者个人四个方面的积极性，也不利于实行现代化的经济管理和提高劳动生产率。”在财政改革的步骤上，将财政管理体制改革作为经济体制改革的突破口，先行一步。1978 年 –1981 年，对财政管理体制进行改革探索基础上，财政体制改革的进程逐步加快。

1985 年 3 月，为适应两步利改税改革的需要，我国实行“划分税种、核定收支、分级包干”的财政管理体制。

4 月 22 日，阳泉市人民政府以阳政发〔1985〕44 号文件，印发《阳泉市人民政府关于批转市财政局〈关于建立城区、矿区财政体制的实施办法〉的通知》，决定从该年起建立阳泉市城区、矿区财政体制。配合财政体制的建立，在税制改革方面采取相应措施，将阳泉市税务局第一分局下放城区管理；在工商区划管理方面，要求阳泉市工商局尽快将市工商局第一分局下放城区管理。

4 月 23 日，阳泉市财政局印发《关于建立阳泉市城区、矿区财政体制的实施方案》，决定按照中共阳泉市委、市人民政府制定的《阳泉市贯彻落实〈山西省以增强企业活力为中心的经济体制改革实施方案〉的意见》第十条规定，从该年起建立阳泉市城区一级财政，实行“划分税种、核定收支、分级管理”的财政体制。

建立区级财政的原则：坚持统一领导，分级管理，责权利结合，财权与事权相统一的原则；坚持统一财政计划的原则；坚持统一财政制度的原则。

城区财政的主要职责：在阳泉市财政核定的收支预算内，有适当调剂权；对城区财力有支配和使用权；根据中央的政策、法令、财政制度，有权制定适合城区特点的实施办法和实施细则。

财政收入划分范围。计入财政包干收入范围的区财政固定收入包括：个人所得税、车船使用牌照税、房地产税、屠宰税、牲畜交易税、集市贸易税、契税、国有企业奖金税、税款滞纳金、其他收入；不计入财政包干收入范围的区财政固定收入包括：城市维护建设税，区营企业的排污费、水资源费；市、区财政共享收入包括：区财政征收的区营企业产品税、增值税、营业税、资源税、国营零售商业的营业税（不含所得税）。

财政支出范围：“五小”企业技术改造补助；工业交通等部门事业费；文化、教育、科学、卫生、体育、计划生育、公费医疗经费；知青就业经费；党群行政、公安、司法、检察、法院经费；社会救济和抚恤事业费；其他事业费；其他支出。

区财政收支的核定方法：收支包干基数以 1984 年实际完成数为依据，扣除一次性补助款，并考虑收支结构的变化因素计算确定；收支基数确定后，凡区财政固定收入大于支出的，定额上缴市财政；固定收入小于支出的，从市和区共享收入中确定分成比例留给区；区财政的固定收入和市、区共享收入全部留给区财政，不足以抵拨其支出的，由市财政定额补助；收入的分成比例或上解、补助数额确定以后，一定 5 年不变；如因上划、下划企事业单位，影响市或区的收支时，采取年终结算的办法，一般不改变分成比例。

包干收支基数和留成比例：经过测算确定，城区包干收入基数为 629.5 万元，支出包干基数为 283.28 万元，留成比例为 45%。

5 月 6 日，根据山西省人民政府颁发的《关于实行“划分税种，核定收支，分级包干”财政管理体制的办法》和阳泉市人民政府规定，阳泉市城区在 1985 年 –1987 年执行“划分税种、核定收支、分级包干”财政体制。具体如下：

市、区财政收入分固定收入和共享收入两种。财政固定收入：集体企业所得税、农业税、个人所得税、车船使用牌照税、城市房地产税、屠宰税、牲畜交易税、集市交易税、契税、国营企业奖金税、税款滞纳金和其他收入，省级下放工交企业 55% 的产品税、增值税、营业税、所得税和调节税。城市维护建设税，划为市、区级财政固定收入，单列项目，不计入财政包干收入；市、区级财政共享收入：产品税、增值税、营业税，市、区营企业和集体企业的资源税，市、区营企业所得税、调节税，未实行利改税企业的收入和亏损企业的亏损，建筑税和盐税。

市、区财政支出：区办“五小”企业技改补助，市、区级工业、交通、商业部门的事业费，农林水气等部门事业费，城镇青年就业经费，其他部门事业费，文教科学卫生事业费，抚恤和社会福利救济事业费，行政管理费和其他支出。

收支基数核算方法：市、区的收入基数，以1983年决算收入数为基数，按上述财政收支划分范围确定；企业隶属关系发生改变、利改税第二步改革后税利转移、区办工业分成纳入预算等根据实际计算情况确定；市、区的支出基数，按照1983年决算中原包干项目的支出数和调整区办工业分成，以及其他需要调整的因素计算确定。

根据区收入基数和支出基数计算确定上解、留成比例和定额补贴：1985年，阳泉市城区实行一级财政管理体制，全区留成比例为45%；是年参与总额分成的财政收入为868.8万元，城区留用390.1万元。另外，财政超收部分在留成比例基础上增加15%，是年城区财政超收分成为35.9万元。

1986年–1987年，上解比例、留成比例仍按1985所定比例实行。1987年，阳泉市城区参与总额分成的财政收入为1077.8万元，按45%的留成比例。是年，留成为485万元。

1988年2月开始，阳泉市城区执行阳泉市财政经过调整的财政管理体制，将1987年中央向地方借款数额打入基数，以此调减城区财政支出基数；将城乡个体工商业所得税等13种小税划作区固定收入，相应调整财政收入基数。是年下半年，为鼓励城区政府狠抓财政收入，大力组织超收，城区财政执行市财政关于超收增加分成比例的办法。是年，城区留成比例调整为36%；财政收入为1445.4万元，总额上解支出为767万元，城市维护建设税专项上解35.2万元，城区留用643.2万元。

1989年3月15日，山西省对各地市实行“收入递增包干，超收全留，欠收自补”的办法。市对各县区的财政体制亦相应做必要改进，进一步强化各级政府的包干意识。是年，阳泉市城区执行市财政确定的收入递增包干办法，主要是以1988年决算收入和应得财力为基数，参照近几年财政收入完成情况，确定收入递增率。每年以上年参与分成收入完成数为基数，在递增率以内的收入，按原确定的留成比例，实行城区与市分成；超过递增率的收入，全部留区；收入不达递增率，影响上解市财政的部分，用城区自有财力补足。该项财政包干办法推出之后，其目的就是促使县区努力发展经济，挖掘潜力，增强自我发展的能力。同时要厉行节约，实行紧缩的财政政策。在包干过程中，国家实施调整价格、增加职工工资和其他经济改革措施引起财政收支的变动，除另有规定外，一律不调整县区上解市财政的上解比例。

3月20日，财政体制确定后，阳泉市城区财政多方分析测算，相应做好以下工作。

改进生产建设资金管理办法。即对基本建设支出建立基金制，实行定额拨款，以后其他企业所需挖潜改造资金转向主要通过企业自筹、银行贷款以及从贷款收回的资金中解决。对科技三项费用实行有偿使用的办法，建立科技发展基金，基金来源由财政定额拨款和收回的科技三项费用资金中解决；

对重点工程所需资金专项下达，其余资金实行“确定控制指标，一定三年，年初切块下达，包干使用，不列基数”的办法；

改进对行政事业单位的预算包干办法。城区结合自身情况，试行对行政事业单位的人员经费，按编制和开支标准实行经费包干，超编人员不拨经费、缺编部分不扣经费、节约部分留归单位的办法；

认真完善企业承包制，逐步推行股份制，建立企业自我约束机制。财政和企业的关系，要求按照《中华人民共和国企业法》的规定加以完善，继续搞好企业承包配套、深化、完善、发展，引入竞争机制，优化劳动组合，提高经济效益，同时要大力进行股份制试点工作。

4月1日，阳泉市人民政府决定将阳泉三中、四中、六中、七中4所中学从是年1月1日起下放城区管理。相应为补充城区的财力，市财政决定将城区财政收入留成比例由原来的36%调整为49%。

1990年3月21日，根据阳泉市人民政府安排，市财政局以阳财预字〔1990〕48号，印发《关于下达城、矿两区环卫经费的通知》，决定将原市城建局管理的环境卫生管理处按地域分别下放阳泉市城区、矿区管理。同时下达城区环卫处费用99万元，包括经费57万元、其他费用42万元。对所下达的经费，年中实行单项结算。经按留解比例（49%）初步测算，是年全区财政收入为2206.2万元；总额上解支出为895.9万元，城市维护建设税专项上解为49.9万元，城镇土地税按原体制上解7.4万元，地方向中央做贡献41万元，罚没收入建立价格调控基金上解4.7万元，上划税务事业费17.9万元，留区收入为1189.3万元。

1991年4月26日，阳泉市财政局以阳财预字〔1991〕77号，下达《关于下放城矿两区环卫经费的通知》，对下放阳泉市城区环卫经费做如下通知：

核定1991年城区经费定额为174万元，包括正常经费和各项专款，实行总额包干；

市财政负责解决单项预算在5万元以上的土建工程项目投资，5万元以下的由阳泉市城区财政自行解决；

阳泉市城区按现行财政体制上缴市财政的50%城市维护建设税，全部留给城区，相应抵顶包干后的环卫经费，保证专款专用。

12月，继续实行递增5.5%上解包干、超收全留、短收自补的财政体制。城区按照49%的留成比例测算，全区财政收入2373.1万元，总额分成上解962.2万元，专项上解63.2万元，税务事业费上划17.9万元，留区财力1329.7万元。

1992年，阳泉市城区继续执行49%的留成比例。全区财政收入为2634.2万元，总额分成上解1034.6万元，专项上解53.6万元，税务事业费上划17.9万元，留区财力为1528.1万元。

1993年，阳泉市城区财政收入参与总额分成部分，体制上解比例为51%。全区财政收入为3111.5万元，上解支出为1218.3万元。其中：总额分成上解1137.7万元，专项上解80.6万元，税务事业费上划17.9万元，留区财力为1875.3万元。

是年12月开始，在全国范围内推行分税制改革。所谓分税制，就是在中央与地方各级政府之间，根据事权与财权相统一的原则划分税源，全方位协调财政收支关系的制度。该次分税制改革从1992年下半年开始试点，具体办法是将财政收入按项目划分为中央财政固定收入、地方财政固定收入、中央与地方共享收入三大类。其中中央财政固定收入，主要包括关税、烧油特别税、特别消费税、中央企业所得税和调节税等。地方固定收入包括农业税、城市维护建设税、车船使用税、房产税、印花税、地方企业所得税、集体企业所得税、盐税等。中央与地方共享税主要包括产品税、营业税、增值税、工商统一税、资源税。共享比例方面，少数民族地区中央与地方二八分成；其他地区一律五五分成。

1994年，按照上级要求，阳泉市城区全面实行分税制财政体制。地方财政主要改革内容包括：

在支出方面，地方主要承担本地区政权机关运转所需开支、本地区经济社会事业发展所需要的支出。

在收入方面，地方固定收入主要包括营业税（不含各银行总行、铁道、保险总公司的营业税）、地方企业所得税（不含金融企业所得税）、个人所得税、城镇土地使用税、国有资产投资方向调节税、城市维护建设税、印花税、屠宰税、农业税、耕地占用税、契税、遗产与赠予税、土地增值税、国有土地有偿转让收入等。中央与地方共享税：增值税中央分享 75%，地方分享 25%；资源税按不同的品种划分，海洋石油资源税为中央税，其他资源税为地方税；证券交易税中央与地方各分成 50%。

税种划分根据以下原则进行。与维护国家权益密切相关和有利于实施宏观调控的税种划为中央税；将收入数额较大，能够稳定增长的税种划为中央与地方共享税；将与地方经济发展关系密切、适合地方征管的税种划为地方税。

6 月 2 日，阳泉市城区执行市人民政府《关于实行分税制财政管理体制的通知》精神，主要包括：

城区财政与市财政事权和支出的划分。城区财政主要承担本区政权机关运转及经济、事业发展所需支出。包括城市维护建设费，区行政管理费、公检法支出和文化、教育、卫生、科学事业费，抚恤和社会福利救济费，其他支出，行政事业单位离退休费等。

各级政府之间财政收入的划分。根据国家规定和各级事权划分，将财政收入划分为固定收入、共享收入、其他各项预算收入。区级固定收入。包括：原属区级预算级次的营业税（不含银行、保险企业营业税）；区级企业所得税（不含非银行金融企业所得税）；区级企业上缴利润和计划亏损补贴；个人所得税；固定资产投资方向调节税；城市维护建设税；房产税；车船税；印花税；屠宰税；契税；遗产税；土地增值税；其他收入。共享收入。中央与区共享收入包括：原属区预算级次的增值税，中央分享 75%，区分享 25%；区级及其以下企业的资源税，全部作为县区级收入。省与市、区共享的收入包括：土地使用税，省与市、区各分享 50%；国有土地有偿使用收入，省分享 20%，市分享 10%，区分享 70%。其他各项预算收入（包括收入退库）：原属于各级预算固定收入的，仍作为各级预算固定收入；原属于中央与地方、省与地市按固定比例分成的收入，仍作为固定比例分成收入。

税收返还的确定。省对市的税收返还数额以 1993 年为基期年核定。凡实行分税制后，地方净上划到中央的收入，一律作为上划中央的基数返还给地方。1994 年以后，税收返还额在 1993 年基数上逐年递增，递增率按增值税和消费税的平均增长率 1:0.3 系数确定，以后年度按 5.5% 递增上解（后调为 2.75%）。

11 月 26 日，接阳泉市财政局阳财预字〔1994〕264 号《关于城区、矿区环卫管理体制有关问题的通知》，对阳泉市城区环卫管理体制规定为：

城区环卫处年正常经费包干指标 250 万元。城区财政可在符合实际、调动积极性、留有余地的基础上，确定环卫处的财务管理体制和经费包干指标。上述“正常经费”包括个人经费部分及公务费、业务费、修缮费等公用经费部分；不包括大中型设备购置及土建工程投资。以后凡在该范围内出现的各项增支因素，一律由城区财政负责解决。

单价 3 万元以上的设备购置和 5 万元以上的土建工程，由市财政专款下达。

城区收取的城市维护建设税原上解市财政 50% 部分，从 1995 年起，上解市财政的城市维护建设税比上年增长部分，市财政返还城区 50%。

12 月 20 日，实行分税制财政体制后，由于新旧体制双规运行，1993 年的体制上解基数需要重新核定。根据阳泉市财政局阳财预字〔1994〕326 号文，核定阳泉市城区 1993 年体制上解基数为 1140.1 万元。

1994 年，工商局上划专项上解 22.6 万元。

1997 年，根据阳财预〔1997〕267 号，华联商厦预算级次变为市级统管，市级每年给予城区定额补助 12 万元。

1998 年 –2001 年，财政体制未作大的调整。

2002 年 6 月 12 日，市财政局对县区财政体制进行适当调整，涉及对阳泉市城区财政体制的调整事项包括：

将部分企业收入及税种下划城区征管。对于 2002 年及以后年度新建企业，除建在城区范围接壤地界新建企业税收归属由市财政局根据实际出资、引资等情况拟议提交阳泉市政府决定外，其余新建企业税收统一按属地征收，按新的税收收入分享比例由各级分享。

按照中央、省调整财政体制关于各级财政共享收入的有关规定，对区征管范围的主要税种实行比例分享。具体分享税种和比例分别为中央、省、区共享收入：增值税，按 75%、8.75%、16.25% 分享；企业所得税、个人所得税及区征管的储蓄存款利息个人所得税，按 50%、17.5%、32.5% 分享；根据中央统一规定执行的企业所得税退税，按照企业所得税的分享比例由各级财政负担省、区共享收入：营业税、资源税、城镇土地使用税 3 个税种，按 35%、65% 分享；共享收入以外分成比例确定：列入区征管范围的其他税收收入，作为区固定收入。

从 2002 年起，取消递增上解比例，改按 2001 年实际上解数定额上解。

对中央按 1∶0.3 系数返还地方的“两税”增量，除省集中 0.105% 部分外，其余 0.195% 部分按城区“两税”征管范围由城区分享，市财政不再分成。

根据省财政体制调整的政策规定，原由省级管理的科技三项费用中的部分固定专项支出下放区。在省明确具体下划基数后，相应分解到各县区。

配合中央、省对困难地方转移支付政策，坚持市对困难县区补助制度，基本上以市级 2001 年度对困难县区财力补助总额为基数，继续对困难县区予以补助。对欠发工资县区的补助要作为工资专项基金直接拨入区财政工资专户。

6 月 15 日，执行市财政局对市、县（区）之间预算收入级次划分规定：

固定收入的划分。区固定收入包括：区级国有企业计划亏损补贴、国有资产经营收益，区征管范围的固定资产投资方向调节税、城市维护建设税、房产税、印花税、土地增值税、车船使用和牌照税、屠宰税、农业税、农业特产税、耕地占用税、契税、专项收入，纳入预算的行政性收费收入、罚没收入、其他收入等。

中央、省、市（或区）共享收入的划分。市级、区主要税种按新的征管范围，以中央、省规定的比例分级共享。市级（或县区）征管范围的增值税：中央、省、市（或区）分别为 75%、8.75%、16.25%；市级（或区）征管范围的个人所得税（包括对储蓄存款利息所得征收的个人所得税，下同）和企业所得税：中央、省、市（或区）分别为 50%、17.5%、32.5%；3、市级（或区）征管范围的营业税、资源税、土地使用税：省、市级（或区）比例分别为 35%、65%。以上各项共享收入，均按新的税收征管范围和规定的分享比例就地缴入各级金库。

基金收入的划分。其他基金收入级次维持原规定不变。

2004 年，在财政体制及预算编制方面，执行省财政厅发布《关于建立区级财政增收节支激励机制的通知》，共设立三项奖励：

超收奖。自是年起，财政一般预算收入（剔除行政性收费收入、罚没收入和其他收入，下同）同口径比上年增幅超过全省县区级平均增幅的县区，省财政对其一般预算收入超过按全省县区平均增长速度计算的增长部分予以分档奖励。超收奖计算办法及分档奖励比例见下表 3-1。

超收奖及分档奖计算办法奖励比例

表 3-1

档　次	收入规模	超收奖励比例
1	1000 万元以下	200%
2	1000 万元 -2000 万元	100%
3	2000 万元 -4000 万元	60%
4	4000 万元 -6000 万元	50%
5	6000 万元 -9000 万元	40%
6	9000 万元 -13000 万元	30%
7	13000 万元以上	20%

为调动县区财政平衡及消化赤字，控制财政供养人员，决定设立三个奖项。平衡奖：以 2001 年为基期年，连续 3 年收支平衡、无累计赤字县区，省财政给予一次性财政平衡奖励 100 万元。已享受平衡奖的县区，再次享受平衡奖应从已享受平衡奖的次年重新考核。消化赤字奖：以 2002 年市、县区上报决算反映的 64 个赤字县为考核对象，凡实现当年财政收支平衡，并能够消化以前年度赤字的县区，省财政按消化赤字额的 50% 给予奖励。为保持政策的连续性和合理性，对 2002 年以前执行，〔1996〕晋财预字第 15 号《山西省财政平衡及消化赤字奖励办法》政策享受消化赤字奖励后，2002 年及以后年度又有新增赤字的县，执行该办法应享受消化赤字奖要与以前年度已享受奖励先行抵顶。控制财政供养人员奖：自 2003 年起，在省对县级一般转移支付计算中，对县级财政供养人员实行“减人不减转移支付，增人不增转移支付”的原则。即，对财政供养人员人数实行分类核定，其中军队转业干部按实有人员核定；其余在职人员实行零增长核定；对离退休人员按合理增长水平核定。超过合理增长水平的人数，省在计算一般转移支付时不予考虑。对低于合理增长水平的人数，按合理增长水平核定。

2005 年，按照阳财预〔2005〕500 号文件要求，城区公安局经费上划市管理，上划基数 424 万元。

2006 年，按照阳财预〔2006〕385 号文件规定，阳钢职工子弟学校、阳钢医院划归城区管理，下划经费基数合计 213.2 万元。

2007 年 7 月 27 日，为调动县区政府培植财源、组织收入的积极性，根据山西省人民政府《关于调整规范省市县财政体制和在35个国家重点扶贫开发县实行“省直管县”财政改革试点的通知》精神，市人民政府下达《关于调整规范县区财政体制的通知》，决定从是年 1 月 1 日起，调整规范市对县区的财政体制。

调整规范财政体制指导思想。树立和谐发展观念：致力和谐社会建设，建立使各级财政收入共同增长的机制，促进各级财政良性发展，调动各级增收节支的积极性。规范体制机制：适应社会主义市场经济体制和公共财政的发展要求，统一和规范市对县区财政体制，合理划分收支范围，实现事权与财权的统一。调整财政增量：以 2006 年为基期，保证各级财政的既得利益，通过增量调节调整各级财政的利益关系。主要目标是财力下移，充实和增强县区级财政实力。

调整规范市对县区财政体制的主要内容。明晰市、区两级政府支出责任：市财政主要承担市级国家机关运转经费，调整国民经济结构、协调各区发展、实施宏观调控必需的支出以及市级直接管理的事业发展支出。跨县区的涉及全市的公共产品及服务的提供以市为主。区财政承担区政权机关运转经费，本行政区域经济和社会事业发展支出。义务教育、社会保障维持和发展支出由省、市、区三级承担，以区为主；按属地原则划分收入：各项税收收入（含新办企业税收收入），按属地原则划分，由企业所在地的县级（不含区，下同）税务机关征收和管理。理顺和完善税收征管体制，原体制市级税收机关直接征收各县境内的税收收入，除实行集中核算、合并纳税的分支机构外，一律划归区税务部门负责征收和管理；规范税收共享范围和分享比例：市辖城、矿、郊区维持现行体制不变，市级不参与区级税收收入分享。按照省对市、区税收共享范围和分享比例，确定市对区的税收共享范围和分享比例，即共享范围为增值税、营业税、资源税、企业所得税、个人所得税五个税种的地方留成部分（以下简称“五税”），“五税”分享比例：省级分享 30%；区分享 70%。城镇土地使用税全部作为区级收入；重新核定体制基数：以 2006 年为基期，按照上述调整内容确定收入上、下划基数，重新核定体制补助或上解基数，保证各级财政既得利益。

调整规范财政体制配套措施。继续实行区级平衡和消化赤字奖励政策，对区级保持平衡和消化赤字予以奖励；同时，对新增赤字的区，属于享受省转移支付的，按照一定比例扣减转移支付；在省对区级一般转移支付中坚持“增人不增转移支付、减人不减转移支付”的原则，鼓励各区积极控制和减少财政供养人员，减轻财政负担，提高行政效率；积极落实中央“三奖一补”政策，努力缓解区财政困难。

调整规范财政体制具体要求。调整、改革和完善现行财政体制，是省委、省政府针对当前财政体制运行中存在的突出矛盾和问题，按照贯彻落实科学发展观、构建社会主义和谐社会的总体要求做出的重大决策。要求各级政府切实增强大局意识、政治意识、责任意识和纪律意识，把思想和行动统一到省委、省政府的决策上来。要克服本位主义思想，认真做好体制调整的各项工作；要严肃财经纪律，不得在财政体制调整时弄虚作假；要增强紧迫感，迅速将该次财政体制调整工作落实到位，保持财政的平稳运行。

10 月 1 日，接阳泉市财政局、国税局、地税局、中国人民银行阳泉中心支行联文下达《关于财政体制调整后有关预算管理和收入征缴及入库问题的通知》，执行阳泉市对县区财政体制调整后各项收入的预算级次划分、收入征缴、收入入库等事项规定：

关于税收收入的管理和统计。各项税收收入，除列入省级固定收入集中缴纳的银行、保险企业营业税和中央下划的跨省区经营、集中缴库企业缴纳的企业所得税外，一律按属地原则划分，作为县区财政固定收入或由县区财政参与分享的收入，纳入县区财政总收入的统计范围。根据《山西省人民政府关于调整规范省市县财政体制和在35个国家重点扶贫开发县实行“省直管县”财政改革试点的通知》规定，各级税收收入应由企业所在地的县级税务机关征收和管理。为保持税收征管工作的平稳运行和财政体制改革的顺利进行，现行各级税收机关征管范围可暂不做变动，但要创造条件逐步理顺。市以上税收机关征收的按属地原则属于区级的税收收入，应在区级国库办理缴库和分享。新办企业和市级下划企业的税收收入，一律由区级税务机关征收和管理。

关于市、区预算收入缴库办法。增值税：用“税收通用缴款书”以“国内增值税”项级和相应目级科目缴入金库。“税收通用缴款书”中，“预算级次”栏填“中央75%、省级7.5%、市级2.5%、区级15%”；企业所得税：用“税收通用缴款书”以“企业所得税”款和相应项（目）级科目缴入金库。“税收通用缴款书”中，“预算级次”栏填“中央60%、省级12%、市级4%、区级24%”；个人所得税：用“税收通用缴款书”以“个人所得税”款和相应项（目）级科目缴入金库；“税收通用缴款书”中，“预算级次”栏填“中央60%、省级12%、市级4%、区级24%”；营业税：不含划分为省级固定收入的银行、保险企业缴纳的营业税，用“税收通用缴款书”以“一般营业税”项级和相应目级科目缴入金库。“税收通用缴款书”中，“预算级次”栏填“省级30%、市级10%、区级60%”；划分为省级收入的银行、保险企业营业税：用“税收通用缴款书”以“金融保险业营业税（地方）”项级和相应目级科目缴库，“税收通用缴款书”中，“预算级次”栏填“省级100%”，“收款国库”栏填“太原市中心支库”；资源税：用“税收通用缴款书”以“其他资源税”项级科目缴入金库。“税收通用缴款书”中，“预算级次”栏填“省级30%、市级10%、区级60%”。

关于预算收入属于市级、区及开发区的共享收入缴库办法：“税收通用缴款书”中“预算级次”栏，中央级、省级、市级（区级）入库比例不变，继续按照阳财预〔2006〕578号文件规定执行。

关于预算收入中其他各项收入的缴库办法，按照政府收支分类科目和原规定的预算级次办理。

预算收入的报解程序和收入对账方法，仍按现行规定执行。

10月15日，根据2002年、2003年、2006年、2007年财政体制改革情况，制定《中央、省、市、县区财政体制改革税收分享比例一览表》表3-2。阳泉市城区在具体工作中，严格按该表执行。

实行分税制后，建立以增值税、营业税和消费税为主体的税收体系，税种的设置涵盖国民经济所有领域。对各级政府的事权进行科学划分，建立科学的转移支付制度，完善预算管理方式，坚持依法治税，维护税法的统一性和严肃性，使宏观调控政策通过税收杠杆得以实施，既发展地方经济，又增加财政收入，取得预期的效果。

12月，中央6所学校和铁路学校移交地方，补助城区1606万元。

2010年，按照阳财预〔2010〕47号文件规定，城区食品药品监督管理局下划城区管理，下划经费基数为33万元。

中央、省、市、县、区财政体制改革税收分享比例一览表

表 3-2

分享税种	分享级次	2002 年分享比例	2003 年分享比例	2007 年分享比例
增值税	中　央	75%	75%	75%
	省	8.75%	8.75%	7.50%
	市级及城区	16.25%	16.25%	17.50%
个人所得税	中　央	50%	60%	60%
	省	17.50%	14.00%	12%
	市级及城区	32.50%	26%	28%
企业所得税	中　央	50%	60%	60%
	省	17.50%	14%	12%
	市级及城区	32.50%	26%	28%
营业税	省	35%	35%	30%
	市级及城区	65%	65%	70%
资源税	省	35%	35%	30%
	市级及城区	65%	65%	70%
城镇土地使用税	省	35%	35%	——
	市级及城区	65%	65%	100%

第二章 预算管理

预算管理是财政管理的重要组成部分，是为确保预算资金筹集、运用而进行的计划、组织、协调、控制、监督等工作的总称。根据《中华人民共和国预算法》规定，地方各级人民代表大会、人民政府和财政部门在预算管理中承担着各自不同的职责。财政部门拥有的预算管理职权是具体编制本级预算、决算草案；具体组织本级预算执行；提出本级预算预备费动用方案；具体编制本级预算的调整方案；定期向本级人民代表大会和上一级政府财政部门报告本级总预算执行情况。通过预算管理，可使财政部门和预算单位在筹集、划拨、使用预算资金过程中，切实贯彻国家方针政策、执行国家法令制度、保障财政预算按时完成。

第一节 预算编制

预算编制，在我国经历了产生、发展和完善的过程。

清代，康熙末年进行田赋改革，逐步实行摊丁入亩的办法，大力推广“地丁合一”。这样不再以人丁为对象征收丁税，不仅对促进生产和稳定社会有利，还使清朝的田赋收入大为增加。

民国初期，各省独立，地方向国家解款制度中断，财政处于极度混乱状况。民国23年（1934年），国民政府第二次全国财政会议议定《划分省县收支原则》五项，土地税和田赋附加全部划给了县级财政，除此还有印花税的三成、营业税的三成。从此区级收入大为加强，具有一定的财力分配权限。由此奠定了中国历史上区级财政的地位。

抗日战争和解放战争时期，晋察冀边区随着革命根据地日益巩固和政权的建立，在财政管理方面陆续建立起预决算、会计、金库三大管理制度，此外还建立起审计和村概算制度。

民国29年（1940年）颁布的《晋察冀边区预算暂行章程》规定如下：

年度预算分为边区预算和县地方预算两部分，各按经常门和临时门分别编制岁入、岁出预算。岁入经常门设合理负担、田赋、契税、税收、公营事业收入、公产收入、应退还收入、上年度结存及其他科目；岁入临时门设公债、赊借、献金、罚款、没收汉奸财产的收入及其他科目；岁出经常门设军费、政费、教育费、建设费、抚恤费、利息、补助费、上年亏空、预备费及其他科目；岁出临时门设投资、救火、慰劳及其他科目。

编制预算以收支平衡结合现实为原则，预算编成后，交由同级民意机关审核通过，并呈报上级核定。县地方预算呈由直属专署审核后附具意见转呈边委会核定。边委会直属机关及其分机关的预算，均由各直属机关汇编总预算，呈边委会核定。边委会审定各机关预算后，再汇编边区总预算公布实施。

岁入预算审定后由各机关执行，非有重大事故或特殊变迁不得短少。征收机关征收的税赋、合理负担等收入，须照法定科目税率或单行法令征收，非经法定程序核定修改，不得增减。如因特殊事故收入减少或增税增款等弥补办法，呈由专署或上级机关就原有收入范围议定缩减支出或增税增款办法，转呈边委会批准实行，未经呈准不能实行。

岁出预算核准后各机关须照案执行，核实支用不得超越，如为特殊事故或政策法令变更，需缩减或增添该项一部分或全部，由边委会以命令执行。必不可免的经费，遇有不足或因特殊事故收入短少，而支出不能缩减时，得提出追加预算。如因特殊事体不及办理追加预算时，得电奉专署或边委会命令为预算外支出，仍应补编预算书呈由专署或其上级机关转送边委会核定追认。

岁出预算酌设预备金，其总额按照岁出总额 5%–10% 编列，只限边区总预算及县地方总预算，该预备金不论边区或县地方款，均须呈由边委会核准后方可动用。

1947 年 5 月阳泉解放，辖区从平定县划出建市时，属晋察冀边区领导，财政实行收入全部上缴，支出按标准向上级领报制度。收入项目主要是农业税，支出主要是供给政府机关、行政人员给养等经费，以及部分支前费用。

1948 年，执行华北区人民政府对编制预算做出的规定：汇编年度预算，统一以小米为计算本位；边区政府每年定期举行全区财政会议，根据人民负担、财政供给人数、生活标准、施政计划及历年收支情况，提出下年度岁入、岁出总概算；岁出核定后，如遇特殊情况需要增加开支时，应事先提请上级认可，并编制追加预算，经审核批准。

在年度开始预算尚未确立时，可根据已确定的概算范围暂时执行；概算也未确定的则暂以上年 12 月开支标准执行。

是年，辖区执行华北区人民政府财务行政管理规定，实行“基本集中、部分分散”的方针，财政管理初步纳入轨道。

1949 年 10 月 1 日，新中国成立后，预算编制工作逐步发展。

1950 年，执行中央对财政收支管理的决定，在预算编制方面重申：

严格执行新编制。山西省各级各系统新编制预算要以民政会财审字 127 号令执行，规定自 6 月 1 日起执行在案。各县区未经批准前，不得擅自增添一人一马，如再有超支，该主管应负全责。

收支报告制度。规定每届下月 5 日，务将上月粮款收入及经费开支各项数字报出。

经常费报销规定。每届月终应即整理上报；临时费开支，应于用款之日前半月造具预算并编附详细估单或事业计划，报请上级批准后施行。

1959 年，执行一切财政收支通过预算的规定，国家预算要报三项预算（计划）：

经国家批准的财政收支预算；预算外资金（包括自筹资金）收支计划；农村人民公社财务收支计划。

预算一律不准打赤字，收入要积极可靠，支出要尽先保证重点建设资金。坚决停止抽调工业、农业、商业、交通运输业的流动资金搞基本建设。农业税从是年起改骑年制为历年制编制预算。企业所需流动资金，由人民银行采取信贷方式供应，财政预算中不再编列该项支出（1963 年，恢复编列）。人民公社的支出，按全额编列预算。市县在安排支出时拿出一部分钱帮助人民公社发展工业。

1971 年，省核定地市预算收入总额。收入大于支出的，包干上缴省财政；支出大于收入的，由省财政按差额数包干给予补助。在收入中，除各项税收超收部分实行省与市分成（市留 50%、上缴省 50%）外，企业收入和其他收入的超收都归市支配使用。在支出中，除按中央规定企业流动资金和城市下乡人口安置费专款专用外，其余各项支出，都由市统筹安排，调剂使用。

1980 年，为保证财政收支预算顺利完成，提出全年认真抓好几项工作：

认真贯彻国民经济“调整、改革、整顿、提高”的方针，调整是关键。各部门要协同工作，落实政策，把国民经济纳入高速发展轨道。

开展增产节约运动，广开生产门路，千方百计开辟财源是完成和超额完成财政收入任务的关键措施。要下决心，运用经济手段，改变当时一些企业浪费大、消耗高、利润低的状况。

认真抓好扭转企业亏损和清产核资工作。这是调整国民经济比例关系，改革经济管理体制，提高经济工作水平的一项重要措施。对行政事业单位的开支要加强管理，严格执行财经纪律，制止滥支滥用，严禁用公款请客送礼，提倡废物回收、以旧代新、修旧利废。严格控制社会集团购买力，狠抓经济管理，切实把工作做好。

1985 年，根据阳泉市人民政府〔1985〕44 号文件，确定城区建立一级财政体制。根据经济体制改革的需要，对全区各行政事业单位实行“核定支出，分级包干，结余留用，超支不补”的财政管理模式：

坚持统一领导，分级管理的原则，明确各行政事业单位的权力和责任，做到责权结合，充分调动基层单位当家理财的积极性。

各行政事业单位支出指标的核定，是根据现有编制和各单位实际情况，结合新增因素进行核定的。

阳泉市城区各街道办事处、公检法、教育局、民政局、防疫站、妇幼保健站的公费医疗经费指标只核定了 1 月至 4 月实拨的门诊包干数，从 5 月 1 日起，门诊包干部分到城区卫生局领拨。

根据国务院缩减行政经费的通知和省市有关精神，要求各单位一般不得要求追加经费，同时，在核定的指标中，公用部分要求缩减 10%，缩减部分留城区财政统一管理。为适当控制行政经费开支，全年仍执行以往的经费包干办法，即个人部分按在册实有人数，以实列报；公用经费包干使用，超支不补。县级干部办公费提高为每人每月 5 元，邮电费每人每月 5 元，公用取暖费全年每人 30 元。科级干部办公费提高为每人每月 3 元，邮电费每人每月 3 元，差旅费按实列报。

1985 年，阳泉市城区各行政事业单位预算支出指标分配如下：政府办公室 41.85 万元（其中，行政支出 29.9 万元；公安、安全支出 0.91 万元；司法检察支出 1.5 万元；离休费 3.97 万元；文化事业费 1.3 万元；体育事业费 1 万元；科学事业费 1.3 万元；物价事业费 0.25 万元；其他事业费 0.4 万元；其他支出 1.32 万元）。公安分局 16.38 万元，其中，公安安全支出 16.26 万元，公费医疗经费 0.13 万元。检察院 4.71 万元，其中，司法检察支出 4.68 万元，公费医疗经费 0.03 万元。法院 3.76 万元，其中，司法检察支出 3.73 万元，公费医疗经费 0.03 万元。教育局 61.45 万元，其中，教育事业费 1 万元，公费医疗经费 0.448 万元。卫生局 6.48 万元，其中，卫生事业费 1.3 万元，公费医疗经费 5.18 万元。防疫站 2.50 万元，其中，卫生事业费 2.50 万元，公费医疗经费 0.0035 万元。妇幼保健站 1.70 万元，其中，卫生事业费 1.7 万元，公费医疗经费 0.0025 万元。计划生育办公室 4.36 万元，其中，计划生育事业费 4.36 万元。城环局的城市维护费 15.03 万元。劳动服务公司的城镇青年就业补助费 1 万元。工商管理局的工商管理事业费 5.2 万元。税务局的税务事业费 6.78 万元。民政局 21.19 万元，其中，抚恤事业费 7.21 万元，退休退职费 6.61 万元，社会救济福利事业费 5.24 万元，其他民政事业费 2 万元，公费医疗经费 0.13 万元。城区经委的科学事业费 0.2 万元。上站办事处 2.88 万元，其中，行政支出 2.75 万元，计划生育事业费 0.12 万元，公费医疗经费 0.01 万元。下站办事处 3.10 万元，其中，行政支出 2.96 万元，计划生育事业费 0.13 万元，公费医疗经费 0.01 万元。北大街办事处 2.80 万元，其中，行政支出 2.68 万元，计划生育事业费 0.11 万元，公费医疗经费 0.01 万元。南山办事处 2.34 万元，其中，行政支出 2.21 万元，计划生育事业费 0.12 万元，公费医疗经费 0.01 万元。义井办事处 5.09 万元，其中，行政支出 4.96 万元，计划生育事业费 0.12 万元，公费医疗经费 0.01 万元。娘子关办事处 0.58 万元，其中，行政支出 0.54 万元，计划生育事业费 0.04 万元。

1986 年，阳泉市城区财政预算安排总的盘子：在促进生产发展和经济效益提高的基础上，正确发挥财政职能作用，努力开辟财源，继续保持财政收入稳定增长，继续改革和完善财政税收体系，积极支持和促进经济体制改革；支持文教、卫生事业的发展，改善城乡人民生活；通过财政监督，严格控制行政开支，发扬勤俭节约的精神，反对铺张浪费，确保财政收支平衡；重点支持企业挖革改和智力投资；为控制行政经费开支增长过猛的现状，全年仍执行以往的经费包干办法，即个人部分按在册实有人数以实列报；公用经费包干使用，超支不补。增列县级干部水电费每人每月 2 元，差旅费每人每月 8 元。增列科级干部水电费每人每月 2 元。

1987 年，由于财政体制不变，是年对单位仍实行经费包干办法，即“结余留用、超支不补”。各项事业包干经费在保证人员工资后，公用经费一律压缩 15% 作为节约指标。对一些新的较大增支因素，按照总要求在压缩的基础上做考虑，调整包干基数。关于中央向地方借款问题，对总支出压缩 10% 借给中央，这是在全国省长会议上确定的，中央向山西省借款 2.9 亿元，计算办法是以各省、市 1986 年财政实际支出，扣除专项拨款、价格补贴、抚恤和社会福利救济事业费、支援不发达地区资金、民兵事业费、流动资金、环保支出和水资源支出后的 10% 作为中央向地方借款额。省、市为照顾贫困地区，按照“先保吃饭”原则，又在中央扣除项目基础上，增加各项事业费和行政管理费中用于个人方面的工资、补助工资、职工福利费、退休金、助学金及差额补助费中的个人部分后，一律按压缩 15% 来分配中央向县区的借款任务。要求从是年起树立过紧日子思想，发扬“艰苦奋斗、勤俭建国”的优良传统，发扬节约“一度电、一滴水、一厘钱”精神，彻底改变过去那种要钱胃口大、花钱手脚大的现象，坚决纠正以往经费包干“包而不干”状况，努力维护预算的严肃性。

是年，阳泉市核定城区财政收入预算任务为 1095 万元，其中，工商税收 1090 万元，其他收入 5 万元。支出预算为 620.39 万元。

1988 年，阳泉市城区对财政预算编制坚持“双增双节”（增产节约、增收节支）原则，积极扶持生产，严格控制支出。

为实现全年预算，要继续深入开展“双增双节”运动，这是增加财政收入，节约财政支出，确保国民经济长期稳定增长的重大措施，不但有经济意义，也有重要的政治意义。城区要求各单位都必须把“双增双节”作为全年重要任务来抓，从年初开始就要抓紧，不能有丝毫放松。上年城区的“双增双节”工作已取得成效，但其效益还没有充分发挥出来，增收节支潜力还很大。因此，是年在深度和广度上都要有新的突破，要把增收节支重点放在基层单位，放在提高企业经济效益，严格控制支出和反对铺张浪费方面。

所有企业都要认真检查原材料、动力消耗和费用开支情况，研究制订平均先进定额，降低消耗，降低成本。要努力生产适销对路产品，努力消化引进技术和逐步实现产品国产化，改进产品结构，提高产品质量，把工作效果真正反映到增加财政收入和企业积累上来。

要求全年工业企业可比产品成本，在消化不利因素后，不再升高；百元产值费用水平按上年实际水平降低5%；原材料消耗降低2%；能源消耗降低5%；工业企业扭亏20%；商业企业流通费降低2%，扭亏20%。该指标要落实到基层单位，以此作为考核“双增双节”运动，考核企业承包经营责任制的一个重要方面，进一步挖掘企业潜力，确保生产与效益的同步增长。

是年，阳泉市核定城区财政收入预算任务1249万元，其中，工商税收1245万元，其他收入4万元；支出为738.7548万元。

1989年，根据中央确定的经济工作方针和城区国民经济发展计划，继续贯彻中共十三届三中全会精神。全年财政预算安排的主要原则：

坚持贯彻治理经济环境，保持正常经济秩序和全面深化改革的方针，通过加强管理，挖掘潜力，提高经济效益，进一步充实财源，增加财政收入；调整分配政策，紧缩财政支出，适当集中资金，保证改革和重点建设的资金需要，做到有保有压，区别对待。坚持量入为出，收支平衡，以利于国民经济的协调发展。

在增加财政收入方面，进一步深化和完善企业承包经营责任制，引申“双增双节”运动，实现增产增收。对在实际工作中存在承包基数偏低，承包期过短、包赢不包亏、竞争承包少、委托承包多以及以包代管、重包轻管等问题，全年要作为深化企业改革的重点来抓，认真研究解决。对承包期过短的要改为一定三年或滚动承包，首次承包或承包到期重新签订承包合同的，要合理确定承包基数或递增比例，绝不能继续减税让利。按照中共中央精神，城区要求所有企业必须转变观念，通过挖掘潜力，发展生产，建立自我约束机制来求生存，求发展。要结合开展“双增双节”运动，大力扶持企业增产增收，节约支出，继续有计划地培养后续财源。在资金支持上注意扶持短线产品，以投资结构的优化促进产品结构的优化，多生产适销对路产品，增加有效供给。

要求突出抓好降低消耗，降低费用工作。能源动力消耗要求比上年降低3%，物耗降低2%；百元产值“两费”在上年基础上降低5%；亏损企业亏损力争下降25%；工业企业流动资金周转比上年加速3%–5%。只要企业的效益好了，就会形成“为有源头活水来”的局面。

在财政支出方面，要压缩资金需求，严格控制财政支出。压缩过大的社会需求，既是治理整顿的需要，也是完成全年财政预算的一个重要方面。因此，全年的财政工作要抑制资金需求，把压缩财政支出放在重要位置上，不仅要压缩资金需求总量，而且要调整支出结构，有保有压，区别对待，坚持做到如下三点：必须保“吃饭”。这是关系社会安定团结的大事；增加教育投入。其他事业经费只能大体维持上年水平，有的还要压缩。关于教育经费，虽然近几年有较大幅度增长，而且也高于财政收入和财政总支出的增长幅度，但还是难以保证教育事业发展的需要。除财政尽力增加教育经费外，还要多渠道增加教育投入。要发动群众集资办学、助学，开展勤工俭学活动等来增加教育经费；严格控制社会集团购买力。加强控制指标的管理，从严掌握专控商品审批，社会集团购买力要在上年实绩基础上压缩20%。

是年，上级核定城区财政收入预算1539万元，其中，工商税收1533万元，其他收入6万元；支出预算1213.08万元。

1990年，预算编制坚持“紧缩”和“量入为出、收支平衡”的原则，狠抓促产增收，强化监督管理，努力克服市场疲软、资金短缺、生产滑坡以及超支口子不断增加等不利因素。是年，财政工作任务艰巨，矛盾突出，各项经济建设事业对资金的需求越来越大，致使财政资金更为紧张。面对该种情况，确定财政预算安排的指导思想是把平衡预算作为“治理经济环境、整顿经济秩序”的重要内容，实行紧缩的财政政策，努力抑制资金需求，既把需要限制在“可能”的范围内，又使“可能”最大限度地满足需要，力争做到收支平衡，略有结余。在预算编制方面城区财政坚持遵循四个原则，用以安排全年财政收支盘子：（1）调整收入分配结构，适当集中财力，保证改革和重点需要；（2）根据财力可能，首先保吃饭，保人头经费，保正常开支，保物价，保工资改革所需；在坚持平衡的前提下，努力增加教育投入，适当安排其他生产性支出；（3）继续实行“预算包干”办法，合理核定公用经费定额，把包干基数定在可靠的基础上，增加预算的透明度，促使各单位树立预算观念，强化预算约束；（4）实事求是，量入为出，统筹兼顾，不打赤字预算。

是年，市财政核定城区财政收入预算为 2013.5 万元，其中，工商税收 1983 万元，其他收 16 万元；支出预算为 1425.24 万元。

1991 年，按照省政府要求，城区财政在全年预算安排中注意做好以下几点：

关于适当集中财力问题。为解决中央及各级财政困难，根据国务院决定，从是年起，对有上缴任务的地方，要适当增加上缴任务；中央补助的地方要适当减少补助。国家分配到山西省增加上缴任务 1 亿元，对分配城区增加上缴的任务要保证完成。

关于增加教育经费问题。教育经费是发展教育事业和改善办学条件的重要物质基础，虽然近年来教育经费增幅较大，但与教育部门的实际需要还有较大差距。因此，发展教育仍是各级政府和全社会的共同责任。要积极推广山东省集资办学先进经验，八方抬“教”，充分调动各方面办学的积极性，依靠群众，动员社会力量，广开渠道，多方筹措教育经费，加快城区教育事业发展步伐。

关于职工调整工资问题。根据国务院决定，从 1989 年 10 月起，要提高行政事业单位职工工资，增发行政事业单位和国营企业离退休人员生活费用补贴，适当解决工资关系中的某些突出不合理问题。另外，对停工停产企业职工生活费问题，要求通过企业主管部门筹措、银行贷款、财政退库等多种形式解决。该因素要在预算中单独编列，待具体措施出台后，再分别列入各有关科目。

关于压缩、节减财政支出问题。在治理整顿期间，必须坚持实行紧缩的财政政策，严格控制支出增长，把支出规模控制在财力所能承受的范围之内。根据国家要求。全年的财政支出，除抚恤和社会福利救济、价格补贴等少数项目外，其余各项支出一律在上年实际执行数基础上压缩 5%。对于地方政府用机动财力安排的自筹基建等，还要多压缩一些，以保证“吃饭钱”和价格补贴等必不可少的支出增长需要。为此，城区确定全年预算收支安排要坚持加强征收管理，挖掘企业潜力，开拓财源，提高经济效益，增加财政收入；贯彻紧缩的财政政策，体现过紧日子的精神，做到紧中有活，有保有压，除适当增加教育投入外，其他支出大体维持上年水平，有些项目还要有所压缩；配合价格改革，减少价格补贴和企业亏损，减轻财政负担。根据上述安排原则和财力状况，重点保证科学、教育事业费开支，大力压缩和控制行政管理开支，将预算控制在 1990 年的实际水平；其他方面的开支，继续坚持紧缩方针，区别对待，有保有压。

1992 年的财政预算安排，要求做到三点，即积极推进财税改革，大力配合和支持其他方面的改革；大力组织收入，争取完成全年收入任务；妥善安排财政支出，努力做到收支平衡。

在积极推进财税改革，大力配合和支持其他方面的改革方面，要按照国家规定，做好预算管理的改革，对行政事业单位的经费实行定额管理；在税收管理方面要根据国家规定，逐步简化税种，公平税负；同时要在总结经验、兴利除弊的基础上继续搞好税利分流试点，对试点企业所得税税率从 35% 统一降低到 33%，减少的 2 个百分点，用于支持企业技术进步。对其他企业要把降低所得税税率政策同试行“税利分流”结合起来，即凡是享受这一政策的，都要实行“税利分流、税后还贷、税后承包”办法。要进一步推行隰县从涉农部门入手，围绕主导产业，组建开发性经营实体，减轻财政负担的经验。还要在围绕事业单位创收，减少财政补贴方面迈出实质性步伐，这是解决财政困难的一条可行之路。在支持和配合其他改革方面，城区财政积极参与和支持住房制度、劳动保险制度、企业工资制度等改革，主动参与各项改革方案的研究、制订，围绕国家、企业、个人的承受能力，合理测算负担水平，加强财政管理和监督，促进改革顺利进行。

在大力组织收入方面，通过千方百计的不懈努力，确保完成全年财政收入任务。虽然是年财政收入增幅不算大，但由于产品结构调整、企业效益提高有个过程，1991 年以来放宽搞活的政策出台较多，落实主要是在 1992 年，对于增强企业发展后劲，培养后续财源都是必要的，一定要认真落实好。在促进企业增加收入的同时，要坚持依法治税、依法理财。在税收方面要认真贯彻执行国务院批转国家税务局《关于进一步推进依法治税、加强税收管理的通知》精神，全面推行税收征管改革，提高管理水平，把监督检查经常化，积极堵塞跑、冒、滴、漏，把该收缴入库的收入全部组织入库，该留给企业的要照数留下。对因没有完成承包收入任务而应由企业补充的也要按照承包规定补缴入库，坚决克服负盈不负亏、由财政返还的能兑现、由企业自补的落实不了等不正常现象。税务部门在抓好大宗税源的同时，一定要组织足够力量加强对集体、私营企业及个体工商户的征收管理，这方面漏税多，潜力也大，一定要采取有力措施，改进征收办法，力争多收一些。财税部门要从资金、政策等方面积极支持市场建设，用好市场建设贴息资金，孕育税源、公平税负、强化征管、保证足额入库。

根据省、市财税工作会议精神，结合城区经济和社会发展计划要求，城区确定财政预算安排的指导思想和原则：积极支持改革开放，巩固和发展治理整顿成果，促进国民经济适度增长，认真落实搞活大中型企业的各项措施，帮助企业加强经营管理，提高经济效益，坚持依法治税，依法理财，严格控制减免，制止收入流失，确保主要收入增长。坚持“量力而行、量入为出”“一要吃饭、二要建设”的原则，进一步加强对科技、教育的投入，严格控制必需的公用经费，大力压缩业务费开支，做到财政收支平衡。收入预算安排：全区财政收入计划为 2563 万元，较上年实际增长 8%，其中工商税收 2495 万元，较上年实际增长 8.46%；企业收入 20 万元，较上年实际增长 9 倍；专款收入 27 万元，较上年实际下降 14.44%；其他收入 21 万元，较上年实际下降 45.31%。

1993 年，在财政预算中要求做到更新理财观念，促进经济上新台阶。建立社会主义市场经济体制是一个新课题。实现新的转变，财政职能也需要做相应的调整，需要建立起适应社会主义市场经济发展的财政运行机制，合理划分财政社会管理职能和国有资产所有者职能；逐步从微观管理事务中解脱出来，强化财政宏观管理职能；逐步确立财税监督、社会监督和国家审计监督三者并立的经济监督格局；研究建立国家政策性投融资体系，保证国家基础产业和基础设施建设有比较稳定的资金来源；要树立“两为主、两扩大”的理财思想，即对企业要以服务为主，要按照《全民所有制工业企业转换经营机制条例》和《中华人民共和国企业法》，让企业真正走向市场，寓监督管理于服务之中。财政生产性资金的使用要以效益为主，坚持有偿使用的原则。凡有利于提高生产力，符合产业政策，经济效益好的项目，财政都应予以支持。按照上级指示，城区在财政预算收支安排中，根据是年经济、事业发展需要和财力可能，进行多方权衡和妥善安排：

是年财政收入和财力情况。财政收入情况：是年财政收入预算为 2915 万元，比上年实际增长 10.66%，其中工商税收任务 2806 万元，增长 9.87%；契税收入比上年实际净增 15.3 万元；企业收入任务 30 万元，增长 47.42%；其他收入任务为 24.96 万元，增长 3.18%；专款收入任务为 38 万元，增长 8.46%。财力情况：全区参与总额分成收入 2295 万元，城区分成收入为 1124.55 万元，加城市维护建设税 146 万元，城区固定小税收入 436 万元，教育费附加收入 38 万元，预算调节基金按规定结算 14 万元，上年净结余 71.9 万元，可用财力 1830.45 万元，除向中央做贡献 41 万元和上划税务事业费 17.9 万元，是年可安排财力 1771.55 万元。

财政支出安排原则及具体数额。安排原则：坚持“量力而行、量入为出”和“一要吃饭、二要建设”的原则，在保证个人经费开支基础上，注重对生产性建设和科技、教育的投入。企业挖潜改造支出比上年增长 2.3 倍，教育事业费比上年实绩增长 14.42%。对行政经费的过快增长，适当作了控制，尽量缩小支出缺口，支出共安排 1902.4 万元，其中，上年结转支出 130.93 万元，当年财力安排 1699.6 万元，动用上年净结余安排支出 71.9 万元。具体数额：支出预算按项目分为基本建设支出 85 万元，企业挖潜改造资金支出 70 万元，科技三项费用 20.4 万元，工业交通等部门事业费 16.6 万元，城市维护费 146.2 万元，城镇青年就业经费 3 万元，文教卫生事业费 785.2 万元（包括文化事业费 7.4 万元，教育事业费 630 万元，党政群干部训练费 3.7 万元，卫生事业费 39.1 万元，档案事业费 4.4 万元，公费医疗经费 75 万元，体育事业费 8 万元，计划生育事业费 17.6 万元），科学事业费 6.1 万元，其他部门事业费 44.2 万元，抚恤和社会福利事业费 40.7 万元，民兵事业费 5 万元，行政管理费 335.7 万元，公检法支出 192.6 万元，市镇居民的肉食价格补贴 0.5 万元，其他支出 98.6 万元，总预备费 10 万元，教育费附加支出 42.6 万元。

1994 年 1 月，开始实施分税制财政体制改革，是我国经济体制改革的关键，同时要求各级财政部门一定要从大局出发，精心组织，确保该项改革取得预期效果。为此，城区财税部门努力做到如下几点：

合理划分财力，保证新体制的正常运转。该次分税制财政体制改革的原则之一是不打破原有财政体制的分配格局，中央对地方的既得财力采取税收返还的办法予以保护。省对市、市对县区的体制也采取新老体制并存，双轨运行。地市有条件的，尽可能增加县级财力，确保改革的顺利实施、努力实现平稳过渡。

搞好分税制改革后的税务机构分设和分别征收工作。是年分设后的税务部门将业务分开，并已分别征收入库，从 6 月份的运行情况看，基本正常。组织有关部门及时协商解决运行中存在问题，确保各级财政收入准确、及时、足额入库。在城区党委、政府领导下，按照省规定，尽早着手地方税务机构的组建工作，建立起与分税制财政体制相适应的税务征管机构，建设一支作风硬、素质高的地方税务队伍，保证财税改革的顺利实施。

围绕建立现代企业制度，搞好国有企业产权制度及利润分配制度改革。建立现代企业制度是发展社会化大生产和市场经济的必然要求，是国有企业改革的方向。为此要转变观念，由减税让利转变为解决深层次矛盾，开展以推动企业制度创新为主要内容的一系列改革。开展现代企业制度试点工作：有步骤地搞好国有企业的清产核资工作，评估资产、界定产权、清理债权债务、核实企业法人财产占用量，搞好建立现代企业制度试点工作；对国有企业进行公司化改造：国有企业要逐步进行公司化改造，改造成为有限责任公司和股份有限公司；国有小型企业和集体企业效益较好的可以进行公司化改组；微利及亏损的可以实行国有民营；少数长期亏损、资不抵债、挽救无望的企业，依照《中华人民共和国企业破产法》逐步实施破产处理；逐步建立企业自我约束机制：改革和完善企业内部制度、财务会计制度等，强化企业的激励机制和自我约束机制，促使企业加强经营管理，努力提高经济效益。是年，城区财政按照上级精神，为完成全年预算，要求广大财会干部认真学习新税法，积极帮助企业加强财务管理，提高经济效益，广泛开辟税源，力争超额完成全年财政收入任务。

1995 年，按照省、市政府确定的目标，阳泉市城区财政局接受市财政下达的“预算任务”“考核任务”和“奋斗目标”三套指标，安排城区财政收入预算为 2400 万元，考核任务为 2694 万元，分别比上年增长 6.05% 和 9.02%，其中，工商税收计划 2082 万元，比上年实绩增长 8.72%；契税计划 43 万元，比上年减少 10 万元；企业收入 162 万元，比上年实绩降低 5.27%；专款收入计划 67 万元（排污费收入 9 万元，教育费附加 58 万元），比上年实绩增长 19.64%；其他收入计划 46 万元，比上年实绩降低 32.36%。

具体收入任务安排。工商税收 2082 万元，其中增值税 456 万元，营业税 1062 万元，个人所得税 181 万元，城市维护建设税 151 万元，车船使用税 5 万元，房产税 101 万元，城镇土地使用税 17 万元，印花税 13 万元，工商税收税款滞纳金、罚款收入 1 万元；契税 43 万元；企业所得税 162 万元，其中集体企业所得税 162 万元；征收排污费和城市水资源费 9 万元；教育费附加收入 58 万元；罚没收入、行政性收费收入 46 万元；税收返还补助 1368 万元；各项结算补助 4 万元；上年结余收入 337 万元。

可用财力具体测算。财政收入预算为 2400 万元，税收返还匡算为 1368 万元，办案费用改列支出结算补助 4 万元，收入总计 3772 万元。按原体制上解 135 万元，专项上解 167 万元（向中央做贡献 41 万元，上划工商管理费 22 万元，上划税务事业费 18 万元，上解价格调控基金 10 万元，城市维护建设税上解 76 万元），是年财力 2250 万元，其中专款 143 万元。

财政支出安排情况。财政支出继续坚持量力而行、量入为出的原则，在保证个人经费开支基础上，侧重对企业、教育和科技的投入；对行政事业经费严格核定定额标准，共安排支出 2587 万元，其中，是年财力 2250 万元，上年结转 177 万元，动用上年结余安排 160 万元。

具体项目安排情况。基本建设支出 110 万元，其中，地方财政自筹投资 100 万元；上年结转投资 10 万元。企业挖潜改造资金支出 90 万元。科技三项费用 41 万元。工业交通等部门事业费 14 万元。城市维护费 82 万元。文教卫生事业费 1186 万元，其中，文化事业费 11 万元；教育事业费 961 万元；党政群干训费 4 万元；卫生事业费 55 万元；中医事业费 6 万元；公费医疗经费 110 万元；体育事业费 9 万元；计划生育事业费 30 万元；科学事业费 7 万元。其他部门事业费 18 万元。抚恤和社会福利救济费 49 万元。民兵事业费 3 万元。行政管理费 441 万元。公检法支出 303 万元。其他支出 147 万元。总预备费 25 万元。环保补助及城市水资源建设费 9 万元。教育费附加支出 62 万元。上解支出 152 万元，其中原体制上解 135 万元，专项上解 167 万元。

1996 年，在预算工作中主要做到如下几点：

确定城区财政预算安排的指导思想，即，深入贯彻中共十四届五中全会精神，继续高举改革开放和艰苦奋斗两面旗帜，促进经济体制改革和经济增长方式的转变，不断提高企业经济效益。继续实行适度从紧的财政政策，坚持开源与节流并重，预算内外资金统管，整顿财经纪律，严格预算约束，反对铺张浪费，不再从预算外调入资金，力争财政自身收支平衡。

确定奋斗目标，对收入进行认真分解。是年城区财政总收入预算为3168万元，考核任务为3255万元，奋斗目标为3416万元，分别比上年实绩增长5.92%、8.83%、14.21%。其中，工商税收计划2681万元，比上年实绩增长9.88%；契税计划60万元，比上年实绩降低32.58%；企业收入171万元，比上年实绩增长3.01%；专款收入66万元（征收排污费收入6万元，教育费附加60万元），比上年实绩增长10%；其他收入200万元，比上年实绩降低19.49%。财政预算收入项目：工商税收2681万元，其中增值税454万元，营业税1198万元，个人所得税547万元，城市维护建设税160万元，车船使用税13万元，房产税134万元，城镇土地使用税16万元，印花税15万元；契税60万元；企业所得税171万元，其中集体企业所得税171万元；征收排污费6万元；教育费附加收入60万元；罚没收入90万元；上级补助收入1257万元，其中，税收返还补助1247万元。各项结算补助10万元；上年结余收入406万元。

确定是年财力。财政收入预算为3168万元，税收返还匡算1247万元，办案费用改列支出等结算补助10万元，收入总计4425万元。按原体制上解1477万元，专项上解417万元（向中央做贡献41万元，上划工商管理费23万元，上划税务事业费18万元，上划集贸分成127万元，地税经费挂钩上解83万元，上解价格调控基金45万元，城市维护建设费上解80万元），财力2531万元，其中，专款66万元。

1997年，城区财政提出从年初预算抓起，大力推进以下工作：

强化预算内外资金统管，在规范预算外资金管理上取得突破。要采取措施，严格执行《山西省预算外资金管理条例》。预算外资金也是财政资金，是政府财力的重要组成部分。明确预算外资金“国家所有、政府调控、财政管理、部门按规定使用”的概念和性质。要对预算外资金实行“统一财政专户、分级分权分类管理”的办法，努力实现财政预算内、外资金综合平衡。

增收节支并重，在加强支出管理上取得新突破。要把加强支出管理、提高支出质量作为是年财政工作的重点，切实抓紧抓好。加强支出管理。财政预算经人代会审查批准后，就具有法律效力，各单位要严格执行，树立预算权威，强化预算约束，严格按预算，按程序办事，坚决把支出控制在预算数额之内。对不严格执行预算所发生的超支，财政一律不予追加。要严格预算调整的审批制度，预算确定之后，一律不得新开减收增支口子，从严控制增人、增车和会议超支。进一步优化支出结构。各单位要真正树立艰苦奋斗和过紧日子思想，坚持适度从紧的财政政策，在大力控制支出的前提下，努力做到保工资、保教育、保科技、保平衡。

国有资产管理工作要纳入规范化轨道。全年国有资产管理工作要有新特点，力争将全区行政事业、国有企业的资产清查、所有权界定、价值重估、资金核实搞彻底，取得实质性突破。

抓好财源建设，要从两个方面抓起：练内功，抓管理，帮助企业建立健全各项管理制度，向管理要效益；积极筹措资金，帮助企业解决资金周转方面存在的困难。

认真贯彻省七次中共党代会精神，在反对铺张浪费、整顿财经纪律上取得新突破。要把反对铺张浪费作为节约财政支出、反腐倡廉的一项重要内容来抓。要制定操作性强、切实可行的硬措施，从专项检查向加强制度建设转变，把反对铺张浪费同加强支出管理、节约支出结合起来，同整顿财经秩序、打击经济领域犯罪结合起来，同加强预算外资金管理结合起来。同时，要继续加大财政监督检查力度，严肃财经纪律。

是年，城区财政总收入预算5724万元，其中，一般预算收入3913万元，基金收入85万元，上划中央收入1726万元；支出预算为3470万元，市专项补助640万元。根据财力情况和城区教师乐居工程等基建及政策性增加工资、特殊岗位津贴等实际需要，城区人大追加支出预算150万元，市财政批复1996年决算及科目内部调整共计-65万元，因此年终财政支出预算调整为4195万元。

1998年，阳泉市城区在预算安排中强调：

继续强化财政监督，促进经济健康发展。根据省的安排部署，该年“一整两反”的总格局不变，在内容上将根据实际情况做出调整。整顿财经纪律重点是“两整顿、一检查”，即整顿会计工作秩序和财税秩序，对预算内、外资金进行专项检查。会计工作秩序整顿的重点是对党政机关、事业单位、国有企业财务分类别、分层次进行整顿，主要任务是整顿假发票、假凭证、假账目、假报表，健全会计基础工作，开展以强化基础管理和依法征收为中心内容的会计基础工作规范化活动，查处违反财经纪律的违法违纪行为，制定单位内部控制制度和会计人员执业纪律监管制度，切实加强对会计工作的管理和监督。

进行财税秩序整顿。财税秩序整顿的重点是严厉打击和查处各种偷、漏、逃、骗税等违法行为，进一步完善和健全税收征管机制，努力实现财税秩序根本好转。对预算内、外资金的专项清查重点是在1996年清查工作基础上，选择数额较大，问题较多和管理难度较大的单位进行专项检查，特别要对擅自增编，增机构，通过乱收费、乱创收、用于自行增设的机构人员开支的问题进行专项检查，摸清情况，查清问题，查处违法违纪行为。反对铺张浪费主要是“刹三风”，即公款吃喝风、庆典风和公款出国旅游风；反对官僚主义，重点是解决领导机关和领导干部不深入基层、不深入群众、不干实事的官僚主义问题，特别是要认真查处领导干部不负责任、失职、渎职、造成重大经济损失的案件，通过反对官僚主义，进一步密切中国共产党同人民群众的联系，建立约束、激励机制，促进领导干部廉洁勤政、艰苦奋斗、转变作风、提高工作效率。

大力加强干部队伍建设，提高财税干部队伍素质。要始终坚持“两个文明一起抓”的方针，大力加强财税干部队伍的思想建设、组织建设和业务建设。要定期对干部进行教育、培训，采取多种形式提高财税干部的业务能力和思想觉悟。要改进财税管理手段，转换理财方式，提高依法理财的水平。要加强财税干部的政治思想和道德作风建设，大兴为民理财、务实求真之风，在全区范围内努力培养和造就一支勇于开拓、锐意改革、遵纪守法、廉洁高效的财政干部队伍，努力使广大财政干部成为讲政治、讲学习、讲正气、有知识、懂业务、胜任本职工作的内行，真正在“两个文明”建设中发挥好“窗口”作用。

是年，阳泉市城区财政预算安排的指导思想为深化财政改革，支持经济发展，维护社会稳定。坚持以“三个有利于”为标准，积极支持企业改革和区域经济发展，制定和落实促进“抓大放小”财务会计制度，保证下岗职工再就业及生活保障资金得到落实，严格再就业工程经费管理，尽快建立包括城镇企业职工养老保险、失业保险、大病统筹的医疗保险和城市居民最低生活保障制度在内的社会保障体系，切实加强对社会保障基金的管理。在培植财源方面，继续采取“抓两头、带中间”办法，积极扶持利税大户。在包干经费测算标准方面，人员经费以1997年年底在册人数和是年4月底前大中专毕业生分配人数为基数，按照现行工资标准和公用经费标准测算。是年城区财政收入预算6135万元，其中，一般预算收入4219万元，上划中央收入预算1916万元；支出预算3955万元，市专项补助567万元，教育费附加等超收增加74万元，因此年终财政支出预算为4596万元。

1999年，阳泉市城区预算工作情况：

在财政收入预算编制中，重点抓完善财政收入保障机制，保证财政收入适度增长。在组织收入上，强化责任意识，落实征收措施，挖潜堵漏，克难攻坚，时刻绷紧财政收入这根弦，做到任务到人，责任到人，对责任人实行“两考核、两挂钩”制度，按月进行考核，视完成任务与否与个人工资、奖金挂钩；按年进度考核，视完成任务好坏与全年政绩挂钩，以实现财政收入步入均衡入库的良好循环轨道。贯彻落实“加强征管、堵塞漏洞、惩治腐败、清缴欠税”的方针，加大税收宣传力度，根据税源结构变化进一步完善征管法规、制度，规范和改善征管手段，提高征管效率，充实征管一线力量，制定清欠计划，做到依法办事，依率计征，应收尽收。建立企业纳税情况新闻公开制度，与税务、工商、公检法司等部门携手加大对财税收入的稽查、监督力度。开展财税收入专项检查，打击偷、逃、骗、抗税等违法行为，努力建立预算收入保障机制，确保财政收入稳定增长。继续贯彻实施《山西省会计管理条例》，做好会计账簿监管工作，改革会计人员管理体制，尽快推行会计委派制试点。建立会计信息质量抽查公告制度，进一步强化会计管理工作。实行企业年度会计报表注册会计师审计制度，充分发挥注册会计师维护社会主义市场经济秩序的重要作用。继续积极探讨财源建设的新路子，多渠道、多层次筹措资金，发展非公有制经济，培养后续财源，培育新的经济增长点。

在支出安排方面，始终抓好支出重点的安排。保工资发放：保证财政承担的机关、事业性单位工资性支出。优先保证基本工资发放和对个人其他补贴的增支政策，不留硬缺口；帮助企业解决部分实际困难：对国有企业下岗职工基本生活费，仍采取“三三制”的办法解决，即财政预算安排三分之一，企业负担三分之一，社会筹集三分之一；保法律支出：保证法律、法规规定必须高于和不低于经常性财政收入增长幅度的农业、教育、宣传、文化等重点支出；强化预算约束：预算编制及执行中，坚持夯实预算支出基数，强化预算约束。年初，在认真贯彻国务院提出的“调整结构、确保重点、压缩一般、加强管理”前提下，坚持“量入为出，量力而行”的原则，大力调整支出结构，按照“个人部分按实际、公用部分按标准、专项支出视财力”的原则，经过单位测算、财政审核、审计监督、政府通过、人大批准的预算编制程序，实施单位预算内、外资金“收支统管”，对单位预算在分口把关，分口汇编，交叉会审，详细核实的基础上，科学、合理、节约地安排支出预算。在执行中，加强资金跟踪问效，规范支出行为，年初预算除救灾等特殊支出，原则上一律不予追加。坚决控制预算单位人、车、会、（电）话支出，大力压缩公用经费，严格控制差旅费和招待费支出，在继续贯彻适度从紧的财政政策及确保积极财政政策实施前提下，在全区牢固树立过紧日子的思想。

按照财力可能，对支出项目进行具体安排。财力情况：一般预算收入按4535万元测算，中央税收返还预计1407万元，华联商厦预算级次变更结算补助12万元，市核定定额结算补助–250万元。按原体制上解1913万元，其他上解315万元，当年财力为3521万元；一般预算支出项目安排情况：基本建设支出200万元（其中：地方财政当年预算统筹安排投资42万元，上年结转投资158万元）；企业挖潜改造资金50万元；科技三项费用45万元；工业交通等部门事业费20万元；文体广播事业费73万元（其中：文化事业费15万元，体育事业费10万元，广播电影电视事业费8万元，计划生育事业费35万元，党政群干部训练事业费5万元）；教育事业费1100万元；科学事业费10万元；卫生经费205万元，其中（卫生事业费85万元，公费医疗经费120万元）；税务统计财政审计等部门的事业费 25 万元；抚恤和社会福利救济费 80 万元；行政事业单位离退休经费 300 万元；社会保障补助支出 30 万元；国防支出 13 万元；行政管理费 710 万元；城市维护费 560 万元；政策性补贴支出 110 万元；专项支出 171 万元；其他支出 341 万元；总预备费 60 万元；原体制上解 1913 万元，其他上解 315 万元。

2000 年，城区对一般预算收入按 4511 万元测算，中央税收返还预计 1411 万元，华联商厦预算级次变更结算补助 12 万元，市核定定额结算补助 –193 万元，其他上解 401 万元；该年按原体制上解 2085 万元，调出资金 30 万元，该年财力为 3213 万元。具体进行如下安排：

重新调整经费测算标准。支出预算仍继续坚持适度从紧、量力而行、量入为出、收支平衡的原则，对行政事业单位预算继续实行“零基预算”。参照市测算标准重新核定该年行政事业单位经费测算标准，个人部分按实际，公用部分按标准，公务费 700 元 / 年・人，由部门调剂使用；汽车费用 7000 元 / 年・辆，业务费维持上年实际，专项支出专项审批，一般不列入预算。是年，共安排支出预算 3834 万元，其中，动用上年结余安排 101 万元，上年结转支出 520 万元。

2001 年，把预算安排放在讲政治的高度来认识，提出在预算安排方面要做到：

强化依法治税，确保财政收稳定增长。财税部门要统一思想认识，采取强有力措施，加大组织收入工作力度，努力建立稳定的财政增收机制。要认真贯彻“加强征管、堵塞漏洞、惩治腐败、清缴欠税”的方针，推进依法纳税，强化收入征管，完善税收征管制度，整顿税收秩序，优化征收环境，加强征管力量，提高征管质量和效率；要认真开展税源调查，建立纳税档案，强化对重点行业、重点企业以及零散纳税人等薄弱环节的税收管理；要以行之有效的激励与约束机制，以广泛深入的宣传动员，促使社会各个方面主动配合征收部门组织收入，最大限度地压缩欠税，从严打击偷逃抗骗税行为；要全面落实征收激励机制，调动各方面组织收入的积极性，层层签订目标责任书，明确职责，严格考核；要加强收入的宏观协调和有力监控，把组织收入工作真正抓在手上，落到实处，确保收入任务圆满完成。

调整财政支出结构，保障重点支出需求，努力建设公共财政。鉴于财政收支矛盾异常尖锐的实际，是年以制度创新和深化改革为手段，以调整支出结构为突破口，强化财政支出管理，提高财政支出质量和效益。要结合政府机构改革，完善定员定额标准，清理超编人员。对汽车维修、会议管理、公费接待等支出管理办法进行积极的改革和完善，大力压缩一般性支出。要实行效益合同管理和支出效益考核评价制度，有效提高财政资金配置资源的效率。要扩大政府采购范围，规范政府采购行为，努力节约财政支出。要适应社会主义市场经济条件下政府职能转变的要求，大力调整财政支出结构，切实解决财政“越位”与“缺位”的问题。探索事业单位经费改革方案，减少或取消经营性事业单位的经费拨款。按照公共财政要求，转变财政支持经济发展的方式，逐步退出对一般竞争性领域的投入。要努力保障政权建设、科技、教育、社保等领域和项目的支出需要。

加快财政改革，化解财政风险，稳固财政平衡基础。要通过深化财政改革，创新财政管理，克服财政发展中的困难。要改革预算编制方法，建设科学化、规范化、制度化的财政业务运行模式和数据库体系，提高预算编制的前瞻性、科学性，确保预算执行的权威性、严肃性。积极试行国库集中收付制度，清理规范财政供养单位预算内账户，试行行政事业单位工资由财政专户统一发放办法，增强基层财政自我发展、自求平衡的能力。要有效调控和管理预算外资金，实行财政预算内外专项资金对接管理办法，发挥资金使用的规模效益。要加快医疗保险制度改革步伐，制定和落实各项配套办法，监督并管理好医改基金预算及财务收支运行。要继续采取有力措施，抓好资金调度工作，确保公教人员工资及时足额发放和社会保障工作中财政兜底任务的落实，维护社会稳定。城区在上级财政的指导下，决定改进原来的预算编制方法，实行“零基预算”，将预算内外资金统筹使用，统一预算内外标准，细化支出项目，提高综合财政预算水平。是年，全区财政总收入预算7136万元，比上年实绩增长6.22%。其中，上划中央收入预算2237万元，增长7.76%；一般收入预算4899万元，增长5.53%。是年，城区预算支出3943万元。其中，科技三项费用43万元，教育事业费1267万元，抚恤和社会福利救济事业费281万元，行政管理费705万元，城市维护费617万元。

2002年，阳泉市城区财政预算安排：

财政总收入任务8255万元，比上年实绩增长8.72%，绝对额增加662万元。其中：一般预算收入3678万元，增长8.34%，绝对额增加283万元。

财政总收入奋斗目标8521万元，比上年实绩增长12.22%，绝对额增加928万元。其中，一般预算收入奋斗目标3800万元，增长11.03%，绝对额增加405万元。

根据市财政下达的收入预算，结合城区实际，2002年城区财政收入盘子是按奋斗目标确定的。在财政总收入中，上划中央收入占39.19%，上划省级收入占16.21%，一般预算收入占44.6%。

分系统任务：国税系统3700万元，比上年实绩增长15.34%；地税系统4433万元，增长10.22%；财政系统388万元，增长6.8%。

全年支出预算安排4746万元，其中，一般预算支出安排4711万元；基金预算支出安排35万元。

根据《山西省人民政府关于调整省对地市财政管理体制的通知》精神和分税制财政体制有关规定，按现行省对地市财政管理制度，匡算出是年城区财力4746万元，其中，一般预算收入3800万元，中央税收返还收入1472万元，体制返还收入1726万元，中央转移支付补助541万元，分流人员补助46万元，体制定额上解2273万元，各项上解566万元，若剔除专款收入208万元和水利建设基金35万元，可用财力为4503万元。

按税种划分预算任务：增值税537万元（包括国有企业增值税265万元，集体企业增值税150万元，股份制企业增值税100万元，私营企业增值税22万元），营业税1430万元，企业所得税163万元（集体企业所得税157万元，港澳台和外商投资企业所得税6万元），个人所得税393万元，城市维护建设税230万元，房产税310万元，印花税50万元，城镇土地使用税46万元，车船使用和牌照税10万元，屠宰税20万元，契税223万元，行政性收费收入16万元，罚没收入158万元，专项收入208万元，其他收入6万元。

在支出预算安排中，仍坚持适度从紧、量力而行、量入为出、收支平衡的原则，预算安排确保工资发放、科技教育和社会保障等重点支出的需要，对行政事业单位继续实行“零基预算”。参照市财政测算标准，重新核定2002年全区行政事业单位经费测算标准，个人部分按实际，公用部分按标准，公务费500元/人·年，由部门调剂使用；汽车费用7000元/年·辆；业务费维持上年实际；专项支出专项审批，一般不列年初预算。

按项目划分，预算支出具体情况：基本建设支出30万元，企业挖潜改造资金5万元，科技三项费用45万元，工业交通等部门事业费28.2万元，文体广播事业费120万元，教育事业费1488.7万元，科学事业费3.6万元，卫生经费191.3万元，其他部门事业费56万元，抚恤和社会福利救济费182.8万元，行政事业单位离退休经费574.5万元，社会保障补助支出35.5万元，国防支出27万元，行政管理费648.4万元，公检法司支出542.5万元，城市维护费167.4万元，专项支出208万元，其他支出297.1万元。

按照阳财预〔2002〕675号文件规定，城区、矿区、开发区城市管理行政执法大队下放各区管理，人员经费市财政负担50%，区财政解决50%。行政执法大队人员调整工资结算基数为188万元。

2002年，阳泉市城区的资金供需矛盾十分突出，组织收入难度日益加大，为此，必须采取有效措施，加大组织收入的力度，多元化培植财源，加快财政改革步伐；大力控制支出，压缩不合理开支，努力完成财政预算。

2003年，在收入预算编制及执行中，阳泉市城区各级领导对财税工作高度重视和大力支持，为完成收入提供强有力的保障。

全年财政总收入预算10094万元，比上年增长14.96%，绝对额增加1293万元，其中，一般预算收入4105万元，增长17.12%，绝对额增加238万元。在财政收入中，上划中央收入占40.67%，上划省级收入占15.77%，一般预算收入占43.56%。分系统任务：国税系统4250万元，比上年实绩增长13.24%；地税系统5360万元，增长16.02%；财政系统484万元，增长13.08%。

全年支出预算安排6068.7万元。2003年，收支预算经阳泉市城区十三届人民代表大会第六次会议审议批准为当年预算。根据《山西省人民政府关于调整省对市地财政管理体制的通知》精神和分税制财政体制有关规定，按现行省对地市财政管理体制，匡算出城区该年财力为5804.7万元，财力组成为一般预算收入4397万元，税收返还收入1513万元，体制返还收入1770万元，社会保障转移支付补助440.7万元，分流人员补助46万元，体制定额上解2273万元，调出资金42万元，调整工资转移支付补助502万元，财力补助94万元，各项结算补助-643万元。

按税种划分为增值税614万元（包括国有企业增值税309万元，集体企业增值税170万元，股份制企业增值税110万元，其他增值税25万元），营业税1755万元，企业所得税178万元（集体企业所得税173万元，港澳台和外商投资企业所得税5万元），个人所得税372万元，城市维护建设税280万元，房产税300万元，印花税120万元，城镇土地使用税39万元，车船使用和牌照税10万元，契税245万元，行政性收费收入89万元，罚没收入200万元，专项收入195万元。

按项目划分预算支出为企业挖潜改造资金5万元，科技三项费用56万元，工业交通等部门事业费49.9万元，文体广播事业费151.3万元（包括文化事业费29.6万元，体育事业费11万元，广播电影电视事业费15万元，计划生育事业费90.7万元，党政群干训费5万元），教育事业费1576万元，科学事业费4万元，医疗卫生经费151.3万元（包括卫生101.3万元，行政事业单位医疗50万元），其他部门事业费146.8万元，抚恤和社会福利救济费568.1万元，行政事业单位离退休经费693万元，社会保障补助支出140.5万元，国防支出23.4万元，行政管理费873.1万元，公检法司支出861.9万元，城市维护费206.1万元，专项支出313万元，其他支出189万元，总预备费60万元。

2004年，阳泉市城区财政预算编制的指导思想是大力组织收入，做大财政经济蛋糕；深化财政改革，完善公共财政体制；调整财政支出结构，保障重点支出需要；加强财政监管，完善财政职能，强化宏观调控，为促进全区经济持续快速协调健康发展和社会全面进步，加快小康社会建设做出新贡献。

全年城区财政总收入预算为11880万元，比上年实际增长17.26%，绝对额增加1749万元，其中：上划中央收入预算4835万元，增长23.72%，绝对额增加927万元；上划省级收入预算1868万元，增长20.21%，绝对额增加314万元；一般预算收入预算5177万元，增长10.88%，绝对额增加508万元。在财政收入中，上划中央收入占40.7%，上划省级收入占15.73%，一般预算收入占43.57%。

分系统任务为国税系统5030万元，比上年实绩增长18.38%；地税系统6250万元，增长16.6%；财政系统600万元，增长14.94%。

财力计算情况。全年支出预算安排为6984万元，其中，一般预算支出安排6984万元。2004年，收支预算经城区十三届人民代表大会第二次会议审议批准为当年预算。根据《山西省人民政府关于调整省对市地财政管理体制的通知》精神和分税制财政体制有关规定，按现行省对地市财政管理体制，财力组成为一般预算收入5177万元，税收返还收入1577万元，体制返还收入1793万元，社会保障转移支付补助457万元，体制定额上解2273万元，调出资金55万元，调整工资转移支付补助664万元，各项结算补助–595万元。

按税种划分：增值税745万元，营业税2100万元，企业所得税229万元，个人所得税363万元，城市维护建设税370万元，房产税330万元，印花税120万元，城镇土地使用税32万元，车船使用和牌照税10万元，契税278万元，行政性收费收入220万元，罚没收入150万元，专项收入200万元，其他收入30万元。

按项目划分预算支出：企业挖潜改造资金5万元，科技三项费用73万元，工业交通等部门事业费44万元，文体广播事业费178万元（包括文化事业费37万元，体育事业费8万元，计划生育事业费114万元，党政群干训费5万元，其他14万元），教育事业费2389万元，科学事业费5万元，医疗卫生经费219万元（包括卫生169万元，行政事业单位医疗50万元），其他部门事业费295万元，抚恤和社会福利救济费606万元，行政事业单位离退休经费348万元，社会保障补助支出221万元，国防支出31万元，行政管理费753万元，公检法司支出933万元，城市维护费371万元，专项支出272万元，其他支出171万元，总预备费60万元。

2005年，阳泉市城区财政总收入任务13649万元，比上年实绩增长12.34%，绝对额增加1499万元，其中，上划中央收入5082万元，增长9.43%，绝对额增加438万元；上划省级收入2167万元，增长17.26%，绝对额增加319万元；一般预算收入6400万元，增长13.11%，绝对额增加742万元。在财政总收入中，上划中央收入占37.23%，上划省级收入占15.88%，一般预算收入占46.89%。

分系统任务情况。国税系统5590万元，比上年实绩增长10.04%；地税系统7190万元，比上年实绩增长15.04%；财政系统869万元，比上年实绩增长5.98%。

全年财力情况。全年支出预算安排为8120万元，其中，一般预算支出安排8120万元。2005年，收支预算经城区十三届人民代表大会第三次会议审议批准为当年预算。按现行省对地市财政管理体制，财力组成：一般预算收入6400万元，税收返还收入1600万元，调整工资转移支付补助664万元，一般性转移支付补助261万元，社会保障转移支付补助457万元，体制返还收入1793万元，各项结算补助–915万元，上年专项结转安排支出222万元，体制定额上解2273万元，调出资金89万元（其中，各项结算补助明细是定额上解209万元，城市维护建设税上划269万元，地税奖励上划31万元，契税手续费上划21万元，公安上划424万元，减去税收返还39万元）。

按税种划分：增值税 796 万元，营业税 2582 万元，企业所得税 204 万元，个人所得税 384 万元，城市维护建设税 590 万元，房产税 370 万元，印花税 110 万元，城镇土地使用税 65 万元，车船使用和牌照税 10 万元，契税 420 万元，行政性收费收入 450 万元，罚没收入 100 万元，专项收入 269 万元，其他收入 50 万元。

分项目支出情况。按项目划分预算支出：基本建设支出 150 万元，企业挖潜改造资金 5 万元，科技三项费用 80 万元，工业交通等部门事业费 41 万元，文体广播事业费 201 万元（包括文化事业费 52 万元，体育事业费 5 万元，计划生育事业费 112 万元，党政群干训费 13 万元，其他 19 万元），教育事业费 2921 万元，科学事业费 7 万元，医疗卫生经费 214 万元，其他部门事业费 295 万元，抚恤和社会福利救济费 600 万元，行政事业单位离退休经费 21 万元，社会保障补助支出 358 万元，国防支出 39 万元，行政管理费 1371 万元，公检法司支出 489 万元，城市维护费 391 万元，专项支出 284 万元，其他支出 497 万元，总预备费 80 万元，上解中央支出 2273 万元（原体制上解支出），调出资金 89 万元。

2006 年，按照省财政厅〔2006〕10 号文件，阳泉市城区接受中央企业移交的 6 所企业办学校，分别是：中铁三局阳泉子弟学校、娘子关发电厂子弟学校、南庄煤矿子弟学校、大阳泉煤矿子弟学校、山东铝业阳泉矿学校、晋东化工厂学校，具体情如下为：

阳泉市城区接受 6 所学校资产财务关系划转批复表

表 3-3　　　　单位：万元

学校名称	移交资产	移交人员	移交退休人员	经费补助基数	2005 年企业补	2005 年省补	2006 年省补	2006 年企业补	2007 年省补
合计	1238	338	127	1606	64	912	1293	353	1506
铁三局学校	43	17	15	92	——	74	55	37	92
娘子关学校	239	52	15	247	——	87	111	136	247
南庄煤矿学校	465	102	15	450	——	290	340	110	450
大阳泉煤矿学校	382	68	4	290	——	168	238	52	290
山东铝矿学校	16	16	12	91	64	——	73	18	91
晋东化工厂学校	93	83	66	436	——	293	476	——	436

是年，城区财政按项目划分预算收入任务：增值税 1028 万元，营业税 2957 万元，企业所得税 521 万元，个人所得税 479 万元，城市维护建设税 750 万元，房产税 430 万元，印花税 150 万元，城镇土地使用税 65 万元，车船使用和牌照税 10 万元，契税 600 万元，行政性收费收入 575 万元，罚没收入 80 万元，专项收入 370 万元。支出预算仍继续坚持适度从紧、量力而行、量入为出、收支平衡的原则，预算安排确保工资发放、科技教育和社会保障等重点支出需要。按项目划分预算支出：基本建设支出 150 万元，企业挖潜改造资金 10 万元，科技三项费用 100 万元，工业交通等部门事业费 55 万元，文体广播事业费 255 万元（包括文化事业费 60 万元，体育事业费 6 万元，档案事业

费 23 万元，地震事业费 2 万元，计划生育事业费 152 万元，党政群干训费 12 万元），教育事业费 3826 万元，科学事业费 5 万元，医疗卫生经费 409 万元（包括卫生 309 万元，行政单位公费医疗经费 100 万元），其他部门事业费 456 万元，抚恤和社会福利救济费 311 万元，行政事业单位离退休经费 21 万元，社会保障补助支出 39 万元，国防支出 47 万元，行政管理费 1385 万元，公检法司支出 630 万元，城市维护费 423 万元，专项支出 459 万元，其他支出 630 万元，总预备费 80 万元，上解中央支出 2273 万元。

是年，按照阳财预〔2006〕385 号文件规定，阳钢职工子弟学校、阳钢医院下划城区管理，下划经费基数合计为 227 万元。

2007 年，阳泉市城区支出预算仍继续坚持适度从紧、量力而行、量入为出、收支平衡的原则，预算安排确保工资发放、科技教育和社会保障等重点支出需要。按项目划分预算支出：

一般公共服务 2387 万元，其中，人大事务 180 万元，政协事务 79 万元，政府办公室及相关机构事务 902 万元，发展与改革事务 64 万元，统计信息事务 57 万元，财政事务 125 万元，审计事务 32 万元，人事事务 17 万元，纪检监察事务 43 万元，人口与计划生育事务 236 万元，商贸事务 82 万元，地震事务 7 万元，宗教事务 4 万元，港澳台侨事务 5 万元，档案事务 27 万元，共产党事务 312 万元，民主党派及工商联事务 6 万元，群众团体事务 70 万元，其他一般公共服务支出 139 万元。

公共安全 861 万元，其中，武装警察 38 万元、检察院 316 万元、法院 440 万元、司法 67 万元。

教育 6190 万元，其中，普通教育 5667 万元、特殊教育 2 万元、教师进修及干部继续教育 21 万元、教育附加及基金支出 500 万元。

科学技术 143 万元，其中，科学技术管理事务 15 万元、技术研究与开发 121 万元、科学技术普及 4 万元、其他科学技术支出 3 万元。

文化体育与传媒 135 万元，其中，文化 97 万元、体育 6 万元、新闻出版 32 万元。

社会保障和就业 473 万元，其中，社会保障和就业管理事务 123 万元、民政管理事务 112 万元、财政对社会保险基金补助 79 万元、行政事业单位离退休 23 万元、抚恤 32 万元、退役安置 5 万元、残疾人事业 19 万元、城市居民最低生活保障 80 万元。

医疗卫生费 724 万元，其中，医疗卫生管理事务费 56 万元、医疗服务费 86 万元、社区卫生事务费 80 万元、医疗保障费 274 万元、疾病预防控制费 162 万元、卫生监管费 66 万元。

环境保护费 92 万元，其中，环境保护管理事务费 20 万元、环境监测与监察费 47 万元、污染防治费 25 万元。

城乡社区事务费 529 万元，其中，城乡社区环境卫生费 176 万元、城乡社区管理事务费 353 万元。

其他支出 564 万元，其中，预备费 100 万元、年初预留 339 万元、其他支出 125 万元。

转移性支出 2363 万元，其中，上解上级支出 2273 万元、调出资金 90 万元。

2008 年，在预算工作中采取如下措施。

确定调整预算收入数额为 14645 万元。包括：税收收入部分。税收收入 13270 万元，其中，增值税 1658 万元、营业税 6510 万元、企业所得税 1530 万元、个人所得税 862 万元、城市维护建设税 1000 万元、房产税 540 万元、印花税 180 万元、城镇土地使用税 110 万元、土地增值税 50 万元、车船税 30 万元、契税 800 万元。非税收入部分。非税收入 1375 万元，其中，专项收入 635 万元、行政事业性收费收入 630 万元、罚没收入 50 万元、国有资源有偿使用收入 10 万元、其他收入 50 万元。

确定调整预算支出数额为26578万元。包括：一般公共服务6135万元、国防84万元、公共安全1459万元、教育10704万元、科学技术320万元、文化体育与传媒147万元、社会保障和就业2932万元、医疗卫生2082万元、环境保护159万元、城乡社区事务2380万元、工业商业金融等事务28万元、其他支出148万元。

2009年，在各方努力下，城区预算工作有条不紊地进行。

一般预算收入调整为18285万元，包括：税收收入。税收收入为16987万元，包括增值税1816万元、营业税9121万元、企业所得税1812万元、个人所得税798万元、城市维护建设税1420万元、房产税780万元、印花税270万元、城镇土地使用税290万元、土地增值税90万元、车船税90万元、契税500万元。非税收入。非税收入1298万元，包括专项收入785万元、行政事业性收费收入393万元、国有资本经营收入100万元、国有资源有偿使用收入20万元。

调整后的预算支出为30978万元，包括一般公共服务5377万元、国防117万元、公共安全1388万元、教育13338万元、科学技术363万元、文化体育与传媒433万元、社会保障和就业3687万元、医疗卫生2840万元、环境保护108万元、城乡社区事务2659万元、采掘电力信息等事务233万元、粮油物资储备管理等事务5万元、金融监管支出230万元、地震灾后恢复重建支出171万元、其他支出29万元。

扩充中小企业融资平台。城区财政筹资200万元，扩充中小企业担保资本金，进一步扩大担保金规模，着力解决中小企业融资难问题。

落实法律法规必保支出。检法经费按省定标准予以落实，综治、普法、地震、残疾人康复等按规定予以保障“和谐城区”建设成效明显。

2010年，在财政资金安排方面，努力优化支出结构，确保民生支出，促进各项事业健康持续发展。加强财政预算管理，科学确定支出顺序，年初，按照“确保机关事业单位职工工资发放；确保机关正常运转支出基本需要；确保涉及民生及社会保障的需要；确保法定支出需要”的原则，在财力范围内优先安排民生支出和法律法规及重点支出需要。全年民生支出安排21595万元，占一般预算支出的60.21%，同比增长6.38%。是年，加大教科文卫、计生、社保等社会事业的支持力度，确保各项资金安排落实到位。教育支出安排14695万元，占财政支出的40.97%；进一步完善义务教育保障机制，安排免除城市义务教育阶段学生学杂费616万元；安排生均公用经费578万元；安排中小学校舍安全工程专项资金6000余万元。文化中心建设资金安排500万元，其中一般预算支出安排200万元；城区煤炭可持续发展基金支出安排300万元；科技三项费用安排已达到当年财力的1.5%；重点支持国防、武警、消防应急指挥系统等建设；安排城市社区卫生服务154万元；安排城镇居民基本医疗保险资金128万元；人口与计划生育经费按辖区人口人均17.52元予以保障；安排人口普查经费44万元；安排“三城同创”资金460万元；安排城市居民最低生活保障资金1882万元。累计发放36200户、85902人次；安排就业补助511万元，重点支持就业介绍培训、公益性岗位和高校毕业生见习生活补助等；做实企业职工基本养老保险个人账户区级配套资金13万元；积极落实廉租住房配套资金；政法、纪检等经费按保障机制予以安排；党史、信访、统战、科协、地震等专项经费均按轻重缓急及时安排；兑现参照公务员管理单位人员安排津补贴136万元；安排调整事业单位薪级工资、公务员职级工资109万元；安排机关职工取暖补贴300万元，事业单位临时补贴111万元，公务员津贴527万元；安排新招录公务员及事业人员经费116万元；安排2009年招聘教师77人工资 236 万元；从 3 月 1 日起，社区干部生活补助区级负担的增资部分 30.7 万元进行安排，将原来社区正职、副职、委员 750 元／月、730 元／月、700 元／月分别提高到 1000 元／月、950 元／月、900 元／月。财政在支出结构的安排上做到有保有压，发挥“四两拨千斤”的作用。

是年，按照阳财预〔2010〕47 号文件规定，城区食品药品监督管理局下划城区管理，下划经费 33 万元。

2011 年，在预算安排中，采取如下措施：

个人部分据实测算。机关事业单位个人部分按照 2011 年 1 月在编实有人数和工资基数，以及城区人力资源与社会保障局工资调整审批表测算。在职社区干部按主任、书记 1000 元 / 人・月，副主任、副书记 950 元 / 人・月，委员 900 元 / 人・月测算；退职社区干部按 310 元 / 人・月、320 元 / 人・月测算；校安协警按 2000 元 / 人・月测算；大学生社区干部参照事业单位管理人员工资，根据城区人力资源与社会保障局审批后工资测算；公益性岗位按 680 元 / 人・月岗位补贴和缴纳四项社会保险 413.76 元 / 人・月测算；临时聘用专业技术人员执行现行事业单位大中专毕业生见习期满后工资标准，根据人社局审批表测算。

部门日常公用经费按 1000 元 / 人・年测算，社区办公费按在职社区干部 1000 元 / 人・年测算，冬季公用取暖按标准（7 元 / 平方米・月）据实测算，交通费用县级按 15000 元 / 辆・年、其他公务用车统一按 10000 元 / 辆・年测算；学校生均公用经费按省定标准（小学 232 元 / 生・年、中学 293 元 / 生・年）测算，免杂费按省定标准（初中生、特教生 310 元 / 生・年，小学生 250 元 / 生・年）区级分担比例 15% 给予保障；法律法规必保投入确保落实；科技三项费用按当年财力的 1.5% 安排；科普经费按区辖人口（20.29 万人）每人 0.5 元测算；社区卫生服务人员经费按市、区各负担 50% 安排（中心 1200 元 / 人・月，站 1500 元 / 人・月、1200 元 / 人・月）；社区公共卫生经费按人均 15 元安排（中央 9 元，省 3 元，市区各 1.5 元）；计划生育经费按区辖人口人均 19.12 元安排；残疾人康复按区辖人口 0.3 元安排；综治经费区按所辖人口 0.5 元，街道按 2 元安排；安全生产经费按当年财政总收入的 2% 安排；地震工作经费按上年一般预算收入的 5‰ 安排。上级要求城区财政配套资金列入预算，如校舍安全、低保、医疗救助、廉租住房等。

检法司和纪检、政法委日常公用经费按省定标准保障（检察院、法院按 3.1 万 / 人・年，司法局按 2.2 万 / 人・年，政法委按 2.65 万 / 人・年，纪检委按 2 万 / 人・年）。

有收入的事业单位严格执行综合财政预算，收支脱钩。

部门每年固定项目支出年初列入预算。

2012 年 1 月，在财政收入预算安排中，对财政总收入任务、一般预算收入、财力构成安排如下：

财政总收入任务。上级下达城区收入预算：财政总收入 51300 万元，比上年增长 11.06%，增加 5110 万元，其中，国税系统 18700 万元，比上年增加 2228 万元；地税系统 31000 万元，增加 2840 万元；财政系统 1600 万元，增加 42 万元。

一般预算收入任务。下达一般预算收入 27407 万元，比上年增加 2508 万元，其中，国税系统 3948 万元，增加 507 万元；地税系统 21859 万元，增加 1959 万元；财政系统 1600 万元，增加 42 万元。一般预算收入占财政总收入的比重为 53.42%。

财力构成。根据现行财政体制匡算可用财力 30811 万元，其中，一般预算收入 27407 万元，增值税和消费税税收返还 1918 万元，所得税基数返还 1346 万元，一般性转移支付收入 178 万元，调整工资转移支付收入 1836 万元，企事业单位划转补助收入 2115 万元，上年结余及结转 275 万元，各项结算补助收入 –1991 万元（定额结算 –518 万元 + 城维税上划 –829 万元 + 地税征收奖 –103 万元 + 契税手续费 –40 万元 + 电路租用费 –1 万元 + 车船税上划 –500 万元），调出水利建设基金 270 万元，体制上解 2273 万元。

2013 年 2 月，在预算编制中，对工资福利支出、个人和家庭补助支出标准分别规定：

工资福利支出标准。基本工资：反映按规定发放的基本工资，包括公务员的职务工资、级别工资，机关工人的岗位（技术等级）工资，事业单位工作人员的岗位工资、薪级工资，以及刚参加工作人员的见习期工资。以 2013 年 1 月编制内实有人数及当月工资支出为基数测算。津贴：反映单位在基本工资之外按规定开支的机关事业单位津贴、补贴。包括 2007 年规范公务员津贴补贴，反映 2007 年已规范公务员津贴补贴单位及后续报批的参照公务员管理事业单位的在职人员和离退休人员的津补贴；国家规定的 1993 年工资制度改革保留津贴；国家统一规定的津贴，包括公务员岗位津贴、事业单位人员津贴、公检法特岗津贴、审计津贴、信访津贴、政府特殊津贴、教龄津贴、高级职称津贴等；对养老保险补贴，合同制工人和聘用制干部按基本工资的 1% 测算。奖金：反映单位按国家统一规定开支的机关事业单位年终一次性奖金。社会保障缴费：反映单位为职工缴纳的基本养老、基本医疗、失业、工伤、生育等社会保险费。养老保险，按事业单位、行政单位合同制工人及聘用制干部基本工资与保留工资之和的 21% 测算；医疗保险，按在职人员工资总额的 6.8% 测算；大病统筹，按在职和退休人员 8 元 / 人・月测算。失业保险：按事业人员基本工资 2% 测算；生育保险：按在职人员工资总额的 0.5% 测算。绩效工资：反映事业单位工作人员的绩效工资，包括基础性绩效工资和奖励性绩效工资。经费核定标准按区城人社发〔2012〕《城区区属事业单位实施绩效工资办法》执行；其他工资福利支出：主要反映街道在职社区干部工资、医疗保险等保险缴费、退职社区干部补助，以及编制外长期聘用的临时工工资。经审批的临时聘用专业技术人员经费，由财政列入预算；社区干部待遇：在职社区干部按主任、书记 1300 元 / 人・月测算，副主任、副书记 1250 元 / 人・月测算，委员 1200 元 / 人・月测算。在职社区干部医疗、养老，工伤、生育保险按实际参加人数据实测算 . 退职社区干部按 350 元 / 人・月、340 元 / 人・月据实测算。

对个人和家庭补助支出标准。离休费：反映行政事业单位的离休人员的离休费、护理费和其他补贴。按 2013 年 1 月离休人数，以及当月离休费支出测算。离休人员增发工资标准：1937 年 7 月 6 日前参加工作的，增发 3 个月的基本离休费；1937 年 7 月 7 日到 1942 年 12 月 31 日参加工作的，增发 2.5 个月基本离休费；1943 年 1 月 1 日到 1945 年 9 月 2 日参加工作的，增发 2 个月基本离休费；1945 年 9 月 3 日到 1949 年 9 月 30 日参加工作的，增发 1 个月基本离休费，作为生活补贴。另外，离休干部护理费标准：1937 年 7 月 6 日前参加工作的 1000 元 / 人・月测算，1937 年 7 月 7 日到 1949 年 9 月 30 日前参加工作的 600 元 / 人・月，因瘫痪等原因生活长期完全不能自理的离休干部护理费按 800 元 / 人・月测算；退休费：反映行政事业单位的退休人员的退休费和其他补贴，按 2013 年 1 月退休人数以及当月退休费支出测算。生活补助：主要反映行政事业单位职工的遗属生活补助，按人社局审批的标准测算；住房公积金：按在职职工工资总额的 10%测算。公务员及参公单位按在职人员基本工资、保留工资、提租补贴和公务员津补贴之和的 10%测算。事业单位按在职人员基本工资、保留工资、基础性绩效工资和提租补贴之和的 10%测算；提租补贴：反映按房改政策规定的标准，行政事业单位向职工发放的租金补贴，按 1993 年年末人数及工资总额 4% 测算，1994 年后新增人员不测算；其他对个人和家庭的补助支出：反映上述未包括的单位对个人和家庭的补助支出，包括独生子女费 50 元 / 人・月、妇女卫生费 10 元 / 人・月、托幼管理费 70 元 / 人・月，夫妇双方负担一半。

2014 年 1 月，对商品和服务支出标准规定如下：

办公费、差旅费、水电费、邮寄费、印刷费、培训费等支出按单位在职人员实行定额测算，定额标准为 1000 元 / 人・年。机关事务管理局提供物业管理服务的单位，水电费直接测算到机关事务管理局，单位按定额标准为年人均 800 元。区直学校生均公用经费按生均定额标准测算，具体标准：高中生 100 元 / 生・年；中学生 193 元 / 生・年；小学生 232 元 / 生・年。

交通费：财政部门按编制内财政供给实有汽车数测算，分为两个档次。一类适用于县团级领导公务用车标准，每车每年 15000 元；二类其他公务用车标准，每车每年 10000 元。

办公用房取暖费：反映单位办公取暖以及由单位支付的在职职工和离退休人员宿舍取暖费等，区直各学校及幼儿园教学采暖除外。热力公司统一供暖费用，根据单位与热力公司签订的年度供暖协议费用，剔除出租、出借及经营活动用房面积按标准测算，按 7 元 / 平方米・月、供暖期 5 个月测算；外单位协议供暖费用，审核供暖协议年度费用，剔除出租出借及经营活动用房面积按标准测算；机关事务管理局提供物业管理服务的单位，其公用采暖费直接测算到机关事务管理局。

对个人发放的取暖费：指由单位在职职工和离退休人员支付的宿舍取暖费，在职人员根据编制内实有人数测算，对具体标准做出规定。机关、事业单位行政人员：厅级每人每年 4000 元；处级每人每年 3200 元；科级每人每年 2800 元；科员以下每人每年 2400 元。事业单位中，按规定聘任专业技术职务的人员：正教授每人每年 4000 元；副教授每人每年 3200 元；讲师每人每年 2800 元；助理及以下每人每年 2400 元。机关、事业单位中的工勤人员：高级技师每人每年 3200 元；技师、高级工每人每年 2800 元；中、初级工，普通工人每人每年 2400 元。离退休人员：按照所享受的工资待遇相对应的行政职务、技术职务，比照在职人员标准测算。见习期人员：执行见习期、试用期工资的人员和执行学徒期、熟练期工资的工人，按人事部门批准的工资标准测算。其他人员：工作人员或离退休人员遗属取暖费，按配偶生前的职务或技术等级执行相应的补贴标准测算。

工会经费：反映单位按规定提取的工会经费，按工资总额的 2% 测算，上缴区总工会，除教育系统外，单位部门不进行测算。

福利费：反映单位按规定提取的福利费，按每人每月 4 元测算。

其他商品和服务支出：反映上述未包括的日常公用支出，主要指离退休人员的公用经费和社区公用经费补助等。离退休人员公用经费主要用于离退休人员的书报费、活动费，及其他杂费。离休人员公用经费标准：地市级 500 元 / 人・年、县处级 400 元 / 人・年、科级以下 300 元 / 人・年；退休人员公用经费标准：地市级 600 元 / 人・年、县处级 400 元 / 人・年、科级以下 320 元 / 人・年；离退休干部特许费标准：根据晋老字〔2007〕37 号文件精神，区委老干部局按区直财政供养单位离休干部特需费每人每年 500 元、退休干部每人每年 120 元的标准提取，统一掌握使用。其余部分由离退休干部所在单位掌握使用。

12 月，按照财政部《关于完善政府预算体系有关问题的通知》精神，城区财政局决定从 2015 年起，将政府性基金预算中用于提供基本公共服务以及主要用于人员和机构运转等方面的项目收支转列一般公共预算，具体包括地方教育附加、文化事业建设费、残疾人就业保障金、从地方土地出让收益计提的农田水利建设和教育资金、转让政府还贷收费权收入、育林基金、森林植被恢复费、水利建设基金、船舶港务费等 11 项基金。上述基金转列后，收入按照新的收入科目缴入国库，支出仍主要用于或专项用于安排相关支出，且收入规模增加的，支出规模原则上相应增加，有条件时要进一步加大对残疾人事业等领域的支持力度。

2015 年，在编制预算时对人员经费和公用经费采用如下方法：

人员支出采用“实名制”核定。

基本公用支出采用“定额法”核定。就是根据单位性质、职能、人员、资产等基础数据，结合部门单位性质、承担职能等因素，按分类分档定额标准划分为五类测算。第一类：政策保障类部门，包括法院、检察院等部门，按照政策标准保障；第二类：城区区委办公室、区人大常委会办公室、区政协办公室，按照 5000 元 / 人・年标准测算；第三类：城区区委组织、宣传、统战等部门，区政府组成部门，按照 4000 元 / 人・年标准测算；第四类：其他各街道办事处、群团组织等部门，按照 3000 元 / 人・年标准测算；第五类：学校的学生生均公用经费按省定标准（小学 232 元 / 生・年、中学 293 元 / 生・年）测算。

交通费用县级按 15000 元 / 辆・年、其他公务用车统一按 10000 元 / 辆・年测算；冬季公用取暖费按标准（7 元 / 平方米）据实测算。

第二节 绩效管理

2011 年 4 月 2 日，为积极推进预算绩效管理工作，规范财政支出绩效评价行为，建立科学、合理的绩效评价管理体系，财政部重新修订《财政支出绩效评价管理暂行办法》，要求各地财政部门遵照执行。

随后，山西省财政厅出台相应配套措施，在全省推行。

所谓绩效评价，是指财政部门和预算部门根据设定的绩效目标，运用科学合理的绩效评价指标、评价标准和评价方法，对财政支出的经济性、效率性和效益性进行客观、公正的评价。

各级财政部门和各预算部门是绩效评价的主体。其中，财政部门负责拟定绩效评价规章制度和相应的技术规范，组织、指导本级预算部门、下级财政部门的绩效评价工作；根据需要对本级预算部门、下级财政部门支出实施绩效评价或再评价；提出改进预算支出管理意见并监督落实。

绩效评价遵循的基本原则即：科学规范原则。即绩效评价应当严格执行规定的程序，按照科学合理的要求，采用定量与定性分析相结合的方法。公正公开原则。绩效评价应当符合真实、客观、公正的要求，依法公开并接受监督。分级分类原则。绩效评价由各级财政部门、各预算部门根据评价对象的特点分类组织实施。绩效相关原则。绩效评价应当针对具体支出及其产出绩效进行，评价结果应当清晰反映支出和产出之间的紧密对应关系。

2012 年 9 月，执行财政部印发的《预算绩效管理工作规划（2012-2015 年）》，对区级财政支出管理绩效综合评价内容规定：

区级财政支出管理绩效综合评价内容表

表 3-4

综合评价内容	分　值	综合评价标准概要
一、重点支出保障程度	60 分	以 6 项重点支出为评价内容，评价区级财政重点支出的保障程度和重视程度
（一）总体保障评价（20 分）		以区级财政 6 项重点支出的总和占其公共财政预算支出的比重为评价内容，以分档的区级重点支出平均占比水平为评价标准进行评价
（二）分项保障评价（40 分） 1、教育（10 分） 2、医疗卫生（6 分） 3、文化体育与传媒（3 分） 4、社会保障和就业（8 分） 5、节能环保（4 分） 6、农林水事务（9 分）		教育、医疗卫生、文化体育与传媒三项支出主要考核区级重点支出的保障率，即将区级某项重点支出的实际支出与该项标准支出进行比较，分静态和动态进行评价 社会保障和就业、节能环保农林水事务三项支出主要考核区级重点支出占本区公共财政预算支出的比重，分静态和动态评价
二、财政供养人员控制（20 分）	20 分	以标准在职财政供养人数为评价标准，评价区级实际在职财政供养人数的控制情况。低于或等于标准的得满分，超出标准 50% 以上的得零分，超出标准在 50% 以下的按一定公式计算得分
三、财政管理水平 预算收支平衡（6 分） 总预算暂存暂付款（2 分） 债务风险（8 分） 年终结转（4 分）	20 分	以预算收支平衡、总预算暂存暂付款、债务风险、年终结转为主要评价内容，评价区级财政在上述几方面的管理水平 预算净结余大于或等于零的得满分，预算净结余小于零的等零分 以总预算暂存款、暂付款期末余额占当年公共财政预算支出的比率分别进行评价，每项各占 1 分 根据债务风险程度指标分档确定 以年终结转占公共财政预算支出的比率进行评价

2013 年 12 月 10 日，阳泉市城区财政下达《区级部门预算项目支出绩效目标申报管理程序》。为规范区级单位预算项目支出绩效目标管理，提高财政预算项目编制和资金安排的科学性、合理性，决定从 2014 年开始，区财政对财政支出项目，在资金申请环节实行绩效目标考核制度。实行绩效目标管理的项目在年中因绩效目标调整要求追加财政资金的，须报送项目调整绩效目标作为申请追加资金的依据。申报范围包括：申请财政资金规模在 30 万元以上的项目支出、连续 2 年以上申请财政资金的项目支出、区财政确认的其他重要项目支出。

是年，对就业资金、城镇职工医疗保险资金和政法转移支付资金三个项目实施重点评价，评价金额 4908 万元。

2014 年，对政法资金、居民医疗保险项目基金、基本公共卫生服务项目资金和财政金融企业（阳泉市广义担保中心）共 4 个项目进行重点绩效评价，评价金额 3411.43 万元。

2015 年，对政法资金、公共卫生项目进行重点绩效评价，并开展单位项目绩效自评工作。

第三节 决算编报

明清时期，财政关注的主要是土地所生的粮食及绢帛之物。明中叶以后，田亩税收改为征银，引发旧的财政预算鋆度本身的矛盾，封建社会专制体制的僵化性和保守性充分显示出来，对社会矛盾的梳理用加大税收、多发纸币、银粮物折变上要花招等消极办法处理，使社会矛盾越加突出。

清末、民国时期，山西省政府从未编制过财政决算。

抗日战争和解放战争时期，晋察冀边区政府为统一财政收支，从边区政府成立之日起，就着手建立决算制度。民国29年（1940年）4月，晋察冀边区行政委员会颁布《晋察冀边区决算暂行章程》，章程规定：年度决算分为边区及县地方两部分，县地方决算，由直属专属审查后加具意见转送边委会审核备案；边委会直属各机关及其分机关决算，均由各属机关汇编总决算呈边委会审核；会计年度结束半个月后，收入、支出尚未能清结的，可展期10天清理，但整理期满后5日内必须编造决算数送核。同月，又颁布《晋察冀边区各县编制概算及办理村决算管理办法》，规定对各村财政收支概算及决算编制悉依本办法办理；村概算按会计年度分四季办理，每季概算应按收入、支出两类分别编列。

新中国成立后，山西省按照国家统一规定，逐年编制预算。1950年规定，市、县区不是一级财政，决算根据国务院统一要求进行编制。同时规定，12月31日为全国总决算截止日，到达决算期，一切财政收支均应按照该会计年度收付实现数字进行清理结算。收入方面，以是年1月1日至12月31日缴入最基层金库、粮库、物资库数字为限；支出方面，以同期各领用机关开支为限。结算后的结余，全部交还金库，报解中央。倘有应收未收的，列入年度预算继续催缴；应付必付的预算，如工程建筑等费，编入下年度预算内执行。年度结束后至下年2月月底，为上年度发生的会计事务整理期。在整理期内，新旧会计事务依下列办法处理：下年1月1日开立新账，1月1日以后发生的新年度会计事务，一律在新账内处理；所有在1月1日后发生上年度的财政收支转账事项，一律在旧账内处理。决算表格包括财政决算说明，总账科目余额表，岁入决算表，岁出决算表，资产负债表，暂收各项明细表，投资分户明细表，中央往来付项明细表，其他往来收项明细表以及其他往来付项明细表。

1951年，山西省财政建立，按照《中华人民共和国预算决算暂行条例》规定，单独编制决算。省总决算，由省级决算及所属各县（市）决算组成。市级决算列入省决算内。决算由县区编起，逐级汇总。该年度乡（村）镇一切收支，单独编制决算，由省汇总报财政部备案。在决算编制时，重点抓如下清理工作：

农业税收入。由各级农业税征收机关根据是年度1月1日至12月31日已征收入库的粮食、实物、代金，一律按照征收折合率折成主粮，其拨缴贸易部门、合作社的粮食、实物折成现金，并编制对账单，分别与粮食部门、合作社、金库逐级进行核对清理，将对账单随同决算报送。

未能分清税目暂存金库的税款。在年度结束前尽量分清，办理入库手续。确实不能分清的，按收支系统以杂项收入科目分别解缴各级金库。

收入部门提取准备金，在年度结束前以罚没收入科目缴库。

国营企业应缴未缴的计划利润及折旧基金，于年底前悉数缴库，编入是年决算。在下年缴库的，作为下年度预算收入处理。

跨年度的基本建设支出，其工程进度，在是年内已完成或超计划完成其工作量所结存的现金、物资，由建设单位留用，同时报同级财政部门扣抵下年度预算；于是年年度尚未完成工作量的，不论是否属于跨年度支出，其所结存的现金、物资，允许在下年度内继续使用。

人员出差旅费及出国费，在本年决算编造前未能报销的，按拨款数编列决算，报销后如有不足或结余，均作为下年支出或收入处理。

1953 年，中央、省、县（市）三级财政建立后，各县（市）开始单独编制决算。省、县（市）两级财政收支年终清理和决算编报的原则规定如下：

1953 年预付下年的经费，一律按原科目结转，抵顶下年预算拨款；企业缴款，在企业决算编成后，实际利润与缴入预算的数字有出入时，均在下年处理；各级总会计间的往来款项，经核对后属于补助的，转作是年年度“上级补助收入”科目内。清理后如仍有余额的，将现款汇还或转入下年处理；跨年度工程经省财委批准部分须编列决算，转入下年度继续使用；未经省财委批准的，一律不准转入下年度；救济费、互助组长训练费、普选经费、职工福利费等，凡财政部门未发出部分，可转入下年度以其他往来科目处理，下年继续使用，但单位决算应按 12 月 31 日的实支数编列；预算外的收支（即特种资金）除已缴财政应列入总决算外，其余均可转入下年继续使用。

1956 年，编报决算的要求：

严格划分预算年度。一切收支均应以 12 月 31 日为截止日期，收入以 1956 年 12 月 31 日以前缴入基层金库为限；支出方面，财政部门的总决算以各单位预算机关的银行支出数编列；各机关的决算以截至 1956 年 12 月 31 日实际支出数和银行支出数同时编报。

因水灾单独追加的救济费、救济民间艺人经费、水毁公路建设经费，市县财政部门可按各单位银行支出数编列总决算。其未用的部分预算，可作为跨年度经费，列入下年度预算继续使用。

各单位预算机关的年终结余（包括库存现金和银行预算存款户的存款），在年终应一律交回同级财政部门，不得结转下年使用。

1958 年，决算编制发生较大改变，主要为：各级总决算的支出，原则上以各单位预算机关的银行支出数编报；对下放市、区的企事业单位，在下放前已拨付了的经费，转为上级补助收入拨款；预算外资金，如工商税附加等收入，应按决算表中相应表格编制，随同决算报送。

1965 年，决算编报中几个具体问题的处理办法：

重点“四清”地区兑现农村退赔期票，按照本年年终为止的实际兑付数，以农村退赔期票支出科目和补助收入科目编列收支决算；各地区、各部门在 1965 年清理出的“小钱柜”资金，应当上缴省财政厅，列入省级决算；城市人口下乡安置费，按照截至年底实际安置人数和规定的开支标准作为全年预算，其中是年实际支出部分列入决算报销，未用部分转入下年继续使用；社会主义教育经费，用本级农业税附加收入开支的列入各级财政附加收支决算；属于预算内资金解决的部分，应列入财政总决算内；属于明文规定列入省级预算按季核销拨款的社会主义教育经费，作为总会计往来处理，不得列入专、市县财政决算；各地区用机动财力安排的战备支出，应按资金来源分别列入财政总决算的附加收支决算，以支出预算科目“专项支出”形式反映。

1972 年，随着企业下放及税制改革，除人民防空费、城市人口下乡安置费、“五小”企业补助投资结余结转下年继续使用，省分配的基建拨款结余逐级上缴以外，其余归地方支配使用；是年末用完的国家基本建设投资，一律不结转下年，下年续建需要的投资，在下年计划中统一解决。国家分配给各地、市、县的基本建设拨款结余，不再结转，一律交回省财政，由省财政上缴中央财政；如果有的项目是用国家基本建设拨款和地、市、县自筹资金统一安排的，其拨款结余按各占总投资的比例予以划分，属于地、市县自筹结余留归地、市、县，属于国家基本建设拨款结余交省财政。报废图书资金的决算处理，不列报当年企业亏损，也不能由财政补贴。如果已由当年预算收入退库和预算拨款处理，应如数交回省财政。国营企业和行政事业单位开支的防空经费，不准挤入生产成本，不准列入“营业外”开支和单位的经费支出。

1979 年规定，上缴国家预算的企业基本折旧基金，作为地方财政收入的组成部分，和上缴国库的利润、税收一并参与分成，年终统一结算；中央各部门收回原由地方管理的事业、企业单位，其决算由中央各部门负责汇总编报。

1984 年以前，阳泉市城区作为报账制财政，未独立编制决算。

1985 年，阳泉市城区财政对决算编报要求如下：

政策要求。要求对是年财政、财务决算认真进行审查清理，严格划分预算年度，分清资金界限，落实收支数字，杜绝弄虚作假。凡应缴国家预算的收入，必须及时足额上缴财政，不得自行扩大预算外资金项目、范围。认真清理各项往来款项，不得以暂存、代管等名义隐匿应缴国家预算收入，应由本单位收入抵顶预算支出的款项，必须冲减经费支出，减少国家开支，不得将收入归己，支出挤入国家预算内报销。在清理中，财、税、库、行要密切配合，做好对账工作，对各项收支数字要做到不重、不漏、不错、不乱；清理中发现欠缴，漏缴的财政收入，年终要催缴入库，不得截留不报；对企业财务决算，要着重审查其成本、费用开支范围，纠正各种不符合规定的摊挤成本、费用问题；审查企业还贷情况，纠正不按规定还贷的问题；审查企业留利情况，纠正随意放宽政策，让利减税的问题；审查亏损企业的扭亏增盈情况，纠正违反制度、随意退库弥补亏损的问题。

财政预算收入完成情况。各项税收：1985 年市分配城区任务 663 万元，实际完成 906.9 万元，占任务的 136.7%，增收 243.9 万元。其他收入：年初任务 1.5 万元，实际完成 2.8 万元，超额 87.35%，主要是认真清理罚没收入，仅公检法上半年就清理收回 20505 元。

财政支出执行情况。是年支出预算为 357.6 万元，实际执行 306.6 万元，占地方调整预算的 85.7%，比上年增长 40.08%。分项目支出：文教科学卫生事业费全年实际支出 141.6 万元，占全区财政总支出的 46%，比上年增长 62.68%。原因是中小学校危房维修、改善办学条件和教职工工资改革，以及市委把计划生育和卫生都划归城区，实行以块管理增加开支。抚恤和社会福利救济费支出 19.4 万元，比上年增长 50%，主要是因为市政府把残废军人管理下放城区政府。另外，市税务一分局下放为城区税务局，也增加开支 10.5 万元。行政管理费全年支出 89.8 万元，比上年下降 6.54%，但比市控制支出超支 34.5%，原因是人员比上年增加 63 人，工资增加，工资改革后增加开支 87739 元；购置大轿车、卧车、吉普车、司法宣传车各一辆，用款 151600 元；公安和检查人员着装增加开支 17864 元；差旅费提高标准多开支 2387 元；知识分子补贴和书报资料费开支 9972 元；肉蛋补贴费增加开支 6572 元；离休人员增加开支 5000 元，以上共计增加开支 281134 元。虽然修缮费和财政超收奖比上年少支 12 万元，但还有不少增加开支的因素，如健全区级建制新增机构必需开支等，这充分说明建立一级财政的必要性和重要性。

1986 年，在决算编审中，执行阳泉市财政局提出的具体要求。

地方财政支出结余，全部留归地方。地方财政包干范围内的各项支出结余，应当根据集中资金和少支用上年结余的精神，清理控制结转项目和数额。凡事业计划已经完成的，不再结转；事业计划虽未完成，但可以不办或缓办的，也可以不结转；必须结转的，视财力可能办事，有钱可结转，无钱不结转；不能一方面不加控制地结转，另一方面又要求上级财政解决结转项目所需的资金。

实行预算包干办法的各行政事业单位年终“预算包干结余”，仍采取预算结转办法，不得作为财政决算支出，以免虚增是年财政支出。

执法机关依法查处的走私贩私、投机倒把、违反国家外汇、物价管理等的罚没收入，必须在年终前足额上缴国库，任何机关不得截留、坐支或拖延不缴。办案费用补助由收入退库改列支出后，由中央财政负担的部分，年终单独结算，由中央财政返还。

城区财政收入完成情况。工商税收类完成 1025.9 万元。其中，产品税 56.7 万元、增值税 19.8 万元、营业税 646.8 万元、集体企业所得税 197.9 万元、城市维护建设税 50.3 万元、地方税收 23 万元、资源税 1.1 万元、建筑税 29.7 万元、契税完成 0.2 万。其他收入完成 6.2 万元。

财政支出执行情况。基本建设支出类 69.8 万元，其中，文教卫生部门 37.2 万元、其他部门 32.6 万元、企业挖潜改造资金支出 40 万元、流动资金 10 万元、工业交通等部门事业费 3.5 万元、城市维护费支出 28.9 万元、城镇青年就业经费支出 1.6 万元；文教卫生事业费支出 167 万元，其中，文化事业费 4.4 万元，教育事业费 110.2 万元，公费医疗经费 15 万元，计划生育事业费 14.5 万元；其他部门事业费支出 31.6 万元；抚恤和社会福利救济费支出 23.4 万元；行政管理费类支出 84.2 万元；公检法支出 35.1 万元；其他支出 19.2 万元。

1987 年，按照阳泉市城区区委、区政府部署，阳泉市城区财税部门积极贯彻落实全国和省、市财税工作会议精神，积极疏通流通渠道，组织财政收入，从严从紧安排财政支出，超额完成财政收入任务。

财政收入完成情况。市核定城区财政收入预算 1095 万元，实际完成 1134 万元，占全年任务的 103.6%，超收 39.7 万元。财政预算收入中，工商税收完成 1117.4 万元，产品税、营业税、城市维护建设税、资源税分别比上年实际增长 22.62%、18.13%、13.21%、108%。该成绩的取得主要是因为强化了税收管理，加强了征管工作，广大财税干部深入基层，促产增收，宣传税法，开展税收、财务大检查，堵塞了跑、冒、滴、漏，保证了税收的及时足额入库。其他收入完成 16.6 万元，超额 232%，主要是公检法等部门的罚没收入。

财政支出情况。城区财政支出 543.6 万元，比上年增长 5.5%，主要增资因素：武装部划归地方、工商行政管理局移交、发放居民身份证、公安干警新增岗位津贴；文教科学卫生事业费全年支出执行 163 万元，其中教育事业费支出 122.4 万元；行政管理费支出 152.2 万元，比上年增长 13.2%，主要增资因素为完善区级建制，增加机构，增加人员，工资制度改革，公检法部门增加编制，居民区干部提高补助标准等。全年城区财政实际支出比调整预算支出降低 12.38%。

1988 年，决算编报规定：对企业财务决算，着重审查其成本、费用开支范围，纠正各种不符合规定的摊挤成本、费用问题；审查企业车间经费和企业管理费压缩指标落实结果，纠正铺张浪费现象；审查企业留利情况，纠正随意放宽政策、让利减税问题；审查各项经营收入情况，纠正截留国家财政收入问题；审查亏损企业扭亏增盈情况，纠正违反制度、随意退库弥补亏损的问题；审查企业还贷情况，纠正挤利还贷问题；审查企业各项专用基金提留和使用情况，纠正不按规定标准、范围提取和使用问题；审查和纠正企业乱提价、乱涨价问题，对擅自提价或变相涨价的收入按国务院规定，分别上缴中央或地方财政；国家计划内的基建支出，要严格按预算指标控制，不得突破。

财政预算收入分项目完成情况。市核定工商税收任务 1345 万元，实际完成 1413 万元，比上年增长 26.37%。全年增值税、营业税、集体企业所得税、城市维护建设税、地方各税、奖金税比上年都有大幅度增长，分别为 439.33%、24.53%、15.7%、23，51%、98.11%、31.9%；其他收入完成 32.2 万元，比上年增长 95.82%。增收原因还有新增物价检查所，物价罚没收入 9.6 万元；另外，对公检法等部门罚没收入及时足额上缴财政。

预算支出执行情况。认真贯彻落实中共中央、国务院“治理经济环境、整顿经济秩序”精神，年终预算实际执行 678.1 万元，占调整预算的 91.8%，其中，文教卫生事业费类支出 230.6 万元，比上年增长 41.46%；教育事业费支出 171.5 万元，增长 40%，主要用于中小学教职工增资、维修费、设备购置费等支出，资金使用效果明显，提高教育质量，活跃学生的文体活动；行政管理费支出 103.8 万元，比上年降低 1.5%；适当增加公检法支出，比上年实际增长 28.51%。

1989 年决算编报中，重点强调两点：

第一，严格控制支出。根据财政支出增长较猛的实际情况，要求各部门严格按现行体制和预算包干办法办事，努力增加收入，压缩支出，不得将预算外支出挤入预算内列支，在增收减支的基础上自行消化必要的增支因素，达到自求平衡。区级行政事业单位除编制以内的增人，调资以及未纳入包干支出项目的增支因素外，一律不追加新的预算。凡是年追加属于弥补经费不足预算的单位，其预算结余不再结转。继续压缩社会集团购买力，保证完成全年 20% 的压缩任务。对违反财政、财务法纪的现象，如用公款请客送礼、公费旅游以及随意提高各种开支标准、扩大开支范围的，都予以纠正，不准在财政决算中列支。

第二，认真审查决算，如实反映财政、财务执行情况，提高决算质量。财政、财务决算是一年来经济工作的综合反映，各部门必须从基层单位抓起，逐级认真审查，确保全区财政决算的质量。对企业财务决算，着重审查成本、费用开支范围，纠正各种不符合规定的摊挤成本费用问题；审查车间经费和企业管理费压缩指标落实情况，纠正铺张浪费现象；审查各项经营收入入账情况，纠正截留国家财政收入问题；审查企业还贷情况，纠正挤利还贷问题；审查企业专用基金提留和使用情况，纠正不按规定提取和使用问题；审查承包企业财务决算，对未完成承包上缴任务的企业，要求用自有资金补足；审查被清理公司的资金活动情况，纠正违反省财政厅、省工商局〔1989〕晋财工字第 44 号《关于印发清理整顿公司财务的规定》行为；对占用全民所有制财产在 50% 以上的要全部纳入预算管理，防止转移资金、财产；审查企业工效挂钩情况，防止工资基金超前增长；审查企事业单位预收、预付货款情况，纠正不按规定擅自预收、预付货款问题；认真对商业企业财务决算进行审核，核实企业亏损和国家价格补贴，对虚报、冒领的补贴要如数追回，对不符合中央规定，在奖金、摊派等方面自行开的口子予以纠正，不能列入决算。

1990 年的决算编报情况：

明确政策要求。在决算编报中，严格控制增设机构和扩大人员编制，对涉及这方面的内容要细致检查。要求各行政、事业单位人员应严格控制在编制以内，各级财政部门要严格按编制核拨经费。对 1988 年以前的超编人员只拨给个人经费，对 1989 年以后的超编人员一律不拨经费。以后编制部门审批机构编制时，应同财政部门协商，落实经费来源，经费不落实的，暂缓审批或不批。编制未满或新批准成立的单位，确实需要增人的应由组织、人事部门从各单位超编人员中调剂解决，不得从企业调入或从社会上招收。要充分发挥各职能部门的作用，凡属各部门职责范围的工作，都应由各部门承办，不得成立临时办事机构。对已成立的临时办事机构，要进行清理整顿，该合并的合并，该撤销的撤销。未经省委、省政府批准成立的单位，财政不予核拨任何经费。经批准成立的临时机构，一律不配备车辆，一般不添置办公设备，其开展工作所需要的经费，除大宗业务开支由财政审查核拨外，其余均由挂靠单位调剂解决。要整顿各种学会、协会，对学会、协会所需经费，财政不予补贴，由各挂靠单位解决。在编制决算时，要对所涉及上述内容的事项认真检查。

净结余情况。是年，财政收入为2206.2万元，减去总额上解支出895.8万元，城市维护建设税专项上解49.9万元，城镇土地税按原体制上解7.4万元，地方向中央做贡献41万元，罚没收入建立价格调控基金上解4.7万元，以及上划税务事业费17.9万元，留区收入1189.3万元，上级专项补助160万元，办案补助费由罚没收入退库改列支出结算返还3.1万元，财政超收按10%提成为10.8万元，预算调节基金返还15万元，上年滚存结余216.4万元，以上可用资金1594.6万元，减去财政支出1337.9万元，滚存结余256.7万元，剔除结转下年继续使用资金85万元，年终财政净结余171.7万元。

预算支出情况。年终调整预算支出1425.24万元，实际执行1337.9万元，占调整预算的93.87%，比上年增长18.57%，剔除环卫处下放和教育费附加增支141.02万元，同口径比上年增长6.07%，其中，文教卫生事业费、其他部门事业费、民兵事业费、科技三项费用比上年都有不同程度的增长，分别为20.45%、82.71%、96.6%、80.77%。

1991年，决算编审工作增加新的规定，将职工养老保险基金和职工待业保险基金编入决算。规定在是年财政决算中，暂在决算收支总表的“本年收入合计”线下，收入方和支出方各增设一类科目。收入方增设“社会保险基金收入类”，下设“国营企业职工养老保险基金收入”和“国营企业职工待业保险基金收入”两个款级科目；支出方增设“社会保险基金支出类”，下设“国营企业职工养老保险基金支出”和“国营企业职工待业保险基金支出”两个款级科目。要求按社会保险机构编制的“两项基金”决算收支数列收列支。

财政预算收入情况。工商税收完成2300.3万元，比上年增长6.31%。在组织收入方面强化税收征管，加强基础工作，实行双人上岗，票、款分离，严格岗位责任制，月、季进行考评，做到奖惩兑现，充分调动广大税务干部深入基层、促产增收、组织收入的积极性。根据税收入库统计，固定小税全年完成309.97万元，超年预算10.71%，仅12月就组织入库36.3万元，创历史新高。同时，认真按照国务院通知精神，深入扎实地开展税收、财务、物价大检查和个体工商户专项检查，堵塞跑、冒、滴、漏，有力保证税收及时足额入库。其他收入实际完成38.4万元，比上年增长17.79%，增收较多的主要原因是结合治理“三乱”，认真开展自查自纠和重点检查，建立严格的制度、手续，促进罚没款项按期清理，如数交库。教育附加费收入完成31.6万元，为年计划的96.05%。

1992年，根据国务院《关于严格控制企业继续生产积压产品的通知》，在编制决算时对关停企业有关事项进行严格把关。即关停企业所有财产物资，包括厂房、建筑物、机器设备、原材料、燃料、成品、半成品、库存商品，委托外单位代销商品、在制品、低值易耗品、备品、备件、其他材料物资，以及银行存款、现金等，都应当进行彻底清查盘点，核价登记，分类整理，编造清册。对该类财产物资指定专人，妥善保管，不准隐瞒不报，不得私自转让、挪用。严禁任何单位和个人侵占、私分、私拿集体财产，私分和变相私分的要限期追回。主管部门应商同级国有资产管理部门、财政部门追究当事人的行政、经济责任，情节严重、触犯刑法的，由司法机关追究刑事责任。是年预算指标情况：市核定财政收入预算 2563 万元，实际完成 2634.15 万元，比上年增长 11.01%，超收 71.15 万元；财政预算支出 1765.9 万元，为年度调整预算的 93.09%，年终财政净结余 71.93 万元。

1993 年，对财政总决算的编审，要求严格按照国家决算编审规定和布置的决算表格填报，一项一项落实，认真填报齐全，不得自行取舍和遗漏。根据决算报表写出有情况、有分析、有总结的决算报告。凡当年已发生的财政收支，要如实作为预算收支列入决算。财政决算和各类财务决算，必须坚持自下而上、层层逐级汇总的原则，不得以领代报、以估代编。必须严格按照上级规定的时间，把握好决算编审中各项具体工作进度，在保证决算质量的前提下，缩短编审时间。对估列代编、随意以财政拨款数列支等虚列支出情况和少报结余，多报赤字等弄虚作假现象，必须核实纠正，保证财政决算各项收支数字真实可靠。广大财税干部为增加收入，控制支出，发扬艰苦奋斗、勤俭办事业的精神，在组织财政收入、从严从紧安排支出方面克服重重困难，做大量工作，超额完成财政收支，基本做到“收支平衡、略有节余”，财税工作取得明显效果。是年，市核定城区财政收入预算 2915 万元，实际完成 3111.52 万元，比上年增长 18.12%，超收 196.52 万元；财政预算支出 2116.5 万元，为年度调整预算的 94.03%，比上年增长 19.85%；滚存结余 244.48 万元，剔除结转下年继续使用 134.43 万元，年终财政净结余 110.04 万元。

1994 年，在决算编报中要求各级、各部门继续贯彻落实《企业财务通则》《企业会计准则》和分行业财务会计制度，依照财政部〔1994〕财工字 42 号《关于税制改革、外汇管理体制改革后有关企业财务问题处理的通知》和〔1994〕财商字 221 号《关于商品流通企业在税制改革和外汇管理体制改革后有关财务处理问题的通知》及其他规定，认真做好税制改革、外汇管理体制改革后企业财务处理工作。对企业财务决算，着重审查以下几个方面：（1）企业是否将应转作国家资本金的各项基金、资金按照规定如数转作国家资本金；企业进项税额和销项税额的核算是否符合国家有关规定；（2）企业购进存货或接受劳务的计价、销售收入的核算是否符合国家有关规定；企业固定资产折旧分类、折旧方法和折旧年限是否符合新制度有关规定；（3）企业成本、费用列支范围是否符合新制度有关规定，业务招待费是否在规定限额之内，计提坏账准备金的基数、比例、范围是否符合新制度有关规定；（4）企业对外投资所取得的净收益是否计入利润总额；汇兑损益是否按财政规定进行处理；（5）企业缴纳所得税后的利润分配是否符合新制度和国家其他有关规定；

对事业行政财务决算，着重审查设备购置费、修缮费、会议费、差旅费开支情况以及超编人员经费压缩情况，审查以现金或实物形式发放的奖金、津贴、补贴等有关情况和问题。凡是应由预算外开支的费用不得挤入预算内列报；按规定属于基本建设的开支，不得挤占行政事业费。防止和纠正随意以领代报、以拨作支等虚报国家财政决算支出的问题。加强行政事业单位收入分配的审核，正确处理国家、单位、个人三者关系，确保单位收入主要用于发展事业；事业收入中按国家规定减免税金的部分，应全部用于发展事业，不得用于福利基金和奖励基金的分配。各单位年度决算应按银行支取数列报“银行支出数”，以单位实际报销数列报“实际支出数”。

是年，市财政核定城区财政收入 2116 万元，实际完成 2263.3 万元，比上年增长 21.85%，超收 405.9 万元；财政预算支出 2421.3 万元，为年度调整预算的 93.16%，比上年增长 14.4%；可用财力 2758.7 万元，减去财政支出 2421.3 万元、年终滚存结余 337.4 万元、剔除结转下年继续使用资金 177.7 万元，年终财政净结余 159.7 万元。

1995 年的决算编审要求：认真审查财政、财务收支数字，如实编报是年决算。

对企业财务决算，着重审查是否按规定核算进项税额和销项税额，计算和缴纳增值税；企业是否按规定核算销售额和营业额，计算和缴纳消费税和营业税；是否按规定核算各项成本和费用，计算和缴纳所得税；是否按规定进行税后利润分配；国有资产是否得到保值和增值。

加强基本建设财务决算的审查。各项基建支出都要严格划清基建拨款，预算安排的“经营性基金”或“拨改贷”资金，分别编报基本建设支出决算。各部门和建设单位的基建收入以及应上缴收入，要根据投资隶属关系按规定及时上缴财政。

对行政事业单位的财务决算，着重审查年终是否存在以各种形式滥发奖金、津贴、补贴等问题；是否存在应在预算外列支的项目挤入预算内；是否存在应属于基本建设的支出挤占行政事业经费；是否有以领代报、以拨作支等虚报国家财政决算支出的问题。

对社会保险基金收支决算，着重审查有无违反规定向企业少收或多收社会保险基金的行为；有无超提管理机构经费的行为；社会保险基金收支结余是否按规定主要用于购买国库债券；有无违反规定动用基金结余进行各种投资行为；有无将基金结余用于购建宿舍、办公楼、固定资产等行为。

是年，城区一般预算收入任务 2447 万元，实际完成 2991 万元，完成年任务的 122.23%，为考核任务的 111.02%，为奋斗目标的 101.67%，比上年增长 32.15%，超收 544 万元，比上年增收 728 万元。财政预算支出执行 2774.4 万元，为年度调整预算的 90.14%，比上年增长 14.58%。

1996 年，是国民经济和社会发展“九五”计划的第一年，也是加快城区改革和发展步伐的关键阶段。全区财政总收入完成 5027 万元，为年度预算的 112.12%，比上年增长 16.8%。其中一般预算收入完成 3608 万元，为年度预算的 113.89%，增长 20.63%。分系统看：国税系统完成 537.5 万元，为年度预算的 113.16%，为考核任务的 112.92%，为奋斗目标的 110.37%，增长 16.96%；地税系统完成 2534 万元，为年度预算 103.98%，为奋斗目标的 95.3%，增长 13.37%；财政系统完成 536.4 万元，为年度预算的 209.53%，为考核任务的 200.15%，增长 81.9%。全年财政支出 3466 万元，为年调整预算的 93.62%。

1997 年，在决算编审中注意做到如下几点：

落实省财政厅出台的《财政平衡和消化赤字奖励政策》。为优化财政发展环境，山西省制定财政平衡和消化赤字奖励办法，规定各地市、县区实现收支平衡、消化赤字，必须以保证当年基本工资发放和科学、教育、支农支出的合理增长为前提，其中支农支出执行预算进度应当达到省财政厅与地市签订的目标责任制规定的比例或执行进度达到 80% 以上；县（区）市连续三年无累计赤字，即连续三年中每一年的累计净结余均不是负数，可享受平衡奖励；县（区）市用自有财力消化 1994 年年底以前的赤字，可按消化赤字额的 50% 计奖。消化 1994 年以后新发生的赤字，不予计奖。各地（市）县编报决算时，应将上解上级的各项支出足额计入上解额。各地市、县在上报决算时，必须上报地（市）与各县的详细结算资料，如发现有应上解而未上解或多列补助的县区，除扣回已得奖励款外，还要视情节作严肃处理。

预算支出情况。城区从严控制支出，做到积极、稳妥、科学、合理。年初城区人大第十一届五次会议批准支出预算为 3470 万元，市级专项补助 640 万元。预算支出分项目执行情况：基本建设支出 245 万元，为年度预算调整的 62.02%；企业挖潜改造支出 61 万元，为年度调整预算的 50.83%；科技三项费用支出 23 万元，为年度调整预算的 63.89%；文教事业费类 1197 万元，比上年增长 14.45%。其中，教育事业费支出 1124 万元，增长 14.69%，高于一般预算收入（10.77%）的增长幅度；

生均教育事业费1389元，比上年增长13.62%；生均公用经费261元，比上年增长30.52%，较好地实现“三个增长”；行政管理费支出555万元，为年度调整预算的89.37%，比上年增长4.52%。公检法支出431万元，为年度调整预算的95.99%，比上年增长8.29%。

1998年，阳泉市城区决算编审情况：

预算编制执行情况。按照上级要求，在预算内安排国有企业下岗职工基本生活保障和再就业资金，对下岗职工基本生活保障科目实行专账核算、专款专用、专项管理；国有企业下岗职工基本生活保障和再就业资金的年度结余结转下年继续使用，不得改变用途；建设项目在办理竣工结算前清理出来的结余资金，按下列情况进行财务处理：经营性项目的结余资金，相应转入生产经营企业的有关资产；非经营性项目的结余资金，按投资来源比例分别用于归还贷款和进行分配，其中国家投资形成的结余资金，50%上缴同级财政部门，20%上缴主管部门；用于基本建设投资管理方面的支出，30%作为建设单位留成收入；应缴财政的包干结余要在办理竣工决算后30日内上缴财政。

财政结算及结余情况。根据阳政发〔1994〕55号《关于实行分税制财政管理体制的通知》及有关规定，城区一般预算收入4304万元，中央税收返还收入1393万元，市专项补助567万元，定额结算补助-205万元，其他补助19万元。本年支出4094万元，体制上解1755万元，城维税上解113万元，价格调控基金上解63万元，上划地税挂钩经费136万元，调出资金（水利基金）34万元，上年滚存结余799万元，年终滚存结余682万元，剔除结转下年使用502万元，净结余180万元。

1999年，按照上级要求，财政决算有序进行。

决算编制政策执行情况。是年规定，凡使用国家财政性资金（包括预算内、外资金，各种专项基金，国债资金，政府性外资贷款）安排的基本建设项目，其竣工财务决算必须报同级财政部门或财政部门委托的会计师事务所审查，审查核批后，才能作为国有资产交付使用和项目竣工验收的依据。已具备竣工验收条件的项目，3个月内不办理竣工验收和固定资产移交手续的，视同项目正式投产，其费用不得从基建投资中支付，所实现的收入作为生产经营性收入，不再作为基本建设收入管理。

财政总收入完成6421万元，为调整预算的100.06%，比上年增长1.97%，增收124万元。在总收入中：一般预算收入完成4408万元，为调整预算的100.09%，比上年增长2.42%，增收104万元；上划中央收入完成2013万元，为调整预算100%，比上年增长1%，增收20万元。在一般预算收入中，各项目完成情况：增值税完成661万元，为调整预算100%，比上年增长0.92%；营业税完成1447万元，为调整预算的94.27%，比上年降低11.34%；企业所得税完成178万元，为预算的95.7%，比上年降低5.82%；个人所得税完成812万元，为预算的140%，比上年增长53.21%；城市维护建设税完成188万元，为预算的55.29%，比上年降低16.44%；罚没收入完成184万元，为预算的56.27%，比上年降低44.58%；专项收入完成137万元，为预算的112.3%，比上年增长18.1%；全区基金预算收入完成28万元，比上年降低17.65%。

2000年，针对收入吃紧，财力紧张的严峻形势，在编制财政决算时主要采取以下措施。

（1）回顾检查《中华人民共和国预算法》执行情况，合理安排财政支出。从年初开始，按照“个人部分按实际，公用部分按标准，专项支出视财力”的原则，全面推行零基预算，执行“统一标准，单位测算，财政审核，政府通过，人大批准”的预算审批程序，及时批复下达各单位，增加预算的科学性、透明度和严肃性。

（2）优化支出结构，确保重点支出。在“保工资、保法定、保改革、保重点”方面狠下功夫，对社保社救重点予以确保，缩减财政资金在经营性、竞争性领域的投入，挤出财力保重点。重点安排科教文卫经费，达到规定标准，教育事业费支出1259万元，比上年增长10.93%，高于一般预算收入增长5.31个百分点。

（3）强化监督检查，严肃财经纪律。要求各单位、各部门严格按《事业单位财务规则》《行政事业单位财务规则》规定，加强行政性收费和罚没收入的管理工作，严格执行“收支两条线”制度，避免坐收坐支现象发生。

（4）加大对各单位财务收支监管力度，严格控制公用经费的较快增长，公用经费支出进度比上年降低13.2%。

城区财政在运行中存在的问题表现：

（1）经济总量不足，增长质量不高，使财政增收基础薄弱，组织收入困难很大，财政增收环境没有好转。在城区传统产业结构、产品结构未得到根本调整的情况下，经济增长内在质量较差，也是造成城区财政收入增长与经济增长相脱节的重要原因。

（2）财政收支矛盾突出，资金调度困难加大。由于经济效益不振和税源基础萎缩，收入增长受到很大限制，收入增势滑坡状况日益严重。政策性增资因素较多，原体制上解逐年递增，财政刚性支出增加，财政负担沉重，缓解资金供需矛盾迫在眉睫。

（3）税收管户调整的随意性，挫伤地方组织收入的积极性，组织收入难度进一步加大。财政系统罚没收入不规范、不稳定以及政策性减费因素，直接影响城区的财政收入，使财政增收后劲乏力。

（4）财政支出效益和质量不高，专项资金使用情况监督滞后，铺张浪费、资金使用效率低下等问题依然存在。

2001年，在决算编制中，为便于编制合并会计报表，纳入合并会计报表范围内的母子公司，城区财政尽量采用相同的会计政策予以处理。如果企业母公司已经实施《企业会计制度》，母公司应当要求子公司也实施《企业会计制度》；如果其子公司未实施《企业会计制度》，在编制合并会计报表时，应当按照《企业会计制度》规定对子公司会计报表进行调整，并按调整后的数字编制合并会计报表和决算。

针对城区财政收入吃紧，财力紧张的严峻形势，主要采取以下措施：严格执行《预算法》，合理安排支出。优化支出结构，确保重点支出。在保工资、保法定、保改革、保重点上狠下功夫，对社保社救重点予以确保，缩减财政资金在经营性、竞争性领域的投入，挤出财力保重点。强化监督检查，严肃财经纪律。要求各单位、各部门严格按《事业单位财务规则》《行政事业单位财务规则》的要求，加强行政性收费和罚没收入的管理，严格执行“收支两条线”制度，避免坐收坐支现象发生。加大对各单位财务收支监管力度，严格控制公用经费增长，使全年公用经费出现一定幅度的降低。

2002年，提出财政预算执行是各级财政部门实现收入、支出、平衡和监督过程的总称，是按照批准后的预算组织其实现的活动，是把预算由计划变成现实的具体实施步骤，处于整个预算管理工作的中心环节。为进一步做好预算执行分析工作，及时了解和掌握预算执行情况和对出现的新情况、新问题进行认真研究总结，便于以后开展工作，要求在决算编制时，如实将全年预算执行情况反映出来。2002年是城区财政体制自1994年分税制改革以来又一次较大调整的关键一年。一年中，城区财政工作人员大力增收节支，优化支出结构。坚持依法治税、依法理财，深化财税改革，强化收支管理，财政收入完成预算，财政支出得到有效控制，为促进区域经济和各项社会事业健康发展做出贡献。

财政收入预算执行情况。全区财政总收入完成8801万元，为预算的103.29%，超收280万元，同比增收15.89%，增收1207万元。其中，上划中央收入完成3337万元，为预算的99.94%，同比增长12.51%，增收371万元；上划省级收入完成1413万元，为预算的102.27%，同比增长14.87%，增收183万元；一般预算收入4051万元，为预算的106.61%，超收251万元，同比增长19.22%，增收653万元。

财政支出执行情况。一般预算支出5951万元，为调整预算的95.75%，同比增长10.35%。主要支出项目执行情况：科技三项费用支出52万元，增长20.93%；教育事业费支出1587万元，增长25.26%；抚恤和社会救济费支出469万元，增长66.9%；行政管理费支出810万元，增长14.89%；城市维护费支出641万元，增长3.89%；专项支出250万元，降低50.59%。

2003年，为编制好全年决算，城区在完成财政收支预算方面采取如下措施：

（1）狠抓国库管理工作。强化财政国库管理的重要性，提高财政国库工作人员总预算会计账务处理能力。积极组织各股室相关人员及预算单位财会人员，对财政总预算和部门决算进行培训，使相关人员能够严格按照政府收支分类科目的要求把好财务数据账务处理关。

（2）抓好决算新软件的研究和使用。为适应财政决算报表软件经常更新的需要，安排专人做好财政总决算和部门决算的编审工作，具体做法：与业务股室和部门单位配合，积极主动和对相关数据，做到数据的准确和一致；随时关注上级部门决算参数和审核要求变化，结合行政事业单位实际情况进行必要的调整和增加，将更新后的参数模块下传预算单位，进一步提高报表审编效率；预算报表中的有关经济指标数据按编审要求与统计部门核对，保证上报数据的一致。

（3）做好财政总决算和部门预算的衔接工作。决算体系改革后，财政总决算反映各级政府收支情况，部门决算反映各部门的收支情况。按照这个定位要求，财政主要在以下几个方面做好两套决算的衔接工作：做好对各单位部门决算的布置和审核工作，确保部门决算的真实准确；做好两套决算相关项目的核对工作；做好财政总预算部门报表的数据转换工作。

2004年，要求各编报单位认真组织，高度负责，严格按照报表说明和逻辑关系填列、审核，做到口径一致，数字准确、不重、不漏，更不能出现总表与分表不符现象，保证报表数据真实、完整、合法。

财政收入预算执行情况。财政总收入完成12150万元，比上年增长19.93%，增收2019万元。其中一般预算收入完成5658万元，超收989万元，增长21.18%。

财政支出执行情况。财政支出预算6745万元，在执行过程中，上年结转使用239万元，市下达专项补助1551万元，一般性转移支付补助261万元，是年超收安排481万元，动支上年结余144万元，年初社会保障转移支付补助收入457万元，各项结算补助减少29万元，以上两项在预算支出变动项目中共剔除486万元，经过支出预算变动，一般预算支出调整为8935万元。是年，财政支出执行8713万元，同比增长13.11%，增支1010万元。

财政收入的主要特点。主体税种都有不同程度增幅，成为拉动收入增长的重要因素：企业所得税、营业税、增值税、个人所得税分别增长52.83%、19.14%、15，38%、9.24%，特别是企业所得税完成数为预算的137.55%，表明财政增收基础比较坚实；非税收入大幅增长：由于政策原因，是年又将一批预算外收入纳入预算管理，形成政策性非税收入增收。财政部门组织非税收入完成820万元，为预算的120.59%，同比增长57.09%，增收298万元；财政收入呈抛物线态势运行；财政总收入按月统计分析，增幅分别为 5.55%、-10.11%、-9.9%、3.57%、11.55%、28.27%、25.69%、26.22%、24.35%、24.22%、24.72%、19.93%。一般预算收入增幅分别为 -6.11%、-14.90%、-12.13%、1.96%、7.10%、29.79%、23.49%、22.51%、22.94%、22.30%、25.33%、21.18%。是年前 5 个月运行缓慢，6 月增幅达到最高。后半年基本平稳。财政收入增幅为近年来最高：财政总收入增幅在 2001 年、2002 年、2003 年 9.75%、15.89%、15.11% 基础上又创新高，增幅达 19.93%，财政一般预算收入增幅在 2001 年、2002 年、2003 年 10.34%、19.92%、18.47% 的基础上，增幅达 21.18%。基金预算收入 73 万元，为城市维护建设税按比例划转水利建设基金。

2005 年，对财政决算提出三点要求：

（1）切实组织年终收支清理工作。认真核对年度预算，全面清理应收应支款项，核实、结清各级财政部门之间、财政部门与各主管部门之间、主管部门与所属基层单位之间的拨借款项和往来账款，各级财政部门要会同金库、征收机关及有关单位认真进行决算数据对账工作，将决算收支数据核对一致，确保数据真实可靠，为全面准确编制好决算夯实基础。

（2）认真做好决算编审工作。要严谨、细致地做好对报表数据的技术性审查，最大限度地减少技术性失误；要按照财政总决算与部门决算相衔接并协调一致的要求，使两套决算在相关数据上保持一致；要在保证决算数据准确可靠的前提下，认真审查年度收支计划完成情况，分析超收或短收、结余或超支的主要原因。针对年度预算执行中反映出来的突出问题，对各类财政收支进行严格审查，对于违反规定的，要根据有关法律、法规及时纠正，严肃处理。

（3）逐步提高决算分析水平。要充分利用决算数据这一宝贵资源，结合国家经济政策和财政经济中的热点、难点、重点问题，引入较为先进的分析方法和分析手段，深入分析政府财政收支对资源配置、收入分配和宏观经济调控的影响，向政府和领导提供有价值的政策建议。决算报表，重在实用。要使决算真正成为预算编制的基础，使决算分析成为领导决策的参考。

2006 年，为做好财政决算，主要掌握如下情况：

（1）全年财政增收原因。营业税增长原因：主要是建筑业、房地产业、金融业三大行业税收增长。金融业完成 379.7 万元，同比增长 34.64%，增收 97.7 万元。主要是城市信用社贷款业务正常运行，增贷业务增长，促进税收增长；建筑业完成 1346 万元，同比增长 193.57%，增收 1004 万元。主要是城市改造、阳钢拆迁工程进展较快，房地产企业迅猛发展，还有上年联丰商城、丰泽园等工程结算延滞，促进税收增长；房地产业完成 1913 万元，同比增长 222.3%，增收 1460 万元。新增纳税户金联置业有限公司，该公司预售滨河世纪城商品房款 23874.5 万元，全部足额征收销售不动产营业税，税收在两年内有增长潜力。金联置业有限公司缴纳营业税 1193.7 万元；企业所得税增长的主要原因：城区地税局企业所得税入库 1180 万元，增长 65.73%，增收 478 万元；城区国税局企业所得税呈现高增长势头，城市信用社缴纳 2006 年度企业所得税 1358 万元；增值税增长主要原因：煤炭运销行业是增值税增长的主力，山西煤炭进出口公司阳泉分公司全年实现增值税 887 万元，增长 56.7%，增加 320 万元；商业零售企业华龙超市实现销售 6500 万元，实现增值税 156 万元，增加 54 万元。银鹰金店实现销售收入 1630 万元，实现两税 140 万元，增加 34 万元。新增税源对增值税的影响，是年共办理新认定户 25 户，入库增值税 200 余万元；个人所得税增长主要原因：银行系统储蓄存款结息期缩短，按年结息两次，按季结息四次，影响个人利息所得税一次性增长约 22.7%，比正常年份个人利息所得税平均增长幅度高出约 8%；国家调增定期存款利率、房贷利率及股市的低迷，使居民把闲置资金转向储蓄。

（2）财政支出执行情况。财政一般预算支出 13852 万元，为年度调整预算的 98.51%，增长 39.61%，增支 3930 万元。是年财政支出的主要特点是为确保社会稳定方面做出贡献。确保人员经费足额发放：城区财政积极组织预算收入，加强资金调度，认真落实工资发放责任制，严格工资专户管理，确保机关事业单位人员基本工资按月足额发放，并按新标准按时发放职工冬季取暖补贴，发放在职人员年终一次性奖金。确保城市居民最低生活保障金足额发放：发放城市居民最低生活保障支出 850 万元，累计发放 37943 户、95793 人次；再就业支出 120 万元，对“4050”人员、下岗人员进行再就业培训，有力维护社会稳定。另外，计划生育经费得到全面落实，社区干部待遇如期兑现。

2007 年，全区财政总收入完成 26326 万元，增长 44.32%，增收 8085 万元。其中，一般预算收入完成 12548 万元，增长 47.26%，增收 4027 万元。财政收入完成的主要特点：

（1）收入增幅高、序时进度快。立足于抓早、抓细、抓实，自我加压，奋力赶超，首季实现开门红，二季度提前 30 天实现收入任务过半，保持收入进度快于序时进度的趋势，财政总收入和一般预算收入累计增幅均超过 44%。

（2）财政收入增长呈现出不均衡的特点。财政总收入与上年同期相比，月累计增幅分别为 -4.63%、0.83%、13.73%、14.82%、39.90%、33.17%、30.61%、36.16%、39.32%、39.22%、41.08%、44.32%。一般预算收入与上年同期相比，月累计增幅分别为 -2.39%、5.58%、23.10%、20.82%、46.65%、35.92%、35.08%、43.82%、43.51%、42.25%、45.20%、47.26%。

（3）主体税种增收强劲，成为拉动财政收入增长的主要力量。四大主体税种共完成 22643 万元，占财政总收入的 86.01%，增加额达 7169 万元，占财政总收入增加额的 88.67%，是拉动财政收入快速增长的主要因素。

（4）企业所得税增长迅速。共计完成 5228 万元，同比增长 80.51%，增收 2326 万元，其中市商业银行纳税 2056 万元。

（5）部分零星税收增势较好，小税种快速增长。财税部门贯彻“抓大不放小”方针，在抓好重点税源管理基础上，努力挖掘小税种征管潜力，促进以房地产、城市维护建设税等税种快速增长，小税种合计完成 2552 万元，增长 42.49%。

（6）重点企业对财税贡献增大，成为财政增收的动力。全区纳税额在 500 万元以上的企业 5 户，比上年增加 3 户。其中，市商业银行纳税 3166 万元，金联置业有限公司纳税 2943 万元，铁路实业总公司纳税 946 万元，聚源电力实业总公司纳税 872 万元，山西省煤炭进出口阳泉公司纳税 544 万元。纳税 500 万元以上企业共缴纳税款 8471 万元，占全区财政总收入的 32.18%，成为财政增收的支撑力量。

（7）第三产业税收仍占主导地位。第三产业税收完成 20832 万元，同比增长 47.57%，比上年增加 25.32 个百分点。非公有制税收完成 18807 万元，占财政总收入的 71.44%，增加 8.48 个百分点。

2008 年，城区财政在决算编审中提出如下要求：

（1）坚持扩大内需，实施积极的财政政策。是年，各部门全面贯彻中共十七大和十七届三中全会精神，在复杂、困难的国内外形势下，适时调整宏观调控的方向和重点，保持国民经济平稳较快发展。但从是年四季度看，百年一遇的全球性金融危机导致国际经济金融形势恶化，对经济增长、就业、企业效益、财政收入等方面产生的影响逐步显现并不断加重、加深。受政策性减税和经济增长放缓、企业效益下降影响，近几个月财政收入增长逐月大幅下滑，面对国际、国内严峻形势，城区决定按照中央精神，把稳健的财政政策调整为积极的财政政策，把从紧的货币政策调整为适度宽松的货币政策，努力促进经济平稳较快发展。

（2）依法加强税收征管，大力组织财政收入。坚持依法征管，努力做到应收尽收，确保财政收入稳定增长。严格按照《中华人民共和国税收征管法》及实施细则的规定，切实加强对重点税种、行业和地区税源管理，着力提高征管质量和效率。严格控制减免税，坚决制止和纠正擅自出台“先征后返”等变相减免税政策，及时清理2008年年底到期的税收优惠政策，严厉打击偷骗税等违法活动。规范非税收入管理，逐步将预算外资金全部纳入预算管理。按照“强化税收、清理收费”的原则，优化财政收入结构，全面清理取消不合法、不合理的收费和基金项目。对行政单位国有资产出租出借收入和处置收入、事业单位国有资产处置收入实行“收支两条线”管理。

（3）调整优化支出结构，切实保障重点支出需要。对财政安排的教育、科技、社会保障、环境保护、节能减排等重点支出，要按照预算加快支出进度，确保资金及时足额拨付到位。要严格控制一般性支出，严格控制“人、车、会、网络、招待”等支出增长，防止年终突击花钱。加强对财政资金使用情况的监督管理，严肃财经纪律，坚决制止铺张浪费，坚持勤俭办一切事业。考虑到全年财政收支形势紧张，是年如有超收，除安排用于解决历史债务、特殊的一次性支出等必不可少支出外，原则上转入2009年预算使用。是年，全区财政总收入完成35045万元，增长33.12%；其中一般预算收入完成17086万元，增长36.17%。全区一般预算支出完成26370万元，增长36.16%。

2009年，阳泉市城区财政在决算编制方面做到如下几个方面：

（1）继续实施积极的财政政策，促进经济社会又好又快发展。面对历史罕见的国际金融危机严重冲击和自然灾害频发等困难和挑战，全区各部门认真贯彻中共十七大和十七届三中、四中全会精神，全面实施应对国际金融危机的一揽子计划及相关政策措施，全力做好保增长、保民生、保稳定各项工作，经济社会发展取得显著成效。在此基础上，财政状况逐步好转，收入增幅回升，重点支出得到有效保障。经济运行中的新老矛盾和问题相互交织，一些深层次矛盾特别是结构性矛盾仍未有效缓解，财政增收压力较大，收支矛盾依然突出，需要把握好财税政策实施的力度、节奏、重点，落实和丰富完善应对国际金融危机冲击的“一揽子”计划，促进经济社会又好又快发展。

（2）依法加强税收征管，大力组织财政收入。在认真落实结构性减免税费政策的同时，依法加强税收征管，强化非税收入管理，努力做到应收尽收。坚持依法治税，落实好有关加强税收征管工作的各项措施，切实加强对重点税种、行业和地区税源管理，促进堵漏增收，不断提高税收征管质量和效率。坚决贯彻“依法征税，应收尽收，坚决不收过头税，坚决防止和制止越权减免税”的组织收入原则，既不能以完成税收任务为名收过头税，转引税款、虚收空转；也不得以各种名义越权减免税、缓缴税、擅自豁免欠税。按照“正税清费”原则，继续加强和规范政府非税收入管理，既要清理取消不合法、不合理的收费基金项目，严格控制设立新的收费基金项目；又要确保政策法规规定的各项非税收入及时足额上缴国库或财政专户，防止隐瞒、截留、挤占、坐支和挪用政府非税收入。

（3）从严控制一般性支出，切实保障重点支出需要。要大力压缩公务购车用车、公务接待、出国（境）等方面的费用支出，严格控制党政机关办公楼等楼堂馆所建设，严禁超面积、超标准建设和装修，从严控制一般性支出，降低行政运行成本。要切实履行职责，严肃财经纪律，坚决防止各种违纪违规行为。进一步调整和优化财政支出结构，加大教育、医疗卫生、社会保障与就业、保障性安居工程等方面的投入，把有限的财力真正用到促进经济社会发展的重要领域，促进经济平稳较快发展，切实保障和改善民生。狠抓支出执行管理，加快预算执行进度，不断提高预算支出的均衡性，控制和减少专项结转和净结余资金。既要按预算和项目进度及时拨付财政资金，又要确保财政资金使用合法合规，严防违规操作和年终“突击花钱”行为。按照规范财政资金专户管理要求，严格按规定程序开设专户，清理、撤销未按规定程序开设的专户，归并同类专户，规范和加强财政资金管理。是年，全区完成财政总收入 37761 万元，同比增长 7.75%；其中，一般预算收入 20100 万元，增长 17.64%；一般预算支出 30778 万元，增长 16.72%。

2010 年，按照上级财政要求，城区财政对决算编制提出如下技术要求：

（1）封面和年初数据的提取。为保证各单位封面和年初数据的正确，各单位应在做好软件关联任务基础上，使用“录入”栏下的“封面提取”和“上年数据提取”，以提取封面资料和年初数据。

（2）注重年末结余填报问题。部门决算单位年末结余不能填报负结余；对单位审计后要求调整上年收支的，单位不能调整当年收支，应调整上年结余，并附调整依据和说明；部门决算报表的资金不包括偿还性资金。

（3）审核出错处理。逻辑性公式审核出错时，除个别单位涉及地方禁用科目出现错误可不作修改，并填写出错说明；其他错误都应按公式审核要求修改调整；对审核出错时，应直接在错误条上逐条编写出错说明，出错说明要求准确、详细、有说服力，不能填写“与上条相同”作为出错说明。

（4）有关数据的核对。财政预算内、外拨款和非税收入征缴数据核对时，各单位在编制报表前应与各财政归口业务科室核对预算内、外收入数及相应科目；有非税收入征缴的单位，应在财政决算附非税收入征缴情况明细表填制完成后，打印纸质报表，送综合科室核对非税收入征缴数及相应收费项目，由综合科室核对签字后，与上报的部门决算纸质报表一起上报；一级预算单位对下级单位的补助，应按照部门汇总与财政归口业务科室核对财政拨款数；汇总时，本部门所有单位的预算级次，按上级财政部门要求通过“单位排序整理”功能，将本部门所属单位按财政预算代码进行排序；部门决算报表填报人员情况应与上报财政供养情况表数据核对一致；部门决算报表填报资产情况应与上报国有资产信息平台资产数据核对一致。

2011 年，对编制财政决算报表提出如下注意事项：

根据业务股室提供的财政资金核拨数（包含预算内、基金、财政专户资金），以正确的科目，真实填报部门决算报表，要将预算内和基金拨款核对到项级科目，财政专户管理资金核对到款级。为方便部门决算编制单位，财政资金拨款数表式通过邮箱发送，以主管部门（一级预算单位）为单位，将联系邮箱账号、部门名称、联系人姓名在 12 月 28 日前告知。

根据实际预算安排结合供养人口填报情况，填报基本数字表中的人员。

有非税收入的单位据实填报非税收入征缴情况明细表，并将其打印与综合部门核对，经过综合部门人员签字后正确填报非税收入征缴情况明细表。

2011 年封面新增的国民经济行业分类，根据统计部门确定的部门行业分类填报。

部门决算填报的资产数与上报国有资产信息平台资产数相一致。

资产情况表中车辆情况根据单位上报综合部门的党政机关公务用车专项治理报表填报。

2012 年，通过财政决算总结增收的主要因素，包括四点：

（1）加强征管，是税收增长的有力保障。通过清理漏管户，加强汇算清缴，定期调整定额，加大专项稽查力度等措施，国税系统全年增收近 800 万元，地税系统清缴入库近 1500 万元，纳税评估入库税款 890 万元。

（2）非即期收入和查补税收入库是增收主要因素之一。是年，房地产行业增收 1754 万元，主要是地税系统非即期收入入库 1535 万元、查补税收 563 万元。

（3）新增管户和重点纳税大户对增收贡献明显。新增税源管户水泵厂和阀门厂纳税 279 万元；商业银行同比增收 396 万元，汇通小额贷款股份有限公司增收 96 万元，华通路桥增收 105 万元，沃尔玛、北国商城、苏宁电器共增收 281 万元。

（4）非税收入增加对收入增长发挥补充作用。是年，罚没收入同比增收 101 万元，房租收入纳入预算管理增收 71 万元。

财政总收入分级次完成情况。上划中央收入完成 15759 万元，为预算的 95.97%，同比增长 6.61%；上划省级收入完成 6866 万元，为预算的 91.89%，增长 5.48%；一般预算收入完成 27020 万元，为预算的 98.59%，增长 8.52%。

财政总收入分结构完成情况。税收收入完成 47947 万元，为预算的 96.47%，占总收入的 96.58%，同比增长 7.43%；非税收入完成 1698 万元，为预算的 106.13%，占总收入的 7.28%，占总收入的 3.42%，增长 8.99%。

一般预算支出执行情况。一般预算支出执行 45386 万元，同比增长 17.78%。其中，一般公共服务 7492 万元，降低 0.05%；国防支出 160 万元，降低 6.98%；公共安全 2316 万元，增长 29.82%；教育 18905 万元，增长 26.90%；科学技术 597 万元，增长 22.59%；文化体育与传媒 354 万元，增长 2.02%；社会保障和就业 4604 万元，增长 6.11%；医疗卫生 3993 万元，增长 5.47%；节能环保 233 万元，增长 22.63%；城乡社区事务 4346 万元，增长 15.86%；农林水事务 49 万元，增支 47 万元；资源勘探电力信息等事务 154 万元，减支 57 万元；商业服务事务 210 万元，降低 46.02%；援助其他地区 62 万元，增支 3 万元；住房保障支出 1230 万元，增长 148.99%；其他支出 600 万元，增支 458 万元。

2013 年，在编制年度财政决算时，阳泉市城区对一年的工作情况进行总结，主要包括：

（1）科学组织收入，创新税收征管，确保财政收入实现稳步增长。努力克服财税减收政策的影响，采取积极有效的收入组织措施，建立健全财税收入增长监控机制，加强对重点行业、重点企业和重点税种征收管理，保证收入及时足额入库。加强对组织收入预警与分析：进一步强化税源分析、税收预测预警分析、税收管理风险分析和政策效应分析，及时掌握税源底数及变动趋势。认真分析税源结构和变化情况，及时反映经济变化对税收的影响，采取积极的应对措施，确保税收与经济协调发展；开展餐饮行业发票专项检查：重点检查发票使用情况，有无借用发票、使用假发票情况，通过专项检查，较好地规范餐饮行业税收秩序；认真落实各项税收优惠政策：把落实税收优惠政策作为推进规范执法的重要内容，不折不扣地严格执行规定，充分贯彻国家的优惠政策，减化办税环节，提高办税效率。

（2）优化支出结构，保民生保重点，促进各项事业协调发展。加大对教育、科技、文化、卫生、社保、计生等社会事业的支持力度，坚持民生支出优先与保障重点支出并重，确保各项资金安排并落实到位。其他各项事业经费均按轻重缓急得到解决，财政在优化支出结构、保障各项事业发展上发挥积极作用，使财政资金向符合科学发展要求的领域倾斜。

（3）深化财政改革，加强财政管理，提高财政科学化精细化管理水平。深化财政国库管理制度改革。完成非税收入收缴制度改革工作，非税收入收缴管理系统运行日渐完善，所有的执收单位收费纳入非税收入收缴管理平台。积极开展公务卡制度改革，公务卡改革全部覆盖所有预算单位。认真清理财政对外借款，规范财政对外借款制度，加大财政借款回收力度。加强财政结转结余资金管理，有效盘活国库资金存量，腾出资金用于保障和改善民生。深入推进预算编制与行政事业单位资产管理有机结合，督促部门按要求执行预算，强化财政预算约束。开展预算绩效评价工作，完善政府采购监管与运行机制，不断提升政府采购效率和质量。

（4）强化财政监督，健全监管机制，保障财政资金安全高效。严格公共财政资金管理和监督，强化对教育、医疗卫生、社会保障等民生资金的监督检查。对转移支付资金、专项资金特别是涉及民生的各类补贴资金和经济社会发展的各项建设资金加大监督检查力度，切实把资金管好用好。突出重点、标本兼治，抓住财政管理中的薄弱环节、社会关注的热点问题开展专项检查，加大专项治理工作，加大对“小金库”等财政违纪现象结果的处罚力度，进一步提高财政资金使用的规范性、安全性和有效性。严格会计制度，跟踪财政资金流向，并进行有效监控，为公共财政资金装上“安全锁”“防盗门”，确保财政资金安全高效。

2014 年，在编报 2014 年财政总决算工作中，遇到前所未有的状况，即财政总收入和公共财政预算收入增幅首次出现负增长，财政总收入降幅为 3.26%，公共财政预算收入降幅为 4.61%，主要表现：

（1）经济增速放缓，造成部分税收大户收入下滑。据统计，全区纳入国、地税重点监控的 84 户企业中，纳税额同比下降 29.59%。

（2）主体税种增长乏力。国家实行结构性减税政策减轻企业和个人纳税负担，但同时也影响税收收入增长。城区四大主体税种增值税、营业税、企业所得税和个人所得税同比降低 3.16%，减收 1258 万元。地方小税种如城市维护建设税、房产税、印花税和土地增值税同比分别下降 19.49%、9.68%、27.92%、62.24%。

（3）各系统收入完成增幅差别大。国税、财政系统收入分别实现 1.13% 和 7.96% 的增长，地税首次出现负增长，同比降低 6.01%。

（4）在财政收支矛盾十分突出的情况下，城区财政优化支出结构，统筹安排各项财政资金，从严控制“三公”经费，努力提升全区人民群众的幸福指数。全年，公共财政用于教育、医疗卫生、社会保障和就业、住房保障、文化等方面的支出合计 36650 万元，占公共财政预算支出的 80.07%，促进各项社会事业协调发展。

2015 年，阳泉市城区对决算编报提出如下要求：

（1）高度重视，精心组织。各单位要提高对财政决算重要性的认识，加强组织领导，健全工作机制，强化协调配合，加强决算人才队伍建设，进一步夯实财政决算编报、审核、批复和系统建设等工作基础，确保财政决算“收支真实、数据准确、内容完整、报送及时”。

（2）狠抓落实，推进公开。按照“以公开为常态、不公开为例外”原则，牢固树立大局意识，通过扩大公开范围，细化公开内容，完善公开预案，加强公开交流，主动回应社会关切，进一步发挥财政决算公开的社会效应。

（3）开源节流，加强分析。在做好财政决算编审基础上，坚持问题导向，通过综合运用财政决算分析评价表和大数据等分析技术，加强对财政经济运行重点难点问题的分析，加强对财政决算分析评价结果的应用，进一步健全财政决算对经济发展的反映和促进机制。

第三章　预算外资金管理

预算外资金是国家机关、事业单位和社会团体为履行或代行政府职能，依据国家法律、法规和具有法律效力的规章而收取、提取和安排使用的未纳入国家预算管理的各种财政性资金。预算外资金对于促进生产建设、支持经济体制改革、改善和提高人民群众的生活水平都有着重要作用。预算外资金又是财政资金的一个重要组成部分，随着经济发展和社会进步，总量逐年增长，成为国家财政预算必要的财力补充。

新中国成立以来，我国预算外资金的发展经历了由少到多，又通过清理整顿逐步减少直至取消的过程。

1958 年，财政部明确提出预算外资金的概念，从此预算外资金基本形成三大块，即由地方财政部门管理、行政事业单位管理和国营企业管理的三个部分。1978 年中共十一届三中全会以后，为改变以往过分集中的经济体制，国家采取一系列简政放权措施，使预算外资金项目迅速增加，规模迅速扩大。针对预算外资金的膨胀，1993 年，财政部对预算外资金做了一次大的调整，国有企业折旧基金和税后留用资金不再作为预算外资金管理，因而预算外资金口径及其范围缩小了。1996 年，中央开始对预算外资金进行治理整顿，将 13 项数额较大的政府性基金（收费）纳入预算，并将地方财政按规定收取的各项收费、附加纳入预算，不再作为预算外资金管理。1997 年年底，财政部会同国家经贸委、计委、审计署、监察部和纠风办联合发布《关于第一批取消的各种基金（附加、收费）项目的通知》，首批取消 217 项预算外资金项目。由此可见，预算外资金范围界定的变化是与我国经济体制改革的推进分不开的。

第一节　预算外资金的构成与收支

新中国成立后，预算外资金主要来自四个方面：各级财政部门管理的预算外资金；事业和行政单位管理的预算外资金；国有企业及主管部门管理的预算外资金；社会保障基金。

各级财政部门管理的预算外资金。主要有地方附加收入、财政集中的企业收入、财政统管的生产事业收入、财政集中的其他资金等。地方附加收入分为农业税附加、城市公用事业费附加、工商税附加、其他附加。财政集中的企业收入又分为工业企业利润留成、商业和其他企业利润留成、区办“五小”企业利润留成、集中企业折旧基金。财政统管的生产事业收入指小煤窑差价收入、矿管费收入、集中集体企业管理费和矿业公司利润分成等收入。财政集中的其他资金是除上述项目外，地方财政按规定收取的其他各项收入。在 1980 年以前包括以前年度支出收回、工商管理费收入、铁路拆迁费和其他收入等项；1980年后，还包括财政在银行存款的利息收入。2010年，省财政厅以晋财预〔2010〕71号下达《关于将预算外资金管理纳入预算管理的通知》，决定从2011年1月起，除教育收费、彩票发行销售机构的业务费作为行政事业收费纳入财政专户管理外，其余的预算外资金全部纳入预算管理。

城镇公用事业附加。城镇公用事业附加是为了保证维护城镇现有各项公共设施的资金需要，按国家规定的征收范围、附加项目（水、电、电话等）和附加率向城镇用户征收的附加收入。城镇公用事业附加原来由省统一征收，从1957年开始，留归地方自行安排，纳入预算外资金管理。当时开征的附加有工业用水、工业用电、电话等。1964年6月，执行财政部《关于征收城市公用事业附加的几项规定》，对附加范围、附加项目和附加率作统一规定。按规定，附加项目和附加率：工业用水8%，工业用电5%，民用照明用电3%，电话10%。1997年1月1日，将城镇公用事业附加纳入基金预算管理，开征对象除应予免征和停征的项目外，扩大到街道以上工业企业和非工业部门的工业企业。

工商税附加。工商税附加是按工商税和工商所得税的一定比例，随同工商税和工商所得税一起征收的附加收入。新中国成立后，国家对工商税附加作了统一规定。1953年，对原工商业税、城市房地产税附加停止征收。1954年，又恢复征收。1955年前，工商税附加主要用于城市政教事业和公用事业支出。1956年规定，委托私营、公私合营、手工业生产合作社（组）加工、订货、包销商品的，其商品流通税和货物税由国营企业直接纳税者不征附加。1957年规定，工商税附加不分农村、城镇一律附加，附加的对象和附加率不变。1958年规定，不分城镇、农村和经济性质，一律随商品流通税、货物税、工商营业税、工商所得税附征工商税附加1%。实行工商统一税后，改按工商统一税附加征收。1962年规定，随工商统一税、临时商业税和所得税附征1%，一律以实际征收数与省实行对半分成，即50%留用，50%解省。1967年，将工商税附加收入全部留给市（县）使用，省不参与分成。1973年5月，财政部在《关于工商税制改革后城市维护费和工商税附加处理办法的通知》中规定：自当年起随同工商统一税征收的1%附加，改为从新的工商税收中按月提取1%的留成，划归地方使用；原随同工商所得税征收的1%地方附加，仍由纳税单位随正税缴纳。1984年10月，实行第二步“利改税”以后，工商税附加按产品税、增值税、营业税的1%退库提留。1985年3月，财政部在《关于开征城市维护建设税后有关预算管理若干问题的规定》中指出，从1985年1月1日起开征城市维护建设税后即取消工商税附加，原有的工商所得税附加，仍按现行制度继续执行。同年10月，财政部〔198〕财税字195号文件规定，对集体企业不再征收所得税附加。

盐税提成。是按盐业生产企业一定的比例提取的收入。1978年1月，省财政厅通知，可以从盐税中提取1%作为地方财政收入。

区办工业企业利润留成。1972年，根据财政部提出支持地方“五小”企业发展精神，对区办“五小”工业企业实行利润留成制度。“五小”企业系区办直接为农业生产服务的小钢铁、小矿山（主要是小煤窑）、小机械（包括小五金）、小化工（包括小化肥厂和小农药厂）、小建材（包括小水泥）及小水电。“五小”企业正式投产前3年内，每年所实现的利润，60%留区级财政，专户储存，按预算外资金管理；40%纳入区级预算。“五小”企业利润分成，主要用于新建、扩建“五小”企业的基本建设投资，补充“五小”企业流动资金、固定资产更新、技术改造和综合利用。1985年，区办工业企业利润全部作为预算收入纳入国家预算管理，原来区财政用提留资金安排的开支，相应列入预算内支出。

财政集中的企业更新改造资金。是为了补偿已磨损的固定资产价值，按国家规定的比例提取的资金。1966年以前，企业的更新改造资金全部上缴财政，纳入预算管理。1967年开始，企业提取的更新改造基金全部留用。从1972年起，按照有关规定，将财政集中30%的更新改造基金纳入预算外资金管理，主要用于企业的更新改造。1978年规定：除区办工业外，所有企业提取的更新改造基金50%留给企业，50%上缴财政，列为预算外收入。采掘企业（不包括省营），按产量提取的更新改造资金，全部留给企业使用；商业、粮食、文化和供销社系统所属商业企业、服务企业提取的更新改造基金全部留给企业使用；所属工业企业提取的更新改造基金50%上缴国家财政，50%留给企业使用；地方所属新建企业，包括大联合企业的分厂和独立车间，从建设投产的月份开始，在3年内提取的更新改造基金，全部上缴国家财政，3年后按老企业的规定办理；各级财政集中的更新改造基金，主要用于各企业更新改造，专款专用，不得挪用。更新改造资金的使用范围：设备和房屋建筑物等固定资产更新和改造；在原有固定资产基础上进行技术革新改造；综合利用原材料处理"三废"（废液、废气、废渣）；试制新产品；劳动安全保护；零星固定资产购置、零星自制设备和零星土建工程开支。在安排更新改造资金时，优先安排"三废"治理项目。1979年，凡国家资产原值在100万元以下的工交企业、商业、粮食、外贸部门和供销社的工业企业、储运企业，物资部门的供销、储运企业所提取的更新改造基金全部留给企业使用，不再上缴财政。为了解决新投产企业开始生产初期的一些开支，将原来投产后三年内不留折旧的办法改为：新投产企业在建成投产后的三年内，更新改造基金20%留给企业、80%上缴财政。从国外引进的大型建设项目，在建成投产后的3年内，更新改造基金10%留给企业，90%上缴财政。对免缴国家财政更新改造基金的企业，应将实际提取折旧额的30%上缴主管部门，由主管部门安排15%、上缴财政15%。更新改造基金，只能用于现有企业固定资产的更新和技术改造，不能安排基本建设支出。1985年，根据省财政厅《关于贯彻省委、省政府经济体制改革方案有关企业财务问题的通知》精神，对地方级工业企业（不包括煤矿）上缴折旧基金办法进行改革，原地方财政和各企业主管部门集中所属企业的折旧基金停止执行，留给企业使用；历年未清缴部分，仍继续清缴。企业原上缴国家财政30%的折旧基金，从是年起不再上缴，由地方财政集中，用于技术改造。

其他收入。指除上述项目外，地方财政按规定收取的其他各项收入。1980年前，包括以前年度支出收回、工商管理费收入、铁路拆迁费和其他收入；1980年后，主要是财政在银行存款的利息收入。

事业和行政单位管理的预算外资金。指行政事业单位在按规定上缴财政部门收入之后，留在单位的收入、管理和使用均由各事业行政单位自行进行。此类资金主要包括：工业部门收入、交通部门收入、城建部门收入、农业部门收入、林业部门收入、水利部门收入、文化部门收入、教育部门收入、卫生部门收入、体育部门收入、科学部门收入、公检法部门收入、工商管理部门收入、劳动人事部门和其他部门收入。

国有企业及其主管部门管理的预算外资金。此项资金收入始于1981年。1983年开始，国家对企业实行扩权让利和各种形式的承包责任制，企业的专项基金逐步扩大，当时的主要项目：更新改造基金，大修理基金、企业基金、生产发展基金、新产品试制基金、职工福利基金、职工奖励基金、后备基金、"三废"综合利用收入、矿山开拓延伸费、矿山煤炭企业维简费、地方建材发展基金等。此外还有供销、饮食服务、外贸等各种留成收入，各种形式的盈亏包干分成收入和其他收入等。每项资金的来源，都规定专门用途，不得挪用。1985 年，在经济体制改革中，在完善利改税第二步改革的基础上，对企业管理体制进行一系列改革，增强了企业活力。1991 年，由于加快了固定资产折旧速度，工商企业更新改造资金及大修理基金分别较上年有了较大增长，使企业留利加大。1993 年，国有企业税后留用资金由企业自主处理，不再作为预算外资金管理。

社会保障基金。该项基金纳入预算外资金管理仅在 1996 年 –2000 年。2001 年开始，纳入新成立的社保机构管理。

第二节 预算外资金管理

1947 年 5 月，阳泉市第一区（城区前身）开始实行预算外资金管理。

1949 年 10 月 1 日，中华人民共和国成立。当时，国家百废待兴，在财政管理方面实行高度集中的财政体制，预算外资金数量少、规模小，主要有机关生产收入和机关单位的“小公家务”等项，这些收入也主要用于补充机关开支，弥补经费不足。

1950 年，执行中央人民政府政务院做出的《关于统一管理 1950 年度财政收支的决定》，地方粮款以县区为单位统一收支，地方粮由县区粮食局经营，与公粮分仓保管。

1951 年，执行政务院《关于进一步解决城市财政的规定》，统一规定各种附加开征项目和附加率。同年税收附加由税务部门征收，农业税附加由财政科征收，地方粮库收支委托各级粮食局（库）代管，地方粮款管理、支拨依照地方粮库、地方金库暂行条例办理。

1952 年，遵照政务院《关于统一管理机关生产》和《整顿乡自筹的决定》，将一部分机关生产和“小公家务”收归预算，将公粮、地方粮合并计征，不再征收地方粮附加。是年，山西省规定：任何机关团体不得向人民征收任何捐税或摊派，违者依法论处。地方人民对有益地方事业自愿筹款者，得事先拟定事业计划及筹款办法，报省批准。

1953 年，建立县区一级财政，乡镇财政预算收入纳入县区财政预算管理。同年省规定，乡镇公益事业费的征筹，需经过乡镇人民代表大会通过，出于人民自愿，由乡镇人民代表大会推举代表负责保管。其收支必须每半年向乡镇人民代表大会报告一次，年终向群众公布全年收支。1950 年至 1953 年，由于财政实行高度集中的统收统支管理体制，预算外资金范围小、数量少、管理紧。

从 1958 年开始，预算外资金扩大到企业。企业的利润留成、大修理基金、工资附加，以及通过财政部门管理的各项自筹资金等，都作为预算外资金管理。到 1960 年，预算外资金相当于国家预算收入的 8%。从 1954 年到 1960 年，预算外资金范围有所扩大，已逐步形成地方财政部门、行政事业单位、国有企业“三大块”格局雏形。

1962 年，执行山西省财政厅《关于地方各级财政预算外资金纳入国家预算管理后几个具体问题的通知》。地方财政的一切预算外资金，包括工商税附加、农业税附加、城市公用事业附加等，一律纳入财政总预算，实行统一管理。该部分资金纳入预算后，仍然是地方的机动财力，但应当按照国家政策要求和当年平衡的原则，精打细算，合理使用，不准预算之外另有预算。预算外资金纳入预算管理后，设置专门科目，不与原有预算资金混淆。在地方预算收支总表中，当年收入以地方附加收入科目编列；支出以地方附加支出科目编列；上年或者本年的结余，在地方预算总结余下专列一项地方附加结余科目反映。

“文化大革命”期间，由于正常的财政管理制度遭到破坏，不同程度地出现乱收费、乱摊派、擅自划预算内项目为预算外项目的问题，使预算外资金的范围进一步扩大，资金额不断增长。

中共十一届三中全会以后，国家进行经济体制改革，扩大企业自主权并调动各方面理财积极性，全区各企事业单位的财权都有相应的扩大，预算外资金范围逐渐扩大，数额越来越大，管理办法逐渐规范，管理制度更加完善。

1980年，加强对预算外单位的管理。对招待所、剧院、房管所进行财务整顿，重新规定管理制度，编制收支计划，加强财政监督，解决该类单位的等、靠、要思想，调动该类单位扩大经营，改进管理，搞好服务，争做贡献的积极性。

1985年，阳泉市城区财政执行国家下达的《关于加强财政管理的若干规定》，对包括预算外资金在内的各项财政收入，提出管理办法。

下列各项预算外收入，属于地方财政收入，各单位应按时上缴财政，统收统支，用于地方公益事业。城环部门的排污收入；国营工业企业按规定比例应上缴的基本折旧基金。

对下列各项预算外收入，纳入预算管理，收入适当、支出合理、以收抵支、结余上缴。卫生部门的卫生费、检疫费收入；城环部门的测量、设计收入；文化、宣传部门的门票、演出分成收入；工商行政管理部门的市场管理收入；司法部门的民事诉讼费收入；标准计量单位的鉴定、管理费及质量检验收入。

对下列各项资金，按规定用途使用，自收自用，自求平衡。教育部门的学杂费，校办工厂勤工俭学收入；二轻工业、乡镇企业管理部门的管理费收入；科研单位的咨询收入；各单位的房租、礼堂及固定资产变价收入；行政、事业单位独立核算的汽车队收入；各国营企业、集体企业按规定提取留用的基本折旧基金，大修理基金，职工福利基金，固定资产变价收入及税后利润；预算外资金的使用要坚持先收后支，量入为出，厉行节约，专款专用的原则，纳入综合财政计划。各单位要编制计划，定期向财政报送收入、支出和结存情况。是年，在预算外资金管理方面，城区按照市财政下达的预算外资金管理办法，建立定期报表审核制度，规定凡有人员开支的预算外收入单位，每月终报一次，其他单位实行每季度报一次，基本做到专款专用，量入为出。同时明确预算外资金使用范围，对发展生产，增收节支，起到积极的作用。

1986年4月，阳泉市城区财政执行国务院颁布的《关于加强预算外资金管理的通知》，对预算外资金的性质、来源、用途和管理方式等做出明确规定，规范预算外资金管理范围和管理方法。管理范围包括：各级财政部门管理的各项附加收入、集中的各项预算外资金；行政、事业单位管理的不纳入预算的各项资金，自收自支和企事业单位的结余资金部分；全额预算单位组织的各项业务收入和其他收入；差额预算单位的收支结余部分；各种行政性收费；国营预算外企业的税后利润及各种专项基金；国营预算内企业的税后留利和按规定提取的各种专项资金。凡是应纳入预算的企业利润、事业收入等都要纳入预算，不得留在预算外自收自支。自行摊派的收入要取缔，不符合规定的收费要纠正，确需保留的项目，要按规定向财政部门申请。在现行政策规定内，预算外资金的使用，由各单位按规定自行安排。各项预算外资金，实行“专户储存，先批后用”，不得以收抵支，坐支挪用。各单位的预算外资金，要单独设账核算，接受监督检查。对弄虚作假，隐瞒不报或转移资金的，要严肃处理。

1990 年，阳泉市城区财政对行政事业单位预算外资金实行收入上缴、支出下拨的收支两条线管理办法；在坚持所有权、使用权不改变的原则下，单位动支必须经财政部门批准方可使用。

1991 年，对预算外资金进行整顿：严格按照物价部门“收费许可证”领发收费票据，把各项收费纳入财政专户储存管理。健全预算外资金财务管理制度，自收自支单位的收支，做到全年支出按计划拨款，财务核算统一化、规范化。对国有企业和行政事业单位，凡用预算外资金购买专控商品时，必须由财政部门审查资金来源后，方可报控办申请办理手续，否则，控办不予批报控购手续。

1992 年 8 月，阳泉市城区在预算外资金管理方面开展以下工作：

（1）健全管理机构，理顺管理渠道。经济越发展，管理越重要，经济越是搞活，地方、部门、单位自主支配的财力越大，加强管理与监督的必要性和迫切性也就越强。为此，城区从建立健全管理机构入手，财政局专门设立综合财政计划管理机构，配备专职工作人员，明确划分预算外资金管理机构的职责范围，建立健全预算外资金的预决算制度。通过编制、汇总和报送报表，及时了解和掌握预算外资金活动情况，考核资金使用效益，针对出现的新情况、新问题，及时采取有效措施加以解决。

（2）对各类预算外资金分类管理，使其向规范化、合理化、制度化方向发展。对企业的预算外资金全部实行单独设账核算，年初编制年度预算外资金收支计划，经主管部门审查汇总，报财政部门审批执行。对行政事业单位的预算外资金，原则上采取由财政部门专户储存、计划管理、财政审批、银行监督的方式进行管理。在加强预算外资金管理工作中，坚持落实国务院关于《坚决制止乱收费、乱罚款和乱摊派的决定》，对区级行政事业单位在为加强社会、经济、技术管理或为社会、个人提供特定服务、依法实施行政事业收费时，必须持有物价部门核发的“收费许可证”，统一使用财政部门印制的行政事业性收费票据，所收取的资金，纳入财政专户储存管理。采取收费项目管理、票据管理和财政专户储存的配套管理措施，把收费管理和预算外资金管理结合起来，努力促进财政专户储存工作。

1993 年 5 月，阳泉市城区制定预算外资金管理办法，对预算外资金实行分类管理。主要如下：

由财政部门组织的各项预算外资金收入，由财政部门管理，用于补充预算内资金的不足。

实行全额预算管理的事业行政单位收取的各项预算外收入，必须全部实行财政专户储存，执行收支两条线管理。该类单位须在单位的开户银行开设“预算外资金收入”和“预算外资金支出”两个专户，收入户的收入反映应收取的各项收入，结余为待缴财政专户资金数；支出户是经财政部门批准按月拨回单位的计划支出数，单位按所批准的支出项目，在该户中列支。

实行差额补贴和自收自支管理的事业单位，其预算外资金的收支管理按第二类单位的管理办法执行。对其中的差额补贴单位减少财政预算内经费拨款和自收自支单位年度内超收部分，财政将视其创收情况，在单位的奖金发放和职工福利等项开支上予以放宽，以鼓励事业单位创收的积极性，有效减轻财政负担。

实行企业化核算的事业单位，按其经营的税后利润或提取的各种专用基金，按季存入财政专户储存管理。需核定生产经营性周转金占用的，视其经营状况，核定一定的周转金拨回单位周转使用。专用基金的开支严格按财政部门所批准的数额，按项列支。

国有企业按照规定提留的各项基金和利润留成，实行政策引导、计划管理、宏观控制的办法进行管理。纳入财政专户储存的单位，按照财政核准的开户银行设立收支专户，实行收支两条线管理。

11 月，阳泉市城区财政多方加强预算外资金管理，有效发挥预算外资金使用效益。

认真贯彻国务院、省、市关于预算外资金管理有关规定，继续严格执行“专户储存、计划管理、财政审批、银行监督”的管理办法，全区专户储存单位达到 25 个，占应储户的 80%。

要求各单位按规定编制年度收支计划和季度分月用款计划，报财政审批后按计划拨款。

进一步完善票据管理制度。从是年 6 月 1 日起统一使用新票据，并坚持领用核销制度。会同城区物价局对行政事业收费和“收费许可证”进行审验，对收费项目、标准、范围、权限等逐项审定，严格造册管理，对防止和纠正各种乱收费起到积极作用。

根据阳泉市财政局《关于清理登记各种基金的通知》，对城区各种基金进行全面清理，包括基金的种类、批准单位及文号、内容、收取标准、征收形式、收支数额等逐项登记，汇总上报。通过清理，对制止和纠正擅自征收各种基金起到作用。

1994 年 3 月，阳泉市城区财政对 1985 年以来的预算外资金收支管理进行总结，为以后的预算外资金管理奠定基础。城区预算外资金收入规模较小，主要来源是行政事业单位的预算外资金收入，有一小部分是财政部门的预算外收入。1985 年 –1993 年，各年收入总额分别是 59 万元、69 万元、104 万元、125 万元、215 万元、233 万元、320 万元、474 万元、442 万元；1993 年的收入是 1985 年的 6.5 倍。全区收入项目共 131 项，其中项目较多的单位：卫生局 40 项；公证处 22 项；教育局 14 项；工商局 11 项。在预算外收入中，以 1993 年为例，纳入财政专户储存管理的资金 213.5 万元，占总收入的 48.3%，结余 77.1 万元。对该部分资金采取“收支两条线、专户储存、银行监督，年初用款单位制定用款计划，按进度拨款，对重大支出有必要说明”的管理办法进行管理。预算外资金支出基本上用于补充事业费支出。

4 月，《山西省预算外资金管理办法》出台，结合财政各项改革推行和日益紧张的财政形势，管好、用好、调度好、监督好预算外资金显得十分必要。据此，阳泉市城区财政局制定一系列办法、措施，对预算外资金管理进行有益探索。

8 月，阳泉市城区财政以城财办字〔1994〕10 号，下达《关于预算资金管理的补充办法》，决定对预算外资金实行财政专户储存，同时提出如下要求：

（1）凡有预算外资金收入的行政事业单位，都要实行收入上缴财政专户代管，支出由财政部门按计划下拨的“收支两条线”管理办法。“财政预算外资金代管专户”的开户行为阳泉市工商银行南大街办事处。

（2）各行政事业单位有预算外资金收入的业务科室，在银行所开账户一律撤销，其资金全部纳入本单位财务部门统一管理。

（3）清理整顿预算外资金账户和开设收、支两个账户的工作在本年 8 月 20 日前结束。

（4）清理整顿预算外资金收支账户工作结束后，财政同人民银行要逐项进行检查，对弄虚作假、隐瞒不报、转移资金、私设小金库逃避监督的，按照有关规定予以惩处。

12 月，经多次检查督促，预算外资金管理工作取得一定成效。检查发现有的单位私设小金库，收入不进账；有的单位收费仍使用自制收支凭证，在治理“三乱”边清边犯，性质严重；还有的单位无视财政监督职能，拒绝接受账目检查。

1995 年 11 月，阳泉市城区财政按照省委、省政府办公厅晋办〔1993〕48 号《关于对行政性收费、罚没收入实行预算管理的实施意见》，城区政府召开专题会议，把预算外资金管理列入区政府议事日程，采取有效措施，取得明显成效。

调查摸底，抵顶支出。年初，城区组织专人开始抓预算外资金管理使用调查摸底，基本澄清并下达支出指标。

健全规章，严明纪律。根据晋政办[1993]48号文件精神和《山西省预算外资金管理条例》，城区财政在银行等部门密切配合下，制定预算外资金支出预算指标、计划管理、票据稽查、专户储存和确定收支账户的有关规定；按计划实行全区预算外收入交缴财政专户代管，支出按财政部门下拨的“收支两条线”管理，健全规章制度，严格审批手续，为搞好财政预算内外资金综合平衡起到促进作用。在预算外资金清理整顿中，把工作重点放在各单位在银行开设的预算外资金账户上，对各单位多头开户、非财务机构账户、预算外资金存款账户进行清理，将原存款账户余额全部划转财政专户，收到明显效果。

监督检查，真抓实干。预算外资金管理尽管不是一项新工作，但在城区来说，“冰冻三尺，非一日之寒”。自1995年以来，在城区监委、财税物价大检查办公室配合下，对全区行政事业单位进行专项检查，对执行好的单位进行表扬；对一些收入不入账，无视财政监督，拒绝检查的进行批评；对一些不按规定办理、坐支、截留、推诿、转移等逃避管理的，采取停拨预算内经费，停发收费票据的办法；在预算外资金管理上，先后采取指标管理、清理账户、票据控制、专项检查等一系列管理措施，积极组织收入，严格控制支出，使全区预算外资金管理在制度建设、财务管理、专户储存等方面取得较好成效。对于增强财政调控能力，引导资金合理流向起到积极作用。

1996年8月，阳泉市城区预算外资金增长较快，对经济建设和社会事业发展起到积极作用。但是，也存在有的单位擅自将财政预算资金通过各种非法手段转为预算外资金，有的单位擅自设立收费项目，导致财政收入流失，预算外资金不断膨胀。同时，由于管理制度不健全。预算外资金的使用脱离财政管理和人大监督，乱支滥用现象十分严重。根据上级财政部门安排，城区财政对预算外资金管理做出如下规定：

严格执行《中华人民共和国预算法》，禁止将预算资金转移到预算外安排使用。各单位要严格按照《中华人民共和国预算法》和财政法规，切实加强对财政预算资金和预算外资金的管理，完善对财政资金的监督检查制度。任何单位都不得隐瞒财政收入，将财政预算资金转为预算外资金。各单位未经财政部门批准，不得擅自将财政拨款转为有偿使用，更不得设置账外账和“小金库”。

社会保障基金在国家财政建立社会保障预算制度以前，先按预算外资金管理制度进行管理，专款专用，加强财政审计监督。按照《企业财务通则》和《企业会计准则》的规定，国有企业税后留用资金不再作为预算外资金管理。事业单位和社会团体通过市场取得的不体现政府职能的经营、服务性收入，不作为预算外资金管理，收入可不上缴财政专户，但必须依法纳税，并纳入单位财务收支计划，实行收支统一核算。

加强收费、基金管理，严格控制预算外资金规模。收取或提取预算外资金必须依照法律、法规和有法律效力的规章制度所规定的项目、范围、标准和程序执行。行政性收费中的管理性收费、资源性收费、证照收费和公共事业收费，实行统一审批。国家法律、法规中已明确的收费，具体征收管理办法的制定和修改由财政会同有关部门负责。

10月，阳泉市城区财政在对预算外资金管理清理整顿中，实行“五审”“五看”的方法，规范预算外资金管理行为，清理整顿分两个阶段进行。自查阶段从5月10日开始，在自查中抽调专人组成4个辅导组，共12人参加。全区行政事业单位55个，自查面达到100%，自查发现有问题的单位19个，占34.55%。从6月11日开始，组织重点检查，从财政、纪检、监察、审计、物价、计委等部门抽调人员，组成重点检查组，在进行检查之前进行业务培训，明确检查内容、方法、纪律，同时建立定期汇报制度。共检查20个单位，重点检查面达36.4%，查出违纪金额11.2万元。查出“小金库”2个，发生额32100元，按有关规定进行处罚，上缴财政专户9275元。

12月，阳泉市城区财政局贯彻国务院决定，努力落实以下几项工作，加强预算外资金管理。

大力学习、宣传、贯彻、落实国务院《关于加强预算外资金管理的决定》和《山西省预算外资金管理条例》。

根据《阳泉市预算外资金管理试行办法》，研究制定《阳泉市城区实施预算外资金管理试行办法》有关问题的规定，使城区预算外资金管理走上法制化、规范化、科学化轨道。

对全区预算外资金进行全面检查。到1996年年底，预算外资金收入963万元，应缴财政专户890万元，实际缴入财政专户887万元，专户储存率达到99.66%，比上年增长27.2%。

1997年3月，阳泉市城区财政按照上级财政部门要求，对预算外资金的使用重新做出规定。

预算外资金要上缴财政专户，实行收支两条线管理。预算外资金是国家财政性资金，不是部门和单位自有资金，必须纳入财政管理。财政部门要在银行开设统一专户，用于预算外资金收入和支出管理。部门和单位预算外收入必须上缴财政专户，支出由财政按预算外资金收支计划和单位财务收支计划统筹安排，从财政专户中拨付，实行收支两条线管理。对单位的预算外资金收支按不同性质实行分类管理。

加强预算外资金收支计划管理，财政部门要建立预算外资金预决算管理制度。各单位要按规定编制预算外资金收支计划和单位财务收支计划，及时报送财政部门，对预算内拨款和预算外收入统一核算，统一管理。财政部门要在认真审核单位预算外资金收支计划和单位财务收支计划的基础上，编制本级预算外资金收支计划，报经城区政府批准后组织实施。

严格预算外资金支出管理，严禁违反规定乱支挪用。各单位要严格按国家规定，将财政部门核定的预算外资金收支计划和单位财务收支计划使用预算外资金结合起来，专项用于公共工程、公共事业的基金和收费，以及其他专项资金，要按计划和规定用途专款专用，由财政部门审核后分期拨付资金；用于工资、奖金、补贴、津贴和福利等方面的支出，必须严格执行财政部门核定的项目、范围和标准；用于固定资产投资的支出，要按国家规定立项，纳入国家固定资产投资计划，并按计划部门确定的国家投资计划和工程进度分期拨付；用于购买专项控制商品方面的支出，要报财政审查同意后，按有关规定办理控购审批手续。

建立健全监督检查与处罚制度。财政部门要加强对预算外资金收入和支出的管理，建立健全各项收费、基金的稽查制度，会同工商银行共同做好预算外资金账户开设和管理工作。审计、监察等部门根据国家政策和宏观管理要求，与财政协调配合，对各单位预算外资金的财务管理进行监督检查，重点对车子、房子、公款“吃喝”等问题进行监督检查。监督结果表明，全区共有小汽车117辆，其中领导干部用车17辆、业务工作用车47辆、专用车53辆，领导干部无人乘坐超标小汽车。公款吃喝方面，通过抓源头、查支出，加强财务管理，有效遏制胡支乱花现象。是年1–11个月，预算外资金财政专户比上年同期增加223万元，有效促进预算外资金的合理使用。

12 月，阳泉市城区财政在预算外资金管理方面进行如下工作：

（1）调整部分预算外资金管理事项。按照国家有关规定，停止征收国家预算调节基金；在国家社会保障预算制度建立以前，企业职工基本养老保险基金和企业职工失业保险基金先按预算外资金管理制度进行管理，收入上缴财政在银行设立的社会保障基金财政专户，实行收支两条线管理；事业单位和社会团体通过市场取得的不体现政府职能的经营、服务性收入，不作为预算外资金管理，收入可不上缴财政专户，但必须依法纳税，实行收支统一核算。

（2）严格执行规定。按照《山西省预算外资金管理条例》，严格执行预算外资金“国家所有，政府调控，财政管理，部门使用”的规定，采取计划管理、清理账户、票据控制、专项检查等管理措施，对于进一步增强政府的宏观调控能力、合理引导资金流向起到一定作用。

（3）多方进行检查。和城区纪委一道组织人员重点对住宅电话、移动电话、小汽车问题进行专项检查。检查表明，全区共有公费住宅电话 48 部、公费移动电话 13 部，领导干部乘坐的小汽车 25 部，均符合有关规定要求，未发现违纪问题。

（4）对预算外各种票据加强管理，从票据的领发、使用、核销等环节制定相应管理制度，建立预算外票据管理台账，给票据使用单位发放票据领购证，做到凭证领票、缴旧领新，并将票据金额和缴入财政专户金额相核对，防止预算外资金坐支。

1998 年，在贯彻落实国家、省、市各项预算外资金管理条例的同时，城区财政紧紧围绕“统一财政专户管理，分级、分类管理和分权使用”的“一统三分”指导思想，继续加大对预算外资金的监管。

区别类型制定办法。对预算外资金按资金构成分为政府性基金、社会保障基金（包括失业保险基金、养老保险基金）、行政事业性收费、其他预算外资金（包括法院的标的资金等）四大类，按照规定的使用要求，实行统筹管理办法。

区别性质实行调控。在开展收费许可证年度审验的同时，对行政事业性收费按照不同性质和经费综合运用情况，制定不同的比例进行调控，缓解预算内资金紧张状况。

根据城区预算外资金管理办法，从是年开始实行收支预决算管理。

对全区预算外资金执行情况进行检查。全年通过检查，查处“小金库”1 个，涉及金额 3.9 万元，全部上缴财政。城区公、检、法、工商、城管、劳动、审计等部门严格执行收支两条线规定，都能及时足额上缴预算外收入。是年，预算外资金收入 1237 万元，实行财政专户储存 858 万元，专户储存单位占应储户的 97%。城区财政局预算外资金管理成绩突出，综合股被省财政厅评为全省优秀集体。

1999 年，阳泉市城区在预算外资金管理方面主要进行如下工作：

（1）规范计划管理，增强政府调控能力。年初，根据各单位预算外资金收支计划，参考以前年度预算外资金收支执行情况，以财政部门核准的单位收入任务为基数，以 5% ~ 10% 的比例上缴政府调控基金，积少成多，集中财力办大事。到年底政府调控基金累计达到 287 万元。政府调控基金的收缴，主要用于系统基础设施建设和专项支出，一定程度上缓解预算内资金紧张状况。

（2）取消单位收入过渡户，实行集中定点收费。是年在对单位收入过渡户撤销基础上，于 7 月 1 日正式推行预算外资金集中收费，要求单位在收到款项的当日必须送缴财政在指定银行开设的专户。这样，预算外资金上缴财政专户，资金周转时间大为缩短，杜绝单位坐支现象。由于集中收费，单位闲置预算外资金全部存入财政专户中，使得年底财政专户余额由过去的 134 万元上升到是年年底的 249 万元，增加 115 万元。这样，不仅避免财政专户资金年底调拨上的困难，而且增加了财政宏观调控能力。

（3）从源头实行控制，规范收费票据的各项管理。从是年7月1日起，根据省财政厅要求，统一启动具有防伪标识的新票据。借此机会，城区对全区使用的行政事业单位票据进行一次大清理，要求各单位必须将以往旧票据全部核销，才能购买新票据。通过清理整顿，规范单位的票据行为，整顿以往票据使用方面存在的混用、乱用现象。新票据启用后，财政设立专门台账，指定专人负责，单位持“收费许可证”“票据领购证”方可购买。票据的领、用、销实行月报制，同时核旧领新，定期定量核销，发现问题，及时纠正。任何单位不得使用其他收据，如有发现，作违纪处理。通过对票据的控制，强化对票据行为的约束和管理，杜绝收费行为失控、预算外资金流失等现象，提高单位对使用合法票据的认识，非财政票据不接受，非财政票据不报销，已经变成缴费人和财务人员的自觉行为。

（4）对专项资金实行跟踪问效。推行预算外专项资金项目管理，坚持“专款专用、择优扶持、集中投放、高效运行”原则，对专项资金实行项目管理，从项目开始、实施到验收，实行全过程追踪，确保资金有效使用。如城区防疫站为达二级防疫站标准，需购买17万元的卫生仪器设备，在资金批准拨付后，就及时进行资金信息反馈，确保购置资金及时落到实处。同时对城区文化馆购置刻印机、复印机、车辆等，全部实行跟踪问效。

是年，阳泉市城区预算外资金收入1373万元，比上年增长2.39%，其中，行政事业性收费收入1230万元，政府性基金收入63万元，其他收入80万元。财政专户储存资金达到1097万元；应纳入财政专户管理52户，实际纳入财政专户管理51户，财政专户入户率达到98%。预算外资金总支出为1373万元，较上年增长2.7%；其中，行政事业性支出1205万元，比上年减少6万元；基本建设支出76万元，增加41万元；其他支出22万元，同上年持平。预算外资金的增长，使城区的各项事业有了长足发展，如：城区防疫站购置了“可见光分光度计”“多功能显微诊断仪”“气象色谱仪”，新设备的购置不仅提高该站的检测能力，而且也提高业务诊断水平。教育系统利用预算外资金改善办学条件，共购置课桌凳3285件，金额18.3万元；教学设备337套，金额45.8万元；图书815册，金额1.6万元；体育器材205件，金额5.5万元；维修校舍16819平方米，金额39.82万元。

2000年7月，阳泉市城区财政在预算外资金管理方面，主要采取如下措施：

（1）加强管理，努力增加预算外收入。健全激励机制，依法征收，促进预算外收入管理。行政事业收费收入总的来说呈上升之势，增加的主要原因：教育系统在1999年实行新的收费标准后，每年收入增加57万元；城管办于是年年初制定内部奖励办法，收入和绩效挂钩，收入比上年增加12万元；公安分局暂住人口管理费收入增加4万元；消防科消防设施配套费增加6万元；防疫站、妇幼站等单位采取措施扩大收费来源，使收入有了较大增长；环境监测收费、文化市场管理费由于费源减少，收费呈下降趋势；劳动与社保部门收取的仲裁费、签证费，费源枯竭，收入微乎其微；民政局福利企业管理费寅吃卯粮，近两年来收入处于停滞状态；职业介绍服务费、职工就业管理费、集体企业管理费与上年持平。政府性基金收入减少的原因是2000年墙改办不再征收墙改保障金，残疾人就业保障金也由于种种原因迟迟未征。

（2）调整支出结构，充分发挥预算外资金使用效益。全年预算外资金支出528万元，比上年增长20.1%，主要是工资性支出增长所致；一些单位大量的公用经费在预算外列支，以弥补预算内经费不足。是年的增支因素使工资性支出增长19.6%，公用经费增长13.8%。人员经费支出288万元；

其中，正式职工124人、临时工319人在该科目开支。教育系统的误餐费、结构工资、超课时补助全在此项列支，人员经费占行政事业支出的55.38%，占预算外资金总支出的54.65%；社会保障支出34万元，其支出占行政事业总支出的6.4%；公务费、业务费支出182万元，占行政事业总支出的35%；教育系统的公用经费，各单位的汽修、汽燃等在预算外列支较多，使公务费中的业务费支出增长13.04%；设备购置费从严审批，大力压缩，全年支出11万元，主要是购置波姆妇科病治疗仪、红外线乳腺诊断仪、乳腺病治疗仪，档案密集柜，学校图书等；修缮费支出6万元，减少6万元，主要是用于幼儿园维修房屋，新华小学、朝阳小学等操场维修支出。该项费用支出占行政事业支出的1.15%；基本建设支出0.5万元，占总支出的0.1%。

（3）抓好集中收费，加强专户管理。实行集中收费以来，纳入财政专户管理的资金由上年同期的359万元上升到是年的599万元，净增240万元。纳入财政专户管理的户数为55户。到6月月底，有预算外资金收入的单位全部纳入了财政专户管理。由于收费直接缴入财政专户，杜绝了单位不按时上缴专户、坐支等现象。财政专户资金的增加，在一定程度上增强政府宏观调控能力，收到良好的管理和经济效益。

是年上半年，全区预算外资金收入704万元，比上年同期增加78万元，增长12.46%。其中，行政事业性收费698万元，比上年同期增加99万元，增长16.53%；政府性基金收入6万元，比上年同期减少18万元，降低18%。

12月31日，全年城区在预算外资金管理主要抓了几项工作：

（1）进一步规范集中收费，使资金从源头上直接进入"财政专户"，达到入"笼"监控的目的。截至是年年底，财政专户尚有余额357万元，彻底避免年底财政专户资金短缺、调拨困难的现象。

（2）严格收费源头的监控。严格票据领用手续，采取限量领购、交旧领新、以月为限、票款通行的管理办法。对票据使用环节进行稽核，及时发现问题、纠正问题、解决问题。

（3）实行预算外资金政府调控。年初，以财政部门核定的单位收支计划为基数，以3%～10%的比例收取政府调控资金，一定程度上缓解财政资金的供需矛盾，到是年年底，政府调控资金余额达到260万元。

加强监督检查。是年秋季，与城区纪委、物价等单位配合，对学校收费进行检查。全区各中、小学共发生收费项目13项，收费金额370.8万元，没有发现乱收费现象。对81项行政事业收费项目进行清理，查处不合理收费案件6起，涉及金额10万余元。

2001年1月，阳泉市城区财政按照上级财政要求，对预算外资金管理提出新的要求：

（1）要求具有执收执罚职能的部门和单位，尽快建立起规范的"收支两条线"管理运行机制。通过对单位的自查自纠和各管理职能部门组织必要人员进行抽查的方法，使"收支两条线"规定全面落实。要求严格管理好本级的预算外资金和罚没收入，在全区上下尽快形成一个行政事业性收费、罚没收入管理有序，齐抓共管，资金运转正常的新局面，从而使"收支两条线"规定真正落到实处。

（2）为确保"收支两条线"规定得到落实，各单位和各职能部门要加强对该项工作的协调指导。各职能部门针对落实"收支两条线"规定工作过程中遇到的问题，及时进行研究，提出解决办法，积极主动地抓好落实工作。

（3）强化征收管理，加大惩罚力度。广开宣传渠道，积极推行各种有力措施，为征收创造有利条件，做到应缴尽缴，应罚尽罚；建立以票据为源头，账户为手段的管理体制，逐步形成票据与资金、账户与资金及上划专户相结合的管理运行机制；实现以票管费，全面实行罚缴分离，票款分离，逐步形成“单位开票、银行代收、大厅集中、财政统管”的管理体制。所有收费单位都及时足额地将所收费额缴入财政专户，做到应缴尽缴。

2 月，按照“收支两条线”原则，阳泉市城区财政对预算外资金管理情况进行调研，了解全区预算外资金动态，促进预算外资金管理。

多数单位能够规范预算外资金管理，实行“收支两条线”分离。严格收费管理：全区各行政事业性收费和罚没收入，能够严格按照收费项目和标准执收。收费一律实行“单位开票、银行收款、统一开户、收支统管”，严禁越权执法、越权办案、乱收滥发；统一收费票据：严格对各项收费、罚款，一律使用套印“山西省财政厅票据专用章”的票据，压缩非法收费和罚款的空间；统一收费账目：在撤销各执法单位原来罚没款及收费资金过渡户后，每个部门能够按照财政要求只保留一个预算内经费账户和一个预算外资金支出账户；经费支出实行审核：要求对支出账户只能接收财政拨款，不得发生其他收费业务。严格各项专款审批，实行按进度拨付、专款专用、跟踪问效等一系列管理措施，多数单位基本能够执行。

实行政府统筹，优先保障经费。城区财政对各单位的年度预算内、外支出实行定额包干，编制综合财政预算。每年年初，财政部门对各单位预算外收支进行调查摸底，核定各单位支出基数并包干使用。

推行财务公开，接受群众监督。为规范收支管理，配合政务公开的实施，城区财政下发《预算外资金管理暂行办法及其实施细则》，对收费、罚款的依据、项目、人员、职权、程序和票据使用管理等做出明确规定，并向社会公布。要求各单位必须将所有的收费罚款项目、金额向社会公开。对年初核定的支出指标、人员经费开支等定期向财政报表的同时，在单位内部公开，接受群众监督。

建立稽查制度，强化监督检查。为确保预算外资金管理的规范性、统一性和连续性，城区财政不断完善管理手段，强化监督机制。经常性检查与重点抽查相结合，建立监督举报制度，对举报案件重点查处；全面检查与专项检查相结合，查与管相结合，以查促管，建章立制，规范运行；对资金拨付数量大的专项资金，建立追踪记录卡，掌握资金拨付、使用情况。

是年 12 月，为巩固“收支两条线”成果，对各单位预算外资金管理情况进行检查。截至是年 10 月月底，实行“集中收费”的专户资金余额达到 1323 万元，较上年同期增加 125 万元；加强对罚款入库收缴管理，累计收缴款 123 万元；综合运用预算内外财力、政府调控资金累计余额达 32 万元，一定程度上减轻财政负担。

2002 年，对行政事业单位实行会计集中核算，取消单位的所有收支账户，行政事业单位的预算外资金收支活动纳入财政统一监督和管理之下，严格执行“收支两条线”规定。

为认真贯彻执行有关预算外资金管理的规定，加强预算外资金专户储存管理和财政集中收费管理，公开收费标准及收费项目，严格票据领用程序，强化票据管理。

财政对所有预算资金全部落实到部门和项目，实行“预算内外统一平衡”，进一步加强对预算内外资金的统管，要求单位做到“五个统一”，即“统一领发、统一使用、统一缴销、统一保存、统一监管”，有效防止截留、挤占、挪用和预算追加现象。

2003 年 4 月，进一步加强预算外资金管理，认真执行“收支两条线”政策，加强预算外资金专户储存管理，有效杜绝违规收支行为和预算外资金的体外循环。对收费票据加强管理，规范票据领用程序，加强对全区行政事业性收费和预算外收支情况的审验工作和专项检查工作。

8 月，按照省、市安排部署，积极开展“三项清理”工作，对 146 项收费、罚没项目进行清理，对所使用的 5 种票据进行规范。

2004 年，阳泉市城区的收支两条线管理工作继续向纵深方向推进，从强化票据源头控管、以票治费入手，严把“审批、领用、填开、缴销、监督”五个关口，以清理账户为重点，以专项检查为手段，争取把一切财政性资金收入全部纳入财政专户管理。

2005 年，加大规费收缴力度。针对阳泉市城区行政性收费中存在的乱收费和部门胡支乱用行为，阳泉市城区财政出台《关于加强收费管理工作的意见》，对收费范围及执行标准、收费解缴办法及票据管理、征收费用及奖励办法等都做了明确规定。深化“收支两条线”改革，重点实行收支脱钩和收缴分离，将社会抚养费、绿化费、诉讼费、环保检测费纳入预算管理，统一预算内外支出标准，优化支出结构，实现“一个部门一本预算”的目标，使综合财政预算管理得到加强。

2006 年，继续深入治理教育乱收费，进一步完善义务教育阶段公办学校“一费制”收费办法和公办高中招收择校生“三限”政策，全面规范和完善教育收费监管制度。

2007 年，严格执行“收支两条线”规定，对 30 家区直行政事业单位开展落实“收支两条线”规定进行专项检查。全面推行义务教育阶段“一费制”管理办法，严肃查处各种教育乱收费行为，2 所中学和 1 所小学受到处理，退回乱收费款项。是年，预算外财政专户资金收入合计为 1811 万元，其中，行政事业性收费收入 1510 万元，包括：人口和计划生育行政事业性收费收入 66 万元，教育行政事业性收费收入 1024 万元，统计行政事业性收费收入 17 万元，卫生行政事业性收费收入 401 万元，劳动保障行政事业性收费收入 2 万元；国有资源（资产）有偿使用收入 9 万元，全部为财政专户存款利息收入；其他收入 292 万元，包括捐赠收入 7 万元，主管部门集中收入 1 万元，其他杂项收入 284 万元。

2008 年，加强财务监管，严肃财经纪律，对设立“小金库”“账外账”以及违规开设银行账户的，认真予以查处。切实规范教育收费，对全区 18 所中小学春秋两季开学和在假期办班补课行为进行监督检查，责令 2 所学校停止补课。是年，预算外财政专户资金收入合计 1391 万元，其中，行政事业性收费收入 1196 万元，国有资源（资产）有偿使用收入 163 万元，其他收入 32 万元。是年，支出 1343 万元，其中，一般公共服务 105 万元，公共安全 7 万元，教育 779 万元，社会保障和就业 8 万元，医疗卫生 1 万元，城乡社区事务 443 万元。

2009 年，组织专人分别深入全区 18 所中小学，就暑期办班补课、教育收费等行为进行监督检查，对违规收费的 3 所学校进行调查处理。是年，预算外财政专户资金支出 1088 万元，其中，一般公共服务 111 万元，包括政府办公室及相关机构事务 2 万元、统计信息事务 19 万元、财政事务 3 万元、人口与计划生育事务 58 万元、其他一般公共服务支出 29 万元；教育 514 万元，包括普通教育 474 万元、教师进修及干部继续教育 40 万元；文化体育与传媒 1 万元；社会保障和就业 16 万元，包括民政管理事务 8 万元、红十字事业 8 万元；医疗卫生 2 万元；城乡社区事务 444 万元，包括城乡社区管理事务 2 万元、城乡社区环境卫生 442 万元。

2010 年，扎实开展“小金库”专项治理工作，共检查行政事业单位 37 家。参与全区煤焦领域反腐败专项斗争，重点解决价款收缴、票据管理、中介机构等方面存在的突出问题，督促相关企业补缴煤炭物价稽查费 20 余万元。是年，预算外资金收入 921 万元，降低 16.35%，减收 180 万元，其中，行政事业性收费收入818万元，降低9.51%，减收86万元；国有资源（资产）有偿使用收入79万元，降低51.23%，减收83万元；其他收入24万元，降低31.43%，减收11万元。预算外资金支出970万元，降低10.85%，减收118万元，分项目情况：一般公共服务77万元，降低30.63%，减收34万元；公共安全3万元；教育434万元，降低15.56%，减收80万元；文化体育与传媒1万元；社会保障和就业20万元，增长25%，增支4万元；医疗卫生1万元，降低50%，减支1万元；城乡社区事务428万元，降低3.60%，减支16万元；其他支出6万元。

从2011年1月1日起，预算外资金退出历史舞台。

2004年-2010年阳泉市城区预算外资金收入情况表

表3-5　　单位：万元

年　度	教育收费	计生收费	国资收入	卫生行政	行政收费	其他收入	合　计
2004	847	——	——	119	403	116	1485
2005	——	——	——	——	1369	335	1704
2006	——	——	——	——	1524	229	1753
2007	1024	66	9	401	39	292	1811
2008	636	62	163	416	71	43	1391
2009	395	55	162	420	19	50	1101
2010	389		79	410	15	28	921
合　计	3271	183	413	1766	3440	1093	10166

2004年-2010年阳泉市城区预算外资金支出情况表

表3-6　　单位：万元

年　度	一般公共	城市维护	教育	社会保障	医疗卫生	其他支出	合　计
2004	1074	395	——	——	——	7	1476
2005	1735	——	——	——	——	——	1735
2006	1518	——	——	——	——	240	1758
2007	166	395	1308	3	9	16	1898
2008	105	443	779	8	1	8	1343
2009	111	444	514	16	2	1	1088
2010	77	428	434	20	1	10	970
合 计	4786	2105	4319	47	13	282	10268

说明：该收支表所反映的预算外资金，2004年以前被称作“预算外财政专户资金”。

2004 年 –2015 年阳泉市城区政府性基金收入情况表

表 3–7　　　　单位：万元

年　度	教育附加	残疾就业	其他基金	彩票公益	工交基金	政府基金	合　计
2004	——	——	16	——	11	——	27
2005	——	——	——	——	4	——	4
2006	——	74	109	——	——	——	183
2007	——	26	124	——	196	——	346
2008	——	——	359	——	——	——	359
2009	——	26	122	——	——	——	148
2010	——	36	21	——	——	——	57
2011	208	10	6	——	——	——	224
2012	327	10	62	——	——	——	399
2013	——	——	——	——	——	470	470
2014	276	94	——	——	5	——	375
2015	——	——	10	229	——	——	239
合　计	811	276	829	229	216	470	2831

2003 年 –2015 年阳泉市城区政府性基金支出情况表

表 3–8　　　　单位：万元

年　度	农口基金	工交基金	其他部门	社会保障	一般公共	采掘电力	合　计
2003	40		30	——	——	——	70
2004	90	4	57	——	——	——	151
2005	5	7	7	——	——	——	19
2006	40	3	37	——	——	——	80
2007	50	——	——	25	——	——	75
2008	——	——	——	20	46	——	66
2009	——	——	——	34	190	451	675
2010	——	——	392	17	15	384	808
2011	5	——	174	70	208	80	537
2012	——	——	66	12	——	5	83
2013	2	——	62	14	——	55	133
2014	——	——	99	115	——	479	693
2015	——	——	239	——	——	——	239
合　计	232	14	1163	307	459	1454	3629

说明：上述表反映的政府性基金，2004 年称作“财政基金”；2007 年开始被称作“政府性基金”。

第四章 会计制度及管理

第一节 会计制度沿革

我国会计制度源远流长。在古代社会发展进程中，经历一个由简单到复杂、从原始记录计量到单式簿记再到复式簿记不断发展、不断完善的沿革过程。

唐、宋、元以后，官厅钱粮移交时，编造四柱清册（即旧管、新政、开除、实在），民间亦沿用。

明代会计，正式始于万历九年（1581），其账簿编制在仿唐、宋时代会计记录法式（主要是“四柱清册”）基础上又有所发展，能使国计大纲了然在目。明代国家制定统一的账簿格式，颁行全国，规定每天登记，定期选官，送达户部。该种账簿称“印信文簿”。账簿记录以金额为主，账簿的登记，或以货币度量，或以登记实数登记此数量折银（钱）的金额。

明末清初之际，我国又出现一种新的记账法——“龙门账法”。该账法是山西人傅山根据唐宋以来“四柱结算法”原理设计出的一种适合于民间商业的会计核算方法，其要点是将全部账目划分为进、缴、存、该四大类。“进”指全部收入，“缴”指全部支出，“存”指资产并包括债权，“该”指负债并包括业主投资。四者的关系：该十进 = 存十缴，或进一缴 = 存一该。也就是说，结账时“进”大于“缴”或“存”大于“该”即为赢利。傅山将该种双轨计算盈亏，并检查账目平衡关系的会计方法，形象地称为“合龙门”，“龙门账”因此而得名。“龙门账”的诞生标志着中式簿记由单式记账向复式记账的转变。到了清代，会计制度又有新的突破，即在“龙门账”基础上设计发明“四脚账法”。“四脚账法”是一种比较成熟的复式记账方法，其特点：注重经济业务的收方（即来方）和付方（即去方）的账务处理，不论现金收付事项或非现金收付事项（转账事项）都在账簿上记录两笔，即记入“来账”，又记入“去账”，而且来账和去账所记金额必须相等，否则说明账务处理有误。该种账法的基本原理已与西式复式记账法相同。清末，随着西式会计的引入，中式会计趋于衰落。

清代前期（1644–1840）的会计制度，在继承明制的基础上有所变化和完善。一般设财计组织，税征、会计、出纳等职。知县下有钱谷师爷，主管钱粮征收；账房师爷掌一县钱粮会计与出纳。会计账簿，已由唐时的“簿”（专指下级单位的零星局部核算账册）、“账”（专指上级单位的汇总核算账册）及宋代的“账”（一切经济簿账册最普通的称呼）变化成“账簿”，多用订本式“账簿”。其账簿主要有草留底账、“流水账”“誊清账”（又名“总清账”）。一切账源于草留底账，整理于细流水账。分类归属于总清账。各账之间可对口转记，分类结账。记账方法由单式记账法过渡到复式记账的形式。税收所用会计原始凭证有单、票、帖、条。清政府明确规定：月报、季报、年报必须在盘查账实相符后，自下而上采用统一颁发的印信文簿，以“四柱”的格式逐级汇总编报并审核各种钱粮，最后由中央统一审核、存档、保管；不定期会计报告除“四柱移交清册”外，还有临时下达的某一地区编制的各项专门会计报告。清代后期，会计管理制度多承清前期。光绪中期以后开始变化。清末的中式会计报告制度已由明清数据组合会计报告编制发展到表式会计报告编制，一直沿用到民国初期。

民国时期我国的会计思想有比较大的转型。民国21年（1932年）颁布新的会计制度。之后，《银行簿记学》《理财考镜初稿》等书出版，为会计思想的转变奠定基础。

新中国成立前，民间和公营企业会计，多采用历史传承下来的“四柱清册”（旧管、新收、开除、实在）单式记账法。新中国成立后，在阳泉市工矿区第一区（城区前身）企业和国家机关中，逐步采用“借贷”复式记账法。

1966年后，在阳泉市站上区（城区前身）各系统的记账法不强求一致，主要有比较通用的借贷记账法；商业系统应用较广的为增减记账法；财政总预算和行政事业单位使用资金收付记账法。所有这些都是复式记账法。根据经济管理需要，企业会计采用权责发生制；预算会计采用收付实现制作为会计核算基础。

1978年以后，国家先后公布《会计人员职权条例》《会计人员工作规则》，以规范会计人员行为，阳泉市城区按该规范执行。

1985年1月21日，国家公布《中华人民共和国会计法》，标志着我国会计工作进入法制建设的新阶段。阳泉市城区财政局组织全体人员认真学习《中华人民共和国会计法》（以下简称《会计法》），努力提高全体人员的执法观念。

5月，在贯彻落实省、市改革方案和实施细则的同时，阳泉市城区财政局认真学习和贯彻执行《中华人民共和国会计法》。先后两次组织财会人员进行座谈，通过座谈，提高对财会工作的认识，使大家认识到经济越发展，会计工作越重要，必须按照会计法规定，严格执行财经纪律，反对铺张浪费，才能为全区财政经济状况的根本好转做出贡献。

1986年，阳泉市城区财政局进一步宣传和学习《会计法》。是年第四季度，按照城区人大安排，进一步学习和宣传《会计法》，对执行情况进行普遍检查。在学习过程中，各单位、各部门领导重视，带头学习。新建路小学领导以身作则，认真贯彻执行《会计法》，该校除建立八条财务制度、四项财产管理制度外，还成立民主理财管理小组，严格执行财务制度，维护财经纪律，从而使财会人员学法、守法的积极性进一步提高，改变了过去那种无法可依，领导说了算的局面，为《会计法》的进一步贯彻执行奠定基础。

1993年，国家修订《中华人民共和国会计法》，对会计核算进行全面规范。城区财政按照新修订的《中华人民共和国会计法》进行会计核算等一系列工作，为提高全区会计信息质量提供了法律保证。

1994年，阳泉市城区财政认真贯彻、学习、落实《中华人民共和国预算法》《会计法》等法律法规，对“两则两制”（“两则”为《企业财务通则》和《企业会计准则》，“两制”为分行业财务制度和分行业会计制度）进行深入学习培训，组队参加市财政局组织的“两则两制”知识竞赛。

1999年，阳泉市城区按照国家第二次修订的《中华人民共和国会计法》，对会计核算进行全面规范，为依法进行会计核算，提高会计信息质量提供有力的法律保证。

2003年10月22日，阳泉市城区财政严格执行财政部印发的《内部会计控制规范——工程项目（试行）》，对部分会计事项做出规定：

（1）为加强对工程项目的内部控制，防范工程项目管理中的差错和舞弊，根据《中华人民共和国会计法》和《内部会计控制规范——基本规范（试行）》等法律法规，制定本规范。

（2）本规范适用于国家机关、社会团体、公司、企业、事业单位和其他经济组织。国家有关法律法规对工程项目另有规定的，遵从其规定。

（3）有关部门要根据财政法律法规和本规范，制订本部门和本系统的工程项目内部控制规定。各单位应当根据国家有关法律法规和本规范，结合部门或系统的工程项目内部控制规定，建立适合本单位业务特点和管理要求的工程项目内部控制制度，并组织实施。

（4）单位负责人对本单位工程项目内部控制的建立健全和有效实施负责。

2008 年 11 月，在扩大内需，促进经济增长过程中，阳泉市城区财政局按照财政部及省、市财政要求，大力加强资金监管。

统一思想认识，加强组织领导。各部门要从全局和战略的高度，充分认识扩大内需，促进经济平稳较快发展的重要性、紧迫性。要从宏观着眼，高位思考，增强责任感和使命感，建立政策落实和资金监管领导机制，为贯彻落实中央提出的扩大内需、促进经济平稳较快增长决策部署提供有力的组织保障。

强化管理责任，严把资金投向。财政部门要正确把握资金投入方向，坚持投资项目安排原则，切实履行管理和督导责任，防止资金投向高耗能、高污染的“两高”行业、低水平重复建设和产能过剩行业项目以及党政机关办公楼等楼堂馆所项目。

带动多方投资，保障资金来源。财政部门可从当年超收收入特例安排，城市建设维护费安排等渠道，积极筹措资金，通过财政资金带动信贷资金、社会资金的投入，确保项目配套资金到位。

严格预算管理，提高资金效能。要加强竣工财务决算审核审批，坚持厉行节约和保证质量相结合的原则，对土建工程和主要设备、物资采购，严格按照国家有关规定实行招标投标和政府采购，确保专款专用，切实提高资金使用效能，防止资金损失浪费。

健全监督机制，加大查处力度。建立纵横联动的监督机制，把监督检查贯穿于资金筹集、分配、拨付、使用、管理的全过程，尤其要加强对重要项目安排、大额度资金调拨、大宗物资采购以及涉及民生等重点事项的监督。

2012 年 3 月，阳泉市城区财政局按照财政部提出的大力搞好基层预算单位综合财政监管工作要求，对搞好基层预算单位监管提出如下措施。

（1）预算监管。通过采集、分析基层单位预算编制、执行和决算等信息，及时发现和纠正预算管理中存在的问题，提出进一步完善预算管理的意见和建议，提高预算编制的规范性、完整性和准确性。督促基层单位严格按批复的预算执行，提高财政资金使用效益。按照财政部授权和国库集中支付制度等相关管理办法，做好基层单位财政直接支付审核工作。加强政府采购监管，及时掌握基层单位政府采购预算、采购计划及实施情况等，保障政府采购制度落实到位。

（2）资产监管。对基层单位国有资产实施动态监控，全面掌握基层单位国有资产配置、使用、处置等管理情况，规范国有资产管理。重点关注国有资产对外投资、出租、出借和处置情况，保障国有资产及其收益安全。

（3）财务监管。对基层单位财务及内控管理制度、会计基础工作、财务人员信息、财务报告和重大财务事项等实行备案制，全面掌握其财务收支、资产负债等情况，建立管理台账，加强日常监管和专项检查等工作。按照银行账户管理规定，做好基层单位银行账户审批、备案、年检等工作，规范基层单位银行账户管理。

（4）其他财政监管事项。加强非税收入监管，建立基层单位非税收入征收及缴库情况报备制度，强化对非税收入缴库数据核对和报表统计分析工作，提高非税收入监管水平。强化基层单位财政票据监管，做好基层单位票据年度审验、核销等工作，防止以假票据套取资金的行为发生。加强对行政单位津贴补贴制度执行情况的监管，及时查纠违规发放津贴补贴的行为。加强对事业单位收入分配情况的监控，及时发现收入分配中存在的问题，规范收入分配秩序。

2013 年，遵照上级财政指示精神，城区财政全面实施小企业会计准则指导，做好新旧会计制度衔接工作。

继续加大《小企业会计准则》（财会〔2011〕17 号）宣传培训力度，通过多渠道、多形式开展多样化的宣传培训活动，努力扩大小企业会计准则的社会影响，积极营造规范会计核算、崇尚诚实守信、强化内部管理的小企业会计文化氛围。

积极指导小企业做好新旧制度衔接转换工作，促进对首次执行新准则的小企业认真做好内部会计核算办法修订、资产和负债清查、科目转换与账务调整、会计信息系统改造等工作，确保新旧制度顺利衔接和平稳过渡。

加强相关信息搜集，及时了解小企业会计准则对小企业业绩、财政税收、持续经营、社会经济生活等的影响，全面掌握执行中可能出现的问题，抓住重点，深入研究，积极应对。

2015 年 2 月，按照财政部《关于全面推进管理会计体系建设的指导意见》精神，阳泉市城区财政局要求全区会计人员增强主观能动性。会计人员是管理会计工作的主要实践者，因此，会计人员要增强主观能动性，积极投身管理会计改革与发展，将管理会计工作落到实处。

（1）立足本职工作。通过会计人员继续教育、单位内部培训、主动学习等多种方式，不断学习管理会计新理论、新知识，拓展知识领域，丰富知识结构。

（2）学以致用。将管理会计理论知识与本单位实际相结合、与工作岗位相结合，积极主动地将管理会计理念和工具、方法运用到单位实际工作中，不断提升管理会计专业能力水平，推动单位管理会计发展。

（3）勇于创新。勤于思索，注重总结，提炼实践经验，探索客观规律，推动管理会计实践创新，通过不断提升各单位会计人员的管理会计专业能力，为单位创造价值，为会计人员创造更加良好的职业发展路径。

第二节 预算会计

一、总预算会计

清末和民国初期，沿用传统的“四柱清册”中式会计制度。

抗日战争和解放战争时期，在革命根据地均建立财政预算会计制度。

新中国成立后，逐步建立各级财政总预算会计制度。1950年，总预算会计科目分为岁入、岁出、资产、负债和资产负债共同类五大类。岁入、岁出类以预算科目的“款”为会计科目，以预算科目的“项”为明细科目；资产类，分设金库结存、粮食结存、实物结存、经济建设投资、债款总额、预付经费及库存未达；负债类，分设应付运输支出、应付债款、经济建设投资总额、暂收各项及岁入未达；资产负债共同类，分设中央与省往来、区（大行政区）省（市）往来、省县往来、其他往来及财政余亏。

1953年，全省各县（市）设置总预算会计。会计科目分为资产、负债两类。资产类包括县（市）金库存款、县（市）机关经费存款、县（市）预算支出、省总会计往来、其他往来、下年度往来科目；负债类包括县（市）预算收入、暂收款项、省总会计往来。阳泉市第三区（城区前身）按该规定执行。

1956年，资产类分设货币资金、预算支出、贷出款项三类。总账科目有地方预算存款、建设银行经办地方预算基本建设存款、地方机关经费存款、地方预算周转金存款、在途款项、地方预算支出、贷给下级预算的短期贷款；负债类分设收入、借入款项，周转金预算、执行结果4类。总账科目有地方预算收入、暂收款项、由上级预算借入的短期贷款、地方预算周转金、地方预算结余。

1960年，资产科目下分设存款、支出和贷款3类；负债科目下分收入、借款、周转金和结余4类。资产类增设地方预算限额结算支出科目，取消其他短期垫款科目，将贷给下级预算的短期款项改为地方预算建设银行存款科目；负债类取消其他短期借入款科目，将由上级预算借入的短期款项和下级预算借入的短期款项合并为借入款科目。是年，专区、县（市）总预算会计还增设资产负债表外科目：预算外资金存款、预算外资金拨款、预算外资金支出、预算外资金收入科目。阳泉市站上区（城区前身）按该规定执行。

1980年，会计科目分为预算内和预算外两部分。预算内会计科目为：资金来源类设预算收入、与上级往来、预算暂存、预算周转金、预算年终结余科目；资金运用类设经费拨款、建设银行拨款、预算支出、与下级往来、预算暂付科目；资金结存类设金库存款、在途款科目。预算外科目：资金来源类设预算外收入、其他暂存、预算外年终结余科目；资金运用类设预算外拨款、预算外支出、其他暂付科目；资金结存类设其他存款科目。

1983年，关于国家预算收入科目的设置，为分别考核国营企业上缴利润和所得税计划的完成情况，便于进行历史的分析比较，城区财政科将国家预算收入科目增设“五、国营企业所得税类”，“类”以下比照企业收入类的部门，分设“××工业所得税”等“款”级科目。凡属国营企业缴纳的“所得税”，均在本“类”各“款”统计、核算；实行利改税的国营企业缴纳的税后利润（含调节税、承包费，下同）和暂未实行利改税的国营企业缴纳的利润等企业收入，仍在“企业收入类”各“款”中统计、核算。预算外企业及其他非国营企业缴纳的工商所得税，仍在“各项税收类”有关各“款”中统计、核算。是年预算收入科目中，原来的五、六、七“类”依次改为六、七、八“类”，其科目名称和“款”“项”及科目编号均不变。

1985年，阳泉市城区财政局执行财政部颁发的《财政机关总预算会计制度》，会计科目分别设置为预算资金、预算外资金和专项基金三个部分。

预算资金部分会计科目仍分为资金来源、资金运用和资金结存三类：资金来源类设有预算收入、上级补助收入、下级上解收入、调入资金、与上级往来、中央借用地方财政款、预算暂存、预算周转金、预算结余、地方政府购买国库券科目；资金运用类设有经费拨款、拨存建行款、预算支出、限额结算支出、上解支出、补助支出、与下级往来、地方借给中央财政款、预算暂付科目；资金结存类设有国库存款、库存国库券、在途款科目。

预算外资金和专项基金部分的会计科目也分为资金来源、资金运用和资金结存三类：资金来源类设有预算外收入、专项基金、预算外暂存、预算外结余、地方政府购买国库券科目；资金运用类设有预算外拨款、预算外支出、调出资金、专项基金贷款、预算外暂付科目；资金结存类设有预算外存款、预算外库存国库券、预算外在途款科目。

会计凭证仍分为原始凭证和记账凭证两种。

会计账簿分为总账和明细账。明细账包括收入明细账、拨款明细账、支出明细账、往来明细账、国库存款和库存国库券明细账（以总账代）。预算外资金总账、明细账的设置方法，比照预算资金的账簿设置原则办理。

会计报表分为旬报、月报、季报和年报4种：旬报按照国家预算收支科目规定，收入列报到“类”和其中几个小“类”或主要款，支出列报支出合计和其中基建拨款、行政事业费等主要数字；月报包括预算收入和预算支出两部分，要求按国家预算收支科目列报到款，以年度累计执行数编报；季报要求在月报的基础上，较详细地反映预算执行情况、资金分布状况和定员定额执行情况，还要有较全面的文字分析说明；年报要按照年度决算的有关规定办理。

1989年，阳泉市城区财政局对预算资金会计科目资金来源类取消中央借用地方财政款、地方政府购买国库券科目，增加购入有价证券科目；资金运用类取消拨存建行款、地方借给中央财政款科目；资金结存类取消库存国库券科目，增加库存有价证券科目。预算外资金和专项基金核算科目，资金来源类取消专项基金、地方政府购买国库券科目，增加预算外资金补助收入、财政专项周转金、预算外购入有价证券科目；资金运用类取消专项基金贷款科目，增加预算外补助支出、财政专项周转金贷款科目；资产结存类取消预算外库存国库券科目，增加预算外库存有价证券科目。

1991年，按照国家预算收支科目要求，对预算收支科目进行少量调整：

（1）将“公检法支出类”中的230款“检法司支出”一个款级科目划开，分成三个款级科目，即230款“司法支出”、231款“法院支出”和232款“检察院支出”，在三个款下均设置“机关经费”“业务费”“干部训练费”“中等专业学校经费”和“其他”五个项级科目。

（2）在收入预算科目第37款增设“固定资产投资方向调节税”一个“款”级收入科目。

1993年，对在职人员、离退休人员制订严格经费管理的措施。对在职人员的管理是要求在职人员与所在单位编卡相符，财政凭编卡编报经费预算；人员调动时，被调动人员由原单位开出工资介绍信，所在单位、财政、拟调入单位各执一份，财政凭此办理工资转移关系；在职人员所享受的津补贴由劳动人事部门审批，财政依据审批通知单执行。

1998年，阳泉市城区按照上级财政要求，对会计事项实行如下调整：

会计科目改设为资产、负债、净资产、收入、支出5大类。各类科目与原有科目有较大变化，如：资产类分设国库存款、其他财政存款、有价证券、在途款、暂付款、与下级往来、预拨经费、基建拨款、财政周转金放款、借出财政周转金、待处理财政周转金等科目；负债类分设暂存款、与上级往来、借入款、借入财政周转金等科目；净资产类分设预算结余、基金预算结余、专用基金结余、预算周转金、财政周转金等科目；收入类分设一般预算收入、基金预算收入、专用基金收入、补助收入、上解收入、调入基金、财政周转金收入等科目；支出类分设一般预算支出、基金预算支出、专项基金支出、补助支出、上解支出、调出资金、财政周转金支出等科目。

1999 年，阳泉市城区对会计账簿设置仍分为总账和明细账，明细账包括收入明细账、支出明细账、往来款项明细账 3 种。

记账方法由收付记账法改为借贷记账法。

会计报表分为资产负债表、预算执行情况表、财政周转金收支情况表、财政周转金投放情况表、财政周转金变动情况表 5 种。其中，资产负债表按照“资产 + 支出 = 负债 + 净产值 + 收入”的平衡公式设置，左方为资产部类，右方为负债部类，两方总计数相等；预算执行情况表分为旬报、月报、年报。月报分为一般预算收入月报、一般预算支出月报、基金预算收支月报；年报分为年度财政收支决算总表、收入决算明细表、支出决算明细表、基金预算收支决算总表和基金收支明细表等。

2001 年，《政府预算收支科目》“基金预算收入科目”中增加“社会保险基金收入”，下设“基本养老保险基金收入”“失业保险基金收入”“基本医疗保险基金收入”“工伤保险基金收入”“生育保险基金收入”，分别反映地方按规定征收并缴入国库的基本养老、失业、基本医疗、工伤、生育保险费及滞纳金；在“基金预算支出科目”中增设“社会保险基金支出”，“基本医疗保险基金支出”“工伤保险基金支出”“生育保险基金支出”，反映地方财政部门划转社会保障基金专户的基本养老、失业、基本医疗、工伤、生育保险费及滞纳金。

2002 年，阳泉市城区财政对“一般预算支出科目”作如下修改：

（1）在“教育支出”下增设“其他”，反映普通教育、职业教育、成人教育、广播电视教育、特殊教育、教师进修及干部教育之外的其他教育支出。

（2）删除“科技型中小企业技术创新基金”和“其他”。

（3）在“其他支出”的“中小企业发展专项资金”下增设“科技型中小企业技术创新基金”，反映科技型中小企业技术创新基金的支出；增设“其他”，反映扶持中小企业的其他支出。

2003 年 2 月，阳泉市城区财政按照要求对新批准实行集中纳税企业缴纳的所得税以新预算科目缴库。缴库办法按财政部、国家税务总局、中国人民银行《关于所得税收入分享改革后有关预算管理问题的通知》规定执行。需退库的所得税，按财政部、国家税务总局、中国人民银行《关于所得税收入分享改革后有关所得税退库管理的通知》办理。新批准的实行集中纳税企业缴纳的所得税税款滞纳金、罚款收入，比照《财政部、国家税务总局、中国人民银行关于企业所得税税款滞纳金罚款收入预算级次的补充通知》的有关规定，就地上缴中央和地方国库，不实行跨地区分享。需退库的滞纳金、罚款收入，就地从国库退付。

4 月，对政府预算收支科目作少量调整：

（1）在“教育支出”下增设 1309 款“其他”，反映普通教育、职业教育、成人教育、广播电视教育、留学教育、特殊教育、教师进修及干部教育之外的其他教育支出。

（2）删除 05 类“科技型中小企业技术创新基金”和“其他”。在“其他支出”的 6116 款“中小企业发展专项资金”下增设“科技型中小企业技术创新基金”，反映科技型中小企业技术创新基金的支出；增设 611609 项“其他”，反映扶持中小企业的其他支出。

2005 年，下达《2005 年政府预算收支科目》，在 2004 年科目基础上主要根据出口退税机制改革情况和有关预算管理实际需要，增设部分预算收支科目，并对原有科目说明作了少量调整。在一般预算收入科目中新增的科目：0103 款出口货物退税增值税（010301 出口货物退增值税、030102 免抵调减增值税、030103 归还出口货物增值税退税欠款）；0302 金融保险业营业税（中央）、0303 金融保险业营业税（地方）；044601 中国人保控股公司所得税，044602 中国人寿保险公司所得税，044603 中国再保险公司所得税；054601 中国人保控股公司所得税退税，054602 中国人寿保险公司所得税退税，054603 中国再保险公司所得税退税；商贸、文化、公安、司法、卫生、民政等行政性收费收入。

2006 年，阳泉市城区财政根据预算管理实际，对《2006 年政府预算收支科目》在 2005 年科目基础上作了适当修改和补充，对一般预算收入作如下调整：

（1）删除 3101 款“农业特产税”下“烟叶”“茶叶”“原木”“水果”“养殖”“捕捞”“其他”。

（2）在 42 类“行政性收费收入”增设 4209 款“广播电影电视行政性收费收入”、4248 款“南水北调办行政性收费收入”。在 4225 款“信息产业行政性收费收入”下增设 422502 项“码号资源占用费”。

2007 年，为完整、准确地反映政府收支活动，财政部制定《政府收支分类改革方案》，并据此制定《2007 年政府收支分类科目》，从 2007 年 1 月 1 日起执行。《2007 年政府收支分类科目》与《2006 年政府预算收支科目》相比，收支分类范围、分类体系和具体科目设置办法等都有较大变化，变化的主要内容为改革后的政府收支分类体系由“收入分类”“支出功能分类”和“支出经济分类”三部分构成。

2008 年，阳泉市城区财政按照上级要求对支出经济分类，设类、款两级，科目设置情况如下：

（1）工资福利支出。分设 10 款：基本工资、津贴补贴、奖金、住房公积金、提租补贴、购房补贴、社会保障缴费、伙食费、伙食补助费、其他工资福利支出。

（2）商品和服务支出。分设 30 款：办公费、印刷费、咨询费、手续费、水费、电费、邮电费、取暖费、物业管理费、交通费、差旅费、出国费、维修（护）费、租赁费、会议费、培训费、招待费、专用材料费、装备购置费、工程建设费、作战费、军用油料费、军队其他运行维护费、被装购置费、专用燃料费、劳务费、委托业务费、工会经费、福利费、其他商品和服务支出。

（3）对个人和家庭的补助。分设 11 款：离休费、退休费、退职（役）费、抚恤金、生活补助、救济费、医疗费、助学金、奖励金、生产补贴、其他对个人和家庭的补助支出。

（4）对企事业单位的补贴。分设 4 款：企业政策性补贴、事业单位补贴、财政贴息、其他对企事业单位的补贴支出。

（5）转移性支出。分设 4 款：不同级政府间转移性支出、同级政府间转移性支出、不同级预算单位间转移性支出、同级预算单位间转移性支出。

2014 年，按照全口径预算管理要求，将 4 类预算的收支科目分别归集列示。是年，中央财政初步建立由公共预算、政府性基金预算、国有资本经营预算、社会保障基金预算 4 类预算组成的全口径政府预算体系。根据中共十八大提出的加强全口径预算管理监督的总体要求，在不改变科目体系、科目编码和结构的前提下，将预算科目按 4 类预算各自的收支范围归集反映，即按公共预算收支科目、政府性基金预算收支科目、国有资本经营预算收支科目、社会保险基金预算收支科目分别列示，以此使预算会计的职责更加明确。

从 2015 年起，原列政府性基金收入的地方教育费附加、残疾人就业保障金 2 个项目转列一般公共预算收入，列入专项收入科目。按照山西省煤炭资源税改革办法，原有的煤炭可持续发展基金取消。因此，是年的政府性基金收入只有上级补助收入一项。

二、行政事业单位会计

新中国成立至2015年，阳泉市城区先后执行1953年山西省根据财政部有关规定制定《省、县（市）各机关暂行单位预算会计事务处理规定》、1954年财政部颁发的《各级人民政府单位预算会计制度》、1956年财政部颁发的《各级国家机关单位预算会计制度》、1958年财政部颁发的《各级地方机关单位预算会计制度》、1960年山西省根据财政部修订的《单位预算机关会计制度》，结合山西省实际情况拟定的《山西省各级单位预算机关适用〈中央、省、市、自治区单位预算机关会计制度〉的具体规定》、1964年财政部修订的《单位预算机关会计制度》、1966年财政部发出的《关于印发预算会计工作改革要点和各级行政事业单位适用三级会计制度的通知》、山西省制定的《山西省差额预算和自收自支单位会计制度》，依据1981年、1984年、1989年和19989年的国家有关规定，按会计科目、会计凭证、会计账簿、会计报表分述如下：

（一）会计科目

1950年，会计科目分为收入、支出、资产、负债和资产负债共同类5类。收入类会计科目又分为预算内收入和预算外收入两类。预算内收入类科目根据批准的单位预算所列各款的名称设置，预算外收入类科目仅设置预算收入一个科目。支出类会计科目也分为预算内支出和预算外支出两类，预算内支出类科目根据批准的岁出单位预算所列各款的名称设置，预算外支出类科目仅设置预算外支出一个科目。资产类会计科目设有行政费存款、事业费存款、代领所属经费存款、其他存款、库存现金、库存票券、收入缴库、转拨所属经费、暂存款项、土地房产、家具设备、图书仪器科目。负债类会计科目设有拨入行政费、拨入事业费、拨入所属经费、应付工资、应付助学金、暂收款项、固定资产基金、是年经费结余、预算外收支结余科目。资产负债共同类会计科目设有与上级往来、所属往来、其他往来科目。

1964年，资产类科目增设低值易耗品、工资基金存款、预算收入存款、拨付所属单位经费科目，取消基建器材、基建拨款限额、拨出所属基建资金、基建暂付款、基建支出科目；将材料科目分解为经费材料和其他材料科目；将预算存款、预算暂付款、预算外暂付款、预算支出科目分别改为经费存款、经费预付和应收款、其他预付和应收款、经费支出科目。负债类取消拨入基建资金、其他基建拨款、基建应付款科目。将预算内应付款、预算外应付款分别改为经费应付款、其他应付暂存款、预算收入科目。

1980年，部分行政事业单位实行预算包干办法。为更好地反映经费结余情况，在资金来源下增设经费包干结余科目，下设事业发展基金、集体福利基金和奖励基金等明细科目。

1981年，国家发行国库券，各级行政事业单位购买的国库券都不得以实际支出数报销，在资金结存类下增设库存国库券科目进行账目处理。

1989年，事业行政单位预算管理方式分为全额单位、差额单位和自收自支单位。（1）资金来源类科目：固定资产基金。全额单位1100，差额单位2100，自收自支单位3100。折旧。差额单位2101，自收自支单位3101。拨入经费。全额单位1102。抵支收入。全额单位1103。经费包干结余。全额单位1104。经费暂存。全额单位1105。业务收入。差额单位2131。事业收入。自收自支单位

3131。预算收入。全额单位 1132。其他收入。差额单位 2132，自收自支单位 3132。应缴预算收入。全额单位 1134。暂存款。全额单位 1135，差额单位 2135，自收自支单位 3135。合同预收款。全额单位 1136，差额单位 2136，自收自支单位 3136。事业专项周转金。全额单位 1137。专用基金收入。全额单位 1138，差额单位 2138，自收自支单位 3138。借入款。全额单位 1139，差额单位 2139，自收自支单位 3139。结余。差额单位 2140。收益。自收自支单位 3140。拨入专项基金。全额单位 1141，差额单位 2141，自收自支单位 3141。拨入差额补助费。差额单位 2143。下级上缴收入。全额单位 1145，差额单位 2145，自收自支单位 3145。调剂收入。全额单位 1146，差额单位 2146，自收自支单位 3146。事业储备周转金。全额单位 1150，差额单位 2150，自收自支单位 3150。（2）资金运用类科目：经费支出。全额单位 1201。拨出经费。全额单位 1202。应返还限额。全额单位 1204。经费暂付。全额单位 1205。业务支出。差额单位 2231。事业支出。自收自支单位 3231。预算外支出。全额单位 1232。暂付款。全额单位 1235，差额单位 2235，自收自支单位 3235。合同预付款。全额单位 1236，差额单位 2236，自收自支单位 3236。专用基金支出。全额单位 1238，差额单位 2238，自收自支单位 3238。借出款。全额单位 1239，差额单位 2239，自收自支单位 3239。专项资金支出。全额单位 1241，差额单位 2241，自收自支单位 3241。拨出专项资金。全额单位 1242，差额单位 2242，自收自支单位 3242。上缴上级支出。全额单位 1245，差额支出 2245，自收自支单位 3245。调剂支出。全额单位 1246，差额单位 2246，自收自支单位 3246。（3）资金结存类科目：固定资产。全额单位 1300，差额单位 2300，自收自支单位 3300。经费限额。全额单位 1304。经费存款，全额单位 1305。经费现金。全额单位 1306；有价证券（内）。全额单位 1307。经费材料。全额单位 1308。财政专户存款。全额单位 1334，自收自支单位 3334。其他存款。全额单位 1335。银行存款。差额单位 2335，自收自支单位 3335；库存现金。全额单位 1336，差额单位 2336，自收自支单位 3336。有价证券（外）。全额单位 1337，差额单位 2337，自收自支单位 3337。库存材料。全额单位 1338，差额单位 2338，自收自支单位 3338。

1998 年，事业行政单位会计记账方法改为借贷记账法；会计科目改为资产类、负债类、净资产类、收入类、支出类五大类。（1）事业单位。事业单位会计科目资产类包括现金、银行存款、应收票据、应收账款、其他应收款、材料、产成品、对外投资、固定资产、无形资产；负债类包括借入款项、应付票据、应付账款、预收账款、其他应付款、应缴预算款、应缴财政专户款、应缴税金；净资产类包括事业基金、固定基金、专用基金、事业结余、经费结余、结存分配；收入类包括财政补助收入、上级补助收入、拨入专款、事业收入、经营收入、附属单位缴款、其他收入；支出类包括拨出经费、拨出专款、专款支出、事业支出、经营支出、成本费用、销售税金、上缴上级支出、对附属单位补助、结转自筹基建。（2）行政单位。行政单位资产类包括现金、银行存款、有价证券、暂付款、库存材料、固定资产；负债类包括应缴预算款、应缴财政专户款、暂存款；净资产类包括固定基金、结余；收入类包括拨入经费、预算外资金收入、其他收入；支出类包括经费支出、拨出经费、结转自筹基建。

2002 年，为进一步规范会计核算，便于集中核算纳入单位的财务管理和年终决算，对会计科目设置及财务处理进行规范。具体设置明细科目使用情况："银行存款"科目按所对应的账户设置二级明细科目。"固定资产"科目分设 6 个二级明细科目；"应缴预算款"和"应缴财政专户款"科目按财政核定的收费项目设置二级明细科目；"结余"科目设置财政拨款结余、部委拨款结余和其他结余 3 个二级科目；"拨入经费"科目按其经费来源，设财政部门拨款，部委拨款及其他部门拨款 3 个二级明细科目；“预算外资金收入”分别设置经常性收入和专项收入 2 个二级明细科目；“其他收入”科目下设租金收入、利息收入、其他 3 个二级明细科目；“拨出经费”科目下设拨出经常性经费和拨出专项经费 2 个二级科目；“经费支出”科目按统一规定，设经常性支出和专项支出 2 个二级科目。

2003 年 4 月 16 日，执行财政部、中国人民银行《关于修订“2003 年政府预算收支科目”的通知》精神，对有些科目修订如下：在“一般预算收入科目”的“利息收入”下，增设 710101 项“国库存款利息收入”、增设 710109 项“其他利息收入”；在基金预算收支科目第 87 类“其他部门基金收入（支出）”中分别增设 8709 款“其他基金收入（支出）”，反映基金预算收支科目中未列示的其他基金的收入和支出情况。

2008 年，按照新会计准则规定，会计科目设置如下：

（1）资产类。包括库存现金、银行存款、其他货币资金、短期投资、短期投资跌价准备、交易性金融资产等共计 39 个。

（2）负债类。包括短期借款、交易性金融负债、应付票据、应付账款、预收账款、应付职工薪酬、应付福利费、应缴税费、其他应交款等共计 18 个。

（3）共同类。包括衍生工具、套期工具、被套期项目。

（4）所有者权益类。包括实收资本、已归还投资、资本公积、盈余公积、本年利润、利润分配、库存股金。

（5）成本类。包括开发成本、开发间接费用、劳务成本、研发支出。

（6）损益类。包括主营业务收入、其他业务收入、公允价值变动损益、投资收益、补贴收入、营业外收入、主营业务成本、其他业务支出、营业税金及附加、销售费用、管理费用、财务费用、资产减值损失、营业外支出、所得税费用、以前年度损益调整。

（二）会计凭证

1950 年，事业行政单位会计凭证分为原始凭证和记账凭证两大类。原始凭证包括经批准的预算书、经批准的计算书和决算书、各种经费的支付通知书或预借通知书、各种经费的借据及领据、仓库收支的各种单据、应缴金库的库据、暂收暂付的临时书据、各种定额费用单据、购置建筑的各种契约及合同、所属机关会计报表以及其他足以证明会计事项发生经过的文件。

1958 年，会计凭证分为原始凭证、原始凭证汇总表和记账单。原始凭证或原始凭证汇总表是填制记账凭单的根据，记账凭单是登记序时账和总账的根据，记账凭单和原始凭证或原始凭证汇总表是登记明细账的根据。

1980 年，在填写会计凭证方面强调：凭证内容必须填写齐全，做到不错不漏；各种凭证的字迹要书写清楚，容易辨认，不得使用未经国务院公布的简化字；阿拉伯数字要一个一个地写，不要联写得分辨不清；属于套写的凭证，一定要写透，不要上面清楚，下面模糊；大小写数字要符合规格，正确填写，大写金额不得乱造简化字；银行结算制度规定的结算凭证、拨款凭证、企业的发票、收据、提货单、运单、合同、契约，以及其他规定需要填列大写金额的各种凭证，必须有大写的金额；各种凭证必须连续编号，以便查考。

1988 年，强调在处理会计事项时必须具备以下内容：

（1）原始凭证的名称。填制凭证日期；填制凭证单位名称或填制人姓名；经办人员的签名或盖章；

接受凭证单位名称；经济业务内容；实物数量、单价和金额。

（2）从外单位取得的发票（或收据、一般红色为报销联）。必须有税务或财政部门的监制章，盖有填制单位的公章（即财务专用章、发票专用章、收款专用章、结算专用章均可。盖单位行政公章不合规定，不能报账）；大小写金额必须相符。

（3）酬金发放单。需填写部门名称、姓名、工作内容、标准、个人所得税（率）、应发数、实发数、领款人签名；在左上角填写单位名称并盖章；左下角单位主管财务负责人签署意见；在右下角填写经办人姓名；

（4）原始凭证的大小写金额必须相符，不得有涂改、挖补等现象；

（5）从外单位取得的原始凭证如有遗失，应当取得原开出单位盖有公章的证明，并注明原来凭证的号码、金额和内容等，由经办单位会计机构负责人、会计主管人员和单位领导人批准后，才能代作原始凭证。如果确实无法取得证明的，如火车、轮船、飞机票等凭证，由当事人写出详细情况，由经办单位会计机构负责人、会计主管人员和单位领导人批准后，代作原始凭证。

1990年，国家对原始凭证登记经济内容的审核做出如下规定：检查原始凭证填制的内容是否真实、准确、合法；是否符合国家有关政策、财务制度以及单位内部财务管理制度的规定；是否按单位财务审批权限审核签字，票据签字字迹是否真实，与单位预留的样本是否一致。购买实物的原始凭证必须附有验收证明，一张发票购买多种实物未分开填写，只有总金额的，还应附有购买实物的清单；支付或造表发放款项的原始凭证，必须有收款单位和收款人的签名；属于专项资金支出的原始凭证要严格按照《专项资金管理办法》执行，专款专用。

1996年，阳泉市城区财政局贯彻财政部《会计基础工作规范》和山西省财政厅的规定，在处理会计事项时强调：

（1）原始凭证的内容规定。必须具备凭证的名称；填制凭证的日期；填制凭证单位名称或填制人姓名；经办人员的签名或盖章；接受凭证单位名称；经济业务内容；数量、单价和金额。

（2）从外单位取得的原始凭证，必须盖有填制单位的公章；从个人取得的原始凭证，必须有填制人员的签名或盖章；自制原始凭证，必须盖有填制单位的公章；从个人取得的原始凭证，必须有填制人员的签名或盖章；自制原始凭证必须有经办单位领导人或其指定人员签名或盖章；对外开出的原始凭证，必须加盖本单位公章。

（3）凡填有大写和小写金额的原始凭证，大写与小写金额必须相符；购买实物的原始凭证，必须有验收证明；支付款项的原始凭证，必须有收款单位和收款人的收款证明。

（4）一式几联的原始凭证，应当注明各联的用途，只能以一联作为报销凭证。

（5）发生销货退回的，除填制退货发票外，还必须有退货验收证明。

（6）职工公出借款凭据，必须附在记账凭证之后；收回借款时，应当另开收据或退还借据副本，不得退还原借款收据。

1998年，事业单位原始凭证主要有收款收据、借款凭证、预算拨款凭证、各种税票、材料出入库单、固定资产出入库单、开户银行转来的收付款凭证、其他足以证明会计事项发生经过的凭证和文件等；记账凭证主要包括收款凭证、付款凭证和转账凭证3种。行政单位原始凭证包括收款收据、借款凭证、预算拨款凭据、固定资产调拨单、开户银行转来的收付款凭证、往来结算凭证、库存材料出库单、库存材料入库单，其他足以证明会计事项发生经过的凭证、文件；记账凭证包括收款凭证、付款凭证和转账凭证 3 种。

2002 年 11 月，阳泉市城区财政执行财政部发布的《关于民办非企业单位使用票据等问题的通知》，提出按以下方法办理票据：

（1）根据《民办非企业单位登记管理暂行条例》，民办非企业单位是指企业事业单位、社会团体和其他社会力量以及公民个人利用非国有资产举办的、从事非营利性社会服务活动的社会组织。民办非企业单位开展业务的范围主要包括相关领域的咨询服务、项目评估、学术讨论、办班培训等，具有非强制性特征，不体现政府行为，其收费不属于行政事业性收费。

（2）民办非企业单位按照资源有偿原则提供各种服务收取的费用，应当按照规定使用税务部门监制的税务发票，不应使用省级以上财政部门印刷的行政事业性收费票据。

（3）民办非企业单位的上述收入，不属于财政性资金，应当由民办非企业单位根据国家有关财务制度的规定安排使用。

2004 年，按照上级财政部门要求，城区财政对会计凭证保管重新提出下列要求：

（1）会计凭证应定期装订成册，防止散失。从外单位取得的原始凭证遗失时，应取得原签发单位盖有公章的证明，并注明原始凭证的号码、金额、内容等，由经办单位会计机构负责人、会计主管人员和单位负责人批准后，才能代作原始凭证。若确实无法取得证明的，如车票丢失，则应由当事人写明详细情况，由经办单位会计机构负责人、会计主管人员和单位负责人批准后，代作原始凭证。

（2）会计凭证封面应注明单位名称、凭证种类、凭证张数、起止号数、年度、月份、会计主管人员、装订人员等有关事项，会计主管人员和保管人员应在封面上签章。

（3）会计凭证应加贴封条，防止抽换凭证。原始凭证不得外借，其他单位如有特殊原因确实需要使用时，经本单位会计机构负责人、会计主管人员批准，可以复制。向外单位提供的原始凭证复制件，应在专设的登记簿上登记，并由提供人员和收取人员共同签名、盖章。

（4）原始凭证较多时，可单独装订，但应在凭证封面注明所属记账凭证的日期、编号和种类，同时在所属的记账凭证上注明“附件另订”及原始凭证的名称和编号，以便查阅。

（5）每年装订成册的会计凭证，在年度终了时可暂由单位会计机构保管 1 年，期满后移交本单位档案机构统一保管；未设立档案机构的，应当在会计机构内部指定专人保管。出纳人员不得兼管会计档案。

（6）严格遵守会计凭证的保管期限要求，期满前不得任意销毁。

2010 年，阳泉市城区财政对原始凭证的附件完整性做出规定如下：

（1）记账凭证所附的原始凭证必须完整，同时应注明所附的原始凭证张数，以便核对摘要及所编的会计分录是否准确无误。

（2）所附原始凭证张数的计算，一般以原始凭证的自然张数为准。与记账凭证中的经济业务记账有关的每一张证据，都应当作为原始凭证的附件。

（3）如果记账凭证中附有原始凭证汇总表，则应当把所附的原始凭证和原始凭证汇总表的张数一起计入附件的张数之内。

（4）报销差旅费的零散票券，可以粘贴在一张纸上，作为原始凭证。

（5）一张原始凭证如涉及几张记账凭证的，可以将该原始凭证附在一张主要的记账凭证后面，在其他记账凭证上注明该主要记账凭证的编号或者附上该原始凭证的复印件。

（6）一张原始凭证所列的支出需要由两个以上单位共同负担的，应当由保存该原始凭证的单位开给其他应负担单位原始凭证分割单。原始凭证分割单必须具备原始凭证的基本要素，包括原始凭证的名称、填制日期、单位名称、填制人姓名、经济业务内容、数量、单价、金额和费用的分担情况等。

（7）结账和更正错误的记账凭证可以不附原始凭证。因为错的那些凭证已经把原始凭证粘上去了，而且错的凭证是不可以扔掉的。

2014 年 9 月 15 日，以阳城财字〔2014〕29 号，转发市财政局《关于统一清理整合全省财政票据的通知》，决定将现行的行政事业性收费票据、政府性基金票据、国有资产有偿使用收入票据、非税收入一般缴款书、行政事业单位收款票据等，统一归并为政府非税收入票据、结算类票据和其他财政票据三类。清理整合后的财政票据共分三类 31 种。

（三）会计账簿

1950 年，事业行政单位会计簿籍分为序时账（包括现金收入簿、现金支出簿、分录簿）、分类账（包括总分类账、各种明细分类账）、补助登记簿（包括固定资产登记簿、所属机关经费登记簿、编制人员登记簿、物品登记簿）。记账方法采用收付实现制；运用复式簿记原理和现金收付记账方法登记账目。但如实际需要，各单位会计得改用借贷记账法。

1951 年 1 月，会计账簿分为：（1）总分类账。为三栏式活页账，100 页，记载账户为财政收入、财政支出、金库存款、上级拨款、经费拨款、其他往来。（2）收入明细账。为多栏式活页账；以收入款设科目立户，以收入项及科目设专栏。（3）支出明细账。为多栏式活页账；以支出款、项级科目立户，以支出目级科目设专栏。（4）往来明细账。为三栏式活页账，记载下拨、上解财政资金情况；（5）金库登记账。按时间顺序登记金库财政资金出入库情况。

1960 年，要求报销单位应设立现金登记簿和支出登记簿，以对现金收付和开支项目作简要记载。每月终了应根据支出登记簿编制经费报销表，向主管单位办理报销。

1966 年，增设往来款项明细账。记账方法采用以资金活动为主体的收付记账法。

1985 年 1 月 21 日，公布中华人民共和国第六届全国人大常委会第九次会议通过的《关于修改〈中华人民共和国会计法〉的决定》，规定各单位必须依法设置会计账簿，并保证其真实、完整。

1996 年，按照财政部印发的《会计基础工作规范》，阳泉市城区财政局对如下会计基础工作事项进行调整：各单位应当按照国家统一会计制度规定和会计业务需要设置会计账簿。会计账簿包括总账、明细账、日记账和其他辅助性账簿。现金日记账和银行日记账必须采用订本式账簿。实行会计电算化的单位，用计算机打印的会计账簿必须连续编号，经审核无误后装订成册。启用会计账簿时，应当在账簿封面上写明单位名称和账簿名称。在账簿扉页上附启用表，内容包括：启用日期、账簿页数等；启用订本式账簿，应当从第一页到最后一页顺序编定页数，不得跳页、缺号。

1997 年，按照上级财政部门要求，阳泉市城区财政对登记账簿重新明确其基本要求：登记会计账簿时，应当将会计凭证日期、编号、业务内容摘要、金额和其他有关资料逐项记入账内，做到数字准确、摘要清楚、登记及时、字迹工整。登记完毕后，要在记账凭证上签名或盖章，注明已经登账的符号，表示已经记账。账簿中书写的文字和数字上面要留有适当空格，不要写满格；一般应占格距的二分之一。登记账簿要用蓝黑墨水或碳素墨水书写，不得使用圆珠笔（银行的复写账簿除外）

或铅笔书写。各种账簿按页次顺序连续登记，不得跳页、隔页。凡需要结出余额的账户，结出余额后，应当在“借或贷”等栏内写明“借”或“贷”等字样。

1998 年，事业行政单位会计账簿分为总账、收入明细账、支出明细账、往来款项明细账、银行存款日记账、现金日记账。记账方法采用借贷记账法。

2001 年，阳泉市城区财政对会计账簿的记账规则提出要求：

（1）登记账簿的依据。为保证账簿记录真实、正确，必须根据审核无误的会计凭证登账。各单位每天发生的各种经济业务，都要记账，记账的依据是会计凭证。

（2）登记账簿的时间。各种账簿应当每隔多长时间登记一次，没有统一规定。但是，一般的原则：总分类账要按照单位所采用的会计核算形式及时登账；各种明细分类账，要根据原始凭证、原始凭证汇总表和记账凭证每天进行登记，也可以定期（三天或五天）登记。但是现金日记账和银行存款日记账，应当根据办理完毕的收付款凭证，随时逐笔顺序进行登记，最少每天登记一次。

（3）登记账簿的规范要求。登记账簿时，应当将会计凭证日期、编号、业务内容摘要，金额和其他有关资料逐项记入账内，同时记账人员要在记账凭证上签名或者盖章，并注明已经登账的符号（如打“√”），防止漏记、重记和错记现象的发生；各种账簿要按账页顺序连续登记，不得跳行、隔页。如发生跳行、隔页，应将空行、空页画线注销，或注明“此行空白”“此页空白”字样，并由记账人员签名或盖章；登记账簿时，要用蓝黑墨水或者碳素墨水书写。不得用圆珠笔（银行的复写账簿除外）或者铅笔书写。红色墨水只能用于制度规定的“按红字冲账的记账凭证、在不设减少金额栏的多栏式账页中，登记减少数、在三栏式账户的余额栏前，如未印明余额方向的，在余额栏内登记负数金额”等情况；记账要保持清晰、整洁，记账文字和数字要端正、清楚、书写规范，一般应占账簿格距的二分之一，以便留有改错的空间；凡需结出余额的账户，应当定期结出余额。现金日记账和银行存款日记账必须每天结出余额。结出余额后，应在“借”或“贷”栏内写明“借”或“贷”的字样。没有余额的账户，应在该栏内写“平”字并在余额栏“元”位上用“0”表示；每登记满一张账页结转下页时，应当结出该页合计数和余额，写在该页最后一行和下页第一行有关栏内，并在该页的摘要栏内注明“转后页”字样，在下页的摘要栏内注明“承前页”字样。

（四）会计报表

1950 年，会计报表分为日报、月报和年报 3 类。日报类仅设库存日报表一种；月报类会计报表又分为本级和汇总两类，本级类月报有总分类账科目余额表、各种月份岁入计算表、各种月份岁出计算表、月份预算外收支计算表；汇总类月报有总分类账科目余额汇总表、各种月份岁入计算汇总表、各种月份岁出计算汇总表；年报类会计报表也分为本级和汇总两类，本级类年报有各种年度岁入决算表、各种年度岁出决算表、年度预算外收支决算表、资产负债表。

1958 年，取消定员定额情况表，增设基本数字表；有特种资金的机关还应编报特种资金收支明细表。

1964 年，会计报表分为月报、季报和年度决算 3 种，对于各种收入和支出都应按照累计数编报。月报按照预算科目列报银行支出数和实际支出数，银行支出数列报到项，实际支出数列报到目；季报包括资产负债表、拨款增减分析表、经费支出计算表、差额单位收支计算表、特种资金收支计算表和基本数字表等；年度决算依照财政机关年终清理和编造决算的有关规定执行。

1985 年，比照上级规定，阳泉市城区财政局对会计报表附注的构成提出要求，会计报表附注至少应当包括：符合会计核算基本前提的说明；重要会计政策和会计估计的说明；重要会计政策和会计事项变更说明；或有事项和资产负债表日后事项说明；关联方关系及其他交易的披露；重要首次转让及其出售的说明；企业合并，分立的说明；会计报表中重要项目的明细资料。

1997 年，山西省财政厅对会计报表进行部分变动，阳泉市城区财政局按此执行：在“资产负债表”“其他长期资产”项目下，增设“特准储备物资”项目，反映企业为国家特准需要而储备的物资；在“资产负债表”和“长期应付款”项目下，增设“特准储备资金”项目，反映企业为国家储备物资而形成的资金；在“资产负债表”和“长期借款”项目下，增设“特准储备借款”项目，反映企业为国家储备物资而向银行借入的专项贷款；在“损益表”的“抵扣销售收入的应交款”项目下，设置“转出价差收入”，反映企业代国家储备物资出库时转出的价差收入；在“财务状况变动表”的“无偿调出固定资产净损失”项目下，增设“减少特准储备物资”项目，反映企业年度内特准储备物资的减少数。

1998 年，事业行政单位会计报表，按内容分为资产负债表、收入支出表、附表及会计报表附注和报表说明书；按时间仍分为月报、季报和年报 3 种。

2002 年，阳泉市城区财政将行政事业单位会计科目设置的有关规定通知如下：《2002 年政府预算收支科目》在《2001 年政府预算收支科目》的基础上，各行政事业单位会计账务设置应根据《2002 年政府预算收支科目》变化作相应处理；“拨入经费”、拨出经费”分别设置“基本支出”和“项目支出”两个二级科目；“经费支出’科目按“基本支出”和“项目支出”设二级科目，三级科目下的“目”级科目按财政部《2002 年政府预算收支科目》规定调整设置。

2003 年，阳泉市城区财政对企业会计报表编制按真实可靠的要求进行修订，以确保会计报表的真实可靠：企业在编制年度财务会计报告前，应当按照规定全面清查资产，核实债务；核对各会计账簿记录与会计凭证的内容、金额等是否一致，记账方向是否相符；依照规定的结账日进行结账，结出有关会计账簿的余额和发生额，并核对各会计账簿之间的余额；检查相关的会计核算是否按照国家统一的会计制度进行；对于国家统一的会计制度没有规定统一核算方法的交易、事项，检查其是否按照会计核算的一般原则进行确认、计量以及相关账务处理是否合理；检查是否存在因会计差错、会计政策变更等原因需要调整前期或者本期相关项目。在前款规定工作中发现问题的，应当按照国家统一的会计制度进行处理。

2010 年 12 月，阳泉市城区财政局依据财政部关于《行政事业单位资金往来结算票据使用管理暂行办法》精神，对全区各行政、事业单位 2009 年至 2010 年领用的往来收据、收费收据进行监督检查。该次检查内容包括票据名称、开票日期、付款单位、收款项目、数量和金额等内容是否符合规定，是否有票据混用、不按时核销等现象存在。通过检查，城区进一步规范票据的使用管理。

2014 年 12 月，执行《阳泉市财政票据管理实施办法》，对财政票据管理机构核对用票单位送交的核销票据和相关材料，要求按规定进行严格核查，具体包括:《财政票据核销登记表》填列是否准确、完整，应装订的存根联是否正确装订；存根联或作废票据各联次是否保存完整；作废票据是否注明“作废”字样；票据号码是否连续，有无缺号或拆本使用造成的编号混乱现象；票据是否按规定用途使用，是否混开；填开项目是否合法；收费标准是否符合规定；票据各要素填写是否齐全、正确；票据存根联册封页是否符合规定标准；收入是否及时足额缴存规定账户，属于非税收入的是否及时足额缴入非税收入汇缴结算户。

第三节　企业会计

一、工业企业会计

1950 年，国营工业企业会计工作由省工业厅负责管理。当时，会计制度采用历年制，以人民币为记账本位，以元为记账单位，应用复式簿记原理登记账目。会计科目分为资产、负债、收益、损失四类。资产类又分为流动资产、固定资产和其他资产；负债类分为流动负债、固定负债、其他负债和净值；收益类分为营业收入和营业外收入；损失类分为营业支出和营业外支出。会计凭证分为原始凭证和记账凭证。原始凭证包括各种收据、发票、领料单、工资表等，记账凭证包括现金收入传票、现金支出传票、转账传票。会计簿籍分为序时账、分类账和辅助账三种。会计报表主要有资产负债表、损益表、成本计算表、生产费用表、国库拨款及特种资金增减表、基本建设资金收支明细表等。

1955 年，执行财政部颁发的《国营工业企业会计科目及会计报表格式》，会计科目设置 25 类、172 个一级科目，会计报表设置 18 种；新增加其他拨款增减明细表、商品销售利润明细表、基本建设未完投资增减表、基本建设已完投资增减表、建筑安装工程成本报告表。

1960 年，执行财政部颁发的《国营工业企业示范会计科目和使用说明（草案）》，会计科目设置为固定资产、材料、生产费用、产成品及销售、货币资金、结算、基金、银行借款、财务成果 10 类，共 44 个总账科目。

1971 年，执行省财政厅对会计科目的改革意见，将会计科目简化为 16 个，其中，资金占用及支出类有固定资产、材料、生产费用、产品、现金、银行存款、应收款科目；资金来源及收入类有国家资金、折旧、银行存款、应付款、销售、利润、更新改造资金、新产品试制费、福利基金等科目。

1983 年 7 月，为适应利改税的需要，阳泉市城区财政科对国营工业企业会计科目作如下修改和补充：增设应缴利润科目，在本科目下设置应缴中央预算利润和应缴地方预算利润明细科目；取消应缴资金占用费科目；在应缴税金科目下增设应缴所得税明细科目，用以核算企业应缴纳的所得税；利润分配科目下增设应缴中央预算所得税、应缴地方预算所得税、企业留利、应补定额补贴收入等明细科目；固定基金科目下取消企业固定基金和待转固定基金明细科目；专用基金科目增设后备基金、新产品试制基金明细科目。由于会计科目发生变化，同时对会计报表的某些项目也作相应调整。

1984 年 2 月，在《国营工业企业成本开支会计处理方法的补充规定》中，取消基本生产科目中有关由于计划减产造成的停工损失，转作营业外支出的规定；取消利润——营业外支出科目中的停工损失、呆账损失和展览费用三项核算内容；取消利润表——营业外支出项目中的停工损失、呆账损失和展览费用三个明细项目；在企业管理费科目中增设坏账损失明细科目；在车间经费及企业管理费明细表之后增设坏账损失项目；将展览费列入销售科目进行核算。

10 月，国营企业实行第二步“利改税”后，改变了部分会计处理方法：（1）修改应缴税金科目核算内容。企业应缴纳的各种税金，如产品税、增值税、营业税、资源税、所得税、调节税、盐税、烧油特别税等，应由专用基金支付的建筑税、奖金税等，不在本科目核算。在应缴税金科目下设置明细科目，核算应缴产品税和应缴营业税、应缴增值税、应缴资源税、应缴所得税和应缴调节费、应缴烧油特别税。（2）增设待扣税金科目。（3）在利润科目下，增设资源税明细科目，核算产品销售利润（或亏损）、其他销售利润（或亏损）、营业外收入、营业外支出、资源税、固定资金占用费、流动资金占用费。（4）增设应弥补亏损科目，下设应由预算弥补的亏损和应由以后年度利润弥补的亏损两个明细科目。（5）取消应收原材料价格补贴、应收产品价格补贴、应收卷烟提价收入三个会计科目。（6）取消定额补贴科目。（7）修改应缴利润科目的核算内容，暂不实行利改税的企业向国家上缴的利润通过本科目核算。（8）修改利润分配科目核算内容，设置归还专项借款的利润等 17 个明细科目。

1985 年 1 月，阳泉市城区财政局执行财政部修改重印的《国营工业企业会计制度——会计科目和会计报表》，会计科目增加到 60 个，其中资金占用类 35 个，增设待摊税金、应弥补亏损科目，取消应补定额补贴科目。资金来源类 25 个，增设待扣税金、应弥补亏损科目。会计报表方面，增设应上缴及应弥补款项情况表、应缴调节税（或应缴利润、应弥补亏损）及企业留利计算表，取消企业基金计算表、利润留成计算表。

1986 年，阳泉市城区财政局为进一步调动企业节约使用原材料、燃料的积极性，降低消耗，提高经济效益，经财政和主管部门批准，可实行原材料、燃料、动力节约奖，不计征奖金税，计入相应的成本列支。根据各企业实际情况，对城区阀门二厂、第二食品厂、饮料厂、装潢厂、修理公司 5 家企业安排企业挖潜资金 40 万元，该项资金的安排由过去的拨款改为贷款，由城区技改领导组委托银行信托投资公司具体办理贷款的发放及使用，明确规定还款时间、建立承包责任制，规定奖惩条款。经年底前检查，该类项目均可按期完工，达到预计的经济效益，1987 年可增加财政收入 16 万元，从而改变城区工业设备落后状况，对以后的发展具有重要意义。

1988 年，阳泉市城区财政局执行财政部发布的《国营工业企业会计制度——会计科目和会计报表》，会计科目增加到 67 个，其中资金占用类 34 个，资金来源类 33 个。会计报表调整为 11 种，其中按月编报的有资金平衡表、应上缴及应弥补款项情况表、利润表、商品产品成本表、生产费用表、关停企业国家基金增减表、关停企业清理维护费明细表；按季编报的有主要产品单位成本表、车间经费及企业管理费明细表、专用基金及专用拨款表；按年编报的有固定资产和流动资金增减表、产品销售利润明细表、基建借款及专项借款表。

1989 年 4 月 21 日，阳泉市城区财政局、区经委、区劳动局联合下文，决定在城区微型电机厂正式实行“效益工资”。从 1986 年开始，就选定在城区微型电机厂试点实行“效益工资”。经过试点，该厂原材料、燃料、动力综合成本降低，百元产值费用降低，企业经济效益连年增长，实践证明，此办法切实可行。经研究，决定从是年开始，正式批准继续实行“效益工资”奖惩办法，进一步加强管理，努力提高经济效益。

1990 年，以城财发字〔1990〕17 号，转发省财政厅《关于国营企业工作人员差旅费、会议费开支规定》，对国营企业差旅费的有关问题通知如下：凡标准工资为八级正以上的国营大中型企业的副职以上人员乘坐飞机一等舱实报实销，住宿标准一般为每天 20 元。一般市内交通费按每人每天 1 元包干使用。企业一般人员参加培训，每人每天补助 1 元。

从 1992 年 1 月 1 日开始，阳泉市城区执行股份试点企业会计制度，统一规定会计科目及编号，便于编制会计凭证，登记账簿，查阅账目。各部门、各企业不得随便改变或打乱重编，在某些会计科目之间留有空格，供增设会计科目时用。

1993 年 7 月，阳泉市城区财政局执行财政部发布的《工业企业会计制度》。会计科目分为资产、负债、所有者权益、成本、损益 5 大类，共 60 个科目。其中，资产类设有现金、银行存款、其他货币资金、短期投资、应收票据、应收账款、坏账准备、预付账款、其他应收款、材料采购、原材料、包装物、低值易耗品、材料、成本差异、委托加工材料、自制半成品、产成品、分期收款发出商品、待摊费用、长期投资、固定资产、累计折旧、固定资产清理、在建工程、无形资产、递延资产、待处理财产损益 28 个科目；负债类设有短期借款、应付票据、应付账款、预收账款、其他应付款、应付工资、应付福利费、应缴税金、应付利润、其他应缴款、预提费用、待扣税金、长期借款、应付债券、长期应付款 15 个科目；所有者权益类设有实收资本、资本公积、盈余公积、本年利润、利润分配共 5 个科目；成本类设有生产成本、制造费用 2 个科目。损益类设有产品销售收入、产品销售成本、产品销售费用、产品销售税金及附加、其他业务收入、其他业务支出、管理费用、财务费用、投资收益、营业外收入、营业外支出 11 个科目。会计报表按月编报的有资产负债表、损益表；按年编报的有财务状况变动表、利润分配表、主营业务收支明细表。记账方法采用借贷记账法。

2000 年 12 月，以阳财城〔2000〕21 号文件，下达《关于做好 2000 年度企业会计报表的通知》，对全区企业会计报表强调为：凡区直企业，只要办理了工商注册登记手续，包括已办理工商注册手续现停业或半停半开、停业出租企业，都要填报该表。各报表单位应当按照新《中华人民共和国会计法》和国务院公布的《企业财务会计报表条例》填报年度会计报表，各国有企业应同时报送中介机构出具的年度会计报表审计报告及调整后的会计报表。在报送的会计报表封面上要有企业负责人、主管会计工作的负责人、会计机构负责人签名并盖章。在编制会计报表前，应清查资产、核实债务，做到账证相符、账账相符、账实相符、账表相符，保证报表的真实、完整。报表金额以元为单位。报送报表时，各单位应附有会计报表附注及财务情况说明书。财务情况说明书应对企业年度内的财务收支、成本等情况进行分析总结，全面反映企业的生产经营、业务活动情况、经营业绩和存在的不足，内容主要包括：企业的生产经营情况、利润实现和分配情况、资金增减和周转情况、税费缴纳情况和各项财产物资变动情况；对本期或下期财务状况发生重大影响的事项；资产负债表日后至报出财务报告前发生的对企业财务状况变动有重大影响的事项；需要说明的其他事项。

2001 年 12 月 22 日，阳泉市城区财政局根据财政部《关于企业住房制度改革中有关财务处理问题的补充通知》，要求企业增设“售房收入专户”，核算企业出售现住公房取得的货币资金，其利息收入也要存入专户，用于按政策规定发放无房老职工和住房未达标老职工的住房补贴。

2003 年 8 月，执行财政部、国家税务总局印发的《关于执行“企业会计制度”和相关会计准则有关问题解答》的通知。随着《企业会计制度》及相关么会计准则的陆续发布实施，有关会计要素的确认和计量发生一些变化。同时，国家在税制改革过程中，也对企业所得税法做了一些调整。由此，使得会计制度及相关准则中就收益、费用和损失的确认、计量标准与企业所得税法规的规定产生某些差异，对此的处理原则为企业在会计核算时，应当按照会计制度及相关准则的规定对各项会计要素进行确认、计量、记录和报告，由此引起与税法不一致的，不得调整会计账簿记录和会计报表相关项目的金额。企业在计算当期应缴所得税时，应在按照会计制度及相关准则计算利润总额的基础上，加上（或减去）会计制度及相关准则与税法规定就某项收益、费用、损失确认和计量等的差异后，调整为应纳所得税额，并据以计算当期应缴所得税。

2009年，规定非上市企业国有产权转让需要报财政部门审批的，转让方应当在进场交易前报送以下资料：产权转让的申请书，包括转让原因、是否进场交易等内容；产权转让方案及内部决策文件；转让方基本情况及上一年度经会计师事务所审计的财务会计报告；转让标的企业基本情况、当期财务会计报告和最近一期经会计师事务所审计的财务会计报告；转让方和转让标的企业国有资产产权证明文件；转让企业资产评估核准文件或备查方案。

2014年，为进一步规范《企业会计准则》中关于职工薪酬的相关会计处理规定，保持企业会计准则与国际财务报告准则的持续趋同，根据《企业会计准则——基本准则》，执行财政部对《企业会计准则第9号——职工薪酬》的修订，自是年7月1日起在所有执行企业会计准则的企业范围内施行。

二、商业企业会计

新中国成立初期，国营商业企业会计由中央统一管理。

1960年1月，执行《中华人民共和国商业部系统财务会计制度》。该制度根据商业企业的特点，在会计核算上分为商品会计核算、生产企业核算、饮食服务企业核算和仓储业务核算四种；会计科目分14项127个科目；会计报表主要有资金平衡表、利润计算表、商品流通费用表、财产损失表、利润留成基金使用情况表、基本建设资金平衡表、基本建设资金使用情况表及会计主要指标月报表。

1971年，执行商业部制定的《商业会计制度（试行）》，记账方法采用增减记账法，会计科目分为资金来源与收入、资金占用与支出两大类，共14个科目；记账凭证及账簿沿用以前格式；会计报表有财务主要指标月报表、资金表、经营情况表，同时要求报送季报和年报时，附有简要文字说明。

1976年，执行商业部《关于印发会计制度的通知》，会计科目增加国库拨补亏损、农牧业生产、产成品、补贴工业支出等，将原来的专用基金科目划分为更新改造资金和大修理基金。会计报表增加更新改造资金明细表、农牧企业经营情况表。到1980年，还陆续增加了一些会计科目和一部分会计报表。

1983年年初，会计科目增加到88个，会计报表也由1976年的9种增加至16种。7月，执行商业部、财政部联文印发的《关于利改税后有关商业会计科目、会计报表和账务处理的补充规定》，会计科目增加企业留利基金、留归企业利润、税前扣减利润、商业自补亏损，修改部分缴款科目的名称及核算内容。会计报表增加企业留利基金分配使用情况表、利润分配和亏损拨补情况表，取消商业系统利润留成提取使用情况表。

1985年，为适应第二步利改税需要，会计科目和会计报表均有所增减，会计科目增加应缴税金、应缴承包费或利润、待扣税金、利润分配、应弥补亏损，同时取消预缴所得税、预缴国库利润、利润留成、税前扣减利润、抵缴利润等科目，共设置97个总账科目；会计报表增加利改税企业利润分配表、企业亏损弥补表，取消利润分配和亏损拨付情况表，共设置16种会计报表。

1989年12月12日，以城财发〔1989〕18号，对国营商业企业业务招待费开支做出规定：企业招待费开支要本着必须、合理、节约的原则，取消以其他形式提取企业招待费的做法，正常招待费在商品流通费中专项据实列支。对企业不属于商品流转的业务交往活动，比如到企业调查研究，组织各种检查、评比等，应按出差费标准自费就餐，不得开支招待费。财政部门要配合主管部门和审计部门，做好业务招待费的审查，控制和监督工作，有违反者，要给予必要的罚款和纪律处分。

1993年7月1日，阳泉市城区财政局执行财政部《商品流通企业会计制度》。商品流通企业包括独立核算的商业、粮食、物资供销、供销合作社、对外贸易、医药、石油、烟草、图书发行等企业。会计科目分为资产、负债、所有者权益、损益四大类66个科目，其中资产类包括现金、银行存款、其他货币资金、短期投资、应收票据、应收账款、坏账准备、预付账款、其他应收款、商品采购、库存商品、受托代销品、商品进销差价、商品削价准备、加工商品、出租商品、分期收款、发出商品、材料物资、包装物、低值易耗品、待摊费用、长期投资、特准储备物资、固定资产、累计折旧、固定资产清理、在建工程、无形资产、递延资产、待处理财产损益31个科目。负债类包括短期借款、应付票据、应付账款、预收账款、代销商品款、其他应付款、应付工资、应付福利费、应缴税金、应付利润、其他应缴款、预提费用、特准储备资金、长期借款、应付债券、长期应付款16个科目。所有者权益类包括实收资本、资本公积、盈余公积、本年利润、利润分配5个科目。损益类包括商品销售收入、销售折扣与折让、商品销售成本、经营费用、商品销售税金及附加、代购代销收入、其他业务收入、其他业务支出、管理费用、财务费用、汇总损益、投资收益、营业外收入、营业外支出14个科目。记账方法采用借贷记账法。会计报表按月编报的有资产负债表、损益表；按年编报的有财务状况变动表、利润分配表、商品销售利润明细表。

1999年10月，阳泉市城区财政局规定财务情况说明书应主要包括以下内容:（1）资产负债表情况。本会计期间资产负债总量、增（减）量、结构、质量、增减变化原因；（2）财务收支情况。本会计期间各项收入、成本、费用等增减变动情况及原因；（3）经营效益情况。本会计期间资产收益、负债成本情况及原因;（4）利润实现及分配和税金的缴纳情况;（5）某些主要项目采用的财务会计方法、变动情况和原因；对本期或下期财务状况发生重大影响的事项；（6）重大案件、重大差错、重大损失情况。

2000年，阳泉市城区财政局根据《关于调整新增粮食财务挂账和其他不合理占用货款处理政策的通知》，在会计科目和会计处理方面变更：在“应收补贴款”科目中增设“新增政策性财务挂账”明细科目，核算由地方政府归还本金的新增挂账消化、结存情况。在“利润分配——未分配利润”中增设“新增经营性财务挂账”明细科目，核算应由企业归还本金的新增挂账消化、结存情况。在“长期借款”科目中增设“贴息的新增挂账借款”和“不贴息的新增挂账借款”两个明细科目，核算地方政府贴息范围的新增挂账和占用农业发展银行粮油收购货款的归还、结存情况。

2001年，设立“外贸发展基金支出”中央和地方共用的“款”级支出科目，前者反映用外贸发展基金收入安排的支出。

2002年，阳泉市城区财政对外商投资企业会计报表作如下规定：

（1）资产负债表。所有资产、负债类项目均按照期末汇率折合为人民币；所有者权益类项目除“未分配利润”项目外，均按业务发生时的汇率折合人民币；“未分配利润”项目以折算后的利润分配表中该项目的数额作为其数额列示；折算后资产类项目、负债类项目和所有者权益类项目合计数的差额，作为报表折算差额，在“未分配利润”项下单列项目反映；年初数按照上年折算后的资产负债表数额列示。

（2）利润表和利润分配表。利润表所有项目和利润分配表中有关反映发生额的项目应当按照会计报表列报期间的平均汇率折算为人民币，也可以采用期末汇率折算人民币。在采用期末汇率折算时，应在会计报表附注中说明；利润分配表中“净利润”项目，按折算后利润表中该项目的数额列示；利润分配表中“年初未分配利润”项目，按上一年折算后的期末“未分配利润”项目的数额列示；利润分配表中“未分配利润”项目，按折算后的利润分配表中的其他各项目的数额计算列示；上年实际数按照上期折算后的利润表和利润分配表的数额列示。

（3）现金流量表。现金流量表所有项目按期末汇率折算为人民币。以某种外币作为记账本位币的外商投资企业，对由于会计报表折算而产生的差额，应当在资产负债表“未分配利润”项下设置“外币会计报表折算差额”项目单独反映。

第四节 会计管理

会计活动源远流长。会计首先是对社会经济活动的忠实记录并进行核算，随着社会经济发展和会计自身发展的需要，会计更成为一种管理信息系统。会计管理的概念有广义和狭义之分。广义的会计管理，泛指社会管理者、会计职业团体和各单位管理者对会计活动的管理行为。狭义的会计管理，主要是指政府从社会管理者的角度对全社会会计活动的管理行为，包括制定会计规范、监管会计活动、指导会计工作等。

我国早期的会计管理。会计的原始形态是简单的计量行为，包括我国在内的世界各文明古国，早期都出现过“刻（石、竹）为记”“刻绳记事”等活动，后人把这种行为视为原始的管理活动，如“上古结绳而治”“画封结绳，以理海内”等语句中的“治”“理”就具有管理的含义。起源于奴隶社会，在封建社会得到发展的“官厅会计”，其管理职能体现得更为明显。我国古代把“会”“计”二字连用，就既有计算，又有管理之义，泛指计算、记录、考察、监督等含义。古代“司会”官职，实际上是官厅的总管，执掌会计事务的机构，在执行综合管理、集中监督职能方面有很高的权威。延续数千年的封建社会官厅会计，从维护统治阶级的利益出发，对财经事务进行积极的干预和管理，历代帝王都非常重视选用这样的会计人才。

明清时期，一些商人开始编制投资分利表，也出现财产目录，即关于资产的盘点记录。这些都相当于资产负债表的一部分，因为没有组合在一起，还不算资产负债表。较为典型的有《万历程氏染店查算账簿》，已把资产负债表的三部分组合在一起，但其思路却是按“资产 - 负债 = 资本”的公示编列，可以算是原始的资产负债表，但它们的格式没有定型，写得参差不齐，整体上还较粗糙。

会计在经济管理中的作用：（1）实现资源合理配置。以提高经济效益为中心，把有限的资源用到产出高、效益好的行业和产品。（2）有效防范和化解金融风险。加强对财务会计的监管，建立健全高效、快捷、透明的会计信息系统和内部控制系统，对金融风险起到预警作用。（3）有助于建立现代企业制度。推行“产权明晰、权责明确、政企分开、管理科学”的现代企业制度，需要建立与之相适应的会计规范体系和会计信息系统，这对于建立现代企业制度具有很大的推动作用。（4）加强经济监督，规范经济秩序。会计工作是经济活动的“关口”，任何合法和不合法的财务收支都需要通过会计账目加以记录和反映，这就为会计人员实施内部监督和注册会计师实行外部监督提供条件，能有效制止经济舞弊和违法犯罪行为，为维护社会经济秩序提供重要保障。（5）参与国际竞争与国际会计惯例相协调。发挥会计信息作为国际通用语言的作用，为增强我国经济竞争力，引进外国投资者来华投资等方面发挥积极的作用。（6）加强会计人员管理。广泛开展继续教育，强化会计管理，必须进一步加强会计人员的执业监管和业务学习，促进会计人员在净化会计秩序的过程中发挥应有的作用。加大对会计人员执业监管力度。《会计法》明确规定“从事会计工作的人员，必须取得会计从业资格证书”，日常工作中必须按此要求。全面启动会计人员继续教育工程。为提高会计人员素质，适应社会主义市场经济发展的要求，财政部于1998年制定《会计人员继续教育暂行规定》，对继续教育的对象、内容、形式、检查考核等提出明确要求。该《暂行规定》要求积极组织实施管理工作，切实保证会计人员达到规定的培训时间要求，严格把好会计人员继续教育考核关，按规定处置不参加继续教育的会计人员，以使会计人员不断更新、补充、拓展和提高业务知识与技能。积极开展多种形式的培训。及时组织新旧法规制度衔接培训，促进新会计法规制度顺利实施；大力开展会计电算化知识培训；采取适当的激励措施，支持在职会计人员参加学历培训，促进会计队伍知识结构不断改善。

1978年，国务院修订颁布《会计人员职权条例》，明确规定会计人员职责、权限、奖励、任免等有关条款外，还首次就会计人员的专业知识、职称评定作出新的规定。

1979年，阳泉市城区按照中共十一届三中全会的要求，把工作的重心转移到社会主义现代化建设上来。战略的转变，形势的发展，要求财会队伍、财税人员必须在作风上有新的转变。在该方面，阳泉市城区积极抓了经济理论学习、业务技术学习、会计基础知识学习，开展岗位练兵，进行业务考核，使全区会计人员在思想认识、工作态度方面都得到新的转变。深入持久地开展社会主义劳动竞赛，继续坚持“五比”（比工作、比学习、比干劲、比纪律、比成绩），“四赛”（赛纪律、赛团结、赛进步、赛贡献），有效提高全区财会人员的业务素质。

1982年6月，进行第四次全国预算会计人员基本情况统计，认真抓财政、财务基础工作。在该方面，城区重点抓会计人员技术职称评定和培训财税、财务专业干部工作，取得积极效果。按照市财政规定，开展考核评定会计人员技术职称工作，继续抓紧复核和考试、考核、评定工作，以实际行动认真贯彻国务院颁发的《会计人员职权条例》。

12月，阳泉市城区先后两次进行财会人员职称评定工作。以城政发字〔1982〕31号、城政发字〔1982〕60号文件，任命助理会计师6名、会计员25名。

1985年，注重宣传贯彻《会计法》，加强会计队伍建设，提高人员素质。自《中华人民共和国会计法》公布以来，城区财政开展广泛的宣传活动，将《中华人民共和国会计法》的主要内容贯彻到各经济单位，加强法制宣传。

1986年，阳泉市城区决定从是年起对区属企业、事业单位和机关团体的财会人员，每年进行一次总结、评比和表彰工作。对先进集体的评比条件规定如下：认真贯彻执行中共十一届三中全会以来的路线、方针、政策，能够坚持四项基本原则，业务指导思想端正，遵守职业道德，团结一致，密切配合，有良好的思想作风和工作作风；严格执行《中华人民共和国会计法》赋予的会计人员职责，模范执行中国共产党和国家的财经方针、政策、制度和纪律，敢于同一切违法乱纪行为作斗争；在财政经济和财务体制改革中，思想解放，大胆探索，创造性地进行工作。在促进生产，搞活经济，改革财务管理和核算体制等方面做出明显成绩；全面执行经济核算制，能按照核算规程和分级分权管理的要求，科学地组织财务管理和会计核算，做到制度健全，手续完备，合理调度和使用资金，有效控制成本支出和经费开支，努力完成和超额完成各项考核指标；讲求“生财、聚财、用财”之道，提高经济效益。能定期考核资金使用效果，开展经济活动分析，总结经验，揭露矛盾，及时给领导提建议、当参谋，在改善经营管理，提高经济效益方面做出显著成绩；能及时、准确、完整地编报会计报表和《财务情况说明书》，达到“快、准、全、实”的标准要求。各种会计凭单、账簿、报表、计划等会计档案清理归档及时，达到规范化、制度化的要求。

1987 年，认真发放“会计证”，进行会计职称改革。从年初开始，按照市财政局和市珠算协会安排，开展发放会计证的各项准备工作。到 12 月月底，有 79 人珠算等级鉴定在五级以上，113 人通过会计法规考试和业务考核，96 人领取“会计证”。进行会计专业技术职称改革，涉及面广，情况复杂，政策性较强。为做好该项工作，根据省、市职改领导小组有关文件精神，结合城区实际，下半年在事业单位展开职称改革试点工作，按照政治表现、学识水平、业务能力三项内容进行严格审核。为使职称改革人员能顺利通过专业理论考核，还举办为期 10 天的专业理论知识培训班。在 9 月的市职改小组理论考试中，全区事业单位应试人员除一人因珠算未鉴定而不及格外，其他全部达到学识水平所规定标准。在全区组织的审核、评议工作中，由于工作新、任务重，坚持一边工作，一边摸索规律，对考试合格者一一进行业务实绩及能力考核，有效保证评审质量。

1988 年，为稳定财会队伍，提高会计工作质量，对财会人员进行会计专业技术职称评审。结合城区实际，按照政治表现、学识水平、业务能力三项内容进行考核评审。到是年 6 月月底，事业单位会计专业职称改革工作基本结束，有 28 人分别取得会计师、助理会计师、会计员职称。企业单位会计职称评审考核工作到年底全部完成。

1989 年，在会计管理方面进行会计法规执法大检查，抽调财会骨干 14 人对区直企业、教育系统、街道办事处、机关等 14 个核算单位就《中华人民共和国会计法》《违反财经法规处罚的暂行规定》的执行情况进行重点检查和抽查。为稳定财会队伍，提高会计工作质量，进行了会计专业职称改革，对全区企业会计人员和税务干部进行严格考核。全区企业评定会计师 5 人，助理会计师 10 人，会计员 21 人。全区税务干部评定经济师 8 人，助理经济师 26 人，经济员 11 人。其间，还组织参加全国首届会计知识大奖赛阳泉赛区选拔赛，掀起学习钻研业务的高潮。

1990 年 7 月，组织参加全国首届会计知识大赛，组织观看、学习全国首届珠算技术竞赛电视辅导讲座，为参加竞赛做准备。整理会计人员职称改革档案，在会计工作升级达标方面也做了不少工作。

9 月，进行行政机关会计专业技术职称评定。通过对政治表现、学识水平、业务能力进行严格考核，共评定初级专业技术职称 14 人，中级职称 1 人。

1991 年，为总结交流广大财会人员在经济建设和各项事业发展中“管家理财”的经验，进一步提高财务会计工作的管理水平，决定对区直企业、事业单位和行政机关的财会工作人员进行一次总结、评比和表彰工作。

1992年，努力加强城区财会队伍建设。继续对区属企事业单位会计工作开展达标活动。按照有关规定，以逐项进行考核的方式，使全区16个单位会计工作达标，对全区会计工作规范化、制度化起到促进作用。进行会计专业技术职务业务学习培训和考试，使全区会计专业理论水平有了新的提高，促进会计工作走向正规化和规范化。按照全国统一部署，通过函授和电教等形式，对申报1992年全国会计专业技术资格（甲种）考试的人员进行为期20天的培训。继续对区属企事业单位会计工作开展达标活动。按照有关规定，逐项进行考核，全年有16个单位会计工作达标，对全区会计工作规范化、制度化起到积极作用。

是年3月，根据财政部、人事部文件精神，会计专业技术资格开始实行全国统一考试制度，地方财政局负责组织报名等工作。

1993年，阳泉市城区及时对全区财会人员贯彻“两则”，实现顺利接轨。按照财政部颁发的《企业财务通则》和《企业会计总则》，新会计制度从是年7月1日起在全国范围内正式施行。该次改革从根本上打破建立在社会主义计划经济体制基础上的旧的财务会计模式，是建立社会主义市场经济体制的一项重大举措。为保证“两则”顺利实施，阳泉市城区始终把该项工作作为大事来抓，狠抓实施前的准备工作。从4月开始，有计划、有步骤地采取多层次、多形式的方法，对企业财会人员进行培训，使企业财会人员的业务素质有了新的提高，为是年7月1日顺利接轨打好基础。同时，引导全体财会人员做好新旧会计制度衔接转换实务操作工作，进行具体操作和示范辅导，对出现的政策衔接和技术处理等问题逐一解答，保证国家这一重大改革措施的贯彻实施。经过半年的运行，到是年年底，新旧账务的接转进展顺利，做到平稳过渡、改而不乱。

1994年，狠抓培训全区财会人员、提高会计素质的工作。1994年是建立新的财政运行机制的关键一年，而推行新税制和提高财会人员素质是建立新税制的必要前提。为此，在会计人员管理方面主要做了以下工作：积极宣传新税制，发动广大财会人员进行学习，组织多期新税制短期培训。加强会计教学管理。全年继续坚持“从严治学、质量第一”的教学方针，加强对在校学生的教育，使之能熟练掌握会计技能，适应新形势下财会工作的需要。举行对会计人员的摸底调查。8–10月，对全区会计人员进行全面调查摸底，要求全区企业、事业单位会计人员都造表登记，从根本上摸清全区会计人员的现状。积极组织“两则”“两法”竞赛工作，组织参加阳泉市举行的比赛，取得好的名次。通过各项工作的开展，推动新税制的实施，提高会计人员素质，促进全区的财会工作。

1995年，圆满完成财会“两法”“两则”知识竞赛。“两法”“两则”知识竞赛从1994年11月1日开始，经过组织筹备、宣传发动、培训辅导、集中竞赛、认真评比等阶段，于是年4月月底结束。全区财会人员258人，厂长（经理）20人参加该次活动，参赛率达到100%。由于领导重视、发动充分、学习认真、工作扎实，城区荣获出席阳泉市“两法”“两则”知识竞赛优秀组织奖。通过竞赛，使《中华人民共和国会计法》《中华人民共和国注册会计师法》《企业财务通则》《企业会计准则》得到进一步贯彻落实，提高财会人员的业务水平。

1996年，在会计工作管理方面开展了如下工作：（1）根据财政部《关于工交企业制定内部财务管理办法的指导意见和通知》精神，帮助区营工业企业、国有商贸企业建立起一套比较完整的内部财务管理制度，并全部验收合格，有的被省财政厅评为内部财务管理先进单位。（2）搞好会计管理工作。年初，对全区会计人员进行会计证年度检查审验；下大力气抓会计函授教育，培养毕业多名品学兼优的会计人员。(3)结合整顿财经纪律，努力抓好会计管理。贯彻落实《会计法》《预算法》《预算外资金管理条例》、财会“两则”等法规制度，认真学习，深刻领会关于整顿会计秩序的“约法三章”。制作宣传版面10余块，张贴标语150多条。10月，还对全区财会人员进行为期一周的学习培训。严格票据领、核、销制度。进行“五审”“五看”，实行收支两条线管理，规范预算外资金管理行为。清理整顿分两个阶段进行。自查阶段从5月10日开始，在自查中抽调专人组成了4个辅导组，共12人参加。全区行政事业单位55个，自查面达到100%，自查有问题的单位19个，占34.55%。从6月11日开始组织重点检查，从财政、纪检、监察、审计、物价、计委等部门抽调人员，组成重点检查组，在检查之前进行业务培训，明确检查内容、方法、纪律，同时建立定期汇报制度。共检查20个单位，重点检查面36.4%，违纪金额11.2万元。查出“小金库”2个，发生额32100元，按有关规定进行处罚，上缴财政金额为9275元，城区纪检委对该单位主要领导给予党内警告处分。通过上述工作，为提高全区会计队伍的整体水平，当好家、理好财做出积极贡献。

1997年，参加阳泉市财政局组织的预算外资金知识大赛，城区财政局获得优秀组织奖。

1998年，认真落实《阳泉市会计工作管理办法》，进一步规范城区会计基础工作。认真贯彻执行行政、事业单位财务规则和会计制度，推动各单位“收支统管”工作。加强对会计人员持证上岗和专业技术资格考试晋升管理，制定会计例会制度，进行会计证年检，并按时换发会计证。对阳泉市城区在岗会计人员进行后续教育培训，参加人员176人。根据省财政厅统一安排，12月26日在全区主要街道举行《山西省会计管理条例》宣传活动，散发宣传资料600余份。

1999年4月，召开全区会计工作会议，安排部署会计普查、会计继续教育和会计知识竞赛等工作。开展会计普查。会计普查是对现有会计人员的基本情况、会计人员管理情况进行一次全面调查统计，以建立持证会计人员基础信息，包括会计人员学历、专业、从事会计工作时间，专业技术职务等全部情况，进一步掌握全区会计人员的动、静态基本情况，为建立全国会计人员信息数据库做好准备。进行会计继续教育。从5月23日开始，利用10天时间，举办全区会计人员继续教育培训，使广大财会人员不断更新知识，提高理财水平。参加会计知识竞赛。6月份，在全区安排进行会计知识竞赛笔试答卷工作，以此宣传新《会计法》和《山西省会计管理条例》，推动会计管理工作不断深入。

8月，参加全市财政知识竞赛，由韩新平、姬萍、栾海组成的城区财政局代表队获得全市第三名。

2000年，阳泉市城区加大会计工作管理力度，提出全年的工作思路：加强对会计人员从业资格证书的管理。根据财政部《会计从业资格管理办法》规定，凡从事会计工作的人员必须具有会计从业资格证书，各单位不得任用不具备会计从业资格的人员从事会计工作。凡取得会计从业资格证书的人员，每年必须参加会计人员继续教育的培训学习，无故不参加会计从业知识继续教育者，不予通过年检；其持有的会计从业资格证书连续2年没有审验，自行失效；并自失效之日起2年内不得重新申请取得会计从业资格证书。积极开展会计学术研究和经验交流活动。各部门、各单位要以经济建设为中心，贯彻“百花齐放、百家争鸣”的方针，组织广大财会工作者发扬理论联系实际的学风，开展会计学术研究和经验交流活动，为深化会计改革，强化经济管理，加快全区经济建设服务。各单位、各部门每季至少提供有价值的稿件一篇报送城区财政。继续开展会计例会活动。为促进全区会计管理工作健康发展，及时反映会计制度在执行过程中遇到的问题，及时总结贯彻执行会计制度好的经验、办法，以及先进事迹，各主管部门每季召开会计例会不少于 2 次，并将会计例会活动情况书面报送城区财政局。

2001 年，为保证会计核算的真实、合法、有效，从源头上防范和遏制违法违纪等消极腐败现象滋事蔓延，阳泉市城区财政局结合上级精神对会计工作提出具体要求：

（1）继续认真贯彻宣传《中华人民共和国会计法》。各单位要认真贯彻执行《中华人民共和国会计法》，多形式、全方位地宣传学习，扩大影响，真正使《中华人民共和国会计法》深入人心，贯彻始终。

（2）继续按照《山西省会计账簿监管办法》要求，对城区范围内的国家机关、社会团体、企业、事业单位和其他组织办理会计事务，要求使用总分类账、银行存款日记账、现金日记账时，必须向财政部门领取监管会计账簿登记表，到财政部门指定销售点购买。各单位发生的各项经济业务，必须使用财政监管的会计账簿，实行统一的会计核算，不得账外设账。否则一经发现，对单位处以 3000–50000 元的罚款；对直接负责主管人员和其他直接责任人员处以 2000–20000 元的罚款。

（3）继续开展会计基础工作达标升级活动。为加强会计基础工作，建立规范的会计工作秩序，根据《山西省会计工作达标升级办法》规定，全年继续做好会计基础工作达标升级事项。凡在 2000 年前未达标的单位，必须按照《山西省会计工作达标考核标准》进行整改，写出书面报告，申请财政部门审核验收。对会计工作不达标，有伪造、变造会计凭证、会计账簿行为，尚不构成犯罪的，根据《中华人民共和国会计法》第 43 条之规定，“对单位处以 5000 元以上 100000 元以下的罚款；对其直接负责的主管人员和其他直接责任人员处 3000 元以上 50000 元以下的罚款；对其中的会计人员从业资格证书由会计从业资格管理部门吊销。其证书自吊销之日起，2 年内不得重新申请取得”。

2002 年，在会计工作管理方面，认真开展“一法一例”执行情况检查。为进一步宣传贯彻《中华人民共和国会计法》《山西省会计管理条例》，保证会计信息真实、完整，从是年 7 月 15 日开始，对全区的重点单位、工程进行检查。检查表明，大多数单位都基本能执行《中华人民共和国会计法》，依法设置会计账簿，根据实际发生的经济业务据实进行会计核算，填制会计凭证，登记会计账簿，编制财务会计报告；会计核算符合国家的统一会计制度规定，会计政策具有连续性，会计凭证合法，能够建立并实施严格的内部控制制度；会计人员具有相应的从业资格，能够做到账证、账账、账表相符；能够按照 2001 年会计决算报表的统一要求，如实、准确填报，按所要求的程序和时间上报。但同时也暴露出平常在会计管理方面和单位执行“一法一例”中存在的问题，主要如下：一部分企业年度决算报表未经中介机构审计，一些企业出于经济上的原因和报表质量（主要是信息失真）方面的原因，不主动要求或拒绝中介机构审计；一些单位对财务风险防范意识不强，财务核算不规范；会计信息失真，利润核算不实，有虚盈实亏现象；税、费上缴不及时，拖欠严重；中介机构有不规范压价竞争、争揽业务现象。该类问题都需要不断改进。

2003 年 2 月，按照“诚信为本、操守为重、坚持准则、不做假账”的会计职业道德要求，大力开展《中华人民共和国会计法》和《山西省会计管理条例》的宣传贯彻工作。

3 月，参与由阳泉市城区普法领导组组织的全区普法宣传活动，散发各类宣传资料 2000 余份，通过宣传、接受咨询、观看宣传图版等形式，受教育人数达 1 万余人次。

5月，贯彻执行山西省人民政府办公厅转发省财政厅《关于加强会计管理工作、确保会计信息真实可靠的意见》。建设“信用山西”是该届政府提出的一项重要任务，也是需要社会经济领域的各方面共同关注、共同推进的一项系统工程，加强会计诚信建设就是其中一项重要的基础性工作。会计信息是经济信息的基础，对于会计工作和会计信息失真问题，山西省也先后采取一系列强化会计管理工作的措施，打击会计作假行为。为坚决整治会计造假行为，进一步规范财经秩序，决定对如下内容进行整治：认真执行会计从业资格管理制度，加强会计从业人员管理；加大继续教育力度，提高会计人员素质；规范会计基础工作；加强监管，推动会计电算化健康发展；推进单位内部会计控制制度建设，堵塞管理漏洞；大力表彰严格执法的会计人员，弘扬“不做假账”的职业道德；会计监管要做到经常化、制度化，保持对“会计造假者”的威慑力；要把2003年开展的“会计呼唤诚信”活动抓紧抓好。是月，城区财政局还参加“诚信会计”全市演讲赛，城区代表队选手苗翠凤获得全市第一名。

从6月开始，按照上级要求，会同城区人大财经委在全区开展“会计呼唤诚信”大宣传、大学习、大落实活动，通过报纸、电视、悬挂宣传条幅、标语等形式，使会计诚信教育深入人心。

11月，按照阳泉市财政局、监察委员会安排部署，依法开展会计“一法一例”执行情况大检查、低保资金专项检查和“收支两条线”专项检查，对检查中发现的违规违纪行为分别给予查处，维护正常的财经秩序。

2004年，按照“诚信为本、操守为重、坚持准则、不做假账”的会计职业道德要求，加强对全区会计人员的管理，全年共培训会计人员600余人次；审验会计证500余本，占到全区的62.5%。通过开展会计职业道德教育，全区财会人员的业务素质、工作能力、管理水平都有一定提高。进行“一法一例”工作执法检查，对全区领导干部拖欠公款进行清理，对“收支两条线”执行情况和小金库进行专项检查。

2005年，从会计从业资格证年度审验入手，加强会计从业人员管理，做到对会计从业人员管理不重、不漏。制定个体审验工作方案，经过2个月的紧张工作，高质量地完成审验工作。截至年底，共审验会计从业证810个，占应审验的90%以上。努力加强会计基础工作。认真搞好会计信息质量检查工作，规范会计秩序，促进财会诚信体系建设。进一步规范和加强对项目资金的事前审核把关，事中跟踪监控及事后绩效评价等，加大专项资金检查力度，确保资金安排合理、到位及时、使用规范、提高效益。进一步完善内部控制制度和监督制约机制，加强会计账簿监管和会计执法检查工作力度，堵塞漏洞，严厉查处会计造假行为，使会计核算能够真实反映经营成果及财会信息，努力营造规范有序的会计工作环境。

2006年，继续做好会计基础工作，加强会计从业人员资格管理，加大对《中华人民共和国会计法》《山西省会计管理条例》执行情况的检查力度，规范会计职业秩序，发挥好会计对经济工作的监管作用。

2007年，全力做好企业财务及会计行业管理工作，进一步加强全区财务会计管理工作，组织开展全国会计专业技术资格考试和全省统一会计从业资格考试。抓好全区会计继续教育工作，全年共培训会计人员1200余人次。精心组织，广泛发动，圆满完成全国会计知识大赛第一赛程工作。组织参加全省首届会计电算化比赛阳泉赛区的选拔赛，城区代表队取得较好成绩。加强对财会人员财政法规、会计制度、预算编制等业务培训，开展会计人员继续教育，提高财会人员业务素质，全年培训人数346人。通过日常财政业务监督、集中核算、专项检查等手段及时掌握单位会计基础工作状况，及时纠正存在问题。

2008 年，加强对财会人员财政法规、会计制度、预算编制等业务培训，开展会计人员继续教育，提高财会人员业务素质，全年培训人数 346 人。通过日常财政业务监督、集中核算、专项检查等手段及时掌握单位会计基础工作状况，及时纠正存在问题。到年底，累计颁发会计从业资格证书 413 人，其中，非公经济 91 人，具有中级职称 22 人，初级职称 101 人。

2009 年，在会计管理方面组织开展“一法一例”执法检查，重点对区属中小学和幼儿园的会计基础工作规范、财务机构设置、预算编制及执行、资金使用及效益情况进行检查，进一步规范和促进教育系统会计基础和财务管理工作。

2010 年，将会计人员的职业道德教育纳入培训内容，努力提高会计人员的综合素质。加强对财会人员财政法规、会计制度、预算编制等业务培训，全年培训财会人员 440 人次。开展会计人员继续教育，提高财会人员业务素质，参加继续教育人次为 210 人次。

2011 年，全年会计从业资格继续教育人数为 375 人。

2012 年，加强对财会人员财政法规、会计制度、预算编制等业务培训，开展会计人员继续教育，提高财会人员业务素质，培训人数 477 余人。完成会计从业资格证的换证工作，换发新会计证 349 个，新办会计从业资格证 122 个。

2013 年，聘请阳泉市审计局专业人员对 94 家预算单位的行政负责人进行财经法规和财会知识培训，增强单位负责人自觉遵纪守法意识，提高依法行政能力。全年参加会计从业资格继续教育人数达到 593 人。

2014 年 10 月，按照财政部发布的《关于全面推进管理会计体系建设的指导意见》，阳泉市城区财政局积极贯彻落实。12 月，全年会计从业资格继续教育人数达到 630 人。

2015 年 11 月，阳泉市城区财政局根据山西省财政厅《关于组织市县财政部门开展 2015 年度会计监督检查工作的通知》（晋财监〔2015〕22 号）和阳泉市财政局《2015 年度会计监督检查工作实施方案》（阳财监〔2015〕8 号）要求，组织有关人员于 8 月 24 日至 8 月 31 日对 2 个单位的 2014 年度会计信息质量进行检查。根据省财政厅统一要求，对检查单位进行查前公示，查后公告，将有关事项公告如下：被查单位城区民政局、城区医疗保险中心。存在有会计基础工作不规范问题。报表数据不一致，会计凭证不完整，会计基础工作有待提高。会计核算不实，固定资产账实不符。对已达到固定资产标准的支出，未予以资本化，造成固定资产账实不符。针对检查发现的违规问题，检查人员在征求有关部门建议并听取被检查单位意见的基础上，依法依规依程序下达处理处罚决定，责令被检查单位调整账务、完善制度、加强管理。被检查单位对检查工作积极配合，对检查发现的问题认识到位，纠正及时，处理决定得到有效落实，进一步健全了规章制度、全面提升了财务管理水平。

第五章 财务管理

第一节 企业财务管理

企业财务管理，是在生产经营活动中对社会资金形成、运用、耗费、补偿和收入分配的计划、组织、控制、监督等一系列工作的总称。企业财务管理主要包括固定资产管理、流动资金管理、成本管理和利润管理等。

一、固定资产管理

固定资产是企业生产的物质基础，固定资产的拥有量和技术状况，可以反映企业的规模和生产能力，是国民经济和社会生产的重要条件。在固定资产管理方面，按照上级指示，并根据该区情况作具体补充规定。

1951 年，中央人民政府财政经济委员会规定“固定资产与流动资产划分标准”。其标准规定，列作固定资产的物质资料应同时具备两个条件：使用期限在 1 年以上；单位价值在国家规定的限额以上。不同时具备以上两个条件的物质资料，列为低值易耗品，按流动资产处理，如木质家具及玻璃、陶瓷等易损物品，不论其价值大小和使用时间长短，均列为低值易耗品，按流动资产处理。

1958 年，随着企业下放和财政体制改革，下放了固定资产的管理权限。（1）企业及主管部门有权处理固定资产的调拨和调换；（2）放宽报废权限，固定资产的报废由企业自行决定；（3）放宽资产标准划分权；（4）在保证大修理资金能够供应的前提下，取消大修理基金由银行专户储存的办法，允许企业作周转性占用，相应减少银行贷款。

1971 年 3 月，阳泉市城区根据山西省计委、财政厅《关于下达地方国营工业、交通企业固定资产折旧基金暂行使用办法的通知》，地方国营工交企业的折旧基金，继续执行指标抵留、分级掌握使用的办法。市属地方国营工交企业的折旧基金，省不再集中。其折旧基金 60% 留企业，40% 留县财政及企业主管部门。企业的折旧基金，主要用于保证完成当年生产任务的固定资产更新和技术改造、技术组织措施、发展综合利用、新种类产品试制、提高产品质量、提高劳动生产率，降低原材料、燃料、电力消耗以及降低产品成本等方面及安全生产的劳动保护措施项目。固定资产折旧基金不得用于非生产性建设。

1978 年 1 月，改进固定资产更新改造管理办法，恢复国营企业基本折旧基金上缴制度。凡国营企业，除县、镇办工业外，所有企业提取的基本折旧金的 50%，上缴财政统筹安排，50% 留给企业自主安排。

1981 年，在试行利润留成制度的地方国营工交企业中实行固定资金有偿占用办法。

固定资金占用费依据每月初固定资金的账面余额计算缴纳。企业应在清产核资中核定固定资金。凡是用基本建设投资、各项专项拨款，更新改造资金、各种专项贷款以及其他资金购建的固定资产都应清点计算入账，确定固定资金余额。实行按产量计提更新改造资金的企业，过去没有按期冲减固定资金的数额，经企业主管部门和同级财政审查后，按规定将相当于折旧的部分冲减固定资金。企业占用的全部固定资产所有权属于国家，在核算上可区分为国拨固定资金和企业自筹固定资金两种。属于国拨的固定资金包括：1980 年年底以前的全部固定资产；1981 年起，用国家和上级拨款添置的固定资产，以应缴利润和固定资金占用费归还基建借款和专项借款所增加的固定资产，以及无偿调拨的固定资产。

固定资金占用费的减免。属于下列情况的，经财政部门审批后，可适当减免：由于价格、税率等方面的原因，企业处于盈亏边缘，实现的利润减去应提的利润留成和应上缴的流动资金占用费以后，不足以缴纳固定资金占用费的企业，可适当减收或免收；在设计规定的试生产期间内，由于没有达到设计能力，盈利水平很低的企业，暂免征收；经批准实行计划亏损补贴的亏损企业和利润包干的微利企业，暂免征收；治理“三废”的设施和设备，暂免征收；停止使用在一年以上，报经主管部门和同级财政部门批准封存并已停止提取折旧费的设备，暂免征收；在清产核资中已按规定转入“待处理财产损失”的固定资产，在批准核销以前，可不计算缴纳占用费；经主管部门和同级计委批准关停的企业，暂免征收；企业用基建借款和各种专项借款新增加的固定资产，可以用增加的占用费归还借款。

实行利润留成的企业，按 1980 年年末的固定资金和自有流动资金数额计算应缴固定资金占用费和流动资金占用费，并相应调整基数利润留成比例。

为不影响财政包干管理体制，企业缴纳的占用费仍按原来的隶属关系纳入各级预算收入，在财政上视同利润进行管理，在预算上单列科目反映。

1985 年，阳泉市城区财政局根据国务院《国营企业固定资产折旧试行条例》，对提取固定资产折旧范围作必要的调整。

企业的房屋和建筑物，在用的机械设备，仪器仪表、运输车辆，以及备用、季节性停用、因大修理停用的设备及企业出租的固定资产和车间内替换使用的固定资产都应提取折旧。

对于通过轮番大修实现整体更新的固定资产，以及账面上已经提取折旧仍在继续使用的固定资产，一般不再提取折旧；连续停工 1 个月以上的车间和基本上处于停产状态的企业，其设备均不提折旧；经国家正式批准关停的企业，其固定资产一律不提折旧；由企业盲目购建、设备失修等主观原因造成提前报废的固定资产，以及由于意外事故、自然灾害等原因造成提前报废的固定资产，其未提足的折旧不得补提。

在批准的国营企业中试行《国营企业分类折旧年限表》，适当提高折旧率：房屋和建筑物的平均折旧年限为 40 年，折旧率为 2.5%；机器设备约 14 年，折旧率为 7.2%，其中，技术进步较快的专用电子测试仪器及设备是 6–8 年，折旧率为 12.5%–16.7%；精密设备是 10–12 年，折旧率为 8.3%–10%；强腐蚀设备是 8–10 年，折旧率为 10%–12.5%。

在完善利改税第二步改革的基础上，对预算内国营工业和建筑企业的固定资产折旧率普遍提高了 1%；对原来上缴财政 30% 的折旧基金全部留给企业，并免征能源交通重点建设基金。

1987 年，以阳财城字〔1987〕13 号，转发《关于加强行政事业单位财产管理的通知》，提出如下要求：（1）各单位对本单位的财产进行一次彻底清理，属于固定资产的要按会计制度核算范围、核算起点和计价办法处理；未建账的要尽快建立起固定资产账。通过清理，结合单位的实际情况，建立一套比较完整的财产管理办法。要实行专人管理，严格执行固定资产的验收、领发、保管、调拨、登记、检查和维修制度。（2）对已建立固定资产账的单位，也要重新核实，是否按规定办理，有无不妥之处；手续是否严密，制度是否健全；做到账账相符、账物相符。（3）对有库存材料的事业单位，要依据本单位的事业计划和经费可能，合理制定材料储备定额，认真掌握，不得突破。坚决制止盲目采购，造成材料积压和损失浪费。（4）通过清理对单位超过使用年限确实不能使用的和短少的固定资产，需查明原因，区别情况，按权限报上级机关和财政部门。未经批准，不得报废。（5）制定措施。要求年底前一律建立健全固定资产及财产管理办法。为此，制定以下措施：本年建不建固定资产账，要作为年终决算的一项考核指标。对未建立固定资产账的单位，财政部门不予安排购置修缮费，并通知控办停办审批手续。对财产管理的好坏，今后要作为评选财务管理工作的先进条件之一。对管理好的要大力表彰，对管理差的提出批评，对因财产管理不善而造成损失、浪费、丢失的，要追究单位领导责任。

1988 年，为深化企业改革，提高企业经济效益，阳泉市城区财政局确定专人针对每个企业的实际，不断深入下去帮助工作，取得一定成效。上半年，帮助微型电机厂把厂长任期目标责任制和“双增双节”结合起来，试行以目标管理、成本控制、效益工资为内容的内部经济责任制；实行两级核算，指标层层分解，把经济效益同每个人的劳动成果挂起钩来，实现产值、效益同步增长。截至 9 月月底，该厂完成产值 365 万元，为年计划的 101%；实现利润 29 万元，为年计划的 107%，比上年同期增长 39%。

1990 年，阳泉市城区治理整顿成效明显，固定资产投资得到有效控制。在治理整顿期间，共查出各种违纪金额 88 万元，并全部进行处理。

1992 年 8 月 12 日，以阳财城字〔1992〕第 12 号，转发《山西省事业行政单位固定资产核算账务处理程序的通知》，结合阳泉市城区具体情况补充和强调如下内容：从是年起，各事业行政单位固定资产账簿设置均按本通知要求执行。过去的账户设置和分类不符合本通知要求的，都要按本通知要求予以调整。固定资产分户总账和固定资产分布明细账，已由省财政厅和省国有资产管理局统一设计印制，在阳泉市会计用品专营商店订购。以后年份各单位的工程项目验收，固定资产调拨、盘亏、盘盈、报废以及单位内部传递等手续，均以本通知所附的格式办理。

12 月，根据国家规定，再次提高国营企业固定资产单位价值标准。将原来规定单位价值限额 200 元、500 元和 800 元分别提高到 1000 元、1500 元和 2000 元。提高固定资产单位价值标准后，国营企业原固定资产低于新标准的，应相应调整为低值易耗品，其原有净值可按当年低值易耗品摊销办法摊入成本。由于提高固定资产价值标准而相应增加的成本支出，属于企业各期损益的调整，企业不得因此而减少上缴财政收入，不得调整承包基数。

1993 年 5 月 8 日，以阳财城发〔1993〕7 号文件，通报行政事业单位财产清查登记工作情况：

（1）总体情况。本次清查涉及主管部门和基层单位 50 家，大体分三种情况：城区教育局及学校领导重视，分门别类地进行财产全面清点，造册登记，做到账账相符、账实相符，建立健全了财产管理制度。大部分单位领导重视，并按上级规定进行清查登记。由于该次清查时间短，任务重，各单位账、卡设置还不科学，财产管理制度仍需进一步完善、充实。个别单位领导认识马虎，财产管理比较混乱，无卡、无制度、无专人保管，清查工作敷衍了事，草草收场。

（2）全部资产清查结果。全部资产清查前账面数为 3591.9 万元，盘盈数为 439.2 万元，核销数为 89.1 万元。所有权界定增加数为 204.5 万元，待界定数为 9.4 万元，固定资产提高标准增减数为 –103.2 万元，清查核实数为 4043.3 万元。

（3）固定资产清查结果。固定资产清查前账面数为 3093.8 万元，清查核实数为 3545.2 万元。

（4）国有资产清查结果。国有资产清查前账面数为 3281.9 万元，清查核实数为 3733.3 万元。

（5）清查发现的主要问题。行政事业单位财产主要来源为预算拨款，由于缺乏严格的责任制度，致使损毁、丢失公物现象时有发生。一些单位财产管理混乱，利用率不高，保管、使用缺乏制度约束。部分行政事业单位财产管理账目不健全，核算不规范，财务部门没有固定资产总账，而是采用流水记账的方法，明细账不清楚，管理不科学。一些单位产权观念淡薄，财产调出、调入、盘盈、盘亏，不履行必要的手续，致使产权关系混乱。

（6）提出几点要求。建立和健全财产管理制度，强化约束机制；按照新的分类明细尽快调整固定资产明细账，并相应设置卡片，建立总账，做到账卡分明、账实相符；严格固定资产调入、调出审批程序。各单位凡发生财产的盘盈、盘亏、报废、毁损、调出、调入、接受捐赠等，要报城区财政局审批。

1994 年 7 月 7 日，阳泉市城区财政局执行财政部《工业企业财务制度》规定，符合下列条件之一者为固定资产，否则为低值易耗品：使用期限超过 1 年的房屋、建筑物、机器、运输工具以及其他与生产经营有关的设备、器具、工具等；不属于生产经营主要设备的物品，单位价值在 2000 元以上，并且使用期限超过 2 年的，也应计为固定资产；对工业企业固定资产分类折旧年限做适当调整，分为 3 类 22 种设备和房屋、建筑物。

至 1998 年，仍延用上述规定。

1999 年，财政部在《关于加强基础设施资金管理与监督的通知》中指出，从宏观上说，加强基础设施建设和固定资产投资，最大的浪费是选错项目。因此，城区在基本建设方面认真做好建设项目的可行性研究等前期工作，确保投资效益，防止建设资金损失、浪费；其次，要切实加强对基础设施建设和固定资产投资的资金管理，把加强资金管理与加强工程质量管理紧密结合起来，确保资金使用效益。

2000 年 3 月，执行《中央行政事业单位固定资产管理办法》，对固定资产的计价规定：购入、调入的固定资产，按实际支付的买价、调拨价以及运杂费、保险费、安装费、车辆购置附加费等记账；自行建造的固定资产，按建造过程中实际发生的全部支出记账；在原有固定资产基础上改建、扩建的固定资产，按改建、扩建发生的支出，减去改建、扩建过程中发生的变价收入后的净增加值，增记固定资产账；接受捐赠的固定资产，按照同类固定资产的市场价格或者有关凭证记账，接受捐赠固定资产时发生的相关费用应计入固定资产价值；无偿调入固定资产，不能查明原值的，按照估价入账；盘盈的固定资产，按照重置完全价值入账；已投入使用，但尚未办理移交手续的固定资产，可先按估价入账，待确定实际价值后，再进行调整；用外币进口的设备，按当时的汇率折合成人民币金额，加上国外部分的运费及其他费用（外币应折合成人民币金额），再加上支付的关税、海关手续费等计价入账；融资租入的固定资产，按租赁协议确定的设备价款、运杂费、安装费等记账；购置固定资产过程中发生的差旅费，不计入固定资产价值。

2002 年 10 月 14 日，阳泉市城区执行财政部《企业公司制改建有关国有资本管理与财务处理的规定》，要求国有资本持有单位对没有被纳入企业改建范围、具备经营条件的剥离资产，可以其组建企业法人，独立核算，依法经营；对不具备经营条件的剥离资产，可以按以下方法处置：

（1）整体出售。即以资产评估结果为作价基础，向其他单位和个人公开出售。出售价格低于评估结果 10% 以上的，国有资本持有单位应当向管理资本变动的审批单位做出书面说明。所出售净收益，应当作为本期损益处理。

（2）租赁经营。即向公司制企业或者有条件的其他单位和个人租赁经营，并签订租赁合同。租赁费可以参照同期银行贷款利率确定。国有资本持有单位所得租赁收益，应当按照财务规定纳入财务预算管理。

（3）无偿移交。即与当地政府部门充分协商后，将改建企业原承担社会职能的相关资产，无偿移交当地政府有关部门或所在社区管理，相应核减改建企业的国有资本。

2007 年 3 月，阳泉市城区决定用 4 个月的时间在全区开展资产清产工作。

确定资产清查的工作目标，全面摸清家底。对行政事业单位基本情况、财务情况以及资产情况进行全面清理和清查，真实、完整地反映单位的资产和财务状况。通过清查，为行政事业单位国有资产管理信息数据库提供初始信息，以实施动态管理。实现“两个结合”。逐步建立起资产管理与预算管理、资产管理与财务管理相结合的运行机制。完善管理制度。对资产清查过程中发现的问题进行全面总结，建立健全资产管理制度。

资产清查工作内容。基本情况清理。主要包括：单位全称、组织机构代码、预算代码、单位户数、编制和人员情况的全面清理。账务清理。对各种银行账户、会计核算科目、各类库存现金以及各项资金往来进行全面核对和清理。财产清查。按照实物盘点同核实账务相结合，清理资产与核实资产与负债相结合的原则，主要对单位的固定资产、流动资产、对外投资、无形资产、负债以及单位收入和支出情况进行全面清查。损益认定。指财政部门依据国家资产清查政策，对各项清理出来的资产盘盈、资产损失和资金挂账进行认证。资产核实。指财政部门在损益认定基础上，依据有关规定，对行政事业单位资产清查结果予以审核批复。完善制度。指针对资产清查工作中发现的问题。进行全面总结，认真分析，提出相应整改措施，建立健全资产管理制度。

工作要求。精心组织，按期完成。各部门、各单位要做好动员、培训工作，认真学习相关文件，结合本部门、本单位制定资产清查具体实施方案，保证工作顺利完成。工作督导，及时沟通。各主管部门要加强对本系统行政事业单位资产清查工作的监督指导，及时上报资产清查工作进展情况。城区财政局要对全区资产清查工作进展情况及时予以通报，并组织监督检查。强化监督，实行公示。各单位要实行资产清查重要事项公示制度，对该次清查出的“资产盘盈、财产损失情况”“资产出租、出借、对外投资、担保情况”“大型设备清查结果”等，在各单位进行公示，充分发挥广大职工群众对资产清查工作的参与与监督作用。

2010 年 12 月，“十一五”期间，阳泉市城区固定资产投资大幅增加。固定资产投资是社会扩大再生产的有效途径，而投资并不能直接拉动经济增长，它是利用各级传递和扩散带动其他产业的发展，通过投资形成生产能力和效益直接创造工业、建筑业等相关产业的增加值，从而使国内生产总值得到增加。“十一五”期间，城区固定资产投资累计完成188.6亿元，由2006年的21.1亿元增长到2010年的60亿元，年均增长率为38.7%，特别是从2007年的30.4亿元增长到2008年的50亿元，实现全区投资的跨越式增长。

2013年11月25日，阳泉市城区布置在全区开展行政事业单位固定资产清查工作。资产清查内容：凡使用期限超过一年，单位价值在1000元以上的一般设备，并在使用过程中基本保持原有物质形态的资产。单位价值虽然未达规定要求，但耐用时间在一年以上的大批同类物资均属于该次清查内容。具体包括：房屋及建筑物；专用设备；文物和陈列品；图书、档案；家具、用具、装具及动植物。资产清查基准日：统一以单位2013年10月月底为资产清查基准日。完成时间：2013年12月31日。

二、流动资金管理

流动资金是企业用于购买各种劳动对象和制造、销售产品过程中，所占用的流动资产以货币形式的反映。流动资产包括原料和主要材料，购入半成品，辅助材料，燃料，在产品、成品、零星修理的备品、包装器材、低值易耗品、预付款、应收账款、库存现金等项。凡具有下列情况者，均列为流动资产：资产的有效使用期限在1年以下和易碎品（如玻璃器具等），不论其价值高低，一律列为流动资产；物品的效用期限在1年以上，单位价值在人民币100元以下，应列入流动资产。对以上两种物品应按其使用期限，分期摊入成本，用摊提款进行重置。

1956年，工业企业的流动资金定额，均按生产和销售过程所需的全部资金核定，其中，财政拨85%，银行信贷解决15%。

1961年，国家对企业的利润留成资金、大修理基金、附加工资等，不再参与流动资金周转。过去参与周转的部分，按照账面余额一律转出来，企业由此引起的资金周转困难，可向人民银行申请贷款解决。

1977年规定：国营物资供销企业流动资金由财政拨款60%，银行贷款40%。

1983年7月，执行财政部、中国人民建设银行制定的《国营施工企业国拨流动资金缴纳占用费试行办法》，规定：所有纳入财政预算的国营施工企业和属于施工企业主管部门领导的实行独立核算，财政拨有流动资金的构件厂、木材厂、机修厂、物资供应销售企业、运输队等所占有的国拨自有流动资金，均缴纳占用费。占用费的费率，执行预付备料款制度的企业为每月按3‰；执行统一流动资金制度的企业为每月2.1‰。该项占用费按季缴入建设银行开户行，由开户行按照企业隶属关系，上缴同级财政；凡按国家规定转入“待处理财产损失”的流动资金，可不缴纳占用费。占用费由企业经营收入中支付。凡不按规定及时缴纳占用费的企业，从滞纳之日起，每日加收滞纳数1‰的滞纳金，在企业利润留成中支付。经批准执行计划亏损的企业，可暂免征收占用费。企业对国拨流动资金，应负保证完整无缺的经济责任，不能擅自调整“国家流动资金”，也不能增加或减少应缴纳的占用费。

1985年，阳泉市城区财政局制定《关于加强财政管理的若干规定》，要求对企业的流动资金实行全额信贷，由中国人民银行统一监督管理。流动资金只能用于生产经营周转，不得搞基本建设或挪作其他支出。

1987年，阳泉市城区财政局执行省经委、财政厅、工商银行省分行联合下达《关于解决地方国营工业企业流动资金问题的通知》精神，规定：

老企业自有流动资金不足部分和技改项目所需自有流动资金，从以下几方面解决：1986 年年底前企业结余资金被流动资金占用的部分，属于利润留成中的生产发展基金，全部转作企业自有流动资金；更改资金被流动资金占用的，经同级财政部门批准，也可转为自有流动资金。1986 年后，企业应从留利的生产发展基金中提取 10%–30% 用于补充自有流动资金。如企业自有流动资金严重不足时，还可再从生产发展基金中提取 10%–20% 来补充，由当地银行和同级财政部门监督执行。企业原上缴国家 30% 的折旧基金也可以用于补充自有流动资金，暂定执行 3 年。

从 1987 年起，对盈利企业实行目标利润管理和超缴分成办法。企业的超缴分成部分，并入企业留利使用。企业可根据自有流动资金的短缺程度，确定一定比例用于补充自有流动资金。

同时也可视财政收支情况，从财政超收部分中，每年安排一定数量的资金补充企业自有流动资金。是年在国营工交企业试行“百元产值两费指标包干”办法，依照“有奖有惩，奖罚合理”的原则，制定如下办法：核定办法。百元产值费用指标以上年度实际执行数为基础，结合同行业先进水平和企业实际情况核定，煤炭企业不包括维简费；奖金率。“两费”（车间经费、企业管理费）实际水平比核定水平降低的，按“两费”节约额计提 10% 的节约奖；实际水平超过核定水平的，按超支额从企业留利中扣减。计算办法。“两费”指标按季考核、结算。本季两费节约额（超支额）= 本季两费标准摊销额 – 本季工业总产值（1980 年不变价）× 百元产值两费指标 %；奖金额 = 本季两费节约额 × 奖金率 %。

企业应建立相应的“两费”考核制度，把“两费”指标按定额或比例分配到各科室、车间，专人负责，列入岗位责任制，对超支的要扣发直接负责人的奖金；对节约的，按本办法提奖后要奖励到直接负责人或科室、车间。

“两费”包干节约奖列入成本。各试行企业在执行中要加强和改进措施，注意总结经验，以便进一步完善。

1988 年，对工商业企业流动资金实行统一管理和供应。

1992 年，抽调人员组建清查机构，开展全区国营企业“清物资、清资金、清账务”和工业生产企业库存产成品清仓查库工作。

1993 年，按照国家新颁布的《工业企业会计制度》，规定流动资金包括现金、各种存款、应收款项、预付款项、存货等。存货包括各种原材料、燃料、包装物、低值易耗品、在产品、外购商品、协作件、自制半成品、产成品等。存货按照实际成本计价，并定期或不定期盘点，对于盘盈、盘亏、毁损和报废的存货，应当及时查明原因，分别情况进行处理。

2002 年 10 月 14 日，阳泉市城区执行财政部印发的《企业公司制改建有关国有资本管理与财务处理的规定》，要求国有资本持有单位对没有纳入企业改建范围的，在处理流动资金等资产时，应注意如下事项：

（1）企业实行公司制改建，应当由国有资本持有单位负责组织实施，并遵循《企业国有资本与财务管理暂行办法》第十条规定的内部议事规范。

（2）企业实行公司制改建，不得将国有资本低价折股或者低价转让给经营者及其他职工个人。改建企业的国有资本应当按照评估结果全部折算为国有股份，由原企业国有资本持有单位持有。企业实行分立式改建的，应当按照转入公司制企业的资产、负债经过评估后的净资产折合为国有股份，并可以由原企业国有资本持有单位持有，也可以由续存企业持有。企业实行合并式改建的，经过评估后的净资产折合的国有股份，合并前如果各方属于同一投资主体，应当由原共同的国有资本持有单位一并持有；如果分属不同投资主体，应当由合并前各方原国有资本持有单位分别持有。

（3）改建企业清理核实的各项债权债务，应当与债务人或债权人订立债务保全协议。企业实行整体改建，应当由公司制企业继承原企业的全部债权债务；企业实行分立式改建，应当由分立的各方继承原企业的相关债权债务；企业实行合并或改建，应当由合并后的企业继承合并前各方的债权债务。

三、成本管理

企业的产品成本，由生产中已消耗的生产资料价值和劳动耗费价值组成。财政部门的成本费用管理工作，包括执行国家统一规定的成本费用开支范围、标准，成本核算的规程办法，加强成本的考核和分析等。

1952年以前，没有统一的成本开支规定，成本开支范围主要由企业自行划定，费用摊多少算多少，盈利上缴，亏损由国家弥补。

1964年，山西省将商品流通费用的核算项目分成两大类：第一类为直接费用，包括运费、装卸费、保管费、利息、商品定额损耗等项；第二类为间接费用，包括工资及附加、固定资产折旧、低值易耗品摊销、租赁费、修缮费等项。

1970年规定：（1）企业固定资产所需要的修理费用和对机械设备进行小型技改所需要的费用，一律摊入生产成本；（2）企业一律停止提取工会经费和劳动保险金。停止提取后，企业的文化、体育、宣传等费用，改在管理费中开支；（3）将企业的医疗卫生补助费、福利补助金合并为企业职工福利基金，按企业工资总额11%的比例提取，列入生产成本。

1983年，在成本中列支的职工奖金、提成工资和超额计件工资不再从成本中列支，改在企业留利中列支；原在利润留成中开支的职工福利基金，改由成本中列支。是年，还对超过核定流动资金总额的贷款和未核资企业划出的积压物资贷款，企业属于搞基本建设或更新改造超支而挤占挪用的贷款等，都要加收利息。所加收利息不得计入成本（费用）或营业外支出，在企业基金、利润留成、盈亏包干分成或缴纳所得税后的利润中开支。

1984年，规定辖区企业须按生产数量、实际消耗、实际价格和权责发生制的原则核算成本。改变成本开支范围，将停工损失、削价损失、坏账损失等，由过去营业外支出改为计入成本。企业进行科学研究、技术开发和新产品试制所发生的不构成固定资产的费用，购入样品样机和一般测试仪器的费用，包括单台价值5万元以下的测试仪器和实验装置购置费，允许企业1年或分年摊入产品成本。企业发生的各种赔偿金、违约金、滞纳金、罚款和罚息支出，由成本开支改为在企业留利中开支。在成本管理的监督和法律责任方面，明确企业的内部监督，企业主管部门的监督，审计、财政、税务机关的监督。法律责任分为行政处罚和刑事处罚。

1985年，阳泉市城区财政局制定《关于加强财政管理的若干规定》，要求：企业的成本（费用）管理，必须严格执行国家统一成本规定，不得以任何理由乱开口子，增列成本项目，提高开支标准。

企业搞各种形式的承包责任制，各项承包指标只能作为对承包者或职工奖惩的尺度，不能作为对国家结算的依据。即不得以计划成本代替实际成本，以承包利润代替实际利润。财务管理必须真实反映生产流通的客观经营实际，不得弄虚作假，不得坑职工、挖国家。在国家统一改革工资制度之前，企业超过标准工资以外的各种计件工资、自费改革工资、浮动工资、提成工资（理发、浴池行业除外）以及职务津贴等均不得列入成本费用，由企业自行负担。按国家规定，在完善利改税第二步改革的基础上，对预算内国营工业和建筑企业的职工教育经费的提取标准由原来 1.5%，提高到 3%；企业购置计算机 50% 可摊入成本。

1986 年 1 月 1 日，阳泉市城区按照省规定从是日起，除经批准试行工资总额同上缴税利挂钩浮动办法、实行吨煤工资含量包干及百元产值工资含量包干的部分国营企业外，其他企业的内部工资改革，原则上应从留利中的奖励基金中解决。同年，企业的各种培训（包括政治、文化、技术）费用，从职工教育经费中解决。如有不足，其不足部分，属于企业开展新技术、研究新产品的技术培训费用的，可直接在成本中列支；属于其他职工培训费用，则仍在企业税后留利中开支。

6 月 9 日，以阳财城字〔1986〕8 号文件，下达《关于国营企业工资改革 1986 年准许列入成本的工资数额和不征收奖金税的通知》，通知如下：

为适当解决企业的实际困难，以利于贯彻落实企业内部经济责任制，决定从本年 1 月 1 日起，将原定的企业人均每月 5 元列入成本，改为 7.5 元列入成本。修改后，增加列入成本的工资数额，可以使企业腾出一部分奖励基金，用于对职工的奖励。

实行上述办法后，国营企业无论实行何种工资制度，其计征奖金税的标准工资统一按照国家规定准许进入成本的工资等级、工资标准，以企业为单位进行计算。但是，原来规定的企业职工每人月标准工资不足 60 元的，按 60 元计算，改为企业职工每人月标准工资不足 67.5 元的，按 67.5 元计算。修改后，奖金税的免征数额也放宽了。

为照顾部分国营企业 1985 年奖励基金较少的困难，仍按照财政部、劳动人事部 [1986] 财综字第 1 号文中规定执行，1985 年该补没补的要补。1986 年，该部分困难企业也按照人均每月 7.5 元进成本，但国家不再给予补助。

是年 1 月阳泉市城区财政局制定《关于加强财务管理、严格控制经费开支的规定》后，报经城区领导审阅，于 3 月 6 日以城政发〔1986〕10 号文件批转，发至各街道办事处、企业、学校、区机关各部门。《规定》要求各单位领导一定要引起足够重视，组织财会人员认真学习，严格按规定执行。自此后，区政府办公室对机关财产的购置和管理以及汽车司机出车补助标准等都建立了具体管理办法，对不必要的开支，都由各单位和部门领导严格把关，克服以往各自为政、各行其是的现象。以是年上半年行政经费执行情况来看，虽然有不少必须新增的开支因素，但绝对额比上年同期只增加 8.5 万元。同时，对城区八届三次人代会政府工作报告提出的办好十件实事所需的资金，件件得到落实，促进各项事业的发展。

1987 年 3 月 20 日，在国营工交企业试行“百元产值两费”指标包干办法。车间经费和企业管理费是产品成本的重要组成部分，其也称“两费”。降低产品“两费”，是降低产品成本、提高经济效益的有效途径。在实行“两费”指标包干中，采取如下措施：（1）科学核定。百元产值费用指标以上年度实际执行数为基础，结合同行业先进水平和企业实际情况核定。煤炭企业核定时不包括维简费。（2）适当奖励。按“两费”实际水平比核定水平降低额提取 10% 节约奖，如果超支，则从企业留利中扣减。（3）指标分解。企业应将“两费”指标分解到车间、班组，列入岗位责任制，对超支的扣除直接负责人奖金。

1988 年，阳泉市城区按照财政部《关于印发〈国营工业成本核算办法〉的通知》规定：企业计算产品生产成本，一般应当设置原材料、燃料和动力、工资及福利费、车间经费、企业管理费 5 个成本项目；经主管部门批准，小型企业可以只设材料、工资和费用 3 个成本项目。实行承包经营责任制的国营工业企业，在保证完成财政上缴任务，不调整承包基数的前提下，由企业提出申请，经同级财政部门审查批准，可以从销售收入中提取不超过 1% 的技术开发费，以提取技术开发费后产品不发生亏损为原则。亏损、微利企业不得提取技术开发费。企业提取的技术开发费，免征国家能源交通重点建设基金。

1989 年，国家开征印花税、土地使用税。企业缴纳的印花税、土地使用税在企业管理费中列支。国家规定，国营企业实行主要副食品价格补贴，在会计核算上作为工资基金，统计上列入工资总额，但不作为计提职工福利基金、工会经费、职工福利费等的工资总额的基数。企业在经济业务交往中的正常招待费用，可在企业管理费中单独反映，但要从严控制，年终审计。

1990 年 7 月 26 日，国务院发布《关于〈禁止向企业摊派的暂行规定〉的通知》，要求不得在法律法规之外向企业征收下列费用，阳泉市城区财政局按该通知进行贯彻。对禁止摊派的项目和收费规定为：各学校自定的职工子女入学费；进入城市落户的人头费、煤气开发费、集中供电费；过路费、过桥费；排水费；各种名目的治安管理费；各种名目的卫生费、绿化费、支农费、各种名目的会议费。

1992 年 5 月，阳泉市城区按照国家规定，为解决国营企业职工福利基金不足和医药费超支的矛盾，配合社会保险制度的改革，决定提高国营企业职工福利基金提取比例，调整职工福利基金和职工教育经费的计提基数。

1985 年后发给国营企业职工的各种副食品价格补贴，其中由企业福利基金负担的部分全部改为从企业成本中列支。

按规定列入成本的职工福利费由原来的按企业职工工资总额扣除副食品价格补贴和各种奖金（包括超过标准工资的计件工资、浮动工资、提成工资等）后的 11% 提取，改按职工工资总额扣除奖金（包括超过标准工资的计件工资、浮动工资、提成工资等）后的 14%，从成本中提取，计提福利基金的工资总额不再扣除副食品价格补贴。

列入成本的职工教育经费按企业职工工资总额扣除各种奖金（包括超过标准工资的计件工资、浮动工资、提成工资等）后的 1.5% 提取。

职工福利基金和职工教育经费增加后，企业上缴承包基数一律不作调整，两项费用使用范围及有关财务问题仍不变。

1993 年 7 月，阳泉市城区财政局按照财政部《工业企业财务制度》规定，将企业生产过程中实际消耗的直接材料、直接工资、其他直接支出和制造费用，计入产品制造成本。企业费用包括管理费用、财务费用、销售费用。企业不得以计划成本、估计成本、定额成本代替实际成本。为购置和建造固定资产、无形资产和其他资产的支出，对外投资的支出，被没收的财物，支付的滞纳金、罚款、违约金、赔偿金，以及企业赞助、捐赠支出，国家法律、法规规定以外的各种付费，国家规定不得列入成本、费用的其他支出，均不得列入成本费用。

1995 年，在成本管理方面，阳泉市城区积极推行现代企业制度的改革：积极进行股份制改革的探索，对实施股份制改组的企业进行调查研究；对国有企业实施股份制改造提出具体的财政、财务、税收和产权管理方面的实施意见；初步拟定实施改革的步骤和基本措施。通过改革，探索扭亏增盈之路，帮助长期亏损、微利企业和生产经营严重困难的企业从兼并、联营、破产、改制、重组等方面探索出路。

1996 年，根据财政部《关于工交企业制定内部财务管理办法的指导意见和通知》精神，阳泉市城区财政帮助区营企业建立起一套比较完整的内部财务管理制度。

1997 年，推行邯钢成本管理经验，强化企业内部财务管理和成本核算工作。

2002 年 7 月，财政部在《关于国有企业执行 < 企业会计制度 > 有关财务政策问题的通知》中，对有关资产损失处理的财务政策问题通知如下，城区财政进行贯彻落实。

企业“按照原制度清查的资产损失”，报经主管财政机关审查批准后，区别情况进行处理。经营资质条件对净资产没有要求的企业，以注册资本为限，依次冲减以前年度未分配利润、公益金、盈余公积金、资本公积金，不足冲减的部分列作未分配利润，按规定用以后年度实现的利润弥补。

经营资质条件对净资产有要求的企业，以现有经营资质所需净资产为限，依次冲减以前年度未分配利润、公益金、盈余公积金、资本公积金，不足冲减的部分暂作待处理专项资产损失，自批准执行“企业会计制度”之日起，在不超过 3 年的期限内摊销。

企业“按照新会计制度预计的损失”，报经财政机关批准后，转入期初未分配利润。但经营资质条件对净资产有明确要求的企业，应当以现有经营资质所需净资产为限。

2004 年 5 月，按照财政部要求，阳泉市城区财政对企业资产规定如下：（1）企业对清理出来的资产损失，应当综合考虑“按照原会计制度清查的资产损失”和“按照新会计制度预计的损失”对企业财务状况和生产经营的影响，提出执行企业会计制度的申请报告，报财政机关。（2）企业“按照原会计制度清查的资产损失”应当严格执行财政部有关资产损失确认的规定，并按照国家税收制度的规定申报纳税。对于逾期应收款项、不良投资、委托贷款等损失，缺乏损失事实依据的，不得作为“按照原制度清查的资产损失”处理。（3）企业申请执行《企业会计制度》时，建立母子公司管理体制的企业管理集团，应当按照财务类属关系逐级上报。在企业集团内部，部分具备条件的企业，报经主管财政机关批准后，可以先行执行《企业会计制度》。

2011 年 6 月，阳泉市城区财政转发市财政局印发的《节能技术改造财政奖励资金管理办法》，对节能技术改造奖励规定如下：（1）奖励对象和条件。奖励资金支持对象是对现有生产工艺和设备实施节能技术改造的项目。（2）申请奖励资金支持的节能技术改造项目必须符合下述条件：改造主体符合国家产业政策，且运行时间 3 年以上；节能量在 5000 吨（含）标准煤以上；项目单位改造前年综合能源消费量在 2 万吨标准煤以上。

四、利润分配

国营企业实现的利润，是企业职工为社会创造的剩余产品价值的货币表现，上缴财政后由国家列入预算按计划分配。

1958 年，改革商业企业财务管理体制，实行分级分成、分级管理，除省专业局（公司）所属的二级批发站以及所属加工企业的收入仍属省级预算外，其余原属省级预算管理的专属商业企业全部下放，纳入区（县）级预算。其收入一律按照国家规定，实行二、八分成，归区 20%，上缴 80%；企业分成在上解中央 80% 内扣除。

1962 年，在贯彻国民经济调整方针中，除商业系统仍执行利润留成外，其余所有列入地方财政预算的地方国营企业，一律将企业留成办法改为提取企业奖金制度，其比例为职工工资总额的 3.5%。1966 年提高到 4%。1968 年，停止执行企业提取奖金制度。

1970 年，将企业奖励基金、福利补助金、医药卫生补助费三项合并为企业职工福利基金，按工资总额的 11% 提取。

1981 年，阳泉市城区对企业实行企业基金制度：

凡是全面完成国家下达的产量、品种、质量、原材料、燃料、动力消耗、劳动生产率、成本、利润（包括实现利润和上缴利润）、流动资金占用 8 项年度计划指标，以及有供货合同的工业企业，可按职工全年工资总额的 5% 提取企业基金。没有全面完成计划指标，但完成产量、品种、质量、利润 4 项指标和供货合同的工业企业，可按工资总额的 3% 提取企业基金。在完成产量、品种、质量、利润 4 项指标和供货合同的前提下，其他指标每完成一项，按工资总额提取 0.5% 的企业基金。没有完成产量、品种、质量、利润 4 项指标和供货合同的，不能提取企业基金。因提高劳动生产率，减少职工人数和工资总额的工业企业，仍按原工资总额提取企业基金。经国家批准的政策性亏损企业，比照盈利企业提取企业基金。其他计划亏损企业全面完成各项计划指标的可按工资总额的 3% 提取企业基金。没有全面完成计划指标的，按上述规定相应少提或不提企业基金。因经营管理不善，发生计划外亏损的企业，不能提取企业基金。

企业基金可用于集体福利事业设施和生产技术措施。

计划亏损企业全面完成各项计划指标，按工资总额 3% 提取企业基金；没有全面完成计划指标，但完成产量、品种、质量、亏损 4 项指标时，可按工资总额 2% 提取企业基金。在完成上述 4 项指标的前提下，每多完成一项，可多提 0.5% 的企业基金。

1982 年，除继续执行对商业、饮食服务、商办工业的全额利润留成办法，在所有企业中实行企业基金制度外，对所有企业的经常性生产奖、综合奖励办法进行了整顿，把完成利润指标作为考核计奖依据。严格审批制度，对完不成利润计划的企业，一律不准发奖金，这就把企业的奖励办法与经济效果结合在了一起。该奖励办法规定，工交企业凡能完成利润计划并能及时上缴的，按实现利润给予 5% 的利润留成，对超额完成利润计划的企业，按超额部分给予 30% 的超计划利润留成，并规定从中抽出 30% 用于职工超额奖金；对当年实现利润较上年增长部分，给予 10% 的增长利润留成，从中抽出 30% 用于职工奖金。

1983 年，阳泉市城区财政局对国营企业实行“利改税”办法：

区属盈利企业，均按实现利润的 55% 缴纳所得税，税后利润，由国家和企业分成，企业多收多得。上缴国家的部分，采取缴纳调节税办法，即基数利润部分按核定的调节税率缴纳，比上年增长的利润部分，按环比办法计算，减征 60% 的调节税。

各有盈利的小型企业，按集体企业八级超额累进税率征收所得税，税后利润大于或小于 1982 年留利额 20% 以内的，采取高的不增税、低的不减税办法。企业之间留利悬殊，苦乐不均的由企业主管部门负责调剂。税后利润高于 1982 年留利额 20% 以上的（供销社按抵顶原来的 3 项拨款、4 项资金后计算），按财政核定的固定数额上缴一部分利润。

建筑安装企业不分大、中、小型，均按 43% 的所得税率计征；饮食、服务业和宾馆、招待所，按 15% 的所得税率计征；商业系统按 30% 的所得税率计征。上述单位的税后利润全部留给企业，国家不再拨款。

1982 年亏损的企业在 1983 年实现扭亏为盈的，免征所得税 1 年。从 1984 年起，划分大、中、小型企业，分别按 55% 和八级超额累进税率计征所得税，税后利润原则上全部留给企业。用财政拨款和银行贷款进行技术改造扩大生产能力而增加的利润，按规定核定留缴比例缴纳收入调节税。

1984 年，阳泉市城区在抓利润分配方面采取如下措施：

（1）按照《国营企业第二步利改税试行办法》的规定核定基期利润时，除少数由于一次性商品削价损失、财产损失较大而使利润下降较多的企业应予以调整外，一般不作调整。核定的基期利润扣除所得税后，剩余利润少于上年合理留利的大中型企业，不征调节税，并在限期内减征一定数量的所得税。

（2）商业企业利润按下列办法计算：经营利润 = 商品销售收入 – 营业税（或产品税、增值税）– 商品销售成本 – 商品流通费用；利润总额 = 经营利润+附营业务净收入+财产溢余+其他收入 – 财产损失 – 其他支出。

大中型商业企业的合理留利额，应根据第一步利改税财政部门核定的留利水平和按规定应减征调节税计算。

1986 年，对企业实行以利润为核心的 4 项目标管理办法，促进宏观控制和微观搞活，提高企业的经济效益；对改、转、租经营的小型商业企业全部免收承包费；对大中型批零企业在减征调节税的基础上将税负重新作平衡和调整；适当为企业进行减税让利，对搞活流通、增强企业活力发挥有效作用。

1987 年，阳泉市城区财政局对区属国营企业下达年度目标指标。对目标完成情况按季公布，按年考核，以年终决算计算奖惩。各企业对所属车间、班组实行目标管理责任制，建立内部目标管理制度。

目标管理考核内容和指标确定的依据。目标管理考核 4 项主要财务指标，即实现利润、成本、资金占用和扭亏增盈。实现利润根据国家计划和企业具体情况，结合各种增、减收客观因素制定；成本主要以上年决算单位产品成本和平均降低率为依据；流动资金占用以上年决算中百元产值定额流动资金水平为依据；扭亏增盈指标以上年决算中盈亏总额为依据，盈利不能降，亏损不能增。各项目标指标均以年初计划会议下达的计划为准。

奖励等级。按决算考核全面完成目标指标的，或者完成目标一等奖，其中实现利润指标增长 20%，目标成本再降低 1%，资金占用水平降低 3% 的，获一等奖；如完成目标利润、目标成本两项指标的，实现利润比指标增长 10% 以上，目标成本再降低 1% 的，获二等奖。

1988 年，阳泉市城区财政配合有关部门对企业财务管理体制进行改革，特别是第二步“利改税”改革的实行，固定国家与企业的分配关系，使企业和职工物质利益的提高建立在经营成果的扩大和对国家贡献增加的基础上。是年，按照中共中央的改革方针和省政府简政放权“35 条”、市政府简政放权“22 条”改革具体实施规定，继续抓财政配套改革，对全区国营工交商企业全面推行以利润为轴心的成本、资金占用、扭亏增盈四项指标为内容的目标管理，进一步建立健全厂部、车间、小组承包核算制，充分发挥财务管理和监督职能；支持企业大搞挖革改，增强企业活力，提高经济效益；

在国家减税让利，商品削价、调整工资、原材料涨价等减收增支的情况下，仍超额7%左右完成了全年企业收入任务。

1989年，阳泉市城区财政局下达《关于贯彻中共阳泉市委、城区区委工作会议精神的若干措施（意见）》，解放思想，更新观念，以发展生产力作为检验财政工作的根本标准，制定以下措施：

（1）对一切有利于生产力发展的办法和措施给予必要的奖励。继续扩大和完善现行的“原材料燃料节约奖”和“两费包干节约奖”办法，实行购销承包，搞活购销环节。对工业生产和物资供销企业，可在处理积压物资、采购原材料环节，按其实际发生额的1%–1.5%提取业务活动费，计入销售成本，作为购销人员的工资、奖金和经营活动经费；对年实现利润超过承包基数20%以上的国营企业，实行奖金上不封顶，下不保底办法，并免征奖金税；实行引进资金奖励办法，按照谁引进，谁得奖原则办理。对引进外资、从外地引进物资或正常利率的贷款，可按引进数额的1‰，奖给引进者，在项目建成投产1年之内，按新增利润的5%–10%提取奖金。

（2）实行优惠的税前还贷（借）政策。由于环境污染和城市规划，需要搬迁的国营工商企业，向银行申请的建设贷款，允许企业用全额利润在缴纳所得税前归还。企业以补偿贸易、集资、借款等方式筹集技改资金的，允许用该项目的新增利润税前归还。

（3）减轻企业负担，增强企业自我发展能力。原由企业利润留成负担40%的副食品价格补贴和1985年自费调资部分，企业确有困难的，经区财政批准可全部列入成本；企业修建简易料棚每平方米造价50元以内、总面积500平方米以内的可列入成本。

（4）允许国营工业企业在缴纳所得税前，按销售收入提取1%的技术开发费，其中50%由企业留用，50%由财政集中。财政集中部分用于建立“新技术开发基金”，统筹安排全区性的新产品开发。

（5）对外商、外地来城区投资办企业的，免征土地使用税，5年内减半征收所得税；对联营企业和各种企业集团的新增利润3年内减半征收所得税；对国营企业利用自有资金进行技术改造，所实现的利润免征所得税2年；对生产科研联合体新增利润减半征收所得税5年；对国营企业创汇产品，其外销价低于内销价的差价部分，可视同实现利润，计提利润留成；新增创汇产品的企业，根据创汇额大小，适当减免所得税。

1996年，城阳泉市区财政局在抓利润分配方面积极采取有效措施。

搞活现有国有企业，挖掘企业内部潜力，加强和改善企业管理，节能降耗，面向市场组织生产，抓住机遇求发展，向质量品种要效益。同时加强对企业的领导，在调整产业结构和产品结构方面下功夫，在抓产值的同时抓利润，使实现产值和利润同步增长。

积极清理企业外欠货款，帮助企业解决资金紧张状况。

奋力扭转企业亏损局面，定时间，定目标，帮助企业限期实现停亏或减亏，或采取股份制形式招标承包，使这些企业在短期内起死回生。

培植和抓好重点企业，首先抓好现有企业再上一个台阶，其次培植一批利税在50万–100万元的企业大户。

2002年4月，财政部对利润分配做出规定，城区财政按该规定执行。

企业正式下达执行的财务预算，一般不予调整。财务预算单位在执行中由于市场环境、经营条件、政策法规等发生重大变化，致使财务预算的编制基础不成立，或者将导致财务预算执行结果产生重大偏差的，可以调整财务预算。

企业应当建立内部的弹性预算机制，对于不影响财务预算目标的业务预算、资本预算、筹资预算之间的调整，企业可以按照内部授权批准制度执行。鼓励预算执行单位及时采取有效的经营管理对策，保证财务预算如期实现。

企业调整财务预算，应当由预算执行单位逐级向企业财务预算管理机构提出书面报告，阐述财务预算执行的具体情况、客观因素变化情况及其对财务预算执行造成的影响程度，提出财务预算指标的调整幅度。

2008 年 8 月，为规范企业改制留守处后的财务管理，有效防止和杜绝集体资产流失，城区财政局、劳动和社会保障局、集体资产管理中心等单位抽调人员组成检查组，对企业改制留守处财经法规制度执行情况、财务管理情况以及各项改制资金、社保资金的使用情况进行全面检查。检查组听取留守处负责人的情况介绍，对该处的运行情况作较全面了解，通过认真、细致的检查，对工作中存在的问题提出整改建议。

第二节 行政事业财务管理

新中国成立后，文教科学卫生等事业单位及行政机关的财务管理，基本上采取“统收统支”和“预算包干”形式，其中有全额预算管理、差额预算管理和定项补贴等模式。实行全额预算管理的主要是各级人民代表大会常务委员会，政治协商委员会、各级党政机关、民主党派、人民团体、公立中小学校、文化馆（站）、图书馆、档案馆，体育、广播、计划生育部门，党校及干部训练机构，农林、水利、气象等部门及其所属单位，工业、交通、商业部门的部分机构；实行差额预算管理的主要有各艺术表演团体，卫生医疗机构、体育场（馆），以及农林、水利等单位；实行定项补贴的单位，主要是自收自支或实行企业化管理的事业单位。

1950 年，中央实行统一财政管理的方针，坚持一切收支通过财政的原则，开始逐步建立各项行政事业财务管理制度。

20 世纪六十年代初期，全额预算管理单位经费全部由财政拨付，采取“核定收支、超支视财力给以补助、结余全部上缴”的管理办法。

1965 年，阳泉市站上区（城区前身）执行财政部颁发的《行政事业单位会计制度》《行政事业单位简易会计制度》和《报销单位财务收支处理办法》。

1983 年，阳泉市城区对行政事业单位“预算包干”办法做出补充规定：全面恢复健全定额制度，制定各部门业务技术定额和事业考核指标；各单位年终预算包干结余，采取预算结转办法，不作决算支出报销；单位年终预算存款户余额，由财政部门收回，经审查确实属单位预算包干结余的，在下年度另行编制预算。

1984 年 5 月，阳泉市城区财政局从五个方面严格控制全区行政事业经费开支：

（1）严格控制人员经费和奖金发放。对行政、事业单位实行定编定员，按照编制人数核拨经费；上年年末实有人数已经超编的，其超编部分，减拨公用经费；各行政机关不准从所属单位长期借调人员协助工作，除必需的季节之外，不准长期雇用临时工；已借调的和长期雇用的临时工，限期清退；禁止违反国家规定滥发奖金、津贴、补贴、福利。

（2）节约公用经费。是年行政事业单位的公用经费要求节约20%；自收自支单位按20%节约的公用经费除缴纳所得税外，留单位使用。

（3）严禁挪用行政事业费搞基本建设。凡挪用行政事业费搞基本建设的，应如数扣减其经费预算。严格执行单台设备或单项工程不超过5万元的由行政费开支；超过5万元的，由基本建设费开支的规定。

（4）合理调整单位预算基数。财政部门要配合主管部门，对已经有定额的支出项目，按定额核拨经费。在预算执行中，事业计划、工作任务有较大变动的，及时调整预算。因预算没有及时调整而形成的结余，应于年终收回或抵作下年预算拨款。

（5）加强预算外资金管理。应纳入预算内的收入，不得放在预算外；凡利用国家财力、物力而取得的收入，都要通过财会部门统一管理；坚决取缔私设的“小钱柜”。

1985年，阳泉市城区财政局狠抓支出管理，重点抓行政经费的节减，层层下达行政经费控制指标。从人员编制、开支标准、差旅费、会议费以及购置专控商品等方面，都采取一系列必要的控制措施。下达阳城财字〔1985〕22号文件，对国家机关和事业单位工作人员工资制度改革后有关工资和津贴适用预算科目通知如下：基础工资、职务工资、工龄津贴三项在工资目中列支；奖励工资、教龄津贴、护士工龄津贴三项，在补助工资目中列支。

1986年5月6日，以阳财城〔1986〕6号文件，对城区会议费、夜餐补助开支标准进行修改。会议费。区级党代会、人代会、政协大会伙食补助标准为每人每天4.3元；其他会议伙食补助标准为每人每天3.3元；不论何种会议，凡脱产人员个人均缴纳伙食费0.7元。会议公杂费标准为每人每天0.15元。招待所等接待会议的单位，应按规定的会议伙食标准安排各类会议的伙食，不得擅自提高会议伙食标准，更不得以任何名义和形式，变相提高会议伙食标准。工作人员夜餐费。工作人员白天坚持工作，经领导批准加班工作超过夜间11时者，可发给夜餐补助费0.5元；轮流值勤者不得享受夜餐补助。

12月，继续狠抓对行政经费的控制支出，在市分配支出控制指标基础上，结合全区实际，下达全年财政支出指标和行政经费控制指标，并随时考核，及时分析，定期通报。财政、审计部门对行政事业单位的经费开支实行定期送审制度，对社会集团购买力采取指标控制，辅助账考核和专项商品“三不批”的控制办法。

1987年6月，阳泉市城区财政局下达《关于区级行政事业单位清理财产物资的通知》，对区级行政事业单位进行一次财产物资的全面清理。（1）清理对象。区级行政事业单位，包括下属二、三级行政事业单位。（2）清理范围。凡是用公款购买的每件价值在20元以上，使用年限1年以上的财产和专用物资（比如机车配件、劳保用品、剩余奖品及其他事业专用物资），必须按规定进行清理。（3）清理时间。一般清理近二、三年发生的事项，大型永久性财产追溯到以前年度。（4）清理重点。有账无物的；没有建立财产物资账和备查登记的；开假发票，以其他名目列支的；外借的；私人占用的。

是年上半年，通报行政管理费指标较进度节支（超支）执行情况：城区武装部、下站办事处、上站办事处、检察院、南山办事处、司法局、北大街办事处、坡底办事处、公安分局节支比例分别为20.09%、8.59%、7.02%、6.34%、6.25%、6.16%、6.05%、5.51%、4.10%；法院超支5.90%，政府办公室超支7.54%。

7月6日，以阳城财字〔1987〕8号，对上半年行政管理费和各项事业费节支情况进行通报。是年以来，城区财政收入和压缩支出任务较大，财力比较紧张。要求各单位认真对照全年开支，在保证用于个人部分必需资金的基础上，采取切实有效措施，从领导做起，坚持精打细算的精神，严格控制预算外开支和社会集团购买力，统一思想，克服困难，为实现全区财政平衡做出贡献。

11月18日，以阳城财字〔1987〕12号，下达《关于年终防止突击花钱的通知》，对行政事业单位财务管理提出要求：从即日起停止审批社会集团购买力。各行政事业单位，凡用财政拨款购置的设备，一律停止审批。从即日起，财政不再开新口子，不增加新的预算。各单位在保证人员经费的情况下，采取有效措施，确实把那些能节约的公用经费坚决节省下来，做到单位自求平衡，并略有结余。进一步严肃财经纪律，坚决制止变相滥发奖金、实物、补贴和动用公款请客送礼、公费旅游。制止用公款印制和购买各种台历、挂历，违者追究单位领导的责任。

1988年，改革行政事业经费"基数分配法"，将单位经费分配与事业发展效益挂钩，实行车辆维修审批制度；继续对会议费、购置费等公用经费进行压缩；继续严格预算包干制度，控制办公设施购置；削减会议规模和次数，使行政费用中的公用部分下降6%。编委、财政等单位从紧控制人员编制，对超编人员和擅自增人的减少经费供给。对学校、医疗卫生部门采取经费分配和事业发展、使用效益挂钩办法，较过去按基数供给减少经费开支。是年，在全额预算单位全年奖金发放标准为1.5个月的基本工资、差额预算单位全年奖金发放标准为2个月基本工资的基础上，允许从超收的纯收入中提取30%，用于职工奖励。奖金发放要同单位的各项经济指标或业务工作指标完成情况挂钩，要同岗位责任制挂钩。企业主管部门可按应缴、实缴利润总额的多寡来确定奖励基金的幅度，每超计划1%，增发0.1个月基本工资的奖金；少完成计划的1%，减发0.1个月基本工资的奖金。

1989年，执行《山西省文教科学卫生事业单位行政机关"预算包干"办法》。该办法在进一步放开搞活的同时，对文教科学卫生事业单位和行政机关的预算资金，变"单一包干"为"分类包干"，区别不同情况，合理确定包干基数，防止出现"包而不干"等问题。按照省财政厅精神，制定了实施细则。

（1）预算包干范围。文教科学卫生等事业单位和行政机关的正常经费全部实行预算包干办法。离休、退休人员经费按实单独编列预算，也被列入包干范围。各种专项资金实行专项资金追踪反馈责任制度，不列入包干范围。

（2）预算包干的级次。预算包干级次可分为单位预算包干和部门预算包干。各级文教科学卫生等事业单位、行政机关普遍实行单位预算包干；财政部门对人员编制管理和财务管理健全的主管部门，可实行部门预算包干。

（3）预算包干的主要形式。对易于计算工作量和开支定额、经费全部或基本依靠财政拨款的全额预算管理单位，经费和人员编制（学生人数）挂钩，一年一定；对需要发展而难于计算工作量和开支定额的全额预算管理单位，实行核定基数，比例递增办法；对收支比较稳定的一般差额预算管理单位和部分全额预算管理单位，实行包死基数，一定几年不变的办法；对收入较多、有条件逐步向自收自支管理过渡的差额或全额预算管理单位，实行核定基数、比例递减的办法。实行上述 4 种预算包干形式的单位，编制、定员管理健全，也可同时试行工资总额包干办法，增人不增工资。结余的工资额，可以用于增发奖金或实行浮动工资制度。

（4）预算包干经费的管理。预算包干经费一经核定，就要严格执行，除国家有新的政策，机构人员发生大的变化，对预算影响较大，需要由财政部门统一调整外，一般不予调整预算包干经费；各级财政部门应会同主管部门建立必要的考核制度，重点考核资金的使用效益。对事业计划、工作任务完成得好、资金使用效益高的单位，应予表彰或适当奖励；对事业计划、工作任务完成不好的单位，应予以批评并视情况适当扣减其包干经费。

（5）预算包干经费的使用。财政部门核定的文教科学卫生事业单位、行政机关的预算包干经费，是归各单位自行支配的国家预算资金。各单位应在保证事业计划、工作任务的完成，保证国家固定资产完好和逐步增值的前提下，自主安排使用好包干经费。年终如有结余，仍留归单位，结转下年继续使用。包干结余应按照财务管理制度的有关规定，分别建立事业发展基金、职工福利和职工奖励基金。实行预算包干办法后，各单位应严格遵守财经纪律，执行国家有关规定，不得随意扩大开支范围，提高开支标准，不得将包干经费或包干结余用于违反财经纪律、财务制度的开支。购买专项控制商品，要按国家有关规定报批。

8 月 10 日，阳泉市城区财政局、教育局联文下达《关于整顿中小学杂费标准的补充通知》，规定：学生在校住宿，其收费标准最高每生每学期不超过 6 元。执行省规定的杂费标准。小学：城市、县镇、农村每学期分别为 5 元、4 元、3 元；初中：城市、县镇、农村每学期分别为 10 元、8 元、6 元；高中：城市、县镇、农村每学期分别为 15 元、10 元、10 元。第（2）项规定的杂费为最高标准。贫困县和家庭经济困难的学生，学校可根据实际情况酌情减免。学生转学，凭原学校收费收据，不再缴纳杂费。学生学期中途退学，学校也不退还所缴纳的杂费。学校向学生收取的各项杂费，必须凭当地物价局出具的“收费许可证”方可收费。

各学校都不得擅自增加收费项目或提高收费标准，也不得以预收书本费名义变相多收费。对继续乱收费的，要按有关规定严肃查处。

11 月 8 日，以阳城财字〔1989〕15 号，对行政事业单位职工教育经费开支做出补充规定：从是年 10 月 1 日起，新入学的行政事业单位在职职工，凡考取各类学校和在电大、函大、夜大、职大、专科班、专业证书班以及各种为提高学历而参加学习的，并由本单位支付或学校直接承担学杂费的，均由个人负担 50% 学杂费。书费、报名费一律自负。由单位支付的 50% 学杂费，一律在本单位按规定提取的职工教育经费中列支。各单位要严格控制上学人数，不得超标准提取或报支职工教育经费。

1990 年 9 月 25 日，在调查研究的基础上，制定并积极推行《阳泉市城区事业单位财务管理的若干规定》，主要包括：

（1）事业单位预算管理形式主要分为：全额预算管理、差额预算管理、自收自支管理。全额预算管理。对没有稳定的经常性业务收入或收入较少的事业单位，实行全额预算管理。差额预算管理。对有一定数量的稳定的经常性业务收入，但还不足以解决本单位的经常性支出，需要财政补助的事业单位，实行差额预算管理。自收自支管理。有稳定的经常性收入，可以解决本单位的经常性支出，但尚未具备企业管理条件的事业单位，实行自收自支管理。

（2）建立事业周转金制度。为持有条件的事业单位开展业务经营活动，积极组织收入，城区财政应设立事业周转金。事业周转金有偿使用，定期收回。

（3）建立基金制度。凡通过创收活动取得业务收入的单位年终结余要建立各项基金，以保证事业正常发展和其他资金的需要。具体比例根据单位情况，由财政部门分别核定后执行。

（4）事业单位发放奖金的免税限额由财政部门核定，超限额发奖缴纳的奖金税，在单位职工奖励基金中开支。

（5）关于基本工资的测定。基本工资系基础工资、职务工资和工会津贴之和。全额预算单位月基本工资统一按 120 元测定；差额和自收自支单位，月基本工资按本单位全年实际月平均基本工资测定，不达 100 元的按 100 元测定。

（6）关于奖金审批办法。全额预算、差额预算、自收自支管理单位，奖金发放在规定标准内，由各单位自行掌握，按月或季发放。对增发奖金部分，年终由单位提出申请，填报奖金审批表，经财政部门审核批准后，方可发放。

（7）事业单位发给职工的各种津贴、补贴，职工的劳保福利待遇，应按国家有关规定执行，各事业单位不得自行提高标准，扩大开支范围。

1992 年 9 月，严格行政事业单位支出管理，按照阳泉市城区人民政府〔1992〕11 号文件转发的《关于严格控制行政事业费支出的通知》，指导、监督、检查各单位执行情况，制定相应措施，不得突破预算，以此较好地控制不合理的开支，全年支出决算较年度调整预算节约 6.91%。

12 月，对全额预算单位仍实行预算包干、结余留用、超支不补的预算管理办法。主要形式：经费与任务挂钩，一年一定；核定基数，比例递增（减）；包死基数，一定几年不变等。对差额预算单位实行核定收支、差额（定额或定项）补助、增收节支留用、减收超支不补的管理办法。有条件的事业单位可实行多种形式的承包经营责任制，对实行承包经营责任制的事业单位采取确定差额（定额或定项）补助，一定几年不变或逐年递减的管理办法，并逐步建立健全合理的内部运行机制。对自收自支管理单位实行核定收支、增收节支留用、减收超支不补的办法。收大于支的单位，在核定收支数时应按规定将其收入的一部分上缴财政或主管部门。

1993 年 4 月 15 日，根据阳泉市城区人民政府批转的城区财政局《关于开展增收节支、严格控制行政事业费支出的几点意见》，决定对行政事业单位包干经费中的公用部分，一律压缩 10%，提出如下压缩计划。

1993 年阳泉市城区行政事业单位包干经费压缩指标

表 3-9　　　　单位：元

单　位	压缩指标	单　位	压缩指标
城区区委办	14700	城区党校	1000
城区政协	2400	城区政府办	16400
城区人大	3400	城区体委	3700

续表

单　位	压缩指标	单　位	压缩指标
档案局	1100	城区劳动局	1400
文化局	2000	城区监察局	1500
城区爱卫会	2000	上站办事处	900
下站办事处	1040	北大街办事处	920
南山办事处	1080	义井办事处	810
坡底办事处	200	城区武装部	1500
城区老干局	2000	城区工会	1000
城区教育局	9900	城区卫生局	7000
城区计划生育委员会	3500	城区组织部	2000
城区民政局	1700	城区残联	350
城区物价局	800	城环局	5800
城区统计局	1000	城区财政局	4000
城区审计局	2000	城区科委	2000
城区科协	400	城区公安分局	23000
城区检察院	7000	城区法院	6300
城区司法局	4000	合　计	139800

1994 年 8 月 3 日，以阳财城字〔1994〕9 号文件，转发《关于行政性收费纳入预算管理有关问题的通知》，结合城区实际，决定对行政性收费纳入预算管理采取如下办法：

（1）各级执收单位应按《通知》精神，按以下规定分别将收费收入上缴各级财政。资源性收费和管理性收费先由基层执收单位按原批准文件规定的各级分成比例逐级上划，再由各执收单位上缴同级财政；原批准文件未规定由各级分成的资源性收费和管理性收费，由基层执收单位全额上缴同级财政；证照性收费，按印制证照单位的财务类属关系上缴同级财政，属于全省或全市统一印制的证照，其收费由基层执收单位逐级汇总上缴。

（2）各执收单位上缴行政性收费时，到财政部门使用“预算收入专用缴款书”中“行政性收费收入”款缴入国库；原来已纳入预算管理的一些规费收入，仍适用原来的预算科目。

（3）凡纳入预算管理的行政性收费，各执收单位要及时、足额上缴财政。规定在取得收入的 3 天内全部缴入财政；零星收费收入，账面余额不足 1000 元，经同级财政部门同意，可每 15 天上缴一次；达到 1000 元以上的，应及时上缴同级财政。各执收单位必须在每月 25 日前将所有的行政性收费全部上缴财政，任何单位和个人不得拖欠、截留、坐支、挪用、私分收取的行政性收费。

8 月 5 日，阳泉市城区财政局公布第一批纳入预算管理的行政性收费项目如下：司法局：律师工作执照费、民事诉讼费；公安局：户籍管理证件费、居民身份证证件费；民政局：婚姻证书费；工商局：企业注册费（包括：开业注册登记费、变更登记费、年度检查费、补换证照及领取证照副本收费等）、个体工商户注册登记费（包括登记费、变更登记费、补发营业执照费、营业执照副本收费等）、广告经营单位注册登记费、经济合同仲裁和鉴证费；建设局：城市房屋拆迁管理费；卫生局：卫生许可证工本费、社会办医许可证收费、个体行医许可证收费；物价局：收费许可证收费；人事局：工资基金管理手册工本费。

12 月，阳泉市城区财政局坚持“一要吃饭，二要建设”的方针，千方百计调度资金，采取多种措施，加强支出管理，保证行政事业单位个人经费和必不可少的行政经费支出，以及教育、科技等重点事业发展的资金需要。

压缩不合理开支，严格定额管理，强化包干意识。针对会议费、修车费、电话费、差旅费、接待费管理不严，控制不力，支出居高不下的问题，制定和完善管理办法。

狠抓行政事业单位财务管理基础工作，编制“社会文教行政经费使用效益考核情况表”，加强对资金使用效益的考核，促进事业发展和行政工作任务的完成。

大力推进事业单位财务改革，加强对单位抵支收入计划和定额管理。凡新增的政策性支出，差额补助单位一律自行消化；有预算外收入的全额预算单位用收入抵顶部分新增经费，以节减财政支出，提高资金使用效益。

1995 年，认真贯彻“适度从紧”的财政政策，坚持按《中华人民共和国预算法》办事，进一步规范预算追加程序。对正常经费按“统一标准、单位测算、财政审核、审计监督、政府通过、人大批准”的办法核定，实行定额管理；全区行政事业单位预算全部按“零基预算法”编制，建立对单位预算批复制度。各级的公务费、购置费、修缮费一律坚持一支笔审批制度。在严格控制支出规模的同时，认真执行“有保有压”“突出重点”的支出原则，不断优化支出结构，基本做到保基本工资发放、保科教投入增加、保财政收支平衡；大力精简各项行政经费，并试行行政管理费定额考核、包干管理办法。

1996 年 10 月，根据财政部《事业单位财务规则》精神，阳泉市城区取消全额、差额和自收自支三种预算管理形式，对事业单位实行“核定收支、定额或定项补助，超支不补，结余留用”的预算管理办法。对事业、行政单位会议费实行“计划管理、总额包干、严格审批、监督使用”的办法。同年，按《中华人民共和国预算法》要求，各级政府和财政在人大批准预算后，及时将收支预算批复到各基层单位。在编制预算方面实行行政管理费定额考核的管理办法，严格推行“零基预算”，科学合理地测算和确定预算定额标准，使经费预算管理趋向规范。

1997 年，阳泉市城区执行省财政厅制定的《山西省事业单位财务管理暂行办法》。该办法规定的事业单位预算由收入和支出两部分组成。收入包括财政补助收入、上级补助收入、事业收入、经营收入、附属单位上缴收入和其他收入等内容；支出包括事业支出，经营支出，对附属单位补助支出和上缴上级支出、上缴财政支出等项内容。根据事业单位资产的性质、特点和实际使用情况，明确事业单位资产主要包括四个方面：流动资产、固定资产、无形资产和对外投资。其固定资产标准比原制度规定的标准有所提高，即一般设备单位价值由原来的200元提高到500元，专用设备的单位价值由原来的500元提高到800元。单位价值未达到规定标准，但耐用时间在1年以上的大批同类物资，也作为固定资产管理。固定资产的使用年限要在1年以上，并且在使用过程中要基本保持原有物质形态。固定资产一般分为房屋和建筑物、专用设备、文物和陈列品、图书、其他固定资产等6类；流动资产包括现金、各种存款、应收款项、预付款项和存货等；无形资产包括专利权、商标权、著作权、土地使用权、非专利技术、商誉以及其他财产权利。对外投资是指事业单位利用货币资金、实物、无形资产等方式向其他单位的投资。

1998年，建立涉及支出管理各环节、成系统的规范运作程序。执行中央关于“八不准”的规定和省政府“六整顿、一封存”（整顿清理预算外资金、周转金、各种基金、各种减免税、各类补贴、财政收支秩序，并封存部分汽车）的指示，开展政府采购和公车管理改革试点，大幅度节约财政资金。

2000年6月，继续深化财政支出管理改革，加强人员编制、工资基金管理，减少工资发放中间环节。是年，阳泉市城区财政执行国家出台的《行政管理财政统一发放工资暂行办法》，决定逐步将行政事业单位工资发放程序改变如下：

各单位根据编制部门有关要求，按规定时间提供单位人员编制、实有人数和工资标准及代扣款项等数据，分别报编制部门和人事部门审核。代扣款项是指国家政策规定必须由个人缴纳的住房公积金、医疗保险、养老保险和依法缴纳的个人所得税等款项。

编制部门对单位报来的人员编制数进行审核后分送财政部门和人事部门；人事部门根据编制部门核定的编制数、人员和工资计划管理的有关政策规定，审核各单位所报人员和应发工资额，及时送交财政部门。

财政部门根据人事部门核定的各单位行政编制内的实有人员和工资额，按照预算科目分类生成发放工资汇总表，计算代扣款项，列出工资发放清单。

代发银行收到财政部门拨付的工资款项后，按财政部门工资发放汇总清单中实发工资数额，将工资分解发放到个人工资账户，并根据其所列代扣款项分别将个人所得税、社会保障费和住房公积金等划入财政部门指定的账户。

各单位根据财政部门提供的工资发放清单，按照有关会计核算规定登记入账。

在预算执行中，各单位发生增人增资、减人减资、正常工资变动及津贴、补贴变化等情况，在变动当月规定日期以前汇总报人事部门审核；人事部门在当月规定日期以内审核后的变化情况送财政部门；财政部门及时向代发银行提供变动后的下月工资发放清单。

2002年1月，执行人事部、财政部制定的《关于统一确保机关事业单位职工工资发放项目的通知》，决定对国家统一规定的机关事业单位职工工资发放进行确保。其工资项目包括：（1）机关行政人员基本工资。包括职务工资、级别工资、基础工资和工龄工资。（2）机关工人工资。包括技术工人岗位工资、技术等级工资和奖金，普通工人岗位工资和奖金。（3）事业单位和专业技术人员工资。包括专业技术职务工资和津贴。（4）事业单位管理人员工资。包括职员职务工资和岗位目标管理津贴。

（5）事业单位工人工资。包括技术工人技术等级工资和岗位津贴，普通工人等级工资和津贴。（6）机关事业单位工作人员年终一次性奖金。

2004年，阳泉市城区财政局执行山西省下达的《关于建立街道（乡镇）和社区劳动保障工作机构的意见》，明确街道（乡镇）和社区劳动保障机构的主要职责和任务，是在社会主义市场经济条件下，实现以人为本管理劳动保障工作的最基层组织。

负责劳动力资源管理、失业登记、就业情况摸底调查；负责“再就业优惠证”的核发，下岗失业人员的日常管理和享受再就业扶持政策的认定；为自谋职业的下岗职工人员申请小额担保贷款办理有关手续；开展再就业援助服务，提供就业和社会保障咨询服务，开发社区公益性岗位，组织实施社区公益性项目和大龄就业困难人员的安置；动员组织未能继续升学的新成长劳动力参加劳动预备制培训，组织开展职业介绍、职业指导和就业服务活动；承担企事业单位退休人员社会化服务管理工作，协助有关部门在退休人员中建立健全中国共产党的组织，指导帮助社会服务机构提供医疗卫生服务等。

2010年11月，阳泉市城区财政局在市会计函授学校举办全区行政事业单位会计人员继续教育培训。全区260名财会人员参加培训学习。该次会计人员培训，以新的会计制度为主线，以行政事业单位管理会计、国有资产管理、“小金库”治理等为主要内容，聘请有丰富业务经验的老师授课，把新鲜知识与实际工作紧密结合起来，并结合工作中的实例进行讲解。培训班还组织学员就实际工作中遇到的难点问题进行交流与讨论。

2011年，继续深化部门预算改革，细化政府性基金预算，深入推进预算编制与行政事业单位资产管理有机结合，督促行政事业单位按要求执行预算，强化财政预算约束。进一步强化对教育、医疗卫生、社会保障等民生资金的监督检查。对转移支付资金、专项资金、涉及民生的各项补贴资金、经济社会发展的各项建设资金加大监督检查力度，切实把资金管好、用好。继续抓住财政管理中的薄弱环节、社会关注的热点问题开展专项检查，进一步加大工程建设领域突出问题专项治理工作、“小金库”等财政违纪现象的治理力度，进一步提高财政资金使用的规范性、安全性和有效性，确保财政资金运行安全。

2012年，深化财政改革，加强财政管理，提高财政科学化精细化管理水平。包括：（1）稳步推进预算改革，进一步细化部门预算。是年对单位各项财政资金实行综合预算，要求全区135家单位编制项目预算，使预算编制更加完整、规范、科学。编制2011年度地方政府债务统计报表，重新核实城区的债务规模和类型，使举债控制在财力许可的范围之内。更新录入2011年度财政供养人员信息，进一步夯实部门预算基础数据，为以后编制行政事业单位预算创造条件。（2）实施国库集中支付改革，圆满完成会计集中核算转轨工作。实行财政国库集中支付制度是2012年财政改革工作的核心。按照公共财政发展方向和财政国库改革要求，城区会计核算中心按照“分步运行、稳妥实施、规范运作”的原则，积极推动会计核算向国库集中支付转轨。截至4月10日，会计核算中心对纳入的68家核算单位、76套账务全部移交完毕。同时制定《阳泉市城区财政国库集中支付业务流程（草案）》《阳泉市城区财政局财政国库管理制度改革局内相关工作管理暂行规定（草案）》，为各预算单位配置财务办公软件，既提高工作效率，又使财政支出的真实性和及时性得到保障。是年6月月底正式启动国库集中支付工作以来，截至11月月底共办理业务1469笔、支付金额11099万元。是年年底，所有预算单位和财政资金全部纳入国库集中支付。

积极推进国有资产管理工作，对全区行政事业单位进行资产信息录入，基本摸清全区公共资产的家底，规范资产配置、收入管理，防止国有资产流失。

2013年11月，阳泉市城区财政局对全区所有行政事业单位会计、财政干部共计100余人进行《事业单位会计准则和新会计制度》培训。培训从新旧制度衔接、科目变化及初始数据录入三个方面进行了详细讲解。学习《事业单位会计准则》《事业单位会计制度》和《新旧事业单位会计制度有关衔接问题的处理规定》等内容。通过培训，提高全区会计人员的业务素质和实际操作能力，确保新旧《事业单位会计制度》顺利衔接和平稳过渡，确保行政事业财务管理取得实效。

2014年，阳泉市城区财政局以阳城财字〔2014〕18号，下达《关于印发〈阳泉市城区区直机关和事业单位差旅费管理办法〉的通知》；以阳城财字〔2014〕19号，同城区机关事务管理局联文下达《关于印发〈阳泉市城区区直机关会议费管理办法〉的通知》，以此落实中共中央关于改进工作作风、密切联系群众的“八项规定”，努力建设节约型社会。

第三节 财政监督

财政监督是指财政管理部门以及政府专门职能机构对国家财政管理对象的财政收支与财务收支活动的合法性、真实性、有效性依法实施的监督检查、调查处理与建议反映的活动。

明代，统治者为推行财政政策，发展经济，实施财政财务监督。明代是专制皇权空前强化的朝代，所以明代的财政监督也带有强烈的时代特色。明代统治者将财政监督纳入皇帝直接管辖的监察系统，建立以都察院和六科给事中为中心的财政监督体制，制定相应的财政监督法律、法规。洪武年间，朱元璋以敕令形式陆续颁布对财政财务监督、监察的职权范围等法规，尤其是《宪纲》的颁行，使明代的财政监督事务有法可依，能够顺利开展起来。

清代也是为封建君主服务的财政监督体系衰败的时期，但其对于财政监督体制的贡献还是不可忽视的，这对于澄清吏治，缓和社会矛盾，调节统治阶级内部关系，保障国家机器正常运转起到积极作用。

民国元年（1912）6月，山西财政司成立，全权接管山西藩库收支。民国三年（1914）组建起山西行政公署财政厅，由厅长总理厅内事务，制定统一收支办法和管理办法，以资对财政、财务活动进行稽查监督。

民国31年（1942）4月，晋冀鲁豫边区政府规定，按照统收统支原则，全区财政财务审计权统一于边区政府，并由财政厅审计处承办。各级审计部门有权检查各机关、单位的账簿、表册、凭证及现存物资，各单位不得推诿。民国35年（1946）10月，晋冀鲁豫解放区根据中央局决定成立了军政联合办事处，全权负责政府及军队供给、预决算收支审核工作，有权对工商贸易银行及各财经系统下达指令，指导财经工作。为更好地发挥财政职能作用，财政监察工作提上了中国共产党和政府以及财政部门的议事日程。

中华人民共和国成立后，1950年10月12日，经政务院批准，在中央财政部设立专司财政监督检查职责的财政监察司，在地方各大区、省、市财政厅（局）设监察处，各地、市、县财政局设监察科（室），配备大批专职财政监察干部，形成一个较为完整的财政监察系统。

1982 年，根据上级指示精神，阳泉市城区于是年 1 月至 4 月集中时间、集中精力，在全区工商企业中开展财务大检查，帮助企业建立健全经济核算体系，堵塞漏洞，促进和改善企业管理，取得增产增收的好效果，企业成本费用也普遍有所降低。

1983 年 10 月，成立阳泉市城区审计局，负责本区的财务监督等工作，围绕经济建设和经济体制改革这个中心，以纠正行业不正之风为重点，对经济部门进行审计监督。

从 1984 年开始，阳泉市城区财政局先后配合审计部门开展监督检查，审计（调查）211 个单位（次），查出违纪违制金额 232 万元，为国家增加财政收入 10 万元。

1985 年，按照上级财政要求进行财政大检查，财政大检查的主要内容：（1）纳税单位和纳税人是否按照税法规定，及时足额地上缴各种税款；有无偷税、漏税、欠税情况；税收的减免是否符合国家规定；减免到期的是否已按期恢复征税；企业超产自销浮动加价部分，是否按照国家规定全部纳入企业的销售收入，并缴纳产品税、增值税和所得税。（2）企业应上缴国家的利润，能源交通重点建设基金等各项收入和购买国库券等，是否及时足额上缴国库；有无截留、挪用、拖欠的情况。（3）企业成本费用列支，是否符合财务规定；有无自行扩大范围，提高标准，乱挤乱摊成本费用的情况。（4）企业税后留用利润是否符合国家规定，有无自行提高留利比例和各项专用基金比例的情况；企业税后留利是否按规定的比例建立五项基金；有无挪用生产性基金提高福利费支出和发放奖金的情况，有无滥发奖金、补贴和实物。（5）有无违反国家规定随意退库；或把预算内收入划为预算外；以联营和其他各种名义化全民为集体，化大公为小公，或者收入不入账，私设“小钱柜”的情况。（6）有无违反国家规定乱涨价，倒买倒卖国家重要工业生产资料和紧俏耐用消费品的情况。（7）有无突击花钱和动用公款请客送礼，大吃大喝，铺张浪费，挥霍国家资财的情况；有无贪污盗窃，投机倒把，行贿受贿的行为。（8）有无发货票不按规定使用，任意涂改、转借、撕毁、丢失的情况；有无开业不登记，停业不申报的情况。

物价方面主要检查不执行国家规定的工农业产品价格、交通运价、物资管理收费标准和其他非商品收费标准，擅自提级提价、压级压价的。为堵塞财政资金流失，增强财政的宏观调控能力，结合全区实际情况，从本年开始，对财税进行治理整顿，健全各项规章制度，增加财政收入。

是年，对全区行政事业单位进行自查和重点检查，共查出违纪事件 18 件，金额 12696 元。

1986 年 10 月，按照市人民政府 [1986]93 号《关于开展 1986 年税收、财务、物价大检查的通知》精神，城区财政局继续在全区开展税收、财务、物价大检查。

（1）检查范围和时限。检查的范围是全区各企业、事业、行政单位和个体工商户。检查的时限是 1986 年发生的问题以及 1985 年未检查、处理的问题。个别数额较大、性质严重的案件，可追溯到 1985 年以前。按月报送审计的单位免予检查。

（2）检查内容。违反国家税法规定偷税、漏税、抗税以及超越权限擅自减税、免税的；违反国家财务会计制度规定，采取各种手段侵占、截留应缴利润和其他收入，以及虚报亏损，骗取国家财政补贴的；违反国家物价政策、随意涨价、乱收费、牟取非法收入的；用公款请客送礼，滥发奖金、补贴和实物，挥霍浪费的；贪污盗窃、行贿受贿，中饱私囊的。此外，对拖欠税利也要催收入库。

（3）检查的方法、步骤。检查的方法仍采取自查和重点检查相结合的方法。所有企业、事业、行政单位和个体工商户，都要认真进行检查，自觉纠正。

是年，共查出违纪金额26000元，对查出的问题进行纠正。

1987年，遵照上级有关指示精神，继续开展财税物价大检查，并要求单位进行自查自纠。其中，包括个体工商户1730户，占应查户数的90%以上，共查出偷漏税款95000元，补缴入库40000元。在第二次自查中，查出违纪金额39000元，已全部入库。在检查中，微型电机厂积极自查，认真核实，将不该列入费用的保育员工资、职工副食补贴和多提的交易费6400多元进行账务调整，补缴所得税款。该次检查不仅促进微型电机厂的财务工作，而且更进一步地明确各项规章制度和政策界限。

1988年，为紧缩财政开支，杜绝铺张浪费，阳泉市城区财政局根据上级财政部门有关规定，对机关行政事业单位利用公款，在市场上购买非生产性商品，实施控制审批的管理制度。设立“控制社会集团购买力领导小组”，下设办公室，指定专人承办具体业务，有效堵塞公款购置商品中的漏洞。是年，全区控制购买商品19种。在10月开展的财税物价大检查的自查自纠阶段，共有467户进行自查自纠，查出违纪金额16.81万元，应补缴入库15.64万元。从11月中旬开展重点检查，共组织检查小组30个，抽调人员227人，查出违纪户172户，占所查户数的52%；查出违纪金额24.02万元。自查和检查共查出违纪金额40.8万元，补缴入库39.6万元。

1989年年初，调整充实领导组，成立财税物价大检查办公室。抽调财税物价等部门多名干部组成专业队伍，深入辖区362个单位进行检查。共查出违纪金额30万元，处理并收回10万元；查出偷、漏各项税收46万元，偷漏能源交通重点建设基金和预算外调节基金0.08万元，违反社会集团购买力规定1.12万元，私设小金库0.12万元，通过补缴入库增加财政收入42.69万元。

1990年，在重点检查中，组织检查小组18个，有52人参加。共查100户，查出违纪金额59.6万元，补缴入库57万元。在检查中，检查组深入基层，把开展检查同治理整顿、健全制度、严肃财经纪律和宣传教育紧密结合起来，采取边检查、边定性、边处理、边入库的办法，实事求是，宽严适度，使大检查工作开展得扎扎实实、卓有成效。

1991年，阳泉市城区财政局在税收财务物价大检查中，主要检查下列违反国家财经法纪的行为：偷税漏税和越权减免税；乱挤成本、费用；虚报亏损、虚增利润、虚盈实亏；侵占、截留应缴财政的利润、能源交通重点建设基金和预算调节基金；不按规定用途支用各项财政资金；违反价格法规，乱涨价、乱加价、牟取非法收入；乱收费、乱罚款、乱集资摊派；滥发奖金、补贴、实物，用公款请客送礼、游山玩水，擅自购买专项控制商品等挥霍国家和单位资金行为；采取非法手段，将全民所有制资产转为集体或个体所有，或将预算内资金转为预算外资金；侵占、截留、私分、挪用救灾款和物资；公款私存、私设“小金库”，侵占、私分国家和单位的资财；其他违反财经法纪的行为。

是年，自查单位573户，查出违纪金额24万元，应补缴入库23万元，年底入库12万元。重点检查170户，查出违纪金额19万元，年底入库14万元。

1992年，阳泉市城区继续开展税收财务物价大检查。在大检查工作中，适应改革、开放形势的需要，结合城区各单位具体情况，宽严适度，声势、规模、深度都好于往年。9月1日至10月15日，在全区范围内进行自查、自查自纠的单位1613户，占应自查户的100%，查出违纪金额34.27万元，应补缴入库29.2万元，已入库29.2万元。从10月22日开始重点检查，从财税审计等部门抽调业务骨干 52 人，组成 24 个检查小组，共查 538 户，查出违纪金额 47.8 万元，连同罚款和滞纳金应补缴入库 50.88 万元，已入库 32 万元。通过检查，加强财务监督管理，增加财政收入。

1993 年 10 月，阳泉市城区实行第二轮承包的企业到期，为搞好承包总结兑现审计，保持企业生产的稳步发展，按照城区政府要求，城区财政局、审计局相互配合，对区直 14 个现金抵押承包企业进行了监督检查，发现一些问题：（1）乱收费。市气象局收取了型煤二厂服务费 1200 元。（2）百货公司将流转税挂在待批费用账户来做摊销，不按规定计提新增国有资产折旧。（3）装潢厂账表不符，利润表少转销售成本 24 万元；（4）型煤二厂固定资产折旧率太低，达不到国家 6% 的规定，少提折旧费 8386 元，影响企业生产资金积累。（5）车辆厂应收款呆账数额较大，历年未作处理，产品成本核算不准确，给企业造成亏损。

12 月，在是年进行的税收财务物价大检查中，自查单位 469 户，查出违纪金额 6.9 万元，应补缴入库 5.5 万元。重点检查 190 户，查出违纪金额 61.2 万元，年底入库 57.87 万元。

1994 年，阳泉市城区财政局继续加强财政监督管理，深入开展财税物价大检查。

是年，阳泉市在城区财政局进行财政总体监督试点，通过对财政各项业务的监督和再监督，建立制约机制，强化财政内部监督职能；同时发挥财政监察员和通讯员（简称“两员”）的作用，组织他们对有关知识进行学习，明确“两员”的职责。并对一些单位的预算内、外资金使用情况进行检查，检查资金总额 132 万元，发现违纪金额 2.3 万元，根据有关规定进行处理。

是年的财税大检查工作，针对城区税务部门分设为国、地两个税务机构，人员变动较大等情况，区政府及时加强对大检查工作的领导，提前于 9 月 19 日安排部署全区大检查工作，决心以大检查为动力，奋战两个月，确保全区财税任务圆满完成。重点检查中，国税、地税、财政、审计等部门密切配合，抽调人员 64 人，组成 25 个检查小组，对 306 个单位进行重点检查。检查中，领导现场办公、现场处理问题，检查人员放弃节假日休息，连续奋战，采取统一组织、集中培训、领导包片、切块检查、边检查、边处理、边入库、边调账的方法，既保证检查数量，又提高检查质量，对“钉子户”依法强行划扣税款。

到 12 月月底，查出违纪金额 180.01 万元，可增加财政收入 178.91 万元，已入库 162.26 万元，入库率达到 90.14%。

1995 年，严格财政监督，增强遵纪守法观念。自查单位 759 个，重点检查单位 324 个，查出应入库金额 100 万元，入库 86 万元，入库率为 86%。是年，城区财政局、审计局与北京市红都时装公司对阳泉蓝天分店 10 年联营进行总结审计，发现该店截至 1995 年 3 月月底，账面实现利润 41 万元，检查认定实际亏损 160 万元；企业管理较差，财务核算混乱，财务监督制约较差，报销制度不健全、不规范，会计科目使用不当，费用挂账严重，造成利润虚增；企业偿债能力差，该店资产总额 390 万元，负债总额 472 万元，严重影响企业债权人资金的投入及银行借款的归还。

1996 年 11 月，阳泉市城区财政局在全区范围内开展整顿财经纪律、反对铺张浪费、反对官僚主义的“一整两反”工作。在整顿财经纪律方面，主要是整顿会计秩序及清理预算外资金。反对铺张浪费方面，主要是加强支出管理，杜绝不必要的宴请接待、控制购买高档办公用品。对全区 200 多名财会人员进行培训，对全区行政、事业、企业共 80 多个单位进行清理整顿，查出违纪金额 11.4 万元，查出“小金库”2 个，发生额 3.5 万元，上缴财政 3 万元，对有关单位及主要领导进行了严肃处理。是年，也是开展同级财政预算执行审计工作的第一年，城区审计局从 1995 年 11 月至是年 3 月，对城区 1995 年度财政预算执行情况及其他财政财务收支进行审计，审计涉及组织预算部门和执行预算单位 17 个，为单位预算数的 47.2%，涉及预算内资金总额为 1516.84 万元，共查出违纪违规金额 574 万元，全部进行纠正。

1997 年，阳泉市城区财政局把财税物价大检查工作同贯彻中共十五大精神紧密结合，把大规模检查与重点突出检查紧密结合，组织税务、审计、财政、物价等部门工作人员 200 多人，分成 40 个重点检查小组开展工作。单位自查面达到 100%，重点检查户 699 户，发现有违纪问题的 210 户，应上缴国库 150 万元，到是年年底入库 145 万元。是年，根据《山西省各级预算执行情况审计监督实施办法》，对城区 1996 年度财政预算执行情况和其他财政收支进行审计，其中，审计预算执行单位 12 个，审计总金额 2686.4 万元，对查出的重要问题逐一进行没收罚款处理。同时，针对城区企业底子薄、负担重、技术落后、财政资金回报率低的问题，提出“围绕财源抓经济，围绕效益抓财源”；加大改革资金和科技三项费用的投入，并加强监管，提高资金回报率，尽快扭转区直企业对城区财政收入贡献少的被动局面的建议。

1998 年，阳泉市城区财政配合城区税务部门发挥稽查威力，促进税收任务完成。集中做好全国协查的“南宫税案”，涉及企业 26 户，追缴税款 36 万元。是年，根据城区政府安排，城区审计局对城区民政局 1998 年救灾款物的筹集管理情况进行专项审计。经审计核实，城区民政局对救灾款物的筹集管理做到真实、有序、严格、合理。是年，对城区 1997 年度本级财政预算执行情况进行了审计，共检查组织预算收入及预算执行单位 11 家，查出违纪、违规金额 218 万元，应上缴财政 15 万元，实际入库 4.5 万元，并向城区政府提出“加强财政资金管理，规范财政支出范围”的建议。

1999 年，阳泉市城区财政与城区地税配合，组织开展大规模的车船使用税专项整顿，共检查清理各类车辆 3244 辆，征收入库税款 12.6 万元，罚款 13.2 万元，全年完成车船使用税 50.2 万元，为年计划的 200%，超收 25.2 万元。同时开展发票专项清理，城区税务部门组织检查组 7 个，定人员、定户数、定进度，对各类发票使用情况进行一次全面清理，重点检查 256 户，对有问题的 14 户进行了处罚。对发票的领购、使用、保管、核销、审核、检查和处罚 7 个环节，制定完善相应的措施。

2000 年，以宣传贯彻《中华人民共和国会计法》《山西省会计管理条例》和各项会计制度为重点，在深入开展账簿监管、深化会计人员管理体制改革的同时，进一步加强会计监督。为解决《会计法》执行中存在的一些问题，从是年 6 月开始，对全区会计执法情况进行检查，检查工作分为自查、重点检查、总结整改三个阶段。在自查结束后，成立重点检查小组，对一些单位进行抽查，对抽查中发现的个别单位存在如无证上岗现象、会计和出纳一人兼等问题，要求限期整改，以维护法律的严肃性，促进全区经济的健康发展。

2001 年，优化支出结构，严格控制财政支出，严格预算管理与预算执行情况的审计监督。结合“三项治理”（专项治理公务人员收送“红包”、礼金；专项治理超标准使用公务车；专项治理领导干部违规经商办企业），加强公用经费管理，切实降低行政成本，减轻财政负担。是年，阳泉市城区财政配合审计部门对城区 2000 年度财政预算执行情况进行检查，共检查组织预算收入及预算执行单位 8 家，查出违纪违规金额 109 万元，应上缴财政收入 20 万元。对查出的问题，城区财政多方查找问题症结，及时召开会议防微杜渐，避免再出现类似问题。

2002年，阳泉市城区财政局对城区建设局、环卫处预算内外资金财务收支情况，即行政经费、行政事业性收费、城市维护建设资金等进行检查。桃河治理中，安排专人对桃河工程建设资金筹集、使用进行跟踪检查，规范财务核算和收支行为，促进建设单位合理使用资金，提高投资效益。

2003年11月，阳泉市城区财政局执行山西省财政厅印发的《关于加强财政监督检查工作的意见》，对部门预算监督和国库集中收付监督提出要求。

（1）部门预算监督。通过对预算编制程序、定员定额标准审核和定量定性分析，查出虚增人员经费和公用经费、虚报项目经费等违纪违法行为，切实提高政府公共支出效益，保证预算编制的科学性和合理性；加强预算执行过程的监督，硬化预算约束，监督检查财政预算资金使用情况，坚决查处截留、滞拨、挪用项目资金和私设“小金库”等严重违法违纪行为，提高预算的严肃性和法制性；参与对部门预算执行情况的绩效评估，促进财政资金高效和节约使用。

（2）国库集中支付监督。监控缴款单位、缴款人和征收机关是否按国库集中收缴制度规定的必缴方式和程序，将收入缴入国库或预算外资金财政专户；审核财政直接支付的范围、程序、进度是否符合有关制度的要求，特别是对涉及直接支付项目的数量与资金的配比情况要进行严格审核把关，减少财政资金在部门和项目单位中发生沉淀，降低支付风险；监督财政授权支付的单位是否在授权范围内按照国家相关的法律、法规和制度履行职责，有无超越权限，违反规定，造成财政资金损失的问题；要切实加强银行账户的清理工作，完善和建立国库单一账户体系，加强国库收付的监督管理。

2004年，加强财政、财会法制建设，强化监督管理机制。要求全体职工树立政治意识、大局意识、责任意识，勤勉敬业，扎实工作，进一步转变作风，弘扬求真务实精神，提高公务效率。全年继续搞好警示教育，将“依法行政、依法理财”贯穿于财政工作的始终，使会计人员牢固树立“诚信为本、操守为重、遵循准则、不做假账”的职业道德规范，进一步完善内部控制制度和监督制约机制，严格财政资金运行程序。

2005年，财政监督工作以强化内部监督为根本，探索和建立财政监督长效机制。财政内部监督是健全制度、规范管理、堵塞漏洞、保障资金安全的重要手段，是加强内部管理的一种自律机制。是年，重点抓了以下几项工作：（1）借助“金财工程”信息系统，实现财政监督机构与预算编制过程的信息共享，推动事后监督向事前、事中监督拓展。（2）认真落实政府审计整改意见和决定，协调和督促有关股室及时完成整改，并借以推动财政业务运行程序进一步规范和完善。

2006年，阳泉市城区财政局从两个方面开展工作，努力构建监督与管理相结合的控制机制。

（1）积极构建事前监督、事中监督与事后监督相结合、日常监督与专项检查相结合、以事前监督、事中监督和日常监督为主、以事后监督和专项检查为辅的财政监督外部工作控制机制，把财政日常监督工作提高到一个突出位置，以强化对财政经济活动的事前控制、事中监管为基础，有重点地加强必要的事后检查工作，体现以预防和规范为主的原则，将财政监督寓于财政工作的全过程。

（2）积极构建围绕财政内部管理抓监督、内外监督联动的财政内部监督工作控制机制。要把内部监督检查工作作为“一把手”工程来抓，在检查对象上以对业务股室的检查为主，对下属单位的检查为辅，全面开展内审工作；在检查工作量的安排上，每年内审工作面不得低于业务股室和下属单位总数的30%，做到3年全部检查一次。逐步形成从财政工作的源头抓监督，加大治本工作的力度，不断增强财政宏观调控能力的财政监督运行方式，促进财政管理水平不断提高。

2008年，强化对财政专项资金的监督管理，加强对专项资金在预算部门的分配、使用、核算等过程的监督，初步建立实时监控、综合核查、整改反馈、跟踪问效的财政监督机制，加强对专项资金跟踪考核。是年，组织专人对专项资金的使用进行全面检查，形成有力的监管机制。

认真清理财政往来账款，摸清财政外欠和呆账、死账情况，制定相应措施，清收欠账约200万元，规避财政风险。

2009年，在开展财政监督检查方面，阳泉市城区财政局会同区纪委、区监察局、区审计局联文下达《关于在全区党政机关和事业单位开展“小金库”专项治理工作的实施意见》，对区直29个行政事业单位进行重点检查，重点检查面达到30%。针对查出的私设“小金库”、违反“收支两条线”规定问题责令其进行整改。

组织专人对2008年度中央、省、市财政专项资金进行检查，以确保专项资金专款专用，提高资金使用效益。社区卫生专项资金检查中，针对社区卫生服务中心（站）固定资产管理中存在的问题，提出整改建议和意见。中小学校舍安全工程资金检查中，要求严格按资金项目使用，并对上年度下拨资金做账务调整。

抽调专人配合城区纪检参与煤焦领域反腐败专项斗争。配合科技局对科技三项费用的立项、使用情况进行检查。配合山西省财政厅煤炭基金稽查局对城区煤炭可持续发展基金收支情况进行专项检查。

组织“一法一例”执法检查。是年，重点对区属中小学和幼儿园的会计基础工作规范，财务机构设置，预算编制及执行，资金使用及效益情况进行检查，进一步规范教育系统的会计基础工作和财务管理。

2010年，阳泉市城区财政加强财政监督，提高资金使用质量。

抓好财政收支监督，确保重大财税政策落到实处；建立财政内部监督与专职机构共同监督的“大监督”格局；加快建立财政资金使用的绩效评价机制，逐步将考评结果与预算安排结合起来，提高考评的有效性；实现监督关口前移，建立事前、事中、事后监督相结合的新机制，全面提升财政监督能力。是年，对项目资金从立项、建账到资金的拨付、使用进行全方位监督，强化支出跟踪问责。对校安工程、社区卫生服务资金开设专户进行管理，确保专款专用、安全高效；

积极探索建立防治“小金库”长效机制，加大对“小金库”及违纪问题的处罚力度。对两个单位下达处罚决定，处罚金额共计1.71万元；对“小金库”专项治理进行“回头看”，检查面达到94%，对6家社会团体和国有企业进行专项检查，对检查结果已经落实。

2011年，在财政监督方面，开展治理“小金库”专项工作，对11个行政事业单位进行重点检查；树立财政“大监督”的观念，建立健全预算编制、执行、监督相制衡，事前审核、事中监督和事后检查相衔接，专职监督机构的专项检查和业务机构的日常监管相结合的新型财政监督运行机制；对校安工程、安全资金、应用技术研究与开发、计划生育、廉租住房等专项资金进行检查，确保专款专用、安全高效；对普通高中（阳泉三中）进行债务普查，了解学校资产状况及偿债能力，促进普通高中教育持续健康发展；加快建立财政资金使用绩效评价机制，逐步将考评结果与预算安排结合起来，提高考评的有效性。对城区公共安全专项转移资金进行了绩效评价；对城区广益中小企业担保中心进行金融企业的绩效评价，加强对金融企业财务监管，促进金融企业提升管理水平。

2012 年，加强对校安资金、社保资金等民生领域资金的监督管理。完成 2005–2011 年社保资金审核上报工作。对基本公共卫生服务资金配套、拨付和使用情况进行专项检查。行政事业性收费票据坚持核旧领新，做到源头控收。全面清理和核销 2011 年行政事业单位收费票据，严格非税收入征管，非税收入纳入国库统筹安排。严把项目立项审批关，对批准立项的工程项目，认真审核资金来源，杜绝办理无审批的项目资金承诺，完成财政专户清理整顿工作，确保财政资金安全规范。

2013 年，在财政监督方面，对政法专项转移支付资金、就业资金、城镇职工基本医疗保险资金进行绩效评价，规范项目资金使用，提高资金使用效益；开展非税收入征管情况监督检查，做到源头治理。全年 42 家非税收入征收单位已自查完毕，重点检查报告已上报市财政局；严肃财经纪律，加强财政资金支出管理，从严压缩“三公”经费及一般性支出，严格执行厉行节约、反对浪费规定。

2014 年 6 月，抽调有关人员组成检查组，从是月 18 日开始利用 12 天时间对阳泉市第四中学、漾泉学校、新泉小学、上站幼儿园 2013 年度财务收支情况以及预算编制、执行和决算情况进行监督检查，对检查出的问题进行处理。

2015 年，严格公共财政资金管理和监督，强化对教育、医疗卫生、社会保障等民生资金的监督检查。对转移支付资金、专项资金、特别是涉及民生的各类补贴资金和经济社会发展的各项建设资金加大监督检查力度，切实把财政资金管好用好。

根据阳城财字〔2015〕16 号《财政专项资金管理分配不规范问题专项整治工作方案》开展专项检查，进一步提高财政资金使用的规范性、安全性和有效性。

第六章　国有资产管理

中共十一届三中全会后，我国经济体制改革始终围绕着一条主线，就是对国有企业进行改革。种种改革措施，针对的都是国有企业的低效经营行为和垄断经济地位，力图将国有企业塑造成经济活动中的自主主体，并为私营企业提供生存发展的空间，从而推动整体国民经济蓬勃发展。

与国有企业改革相适应，政府对企业的管理职能也从“经营企业”向“管理资产”转变。就是将过去由政府通过各行业主管局直接管理企业，后来政府部门在改革过程中逐渐向企业“放权”“让利”，直至完全退出国有企业的日常经营管理，把国有企业构建成为所谓的“现代企业”，而政府自己退到“管人、管事、管资产”的宏观管理者的地位。国有资产管理机构也因此登上舞台。

1988 年，国家国有资产管理局成立，作为执行国有资产者职能的代表，行使国家赋予的国有资产所有权、监督管理权、国家投资和收益权、资产处置权等职能。

1990 年 7 月，国务院发布《关于加强国有资产管理工作的通知》，要求各地设立机构，尽快开展国有资产管理工作，赋予以下职能：

（1）国有资产的投资管理。是指国家根据国民经济发展战略目标，合理确定国有资产投资规模、结构，提高投资效益，新建独资、合资、股份制等各类国有企业，调控国民经济运行，实现国家宏观经济政策目标的管理活动。

（2）国有资产经营管理。是指为实现国有资产的保值增值，提高国有资产运行的经济效益、社会效益及生态效益而选择恰当的经营方式，考核评价经营者的业绩，取得最佳资产收益的管理活动。

（3）国有资产的收益、分配、管理。是指国家作为资产所有者，依法取得资产收益，并对收益进行分配、处置的管理活动。在生产经营中，凭借资产的所有权，拥有企业实现的利润，并进行合理分配，是国有产权在经济上的体现。股份制是国有经济的主要形式，所以在收益分配管理中，重点是维护国有股的合法权益，依法取得国有股的股息、红利收入，享受同等的送配股权利，在企业并购、破产清算中，依法保护国有股的利益。

（4）国有资产的产权处置管理。是国家根据国民经济运行的客观需要及国有经济的战略布局，对部分国有资产依法进行收购、兼并、拍卖、出售，优化资产结构，盘活资产存量，提高资产运行效益，防范国有资产流失，对国有资产存量及时进行调整，以实现国家宏观经济政策意图，维护国家权益。国有资产管理的目标是维护国有产权合法权益，保证资产安全，实现资产价值的保值增值，为政府提供更多的财政收入。

1995 年 6 月，阳泉市城区国有资产管理局成立。机构组建后，按照市财政局安排，结合国有资产管理目标责任状，首项工作是对城区房地产开发公司、物资总公司进行清产核资。经核资认定，两公司核销资产 3 万元，冲减资本公积金 3 万元；未批准核销的资产损失 120 万元，未批准核销的资金挂账 55 万元。通过清产核资，及时发现企业管理中的问题，帮助制定整改措施，对推动企业深化改革起到积极作用。

1996 年，阳泉市城区在清产核资中，始终坚持实事求是、不重不漏的原则。采用“一清、二审、三核实”的办法，做到账实相符，按账登记；账实不符以实为准；有物无账，按物登记；有账无物，查明原因。要求不留死角，不走过场，敢于暴露问题。“一清”是对各单位的资产不分账内账外，不分财产渠道，由各单位进行实物清点登记造表；“二审”是对清查结果以会计核算账面资料为依据进行审查；“三核实”是由清产核资办公室对清查数据进行核对，做到表表相符。坚持突出重点，抓住难点的原则。在审核中，工作人员抓住固定资产是资产清查的重点这一环节，深入现场，对各项固定资产的名称、型号、规格、制造厂家、投用时间、技术状况等逐项鉴定核实，与账簿记录逐一核对。在土地清查中，工作人员深入实地测量，查清占地面积，明确占地区段，针对管理中较乱的情况，专门组织清查盘点。在价值重估中，全区 2 户全民企业，重估前固定资产原值 156 万元，净值 129 万元；重估后，固定资产原值 208 万元，净值 172 万元，较重估前分别增值 52 万元和 43 万元，增长均为 33.33%。被列入重估范围的固定资产，重估前原值 67 万元，净值 55 万元，重估后原值 119 万元，净值 98 万元，增幅达到 77.61% 和 78.18%。经土地管理部门初步核定，企业属于估价的土地面积为 21170 平方米，估价前原值 33 万元，估价后价值 824 万元，升值净额为 791 万元。

通过清产核资，成效较为明显。基本摸清家底，弄清企业占用国有资产数量、分布、结构及效益，为政府部门加强宏观管理和调整结构提供决策依据；为企业针对薄弱环节采取有效措施、强化基础管理的转机建制创造基础条件。初步明晰产权关系，初步解决国有企业产权关系不明确的问题，规范不同产权主体之间的产权关系，防止部分国有资产的流失。增强企业发展后劲。通过资产价值重估，使企业占用的主要固定资产账面价值基本接近目前的实际水平，在一定程度上解决企业产品成本核算不实的问题，提高企业技术改造和新产品开发的能力。促进债权债务清理。各单位采用发函征询、派人催收等多种办法，对债务进行全面彻底的核实，对已经定性的呆账死账进行处理，使企业解决一些长期不能清回的账款，制止部分资金损失。为企业转机建制工作奠定了基础。通过清产核，对资产存量、主要问题、行业和产品结构、效益状况等有较全面真实的了解，从而可以在一定范围研究配置资源，调整结构。

1998 年，在国有资产管理方面，阳泉市城区提出将产权制度改革作为深化企业改革的重点加以开展。是年，城区的改制工作虽然取得重大进展，但改制任务还很大，特别是一些已经改制的企业，管理和运行与改制前相差无几，这种状况必须尽快改变。为此，要以建立现代企业制度为目标，认真把好资产评估关、股权设置关、民主选举关，促进体制、机制和经营方式的根本转变，不能换汤不换药，搞翻牌公司。

2000 年，进一步规范企业改制。阳泉市城区把企业改制作为调产的基础和前提，将企业产权制度改革和产业、产品结构调整有机结合起来，在区政府制定出台的《关于深化企业改革、推进资本运营的意见》和《城区城镇集体企业实行股份合作制改造办法》中，提出并强调对国有资产实行保值增值的条款。到是年底，城区 20 家区直集体企业中，实行股份合作制改造的 15 家、股份有限责任改造的 5 家。

2001 年，加强国有资产管理，强化财政监督。根据上级安排，全面按时完成区属企业和事业单位年度国有资产报表和国有资产产权年检、产权设立工作，对各种报表进行认真的核查，确保数据准确、完整，同时健全国有资产数据库。参加 2001 年报表的非金融国有企业 5 户，参加 2001 年国有资产产权年检的国有企业 4 户，新设立登记国有企业 1 户。继续做好国有资产日常监管工作，进行资产管理专项检查。按照国有资产管理的规章、制度，办理国有资产处置批复，对 2 户行政单位资产进行专项检查。配合企业改制和破产，完善国有资产管理。在企业改制和破产过程中，积极介入，对企业占有使用的国有资产进行监管，提出合理的处置方法，保证国有资产的安全、完整和有效运行。另外对全区经济结构调整资金的筹集、使用情况及所得税税源进行专项调研，写出调研报告，为领导决策提供有价值的信息。

2002 年，加强国有资产监管，促进国有资本运营。组织进行全区 64 个预算单位的清产核资工作，积极办理国有资产处置批复，严格把好资产处置关，防止国有资产流失。完成国有企业 2001 年度产权登记年检工作，换发新的产权登记证。对区属国有企业进行效绩评估，掌握企业经营状况。

2003 年，帮助企业努力盘活资产，理顺企业产权关系及债权债务关系。帮助城区房地产开发公司进行银行债务转资本金工作，城区玻璃厂清产核资账务处理，二食品厂清理债权、债务，对微型电机厂闲置资金进行评估。在工作中，始终作风严谨， 态度热情，全心全意为企业服务，努力为企业创造宽松的经营环境。

2004 年，阳泉市城区人民政府在接管阳钢医院、阳钢学校、阳钢幼儿园的过程中，积极办理有关破产手续，理顺财务关系，确保接受资产保值增值。在接管后帮助完善会计制度，培训财会人员，顺利实现由企业会计制度向事业单位会计制度的转轨。对该类单位的正常运行费用进行认真测算，提出确保正常运转的经费需求，得到上级财政部门的认可，争取到每年对城区财政的财力下划 213 万元、移交设施补助费 555 万元，为接受单位的正常运行奠定基础。

2005 年，阳泉市城区搞好中央企业学校经费测算，确保企业学校的顺利交接。分离企业办社会职能是深化国有企业改革的重要内容，也是国有企业走向市场、参与竞争的内在要求和必要条件。解决中央企业的社会负担问题更具有重要的战略意义和现实的紧迫性。是年，阳泉市城区接受 6 所中央企业学校。为保证 6 所学校的顺利交接，由财政牵头拟定交接方案，设计交接表格和目录，确定经费测算标准和项目。经过严密的测算和核实，为中央财政提交依据充分、计算准确的经费测算对账资料，得到上级部门的肯定，同时为保证中央对测算经费认可，积极与上级财政沟通，提出有理有据的接受学校运行经费和国有资产增值保值所需维护费用，既减轻上级财政负担，也为城区争取到合理的经费保证。

2008 年，强化固定资产管理手段。分四批帮助区直 89 个行政事业单位的固定资产建立卡片台账。通过固定资产卡片管理，做到固定资产使用人、管理人责任明确，做到账卡相符、账实相符、卡卡相符，完善行政事业单位固定资产管理，保证行政事业单位固定资产的安全、完整、增值。

2009 年，严格国有资产管理，增强各单位规范资产管理和自我约束意识，使行政事业单位国有资产从入口到出口、从资产处置到资产收益进行全程动态监管，各行政事业单位不得擅自决定对国有资产的转让、捐赠、出售、置换、报损、报废以及货币性资产损失核销等处置行为，凡涉及国有资产处置事项，必须报财政部门审批同意后方可处置。和城区教育局共同对学校的义务教育标准化达标器材和公有住房出售收入的账务进行规范。

2010 年 6 月 13 日，按照上级财政机关要求，阳泉市城区财政布置在全区实施资产管理信息系统工作，并在是年年底全面完成资产管理信息系统统计报表工作。由于该项工作涉及面广，工作量大，要求财务、资产、人事、后勤、设备管理、网络信息管理等方面要明确分工、各司其职、密切配合，确保在规定的时间内顺利完成系统的实施工作。

12月，创新国有资产管理。从抓国有资产清查入手，全面掌握区直行政事业单位的资产存量、分布、使用情况，结合固定资产卡片建立资产管理信息系统，增强各单位规范资产管理和自我约束意识，对行政事业单位国有资产从入口到出口、从资产处置到资产收益进行全程动态监管，使资产管理步入制度化、科学化的管理轨道。对固定资产项目资金实行专库管理，建立固定资产财政投资项目库，凡批准的立项一律列入项目库，杜绝无立项承诺、无项目拨款。

2011年，严格国有资产管理，完成对2009年和2010年资产管理信息系统数据收集和上报工作，进一步推进行政事业单位资产管理信息化工作，实现对资产的动态监管。对全区行政事业单位公务用车进行自查清理，审核上报公车自查数据，对公车治理进行“回头看”，对违规车辆进行重新认定，对超编车进行报废和调剂使用。

2012年3月29日，阳泉市城区按照市财政局要求，对行政事业单位国有资产出租、出借规定如下办法：行政事业单位国有资产对外出租、出借，应当严格履行审批手续，未经批准，不得对外出租、出借；行政事业单位对外出租、出借国有资产要符合国家法律、法规及政策规定；行政事业单位利用国有资产对外出租、出借应当按照公开、公正、公平的原则进行。

8月，推进国有资产管理工作，对全区行政事业单位进行资产信息录入，基本摸清全区公共资产的家底，规范资产配置、收入管理，防止国有资产流失。同时，增强政府调控配置和处置力度，发挥资产效益。

2013年2月，按照上级财政部门要求，阳泉市城区对国有资产管理提出如下办法。

（1）流动资产。是指在一年内变现或者耗用的资产，包括现金、银行存款、零余额账户用款额度、应收及暂付款项、存货等。存货是指行政单位在工作中为耗用而储存的资产，包括材料、燃料、包装物和低值易耗品等。

（2）固定资产。是指使用期限超过一年，单位价值在1000元以上，并且在使用过程中基本保持原有物质形态的资产。单位价值虽未达到规定标准，但是耐用时间在一年以上的大批同类物资，也作为固定资产管理。

（3）行政单位应当加强资产日常管理工作，做好资产建账、核算和登记工作，定期或者不定期进行清查盘点，保证账账相符，账实相符。年度终了，应当进行全面清查盘点，并对资产盘盈、盘亏及时处理。

8月，印发《关于阳泉市城区区直行政事业单位固定资产清查的通知》，强调：行政事业单位应当根据国有资产管理的有关规定，在资产管理信息系统中填写本单位名称、性质、级次、组织机构代码和人员编制等基础信息，设置岗位人员权限和时限等，完成资产管理信息系统初始化操作；行政事业单位应当将所有资产卡片全部纳入到资产管理信息系统管理，并按照资产使用的具体情况完善资产管理卡片信息项，保证资产卡片信息的准确性；行政事业单位新增资产，应当于财务入账前在资产管理信息系统中建立资产卡片，做到“账卡相符”，并在财务入账后在资产管理信息系统中及时完成资产入账工作，做到“账账相符”；行政事业单位应当逐步通过资产管理信息系统完成资产验收入库、领用、使用、保管、交回、维护维修等资产日常管理工作。接着又对全区行政事业单位固定资产重新进行摸底统计，为全区国有资产管理奠定基础

2014年8月，阳泉市城区财政局执行财政部颁发的《地方行政单位国有资产处置管理暂行办法》，

同时规定：

（1）资产处置应当遵循的原则：符合法律、法规和规章规定；厉行勤俭节约；公开、公平、公正；与资产配置、使用相结合。

（2）地方行政单位需处置的国有资产范围包括：闲置资产；超标准配置资产；因技术原因并经过科学论证，确需报废、淘汰的资产；因单位分立、撤销、合并、改制、隶属关系改变等原因发生的产权转移的资产；呆账及非正常损失的资产；已超过使用年限无须继续使用的资产；依照国家有关规定需要进行资产处置的其他情形。

（3）需处置资产应当产权清晰，权属关系不明或存在权属纠纷的资产，需待权属界定明确后予以处置。地方行政单位还应当建立健全资产内部管理制度，明确岗位职责，完善处置流程，规范处置行为。

12 月，执行财政部颁发的《关于完善政府预算体系有关问题的通知》，城区财政加大国有资本经营预算与一般公共预算的统筹力度。

完善国有资本经营预算制度，提高国有资本收益上缴公共财政的比例，2020 年提高到 30%，更多用于保障和改善民生。

加强国有资本经营预算支出与一般公共预算支出的统筹使用。国有资本经营预算支出范围除调入一般公共预算和补充社保基金外，限定用于解决国有企业历史遗留问题及相关改革成本支出、对国有企业资本金注入及国有企业政策性补贴等方面。一般公共预算安排的用于这方面的资金逐步退出。

进一步完善国有资本经营预算支出编制。细化预算编制，国有资本经营预算支出应编列到具体项目，结合国有资产管理体制改革，进一步完善国有资本经营预算编制程序。

到 12 月底，阳泉市城区本级政府资产总量为 72965 万元，其中，货币资金 17573 万元，应收及预付款项 5060 万元，存货 20 万元，固定资产 29912 万元，在建工程 20389 万元，无形资产 11 万元。（1）货币资金 17573 万元，其中，国库存款 12792 万元，其他财政性存款 499 万元（不包括社保基金），行政事业单位库存现金、银行存款 4282 万元。（2）存货 20 万元，包括政府储备物资 4 万元。（3）固定资产 29912 万元，包括行政事业单位固定资产 29912 万元。

2015 年 3 月 16 日，为规范和加强对行政事业单位国有资产管理，做好行政事业单位资产管理基础工作，财政部对行政事业单位资产报表进行统一安排，要求各行政事业单位在编报资产报表时，要根据财政部规定的编报依据、编报要求、单位范围、资产范围全口径进行填报，不得缺报漏报；2014 年资产报表是第一次通过网络版的资产管理信息系统进行填报，各单位要通过互联网进行填报操作。

6 月 30 日，在全区开展事业单位及事业单位所办企业国有资产产权登记工作，登记范围包括：2014 年 12 月 31 日以前经机构编制管理部门批准成立的各级各类事业单位；社会团体和民办非企业单位及其所办企业中占有、使用国有资产的；参照公务员制度管理，并且执行事业单位财务、会计制度的事业单位和社会团体；实行企业化管理并执行企业财务、会计制度的事业单位；事业单位所办的国有独资企业、国有独资公司、国有控股公司和国有参股公司。

第七章 政府债务管理

第一节 国债管理

国债亦称公债，是政府为筹措财政资金，运用国家信用方式，向国内外投资者所借的债务。按债务主体可分为中央政府发行的国家公债和地方政府发行的地方公债。一般情况下，公债通常指国家公债。

公债是一种舶来品，古代中国皇帝不可能发债，皇帝无限的权力决定其可以通过征税解决财政问题。由于古代中国高度中央集权的财政体制，地方政府没有独立财权，自然不可能有借债的权力了。到了晚清，在西方财政思想和实践的影响下，在严重的财政危机和地方坐大的现实面前，清朝的中央政府和地方政府相继开始公债发行的破冰之旅。清末新政中，两广总督岑椿萱就以“息借民款”办地方要政为名，向皇帝上奏举借内债。直隶总督袁世凯则于1906年在直隶开始地方公债的发行，发行公债弥补财政不足成为各地的时髦。进入民国以后，地方政府发行公债成为家常便饭。早期地方公债的发行有利有弊，对于新中国成立后地方债的发行，也有一定的启示意义。

民国期间，山西省政府按照南京国民政府要求，在山西境内通过各种方式发行不同类型的公债，认购情况不详。

为了集中财力支援前线，在抗战胜利后迅速开展各项建设事业，晋察冀边区政府于民国34年（1945）8月20日发行“晋察冀边区胜利建设公债”，发行总额为20亿元边币。发行办法：以边区统一累进税为担保，期限一年，年利一分，本利一次付清，得以此缴纳民国35年（1946）统一累进税款。票额分500元、1000元、5000元和10000元4种。干部、群众和团体，均得以边币或以金、银、布匹、粮食购买，目的是收回边币，打击伪钞，无边币者亦可以指定物资购买。辖区属晋察冀边区政府管理。

中华人民共和国成立后，根据1950年政务院公布的《人民胜利折实公债条例》，在所辖域内推销该项公债。该项公债是中央人民政府为支援人民解放战争，迅速统一全国，以安定民生，尽快走上恢复发展经济的轨道而采取的一项重要的筹集资金、调节经济的措施。

国家经济建设公债是为加快国家经济建设，逐步提高人民群众物质文化生活水平，促进人民节约储蓄，筹集建设资金。国家于1954年–1958年连续五年发行国家经济建设公债。该公债的发行对象，主要是职工、公教人员、农民、私营工商业者和城市居民。1954年–1957年，全国发行总额为每年6亿元新人民币；1958年，为6.3亿元人民币。

从1981年起，国家每年都发行中华人民共和国国库券。国库券以人民币为计算单位，券面面额各年有所不同：1981年，分为10元、50元、100元、500元、1000元、10000元、100000元、1000000元8种；1982年，分为1元、5元、10元、50元、100元、1000元6种；1983年–1989年，分为5元、10元、50元、100元4种；1990年-1991年，分为5元、10元、20元、50元和100元5种。1992年第1、2期，分50元、100元、500元、1000元4种；1993年-1994年第3、5期分100元、500元、1000元3种；1995年分100元、1000元、5000元3种；1996年第1、2期分100元、1000元、5000元3种。是年，国库券发行的主要对象是国营企业、集体所有制企业、企业主管部门、地方政府机关、团体、部队、事业单位和农村富裕社队，个人也可自愿认购。1981年的国库券利率定为4厘，利息在偿还本金时一次付给，不计复利。本金偿还办法：1981年规定自国库券发行后第6年起，按发行额一次抽签，分5年作5次偿还，每次偿还总额的20%。

1982年国库券发行对象，除上述单位外，扩大为城乡公民个人、个体工商户和私营企业。

1982年-1984年国库券利息计算。单位购买的年息4%，个人认购的年息8%；从国库券发行后的第6年起还本付息。个人购买的按发行额一次抽签，分5年作5次偿还，每次偿还20%；单位购买的不举行抽签，按单位总额分5年作5次偿还。

1985年，阳泉市城区财政加强对国库券推销的宣传力度。除继续宣传发行国库券的意义、作用外，着重宣传国库券发行中的改进措施。

（1）国库券还本期缩短。过去发行国库券，还本付息都是自发行后的第6年起，分5年作5次偿还，10年还清。该次改为将国库券还本付息期由原来6年-10年缩短为5年，由原来的5年后分5年抽签还本改为自发行的第6年一次偿还本息。改变之后，购买者能够较早地领取本息，便于购买者有计划地安排使用资金。

（2）国库券利率提高。人民群众购买国库券是为支援国家建设，而国家也充分照顾购买者的利益。过去单位购买的国库券年息定为4%，1985年提高到5%，相当于单位三年定期存款的利息，个人购买的国库券从年息8%提高到9%，个人购买1000元国库券，5年间就可获得利息收入450元，收入是相当可观的。城乡人民群众购买国库券，一方面以实际行动支援四化建设，另一方面在经济上也得到较大的收益。

（3）解决购券者急需用钱时的兑现问题。原来规定国库券不到还本期不能提前兑付，也不能自由买卖。为便于购买者急需用钱时能够兑现，国务院决定1985年发行的国库券可以在银行抵押贷款，个人购买的可以在银行贴现。就是说，个人购买的国库券，保存一段时间后，如购买者急需用款时，可以持券到银行贴现，银行按规定的贴现率贴给现金，单位购买的还可用国库券作抵押，获得抵押贷款。

（4）解决国库券的保管问题。国库券是以不记名方式发行的有价证券，无法办理挂失止付。保管国库券有困难的群众，为防止国库券的被盗和丢失，无论新、老国库券，都可委托工商银行代理保管。另外国务院还决定，从1985年起，个人购买1000元以上国库券的，银行开给国库券收据，国库券收据可以记名，可以挂失，这样就为购买者解决国库券的保管问题。1985年发行的国库券有关情况。是年发行的国库券利息提高，单位为5%，个人为9%；国库券本金的偿还期也定为5年，在发行后的第6年一次偿还本息；所发行的国库券，可以在银行抵押贷款，个人购买的，可以在银行贴现。是年，市分配城区国库券发行任务为8.9万元，实际完成9.76万元，占任务的109.7%，超额7840元。

1986年，分配阳泉市城区国库券推销任务为9.1万元，实际发行10.2万元，超额完成12%。

1987年，推销国库券11.1万元，超额19.5%，完成市分配城区的推销任务。

1988年，阳泉市城区人民政府认真总结以往国库券推销经验，进一步组织专人负责，把各项组织工作落到实处。要求个人认购在4月底完成，交款在8月底完成，实行一次认购，分期交款；单位则实行一次性认购交款。并要求各推销单位每月 5 日向区推销办公室书面汇报一次，着重反映认购、交款中出现的典型事例和工作中存在的问题，掌握情况，总结经验，推动工作。全年推销国库券 15.47 万元，超额 8% 完成任务。

1986 年 –1988 年发行的国库券，利率提高为单位 6%，个人为 10%。

1989 年，广泛动员，努力搞好国库券推销工作。针对部分群众对国债发行，存在厌烦情绪，要求各单位领导抓好思想政治工作，大张旗鼓地宣传购买国债利国利民的意义，消除大家的种种疑虑，使认购、交款争先恐后。北大街街道办事处 18 个居民区干部人人购买国库券 20 元，街道企业 40 元，退休职工周成梅主动购买 100 元，全体人员超额 19% 完成国债购买任务。新华小学领导亲自宣传动员，激发广大教师踊跃购买，8 名教师每人购买 100 元，全校超过计划 49.33%。通过努力，全区共完成国债推销总额 49.63 万元，超额 4.84% 完成上级分配任务。

1990 年，主要发行对象是公民个人和个体工商户。1989–1990 年，随着存款利率提高，国库券利息提高为单位 7%、个人 14%，并规定计息时间从 1990 年 7 月 1 日起，提前缴款者不予贴息，利息在偿还本金时一次付给，不计复利。1988 年以后发行的国库券，可以转让。1990 年推销国债任务 17 万元，实际完成 18.8 万元，其中，特种债券 4 万元，国库券 14.8 万元，超额 14.17% 完成阳泉市分配城区的任务。

1991 年，国库券任务下达后，基层领导十分重视，具体经办人员认真负责，出现群众争相购买的好势头。如：北大街小学广大教师发扬“国家有困难，我们来分担”的主人翁精神，全校购买国库券 14300 元，超任务 186%。其中，购买 500 元以上的有 8 人，购买最多的睦素琴为 1500 元。城区财政充分利用该先进典型，及时采用简报形式加以表扬，用先进单位的事迹来带动后进单位，使全区国库券交款进度在规定时间内有所提前。全年共计推销特种国债 3 万元，为任务的 100%；推销国库券 23.9 万元，超过任务数额的 25.82%。

1992 年，在全国范围内推行承购包销方式发行国债的办法，以财政为主要发行方推销国库券的方式成为历史，这也标志着我国的经济实力正在逐步向好的方向发展。

第二节 政府债务管理

2014 年 9 月，阳泉市城区财政执行国务院下达的《关于加强地方政府性债务管理的意见》，对控制和化解地方政府性债务风险提出如下管理方法：

（1）建立地方政府性债务风险预警机制。财政部根据各地区一般债务、专项债务、或有债务等情况，测算债务率、新增债务率、偿债率、逾期债务率等指标，评估各地区债务风险状况，对债务高风险地区进行风险预警。列入风险预警范围的债务高风险地区，要积极采取措施，逐步降低风险。债务风险相对较低的地区，要合理控制债务余额的规模和增长速度。

（2）建立债务风险应急处置机制。要硬化预算约束，防范道德风险，地方政府对其举借的债务负有偿还责任，中央政府实行不救助原则。各级政府要制定应急处置预案，建立责任追究机制。地方政府出现偿债困难时，要通过控制项目规模、压缩公用经费、处置存量资产等方式，多渠道筹集资金偿还债务。地方政府难以自行偿还债务时，要及时上报，本级和上级政府要启动债务风险应急处置预案和责任追究机制，切实化解债务风险，并追究相关人员责任。

10 月 23 日，阳泉市城区根据财政部下达的《地方政府存量债务纳入预算管理清理甄别办法》，对清理甄别地方政府存量债务提出实施办法。清理甄别工作的目的，是清理存量债务，甄别地方债务，为将政府债务分门别类纳入全口径预算管理奠定基础。该办法所指存量债务是截至 2014 年 12 月 31 日尚未清偿完毕的债务。清理甄别工作由地方政府统一领导，财政部门具体牵头，部门单位各负其责。地方政府结合清理甄别工作，认真清理筛选融资平台公司存量项目，对适宜开展政府与社会资本合作（PPP）模式的项目，要大力推广（PPP）模式。清理工作由地方政府性债务存量的举借单位具体负责，主管部门和财政、审计部门审核把关。债务单位应与债权人共同协商确认，根据合同逐笔核对债务明细数据。对核对无误的债务数据，债务单位要根据审计口径确定的地方政府负有偿还责任的债务、地方政府负有担保责任的债务及地方政府可能承担一定救助责任的债务分类填报，经主管部门审核汇总报送财政部门。

2015 年，阳泉市城区在控制债务规模，化解存量债务方面采取很多办法，取得一定成效。主要如下：坚持正本清源，守住债务底线。牢固树立风险意识和忧患意识，对全区政府性债务风险的危害性和防范政府性债务风险的重要性保持清醒认识，把政府债务规模控制在本级财力可承受限度之内；充分认识政府举债必须与地方经济发展和可用财力增量情况相适应，依照“适度举债、讲求效益、加强管理、规避风险”的原则，根据地方经济社会发展状况、财政收支形势合理制定政府举债的中长期规划。

是年，省财政厅核定阳泉市城区政府债务限额 2.07 亿元，政府债务率为 63.3%，比 100% 的风险警戒线低 36.7 个百分点；全区地方政府性债务余额 1.83 亿元，比 2014 年净减少 0.14 亿元。

第八章 政府控购、采购

第一节 控制社会集团购买力

社会集团购买力，是指社会集团用于在市场上购买非生产性商品的资金。新中国成立初期，社会集团购买力水平不高，集团购买力与市场供应之间的矛盾不甚突出，国家着重要求节约开支，对社会集团购买力未实施专控。

1977年，国务院决定加强社会集团购买力的控制和管理工作，以平衡财政收支和商品供需，节约非生产性开支，支持生产建设。

1981年，阳泉市城区社会集团购买力管理采取计划管理、指标控制、定额供应办法，同原办法相比有如下改变：取消购货证、定点供应和专用发票，即将原来依靠商品销售环节控制限额改由花钱单位自行控制。实行限额控制的范围缩小到区属单位。城市街道办事处，只管专项控制商品，不再下达限额。供货部门集中力量管“专项控制商品”和“定额供应商品”。

1982年，原属于省审批的电冰箱、洗衣机、收音机和多用机3种专控商品下放阳泉市控购办公室审批；原属于市控购办公室审批的自行车、家具两种专控商品下放到城区控办审批。

1983年6月，阳泉市城区社会集团购买力指标，按省规定分为一般控制指标和专项控制指标下达。专项控制商品从其他项内单列统计。各级控办将专项控制指标分配各主管局，由部门包干，批一次专项控制商品，核减一次专控指标，核减完停止审批。大轿车、小汽车由省统一扣减。是年解除化纤布及其制品专控以后，专项控制商品为32种。

9月，对专项控制商品（不包括直接用于生产、经营、自然科学研究的专控商品），一律停购、停批、停供；对一般消费品也大力压缩，严格控制。控购办公室还协同财政、银行、商业、供销、物资、统计、公安、交通监理等部门共同把好关，加强监督检查，查出问题及时处理，收入上缴财政。

1984年，加强社会集团购买力管理工作，重点搞好专控商品的审批。由于过去对各单位专控商品的底子不清，心中无数，审批没有依据，批准的购、不批准的也购等问题时有发生。是年年初，首先对全区所有控购单位的专控商品进行一次全面的清查摸底工作，对各单位现有的和1980年以来未经批准购置的进行登记，对违犯规定的单位除进行批评教育外，部分还写了检查。通过该项工作，很多单位加深了执行政策的自觉性，财政也做到了底子清、心中有数。

1985年，全面恢复指标管理办法，专控商品范围扩大为17种，即在上年14种的基础上增加彩色电视机、电冰箱、洗衣机3种。适当集中审批专项控制商品权限，各机关、团体、企业、事业单位遇有特殊情况需要购买国家规定的专项控制商品时，地方单位（包括中央派驻地方的单位）须报经省人民政府批准。

1986年，阳泉市城区制定《城区以下单位购买专项控制商品目录和审批权限》，规定：所有社会集团单位购买国家规定的专项控制商品，必须按规定的审批权限，经过控办批准，开出“准购证”后才能购买。凡未经批准购买专项控制商品的，商业、物资部门和生产单位不得出售；财政、财务部门不得报销；银行不得付款；交通监理部门不得核发车辆牌照。如果有的单位不顾国家规定，明知故犯，不经批准任意购买专项控制商品的，一律以违犯财经纪律论处，追究单位领导人的责任，并没收其购买的商品。对于不凭“准购证”和“批准单”擅自销售专控商品的供货单位，要按规定予以经济制裁。

目录与权限划分：小汽车、大轿车、摩托车、录像机、空气调节器、地毯和纯毛毯，由市控办审批；录音机和多用机（单价500元以上的）、照相机和放大机（包括各种镜头）、呢绒及其制品、彩色电视机、洗衣机、电冰箱、家具（单价在100元以上的钢、铁、木、藤制作的各种家具）、大型或高级乐器（单价在300元以上）、沙发，由区控办审批。

1987年1月，按照国家规定，阳泉市城区财政局根据市场供求关系变化及价格因素，对专项控制商品做出适当调整，录音机和多用机由原单价在500元以上调整为单价1000元以上，大型或高级乐器由原300元以上调整为单价在500元以上；增加各种电取暖、电煮水设备（包括电热水器和淋浴器），专项控制商品增加为18种。是年12月，对全区社会集团购买力执行情况有重点地进行综合性检查。

1988年3月，阳泉市城区财政局增加复印机为专控商品，专控商品由上年的18种增至19种。为紧缩财政开支，杜绝铺张浪费，城区财政局根据上级财政部门的有关规定，对机关行政事业单位利用公款，在市场上购买非生产性商品，实施控制审批。要求区直单位、各部门、学校购买非生产用商品，应在区下达的控制指标内执行，不得超过指标。执行中如果发生特殊情况，指标不足时，应逐级上报申请追加。对控制指标没有层层落实或任意突破控制指标的，要按照《关于违反控制社会集团购买力规定的处理暂行办法》第四条予以处罚。并设立“控制社会集团购买力领导小组”，下设办公室，指定专人承办具体业务，有效堵塞公款购置专控商品中的漏洞。

10月，将是年的集团购买力控制指标调整为40万元，并分配下达到各单位和部门。按照市控办要求，已将街道企业集团购买力全部纳入正规管理，下达指标5万元。4月下旬至5月上旬，对基层单位执行情况进行检查，共查16个单位，其中记账、报表做得较好的是城环局、卫生局等13个单位，有保安公司等3单位未记账。9月中旬又进行再检查，通过再检查，对存在问题进行纠正并帮助指导建立健全手续，严肃控购纪律。全年除新建单位监察局、物价检查所等审批专控商品4.6万元外，其他单位原则上没有办理专控商品的审批，比上年审批专控商品（5.3万元）下降13.21%。社会集团购买力实际支出98.6万元，比上年核实数增长24.8%。

1989年2月，阳泉市城区财政局对社会集团购买力专项控制商品增加布匹及其制品（包括棉布、混纺布和纯化纤布）、针织品（包括各种运动服装、棉毛衫裤、绒裤、毛巾被、浴巾、床单、床罩）、书写印刷纸（包括新闻纸、凸版纸、铜版纸、胶版纸和复印纸）3项，连前共32项。

3月，以阳泉市城区人民政府名义，根据国家和省从严控制社会集团购买力的有关精神，下发《关于从严压缩社会集团购买力的若干规定》。

各单位、各部门当年的社会集团购买力支出总额一律按1988年实际支出数压缩20%。凡超控购指标开支的，要给予必要的经济处罚，按超支额处以 10% 以下罚款；所超部分，行政事业单位从经费包干结余或预算外资金解决；企业的超支和罚款一律不准在成本中列支，用自有资金解决，由税务部门视同利润监督上缴同级财政；职工人数在 200 人以上的城市街道企业，从是年起，其社会集团购买力均被列入直接控制的范围进行管理；200 人以下的企业要进行间接控制。

各单位对国家规定的 32 种专控商品，在 1989 年、1990 年两年除直接用于生产、经营、教学、科研、医疗、新建单位或特殊情况由各级控办按审批权限，从严限量审批并到指定的专供商店购买外，对非生产性专控商品一律停止审批和购买。

整顿专控商品供应点，对问题严重的要撤销专供点，对其非法所得的利润要尽数没收并处以一定数额罚款。专供点要使用加盖控购专用章的发票，各单位对所购专控商品不得以其他发票报销。

阳泉市城区财政局对上年 2 月 24 日国务院紧急通知后购买的违控小汽车，无编制或超编制购买的，资金来源不正当，特别是挪用救灾款、教育经费等专项资金或生产资金购买的，以及车辆来源不正当的一律没收。情节严重的，处以原车价 50% 以下的罚款，并追究有关责任人员和单位领导的责任。

根据省政府规定，从 1988 年 11 月 28 日起，对各单位购买小汽车、大轿车、摩托车、复印机、摄录像机、空调器、地毯、彩色电视机、电冰箱、照相机 10 种专控商品一律征收附加费。征收比例：进口商品 40%；国内产品 20%。行政事业单位的附加费，从其包干经费节余或预算外资金中列支，不准在当年正常经费中列支，财政不予追加拨款；企业单位从自有资金中列支，不准摊入成本。

从 1989 年 1 月 1 日起，购买小汽车、大轿车、摩托车、空调器、地毯、录像机、彩色电视机、电冰箱、复印机、电传机、电子打字机以及城市街道企业购买小汽车，一律由省控办审批。县（区）直属行政企事业单位购买家具、丝绸及其制品、国产 13 种名牌卷烟和进口烟、国家 13 种名牌酒和进口酒、布匹及其制品、针织品、书写印刷纸由本级控办审批，购买其他专控商品可按上述审批权限逐级上报审批。城市街道企业购买大轿车、摩托车、空调器、地毯、录像机、彩色电视机、电冰箱、复印机由市控办审批，其他 23 种专控商品由本级控办审批。

集团单位购买控购商品未经控办批准的，商品经销部门不得出售，银行不予结算付款，各购买单位的财会部门不予支付报销；购买车辆的，交警部门不予发放牌照。加强控购工作领导。加强对社会集团购买小汽车挂临时牌照和私人购买小汽车的审查和监督管理工作。

12 月，阳泉市城区财政局对基层单位控制社会集团购买力执行情况进行专项检查，共检查单位 16 家，其中，记账、报表完成较好的是城环局、卫生局等 13 家，城区保安公司等 3 家未记账。9 月中旬，进行再检查，对存在问题进行纠正，并帮助健全手续，严肃控购纪律。全年除新建单位监察局、物价检查所等审批专控商品 4.6 万元外，其他单位均没有办理专控商品审批，较上年下降 13.21%。社会集团购买力实际支出 98.6 万元，比上年增长 24.8%。

1990 年，为强化控购指标的管理，要求各单位结合本单位实际，将所下达的指标在 5 月 15 日前落实到各基层核算单位，并认真执行，不得突破。要进一步督促单位登记好社会集团购买力辅助账，对上年以来一直未设立辅助账的单位，是年一律停止对其专控商品的审批，直至辅助账补记完整再予审批。进一步加强统计报表工作，各单位一定要做到及时、准确报送月报、季报，各主管部门在报送季报表时要写出书面说明，如实反映指标执行中存在的问题或超支因素，促进社会集团购买力工作进一步加强。

1991 年，阳泉市城区加强专控商品审批管理，认真落实全国控办负责人关于“控购工作仍要从严从紧，防止过高消费再抬头”的指示和省控办“专控商品指标不得突破”的要求，采取有效措施，在全区推行社会集团购买力会计核算办法，增强各级单位领导人和财会人员的控购意识，提高当家理财，勤俭节约的自觉性。

1992 年 4 月 28 日，以阳城控字〔 1992 〕 7 号文件，对小汽车、摩托车等专控商品包括的范围重新明确如下：小汽车。仍按照国发〔 1988 〕 10 号文件、〔 1988 〕控购字第号文件和〔 1989 〕控购字第 12 号文件规定的范围掌握。摩托车，包括轻骑；地毯，不包括纯化纤地毯；钟表，不包括机械秒表；灯具，指用于室内装饰性灯具；录像设备，包括投影机、监视器等；空气调节器，不包括中央空调；各种电取暖、电煮水设备，包括电热水淋浴器、电饭煲等；电传机，包括传真机等所有电讯传递文字、图表、图像的设备；微型电子计算机，指计算机中央处理器 CPU 在 16 – 64 位字长，即相当于英特尔（INTEL）公司的 80286、80386 和 80486 档次的；办公用印刷系统，包括 909 等各种桌面印刷系统；照相机和放大机，包括各种镜头；无线寻呼机和无线移动电话，包括对讲机；呢绒毛料、丝绸及其制品，包括混纺制品，各种旗帜免予审批；皮革及其制品改为皮革制品，包括人造革制品；套价在 100 元以上的针织品，指 100 元以上的各种针织服装和运动服装；羽绒服和风雨衣，包括羽绒服装、被褥等。

9 月 10 日，按照阳泉市财政局通知，决定从本年 9 月 15 日开始，对单位购买小汽车等 9 种专控商品征收专控商品附加费。

征收范围：小汽车、大轿车、摩托车、无线寻呼机（包括无线移动电话）、复印机、录像设备、空调机、电子打印机、单价在 1000 元以上的照相机。

征收办法：除财政直接拨款购买专控商品免征附加费外，所有集团单位购买上述 9 种一律征收专控商品附加费。

征收比例：一律按照专控商品的实际金额，按以下比例征收：进口专控商品征收 20%；国产专控商品征收 10%；对报废更新的车辆，分别减半征收；对计划外购车和违纪购车的，除加倍征收附加费外，还要按有关规定处以罚款。

1993 年 5 月 1 日，为适应国民经济和社会发展形势，经国务院同意，全国控购领导组发出《关于调整专项控制商品品目的通知》，将国家 29 种专项控制商品品目调整为 8 种。同年 12 月，取消轿车控购审批，旅行车、越野车和工具车也不再办理控购审批。

1994 年 3 月，开展控制集团购买力检查。根据省政府《关于不准购买和更换进口豪华小轿车的实施意见》精神，对全区行政事业单位购买小汽车情况进行整顿。

6 月，对全区行政事业单位小汽车进行全面调查，对违控小汽车进行妥善处理，有效地抑制社会集团购买力的增长。

1996 年，根据有关规定，将社会集团购买力支出类别重新调整：专项控制商品；机动车燃油；食品、礼品、奖品、纪念品；文件用品 4 大类。对原社会集团购买力支出核算范围和统计报表统一进行调整：从是年起不再使用和报送“医药和医疗器械”；劳动防护用品；饮水、洗澡、取暖用燃料；非生产汽车用油；其他等 5 项核算范围的社会集团购买力支出月报表。新的社会集团购买力支出核算范围：专项控购商品；机动车燃油费；食品、礼品、奖品、纪念品；文体用品。新的社会集团购买力支出报表，由过去的月报改为现行的季度报表。

1997 年 8 月，对社会集团购买小汽车实行行政与经济手段相结合的管理办法，即按核定编制和规定的配备标准审批，并征收专控商品附加费。

1999 年 11 月 20 日起，停止对社会集团购买小汽车、大轿车征收专控商品附加费。

2003 年 9 月，根据晋办发〔2003〕11 号文件精神和中共阳泉市委、市政府安排部署，城区的清车工作于 8 月 6 日启动，纠正内容：

1999 年 3 月，中共中央办公厅、国务院办公厅《关于调整党政机关汽车配备使用标准的通知》，以及省近年来有关党政机关汽车配备使用标准下发以来，地（厅）级以下干部配备的排放量 2.0 升以上、价格 25 万元以上的小汽车；超编制使用的小汽车；挪用扶贫、退耕还林等其他专项资金以及贷款购买的小汽车；违反"收支两条线"规定或用小金库资金购买的小汽车；向下属单位和事业单位、企业或个人借用、调换、摊派、索要款项购买的小汽车；拖欠工资的县区 2002 年以来购买的小汽车；将本单位、本部门购买的小汽车车籍落户到其他单位或个人名下的小汽车；不在军队、武警、公安部门任职和兼职的人员擅自使用军队、武警、公安牌号的小汽车；领导干部一人使用 2 辆或 2 辆以上的小汽车；国家机关及公务人员接受境外、相关单位、企业或个人"赠送"的小汽车；领导干部工作调动后长期使用原工作单位的小汽车；以车抵税费或基金以及以车抵罚款，借执收执罚单位使用的小汽车；离退休干部办理离退休手续后继续固定使用原工作单位的小汽车；其他违纪违法购买和使用的小汽车。

11 月，阳泉市城区在全区进行"三项治理"工作，确定清理和纠正超标准、超编制配备和使用小汽车工作由财政局负责。为此，制定具体实施方案，对清车工作进行认真的安排部署。经过自查申报、组织审核、纠错整改、整章建制四个阶段的工作，摸清全区车辆的基本情况，发现车辆管理中存在的问题，对违规车辆进行纠正处理。制定城区车辆编制管理的具体实施办法，建立和完善责任追究制度，逐步探索汽车使用、管理、维修等方面的长效监督机制。

第二节 政府采购工作

2000 年 7 月 20 日，以阳城财字〔2000〕16 号，印发《关于阳泉市城区政府采购预算管理办法的通知》，决定开展政府采购工作：

（1）政府采购预算编制规定。各单位在变报年度政府采购预算时，应按照财政部门编制年度预算的要求及核定的年度收支预算确定政府采购预算，不得编制无资金来源的采购预算。规定为在年初编报年度收支预算时应将涉及政府集中采购项目的有关预算细化到具体货物、工程或服务，同时填报《政府集中采购项目预算明细表》。政府采购预算按照隶属关系编报。各基层单位应按预算管理隶属关系将采购预算报送上级预算管理单位，各主管单位应对下属单位报送的采购预算进行初审和分项汇总。

（2）采购预算执行。各部门、各单位应根据政府采购进度需求，提前向财政部门和政府采购中心报送"政府集中采购项目执行计划表"各一份。各单位报送的采购执行计划，应是已确定要购买且采购资金已落实的采购项目，按规定应办理采购手续的采购项目（如汽车购置）应办理报批手续，并将报批报送财政部门。政府采购按批准的执行计划组织实施。财政业务部门应对各部门、各单位报送的采购执行计划进行审核、汇总，并根据进度委托政府采购中心具体执行。

（3）结算。政府采购中心实行单一账户管理制度，货款采用统一支付方法。采购合同签订后，政府采购中心持“结算申请书”报预算部门，预算部门据此向业务股室开出“政府采购支出划款通知书”。财政有关业务股室根据划款通知书的金额通知预算单位办理拨款手续，把资金直接划到政府采购资金结算专户。

7 月 21 日，作为全区本年财政支出管理改革的一项重要内容和“三讲”整改的重要措施，城区政府采购工作拉开帷幕。21 日，城区召开政府采购工作动员会，公布《阳泉市城区政府采购管理办法实施细则》，决定成立政府采购工作领导组、办公室和监督组三个机构，启动全区政府采购工作。

7 月 22 日，以阳城财〔2000〕15 号文件，下达《政府采购账务处理办法》。

行政事业单位对财政拨付的资金应进行的账务处理。直接对口区财政的单位办理拨款后，凭有关部门开出的《阳泉市城区政府采购支出划款通知书》进行以下账务处理：

借：暂付款——政府采购中心

贷：拨入经费——（专项拨款）

属于二级预算单位政府采购事项的，主管部门为下属单位开出《政府采购支出转账通知书》，进行以下账务处理：

借：暂付款——政府采购中心

贷：拨入经费

下属单位收到主管部门签发的《政府采购部门支出转账通知书》，做以下账务处理：

借：暂付款——政府采购中心

贷：拨付经费

单位收到货物发票后做以下账务处理：

借：经费支出

贷：暂付款——政府采购中心

属于固定资产科目的，同时做以下账务处理：

借：固定资产

贷：固定基金

行政事业单位自筹的资金应进行的账务处理：

属于单位自筹资金，财政核定补助部分资金的采购项目，在采购活动启动前单位需将自筹款划入政府采购中心账户，并由政府采购中心开出收款收据，同时做以下账务助理：

借：暂付款——政府采购中心

贷：银行存款

单位收到货物发票后做以下账务处理：

借：经费支出

贷：暂付款——财政补助

贷：暂付款——自筹资金

政府采购中心账务处理：

借：银行存款

贷：暂存款——采购项目——购货单位

给供应商付款时，做以下账务处理：

借：暂付款——采购项目——供货单位

贷：银行存款

采购活动结束后，做以下账务处理：

借：暂存款——采购项目——采购单位

贷：暂付款——采购项目——供货单位

财政部门账务处理

借：预算支出——明细

贷：国库存款。

8 月 15 日，下达《阳泉市城区政府采购管理办法实施细则》，对政府采购程序规定如下：

（1）政府采购主管部门的职责。拟定政府采购办法，制定政府采购实施细则；管理和监督政府采购活动；审批进入政府采购的供货商资格与中介机构代理资格；指导政府采购的采购工作，组织培训政府采购人员；确定并调整政府采购目录和公开招标采购范围的限额标准；编制采购机关年度采购预算；处理政府采购中的投诉事项；办理其他有关政府采购的行政事务。

（2）采购方式。公开招标采购：指采购机关或其委托的政府采购代理机构，以公开招标的方式邀请不特定供应商投标的采购方式；邀请招标采购：指招标采购单位依法从符合相应资格条件的供应商中随机邀请三家以上供应商并以招标邀请书的形式，邀请其参加招标；竞争性谈判采购：指采购机关直接邀请三家以上的供应商就采购事宜进行谈判的采购方式；询价采购：指对三家以上的供应商提供的报价进行比较，以确保价格具有竞争性的采购方式；单一来源采购：指采购机关向供应商直接购买的采购方式。

（3）招标投标程序。公开招标须事先在采购主管部门指定媒体上通告所采购货物、工程、服务的“招标单位”和“标的名称”等内容；招标事宜由采购机关或指定的中介组织进行安排；招标文件应对招标项目的性质、数量、技术规范、投标人资格、投标书编制要求等做出详细规定；投标人应承诺并履行招标文件中的各项规定和要求。投标人可在提交投标文件前要求招标人就招标项目方案、价格构成等内容进行解释或说明；开标应按招标文件规定的时间、地点和程序以公开方式由招标人或代理招标人主持进行，严禁投标人于招标人在开标后进行任何形式的协商谈判；招标人根据评标委员会提出的书面评标报告和推选出的中标候选人确定中标人。招标人也可以授权评标委员会直接确定中标人。

（4）监督及责任。财政部门应当加强对政府采购的监督检查，监督检查包括以下内容：有关政府采购的法律、法规和政策的执行情况；政府采购项目预算执行情况；政府采购的采购标准、采购方式和采购程序执行情况；政府采购合同履行情况。

9 月，出台《阳泉市城区政府集中采购目录》，规定如下：

（1）货物类。交通工具：各类汽车、摩托车；办公用品、办公设备：计算机、复印机、打印机、速印机、传真机、空调、音像设备等；教学用品、用具；通信设备，科研、医疗、体育等大宗通用设备；

后勤设备：供暖锅炉、饮水锅炉等；供热用煤炭。

（2）工程类。包括新建、改建、修缮、装修、装饰工程。

（3）服务类。机动车加油、修理、保险；大宗文档、资料印刷；大型会议活动的开支费用。

（4）财政部门认定的其他项目。

12 月，阳泉市城区政府采购工作坚持“公开、公平、效益”的原则，对区直行政事业单位机动车辆定点保险、城区政府文印中心设备购置、通讯组非线性编辑系统、区直行政事业单位冬季取暖用煤等进行政府采购。全年采购金额 144.5 万元，其中预算内资金 85.1 万元，预算外资金 59.4 万元，节约资金 15 万元，节约率为 8%。

2002 年，阳泉市城区完善政府采购制度，切实增强各部门执行政府采购法律、法规的自觉性，扩大政府采购的规模和范围，提高政府采购支出占财政支出的比重；规范政府采购程序，切实发挥政府采购有利于加强财政支出管理，提高效率、效益和防止腐败的作用。

2003 年，大力学习、贯彻、宣传《中华人民共和国政府采购法》（以下简称《政府采购法》），推行完善政府采购制度，切实增强各部门执行政府采购法律、法规的自觉性，扩大政府采购的规模和范围，提高政府采购支出占财政支出的比重。

2004 年，努力推进政府采购工作。对城区法院办公楼强弱电布线系统、外墙水幕玻璃装修，城区人民医院医疗设备购置、小汽车购置、办公设备购置等项目进行政府采购，全年共承担采购项目 19 项，节约资金 50 多万元。

2005 年，阳泉市城区的政府采购工作在规范政府采购行为、扩大政府采购范围、完善各项规章制度方面又有新的突破。要求凡是符合政府采购的项目，都必须实行政府集中采购，努力在“采管分离不放松，集中采购上规模，分散采购抓监管”三方面下苦功，积极试行协议供货，进一步降低采购成本，提高采购效率。全年政府采购完成采购项目 31 项，其中货物类 28 项，服务类 3 项，比 2004 年增加 12 项，共节约资金 50 多万元。

2007 年 7 月 18 日，经阳泉市城区区委常委会研究，决定成立“阳泉市城区政府采购中心”，具体承担城区机关、事业单位、社会团体政府采购工作。

确定阳泉市城区政府采购中心为城区财政局管理的股级全额预算事业单位，核定人员编制 3 名，人员编制结构为管理人员 1 名，专业技术人员 2 名。

所需编制由城区会计核算中心调剂。调整后城区会计核算中心的编制由 15 名减少为 12 名，人员编制结构相应调整为管理人员 2 名，专业技术人员 10 名。

阳泉市城区政府采购中心的主要职责：统一组织纳入政府集中采购目录的采购业务；组织由财政拨款的大型政府采购项目；受其他采购机关委托，代其采购或组织招标事宜；办理财政部门交办的其他政府采购事务。

12 月，在是年政府采购工作中，会同城区机关事务管理局、采购单位工作人员对阳泉市金鑫新华夏汽车连锁销售公司、上海大众汽车销售有限公司等采取多方询价的方式，先后对 23 辆汽车进行采购，实际采购金额 295.65 万元，节约财政资金 14.54 万元。协同采购单位采取询价采购、单一来源采购等形式对行政事业单位电脑 30 台、打印机 16 台、空调 8 台、数码摄像机 3 台、数码照相机 8 台、液晶电视 1 台、投影仪 1 台等办公设备进行采购，实际采购资金 47.97 万元，节约财政资金 7.27 万元。

截至2008年6月月底，政府采购中心开展业务31批次，实现采购金额173.81万元，节约资金21.52万元，采购节约率为11%。采购覆盖面、采购项目和采购规模同比递增。在扩大政府集中采购规模，发挥政府采购的政策功能，构建和谐的政府采购环境方面均有新发展，进一步推动了城区政府采购事业的全面协调发展。

7月21日，阳泉市城区对机动车辆保险进行公开招标。此次招标设有评审组、监督组、公证组等。严格按照招投标的法律程序，坚持严把供货商资质审核的原则，努力增强政府采购的透明度。参加此次招标的投标人分别是：中国人保财险阳泉分公司、中国大地财保阳泉中心支公司、中国太平洋财保阳泉中心支公司、中国平安财保阳泉中心支公司。投标人在规定时间内购买标书，精心缮制投标书，分别进行了严格的唱标、陈述、询标三个阶段的自我展示。经过激烈的竞争，确定中国人保财险阳泉分公司、中国大地财保阳泉中心支公司为中标单位。

12月，阳泉市城区在政府采购方面，主要开展如下工作：（1）精心筹备2008年政府机动车辆定点保险公开招标工作。通过招标，实际采购金额为30万元，节约金额8万元。（2）配合城区教育局对教学用理化教育仪器、数科地教育仪器、文体器材、电教设备及图书进行采购。采用邀请招标、竞争性谈判等方法，明确采购规则，严格采购程序，实际采购金额769.21万元，节约资金68.12万元。（3）调整政府采购工作领导组，制定出台《阳泉市城区政府采购管理办法》《阳泉市城区政府采购管理规程》，公开政府集中采购目录及采购限额标准，使全区政府采购更加规范。（4）增设政府采购档案库、专家信息库、供应商资料库、媒体宣传信息库，使政府采购档案管理更加科学。全年城区政府采购工作开展86批次，实现采购金额185.98万元，节约资金740.6万元，采购节约率为38%，同比增长226%。

2009年，全年主要做好如下工作：（1）进一步规范政府采购行为。规范公开招标、邀请招标、竞争性谈判、询价采购、单一来源等采购方式的具体流程；完善招标、开标、评标程序及纪律；狠抓政府采购业务实施文件、采购结果通知书、采购合同的标准文本建设。（2）大力宣传政府采购法，逐步使政府采购走向正规化。（3）通过宣传的方式逐步使政府采购走向规范化。是年，大力宣传和贯彻落实《政府采购法》，努力提高全社会对政府采购制度改革的认识。以扩大政府采购规模，规范政府采购管理为重点，不断完善政府采购的各项规章制度，努力促进依法行政。（4）确保阳光操作。遇到重大政府采购项目，邀请城区人大、政协、纪检监察、审计等部门全过程参与，以此保证政府采购“公开、公平、公正”；接受供应商和采购单位的监督，对提出的质疑进行认真调查核实。是年，共组织招标采购57批次，实际采购金额371.26万元，节约财政资金32.76万元，节约率为8.11%。

2010年，阳泉市城区通过以下措施有效做好全年政府采购工作：（1）扩大政府采购范围。将办公家具、花卉、网络工程全部纳入政府采购范围。（2）通过公开招标，确定阳泉市恒文电脑有限公司等5家单位为办公自动化协议供应商。（3）完成系列招标文件范本编制。集中采购目录在城区政府网进行公布，增大政府采购工作透明度。全年组织招标采购80批次，协议供货20批次，实现采购金额1028.94万元，节约资金83.38万元，节约率为7%。

2011年1月30日，以阳城编办字〔2011〕17号下达文件，决定保留副科级阳泉市城区政府采购中心。

主要职责。负责《中华人民共和国政府采购法》及相关法律、法规及政策的贯彻、落实；负责政府采购年度采购计划的组织实施；接受政府采购监督部门、纪检监察部门及其他监督管理部门的监督检查；依法组织全区范围内国家机关、事业单位和社会团体组织使用财政性资金集中采购目录内或采购限额标准以上的货物、工程和服务类项目的采购；负责政府采购相关信息发布及统计信息整理、上报工作；负责参与对政府采购项目投标的询问或质询，在采购人授权范围内做出答复；受采购人委托与供货商签订采购合同，组织对供货履约的验收；依法对违规行为进行投诉，并要求政府采购监管部门责令当事人改正；建立政府采购信息数据库、供应商信息库和专家信息库；办理采购人委托的其他采购。机构规格：副科级，核定领导职数 1 名。

经费来源为财政拨款；核定编制 3 名，其中管理人员 1 名，专业技术人员 2 名。

是年，共组织招标采购 131 批次，实现采购金额 1087.42 万元，节约资金 94.28 万元，节约率为 7%。

2012 年，在全年工作中注重提升素质，狠抓队伍建设。

坚持理论学习促创新。通过创新载体，丰富手段，紧紧围绕中共十八大精神、践行科学发展观等主题，形成党风廉政建设、和保密制度教育相结合的学习模式。始终把中国共产党的利益放在首位，严格执行廉洁自律规定，自觉抵御各种腐朽思想的侵蚀。

坚持抓服务效能促思想认识不断提高。要求全体人员进一步解放思想，牢固树立依法采购的法制意识、精通业务的学习意识、爱岗敬业的奉献意识、文明礼貌的服务意识、优质高效的效率意识、廉洁奉公的廉政意识、精诚合作的和谐意识，在业务工作中认真查找自身不足，提出关于提速增效、做好政府采购工作的措施并逐一落实到位。

坚持制度落实促规范。注重突出制度建设，认真落实办事指南、一次性告知、限时办结、挂牌服务等制度，坚持以人为本，强化队伍建设，创新管理机制，提升整体形象，真正形成用制度管人、管事，靠制度促规范的新格局。

是年，政府集中采购共组织招标采购 162 批次，实现采购金额 1304 万元，节约资金 78 万元，节约率为 6%。

2013 年，加强对办公自动化、车辆保险定点协议供货商和车辆保险服务的跟踪管理，对发现或经采购人反映的供货商不规范行为，将按《政府采购法》暂停或取消定点资格，并在政府采购档案管理中做出不良行为记录。对 5 万元以下办公家具定点采购进行公开招标，确定 5 家供货商为中标单位。是年，共组织招标采购 271 批次，实现采购金额 1266 万元，节约资金 106 万元，节约率为 8%。

2014 年 1 月 15 日，根据山西省人民政府办公厅《关于进一步加强政府采购管理工作的实施意见》文件精神，经阳泉市城区人民政府常务会议研究决定，阳泉市城区政府采购中心的上级主管部门由城区财政局变更为城区政府办。

1 月 20 日，阳泉市城区财政局下发《阳泉市城区 2014 至 2015 年度政府集中采购目录及采购限额标准》，规定：各部门、各单位凡使用财政资金采购集中采购目录内或者限额标准以上的货物、工程和服务项目，应当按照政府采购目录分类及限额标准编制政府采购预算，并严格按照批准的预算执行。各部门、各单位使用财政性资金采购工程进行招标投标的适用于招标投标法，但与工程项目有关的货物和服务，以及招标投标法没有规定的，适用政府采购法和本规定。工程项目不进行招标投标的，应当全部依照政府采购法和本规定执行。在实施政府采购过程中，采购人及政府采购代理机构要认真贯彻落实有关节能产品、环境标志产品等发挥政府采购政策功能的制度规定，属强制采购类别和优先采购类别的节能产品，应严格执行强制采购或优先采购。

5月8日，以政府采购方式确定2014年5月至2016年4月月底的办公电气设备协议供应商为天元电器有限责任公司、山西亨元商贸有限公司、阳泉格力电器总代理和阳泉吉昌科贸有限公司。

2015年8月，经公开招标，确定4家单位为2015年9月至2017年8月5万元以内办公家具定点协议供货单位：开发区马头办公家具商场二部、阳泉市科劲办公家具经销部、阳泉市五龙商场、阳泉市泉新益商贸有限公司。

12月，按规定在山西省政府采购网上发布相关采购信息，全年共发布各类招标采购公告、更正公告、结果公告74批次。坚持进行大事记和信息编撰，按时向监督部门报送采购情况统计表。实现政府采购中心与各个部门环环相扣、数据共享。是年，组织各类政府集中采购265批次，采购预算1514.27万元，采购总额1387.61万元，节约资金126.66万元，节约率为8.36%。

2007年-2015年阳泉市城区政府采购资金节约情况表

表3-10　　　　单位：万元

年份	采购预算	实际支出	节约资金	节约率（%）	其中，教育采购情况	
					采购预算	实际支出
2007	365.43	343.62	21.81	6.00	——	——
2008	1923.38	1185.98	737.4	38.00	1455.00	772.00
2009	404.02	371.26	32.76	8.00	——	——
2010	1112.32	1028.94	83.38	7.50	——	——
2011	1181.70	1087.42	94.28	8.00	——	——
2012	1382.00	1304.00	78.00	6.00	179.00	168.00
2013	1372.00	1266.00	106.00	8.00	——	——
2014	1684.88	1551.65	133.23	9.00	533.00	510.00
2015	1514.27	1387.61	126.66	8.00	427.00	391. 00

第九章　会计集中核算管理

2002 年 4 月 9 日，阳泉市城区机构编制委员会以阳城编字〔2002〕2 号，印发《关于成立阳泉市城区会计核算中心的通知》。根据省、市委财政改革的有关要求，经城区区委常委会 2001 年 12 月 14 日研究，决定成立阳泉市城区会计核算中心，隶属于城区财政局管理。该机构性质为全额事业单位，规格为股级，编制 15 名。

11 月 28 日，阳泉市城区人民政府办公室印发《阳泉市城区会计核算中心会计移交办法》《阳泉市城区会计核算中心经费审核报销程序》《阳泉市城区会计核算中心财务联系人工作规则》和《阳泉市城区会计核算中心财产核算管理办法》，为 2003 年 1 月 1 日正式办公做好准备。

2003 年 1 月 1 日，阳泉市城区会计核算中心正式挂牌办公，首批有 32 个区直行政事业单位被纳入统一会计核算。

4 月，阳泉市城区会计核算中心向社会公开承诺“让理财行为在阳光下操作”。认真贯彻中国共产党的路线、方针、政策，严格执行财政政策、法规，按程序办事。实行延时服务，到下班时间仍有服务对象前去办理事项，工作人员在办理完毕后方能离开。各单位可实时查询本单位凭证、账表、报表等数据。及时、准确提供会计信息。月初第一天为单位提供上月会计报表、总账余额表等资料，按时向有关部门提供会计分析资料。文明办公、礼貌待人、谦虚谨慎、规范举止、仪表端庄，做到来有迎声，问有答声，去有送声。报账实行“一条龙”服务。实行首问负责制。第一被询问人员为第一责任人，做到不推诿、不拒绝、不回避，负责解答或将询问人引导到具体承办窗口，直到落实为止。秉公办事，坚持原则，杜绝“吃、拿、卡、要”，不准接受服务对象的宴请、馈赠，禁止向服务对象摊派中心及私人开支费用。自觉接受监督，虚心接受批评。接到投诉和举报，2 日内落实并提出意见，3 日内向举报、投诉人反馈处理意见。

是年，纳入会计核算中心集中核算的部门和单位共 32 个，设立核算账户 32 套；全年共办理各项收支业务 5167 笔，涉及资金 1751 万元；答复咨询事宜 800 多人（次）；整理装订会计凭证 480 余本，打印报送会计报表 400 多套次，平均每天处理原始凭证 1200 余份；拒付各种违规支出 659 笔，金额 67 万余元，主要包括超标准的会议费、差旅费、电话费，不符合规定的补贴、补助等；纠正各种不规范原始凭证 93 份，涉及金额 12 万元。通过全年辛勤工作，保证会计资料的合法性，提高会计信息质量，同时在加强财政资金管理和推动党风廉政建设方面取得初步成效。

2005 年 6 月，积极推进国库集中收付制度改革。按照《财政国库管理制度改革方案》的总体部署，继续推进和深化改革。在全面推行国库集中支付制度改革的基础上，深化实施改革预算单位级次，将改革逐步实施到所有基层预算单位；扩大改革资金范围，逐步将所有财政性资金纳入改革范围；进一步完善资金支付程序，提高资金支付效率。继续深化和完善非税收入收缴管理改革，扩大改革范围，完善资金收付收缴程序，强化票据监管体系。逐步将行政事业性收费、政府性基金、国有资源有偿使用收入、国有资产有偿使用收入、国有资本经营收益、彩票公益金、罚没收入、以政府名义接受的捐赠收入、主管部门集中收入以及政府财政资金产生的利息收入等所有非税收入纳入改革实施范围。

12月，是年拒付各种违规支出212笔，金额31万余元；纠正各种不规范票据506笔，涉及金额47万余元；整理装订会计凭证780本，打印报送会计报表616套次；每月统发工资人数680人、金额86万元，每月资金拨入213万元余，资金支出201万余元；全年共办理各项收支业务9240笔，拨入资金2556万余元，资金支出2412万余元。全年拒付各种不规范支出221笔、55万余元，纠正各种不规范票据106笔、28万余元。

2007年1月19日，向阳泉市城区机构编制委员会报送《关于城区会计核算中心提高机构规格的请示》。城区会计核算中心于2003年1月1日正式挂牌对外办公。共有工作人员10人，其中中共党员2人，共青团员7人，学历全部为大专以上（本科7人），平均年龄29周岁；共有51个单位纳入集中核算，占全部纳入单位的70%。根据国务院原则通过的《国库管理制度改革方案》《山西省财政国库管理制度改革试点实施方案》文件精神和市财政局要求，为加强会计集中核算向国库集中收付制度的转轨工作，经城区财政局研究，特申请将阳泉市城区会计核算中心由股级单位升格为副科级单位，设领导职数主任1名。

7月21日，阳泉市城区机构编制委员会以阳城编办字〔2007〕12号，印发《关于城区会计核算中心机构升格的通知》。根据阳泉市机构编制委员会办公室《关于城区会计核算中心机构升格的批复》精神，为进一步加强会计集中核算工作，决定将城区会计核算中心的机构规格由股级升格为副科级，核定副科级领导职数主任1名。

8月30日，阳泉市城区机构编制委员会以阳城编办字[2007]16号，印发《关于成立阳泉市城区国库集中支付中心的批复》。根据上级有关文件精神，为规范财政收支行为，加强财政监督，同意成立阳泉市城区国库集中支付中心，与阳泉市城区会计核算中心一个机构、两块牌子。确定阳泉市城区国库集中支付中心的主要职责：配合财政国库建立和管理国库单一账户体系；具体办理财政资金审核支付、会计核算、监督管理业务，确保财政资金支付安全；为预算单位建立支出总账及分类管理系统，报告财政资金支付执行情况；定期与财政国库代理银行、预算单位核对账务，管理预算单位的预留印鉴卡事宜。

2008年3月28日，阳泉市城区人民政府以城政任〔2008〕8号，任命霍永明为城区会计核算中心主任。

12月，利用会计集中核算的优势，加强对部门财务监督管理。是年1月至12月，拒付各种违规支出396笔，金额46万余元，纠正各种不规范票据285笔，涉及金额58万余元。

2009年，阳泉市城区国库集中核算中心全年努力为核算单位提供方便、快捷、优质、高效的服务。

以政风行风和民主评议为契机，对外公开办事程序，简化核算手续，实施政务公开；制定工作人员守则、文明服务用语，公开工作人员岗位职责，接受群众监督；积极主动与纳入核算单位沟通，对发现问题及时纠正。本着“实事求是、服务第一”的宗旨，全体工作人员不刁难、不推诿，主动受理符合报账程序的各项业务，有效提高办事效率和服务质量；设立举报电话、意见箱，实行“四服务”，即挂牌上岗服务、延时服务、电话预约服务、首问负责制服务；自觉使用文明用语，对服务对象做到“来有迎声、去有应声”，为核算单位提供方便快捷的服务；认真开展警示教育活动，积极参加中国共产党党风廉政教育学习和献爱心捐款等公益活动，杜绝“吃、拿、卡、要”，努力维护自身及部门形象，全年没有发现工作人员违法、违纪现象。

是年前 11 个月，共依法拒付各种违规支出 256 笔、46 万余元，纠正各种不规范票据 189 笔、32 万余元，拒付未纳入政府采购支出 21 笔、9 万余元。

2010 年，主要进行如下工作：（1）做好第四批纳入核算单位的接收工作。是年 1 月 1 日开始，有 8 家单位纳入核算，实现顺畅衔接、平稳过渡。至年底，共有 68 个单位纳入核算中心实行会计集中核算，占全部应纳入核算单位的 75%。（2）移交 2008 年、2009 年各核算单位会计资料、会计档案。按照《会计档案管理办法》，会计核算中心与接交单位交接手续，填写移交表册，移交档案单位 68 家，移交会计凭证 583 卷，会计账簿、报表 501 册。（3）根据《会计基础工作规范》及会计核算中心工作职责，严把支出关。按照工作要求，相继建立核算账套 74 套。全年拒付各种违规支出 244 笔、59 万余元，纠正各种不规范票据 182 笔、54 万余元，拒付未纳入政府采购支出 15 笔、20 万余元。

2011 年 1 月 30 日，以阳城编办字〔2011〕17 号下达文件，决定保留阳泉市城区会计核算中心（阳泉市城区国库集中支付中心）。主要职责：配合财政国库建立和管理单一账户体系；具体办理财政资金的审核支付、会计核算、监督管理业务，确保财政资金支付安全；为预算单位建立支出总账及分类管理系统，报告财政资金支付执行情况；定期与财政国库代理银行、预算单位核对账务。机构规格：副科级，核定领导职数 1 名。经费来源为财政拨款，核定编制 12 名，其中管理人员 2 名，专业技术人员 10 名。

12 月，根据《会计基础工作规范管理办法》及会计核算中心工作职责，严格执行财经纪律，严把支出关。全年拒付各种违规支出 215 笔、51 万余元，纠正各种不规范票据 205 笔、53 万余元，拒付未纳入政府采购支出 25 笔、28 万元。

2012 年 2 月 15 日，按照上级财政部门安排，召开全区国库集中支付动员大会，对国库集中支付工作进行系统安排。

截至是年 4 月 10 日，阳泉市城区会计核算中心对纳入核算单位分两批进行财务移交，对纳入的 68 家核算单位、76 套财务全部移交完毕。4 月 18 日至 27 日，抽调专业性、业务性较强的工作人员到各核算单位指导建账、记账等业务工作。

5 月 22 日，通过公开招标，配置区直 95 家核算单位财务软件。至此，基本健全区直各核算单位会计机构，全部配齐各核算单位财务人员，会计账务核算正常运行，初步完成全区由会计集中核算向国库集中支付的过渡。

12 月，通过运行，由会计集中核算改为国库集中支付后，主要成效：从根本上解决财政资金多环节拨付、多头管理的弊端，提高财政资金使用效益；真实反映财政资金的实际使用情况，使财政能够对财经形势做出准确判断；有效防止对财政资金的挤占、挪用和截留，从源头上预防和遏制腐败；加强预算单位对财务管理的主动性和积极性。

2013 年，国库集中支付中心在全年工作中，注重做好以下几点：严把审核关。严格按照经济事项合规性、手续完备性、支付信息准确性审核，全年共审核支付 16275 笔，合计金额 45979 万元。加快支付进度。财政、金库、代理银行、支付中心实现网上数据传输，2 天内用款直达供应商、用款单位，提高资金支付效率。控制往来资金垫付现象。国库集中支付中心在支付审核中，着重审核预算单位先从往来资金账户垫付，再从零余额账户归还往来资金账户的不合规现象。支付科目细化。做到功能科目细化到项、经济科目细化到款。采取措施确保预算单位往来资金安全运行。健全有效的往来账审核制度，核实往来账资金的真实性和合法性，审查资金往来有关的资料，如合同、文件等，看有无将收入转入往来，往来款转付支出等不符合规定的问题，协助预算单位把好支出关口。公务卡系统有所突破，自是年 10 月上线运行以来，截至是年年底共支付 17 笔，支付金额 50136 元。

2014 年，阳泉市城区财政局加大对会计集中核算的管理力度。大力推进会计集中核算改革。将 68 家单位的会计集中核算业务全部移交预算单位，实现了会计集中核算向国库集中支付的转轨。大力推进国库集中支付改革。区直预算单位财政预算资金全部纳入国库集中支付平台，实现了国库集中支付的“横向到边、纵向到底”。推进公务卡制度改革。全面推广并使用公务卡，制定下发《城区区级公务卡强制结算目录》，推进公务卡制度改革的稳步实施。推动非税收入收缴管理改革。改变非税收入收缴模式，由单位和个人在银行缴费，在源头上杜绝乱收费现象。实行财政专户管理改革。撤并社保基金专户，实现财政专户全部归口国库机构统一管理，提高财政资金的安全性。

2015 年，开展预算执行动态监控，规范财政支出管理，保证财政资金安全有效运行。进一步规范国库集中支付管理，严格项目资金拨付审批程序。全年，国库集中支付 16639 笔，金额 63742 万元。

第四编

财政改革与精神文明建设

中共十一届三中全会以来，我国的财政改革逐步开展。随着加入 WTO 和市场化进程的不断加快，以建立公共财政体制为基本方向、以预算改革为主要内容的财政改革深入推进。

财政既是经济基础，又属于上层建筑，财政改革势必影响政府行政方式和机制的变革。近年来公共财政体制不断确立，财政将逐步从个人领域、竞争领域和微观领域向公共领域、非竞争领域和宏观领域转移，政府将以提供公共产品和公共服务为主要职能，动用各种财政手段，促进经济发展，保持社会稳定。

财政部门加强精神文明建设，既是时代赋予的历史责任，又是自身改革、发展的客观需要，具有极其重要的意义。阳泉市城区财政局全体干部职工通过加强精神文明建设，树立“全心全意为人民服务”宗旨意识。切实树立财政工作者团结、拼搏、进取、创新的文明风尚。打造为国聚财、为民理财的财政文化，做到精神文明建设和财政工作相促进，双提高。

第一章　党建工作

1985 年，根据阳泉市城区区委统一部署，阳泉市城区财政局党支部开展整党整风运动，目的在于统一思想、整顿作风、加强纪律。该次整党整风的组织形式是发动群众参与，充分听取群众意见和要求。整风中组织党员、群众认真学习《中国共产党党章》《关于党内政治生活若干准则》，全体党员在思想、作风、组织、纪律等方面都有了新的提高。

1988 年，阳泉市城区财政局建立支部教育制度，落实“一课三会”（党课、支委会、党员大会、党员生活会），每月定期理论学习 1–2 次。组织党员学习《关于党内政治生活若干准则》、财政经济理论和新党章、开展中国共产党的宗旨、理想和党性、党风、党纪教育，清除“左”的影响，增强党的观念，纠正不正之风。

1990 年年初，阳泉市城区财政局党支部贯彻落实中共十三届四中、五中全会精神，发动党员继续搞好治理整顿，坚持改革开放，促进经济持续、稳定、协调发展，结合近年来的工作情况，组织大家畅谈改革给财政事业带来的生机和活力，使广大党员干部提高认识，明确任务，坚定改革信心。

1994 年，阳泉市城区财政局党支部在探索开展思想政治工作中采取“寓教于防、寓教于查、寓教于实、寓教于学”的方法。在提高全体干部职工业务知识、理论知识的同时，还组织党员干部到城区所属企业调查研究，做到教思想政治教育和实际工作相结合，双促进。

1998 年，按照中共中央《关于在全党深入学习邓小平理论的通知》要求，区财政局党支部开展以“讲学习、讲政治、讲正气”为主要内容的“三讲教育”，组织党员联系实际，对照检查，努力解决个别党员中存在的不负责任、工作漂浮的问题。

2000 年，组织全体党员认真学习“三个代表”重要思想，并以此衡量全体党员的思想建设和党的组织建设，重新认识党的立党之本、执政之基、力量源泉，解决复杂矛盾，经受新的考验，促进两个文明建设同步发展。

2002 年，以邓小平理论和“三个代表”重要思想为指导，深入学习中共十五届四中全会精神，从抓好党组织的理论学习与思想建设入手，重新明确党支部的基本任务、各支部委员的工作职责，在党内开展批评与自我批评，讲政治、讲学习、讲正气，使广大党员的思想认识有了很大提高。

2004 年，为提高广大党员坚持崇高理想，实践根本宗旨，严格组织纪律的自觉性，于“七一”建党纪念日前夕举办一系列活动，重温入党誓词，了解党的纪律，掌握党的宗旨，践行党的方针，熟悉综合知识。使广大党员自觉维护党的统一，执行党的决定，遵守党的纪律，为城区财政事业健康发展做出贡献。

2005 年，贯彻落实党的“十六大精神”，深入开展保持共产党员先进性教育。先进性教育活动，分三个阶段进行。

第一阶段：思想发动、学习教育阶段。通过精心组织、周密安排，广泛宣传、充分发动，创新学习、引深学习，领导带头、做好表率，统筹兼顾、促进工作，做到学习、工作两不误。

第二阶段：党性分析、民主评议阶段。党支部成员从贯彻执行党的各项路线、方针、政策，支持城区经济建设，廉洁自律，维护职工利益，党员先进性教育五个方面征求意见。党员个人从理想信念、组织纪律、业务技能、工作纪律、工作作风五方面征求意见。共发放征求意见表 100 余份，设立征求意见箱 2 个，开通群众监督电话 1 部，共征求群众意见 30 余条。

第三阶段：整改提高、巩固成果阶段。主要是认真写出整改方案，制定整改措施，要求每个党员写出党性分析材料，形成长效教育机制。

通过开展共产党员先进性教育活动，党员素质明显提高，基层党支部的精神面貌有了新变化，各项工作有了新进展。

2007 年，重新制定党支部及支部委员工作职责，制定党风廉政建设制度，要求全体党员做到“十坚持、十反对、十不准”。

（一）坚持精神文明建设，反对各种丑恶行为，不准参加赌博和不健康活动。

（二）坚持实事求是，反对弄虚作假，不准阳奉阴违。

（三）坚持勤俭节约，反对奢侈腐化，不准铺张浪费。

（四）坚持秉公办事，反对权钱交易，不准接受礼物。

（五）坚持民主集中制原则，反对个人独断专行，不准搞一言堂。

（六）坚持群众路线，反对官僚主义，不准脱离群众。

（七）坚持用车制度，反对超标购车，不准公车私用。

（八）坚持预算制度，反对随意追加，不准以款谋私。

（九）坚持各项管理制度，反对违章违规操作，不准利用职权向客户索要财物。

（十）坚持文明服务，反对官商作风，不准刁难来机关办理业务人员。

2008 年 4 月 25 日，召开党支部换届大会，选举新一届支委。支部书记：赵美青；副书记：靳慧芳。

2009 年 1 月 12 日，召开支部大会，集中学习《科学发展观重要论述摘编》。

3 月 24 日，召开学习科学发展观动员大会。

4 月 27 日，召开支部大会，学习机关工委 2009 年党建要点。

6 月 5 日，召开支部大会，传达开展“五型”机关创建活动，提高机关工作效能。

8 月，贯彻落实《中国共产党和国家机关基层组织工作条例》《城区区委关于进一步加强机关党建工作的意见》精神，建立健全机关党支部组织，规范党支部工作。制定城区财政局党建工作责任制，明确支部的党建工作职责，实行党建目标管理。定期不定期地召开党支部会议、党员大会、民主生活会，采取自我剖析、分别评议、互相帮助的办法，重点围绕财政局党支部、行政班子成员及党员个人存在的突出问题进行深入的批评和自我批评，同时对民主生活会反映出来的各类问题进行认真梳理，制定相应的整改措施，使每个党员的党性意识不断得到提高。

9 月 13 日，召开支部大会，重申“创先争优”，安排“五型机关”创建工作。

10 月 28 日，召开支部换届选举大会，选举新一届支委。支部书记：康建光；副书记：靳慧芳。会上，学习“创建高标准基层党组织责任书”。

11 月 4 日，召开支部会议，传达学习区机关工委《关于在机关党组织和党员干部中开展廉政建设教育月活动的通知》精神。

12 月，根据《中国共产党章程》和《中国共产党地方组织选举工作条例》，及时制定城区财政局党支部委员会换届选举办法。本着尊重和保障党员的知情权、选举权、被选举权，体现党员意志的原则，严格按照组织程序，通过“公推直选”完成局党支部换届选举工作。在工作机制上，落实党支部目标管理责任制和“一岗双责”制，党支部书记总负责、副书记配合、支部委员积极参与的工作机制，抓好责任分工和任务分解，并明确责任人和完成期限。注重党支部班子建设，实行党支部领导包点制度，即党支部领导对所分管的股室党员、干部群众思想教育负责，以此增强党务干部抓党建、带队伍、促发展的意识，提高党务干部的组织领导能力、协调创新能力和工作落实能力。

2012 年，阳泉市城区财政局加强作风建设，扎实推进全体党员干部党风廉政建设。

建立健全长效机制，牢固树立“服务为本”理念。大力弘扬财政为民、真抓实干、厉行节约的作风，自觉接受群众监督，为群众办实事、办好事，树立人民公仆好形象。大兴调查研究之风，推动全区财政工作又好又快发展。

推进党风廉政建设。深入贯彻《建立健全惩治和预防腐败体系 2010–2012 年工作规划》，认真落实党风廉政建设责任制，推进廉政文化进机关工作。大力开展党性、党纪、党风教育，引导党员干部讲党性、重品行、作表率，形成为民、务实、清廉的作风。

推进机关效能建设。着力抓好首问负责制、限时办结制、责任追究制等制度的落实，深化规范化服务型机关建设。年初，全局开展机关纪律作风整顿活动，并将活动贯穿于各项工作始终。修定考勤签到、请销假等一系列制度。通过整顿，全局干部作风明显转变，工作效率明显提高。

2013 年 2 月 18 日，邀请市委党校李青魁教授进行中共十八大专题讲座——全面深化经济体制改革，加快转变经济发展方式。

3 月 22 日，召开支委会，学习机关工委《2013 年党建工作要点》《中共阳泉市城区机关工委开展基层党组织星级管理的实施方案》等。按照“一支部、一品牌”的要求，城区财政局党支部确定党建创新目标为“阳光财政”。

6 月 24 日，城区财政局党支部组织党员参加“结对帮扶送爱心”活动。由党支部书记康建光带队，携带慰问品深入结对帮扶点——北大街后底沟社区对 6 名困难党员进行帮扶慰问活动。在社区困难党员家中，详细了解帮扶对象的家庭生活情况和实际困难，并给他们送去慰问品，表示尽最大可能给予力所能及的帮助。6 名困难党员对党和政府的关怀和帮助深表感激，纷纷表示一定要尽自己最大努力为“四大城区”建设添砖加瓦，发挥余热。

6 月 25 日，城区财政局支部书记、局长康建光讲党课，全体党员重温入党誓词。

10 月 11 日，通过市委组织部“星级评定”验收，城区财政局党支部被评为“五星级党支部”。

2014 年 1 月 24 日，阳泉市城区财政局召开支部大会，总结 2013 年工作，安排部署 2014 年工作。抓好创建五星级党支部工作；做好发展党员工作；做好幸福社区建设工作，每个党员分期分批到包建社区了解民意；根据区委要求，开展“大学堂”——“财政文化大讲堂”活动，提高财政干部的综合素质；按照安排，开展中国共产党的群众路线教育实践活动。引深“在职党员进社区”活动，及时反映在职党员社区活动情况。建立党代表工作室，发挥“传党情、听民声、谋发展、促和谐”的作用，加强党代表之间的联系与交流，使广大党员干部切实转变作风，真正走进社区，融入社区，真情帮助群众，以实际行动践行中国共产党的群众路线。

9 月 14 日，阳泉市机关党建“双年会”及城区党建经验交流会在阳泉市城区财政局召开，省直机关工委领导到城区财政局调研党建工作。

9 月 27 日，省群众路线教育实践活动督导组到城区财政局督导教育实践活动。

10 月，重视和加强政治理论学习，不断提高机关工作人员的政治理论素质和政策理论水平。按照《城区财政局关于创建学习型机关的通知》精神，要求每名干部每季度至少读一本书，内容包括财政业务、人文社会以及党政方面，围绕所读书籍写出心得体会。在党的群众路线教育实践活动中，为职工购买《论群众路线——重要论述摘编》《厉行节约，反对浪费——重要论述摘编》《为民・务实・清廉——党的群众路线教育实践活动学习读本》《世界社会主义五百年》以及《党的十八届三中全会〈决定〉学习辅导百问》读本，要求全体职工每天下午 5:00–6:00 集中学习 1 小时。组织全体职工观看影片《周恩来的四天三夜》《四风之害》等纪录片。

2015 年 1 月开始，阳泉市城区财政局每月由一名财政干部向“财政文化大讲堂”推荐一本优秀图书并登台讲读，交流学习成果，引深学习内涵，把财政干部的文化知识、专业知识、价值观念、职业道德、廉洁从政等教育有机结合起来，全面提高财政干部的综合素质。

5 月 11 日，召开支部大会，根据 2015 年机关工委党建工作要点安排全年党建工作——“书香机关”读书活动，完善党组织党员信息，学习《党费收缴管理办法》等。

5 月 22 日，召开党支部大会进行换届选举。17 名有选举权的党员中，应到会 17 名，实到会 17 名。根据《中国共产党基层组织选举工作暂行条例》有关规定，采用无记名投票方式进行了选举。随后，召开党支部委员会议，共 6 人参加，进行书记选举，康建光当选为党支部书记；靳慧芳为党支部副书记，范俊霞为组织委员。

6 月 12 日，支委 5 人、预备党员 1 人、入党积极分子 2 人参加城区党务干部专题培训。

6 月 25 日，支部书记康建光讲党课——学习习近平总书记关于“四个全面”的战略布局。

6 月 26 日，全体党员到包点社区——北大街西营盘社区参加劳动。

12 月，全年努力强化工作措施，形成党风廉政建设新常态。

层层分解任务，责任传导到位。细化责任，成立由党支部书记、局长康建光为组长，其他支部成员为副组长的党风廉政建设领导组，强化“一把手”的“两个责任”；细化党风廉政建设工作目标，形成主要领导亲自抓，分管领导具体抓，一级抓一级，一级对一级负责的工作机制；进行廉政谈话，局长和班子成员、班子成员与分管人员进行廉政谈话，从工作上、生活上进行交心谈心，做到防微杜渐；层层落实党风廉政建设责任制，进一步增强党员干部的廉政意识、责任意识、纪律意识、风险意识。

强化制度建设，严格执行落实。建立健全请休假制度、考勤制度、政务公开制度、财政情况分析制度、行政执法内部监督制度等，增强工作透明度；继续贯彻落实中央“八项规定”精神，坚持不懈反对“四风”，严格执行《党政机关厉行节约反对浪费条例》；及时转发中央、省、市《关于调整中央和国家机关差旅费住宿费标准等有关问题的通知》，建立健全“三公”经费审核制度和月报制度，严格会议费、接待费等支出项目的标准、范围等的审核，对遏制全区“三公经费”增长起了积极作用。通过加强干部队伍的作风建设，使作风建设常态化、制度化。

第二章　财政改革

1994 年，按照国家要求，阳泉市城区财政局进行分税制改革。

分税制是市场经济国家普遍实行的财税制度，是处理中央政府与地方政府间分配关系的规范方法。分税制改革的大致作法是：按税种划分收入；中央集中必要的财力实施宏观调控；中央和地方分设税务机构，分别征税；建立一套科学、完整的中央对地方收入转移支付制度。分税制改革的基本原则是，在划分事权的基础上，按税种划分中央和地方财政收入；在中央适当集中财力的基础上，实行转移支付制度；中央和地方分设税务机构，预算分级管理。分税制改革的基本思路是：以 1993 年为财政体制改革测算基期年，保证各级 1993 年既得财力。凡实行分税制后从地方净上划到中央的收入一律按净上划中央收入的基数返还地方，称之为中央税收返还。考虑到地方支出正常增长的需要，中央税收返还按一定比例逐年递增。上划中央收入增量的一部分按比例返还地方，另外一部分增量留归中央。分税制财政体制改革的具体内容主要包括以下三个方面：（1）重整税收结构，取消一些不合理的税种（如产品税），代之以较符合市场化改革的税种，例如征收增值税和规范消费税。（2）重新划分中央税，地方税，中央地方共享税，使中央取得更大的财源。（3）为了保护各省、市（特别是富有的省、市）的既得利益，中央还设计了一套税收返还制度。

面对分税制给地方财政带来的压力、企业资金紧张、三角债、拖欠等不利因素，阳泉市城区政府积极采取有效措施，带领广大财税干部，团结一致，克服困难，层层落实收入任务责任制，强化征管，坚决堵塞偷税、漏税，千方百计培植财源，支持企业发展。全年拿出财政间歇资金 408 万元帮助企业发展生产。同时，与有关部门配合，筹资 1950 万元投向见效快，效益好，有发展前途，能够增加财源的项目和企业，如城区装潢厂的瓦楞纸板生产线、钢管厂一期工程、第二饮料厂维尔康生产线等，有力地促进企业效益和税收的提高。同时，严格控制财政支出，强化预算约束能力，使全区财政收支基本平衡，财政收入进一步提高。全年财政收入实现 2263.3 万元，比上年增长 21.85%；财政支出 2421.3 万元，为年度预算的 92.94%。

1996 年，收支两条线改革实施。收支两条线改革是政府对行政事业性收费、罚没收入等财政非税收入的一种管理方式，即有关部门取得的非税收入与发生的支出脱钩，收入上缴国库或财政专户，支出由财政根据各单位履行职能的需要按标准核定的资金管理模式。

收支两条线管理的基本要求是：（1）收费主体是履行或代行政府职能的国家机关、事业单位和社会团体。罚没主体是指国家行政机关、司法机关和法律、法规授权的机构。（2）各种收费、罚没项目的设立都必须有法律、法规依据。（3）收费、罚没收入必须全部上缴财政，作为国家财政收入，纳入财政预算管理。（4）收费实行收缴分离，罚没实行罚缴分离，即实行执收执罚单位开票、银行缴款、财政统管的模式。（5）执收、执罚单位的开支，由财政部门按批准的预算拨付。

2002 年，阳泉市城区财政局开展会计集中核算改革。会计集中核算制是指财政部门成立会计核算中心，在预算单位资金所有权、使用权和财务自主权不变的前提下，取消单位会计和出纳，各单位只设报账员，对行政事业单位集中办理会计核算业务，融会计核算、监督、管理、服务于一体的会计核算形式。从会计集中核算制度的基本运作模式看，其基本做法就是在机制创新上“三分离、一公开”。

所谓“三分离”，就是：会计业务决策者与执行者分离。会计集中核算模式使会计业务从各单位的内部处理变为会计核算中心的集中处理。财务审批与会计监督分离。过去多数部门的财务负责人既是财务审批人也是会计人员，身兼财务审批和会计监督的双重职能，使单位内部的会计舞弊行为成为可能。实行会计集中核算后，在审批责任人和实际操作人上形成分离。会计凭证存放管理与单位分离。过去全部会计档案均由本单位保存，实行会计集中核算后，会计档案由会计核算中心集中管理，接受财政内部监督和来自审计、纪检等的监督，从源头上杜绝了腐败行为的发生。

所谓“一公开”，就是会计业务处理的过程公开。在过去的分散核算形式下，会计业务处理过程是封闭的，对会计业务的知情范围往往只有一、两个人知道。在会计集中核算模式下，一项会计业务处理，至少要经过单位经手人、财务审批人和报账员，会计核算中心的审核会计、记账会计和会计主管共六个环节，知情范围扩大许多，从运作机制上形成对舞弊行为的有效遏制。

2002 年 –2004 年，部门预算改革进一步推进。部门预算改革实行零基预算，做到一个部门一本预算，其主要特点为：一是加强结余资金管理，提高财政资金使用效率。从制度层面对各部门结余资金的报送、确认、安排使用等内容做出明确规定，在安排年度预算时，特别要求部门要统筹考虑部门财政拨款结余资金，尽快消化以前年度财政拨款结余资金。二是完善定员定额管理体系。从最基础的数据抓起，层层落实预算单位的定员和定额，避免出现定员不实致使财政多列预算的情况发生。根据变化的情况对定额进行适当修正，避免造成资金损失浪费。制定科学合理的经费开支标准，增强预算的科学性。三是严格控制项目支出申报规模，加强项目库滚动管理。继续进行项目清理工作，严格按照项目管理办法有关项目类别划分标准，依据轻重缓急合理安排预算，加强项目的论证、审核、遴选，推动项目滚动管理，使部门预算的编制彻底杜绝以往“基数+增长”模式，做到一个部门一本预算，每年实行零基预算，提高了财政资金的使用效益。

2007 年，政府收支分类改革实施。政府收支分类改革是指在我国现行《政府预算收支科目》基础上，参照国际通行做法，构建符合社会主义市场经济条件下公共财政管理要求的新的政府收支分类体系。新体系具体包括收入分类、支出功能分类和支出经济分类三部分。收入分类反映政府收入的来源和性质，支出功能分类反映政府各项职能活动，支出经济分类反映各项支出的经济性质和具体用途。新的政府收支分类体系对进一步深化各项财政改革、提高预算透明度和财政管理水平起了十分重要的作用。改革后的政府收支分类体系由“收入分类”、“支出功能分类”、“支出经济分类”三部分构成。

一、收入分类的作用。主要反映政府收入的来源和性质，将政府收入分为类、款、项、目四级。其中，类、款两级科目设置如下：（1）税收收入。分设 20 款；（2）社会保险基金收入。分设 6 款；（3）非税收入。分设 8 款；（4）贷款转贷回收本金收入。分设 4 款；（5）债务收入。分设 2 款；（6）转移性收入。分设 8 款。

二、支出功能分类的作用。主要反映政府活动的不同功能和政策目标。根据社会主义市场经济条件下政府职能活动情况及国际通行做法，将政府支出分为类、款、项三级，包括2007年财政决算支出科目包括的17个类级科目及相应的款、项科目。

三、支出经济分类的作用。主要反映政府支出的经济性质和具体用途，包括工资福利支出、商品和服务支出、对个人和家庭的补助、对企事业单位的补贴、转移性支出、赠与、债务利息支出、债务还本支出、基本建设支出、其他资本性支出、贷款转贷及产权参股、其他支出。

四、新旧科目的对应衔接。包括科目体系与预算管理方式的衔接、科目口径变化和数据转换、法定支出的考核口径、新旧科目对应衔接的一般原则。

通过政府收支分类改革，可以看出财政在管理方面迈上一个新的台阶，一个符合社会主义公共财政体制要求的现代财政管理框架正在逐步形成。新的政府收支分类改革，做到了“外行看得懂，内行说得清”。

2010年，国库集中支付改革推开。国库集中支付改革是指建立以国库单一账户体系为基础，资金缴拨以国库集中支付为主要形式的财政国库管理制度。国库集中支付有财政直接支付和财政授权支付两种方式，国库集中支付的资金范围包括预算内资金和预算外财政性资金，其中，财政直接支付的范围包括工资支出、工程采购支出、物品及服务采购支出等；财政授权支付的范围包括未实行财政直接支付的工资支出、购买支出和零星支出等。

阳泉市城区财政局在搞好国库集中支付改革中主要开展了如下工作：

1、规范财政资金拨付渠道，强化预算执行力度。传统的国库支付管理，国库拨出的财政资金经一级预算单位账户“中转”，层层下拨到下级单位，拨付环节多、资金流转过程长，加之上级预算单位可以截留或挪用一部分资金，容易造成层层克扣、截留挪用，最终拨到用款单位账上的资金已大大“缩水”。

2、财政监督环节提前到支付环节，提高预算的约束力。传统的国库支付管理，财政资金一旦拨到预算单位的账户中，就等于将资金的使用调配权完全移交到预算单位掌握管理下，财政部门无法及时、准确地了解资金实际运行情况。部分单位还存在着会计信息不真实、不准确的现象，使得财政监督预算职能形同虚设。

3、减轻财政负担，提高财政支付能力。传统的国库支付管理，国库要一次将资金拨入单位银行账户，形成财政资金结余多户头分散存放，财政部门和中央银行无法全面了解整个财政资金的运转状况。

4、制定规章制度，努力使国库集中支付迈上正确轨道。为使国库集中支付改革有章可循，有法可依，城区财政局专门出台《阳泉市城区区级部门财政拨款结转结余资金管理办法》《阳泉市城区财政局预算资金拨款制度》。这两个制度明确规定了财政结转结余资金的范围和管理方法，减少结转和消化结余资金的措施等内容，为结余结转资金的管理提供了制度保障。也使国库集中支付实际操作逐步走上了制度化、规范化轨道。

2012年6月底，国库集中支付改革于在省厅规定时间按时启动。国库集中支付实现了部门预算单位和财政资金的全覆盖，到年底国库集中支付资金达到21001万元。

2012年10月，阳泉市城区进行公务卡改革。公务卡改革的意义在于：针对作为财务管理重要环节的现金支付报销方式，已经落后于现代科技发展，成为制约单位财务管理水平有效提升的制约因素。其原因：一是效率低。单位财务从银行提取现金、保管库存现金、办理预算借款和报销等工作，环节多、成本高、效率低。二是审核难。财务审核工作缺少有效的技术支撑，财务人员难以审核票据、凭证是否真实、合法，这也是虚假发票抵账等问题存在的制度和技术原因。三是个人用款不方便。单位工作人员在参加会议和出差之前需办理借款，回来后需办理报销。而使用公务卡结算，既减轻了财务人员的工作量，还可以监控支付的真实性和规范性，使传统的现金报销制度逐步退出历史舞台。

是年，阳泉市城区国库集中支付中心全力推进公务卡结算改革，要求城区各预算单位会计及单位领导全部办理公务卡业务。公务卡是主要用于日常公务支出和财务报销业务的信用卡。公务卡制度改革主要内容：银行授信额度、个人持卡支付、单位报销还款、财政实时监督。公务卡制度的直接作用是将传统现金支付结算改为公务卡支付结算，实施公务卡制度后，公务人员在公务活动中使用公务卡刷卡消费，通过国库支付系统将款项直接转回公务人员公务卡。深化财政国库集中支付改革，实行公务卡，可以解决公务单位现金支付的问题，规范财政财务管理，减少现金使用，提高公务支出的透明度，强化财政监督，对于加强财政财务管理，打造“阳光”财政，加强惩治和预防腐败体系建设等都具有重要意义。2015 年，共发放公务卡 1372 张，办理公务支付 926 笔，金额为 82.5 万元，支付率为 95%。

2013 年，非税收入改革实施。非税收入改革是预算外资金“收支两条线”管理改革的继续。非税收入改革取消了单位的收入过渡户，应缴非税收入直接缴入相应的政府非税收入财政专户，在指定的代理银行开设财政专户，并将以往“单位开票、单位收费”的征缴方式，改为非税收入“单位开票、银行代收、实时入库（或专户）”的征缴方式。截止年底，48 家区直非税收入执收单位纳入非税收入管理平台，通过管理平台共实现非税收入 30 余万元。

2013 年，阳泉市城区财政局大力推进预算绩效管理改革。

党的十八届三中全会《决定》对深化财税体制改革作了全面部署，其中特别强调改进预算管理制度。改进预算管理制度，一项重要任务是增强财政预算透明度。这就需要深化财政预算绩效管理改革，建立健全预算绩效评价体系。

长期以来，财政工作中存在重收入轻支出、重分配轻管理、重使用轻效益现象，财政运行中存在政府财力与事权不匹配问题。建立健全预算绩效评价体系，有助于解决这些现象和问题，提高财政支出效益。借鉴发达国家的做法和经验，构建一套符合实际的预算绩效评价体系，扎实开展财政支出绩效评价工作，从而提高预算编制的科学性，促进财政支出效率不断提高。

构建预算绩效评价指标体系。财政预算支出范围广、分类复杂、影响因素多、支出效益内涵丰富，需要构建多元化的预算绩效评价指标体系。为此需要构建三类指标体系：一是投入类指标，主要评价财政支出的经济性和效率性。二是效果类指标，主要衡量财政支出的有效性。三是过程类指标，主要起辅助作用和督查作用。上述指标包括资金结转率、总预算暂存暂付率等，对预算执行过程进行整体把握。

建立预算绩效管理框架目标。提高预算绩效管理的科学性，需要建立预算绩效管理框架，包括计划、组织、实施、结果、评价等内容，以形成联动机制。为避免某些工作人员忽视社会福利等隐性指标，忽视政府长期发展的核心能力建设，需要引入结果导向的预算绩效管理框架，从目标、过程、组织与员工、社会等多维度进行考核评价。

健全预算绩效管理制度体系。按照市政府和市财政局要求，城区财政局制定了《阳泉市城区财政支出绩效评价管理暂行办法》和《阳泉市城区财政局财政支出绩效评价内部工作规程》，提出预算绩效管理由财政部门统一组织指导，预算部门统一实施，专业机构支持配合，社会各界广泛参与，共同构建预算绩效管理组织实施体系和监督制约机制。同时决定财政支出绩效评价组织工作遵循“统一领导、分工协作”的原则，实行联席会议制度。

我国于2012年出台了预算绩效管理工作规划，并根据这个规划制定了县级财政支出管理绩效综合评价方案和部门支出管理绩效综合评价方案两个配套文件。这说明我国财政预算绩效管理规章制度不断完善，但还存在较大改进空间。例如，目前有关部门通过预算法、审计法、中国人民银行法、预算法实施条例和国家金库条例等法律法规对预算绩效进行监督，但存在有关法律法规不配套不详尽、监督内容不全面不细化、监督体制不科学不健全等问题。贯彻落实党的十八届三中全会精神，深化财税体制改革，对健全预算绩效管理制度体系提出了新的更高要求。2015年，阳泉市城区财政局预算绩效评价项目9个，资金9416万元。

2014年，阳泉市城区财政局对政府采购实行监督管理与操作执行相分离的管理改革，努力建立科学的政府采购运行机制。在此方面，城区财政局主要抓了三点：

一、立足于建立制度框架，从体制上增强政府采购的科学性。政府采购实行“采管分离”，是加强财政支出管理、提高财政资金使用效益的有效措施。“采管分离”既是运行方式，更是科学体制。“管”，就是管理机构要管好自己该管的事情，做到监管有规；“采”，就是采购单位和集中采购机构要注重讲规范、讲质量，做到操作有方；“分”，就是涉及政府采购的各方要明确定位，分清角色，做到既不能失职不作为，也不能越权乱作为；“离”，就是相互之间离中有合，相辅相成，做到既分工合理，又加强协调，较好地形成“采管分离、机构分设、政事分开、相互制约”的工作机制。

二、立足于深化配套改革，从源头上增强政府采购的规范性。在实践中，坚持政府采购制度与部门预算制度、国库集中收付制度紧密结合。在预算编制上，将政府采购预算与部门预算同步编制，将采购项目全部纳入预算管理，政府采购管理机构对各单位采购预算的真实性、合理性进行核查，使采购预算基本接近或低于市场平均价格，有效地从资金来源上和财务制度上杜绝规避政府采购的现象。

三、立足于抓住重点环节，从运行上增强政府采购的严密性。一个完整的政府采购项目，按照运作顺序主要由采购单位业务委托、采购方式审批、信息发布、采购单位落实需求、编写招标文件、抽取评标专家、评标办法制定、招标投标、专家评审、履约验收、资金支付等链条组成。在实践中，城区财政局抓住这8个重点环节，实施全过程监管，努力保证政府采购的规范运行。

2014年，按照省、市财政要求，县区级财政信息公开在本年10月底前完成。城区财政局把财政信息公开作为推进依法理财、扩大公众参与、接受社会监督、听取吸纳意见、改进和加强工作的重要手段，制定出台《阳泉市城区财政局关于加强预算信息公开工作的通知》，及时公开经城区人代会审议批准的区本级政府预决算、部门预决算、区本级“三公”经费预决算和部门“三公”经费预决算，全面推进财政预决算、部门预决算、财政资金管理使用、行政审批、政府采购等重点领域信息公开，增强了社会各界的监督。

2015年，阳泉市城区财政局成立财政投资评审中心，多措并举推进财政投资评审改革工作。为搞好财政投资评审，节省更多的财政资金，一是成立财政投资评审中心，确定评审中心负责人和工作人员，尽快开展了投资评审工作。二是不断完善制度建设。下发《阳泉市城区财政投资评审管理工作实施意见》，对财政投资评审范围、内容、方式、程序、相关机构和职责进行明确规范，建立“先评审、后下达预算”“先评审、后立项”“先评审、后招标”等制约机制。三是建立专家库，为评审工作开展提供技术帮助。结合城区实际，以外聘各相关专业人员为主，组成评审专业技术人员，同时充分利用市财政投资评审中心优秀的专家资源，建立专家库，储存专业人员信息，确保财政投资评审结论的准确性、权威性。四是加强政府投资工程项目评审工作，提高资金使用效益。严格政府投资项目财政评审工作，凡纳入政府性资金投资 30 万元以上的项目都必须接受财政投资评审，严格评审程序，层层把关验收。评审人员积极与预算人员认真复核，反复对比，精心测算各项工程量，及时高效地出具评审报告。五是拓宽评审服务领域，积极开展预算项目评审工作。评审范围从单纯的工程类财政性投资项目评审拓宽到财政预算项目评审，对项目的合理性、准确性进行评估，提出具体预算安排建议，为政府决策提供依据。至 2015 年底，评审项目 9 个，评审审减项目 8 个，节约资金 109 万元，审减率 18%，审增项目一个，审增 11 万元，审增率 11%，完成预算项目一个，节约资金 200 万元。

第三章　精神文明建设

1987年，阳泉市城区财政局以反对资产阶级自由化为突破口，努力加强机关精神文明建设。为此，在搞好各项工作的同时，组织全体财政干部认真学习关于加强四项基本原则、反对资产阶级自由化的一系列文件，明确财政工作前进方向。要求党员、团员起到模范带头作用，切实改进机关工作作风，在“双增双节”活动中发挥表率作用。为明确责任，还制定岗位责任制，实行任务到人、责任到人、月末考核、年终奖惩。同时要求每个财政干部都要做到“五要五不要”，即要顾全大局，服从整体利益，不要怕牺牲部门、个人利益；要准备过“紧日子”，不准花钱大手大脚，不准铺张浪费；要下硬功夫狠抓增收节支的落实，不要浮在上面说空话、不做实事；要遵纪守法，严格执行财经纪律，不要徇私舞弊，谋取私利；要深入基层调查研究，不要主观臆断瞎指挥。各股室对执行情况每月进行一次总结，使其形成制度化。

2001年，阳泉市城区财政局在精神文明创建活动中，紧紧围绕“为民、务实、清廉”开展机关作风建设。一是运用典型引路，组织党员深入学习先进典型事迹，引导党员干部树立宗旨意识、责任意识。二是加强党性修养和作风建设，开展“廉政月”活动，结合学习贯彻《中国共产党党员干部廉洁从政若干准则》，组织干部职工观看《财苑警钟》录像，进行警示教育。在深入学习《准则》的基础上，按照上级财政机关部署，开展《中国共产党党员干部廉洁从政若干准则》贯彻实施工作，建立副科级以上干部如实报告有关事项档案。三是开展政风行风建设，转变工作作风，提高工作效率。以提高服务质量和办事效率的重点，树立主动服务理念，紧紧围绕经济发展和财政工作的重点，特别关注惠民政策和民生资金的使用情况，深入开展监督检查和调研工作。

2002年10月，阳泉市城区财政局的领导和职工代表带着150公斤大米、150公斤白面、100公斤猪肉和方便面等价值2000余元的慰问品，到城区治桃一线，向日夜奋战在治桃一线工地上的广大工程建设者们表示亲切慰问。他们先后到工地上的林州二建、林州四建和河北曲阳一建三支工程突击队所在的施工标段上，将慰问品亲手交给突击队施工建设者。所送的慰问品种，其中一部分钱款是局里全体职工主动捐献的，以表示对治桃建设者的深情厚谊。

2003年，全区财政总收入首次突破亿元大关。是年，阳泉市城区立足城市中心区的比较优势，按照“调整优化第二产业、提升创新第三产业、大力发展非公有制经济”的发展思路，不断创新创优发展环境，千方百计拓展税源，努力培育新的经济增长点，全年国内生产总值完成17803万元，比上年增长10%；全区财政总收入首次突破亿元大关，达到10131万元，比上年增长15.11%，一般预算收入完成4669万元，比上年增长18.47%；社会商品零售总额实现40138.7万元，同比增长10.2%，城镇居民人均可支配收入达到6682元，同比增长13.5%，全区经济呈现持续快速发展的良好势头。

2003年1月，阳泉市城区财政局确定要加强财政征管，确保财政收支平衡。本年的财政工作，要坚持财政收入与经济增长相适应，预算要坚持“一要吃饭、二要建设”的方针和“量力而行，留有余地、收支平衡、不列赤字”的原则，依法理财，科学理财。

依法强化税收征管，确保收入稳步增长。要继续贯彻“加强征管、堵塞漏洞、清缴欠税、惩治腐败”的十六字方针和“实事求是、千方百计”的原则，进一步完善征管制度，强化重点税源监控，加大税收大户、重点行业的监控力度，保住收入大头，确保主体税收及时足额入库。要狠抓税收薄弱环节的征收管理，加强对非公有制经济、商场出租柜台、个体出租房屋、家庭装潢业和专业市场的税收征管。要加大清理欠税工作力度，坚决压缩陈欠，防止新欠。要大力开展专项税收稽查，加大护税、协税力度，发展街道办事处和社区护税网络，进一步完善“金税工程”，严厉打击偷、逃、抗、骗税等不法行为，坚决堵塞税收漏洞，做到应收尽收。

优化支出结构，确保重点支出需要。要认真编制和严格执行财政支出预算，确保公教人员工资按时发放，确保国家法律、法规规定的教育、科技、社会保障等重点支出。要维护财政预算的统一性、权威性和严肃性，严格控制预算追加。是年，新增支出因素大量增加，国家机关工作人员要调资晋级，低保标准要适度提高，城市环境综合治理对税收带来直接影响以及中小学危房改造、热电联供、桃河治理二期工程等配套支出，使得财政收支平衡难度进一步加大。区级机关和领导部门一定要带头厉行节约、勤俭办事。是年，事业单位的一般性支出要原则上实现零增长。要大力压缩会议、招待、购置等非重点性支出，搞好预算内外资金的综合平衡，综合使用。对重大支出要进行跟踪监督、审计监督，督查绩效，严格“收支两条线”管理，严厉查处各种违反财经纪律的行为。

2004 年，阳泉市城区财政局从四个方面奋力赶超，努力完成全年财政工作任务，为全区的精神文明建设提供财力支撑。

做大财政蛋糕，保持财政收入持续快速增长。在经济发展带动财政发展的前提下，加强收入征管，建立稳定持续快速增长的财政收入机制，做大财政蛋糕。坚持一月一督查、一季一考核、半年一兑现，保证收入达到序时进度。积极支持财税信息化建设，优化征管环境，提高征管效益。营造环境，对商业、餐饮、运销等行业给予多方面的服务，增加税收潜力。加强重点税源监控，开展税收专项检查，严查涉税案件，打击偷漏抗骗税行为。

调整和优化支出结构，促进全区经济全面协调发展。科学合理地安排好各项支出。必须坚持艰苦奋斗、勤俭节约的方针，加强预算管理，除法律法规要求增加的重点支出外，其他都不能扩大支出规模。继续大力压缩会议费、招待费、车辆费、办公费等支出。严格控制财政供养人员。继续落实好工资发放责任制，确保工资发放；认真落实各项社会保障政策，使各项社保资金及时到位；保证各项法定支出，加大科技、教育等方面的支出；加大社区建设投入，逐步提高社区干部收入水平。继续加大预算内外资金统筹喝多渠道、多方位筹措资金力度，整合利用各种资金，支持社会各项事业发展。

深化财政改革，创新理财机制。改革是发展的动力，要总结经验，结合实际，完善措施，循序渐进。部门预算制度改革要逐步实现科学化、规范化；会计集中核算要扩大核算范围；国库集中收付制度要分步推开；“收支两条线”管理改革要实现全口径的预算管理；政府采购改革要进一步扩大范围，规范操作。要研究预算绩效评价体系，使财政支出效益实现最大化。各项改革要相互配合，整体联动，逐步建立起比较完善的预算编制和执行管理体系。

推进依法理财，为经济发展创造良好条件。加强财政、财会法制建设，强化监督机制。要牢固树立政治意识、大局意识、责任意识、勤勉敬业、扎实工作。要进一步转变作风，弘扬求真务实精神，提高公务效率。要巩固“双评”成果，继续搞好警示教育和行风评议，将“依法行政、依法理财”贯穿于财政工作的始终。强化会计基础管理，完善各种管理制度。加强会计人员职业道德教育，使会计人员牢固树立“诚信为本、操守为重、遵循准则、不做假账”的职业道德规范。进一步完善内部控制制度和监督制约机制，严格财政资金运行秩序。

2005 年，在全年财政工作中，坚持以科学发展观为统揽，确保圆满完成全年财政工作任务。

坚持增收节支，增强财政保障能力。统一思想，周密安排，认真落实好财政工作会议布置的各项增收节支措施。依法加强收入征管，加大对重点行业、重点企业和重点税源的监管力度，针对薄弱环节，强化征管措施，防偷堵漏，依法依率计征，确保各项收入应收尽收。对享受税收优惠政策的纳税人要进行严格界定，坚决制止和纠正擅自减免税行为。控制一般性支出，贯彻“两个务必”要求，牢固树立过紧日子思想，通过增收节支一系列措施，巩固财政收支平衡基础，增强财政保障能力。

坚持强化监管，全面提升财政工作质量。认真开展保持共产党员先进性教育活动。大力改进工作作风，紧密联系财政工作实际，统一思想认识，搞好教育活动，切实提高队伍素质和依法行政能力。虚心接受社会各界监督，认真听取各方意见和建议，不断改进工作，提高工作能力和水平。加强财政监督，推进依法理财。要紧紧围绕资金的规范性、安全性和有效性开展财政监督。健全财政资金分配过程中的监督机制。对社会保障、经济建设等与人民群众密切相关的重点项目、重点资金、重点支出进行重点监督，切实堵塞管理漏洞。

2007 年 3 月，阳泉市城区财政局开展“八要求、三服务、一满意”活动。组织召开全局干部职工大会，组织贯彻学习市、区作风建设大会精神，结合财政工作实际，开展以“八要求、三服务、一满意”为主要内容的机关作风建设活动。“八要求”：牢固树立“以人为本”的服务意识，倡导求真务实的工作作风，增强工作的积极性和主动性；建立财政工作运行新机制；明确岗位职责，增强责任意识，提高工作效率；建立调研制度，深入调查研究，提高工作水平；遵守职业规范，敬业爱岗，克已奉公、廉洁自律；推进政务公开，虚心接受社会各界监督；营造团结和谐的工作环境，增强机关各部门的凝聚力；建章立制，优化管理和服务，形成长效机制。“三服务”：服务人民群众、服务预算单位、服务经济建设。要求突出财政服务职能，强化服务意识，在工作中做到精干高效，自觉接受服务对象监督；要求机关工作人员通过此次活动，树立良好的形象，做到服务热情周到，文明礼貌，快捷高效，切实解决一些实际问题。“一满意”是指真正使财政工作让社会各界满意。通过开展作风建设活动，要使机关面貌和形象焕然一新，干部职工都能树立起“干净干事干成事”的良好形象，保持一种良好的精神状态，奋发有为，艰苦奋斗，充满激情，创造性地投身到城区开展的“三城十区”建设大业中。

5 月，阳泉市城区财政局被评为城区模范集体，主要事迹如下：三年来，城区财政局加强收入征管，实现财政总收入稳定增长。2004 年，财政总收入完成 12150 万元，较上年增收 2020 万元，增长 19.94%；2005 年，财政总收入完成 15028 万元，较上年增收 2878 万元，增长 23.69%；2006 年，财政总收入完成 18241 万元，较上年增收 3213 万元，增长 21.38%。财政总收入平均增长速度 22.5%，持续以 20% 的增幅稳定增长，财政收入的总量、增量、增速年年刷新历史记录。合理调整支出结构，强化支出管理。严格控制一般性、非生产性财政支出。确保党政机关正常运转、公教人员工资发放、文教卫生、社会保障、法律法规保障支出等重点支出需要。进一步强化预算外资金管理，加大预算外资金的调控和监督力度。加强财政监督职能，及时对区重点项目支出使用情况进行跟踪问效，充分提高资金的使用效益。健全规范部门预算管理，深化预算外资金管理，严格实施政府采购制度，确保财政工作平稳运行。圆满完成各项财政工作任务，促进各项事业的健康发展。2005 年 1 月，被阳泉市财政局授予 2004 年度目标责任制优良单位；2005 年 12 月，被省第一次全国经济普查领导小组授予第一次全国经济普查先进集体称号；2006 年 12 月，被阳泉市财政局授予“2001-2005 年全市财政法制宣传教育先进集体”称号。

10 月，阳泉市城区财政局提高财政保障能力，加快和谐城区建设步伐。积极支持行政事业单位工作人员收入分配和离退休人员工资待遇制度改革，规范收入分配秩序。确保企业离退休人员基本养老金、各类优抚对象抚恤补助和城市低保补助的及时足额发放，做好帮扶工作，努力改善低收入群体的生活质量。继续加大支持就业和再就业投入力度，认真落实各项扶持政策，多渠道筹集资金，建立健全促进就业的长效机制。以建设“教育先导区”为目标，继续加大教育投入力度，完善城市义务教育经费保障机制，确保“两免一补”资金和特殊义务教育阶段中小学生学杂费的落实到位。加大对困难学生的资助和救济力度。推进企业移交学校标准化建设步伐，合理配置教育资源。支持“人才聚集区”建设，制定并落实引进人才、外派人才资金保障机制。多渠道争取资金，积极支持文体事业，不断满足群众多层次多样化对文体活动的需求。支持公共卫生建设，加快社区卫生服务体系建设，提高社区公共卫生服务能力，确保广大群众享受安全、有效、方便、价廉的公共卫生和基本医疗服务。不断增强政法部门的执法办案能力，维护社会和谐稳定。

2008 年 10 月，阳泉市城区财政局采取四项措施做好保密工作。随着电子政务和信息化的快速发展，财政政务公开和保密工作面临着严峻挑战。为适应新形势的要求，城区财政局结合工作实际，采取四项措施做好保密工作。

完善保密制度，明确工作任务。城区财政局从健全规章制度入手，严堵保密漏洞，构筑保密防线。制定印发《城区财政局公开信息保密审查制度》等管理制度，明确全年保密工作要点，严格按照国家有关规定，对原有保密事项的范围进行重新调整和确定，明确工作任务。

加强组织领导，落实工作责任。成立城区财政局保密工作领导小组，明确将办公室、预算股、国库股、核算中心等列为重点涉密股室。局领导与重点涉密股室签订保密责任书，做到业务工作管到哪一级，保密工作就管到哪一级，形成健全的保密工作网络。

组织保密培训，强化工作意识。组织保密干部参加市、区组织的保密工作培训会；定期组织职工学习，并要求广大干部认清保密工作形势，增强责任感和紧迫感，切实落实好各项保密制度，强化日常管理，做到业务工作抓到哪里，保密工作就抓到哪里。

加强日常管理，做好业务工作。为切实加强保密管理，城区财政局把保密工作纳入全局综合治理工作任务之中，并作为全局年度目标管理考核的重要指标。在日常生活中，建立保密台账，严格履行定密程序，对基础资料进行补齐、补全。定期开展计算机保密安全检查，排除泄密隐患，把保密工作贯穿于日常工作中。

2009 年 5 月 8 日，阳泉市城区财政局组织全体党员干部在百团大战纪念碑下重温入党誓词，加强对党员干部的理想信念和党风党纪教育；组织全体党员干部到市福利院和北岭小学看望和慰问了老年人、孤残和智障儿童，并送去学习和生活用品；组织全体党员干部到城区南山路街道北岭社区实地调研，就社区用房、经费情况进行详细了解；组织全体党员干部到市看守所开展了警示教育活动，以直观、生动的教育形式，触及人的灵魂深处，给人以心灵的震撼，使大家深刻认识到反腐倡廉的重要性，在工作中增强廉洁自律意识，筑牢拒腐防变的坚实堤坝。

6月，阳泉市城区财政局推出“十项服务承诺”，以实际行动落实科学发展观。为将学习实践科学发展观活动的成效体现在实际工作中，城区财政局党支部向社会公开承诺：解放思想、转变观念、求真务实、与时俱进，创新理财机制，创优理财环境；建设法治、诚信、责任、阳光财政，推进依法理财、科学理财、民主理财；转变财政职能，优化收支结构，落实财经政策，及时拨付资金；推行政务公开，落实公开内容，实现阳光作业，增强财政工作透明度；简化办事程序，减少中间环节，实行限时答复，提高行政效率；改进工作作风，强化服务意识，认真解决群众反映的热点、难点问题；提高服务质量，规范文明用语，推行首问责任制，提供热情、文明、优质的服务；领导带头、以身作则、践行承诺、廉洁从政，树立行业新风；实行行政不作为问责制，严肃查处违法违纪行为，杜绝“三乱”和各种不正之风；强化社会监督，让理财行为在阳光下操作，真正让群众满意。

2010年12月，阳泉市城区会计核算中心优化服务出实招，集中精力重要抓如下工作：

抓业务学习，提升人员素质。定期组织大家学习会计集中核算相关制度、内控制度、会计基础知识、党风廉政建设制度等，使大家在工作中做到用制度规范工作程序，做到有章可循；鼓励大家参加各种业务学习，提高自身素质。

抓内部管理，提高工作质量。在大厅设立“意见登记薄”，让各单位财务联系人对会计核算中心的工作进行评比；中心主任不定期与工作人员谈心，对工作纪律松散的人员要及时进行提醒谈话，并将其行为和年终考核挂钩；将管理制度和内控制度的具体要求分解落实到相关岗位、相关人员，做到责任到人；绘制核算中心工作运行廉政风险流程图，查找工作流程风险点、探讨风险控制措施，做到措施到位、预防在前。

抓程序简化，提升工作效能。为部分核算单位提供、代开收据，改变原先财务联系人填制“进账单”或“业务委托书”的方式，由资金会计代填收款单位全称、账号、开户行等信息，进一步提高工作效率。

2011年10月，阳泉市城区财政局围绕“保民生、保运转、保稳定、促增长”目标，决心以“提素质强服务、抓财源促增长”的方式，确保全年财政任务顺利完成，决定着重做好以下工作，为城区的精神文明建设再创佳绩。

提高自身素质和服务水平。始终注重理论知识学习和实践活动，掌握财政工作的政策、业务，以及财政工作的一般规律和内在要求。增强依法理财、科学发展、改革创新意识。掌握全区的财政运行情况和经济社会各项事业的发展情况，提高服务能力。

着力推动经济发展方式转变。围绕“十二五”总体发展目标，在新一轮“三城十区”建设的大格局中定好位、履好职，发挥财政在宏观调控、政策引导、筹资引资、资金分配等方面的职能作用，推动结构调整和转型发展。

抓财源促增长。协调各方面，主动服好务，为财政收入的可持续增长提供支持和保障；加强对重点行业、重点企业的税收监控，堵塞税收漏洞，确保各项收入应收尽收；加强税收和非税收征缴管理，确保应收尽收；争取市级财政资金支持，增强财政整体实力。

科学合理安排支出，为领导当好参谋，为机关、部门服好务，以财理政，进一步增强公共财政意识，调整优化财政支出结构，提高驾驭全区经济社会发展能力和水平，为全区的经济发展服好务。

抓好班子带好队伍。加强班子建设，提高班子的整体政治素质，形成坚强有力的班子集体。同时，大力加强职工队伍建设，建设一支让组织放心、社会满意的财政干部队伍。

2012 年 6 月，阳泉市城区财政局多措并举创优发展环境。

通过深入开展“解放思想、更新观念”大讨论活动，使广大党员干部牢固树立“发展至上，环境为先”的理念，强化他们的责任意识、机遇意识、效能意识、忧患意识和自强意识，创造良好的发展环境；严格执行挂牌上岗、首问负责制、限时办结制、一次性告知制和承诺服务制等制度，推进预约服务、全天候服务，努力实现人员沟通“零距离”、办事流程“零障碍”、服务质量“零差错”、服务对象“零投诉”；开通整治专项组投诉电话，对机关效能、干部作风等问题，做到一事一登记，坚持有诉必接、接诉必查、查实必究；加强监督检查和暗访力度，切实加大对重点工程及重点岗位的监督检查力度，围绕干部队伍作风建设和行政效能情况进行明查暗访。

7 月，阳泉市城区财政局多措并举打造廉洁型财政机关。加强组织领导，进一步完善党风廉政建设责任制；积极开展廉政文化进机关、反腐倡廉宣传活动，组织机关干部收看有关警示教育片，学习《廉政准则》等廉政建设有关法律法规，引导党员干部牢固树立正确的世界观、人生观、价值观和权力观，筑牢拒腐防变的思想道德防线；逐层签订党风廉政建设目标责任书，把党风廉政建设的各项任务细化分解到每个干部，年终进行考核奖惩；强化监督管理，研究制订《阳泉市城区财政局工作运行规程汇编》（廉政建设制度等各项制度）和《阳泉市城区财政局开展廉政风险排查防控工作的实施方案》，不断加强预算执行情况检查和专项资金检查；强化节约意识，积极引导机关干部树立节约观念，形成崇尚节俭的良好风气；打造阳光财政，完善政府机构和集中支付制度，自觉接受社会监督，使机关干部增强廉政意识，树立机关干部廉洁从政的良好形象。

10 月，阳泉市城区财政局认真做好“六个到位”，严把财政资金拨付关，确保财政资金安全运作。这“六个到位”分别是立项管理到位、质量把关到位、资金监管到位、跟踪审计到位、绩效考评到位、纪检监督到位。各个项目严格按照基本建设规定程序报批，由城区财政、住建、规划等部门与开发商共同对项目预算进行审查评定；城区财政、审计等部门全程参与项目立项、招标投标、工程建设等环节，对工程进度、质量严格把关；城区财政设立专户、建立专账、明确专人进行管理，拨付时严格做到前期论证工作不完善不拨款、资金滞留账上不拨款、财务管理制度不完善不拨款；将建设项目实施的全过程纳入审计范围，加强项目前期招投标、预算和项目实施过程中的设计变更、现场签证、工程结算及有关财务收支情况等审计监督，从项目立项到项目竣工决算进行全过程审计监督；加大对重点投资资金项目的绩效评价、考核力度，要求各相关部门年末对财政投资资金项目开展绩效评价，绩效评价作为干部考核晋升的基础，并报区政府备案；纪检监察部门对重点专项资金使用情况进行监督检查，建立严格的责任追究制度，强化法律、制度、纪律的严肃性和权威性，确保财政资金安全。

2013 年 10 月 14 日，阳泉市城区财政局专门召开会议，学习传承“冬花精神”。会上，党支部书记、局长康建光对全体党员干部强调，对于城区区委对财政部门提出的要求，要保质保量地完成好，把“冬花精神”融入日常的工作当中，对照标准、突出重点、加快进度，结合财政工作实际，牢固树立“科学理财、为民理财”理念，为城区经济发展服好务。同时要求在工作中做到：

一是弘扬求真务实的工作作风。坚持一切从实际出发，深入实际调查研究的作风；二是弘扬争创一流的精神风貌。要继续学习革命先辈争创一流的精神、秉承争先创优的风格，先人一步谋划工作，高人一筹推动工作，塑造高标准的思想境界，体现高品位的财政文化。三是弘扬开拓创新的理财实践。财政干部要继续发扬敢想敢干的工作作风，在开拓中求新、求变，这样才能使财政文化永远保持青春和活力。四是弘扬一心为民的工作理念。新时期财政工作无论什么时间，都应把群众满意作为工作的出发点与落脚点，把人民群众的温暖时刻挂在心头，努力为人民办实事、办好事。五是弘扬清正廉洁的高尚品格。新时期的财政工作者只有坚持弘扬清正廉洁作风，贯彻落实“八项规定”，抵制一切歪风邪气的侵袭，做到胜不骄、败不馁，拒腐蚀、永不沾，为“四大城区”法制建设做出财政人不懈的努力。

2014 年 1 月 27 日，阳泉市城区财政局“财政文化大讲堂”开讲。党支部书记、局长康建光主讲第一课。

“财政文化大讲堂”每月举办一次，在邀请有关方面领导、专家等讲授的同时，创新开展“全员参与、人人主讲”模式。财政文化大讲堂学习内容包括政治思想、财经知识、文学艺术、哲学历史等，以达到全方位提高财政干部综合素质的目的。

该次财政文化大讲堂是城区财政局创新“学习型”机关的举措之一，为是年的学习活动创造良好的开端，为做好 2014 年财政各项工作提供坚实的思想道德基础和强大的精神力量，为“四大城区”的建设目标做出新的更大贡献。

7 月 1 日，阳泉市城区财政局组织全体党员和入党积极分子观看历史文献纪录片《信仰——只要主义真》。该纪录片以“让党员干部受教育，使人民群众得实惠”为主题词，从老一辈革命家在极端艰苦的环境下开始翻译《共产党宣言》创造信仰的故事，至习近平总书记提出的“人民对美好生活的向往就是我们的奋斗目标”，无不体现着信仰的力量。该纪录片用不争的事实，用一幕幕珍贵的画面再现着历史，呈现着现实，启迪着未来，让久已不闻枪炮声、血腥味的我们，又回到那个为信仰舍身奋斗的年代。通过观看，党员们感受颇深，都在为刘胡兰那一句“怕死不是共产党”而震撼；为张思德屡立战功，却仍乐意从一个小兵做起，始终无怨无悔的精神而撼动，纷纷表示，将以最昂扬的斗志投身到财政实际工作中，为城区的经济和社会事业的发展做出贡献。

2015 年 6 月 3 日至 21 日，为活跃职工文化生活，营造财政干部和谐愉快的工作氛围，阳泉市城区财政局举办“机关文化活动月”。全局干部职工分别参加乒乓球、棋牌、摄影、书法和个人才艺类五大项目的比赛。经过激烈角逐和全员投票，分别评出每个项目的前 3 名。乒乓球比赛，气氛紧张激烈；棋牌赛，队员深思熟虑；摄影、书法、才艺类作品精彩纷呈，体现财政干部丰富的精神文化内涵。工作上，为民理财一丝不苟，工作之余，涉猎兴趣广泛，展现了财政工作者良好的精神风貌。

第四章 财政论文

创新财政理念 助推转型发展

康建光

经济发展与财政收入是“源”与“流”，“根”与“叶”的关系，源远才能流长，根深才能叶茂。财政工作要立足于服务转型发展，创新财政理念，积极主动，科学务实，围绕工业强市、文化兴市、扩城阔市、生态靓市“四大战略”，做打造“首善之区”和“幸福城区”的助推器，为把城区建设成为“晋东信息文化城、物流城、商贸城”提供财政支持。

财政是政府履行职能的物质基础、体制保障、政策工具和监管手段。在转型跨越发展的新征途上，确保收入稳定增长，全面提升财政保障能力，要求财政部门要从以下四方面做起：

（一）壮大财政实力，打造发展型财政。转型发展，首当其冲就要更加重视财政收入稳健增长，财政收入是做好各项工作的基础，更是社会各项事业发展的根本保证，城区经济基础不牢，税源单一，财政部门必须牢牢把握发展这个第一要义，打造“发展型”财政，全面服务于“首善之区”、“幸福城区”建设。一是不断做大财政“蛋糕”。加大培植财源力度，着力完善综合治税大格局，加强非税收入征管；建立财政收入持续稳定增长机制，确保完成预算收入任务。积极争取上级资金支持，不断增强财政支持经济社会发展能力。二是认真落实积极的财政政策，促进消费，落实鼓励消费的补贴政策，合理增加城镇居民特别是低收入群众收入，不断提高居民消费能力；牢牢把握项目投资这一拉动经济增长的重中之重，健全政府投资机制，落实好结构性减税和各项税费减免政策，促进实体经济健康发展。三是支持产业结构优化升级。支持现代服务业发展和文化产业跨越式发展。四是支持科技创新，集中财力支持重大科技项目。

（二）优化支出结构，打造和谐型财政。保障和改善民生是公共财政的优先方向。要不断优化财政支出结构，树立“和谐财政”的核心价值观，将财政目标转向改进民生，提高人民福利。建立完善基本公共服务体系，发挥财政的支撑、引导、保障作用，全面提升社会幸福指数。一是推动社会事业健康发展，建立健全公共文化服务财政保障机制，支持建成覆盖城区范围、比较完备的公共文化服务体系，推进文化事业大发展大繁荣，为转型跨越注入强大动力。二是加大教育投入力度，确保教育支出占一般预算支出的比例达到37.9%。巩固完善义务教育经费保障机制，落实困难学生国家资助制度，支持学前教育发展，提高教育办学质量，推动教育事业优先发展。三是进一步完善城镇居民基本医疗保险的管理和筹资机制，健全城市基本公共卫生服务经费保障机制，逐步提高基本公共卫生服务经费标准。支持完善基层医疗卫生服务体系，加快建立和完善覆盖城镇居民的基本医疗卫生制度，推动医疗卫生事业加快发展。四是支持保障和改善民生。从解决群众最关心、最直接、最现实的利益问题入手，提升民生服务水平。进一步完善企业职工基本养老保险，实现城镇居民保险全覆盖。进一步完善城市低保补助和CPI涨幅挂钩联动机制，不断提高保障标准。坚持就业优先原则，落实好促进就业的各项财税政策，足额安排就业补助资金。五是加大统筹和资金投入力度，继续推进公共租赁住房、廉租住房建设，确保保障性安居工程顺利推进。六是支持加强和创新社会管理。推进政法经费保障体制改革，强化社会管理综合治理，支持做好食品药品安全和安全生产专项整治，切实维护社会稳定，推动和谐发展。

（三）坚持依法理财，打造法治型财政。依法理财是做好财政工作的基本要求，财政部门要严格按照法规制度行使权力、履行职责，确保依法理财、规范理财，建设“法治型财政”，全面提高财政工作的法制化、规范化水平。一是认真落实《预算法》、《会计法》等法律法规，使财政管理有法可依，有法必依。二是完善财政管理机制。建立健全预算编制与预算执行、结余结转资金管理和行政事业性单位资产管理有机结合的管理机制。按照相关法律制度要求，不断深化部门预算管理改革。三是提升财政行政执法水平。加强财政法制宣传教育，规范财政行政执法行为，强化财政行政执法监督。

（四）提高资金效益，打造绩效型财政。工作效能是决定财政职能作用发挥的关键性因素，财政部门要以提高资金使用绩效和管理效能为抓手，创建“绩效型财政”，全面提升财政管理科学化精细化水平。一是深化财政绩效管理改革。在全区推行覆盖所有政府性资金和财政运行全过程的财政监督和绩效考评机制。认真开展绩效监督，切实做到预算编制有目标、预算执行有监控、项目完成有评价、评价结果有反馈、反馈结果有应用、绩效缺失有问责，实现全过程预算绩效管理。二是强力推进和强化财政管理。全面落实零基预算、综合预算和项目预算管理，按照集中财力办大事和“三保”（保工资、保运转、保民生）原则统筹财力配置，加强对预算执行的动态监控，提高预算支出的及时性、均衡性和有效性。三是切实加强会计基础管理。进一步加强预算单位财务管理，加大财会人员继续教育培训力度，全面提升财会人员整体素质。四是着力加强财政队伍自身建设。加强财政干部教育培训工作，着力提高财政工作执行力和创新力，强化为领导、部门、群众服务的主动意识。完善干部作风建设长效机制，丰富财政文化内涵，大力加强党风廉政建设，牢固树立为民、务实、清廉的财政干部形象，做转型跨越发展的排头兵。

（选自《今日城区》2013年3月7日第3版）

论科学的财政发展观

毕映富

在科学发展观的指引下，实现经济社会和人的全面发展，是我们党执政兴国的第一要务。财政作为国家职能的重要组成部分，是贯彻落实科学发展观的重要保证，是实现经济社会和人的全面发展的重要物质基础，因此，树立与科学发展观相适应的财政发观是摆在我们面前的重大课题和时代使命。我们必须从关系经济社会发展的战略高度准确把握科学发展观的本质，从以人为本，实现全面、协调、可持续发展的根本要求上，深入研究并真正树立起科学的财政发展观。

一、科学的财政发展观必须以落实科学发展观为主题。

强大的财政实力是落实科学发展观的物质基础，完善的财政体制是落实科学发展观的重要保障，正确的财政政策是落实科学发展观的调控手段。因此，科学的财政发展观必须以落实科学发展观为主题。财政工作应当密切围绕发展这个主题，努力推进两个转变，在促进经济增长的同时实现经济质量的提高与经济、政治、文化及社会的全面发展。财政工作大力支持结构调整，以市场为导向、科学进步为支持、产业升级为重点、企业为主体，采取有效措施推进各部门、各地区、各产业、个经济成分的协调发展，实现经济效益、社会效益、生态效益在时间、空间两方面的相对的、动态的统一。财政工作要在健全完善财政收入体系的基础上，深化财政支出改革，从而彻底梳理收入流与支出流的全程，建立起财政收支的良性循环机制，进而更好地为整个改革、发展、稳定的大局服务。财政工作要在科技创新上加大投入力度，以促进基础性、战略性、宏观性的理论突破与创新，以促进第一生产力由潜在向现实的转变与实现，以促进人才的培养与使用。财政工作要致力于政府综合能力的增强与人民生活水平的提高，从而通过社会福利水平的提高，进一步推进社会主义建设事业的全面发展。

二、科学的财政发展观必须把发展第一生产力放在首位。

在人类社会的发展中，知识经济取代传统经济的实质就是经济结构的优化和升级，其本质也在于科学技术向现实生产力的转化。因此，科学的财政发展观必须把发展第一生产力放在首位，致力于推动第一生产力的发展。加强对基础性、成本高、有较大外部性的科研工作的投资，为应用科技创新和科技成果转化搭建基础平台。为企业主体的研发活动创造良好的财税环境，促进企业主体推进技术创新的积极性。改进教育投资办法，支持专业技术培训，提高人力资源素质，特别是“第一资源”——人才资源的培训与利用。只有正确处理“生才、聚才、用才”的关系，才能从根本上、战略上、长远上确保兴财和强财。

三、科学的财政发展观必须坚持以可持续发展为目标。

经济的可持续发展是财政可持续发展的基础，同时只有实现财政的可持续发展，才能更好地实现经济的可持续发展。因此，以科学发展为指导的财政发展观必须首先促进经济的可持续发展，在此基础上，努力实现并保持自身的可持续发展。财政要把壮大财政实力作为重要目标，把做大财政“蛋糕”放在主题位置，从而形成生财、聚财、用财的良性循环机制。当前，尤其要针对制约财政可持续发展的种种矛盾，如需求矛盾、效益矛盾、体制矛盾、财力矛盾、政策矛盾、供给矛盾，等等，全面深入地开展调查研究，权衡利弊，梳理关系，以科学发展观为武器，加以综合治理。特别是要进一步推进管理机制创新，优化支出结构，增加社会公共领域的支出，尽快建立预算绩效评价体系，提高财政资金使用效益。进一步理顺和规范财政收入体制，要对现有税制结构加以调整，理顺税费关系，最终形成以合理的税收为主、部分规费项目为辅的科学的财政收入机制，不断做大财政“蛋糕”。要进一步加快财政体制改革的步伐，夯实财政的基础，并逐步增强其实力，促进公共服务均等化。

四、科学的财政发展观必须以制度创新为关键。

建设强大的财政，关键一点是要进行有效的制度创新，最终的目的也就是为了更好地实现财政对经济稳定增长与协调发展的促进作用。财政的制度创新主要包括收入制度创新、支出制度创新、资金管理创新和财政投融资制度创新。收入制度创新重点是税收制度的完善，主要是推进增值税转型改革；统一内外资企业所得税制度；完善个人所得税制，实现综合与分类相结合的个人所得税制。支出制度创新重点是支出结构改革与调整，主要是加大对基础建设的投入，完善财政体制改革，增加社会保障度，让公共财政的阳光普照大地。大力支持教育科技、收入分配、公共卫生体制改革，促进消费对经济增长的拉动作用等。资金管理创新重点是预算管理及绩效评价，主要是进一步完善部门预算改革，建立完整统一的政府预算，全面反映政府履行职能的活动；推进国库集中支付制度和政府收支分类体制改革，完善政府采购制度等。财政投融资制度创新重点是解决政府投资职能的“越位”“缺位”“错位”问题，财政投资要退出竞争性领域，转向非竞争性领域，集中用于促进经济结构调整和社会全面发展。

（选自《今日城区》2005 年 11 月 11 日第 3 版）

坚持科学发展观　创新工作理念

赵美青

今年 6 月，我参加了城区区委组织部举办的北京大学马列学院“2009 年度中国当前经济社会前沿热点问题高级研修班”学习培训。期间，聆听了我国诸多领域的专家学者和著名教授的十几场讲座，使人耳目一新，收获颇丰，对新形势下城区如何践行科学发展观，如何推进“三城十区”建设，如何推进财政工作等问题有了新的认识。

一、知识的不断储备和广泛积累，是创新工作思路的前提。

这次讲座中，让我记忆深刻的有北京大学俞孔坚教授讲的《生态人文城市》、北京大学政府管理学院教授顾昕讲的《新医改方向》、著名社会学家孙立平教授讲的《以科学发展应对金融危机》。《生态人文城市》从城市的生态功能和人文功能入手，打破了人们对城市规划时“路面要硬化、绿化需草坪、路边种鲜花”的传统思维模式，从根本上改变了人们对城市建设的根本思路。《新医改方向》从医改后应走市场化道路，还是应该走公益化之路进行了剖析，讲座旁征博引，有历史的经验，有他国的做法，由我国的现实，给人启发颇深。《以科学发展应对金融危机》则提出了一个经济学家从未提到过的问题——经济危机中的供过于求到底是什么供过于求了。从这个问题入手，较系统地提出了我国应该如何应对金融危机的策略。这三个讲座信息量大，知识量多，新观念、新知识、新信息不断出现在讲座中。这给我的深刻启示是：一个新观念的产生，一个创新思路的形成都是建立在丰富和广博的知识基础之上的。没有大量的知识储备和对各类知识的涉猎，发展思路是不可能有新的突破和更高层次的完善的。城区现在正面临发展的关键时期。对固有思路的突破，对发展思路的完善，其基础和前提是对县区一级发展相关的、广泛的情况有一个较为完整的学习和理解过程，并对先进的社会管理知识有一个比较深入的了解。只有这样，才能实现对传统的突破，才更具有科学性。城区“三城十区”建设的深入推进，其中许多新观念和新思路的形成与完善也印证了这一理论。

二、理论修养的不断提高，是践行科学发展观的基础。

这次参加的讲座给我的另一个感悟是，仅凭经验办事或许可以把事情做得较为完善，但是工作要有所突破，理论修养是基础。没有系统的理论做指导，我们的工作就难以实现突破或跨越式发展。河北大学中国乡村建设研究中心研究院李昌平所做的《中国的发展道路与农民的出路》将中国农村、农业和农民几千年来的发展变化，以及我国“三农”问题形成的历史原因和现实问题为大家充分展示了出来。他把我国当前面临的经济问题与“三农”问题紧密结合在一起，引发出“中国的定位和发展战略选择、关于双向梯度转移战略、关于社会和生态双升级战略、以村民集体资本主义经济实现6亿农民小康”等一系列具有战略眼光的思考。在我看来，这些颇具价值的思考，其根基是对农业经济理论的较高修养。由于有理论的系统性支持，使讲座的脉络清楚，分析严密，其发展策略呈现出较高的实用价值和理论价值。

反思城区的发展，我认为提高各个层次、各个领域管理人员的修养是推进全区发展的基础和关键。理论的提升将使我们在思考全区发展时，更具系统性、全面性、科学性。理论指导才能具有实际意义。

三、保增长、保稳定、保民生，必须坚持以科学发展观为指导。

当前，城区与其他县区一样，面临着保增长、保稳定、保民生的各项工作压力。城区虽小，但由于区位特点和居民成分却不同于其他县区，城区有其特有的问题和难度。如何做好这方面的工作，我在这次学习之后，最深的体会就是做好这些工作必须以科学发展观为指导。

清华大学公共管理学院教授杨燕绥在《服务型政府与社会保障》的讲座中，就经济平稳中的核心词“平稳”进行了详细论述。在她看来，“我们现在提出平稳，就是我们过去有成功的地方，但是我们也有转变不及时和失误的地方，这个平稳指出了一个非常简单的经济道理——供销平衡，我们的生产能力和老百姓的消费能力要平衡”。继而她又就服务型政府应该怎样从寻找平稳的切入点入手实现转化进行了论述。这让我们看到，平稳的关键是平衡，平衡的核心是科学发展。

当前城区面临的困难和压力很大，但发展的机遇也很多。上半年在城区区委、区政府的正确领导下，我们坚持把学习科学发展观的成果落实到工作中，我们坚持“三城十区”不动摇。在压力与困难面前，城区整个经济运行状况、财政收入状况、社会稳定状况都出现了良好的局面。6月刚过，财政快报跳出一连串喜讯：上半年，城区财政总收入累计完成20001万元，为年计划任务的53.18%，为年奋斗目标的50.00%；一般预算收入累计完成10166万元，为年计划任务的55.60%，为年奋斗目标的51.44%，完成了上半年财政总收入和一般预算收入奋斗目标。这无疑为下半年圆满完成全年财政总收入奋斗目标奠定了良好的基础。这也充分印证了这样一个观念，只有坚持科学发展观，才能走出有城区特色的发展之路，才能在当前的困难中取得突破和跨越。

（选自《今日城区》2009年11月9日第3版）

浅议政府收支分类改革

韩新平

政府收支分类，就是按照一定原则、方法对政府收入和支出项目进行类别和层次划分，以客观、全面、准确地反映政府活动。政府收支分类是财政基础性工作，涉及许多管理层面和管理部门，它对科学合理编制预算、组织预算执行，对政府宏观决策，人大和社会各界有效实施财政监督等，都具有十分重要的意义。

随着社会主义市场经济体制不断完善和公共财政体制逐步确立，现行科目体系的弊端也越来越明显，主要表现为：

与市场经济体制下的政府职能转变不相适应。目前我国社会主义市场经济体制已基本建立，政府职能发生了很大转变，财政收支结构也发生了很大变化。但作为反映政府职能活动需要的预算收支科目，却明显带有过去政府代替市场配置资源的色彩；

不能清晰地反映政府职能活动。在市场经济条件下，政府的重要职能，就是要弥补市场缺陷，满足社会公共需要，讲求公开、透明。但我国现行预算支出科目主要是按“经费”性质进行分类的。这种分类方法使政府究竟办了什么事在预算上看不出来，往往造成“外行看不懂，内行说不清”；

财政管理的科学化和财政管理信息化受到制约。我们现在还缺乏一套完整的支出经济分类科目体系，这对细化预算编制，加强预算单位财务会计核算，以及提高财政信息化水平都带来一定的制约；

财政预算管理和监督职能弱化。现有《政府预算收支科目》只反映财政预算内收支，不包括应纳入政府收支范围的预算外收支和社会保险基金收支等，给财政预算全面反映政府各项收支活动，加强收支管理带来较大困难，尤其是不利于综合预算体系的建立，也不利于从制度、源头上预防腐败；

口径不够规范，与国际通行分类方法和国民经济核算不相适应，既不利于财政经济分析与决策，也不利于国际比较与交流。

因此，有必要进行政府收支分类改革。此项改革对进一步深化其他各项财政管理改革，增加预算透明度，强化财政监督以至建立和完善公共财政体系等，都将起到十分重要的推动作用。

在第十届全国人民代表大会第四次会议上，时任国务院总理温家宝在《政府工作报告》中指出："要深化财税、投资、价格改革。财政体制改革的重点，是健全公共财政体系，完善转移支付制度，实施政府收支分类改革，完善预算管理制度。"财政部副部长楼继伟在政府收支分类改革动员布置会上的讲话中也强调，政府收支分类改革是一项意义重大、影响深远的财政预算管理制度创新，直接关系到财政预算管理的透明度，关系到财政预算管理的科学化和规范化，是公共财政体制建设的一个重要环节。从我国的国情出发，实施政府收支分类改革，建立科学的政府收支分类体系，扩大公民民主参与预算过程，是实现政府公共管理转型的重要内容，也是推进社会主义政治文明和政治民主的必然要求。

实施政府收支分类改革，对进一步完善预算管理，构建公共财政体系都有其重要意义，主要表现为：

实施政府收支分类改革，是客观反映市场经济体制下政府职能转变的要求。经过二十多年的改革开放，我国社会主义市场经济体制已基本建立，政府职能发生了很大的转变，市场在资源配置中的基础性作用日益强化，政府的公共管理和公共服务职能不断加强，财政收支结构也发生了很大的变化。因此，只有建立新的政府收支分类体系，才能客观、真实地反映我国政府职能转变和公共财政体系建设的实际情况，使各方对我国市场化进程有一个正确的认识；

实施政府收支分类改革，是清晰反映政府职能活动的需要。市场经济体制下，政府的重要职能，就是弥补市场缺陷，满足社会公共需要。与社会主义市场经济体制相适应的公共财政，就是聚公众之财、办公众之事、受公众监督、让公众满意，必须讲究公开、透明；与此相适应，政府预算也必须反映公共需求，强化公共监督，让公众看得明白，监督有力。但是，我国现行预算支出科目主要是按"经费"性质进行分类的，把各项支出划分为行政费、事业费等等。按这种分类编制的政府预算反映不出政府履行某项职能总共花了多少钱，政府的很多重点工作支出如农业、教育、科技等都分散在各类科目中，形成不了一个完整、清晰的概念。在这种情况下，财政预算确实会出现"外行看不懂，内行说不清"的情况，给政务公开、依法理财和财政监督造成了障碍。实行政府收支分类改革，建立新的支出功能分类和支出经济分类体系，能够完整、直观、明晰地反映政府的各项职能活动，体现公共财政的基本要求；

实施政府收支分类改革，是财政管理科学化、信息化的要求。按照国际通行做法，政府支出需要通过两种分类反映：一种是反映政府职能活动的支出功能分类，如教育、农业、国防、外交等；另一种是反映政府支出的经济性质和具体用途的支出经济分类，对各项具体支出进行剖析和核算，可以反映出办教育的钱是发了工资，还是买了设备、盖了校舍等。我国现行支出科目中的基本工资、公务费、业务费等目级科目并不构成一个完整的支出经济分类体系。它涵盖的范围偏窄，只能反映行政事业单位的部分经费支出，财政预算中大多数资本性项目支出，以及用于转移支付和债务等方面的支出都没有经济分类科目反映；实行政府收支分类改革，建立一套完整、统一的支出经济分类体系，有利于做细、做实政府预算，提高财政管理的科学化和信息化水平；

实施政府收支分类改革，是加强财政预算管理和监督的需要。我国现行的《政府预算收支科目》，只反映了财政预算内收支，不包括应纳入政府收支范围的预算外收支和社会保险基金收支等。实行政府收支分类改革，使财政预算全面反映政府的各项收支活动，有利于加强财政预算收支监督管理，有利于建立和完善综合预算体系，符合党的十六届三中全会提出的实行全口径预算管理的方向，也是从制度和源头上预防腐败的重要措施；

实施政府收支分类改革，是做好财政经济分析与决策、开展国际比较和交流的需要。我国国民经济核算体系、金融统计核算体系都按国际通行标准作了改革。但由于多方面原因，政府预算收支科目体系一直未作类似调整。受政府收支科目涵盖范围和分类标准的影响，我国财政统计口径与国外存在较大差别。财政部门和国家统计部门每年要作大量的口径调整和数据转换工作。实行政府收支分类改革，能够保证有关数据的准确性以及与其他国家之间的可比性，有利于财政经济分析与决策，有利于国际比较与交流。

新的政府收支分类能够有效克服原有预算收支分类的弊端，基本实现“体系完整、反映全面、分类明晰、口径可比、便于操作”的具体改革目标：

该体系与部门分类编码和基本支出预算、项目支出预算相配合，在财政信息管理系统的有力支持下，可对任何一项财政收支进行“多维”定位，清清楚楚地说明政府的钱是怎么来的，最终用到了什么地方。这样，政府收支分类体系就能充分发挥其“数据辞典”的作用，为预算管理、统计分析、宏观决策和财政监督等提供全面、真实、准确的经济信息。从现阶段财政管理与改革的角度讲，构建新的政府收支分类的重要意义还在于，它为尽快建立科学、民主的现代预算管理制度，进一步完善公共财政体系提供了十分必要的基础条件。

新的政府收支分类科目能够直观地看到政府职能的范围和方向，从而清楚政府职能是否“越位”“缺位”“错位”，清楚说明钱怎么来，做了什么事，谁做的以及怎么做等，有效克服了现行体系涵盖范围偏窄、统计口径与国际通用口径差别较大等问题。

政府收支分类改革的实施，在现阶段呈现出的显著特点为：

确立新的政府收入分类，全面、规范、明晰地反映政府各项收入。除现行预算收支科目中已有的一般预算收入、基金预算收入和债务预算收入外，新的收入分类还纳入了实行财政专户管理的预算外收入以及社会保险基金收入等，从而形成了完整、统一的政府收入分类；采用国际货币基金组织收入分类标准和国家统计局公布的最新行业划分标准对收入进行划分。同时，不再沿用按国有、集体、股份制、私营等企业性质分设明细科目的办法；对增值税、消费税等主要收入按行业和税目设置明细科目，为强化经济税源分析创造了更为有利的条件；此外，为避免出现管理上的脱节与混乱，新的收入分类继续保留了国有企业亏损补贴科目，并根据跨地区分享企业所得税的实际管理需要，仍按相关企业设置了所得税明细科目。

确立新的政府支出功能分类，清晰反映出政府职能活动的支出总量、结构与方向。涵盖了财政预算内外、社会保险基金等所有政府支出，从而改变财政预算外资金长期游离于政府预算收支科目之外的状况；统一按支出功能分类，集中、直观反映政府职能活动。如“教育”反映的是全部政府教育支出，而不仅仅是原来的教育事业费支出；充分体现预算细化、透明的要求。比如，“医疗卫生”下设置了“医疗服务”“疾病预防控制”“妇幼保健”“农村卫生”等款级科目，在这些款级科目之下又设置了“重大疾病预防控制”“突发公共卫生事件应急处理”等社会各方面普遍关注的支出事项；新的支出功能分类尽量与国际通行做法和国民经济统计分类标准保持一致，以便相关统计口径可比；科目设置充分体现预算管理的实际需要。比如，适应科教兴国战略要求，同时考虑目前我国科技经费管理的特殊需要，单设了“科学技术”类科目。再如，将国际货币基金组织进行总括反映的“经济事务”科目拆分为“交通运输”“农林水事务”“工业商业金融等事务”三个大类，以便更明晰地反映我国政府经济活动。这些特殊处理虽会带来一些统计口径上的调整，但确实能给有关方面的管理与改革提供较大便利。

确立新的政府支出经济分类，明晰反映政府各项支出的具体用途。将原来一个粗略反映政府部分支出性质的附属科目表，转变成一个可按支出具体用途独立反映全部政府支出活动的分类系统；科目充分细化，按预算管理要求分设80多个款级科目，可充分满足细化预算和强化经济分析的要求；现行支出目级只能反映预算单位行政事业经费的开支情况，而新的经济分类可以明细反映包括基建在内的所有政府支出情况。

新旧科目的衔接是科目改革的关键环节。在年度预算转换中，有几个问题需同大家探讨。新旧科目的口径转换只涉及2006、2007两年，改革之后新科目数据与以前年度的旧科目数据之间不宜再进行直接比较；不宜将住房公积金和医疗保险单列出来，这样会破坏功能性支出分类的完整性，不能全面地反映一个单位资金支出的全貌；地方政府给予一些条管单位的经费，放在功能性支出合适还是放在“其他支出”更好，如“税务提成”等，值得商榷。

政府收支分类改革涉及预算编制、执行、决算和财政监督等各个环节，同时也涉及众多的政府收支管理部门，只有财政、国库、税务部门以及各预算单位积极支持和配合，才能共同做好政府收支分类改革工作，因此应从以下几个方面有所推进：

对现行制度进行清理，及时修改行政单位财务制度以及税收、国库、财政总预算、行政事业单位会计制度；

及时对财政、税务、国库等部门的收入缴库和支出拨款凭证及有关报表体系作相应调整；

积极推进财、税、库网络建设，规范和强化财政信息管理，确保新的政府收支分类能够全面、准确、及时地反映政府收支活动。

政府收支分类改革也是财政自身的革命，我们应抓住政府收支分类改革这一契机，振奋精神，集中精力，研究新情况和新问题，进一步完善财政管理，使城区的财政管理水平再上一个新台阶。

（选自《山西财税》2007年〈增刊〉）

深化国库支付管理　提高资金使用效率

霍永明

实行国库集中支付，是深化财政支出管理，提高资金使用效率的重大改革措施。城区自2012年实施国库集中支付以来，在执行中逐步规范，在创新中不断得到完善。目前城区区直预算单位已全部纳入国库集中支付，2015年1月至7月共支付6812笔，合计金额32455万元。中心开通公务卡

1372张，刷卡笔数391人次，报销金额36万元，刷卡支付单位达到95%，取得了良好的管理效果和社会效益。但是在具体操作过程中，仍然存在一些需要探讨和解决的问题。

一、充分认识国库集中支付的审核职能，发挥好事前监督作用

在国库集中支付改革之初，曾明确“三不变”原则，即不改变预算单位的资金所有权、使用权、管理权。据此，有人认为国库集中支付就是单位的“出纳”，领导准支就可以支付，对集中支付审核有异议。国库集中收付制度是指：建立国库单一账户体系，所有财政性资金都纳入国库单一账户管理，收入直接缴入国库或财政专户，支出通过国库单一账户体系，按照不同支付类型，采用财政直接支付与授权支付的方法，支付到商品或货物供应者或用款单位。从国库集中支付的定义可以看出，并不是单位想怎么支就怎么支，想支到哪里就支到哪里；从国库集中支付执行的原则来看，国库集中支付遵循按预算、按计划、按进度、按程序支付资金；这两点都说明资金支付是有规矩的。国库资金支付运行情况也表明，审核严，违规少，审核松则违规多。因此，加强国库集中支付审核是必需的，只能加强，不能放松，这样才能取得“财政闸门”的效果。尤其是在中央“八项规定”出台以来，中心加大改进工作作风力度，把服务群众放在了第一位，对城区区委、区政府负责。把审核作为一种服务，把好财政支付的出口关。坚持按原则按制度按程序办理审核支付事项，履行国库支付岗位的工作职责。

二、理顺集中支付与财政内部各业务股室的关系

国库集中支付是预算执行的关键环节，从财政业务来讲，要逐步构建预算编制、预算执行、预算监督既相互分离又相互制约并有机结合的预算管理体系，实现三者之间相互依存、相互促进、各负其责、协调统一的工作模式。国库集中支付制度的全面推行和新《预算法》的实施，为科学规范的预算执行奠定了良好的基础。要充分发挥好国库集中支付的运行机制，全力做好预算执行工作，当前要在以下几个方面继续发力：预算编制系统和国库集中支付系统完全对接。人大批复预算后，从预算编制系统将各单位预算指标一次性导入国库集中支付系统，实现集中支付数据的完整性和真实性；全口径录入预算和单一账户管理。所有区本级财政性资金都必须纳入国库集中支付管理，彻底实现资金未支付到最终商品和劳务提供者前留在国库的目的；一个出口、分户清算。所有预算单位和财政性资金项目一律通过集中支付办理结算事项，支付时须严格区分资金渠道，属于预算资金的由国库账户清算，属于专项资金的由财政专户清算。

三、加大公务卡管理力度，减少现金使用

实行国库集中支付以后，为减少现金使用，提高资金支付透明度，适时推出了公务卡管理制度，消费留痕，报销还款，经过几年的运行，目前已形成了一套较为完备的公务卡运行管理机制，从办卡、注册、消费、还款环节都有具体的操作规程，也取得了明显的管理效果和社会效益。但部分单位和人员仍然存在不想用卡和逃避用卡的问题，一方面是用卡环境还不能完全满足需要，另一方面则是部分人员思想认识不到位，依然有不按规定刷卡支付的现象。所以要继续加强公务卡宣传教育力度，强化用卡管理，创优用卡环境，严格执行公务卡结算目录制度，建立公务卡奖惩机制，切实提高使用公务卡意识，为严肃财经纪律，提高指出透明度，创造良好的

支付环境和社会氛围。

四、加强对预算单位和会计人员培训，规范支付行为

随着国库集中支付改革的逐步深入，许多新制度、新办法、新要求需要广大会计人员学习和掌握，为此财政部门以前已举办过多次培训。但还要加强、提升单位会计人员的整体素质和业务能力，为贯彻落实国库集中支付制度和深化国库集中支付改革奠定坚实的人员基础。

（选自《阳泉日报》2015 年 10 月 29 日第 3 版）

第五编

人　物

阳泉市城区建立一级财政31年来，致力于培育“四有”新人，不断提高干部队伍的思想道德水平和科学文化素质，努力建设一支勤政、廉洁、务实、高效的干部队伍，使全局干部职工始终保持蓬勃向上的精神，真抓实干的工作作风，工作中勤勉进取，财政工作不断取得了新胜利。

第一章 人 物 传

毕慕滋（1938–2013）

毕慕滋，男，汉族，籍贯阳泉郊区，中共党员，初中学历，会计师，注册会计师，1985年4月至1997年3月任阳泉市城区财政局局长。

1957年至1960年3月，在阳泉工业合作社任会计练习生。1960年3月至1976年2月，在阳泉市郊区李家庄人民公社担任工业统计工作。1976年3月至1978年，为阳泉市城区机械厂会计。1979年至1985年3月，为阳泉市城区财政科副科长。1985年4月至1997年3月，为阳泉市城区财政局局长。1997年3月离岗，为助理调研员。1998年12月退休。被省财政厅评为“先进财政工作者”，是阳泉市第九、十两届人民代表大会代表。

在阳泉市城区财政局工作期间，主要进行了如下工作：

建立一级财政体制，为城区经济体制改革进行重要补充。充实财政力量，1985年5月在城区组织、人事部门协助下，从区内外单位选调4名有财会专长、从事经济工作多年、具有一定实际经验的人员，充实到城区财政队伍，以此适应建立一级财政体制之后的工作开展；将原城区财政局分管的区机关和有关部门的财务核算职责，认真核对，分口造册，逐项移交，使财政管理和财务管理全面分家。同时组织力量，按照现行财务制度，帮助接受单位建立健全财务核算制度，做到统一账簿，统一会计科目，统一凭证和报表，加强财务管理，严肃财经纪律。城区一级财政体制的建立，使财会队伍发生了变化，加之财会人员多数是新手，不能适应经济体制改革的需要，为此组织财政干部和财会人员对财经政策、财政知识、财会业务进行定期或不定期学习，使全体财政、财务干部增强业务素质，从而实现城区一级财政正常运转，并取得良好效果。

大力组织收入，确保完成区政府和上级财政下达的收入预算。在每年年初召开的财税工作会上，传达上级关于组织收入的精神，将收入预算尽早予以落实。督促财税部门把收入指标分解落实到所、股、室，签订目标责任书，严明奖惩办法，真正实现人人头上有指标，千斤重担大家挑。

进一步加强财税库行协调配合。带领财政干部经常深入税务所、金库对照检查完成情况，及时掌握税款入库进度，保证各项收入及时入库。督促有关部门与欠税企业签订限期缴纳计划，对屡催不缴的单位按照有关规定以扣款方式划拨国库。对自身难以解决的问题及时向区委、区政府汇报，努力通过领导协调化解；

支持区营企业深化改革，积极培植后续财源。本着以经济建设为中心的指导思想，促进企业深化改革，转换经营机制，全面走向市场，创造更好的经济效益。认真贯彻《企业财务通则》和《企业会计准则》，对涉及企业的财税政策都不折不扣地落实到企业。努力压缩不必要的开支，大力安排支持企业发展资金和科技改造资金，扶持企业进行技术改造和产品升级换代，充分挖掘企业发展潜力。

加强财政管理，控制经费开支。针对城区一些单位经费开支控制不严、铺张浪费现象程度不同地存在现象，坚持以严把“四关”的方法积极应对：（1）年初把好预算关。年初在编制预算时，坚持保证重点，兼顾一般，对各单位经费预算进行严格把关，对各项经费按标准定额安排下达，要求在执行中严格控制。（2）按进度把好拨款关。在拨款时掌握情况，按实际进度控制其支出，防止超进度拨款。（3）把好专款审批关。各项专款都要按规定审批，做到专款专用。（4）把好检查监督关。定期不定期地对各部门各单位财政支出进行监督检查，并在审核各月支出时，看其有无不合理现象；组织财会人员严格执行规定，对机关财产购置及汽车司机出车补助标准等都建立具体管理办法，克服各自为政、各行其是的现象，保证财经纪律的执行。

丁载宗（1929.6–2003.7）

丁载宗，男，汉族，籍贯山西平定，初中文化。1985 年 1 月至 1989 年 7 月，任阳泉市城区财政局副局长，享受离休干部待遇。

参与城区财政局的建立。克服人员少、办公场地紧张、内部管理制度缺乏、工作任务较重、管理事项繁杂等一系列矛盾，团结全体人员，以迎难而上的精神努力工作，为城区财政局尽快走上正轨发挥作用。

坚持参加政治学习和各项活动。为使新成立的财政局能够形成浓厚的学习氛围，自己带头自觉学习时事政治，努力提高政治素质和理论素养。自觉执行城区政府的政治学习制度，保证政治学习时间，集中精力保证学习质量。同时注意理论联系实际，运用正确的方法分析问题和解决问题。

积极参与城区一级财政体制的建立，对预算安排坚持“统一领导、分级管理”和“分灶吃饭”的原则，对留成比例进行认真测算。采用不同的测算方式，从不同角度进行分析，为一级财政体制的建立耗费心血。在预算安排方面能够按照区政府的要求，坚持紧缩和量入为出、收支平衡的原则，狠抓促产增收，强化管理和监督，克服市场疲软、资金紧缺、生产滑坡以及增支口子不断增加等不利因素，为保证城区财政收入不断增长、财政盘子平衡做出努力。

在工作中始终坚持艰苦奋斗、勤俭节约的方针，在财政支出管理方面坚持勤俭办一切事业，严禁铺张浪费，堵塞支出漏洞。带头节约一张纸、一滴水、一度电，积极挖掘机关在日常工作中的节支潜力，努力降低机关运行成本。

第二章　人物简介

康建光

康建光，男，汉族，1969 年 1 月 11 日生，籍贯山西五台，中共党员，大学本科学历，现任阳泉市城区财政局局长。

1992 年 7 月，山西大学化学系毕业，分配到城区环保监测站工作。1996 年 3 月至 1997 年 11 月，任城区建设管理局（城建环保局）科员。1997 年，任城区纪检委监督室主任。1998 年 10 月，任北大街街道办事处党委副书记兼武装部部长。2001 年，任城区区委政法委副书记。2004 年，任城区建设局局长。2010 年，任城区住房保障和城乡建设管理局局长。2011 年 9 月至今，任城区财政局局长。

在担任城区住建局局长期间，团结带领全体财政干部，紧紧围绕全市“三城同创”这一主题，紧密结合城区“三城十区”建设实际，以改善人居环境、提升城市品位为目标，加强组织协调，不断完善城市功能，城市环境得到进一步改善。国家园林城市创建顺利通过验收，国家卫生城市和环保模范城市创建扎实推进，廉租住房保障工作起步并规范运行。

在任城区财政局局长工作期间，团结带领全体工作人员，大力推进财政改革，创新体制机制，完善管理措施。在稳增长，调结构，促改革，惠民生，防风险方面积极作为。进一步深化预算制度改革，全面推进部门预算编制、国库集中支付、非税收入和公务卡改革以及完善政府采购运行管理。开展预算绩效管理，成立财政投资评审中心，不断提高财政资金的使用效益。积极支持城区经济发展，在强化征管、千方百计抓收入的同时，优化支出结构，大力压缩“三公”经费和一般性支出，盘活财政存量资金，积极争取上级资金，实现“保工资、保运转、保民生、保重点”目标，民生支出由“十一五”末的 73.33% 提高到“十二五”末的 84.65%。

加强财政监督，初步建立覆盖所有政府性资金和财政运行全过程的财政监督机制，政府债务管理不断规范。进一步推进财政信息公开，区本级预决算和“三公”经费预决算按规定公开。加强国库资金管理，规范清理财政专户，试编权责发生制政府财务报告。加大清理预算内外财政往来资金，规范财政运行管理。积极开展精神文明创建，依托“财政文化大讲堂”，提高财政干部的政治业务素养。城区财政局在 2012 年被评为区级文明和谐单位的两年后，又荣获“区级标兵文明单位”称号。扎实开展“六五”财政普法，2014 年荣获阳泉市“市级依法治理示范单位”称号。全面推进党的建设、党风廉政建设和干部队伍建设，财政干部的创造力、凝聚力、战斗力不断提高，树立风清气正、廉洁高效的机关形象。

是阳泉市第十四届人大代表，是中共阳泉市城区第九次党代会代表，阳泉市城区第十三届、十四届、十五届人民代表大会代表。

王新华

王新华，女，汉族，1965 年 11 月 28 日生，籍贯山东梁山，群众，自学本科学历，会计师，现任阳泉市城区财政局副局长。

1985 年 7 月在山西省财贸学校毕业，分配到阳泉市城区财政局工作，先后任办事员、科员，行财股股长，国库股股长。2001 年 10 月任城区财政局副局长，2012 年 2 月享受主任科员待遇。

在分管政府采购工作中，规范公开招标、邀请招标、竞争性谈判、询价采购、单一来源等采购方式的具体流程，完善招标、开标、评标程序及纪律，狠抓政府采购业务实施文件、采购结果通知书、采购合同的标准文本建设。大力宣传政府采购法，逐步使政府采购走向正规化和规范化。坚持大力宣传和贯彻落实《中华人民共和国政府采购法》，努力提高全社会对政府采购制度改革的认识。以扩大政府采购规模，规范政府采购管理为重点，不断完善政府采购的各项规章制度，努力促进依法采购。

在分管企业财务工作时，围绕全区转型发展的重点，认真研究扶持企业发展的财政政策，以结构调整为重点，充分发挥财政资金“四两拨千斤”的引导带领作用，着力促进中小企业科技创新，推动资源深度开发，积极配置主导产业，促进产业结构优化升级和经济增长方式转变。掌握全区各类企业相关情况，认真做好国家、省、市中小企业发展专项资金申报工作。加强与劳动社保等部门联系，加强对困难企业领取生活补助人员、生活费发放等环节工作的监督检查，确保该项工作严谨、规范。对分管的其他工作也是严格认真，十分负责。

能够严格要求自己，用政治纪律和廉洁自律约束自己，善于团结自己身边的工作人员，和全局人员搞好协作，在各项工作开展中，都能够积极协助局长搞好工作。

1987 年 3 月，被评为全市财政工作先进工作者；1995 年 9 月，在全国第三次工业普查工作中被评为全市先进工作者；2004 年 3 月，被评为区“三八红旗手”；2007 年 3 月，被评为全市先进财政工作者；2010 年 8 月、2012 年 2 月，分别被区总工会评为“先进工会工作者”；2014 年，荣获“城区劳动模范”称号。

韩新平

韩新平，女，汉族，1966 年 1 月 3 日生，籍贯阳泉郊区，群众，中央党校函授本科学历，会计师，现任阳泉市城区财政局副局长。

1985 年，山西省财贸学校物价专业毕业，分配到平定县财政局工作，先后任办事员、科员。1989 年 9 月调入城区财政局，先后任综合股股长、预算股股长。2008 年 3 月任城区财政局副局长。在担任综合股股长期间，城区财政局综合计划股于 1998 年获得“山西省财政系统先进集体”荣誉称号。在担任预算股股长期间，开展财政供养人员信息系统填报、县乡财政报表、清理党政机关领导干部拖欠公款等工作，部门预算开始“e”财软件编制，使部门预算的编制更加科学化、精细化。起草《关于开展“十二五”以来我省县级财政状况问题调研》报告。结合政府收支分类改革，撰写《浅议政府收支分类改革》，刊登在 2007 年《山西财税》杂志。

在担任副局长期间，分管办公室和预算股工作，办公室的信息报送工作逐步完善，两次受到区委、区政府表彰。财政对外宣传力度加强，精神文明、法制建设、综合治理取得成效。进一步加强预算管理，细化支出标准，强化预算约束，做到预算收支平衡，开展预算绩效管理和财政投资评审工作。政府债务管理进一步细化和规范。预算信息公开工作全面展开。

1995 年，被授予山西省财政“两法两则”知识竞赛优秀奖，2009 年，被评为 2006–2008 年度阳泉市杰出会计工作者、阳泉市社会主义劳动竞赛三等功，2011 年，被评为 2006–2010 年阳泉市依法治市暨“五五”法制宣传教育工作先进个人，被评为 2006–2010 年阳泉市学法用法先进个人。2011 年，所撰写的《关于市辖区公共财政建设的思考》被评为 2010 年度全市统战论文二等奖。

靳慧芳

靳慧芳，女，汉族，1965 年 1 月生，籍贯阳泉郊区，中共党员，中央党校函授本科学历，会计师，现任阳泉市城区财政局副局长。

1986 年 7 月忻州商业学校毕业后，分配到城区财政局工作。先后任办事员、科员，曾担任预算股股长、国库股股长、行政政法股股长、城建经建股股长。2008 年 3 月任财政局副局长，分管文教行政政法股、城建经建股、会计监督股，兼任财政局党支部副书记，协助局长做好全局党务工作和党风廉政建设工作。

参加工作以来，在总预算会计岗位工作期间，能认真学习《总预算会计制度》，积极协调财库、及有关部门之间的业务；严格办理财政各项收支、资产负债的会计核算工作，提高资金使用效益。

分管行政政法工作方面，坚持完善政法系统经费保障机制，支持政法提高履职能力。

在分管的教科文方面，积极落实财政支持学前教育发展政策措施，解决学前教育存在的突出问题。完善义务教育经费保障机制，促进义务教育均衡发展，文化事业发展和科技投入不断增强，不断提升城市中心区的文化软实力。

在分管的经建城建方面，做好家电以旧换新工作，积极支持“三城同创”，国家园林城市创建顺利通过验收，加强城市基础设施建设。街道小区“四化”工作圆满完成，城市面貌得到了不断提升。

注重加强财政监督，提高资金使用质量。一是抓好收支监督，开展“小金库”治理等专项工作，确保重大财税政策落到实处；二是以加强财政监督为保障，对校安工程、安全资金、应用技术研究与开发等专项资金进行检查，确保专款专用。三是加快建立财政资金使用的绩效评价机制，逐步将考评结果与预算安排结合起来，提高考评的有效性。

2004 年 5 月，被授予区“先进工作者”称号；2006 年 3 月，被授予区“2005 年度综治工作先进个人”称号；2007 年 3 月，被授予市“财政工作先进工作者”称号；2009 年 7 月，被授予区“优秀党务工作者”称号；2012 年 6 月，被授予区“创建国家园林城市先进个人”称号；2015 年 6 月，被授予区“优秀党务工作者”称号。

范俊霞

范俊霞，女，汉族，1966年7月生，籍贯河北井陉，中共党员，中央党校函授本科学历，助理会计师，现任阳泉市城区财政局总会计师。

1985 年 12 月参加工作，为阳泉市财政局办事员。1986 年 9 月，为城区财政局办事员、科员。1989 年 1 月，为阳泉市城区区委办公室科员。1998 年 4 月，为阳泉市城区财政局科员。2008 年 3 月至今，为阳泉市城区财政局总会计师。

在任城区财政局总会计师期间，兢兢业业，勤奋工作，不畏艰难，尽职尽责，积极开展工作，为引申财政改革，推进财源建设，搞好增收节支，搞好资金调度等方面做出积极的努力。主要做了以下工作：

加强财政收入的组织和管理。一是加强对经济运行形势的跟踪和分析，认真分析经济形势变化对财政收入的影响。二是加强与税务部门的沟通和协调，支持税务部门依法征税，做到应收尽收。三是加强政府非税收入管理，进一步规范非税收入收缴管理和核算行为。 四是加强人民银行、税务及上级财政部门的协作与联系，建立信息相互沟通、数据相互交流、情况相互通报的工作机制，及时掌握税收入库动态，努力提高财政收入质量。

强化预算执行管理。优化支出结构，坚持“保工资、保运转、保民生、保重点”的原则，认真管理国库资金，提高资金使用效果。建立健全预算支出执行跟踪分析和情况制度，及时向领导反映预算执行动态情况。

加强国库管理基础工作，推进科学化、精细化管理水平。一是牢固树立财政资金安全、规范管理意识，严格执行各项财经法规制度。进一步强化内部监督约束机制，规范资金缴拨流程，严格预算执行，确保财政资金安全有序运行。二是提升预算执行分析水平。按照全面加强预算执行管理科学化、精细化的要求，紧紧围绕财政改革与发展的大局，注重增强重大性、苗头性、敏感性问题的研究，做好收支预测分析工作，重点突出分析的时效性、敏感性和前瞻性，充分发挥执行分析对领导判断决策的参考作用。

推进、完善、深化财政国库管理制度改革。认真落实省市、省财政部门关于加强与规范财政资金专户管理的工作要求。加快财政资金专户归口管理工作力度，将分散在财政相关职能部门管理的财政专户转归国库统一管理，强化财政资金监管环节，从真正意义上做到所有财政专户划归国库统一管理。

做好社保资金管理工作及工资统发工作，确保及时足额到位和不发生差错。

完成 2014 年度权责发生制政府综合财务报告试编工作。

注重加强对权力运行的监督和制约，保证正确行使权力。注重政治学习和专业知识学习，不断提高自身综合素质。注重团结全体同志，全心全意搞好财政工作。

多次被市财政局评为“财政总决算工作先进个人”，是中共阳泉市城区第九次党代会代表。

霍永明

霍永明，男，汉族，1971 年 9 月生，籍贯河北井陉，中共党员，电大本科学历，现任阳泉市城区会计核算中心主任。

1994 年 4 月至 1995 年 5 月，为阳泉市城区物资公司职工；1995 年 6 月至 2002 年 12 月，为阳泉市城区武装部会计；2003 年 1 月至 2008 年 3 月，为阳泉市城区会计核算中心负责人；2008 年 3 月至今，为阳泉市城区会计核算中心、国库集中支付中心主任。

在会计核算中心工作期间，做了如下工作：

积极开展国库集中支付工作，保障财政资金规范化运行。完善方案，拟定流程，设置岗位。根据《阳泉市城区国库集中支付中心实施方案》，拟定《预算单位办理财政直接支付业务流程》，根据《阳泉市城区国库集中支付中心岗位责任制度》，对集中支付受理岗位、支付岗位、会计岗位的具体操作进行补充完善。确保集中支付各项工作有序开展，做好直接支付的审核、对账工作，保证财政资金安全支付。对各预算单位的直接支付资金，经由受理岗、支付岗、会计岗的录入、初审、复核后，传递至代理银行进行支付清算，提高预算支出的透明度。

强化服务意识，拓展服务内容，提升服务品质。始终以提供优质的会计服务为基点，围绕“服务、监督”两个重点，坚持服务与监督并重，寓监督于服务之中，不断创新服务手段，提升服务技巧，拓展服务空间，把提高效能作为服务之本，缩短报账时间，为预算单位提供多方位的服务。

深化服务内容，提升分析能力，为预算表单位提供更加有用的会计信息。国库集中支付中心在提供正常会计报表基础上，依据各单位基本支出和项目支出核算资料编制收入支出结余总表，使各单位领导和财会联系人能够及时掌握本单位正常经费和各类专项经费支出情况。根据财政收支分类科目改革的需要，开发出按功能分类汇总、按经济分类反映的收入明细表和支出明细表，便于预算单位及时掌握资金使用情况，同时也为财政决算提供依据。

能够严格要求自己，提高自身素质。积极开展职工的政治思想教育和业务培训工作，努力促进工作作风、工作效率、服务水平再上新台阶。

2008 年，荣获阳泉市精神文明建设“阳泉市优秀市民”称号。

吴　军

吴军，男，汉族，1980 年 8 月生，籍贯阳泉郊区，中共党员，函授本科学历。2011 年 12 月 –2015 年 12 月任阳泉市城区政府采购中心主任。

1998 年 12 月参加工作以来，在城区财政局会计核算中心工作。组建城区政府采购中心后，在城区政府采购中心工作。2011 年 12 月任城区政府采购中心主任。

分管政府采购工作以来，主要开展如下工作，取得积极成效。

具体制定政府采购主管部门的职责。按照上级要求，拟定城区政府采购办法，制定政府采购实施细则，管理和监督政府采购活动，审批进入政府采购的供货商资格与中介机构代理资格。组织培训政府采购人员，确定并调整政府采购目录和公开招标采购范围的限额标准，办理其他有关政府采购的行政事务。

具体确定采购方式。将城区的政府采购方式确定为公开招标采购、邀请招标采购、竞争性谈判采购。在实际工作中严格要求自身，对三家以上供应商提供的报价进行比较，以确保价格具有竞争性的采购方式，通过政府采购节省了财政支出。

制定严格的招标投标程序。坚持做到公开招标事先在采购主管部门指定媒体上通告所采购货物、工程、服务的“招标单位”和“标的名称”等内容，招标事宜由采购机关或指定中介组织进行安排，招标文件应对招标项目的性质、数量、技术规范、投标人资格、投标书编制要求等做出详细规定，始终做到政府采购在阳光下进行。

积极落实监督及责任。坚持将政府采购置于财政部门的监督检查之下，对监督检查包括的内容，诸如政府采购的法律、法规和政策执行情况，政府采购项目预算执行情况，政府采购合同履行情况进行反思，从中查找问题和发现不足，使政府采购工作沿着正确的轨道不断向前。

通过宣传的方式使政府采购走向规范化。坚持利用公开场合和各种媒体大力宣传和贯彻落实《中华人民共和国政府采购法》，努力提高全社会对政府采购制度改革的认识，努力扩大政府采购规模，不断完善政府采购的各项规章制度，保证政府采购“公开、公平、公正”，接受供应商和采购单位的监督，使全区政府采购工作依法开展。

毕映富

毕映富，男，汉族，1963 年 9 月生，籍贯阳泉郊区，中共党员，首都经贸大学经济系在职研究生毕业，会计师，1997 年 5 月至 2006 年 6 月任阳泉市城区财政局局长。

1981 年 10 月参加工作，1997 年 5 月担任城区财政局局长。2006 年 6 月担任阳泉市交通局纪检组长。2011 年 11 月担任市环保局纪检组长。

在城区财政局工作期间，开展了如下工作：

规范支出管理，节约财政资金，保障重点需求。按照“调整结构、加强管理、压缩一般、确保重点”的方针，从改进管理入手，积极采取措施，努力节约资金，保证重点需求。一是从严控制预算追加，大力压缩经费。实行车辆定点保险，实施汽车定点维修，印刷费、接待费、会议费等支出管理办法，取得一定效果。二是按照区委提出的“调整支出结构，做到有保有压，确保财政收支平衡”的目标，督促各单位眼睛向内，制定节支措施，使支出得到了有效削减。三是妥善安排支出，保证工资及社会保障等重点支出。预算安排上加大预算外资金调控及抵支力度，一定程度上缓解预算内财力不足的矛盾。

抓住机遇，锐意进取，进一步深化财政改革。为建立科学、合理的财政运行机制，以深化预算制度改革为重点，全面推进财政改革进程。严格坚持“零基预算“方法编制部门预算，统一预算内外标准，进一步细化预算编制，有效节省财政资金。实行国库集中收付，对行政事业单位工资统一发放。进一步规范政府采购行为，出台相关配套办法，编制政府采购预算，避免了各自为政、浪费财政资金行为的发生。大力规范支出行为，为优化支出结构提供基础保障。按照构建公共财政基础框架的要求，重点做好“退、减、压、保”工作，就是加快从支持经营性、竞争性领域退出；大力精简机构，切实解决财政供养人员较多的问题；大力压缩非重点项目和不合理支出；把支出的重点转移到满足社会公共需求，保证政权机关正常运转和提高人民群众生活水平上来。

强化财政监管，推进依法理财。从构建公共财政体制框架出发，建立财政预算编制、执行、监督相互分离、相互制约的组织结构，组织开展对行政事业收费、罚没收入“收支两条线”落实情况和“小金库”的检查，查处一些违反财经纪律的行为，促进财经秩序的好转。规范票据管理，清理和整顿各项收费政策。进一步探索国有资本基础管理和企业财务管理的有效途径，开展对区办工业企业的绩效评价，实时制定改制企业财务衔接办法，促进国有企业产权制度改革规范运行。对重点企业会计信息质量进行抽查，整顿和规范会计工作秩序。

2001 年，当选为城区第六届区委委员；1997 年 –2012 年，是阳泉市城区第十二届、第十三届、第十四届人民代表大会代表；1997 年 –2007 年，当选为阳泉市第十届、第十一届人大代表。2006 年 4 月，荣获“阳泉市五一劳动奖章”。

赵美青

赵美青，女，汉族，1964 年 10 月生，籍贯山西盂县，中共党员，1982 年 9 月参加工作，首都经贸大学经济系在职研究生，会计师；2006 年 12 月至 2011 年 9 月，任阳泉市城区财政局局长。

1982 年 9 月至 1985 年 6 月，为阳泉市城区财政局办事员。1985 年 7 月至 1997 年 9 月，为阳泉市城区财政局科员。1997 年 10 月至 2003 年 6 月，为阳泉市城区财政局副局长。2003 年 7 月至 2006 年 12 月，为城区财政局副局长，享受主任科员待遇。2006 年 12 月至 2011 年 9 月，为城区财政局局长。2011 年 9 月任城区民政局局长。2013 年 2 月调市纪检委任副秘书长。

在担任局长期间，兢兢业业，努力搞好工作。

大力抓好预算编制。在编制预算时，坚持按照区委、区政府要求，从讲政治的高度出发，结合民生工程需求，努力遵循“六项原则”。坚持以科学发展观统领预算工作全局，实行稳健的财政支出政策，不断调整和优化支出结构，促进全区经济社会各项事业又好又快发展。坚持“一要吃饭、二要建设”的原则，把保工资、保运转、保稳定放在首位，实现财政的基本职能。体现财政支出的公共性，增加薄弱环节、改善民生、深化改革方面的支出，着力解决经济社会发展中的突出问题，为构建和谐社会提供更多均等的公共产品和公共服务。切实保障义务教育、社会保障、公共卫生、环境保护及城乡基础设施建设等重点支出。量力而行，留有余地，收支平衡，不列赤字。坚持完善部门预算，预算内外收支通管，做到财力综合运用。

充分发挥财政调控职能，促进经济增长方式转变。支持经济结构调整，促进产业协调发展。积极争取省、市财政支持，多渠道筹措资金，支持运用高新技术提升传统产业，推动新型材料等工业尽快发展壮大。进一步清理和取消限制服务业发展的各种不合理规费，加快第三产业发展步伐。推进节能减排和环境保护，促进经济与资源环境协调发展。认真落实鼓励节能减排的财税政策，对符合条件的节能环保项目实行定期减免或抵免企业所得税政策，对节能减排设备投资给予增值税进项抵扣。着力推进国有企业改革、中小企业发展和扩大对外开放。认真落实区委、区政府制定的深化国企改革一系列政策，积极参与区属企业产权制度改革，支持企业进行“主辅分离、辅业改制”。

大力支持各项民生建设。支持教育优先发展、均衡发展。继续落实教育阶段各项政策，全面实施中小学校舍维护、学校安保投资。支持发展医疗卫生事业，建立健全优抚对象医疗保障制度，进一步推进医疗卫生服务机构标准化达标建设。支持完善社会保障体系，进一步提高企业退休人员养老金水平和低保水平，认真落实完善灾害救助等社会保障补助政策。支持加快保障性住房建设，加大对经济适用住房建设支持力度，积极支持旧区改造和棚户区改造，采取货币补助和实物配租相结合的方法，解决低收入家庭住房困难。支持维护公共安全，建立健全政法保障经费长效机制。

2003年4月，被省财政厅评为“山西省先进会计人员”，2004年3月，被市财政局评为“先进工作者”，2007年3月，被市妇联评为“三八红旗手”，2010年12月，被省劳动竞赛委员会授予“个人一等功”，2011年12月，被省财政厅评为“全省财政系统法制宣传教育先进个人”。

刘 良

刘良，男，汉族，1968年2月生，籍贯阳泉郊区，中共党员，函授本科学历，助理会计师。2001年10月至2008年7月，任阳泉市城区财政局副局长。

1989年11月由山西劳动警察学校毕业分配到到阳泉市城区财政局工，分别任办事员、科员。2001年10月，任城区财政局副局长，分管办公室、行政事业财务、财政监察、政府采购方面的工作。2008年4月，任城区发展和改革局副局长（主任科员）。2015年12月开始，任城区统计局局长。

在分管办公室工作期间，立足机关建设，打造文明、和谐的机关作风。坚持以科学发展观为统领，扎实推进“财政管理年”活动，提高服务意识和服务效率。认真落实党风廉政责任制，着力整顿机关内部管理体制，规范各种管理考核制度，提升服务质量。加强政风、行风和作风建设，在全区树立财政机关的良好形象。努力培养务实作风，营造团结氛围，打造品行好、作风正、素质高、业务精的干部队伍，努力把财政部门建设成为上级放心、部门信任、群众满意的政府机关。

在分管行政事业财务方面，不断加大对教育的投入，推动教育事业发展。先后实施中小学校园、校舍达标建设工程，新建、改建部分校舍，对新增危房进行维修改造；将投资重点放在中小学技术装备方面，由政府集中采购教学仪器、图书和文体活动器材，购置图书柜、办公桌椅和学生课桌凳，使教学硬件环境得到改善。认真落实义务教育阶段资助政策，及时实施全部免除义务教育阶段学杂费，将“两免一补”政策及时落实到位，使贫困家庭学生能够享受普惠政策。2008年，城区财政用于教育的支出增长28.22%，义务教育标准化建设通过省级验收。

在积极支持社会公共事业发展方面，财政用于科技、医疗卫生的投入增长较快，社区公共卫生体系规范运行，为居民提供“六位一体”的基本医疗服务。计划生育经费按目标责任状兑现。科学技术等法定支出足额拨付到位。文化经济建设亮点凸显，全区基本实现“两馆健全，一街一站，一社区一室（中心），一人一册（图书）”的建设目标。

在负责接受6所中央企业学校工作中，为保证6所学校顺利交接，亲自拟定交接方案，设计交接表格和目录，确定经费测算标准和项目，经过严密的测算和核实，为中央财政提交了依据充分、计算准确的经费测算对账资料，得到上级部门的肯定。同时积极与上级财政沟通，既减轻了上级财政的工作负担，也为城区争取到合理的经费保证。

在分管政府采购方面，在依法采购、规范操作、扩大规模上下功夫，发挥政府采购有利于加强财政支出管理，提高效率、效益和防止腐败的作用。健全完善政府采购长效机制，出台《阳泉市城区政府采购管理办法》《阳泉市城区政府采购管理办法实施细则》《阳泉市城区政府采购管理规程》《阳泉市城区政府集中采购目录及采购限额标准》。2008年，政府采购节约率达38%。

葛玉山

葛玉山，男，汉族，1964年11月生，籍贯阳泉郊区，中共党员，1984年7月在城区财政局参加工作，1997年9月至1999年9月，担任城区财政局副局长。1999年9月至2000年8月，担任城区宣传部副部长，2000年8月至2007年3月，担任城区审计局局长，2007年3月，担任城区编办主任至今。

在城区财政局工作期间，主要从事办公室、会计管理、预算外资金管理等工作。

在办公室工作期间，根据办公室的工作性质及其所处位置，努力搞好办文、办会、接待及其他工作，积极为领导决策出主意、提方案、搜集信息、调查研究，发挥好“参谋”作用。办公室的工作是体现、执行、贯彻领导意图的工作，具有较强的政治性和政策性，为此，要求自身努力学政治、学知识、学业务，以身体力行的方式搞好工作。

在从事会计事务管理中，认真贯彻、学习、落实《预算法》、《会计法》等法律法规，对“两则、两制”（《企业财务通则》《企业会计准则》）进行深入学习、培训，使“两法、两则”在全区得到较好贯彻。按照国家第二次修订的《中华人民共和国会计法》，对会计事项进行全面规范，为提高会计信息质量提供有力的法律保障。

在预算外资金管理方面，坚持对预算外资金进行整顿，严格按照物价部门“收费许可证”领取收费票据，把各项收费纳入财政专户存储管理。健全预算外资金财务管理制度，做到全年支出按计划拨款，财务核算统一、规范。建立和健全预算外资金预决算制度，通过编制、汇总和报送报表，及时了解和掌握预算外资金活动情况，考核预算外资金使用效益。针对预算外资金管理方面出现的问题，及时采取措施予以解决，使全区预算外资金管理更加规范。

赵润先

赵润先，女，汉族，1948年12月生，阳泉郊区人，中共党员，大专文化，1970年3月参加工作，1989年任城区财政局副局长，2003年12月退休。

参加工作后，先在企业从事财会等管理工作，一直与一线工人打交道，亲身经历基层锻炼，养成一种勇于吃苦，艰苦奋斗的工作作风，为以后的工作奠定好的基础。

在城区财政局工作期间，由于该局建立一级财政体制不久，人手少，工作环境差，付出了较多的艰辛。

在预算股工作时，坚持对预算编制实行紧缩和量入为出、收支平衡的原则，大力加强组织收入工作，严格控制财政支出，对自筹基建投资和各项行政事业费严格按预算掌握，防止财政支出超过财力可能。在预算编制中，根据上级安排实行“零基预算法”，对正常经费的核定采取“统一标准、单位测算、财政审核、审计监督、政府通过、人大批准”的措施，努力增强预算透明度，达到从严控制预算的效果。

在管理行政事业财务方面，按照中共中央、国务院《关于冻结机关、事业单位机构编制的通知》要求，对各单位编制冻结情况进行监督，努力节减行政事业费开支。在核定教育支出方面，按照保证教育经费的增长应高于财政经常性收入的增长、保证教师工资和学生人均公用经费逐年增长的“两个增长”，努力争取加大教育投入，投入一定的资金对教学楼、办公楼进行改、扩建，使全区基础教育稳步发展。

在财政监督方面，坚持在全区范围内开展整顿财经纪律，反对铺张浪费，反对官僚主义的“一整两反”工作，以此对会计秩序进行整顿，坚持清理预算外资金，坚持开展税收财务物价大检查，使全区财政支出更加规范。

参与城区国有资产管理局的组建。按照市财政安排，对城区国有企业进行清产核资，及时发现企业管理中的问题，帮助制定整改措施，对推动企业深化改革起到积极作用。

第三章　职工名录

2015年年底阳泉市城区财政局职工名录

表5-1

姓　名	性　别	出生年月	参加工作时间	政治面貌	籍　贯	学　历	岗位及职务	职　称
康建光	男	1969.01	1992.07	党　员	山西五台	本　科	局　长	——
王新华	女	1965.11	1985.08	群　众	山东梁山	本　科	副局长	会计师
韩新平	女	1966.01	1986.08	群　众	山西阳泉	本　科	副局长	会计师
靳慧芳	女	1965.01	1986.07	党　员	山西阳泉	本　科	副局长	会计师
范俊霞	女	1966.07	1985.12	党　员	河北井陉	本　科	总会计师	助　会
霍永明	男	1971.07	1994.04	党　员	河北井陉	本　科	支付中心主任（副科）	——
杨海滨	男	1967.08	1985.12	党　员	四川云锦	本　科	会管股长（副主任科员）	——
赵志娟	女	1966.01	1984.09	群　众	山西阳泉	本　科	国库股（副主任科员）	——
李　进	女	1985.12	2008.11	党　员	山西寿阳	本　科	社保股长	——
周建萍	女	1972.02	1993.07	群　众	河北南宫	本　科	预算股长	会计师
崔　林	男	1979.02	2002.12	党　员	河北深泽	本　科	国库股长	——
张素萍	女	1973.02	1992.11	党　员	山西阳泉	大　专	国资股长	经济师
窦慧琴	女	1978.02	2000.01	党　员	山西平定	本　科	行财股长	——
赵　瑜	女	1982.12	2009.01	党　员	山西运城	本　科	国资股科员	——
郑子璇	女	1988.04	2011.09	团　员	山西阳泉	本　科	行财股科员	——
王建平	男	1988.02	2012.04	党　员	山西阳泉	本　科	预算股科员	——
吴　琼	女	1991.01	2014.11	团　员	山西昔阳	本　科	预算股科员	——
吴　琼	女	1993.06	2015.11	团　员	山西灵石	本　科	社保股科员	——
李晓琳	女	1976.04	1994.12	党　员	山东阳谷	本　科	国库股科员	——
王　瑜	女	1971.01	1990.03	群　众	山西左权	本　科	支付中心科员	——
王莉敏	女	1975.02	1995.12	党　员	山西沁水	本　科	支付中心科员	经济师
王为华	女	1980.12	1996.08	群　众	湖北随州	本　科	支付中心科员	经济师

续表

余　江	男	1975.12	1995.09	群　众	重庆市	本　科	支付中心科员	——
李法美	女	1984.09	2008.07	团　员	山东潍坊	大　专	支付中心科员	——
祁　锐	男	1988.11	2009.12	团　员	山西盂县	大　专	支付中心科员	——
武燕平	男	1962.12	1980.8	党　员	山西阳泉	大　专	办公室科员	技　师
赵润先	女	1948.12	1970.03	党　员	山西阳泉	大　专	退　休	——
王承明	男	1954.02	1970.10	群　众	山西阳泉	本　科	退　休	——
王华珍	女	1946.10	1976.12	党　员	山西阳泉	大　专	退　休	助　会

2015 年年底阳泉市城区政府采购中心职工名录

表 5-2

姓　名	性　别	出生年月	参加工作时间	政治面貌	籍　贯	学　历	岗位及职务	职　称
吴　军	男	1980.08	1998.12	党　员	阳泉郊区	本　科	主任（副科）	——
焦永权	男	1987.02	2010.06	党　员	山西平定	本　科	财政局办公室主任	——
侯学锋	男	1986.05	2008.12	群　众	山西盂县	本　科	采购中心科员	——

大事记

本志书的大事记忠实记载了阳泉市城区财政局的重要工作活动和所涉及的重大事件。本志书所记载的大事、要事范围包括人事变动、组织变动、涉及财政的重大事件等。通过阅读大事记可纵向了解阳泉市城区财政局从阳泉市城区（城区前身）建立以来发生的重大事件及其发展过程的梗概，帮助财政工作者回顾以往发展历史，对城区财政发展过程形成全面了解。

本志书的大事记，属于新中国成立以前的 1 条，新中国成立以后至 1980 年的 20 条，“六五”计划时期 6 条，“七五”计划时期 14 条，“八五”计划时期 12 条，“九五”计划时期 14 条，“十五”计划时期 23 条，“十一五”规划时期 23 条，“十二五”规划时期 38 条，全部共计 151 条。

大 事 记

1948 年

6 月，阳泉市第一区（城区前身）设立财粮助理，负责管理财务和粮食的调拨、分配工作。

1956 年

1 月，随着区划的逐步扩大，阳泉市站上区（城区前身）撤销财粮助理，设立财政股，股长 1 人。

1957 年

8 月，财政股随同阳泉市站上区（城区前身）建制一同撤销。

1963 年

2 月，阳泉市站上区（城区前身）区级建制恢复后，设财政助理。

1964 年

5 月 5 日，阳泉市站上区（城区前身）财政助理下达《关于布置夏产估收、春夏播种面积报表的紧急通知》，确定各人民公社选择一个历年产量中等的生产大队调查了解，注意观察小麦生长状况，实事求是估产，为做好粮食征购打好基础。

1965 年

11 月 6 日，为解决灾区群众生活困难，阳泉市站上区（城区前身）财政助理对站上、义井、李家庄人民公社发放救济款 7200 元、棉布 1666.67 米、棉花 225 千克。

1966 年

2 月 10 日，阳泉市站上区（城区前身）财政助理与阳泉市公社工业管理局联文，以〔1966〕站行字 1 号下达《关于统一提取企业管理费等有关事项的联合通知》，收费标准为公社工业企业总营业额的 2.5%、街道工业总营业额的 2%。

1967 年

4 月，在“文化大革命”中，阳泉市站上区（城区前身）区级财政助理撤销。

1970 年

12 月 4 日，阳泉市城区以城革发〔1970〕18 号文提出《关于修改城区公共卫生事业费收费办法的请示报告》。经过收费改革后，全年比过去减少收费 32374 元，需要上级给予补助 8 万元。

1972 年

8 月 14 日，阳泉市城区下发《关于区直企业财务成本开支的补充通知》，对四个方面的开支同意列入生产成本。

1973 年

6 月 4 日，阳泉市城区下达《关于清产核资工作安排意见》。共清出积压物资 134295 元，已处理 31783 元。本次重新明确的清产核资标准共计 7 条。

1974 年

9 月 6 日，阳泉市城区调整企业流动资金补充规定，对全区 10 家企业共增补流动资金 83740 元。

1975 年

6 月 2 日，阳泉市城区直属牙科卫生所自 1965 年公私合营以来一直作为全民所有制单位管理，特申请将牙科卫生所纳入国家卫生事业单位管理。

7 月 17 日，阳泉市城区下达农村社会救济款，提出要依靠群众和集体力量，克服依赖国家救济的思想。

1976 年

6 月，阳泉市城区生产组兼管的两部分财务即行政事业部分和工交企业部分已不适应工作需要，因此，将两部分财务合并在一起，设立城区财政科。城区财政科办公地址为城区下站地区新建路 9 号。

7 月，阳泉市城区财政科正式成立并对外办公，时有人员 9 名。

财政科业务范围包括城市人民公社 3 个：上站、下站、北大街；农村人民公社 4 个：义井、平坦、辛兴、旧街。另外，还有城区招待所、城区电影院、城区医院，区直 10 多个企业和 6 所小学校。

当时财政科的主要工作为行政事业单位的经费上报下拨，企业经营管理，以及农村人民公社副业管理、化肥调拨结算等事宜。

1978 年

1 月，将阳泉市城区 4 个农村人民公社划归郊区管理。

5 月，丁载宗负责财政科的全面工作。

1979 年

8 月，阳泉市城区人民政府下文，任命丁载宗为财政科副科长。

10 月，李鸿智到财政科主持工作。

1980 年

10 月，原辖上站、下站、北大街 3 个人民公社更名为街道办事处；同时，增设义井、南山、娘子关 3 个街道办事处。

1981 年

阳泉市城区政府机构发生变化，确定城区经委分管区直企业的财务、经营管理工作。为此，城区政府决定从 7 月 1 日起将原财政科管理的区直企业财务工作，转交城区经委管理。

1982 年

阳泉市城区进行财会人员职称评定工作，先后评审两批。区政府下发城政发字（1982）31 号，和城政发字（1982）60 号文件，任命助理会计师 6 名、会计员 25 名。

1984 年

阳泉市城区财政科由下站地区新建路 9 号迁至南大街城区政府办公楼。

是年进行机构改革，阳泉市城区政府将原财政科改名为财政局。3 月，任命丁载宗、毕慕滋为副局长，由丁载宗主持局内全面工作。

1985 年

市财政进行财政体制改革，确定城区为一级财政。按照“划分收支、总额分成”的财政体制，市政府确定城区总额分成比例为 45%，上解 55%。

3 月，阳泉市城区人民政府任命毕慕滋为城区财政局局长。

这次机构改革变动较大，可以说是建区以来财政第一次大调整。5 月份财政下放，当时在职人员 6 人。

1987 年

阳泉市城区财政局有 14 人。为适应经济体制改革的需要，根据上级要求，结合财政局实际，需在内部分设股室。

1 月，报阳泉市城区劳动局批准，城区财政局内设一室四股，即：办公室、预算股、行事股、综合股、监察股。对各股确定专人，明确工作职责范围，便于更好地开展工作。

同月，阳泉市城区财政局召开全区各单位各部门财务负责人会议，对本年一季度主要财政、财务工作进行了布置安排。会上，局领导传达了省财政厅（1987）财办 3 号文件《1987 年一季度全省财政工作要点》，强调要严格控制各项支出，年初就要树立过紧日子的观念，节约开支。要求在预算确定之前，一季度除工资性支出外，其他一切开支不得超过 1986 年一季度水平。对会议费、修缮费、购置费等都要进一步压缩。规定根据自己的实际情况，对各项行政事业费支出要因地制宜地制定管理办法，为改革支出管理创造经验。对 1986 年财务报表一定要认真地开展一次全面检查分析，看其是否准确、及时，真实、可靠，如实反映情况，总结各方面的经验，推动今后的工作。

5 月，全区会计参加了市财政局组织的会计法规考试。

1988 年

6 月底，阳泉市城区财政局共计推销国库券 15.47 万元，超额 8% 完成市分配的推销任务。

12 月，为鼓励超收，阳泉市城区政府制定奖励办法，对区属固定收入、税源分散且税额较小的十三种小税种实行超计划部分提取 10% 奖励税务部门，以此调动了税务干部的积极性，促进了税收任务的完成，最终取得全年财政收入超预算 15.7% 的好成绩。

1989 年

6月，阳泉市城区财政局实行“四公开一监督”。即当年财政预、决算公开；追加专项拨款公开；本局业务费开支公开；审批专控商品公开。一监督就是让人民群众监督，做到人人理财有责任。

10月，阳泉市城区人民政府任命赵润先为城区财政局副局长。

12月，阳泉市人民政府将阳泉三中、四中、六中、七中划归城区人民政府管理，扩大了城区在教育方面的管理权限，全年四所中学教育事业费开支186.87万元，有效提高了全区教育质量。

同月，为加强对预算外资金的管理，根据市政府《关于进一步加强预算外资金管理的通知》，阳泉市城区对预算外单位全部实行了预决算制度，并纳入计划管理。全年对区属16个行政事业单位预算外资金实行专户储存，财政审批，计划使用。实行专户储存的单位比上年增加8户。

1990 年

5月，阳泉市城区财政局下达控制社会集团购买力控制指标，对阳泉市城区街道企业购买32种专控商品一律实行指标控制管理，辅助账考核登记。

7月，为了稳定财会队伍，提高会计工作质量，阳泉市城区进行了行政机关会计专业技术职称评定，按照政治表现、学识水平、业务能力进行严格考核，共评定初级专业技术职称14人，中级职称1人。

10月，根据阳泉市财税物价大检查办公室的要求，阳泉市城区从8月15日至9月15日在全区范围内进行自查自纠，自查单位、个体户共2195户，占应自查户的100%，查出违纪金额4.9万元，应补缴入库2.35万元。从9月16日开始重点检查，共组织检查小组18个，52人参加，共查1004户，查出违纪金额59.6万元，应补缴入库57.03万元。

11月，阳泉市城区财政局加强预算外资金管理，控制资金流向。重点是在全区实行“集中储存”，建立审批制度，不断扩大预算外资金专户储存的范围和规模。专户储存的单位已由上年的16户增加到27户，占应储户的77%。

1991 年

3月，阳泉市城区财政局以城财发〔1991〕1号，出台《阳泉市城区事业单位、行政机关“预算包干”办法》，对财政拨款的所有行政机关和事业单位的正常经费全部实行预算包干办法。抚恤事业费、离休费、退休退职费、社会福利救济事业费按实际编列预算，不列入包干范围。各种专项资金实行追踪反馈责任制，也不列入包干范围。

5月，阳泉市城区财政局印发城财发〔1991〕5号文件，将阳泉市城区房地产开发公司、物资供应公司纳入国家预算管理。

12月，阳泉市城区科技三项费用全年支出28.2万元，比上年增长22.61%，占区财政当年预算支出的1.60%，超过了国家规定的不少于1%的比例。全年支持企业新开发项目8个，总投资103万元，可形成生产能力800万元，可创造利税78万元。是年已创造产值40万元，实现利税5万元。如：

城区机电修配厂的塑料光导纤维工艺品，城区型煤二厂的节能炉具，都取得了较好的经济效益。

1992 年

4 月，阳泉市城区财政局、卫生局联文下达《城区公费医疗费管理办法》，提出各单位公费医疗超支部分，必须和个人利益挂钩，单位支付的应在福利费中和包干结余中列支。

5 月，阳泉市城区人民政府任命毕映富为城区财政局副局长。

6 月，由于 1 月至 5 月收入不达进度，财政形势十分严峻。因此从本月开始，要求各部门、各单位大力提倡艰苦奋斗、勤俭节约，努力形成节减财政支出的风气。同时，认真执行中共山西省委“六不准”规定，采取行之有效的措施，杜绝铺张浪费。一是对各行政事业单位继续实行“预算包干”办法，财政和各部门、单位签订预算包干经费责任书，一包到底，超支不补，结余留用。二是继续实行专项资金反馈责任制，做到专款专用，充分发挥专项资金的效益。三是严格行政事业单位支出，按照城政发（1992）11 号文件《关于严格控制行政事业费支出的措施》，检查各部门的执行情况，不能突破全年预算。

1993 年

5 月，阳泉市城区财政局对行政事业单位财产清查情况进行通报，城区所属行政事业单位全部资产清查前账面数为 3592 万元，盘盈数为 439 万元，核销数为 89 万元；所有权界定增加数为 205 万元，代界定数为 9 万元，固定资产提高标准增减数为 −103 万元，清查核实数为 4043 万元。

9 月，财政部颁布《企业财务通则》和《企业会计准则》，这是我国财务会计制度的重大改革。为保证《两则》的顺利实施，阳泉市城区财政局组织安排了企业财会人员的《两则》培训工作。9 月份举办两期培训班，共有 81 人参加，努力使财会人员尽快熟悉新制度。

1994 年

12 月，在财税物价大检查重点检查阶段，阳泉市城区国税、地税、财政、审计等部门密切配合，抽调人员 64 人，组成 25 个检查小组，对 306 个单位进行了重点检查。采取统一组织、集中培训、领导包片、切块检查、边检查、边处理、边入库、边调账的检查方法，既保证了检查数量，又提高了检查质量，对钉子户依法强行划扣了税款。到 12 月底查出违纪金额 180.01 万元，可增加财政收入 178.91 万元，已入库 162.26 万元，入库率 90.14%，为完成财政收入任务做出了贡献。

1995 年

1 月，阳泉市城区财政局制定《关于强化地方财源建设的实施方案》，把培植财源作为工作的重中之重来抓。重点抓了税利大户的建设，把永安化工厂、汽车工业公司、电机厂、饮料厂等千万元以上产值的企业作为财源建设的重点，实行蹲点包片，以点带面的办法从政策、资金、管理上重点扶持，全年共投放挖潜改造资金 80 万元，比上年增长 1.66 倍；科技三项费用支出 36 万元，为建财政以来最高。利用财政预算内、外间歇资金 500 万元，解决了企业生产中资金短缺的困难。

5 月，阳泉市城区财政局圆满完成财会两法两则知识竞赛。“两法两则”知识竞赛从 1994 年 11 月开始，经过组织筹备、宣传发动、培训辅导、集中竞赛、认真评比等阶段，于 1995 年 4 月底结束。城区财会人员 258 人，厂长（经理）20 人参加了这次活动，参赛率达到 100%。由于领导重视、发动充分、学习认真、工作扎实，城区获得全市两法两则知识竞赛优秀组织奖。

12 月，阳泉市城区财政局认真贯彻执行《山西省预算外资金管理条例》，进一步扩大预算外资金专户储存范围和规模，实行“双控”管理，严格开支审批，加强事后监督检查。到 1995 年底，对 35 户进行专户储存，占应储户的 90%，截止年底专户余额 180 万元，强化了预算外资金的管理效益。

1996 年

8 月，阳泉市城区财政局圆满完成全区 1995 年度资产统计报表工作。城区行政事业单位 1995 年度资产年度汇总及产权登记共涉及 51 户单位，其中：行政 27 户、事业 24 户。截止 1995 年底，资产总额 5898 万元；负债总额 729 万元，占资产总额的 12%；主要财产情况是：土地占用面积 14 万平方米，房屋建筑面积 9 万平方米，汽车 138 辆，专用仪器设备 5436 台。

12 月，阳泉市城区财政局在反对铺张浪费工作中，主要采取控制源头、加强支出监督、杜绝不必要的宴请接待、控制购买高档办公用品等措施，收到了较好的效果。截止年底财政总支出执行 3466 万元，仅占年度预算的 93.62%，行政事业单位业务费比上年降低 3.4%。

同月，阳泉市城区财政局对全区预算外资金进行了全面清理检查，全年预算外资金收入 963 万元，应缴财政专户 890 万元，实缴 887 万元，专户储存率达到 99.66%。

1997 年

8 月，中共中央、国务院发布《关于党政机关厉行节约制止奢侈浪费行为的若干规定》，阳泉市城区财政局贯彻城区区委、区政府决定，建立落实“八项规定”制止奢侈浪费工作责任制。

11 月，阳泉市城区人民政府任命赵润先为城区国资局局长（财政内设机构）。

12 月，阳泉市城区财政加大对教育事业费的投入，财政对教育投入 1299 万元，比上年增长 14.61%，高于财政经常性收入（10.77%）的增长幅度；生均教育事业费 1389 元，比上年增长 13.62%；生均公用经费 261 元，比上年增长 30.52%，较好地实现了“三个增长”。

1998 年

3 月，毕映富任阳泉市城区财政局局长。

7 月，阳泉市城区人民政府任命赵美青、葛玉山为城区财政局副局长。

12 月，阳泉市城区财政局被市财政局评为：县区财政工作目标责任制考核评比第一名，行政事业性收费统计报表评比第一名，社会保障财务决算二等奖，文教行政效益考核指标优胜单位，财政周转金决算优胜单位，国有房地产开发企业财务决算优胜单位。

同月，阳泉市城区财政局综合计划股因预算外资金管理工作成绩突出，被评为全省财政系统先进单位。

1999 年

3 月，阳泉市城区召开财税工作会议，传达市财税工作会议精神，回顾城区 1998 年财税工作情况，并对 1999 年财税工作作了安排部署。会议安排 1999 年全区财政总收入为 6667 万元，比上年增长 5.88%。会上，区政府与财政、国税、地税、工商等部门签订了 1999 年目标责任状。

5 月，在全区范围内开展“财政管理年”活动，以有效建立科学的、规范的基础业务管理模式，同时清理财政供养范围，深化预算编制改革。

12 月，由于全区产业结构未得到根本调整，经济增长内在质量较差，造成后续财源萎缩，全年完成财政总收入 6421 万元，为年度调整预算的 100.06%。

2000 年

6 月，阳泉市城区财政局与物价局联文下达 1999 年行政事业性收费和《收费许可证》年度审验总结。全区现有 49 项行政事业性收费中，国家计委制定标准的项目 13 项，收费金额 2061.99 万元；省级物价部门制定标准的项目 6 项，收费金额 1775.05 万元；省委托市政府及市物价、财政部门制定收费标准的项目 30 项，收费金额 2127.81 万元。

2001 年

9 月，阳泉市城区财政局结合行风评议、作风调研、“三个代表”学教活动，健全完善财政局各项规章制度 15 个，做到让制度管人、管事。

10 月，阳泉市城区财政局按时完成了区属企业、事业单位 2001 年度国有资产报表和国有资产产权年检和产权确立工作，确保各种报表的数据准确完整，同时健全了国有资产数据库。

同月，阳泉市城区人民政府任命王新华、刘良为城区财政局副局长。

12 月，阳泉市城区财政局“四五”普法启动。

2002 年

9 月，阳泉市城区财政局加强全区会计基础工作，深入开展会计基础工作达标升级活动。到本月全区已有 23 个单位被评为会计基础工作规范化达标单位，2 个单位被评为三级单位。

9 月 23 日，阳泉市城区财政局认真做好清产核资工作。根据省市有关清产核资文件精神，城区财政局召开预算单位清产核资工作会议，对这项工作的范围、内容、时间作了细致的布置，并制定了《阳泉市城区预算单位清产核资工作方案》。共有 65 个单位参加了会议。

11 月，阳泉市城区财政局结合城区实际，为达到区纪检委要求的源头治腐，成立了“阳泉市城区会计核算中心”。

12 月，阳泉市城区财政局认真落实社会保障制度，初步在城区范围内建立了以养老、失业、医疗保险和“三条保障线”为主要内容的社会保障体系。建立了“养老失业保险基金”和“最低生活保障资金”专户，全年共拨付养老金 506 万元，失业金 10 万元；最低生活保障户 4115 户，享受低保人数 10982 人，累计发放资金 581 万元。

2003 年

1 月，阳泉市城区会计核算中心开始对外办公。

5 月，阳泉市城区财政局向社会做出 10 条公开承诺，进一步贯彻落实党的十六大、城区党代会精神和城区区委、区政府关于开展“优化发展环境、转变政府职能、树立行业新风”评优评差活动的要求，加强财政部门党风廉政和作风建设。

6 月，阳泉市城区财政局为促进会计人员“诚信为本、操守为重、坚持原则、不做假账”的职业道德建设和恪守独立、客观、公正的执业原则，下达阳城财字〔2003〕12 号文件，在全区范围内开展以“会计呼唤诚信”为主题的大宣传、大学习、大落实、大评比活动。

是年，在阳泉市财政局组织的“会计呼唤诚信”演讲活动中，城区选派选手获得全市第一名。

2004 年

4 月，阳泉市城区财政局将区级部门预算全部按时批复。部门预算涉及到 61 个单位部门。为了做到工作的严谨无误，对数据进行了认真细致的审核，并且和单位积极沟通，主动协调，确保预算的及时批复下达。

8 月，阳泉市城区对行政事业性收费开始实行公示制度。公示内容包括收费项目、收费标准、收费范围、收费依据、收费单位监督电话。严禁收费单位将各种越权收费、超标准收费、自立项目收费等乱收费合法化。收费单位要采取设立公示栏、公示牌、价目表、电子显示屏等方式，将收费公示栏长期固定在收费场所，以便于群众监督。

同月，阳泉市城区财政局领导班子签订廉洁自律承诺书。为认真贯彻执行市财政系统 2004 年党风廉政建设、“双评”工作大会精神，城区财政局领导班子成员率先垂范，作出廉洁自律“十不准”承诺，并签了字。

9 月，阳泉市城区财政局细化“双评”考核内容。为使“双评”活动深入开展，城区财政局明确细化了对局属 9 个股室、1 个事业单位的日常考核评议内容，主要包括台卡放置和胸卡佩戴情况，股室职责、办事程序、办事依据公开情况、对外告示制度执行情况、首问责任制执行情况、打电话文明用语使用情况，办公楼文明整洁程度，考勤制度执行情况、岗位责任制执行情况等。

10 月，阳泉市城区会计核算中心设立触摸查询系统，以进一步创优发展环境，方便各单位财务联系人的对账查账。该系统可以查询各单位的资产负债表、收入支出明细表、总账余额表、资金余额等各种数据，受到了财务联系人的好评。

12 月，阳泉市城区财政局严格工资专户管理，确保机关事业单位人员及离退休人员基本工资按时足额发放。对全区中小学教师实行工资统筹管理，对 58 个行政事业单位 1882 人进行工资统一发放，累计发放金额 3424 万元。

同月，全区 45 户行政事业单位实行了“收支两条线”管理，财政专户资金余额达到 212.83 万元，增强了财政的宏观调控能力。

2005 年

6 月，阳泉市城区对低保工作全面实施分类施保。城区在广泛调研的基础上，制定出台《城区城市居民最低生活保障分类施保暂行办法》，将低保对象分为三类：A 类是三无对象、重点残疾人、重点优抚对象；B 类是重病家庭、单亲家庭、子女上学困难、年老体弱、丧失劳动能力且无赡养人的人员；C 类是家庭收入波动幅度大或家庭成员结构变化大，家庭收入难以测定的人员。

8 月，阳泉市城区财政局认真开展保持共产党员先进性教育活动和政风行风评议活动，努力使全体财政职工牢记全心全意为人民服务的宗旨，虚心接受社会各界的监督，全面提高依法理财、民主理财、科学理财的水平。

11 月，阳泉市城区财政局对全区 77 户财政拨款预算单位的津贴补贴进行清理。全区共有行政单位津贴补贴项目 38 项，依照公务员管理的事业单位津贴补贴项目 23 项，事业单位津贴补贴项目 42 项，按时完成了津贴补贴清理工作。

12 月，阳泉市城区财政总收入累计完成 13720 万元，为年目标的 100.52%，提前 38 天完成全年任务，这是城区近年来完成任务取得的较好成绩。

2006 年

10 月，阳泉市城区财政局举办政府收支分类改革培训班，全区 87 家预算单位的财务负责人和从事具体预算编制的 100 多名人员参加了培训。

12 月，阳泉市城区财政总决算被评为全市第二名。

同月，赵美青任城区财政局局长。

2007 年

3 月，阳泉市城区财政局组织召开全局干部职工大会，学习贯彻市、区作风建设大会精神，结合财政工作实际，开展“八要求、三服务、一满意”为主要内容的机关作风建设活动，努力使机关面貌和形象焕然一新，努力投身于“三城十区”建设之中。

同月，阳泉市城区财政局制定《阳泉市城区行政事业单位资产清查工作实施方案》，明确了资产清查的工作目标、清查基准日和范围、资产清查工作组织、资产清查工作内容、清查时间和步骤。

6 月，阳泉市城区会计核算中心对 2005 年会计凭证、账簿、决算报表等资料向各单位进行正式移交，确保纳入核算的单位会计档案按期归档保存。

7 月，阳泉市城区政府采购中心规范程序，阳光操作，上半年共开展业务 10 批次，实现采购金额 128.57 万元，节约财政资金 13.76 万元。

9 月，阳泉市城区财政局召开政风行风听证对话会，城区政风行风领导组办公室成员、监督员、服务对象代表和城区财政局班子成员、股室负责人参加了会议。

11 月，阳泉市城区财政局举办 2007 年度会计继续教育培训，全区行政事业单位的会计人员和各单位财务联系人共 153 人参加了培训。

12 月，阳泉市城区财政总决算被评为全市第二名；县乡财政报表被评为全市三等奖；财政供养人员统计表被评为全市第一名。

2008 年

2 月，阳泉市城区为 2007 年 12 月 31 日前退休人员调整基本养老金工作顺利完成，人均养老金增至 830 元，提高 85 元。

4 月，阳泉市城区人民政府任命韩新平、靳慧芳为城区财政局副局长，范俊霞为总会计师，霍永明为会计核算中心主任。

8 月，阳泉市城区积极落实离休干部各项待遇，从是年 1 月 1 日起，离休干部护理费标准由 150 元提高到 400 元；生活不能自理的离休干部由 200 元提高到 600 元。

10 月，阳泉市城区区委书记李春泽来城区财政局调研，要求紧扣“12345”工作思路，誓夺全年财政收入 3.5 亿元目标。

同月，阳泉市城区财政局采取四项措施做好保密工作。这四项措施是完善保密制度、加强组织领导、组织保密培训、加强日常管理。

12 月，阳泉市城区财政大力促进各项社会事业的发展，为居民提供“六位一体”的基本医疗服务；计划生育经费按目标责任状兑现；科学技术等法定支出足额拨付到位；文化经济建设亮点凸显，基本实现“两馆健全，一街一站，一社区一室（中心），一人一册（图书）”的建设目标。全年财政用于科技、医疗卫生的投入分别增长 50.23%、82.47%。

同月，阳泉市城区财政总决算被评为全市第一名；县乡财政报表被评为全市一等奖；地方政府债务报表被评为全市三等奖。

2009 年

5 月，阳泉市城区财政局党支部出台“十项承诺”落实科学发展观。主要包括：创新理财机制，创优理财环境；建设法治、诚信、阳光财政；落实财经政策，及时拨付资金；推进政务公开；简化办事程序；改进工作作风；推行首问责任制；廉洁从政，树立行业新风；实行行政不作为问责制；强化社会监督，让理财在阳光下进行。

11 月，阳泉市城区企业职工补缴和续缴基本养老保险费工作全面展开。此项工作的开展，统一和规范了全区城镇企业职工参加基本养老保险补缴和续缴基本保险费办法，事关企业养老保险的健康发展和参保人员的切身利益。

12 月，阳泉市城区第三批学习实践活动开展以来，城区财政局党支部努力做到“三明确、三不让”，着力增强党员的品牌意识。坚持“明确身份，不让党员等同群众；明确责任，不让党员意识淡化；明确承诺，不让群众利益受损”，努力把党组织建设成为贯彻落实科学发展观的坚强堡垒。

2010 年

5 月，阳泉市城区正式启动公务员医疗补助，医疗补助标准为个人自付累计超过 582 元以上的部分，583 元至 2000 元补助 70%；2001 元至 5000 元补助 75%；5001 元至 10000 元补助 80%。

8 月，阳泉市城区财政局召开会议，要求党员干部以“科学理财创先进，服务发展做表率”为主题，以“三争三满意”为载体，提高履职能力，服务科学发展，努力推进“三城十区”建设。

2011 年

1 月，阳泉市城区财政局按照区委、区政府安排，把保障和改善民生作为发展经济的最终目的，不断加大民生投入。2010 年用于民生的财力达 16586 万元，占整个区级财力的 57.83%。

8 月，阳泉市城区区委副书记、区长武雪在财税工作联席会上强调要统一思想，坚定信心，确保财政收入稳步增长。

9 月，康建光任城区财政局局长。

11 月，阳泉市城区提高居民医疗救助标准。居民医后救助封顶线标准由原来的每人每年 2.5 万元提高到 3.5 万元。

12 月，阳泉市城区财政局首次承办了阳泉市 2011 年度财政决算工作会议，会议圆满结束，取得预期效果。

同月，阳泉市城区财政局实施非税收入管理制度改革，有 5 家预算单位进入非税收入收缴管理平台试运行。

2012 年

3 月，阳泉市城区财政局开展团员先锋模范岗活动。织结合新一轮“三城十区”建设和实现转型跨越发展目标，号召所有团员青年认真学习，以开展团员先锋模范岗和志愿服务活动为宗旨，用实际行动推动“三城十区”建设。

4 月，阳泉市城区会计核算中心向预算单位移交账务工作全面完成，为实现向国库集中支付转轨做好前期工作。

6 月底，阳泉市城区国库集中支付系统正式运行，所有预算单位的预算资金全部纳入了国库集中支付。城区国库集中支付中心从是年 4 月份开始筹备，在机房改造、设备采购、软件安装调试、人员培训等方面做了大量工作，为 6 月底按时运行做好了前期准备工作。

7 月，阳泉市人大常委会副主任刘兆林来城区财政局调研，在听取了上半年财政收支情况后，要求全体财政干部站在讲政治的高度，千方百计确保全年任务圆满完成。

8 月，阳泉市城区财政局获得“城区文明和谐单位”荣誉称号。

2013 年

3 月，阳泉市城区财政局邀请市委党校李青魁教授为全体干部职工作了题为“全面深化经济体制改革，加快转变经济发展方式”的学习贯彻党的十八精神专题讲座。

4 月，阳泉市城区财政局召开领导班子工作会议。传达了是年政府工作目标任务分解情况及武雪区长就落实全年目标任务提出的六点要求。并认真学习了李克强总理在 3 月 26 日国务院召开第一次廉政工作会议上题为《坚定不移反对腐败，着力建设廉洁政府》的讲话精神。

5 月，阳泉市城区非税收入改革和公务卡改革动员会召开。组织培训有非税收入的单位财务人员操作非税收入管理平台，使非税收入收缴管理系统运行日渐完善，所有执收单位收费纳入非税收入收缴管理平台。推进公务卡改革，制定并下发《城区区级公务卡强制结算目录》，转发《阳泉市市本级预算单位公务卡管理暂行办法》，安排预算单位办理公务卡工作，并对已办理的公务卡进行统计，使公务卡改革工作收到初步成效。

8 月，根据城区区委《关于创建“幸福社区”工作的实施方案》，阳泉市城区财政局党支部深入包建社区西营盘社区，进行联创社区对接活动，决心把创建工作重点放在关注到留守儿童，孤寡老人方面上来，以此打造社区自身品牌。

10 月，经过财政、代理银行、九鼎公司协力配合，公务卡系统调试正常运行，召开了公务卡改革系统培训会，30 家预算单位纳入试运行。

11 月，根据阳泉市城区人民政府专题会议纪要精神，决定将全区教职工工资从本月开始全部由阳泉市商业银行代发，以扶持城区的纳税大户。

同月底，阳泉市城区财政局累计办理公务卡 1131 张，所有工作人员信息均录入公务卡改革平台。

12 月，阳泉市城区财政局在城区区委党校举办部门预算软件操作培训班，全区 99 家预算单位财务会计参加了培训。通过培训，会计人员基本掌握了部门预算软件的运用，为科学编制 2014 年部门预算打下了基础。

2014 年

1 月，阳泉市城区财政局“财政文化大讲堂”开讲。“财政文化大讲堂”每月举办 1 次。在邀请有关方面领导、专家等授课的同时，创新开展了“全员参与、人人主讲”模式，讲授内容包括政治思想、财经知识、文学艺术、哲学历史等，以达到全方位提高财政干部综合素质的目的。

同月，阳泉市城区政府采购实行了采管分离，政府采购中心归入城区政府办。

4 月，阳泉市城区财政局组织全体职工分两批到狮脑山瞻仰百团大战纪念碑，参观百团大战纪念馆和市党风廉政教育基地，以此接受革命传统和党风廉政教育，践行党的群众路线教育实践活动。

5月，根据《城区财政局关于深入开展党的群众路线教育实践活动实施方案》要求，阳泉市城区财政局召开动员会进行活动筹备和动员部署，全力确保教育实践活动深入开展、不走过场，认真分析梳理征求到的意见、建议，做好集中反馈工作。

7月，为贯彻落实《党政机关厉行节约反对铺张浪费条例》加强和规范会议费、差旅费、培训费，节约支出，经阳泉市城区人民政府38次常务会议研究通过，制定出台《城区机关和事业单位差旅费管理办法》《城区区直机关会议费管理办法》《城区区直机关和事业单位培训费管理办法》。

8月，阳泉市城区开展严肃财经纪律和“小金库”专项治理工作会议，此次检查表主要现为：一是范围广。此次专项治理范围包括所有纳入预算管理或有财政拨款的部门和单位。二是内容全。治理内容主要是各单位2013年以来违反中央八项规定精神和省委“四个实施办法”情况，以及设立“小金库”的有关问题。三是方法细。在自查的基础上开展重点检查，以此将专项治理落到实处。

10月，阳泉市城区财政局积极开展部门预算及“三公”经费公开工作。一是充实公开内容。对部门预算及“三公”经费公开的内容、范围及形式都做了明确规定。二是限定公开时间。要求各部门（单位）于2014年10月31日前，在政府或部门门户网站上公开2014年部门预算。

11月，阳泉市城区公务用车货币化改革摸底培训会议召开，传达阳泉市公务用车货币化改革培训会议精神，会议对公务用车货币化改革相关情况进行了摸底。全区61家行政单位和参公事业单位会计人员参加了会议。

同月，阳泉市城区财政投资评审中心成立。

12月，阳泉市城区财政局紧紧围绕“弘扬宪法精神，建设法治中国”主题，积极开展首个国家宪法日暨全国法制宣传日活动。

同月，阳泉市城区财政局分别获得“阳泉市依法治理示范单位”荣誉称号、“区级标兵文明单位”荣誉称号。

2015年

2月，阳泉市城区财政局传达学习阳泉市城区区委九届八次全体（扩大）会议暨全区经济工作会议精神，把全局干部的思想统一到城区区委的各项决策部署上来，把会议精神落实到2015年财政工作中去，为建设文明、富裕、活力、美丽、平安、幸福的新城区贡献力量。

同月，阳泉市城区财政局邀请区消防大队专业人员对全局人员进行了新《消防法》培训。

4月，阳泉市城区财政局下发了《阳泉市城区财政投资评审管理工作实施意见》，对财政投资评审范围、内容、方式、程序、相关机构职责等进行明确规范，建立了“先评审，后下达预算”“先评审，后立项”“先评审，后招标”“先评审，后拨款”“先评审，后评价”的制约机制。阳泉市城区人民政府办公室成立以来共完成阳泉市城区妇幼保健服务中心维修改造工程等9个工程项目，预（概）算评审，审核金额794.86万元，审减8个项目，审减109.47万元，审减率17.89%，审增项目1个，审增10.96万元，审增率6%，完成预算项目评审1个，节约财政资金200余万元。

6月，为纪念中国共产党建党94周年和中国人民抗日战争暨世界反法西斯战争胜利70周年，阳泉市城区财政局支部委员一行5人前往结对社区西营盘社区开展“五个一”志愿服务，以此搭建党员服务群众平台，使服务社区、服务群众的“五个一”志愿服务活动常态化。

同月，阳泉市财政局将会计机构代理记账管理权限下放城区管理。

8月，根据省财政厅《2014年度权责发生制政府综合财务报告试编办法》，阳泉市城区财政局开始试编《权责发生制财务报告》并上报。综合财务报告能够真实反映政府家底，为领导决策提供翔实依据。

10月，阳泉市城区区委书记张晋来城区财政局调研财税工作。

12月，为规范和加强国有资产产权管理，明晰事业单位及事业单位所办企业国有资产产权关系，阳泉市城区财政局出台了《阳泉市城区事业单位及事业单位所办企业国有资产产权登记工作实施方案》，并安排部署相关工作，确保所接受的数据不重不漏、真实可靠。到12月20日，已完成对辖区内45家事业单位产权登记工作。

编 后 记

《阳泉市城区财政志》即将脱稿付印，这是全区第一部财政志。它为城区财政不断总结工作经验，努力续写财政工作新成绩的开始。

本志书编写始于 2007 年 10 月，2 年后整理成初稿。由于资料查找不易等多方面原因，进一步形成定稿存在困难，修志曾一度停止。

为使志书编纂工作顺利完成，2011 年 9 月，重新调整后的城区财政局领导班子高度重视，精心组织，将编纂工作列入议事日程，切实解决修志领导、人员、经费、条件等方面的问题，真正做到了“一纳入、四到位”，即把修志工作作为一项年度工作任务纳入全局年度计划，切实做到领导到位、经费到位、队伍到位、条件到位，以此推动修志工作进一步开展。

本志书能够顺利完成，主要得益于：

城区财政局领导的大力支持。局领导班子对编好志书十分重视，将其看作总结经验、正视历史、阔步前进，为后人留下精神财富的过程。为此，召开修志动员会议，号召全局人员出主意、想办法，翻箱底、查资料，以实际行动支持修志工作。定期研究修志遇到的困难，及时予以解决。指定 1 名副局长专门负责此项工作，对编志中出现的问题随时帮助解决。

城区地方志办公室的鼎力相助。本次修订志书，编者认为最为有效的方法就是引入成熟的审核、监管机制。在修订志书过程中，城区地方志办公室始终介入，对篇目修订、章节审核、资料引用都详细规定并从严把关，避免志书修订走弯路。如：城区建区以来各个时期的不同称谓、志书中各个历史时期的“沿革”内容放置、志书彩页顺序编排等都提出明确规定，使编者耳目一新，编纂起来更加得心应手。

局各股室的密切配合。为使所反映的章节资料更为客观、翔实，要求各股室提供详细资料，丰富志书内涵。各股室积极响应，从电脑内存中发掘资料，从压柜文件中翻找史实，从工作笔记中查阅记载，为修订志书提供 1200 余件（篇）资料，有效丰富了志书的整体内容。有时为甄别一个部门的成立时间，需要查找组织部门相关文件，各股室也不厌其烦进行搜寻，配合力度令人感动。

编纂志书的过程，也是不断学习、不断进步的过程。经过反复听取各方面意见，几次修改篇目，调整结构，志书即将问世。这本志书是各方面通力合作的成果，也是共同研究阳泉市城区财政志的一项结晶。在本书出版之际，谨向所有为本书做出贡献的同志表示深切的敬意和感谢。

编写本志书力求准确、全面反映城区财政工作的历史和现实面貌。但是由于历史档案资料不全，查找不易，加上编纂人员所知和编纂水平有限，疏误难免，竭诚欢迎广大读者批评指正，以便再版时修改和完善。

编者 王 谦

2016 年 7 月